普通高等教育土建学科专业“十一五”规划教材

高等学校土木工程专业规划教材

# 隧道工程

# Tunnel Engineering

丁文其　杨林德　主编

人民交通出版社

## 内 容 提 要

本书从隧道工程的设计、施工和管理三方面入手，详细介绍了公路隧道的勘测与建筑设计，隧道支护结构的形式与构造，初始地应力与隧道结构的荷载，隧道结构的设计模型与计算方法，同时阐述了各种隧道的施工方法，隧道的防排水、通风照明、工程监控与防灾以及安全风险评估与管理等内容。

本书可作为高等学校隧道与地下工程专业方向的本科生和研究生教材，也可作为其他有关专业的教材，还可供从事隧道工程设计、施工与监理的工程技术人员参考使用。

**图书在版编目(CIP)数据**

隧道工程/丁文其，杨林德主编. —北京：人民交通出版社，2012.4

普通高等教育土建学科专业“十一五”规划教材　高等学校土木工程专业规划教材

ISBN 978-7-114-09593-1

I. ①隧…　II. ①丁…②杨…　III. ①隧道工程—高等学校—教材　IV. ①U45

中国版本图书馆 CIP 数据核字(2012)第 004263 号

普通高等教育土建学科专业“十一五”规划教材
高等学校土木工程专业规划教材

书　　名：隧道工程
著 作 者：丁文其　杨林德
责任编辑：曲　乐　李　喆
出版发行：人民交通出版社
地　　址：(100011)北京市朝阳区安定门外外馆斜街 3 号
网　　址：http://www.ccpress.com.cn
销售电话：(010)59757973
总 经 销：人民交通出版社发行部
经　　销：各地新华书店
印　　刷：北京武英文博科技有限公司
开　　本：787 × 1092　1/16
印　　张：27.5
字　　数：696 千
版　　次：2012 年 4 月　第 1 版
印　　次：2021 年 12 月　第 5 次印刷
书　　号：ISBN 978-7-114-09593-1
定　　价：55.00 元

# 前　　言

隧道工程学是一门标准的地下建筑工程学科，是岩土工程和结构工程的交叉学科。本书的定位是为本科教学提供一本隧道工程的入门教材，因此侧重于覆盖面宽广，而不以对某一知识点的深度阐述为要。重点突出隧道工程的基本概念、基本理论与基本方法的教学，注重教材的基础性、系统性、实用性。同时紧跟国内外研究热点，对隧道工程的风险管理以及监控与防灾进行介绍。

第一章绪论对我国公路隧道发展的历史进行了简要阐述。第二章公路隧道的勘测和建筑设计包括公路隧道的分类，公路隧道的平纵断面，公路隧道的技术要求等内容，同时对公路隧道的建筑材料、防排水材料以及装饰材料等内容进行介绍。第三章为隧道支护结构的形式与构造，首先介绍隧道支护的作用，并进而对矿山法、盾构法、沉管法隧道的支护形式与构造进行阐述。第四章重点讲述初始地应力与隧道结构的荷载，首先阐述地层初始地应力的量测与确定方法，进一步对影响初始地应力的隧道围岩分级方法进行介绍，在此基础上介绍隧道结构荷载及围岩形变压力的计算方法。第五章为隧道结构的设计模型与计算方法，对隧道结构设计中常用的两种模型——荷载结构法和地层结构法进行介绍，进而对矿山法、盾构法以及沉管隧道的结构设计与计算进行阐述。第六章介绍了常见的隧道施工方法。基于锚喷支护及其设计施工方法在隧道工程中的重要性。第七章对锚喷支护及其设计施工方法进行专门介绍。第八章介绍了两种比较新型的隧道形式：小净距隧道和连拱隧道。长期以来，隧道工程施工与运营期的防排水问题一直是隧道工程中的难点。第九章对隧道工程的防排水系统设计进行阐述，并对高寒地区隧道的防排水设计进行简要介绍。第十章主要介绍隧道施工期和运营期的通风设施和照明设施。隧道工程由于其建设环境复杂，加之工程投资大、建设周期长、参与建设单位多以及社会关注度高，决定了隧道工程潜在各种高风险。第十一章安全风险评估与管理主要对风险评估的基本原理、隧道工程安全风险的分析方法以及风险评估与控制的措施进行介绍，并给出了工程案例。隧道工程作为一种特殊的建筑物，结构复杂、环境密闭、交通量大，一旦发生灾害，逃生和救援工作相当困难，往往会造成重大的人员伤亡和财产损失，因此，隧道工程施工和运营期监控与防灾也是目前的研究热点。第十二章对隧道的监控系统及设备以及隧道常见灾害种类与防治对策进行介绍。

本书由丁文其、杨林德主编，其中第一章、第二章、第七章、第十章由杨林德执笔，第三章、第四章、第八章由丁文其执笔，第十一章由黄宏伟执笔，第五章由张子新执笔，第六章由谢雄耀执笔，第九章由陈宝执笔，第十二章由闫治国执笔。全书由丁文其统稿。谢东武、魏新欣、黎敬俊参与了资料收集整理、文字输入、图片绘制等工作。在本书编写过程中，参考了国内外同仁的相关著作，由于篇幅有限，书中各章仅列出了主要参考文献目录，在此一并表示诚挚的谢意。

本书介绍的研究成果获国家自然科学基金项目（No. 50878149）、教育部新世纪优秀人才项目（No. NCET-08-0403）和长江学者和创新团队发展计划（IRT1029）的资助，在此深表谢意。

限于作者水平有限，书中难免存在不周之处，恳请读者不吝指正。

# 目　录

# 第一章 绪 论

## 第一节 我国交通隧道发展的历史

### 一、我国铁路隧道发展的历史

我国第一座铁路隧道是1880～1890年在台湾基隆至台北铁路上建造的狮球岭隧道，全长261m。1903年在滨州线建成的兴安岭隧道，按双线断面施工，铺设单线，全长3 077m，是我国第一座长度超过3km的铁路隧道。詹天佑主持修建的京张铁路，是我国自行设计、施工的第一条铁路，在关沟段建成了4座隧道，总延长1 645m。其中最长的八达岭隧道(1 091m)，建成于1908年，是我国自主修建的第一座越岭铁路隧道。1939年为增建滨绥二线修建的杜草隧道，全长3 840m，是新中国成立前最长的铁路隧道。

据史料记载，清末时期共修建隧道238座，总延长42km；民国时期共修建隧道427座，总延长114km。截至1949年全国共修建铁路隧道665座，共计156km。

20世纪50年代我国开始大规模铁路建设，铁路向西部推进，隧道建设步入新阶段。这一时期建成隧道较多的铁路主要有宝成、天兰、丰沙I线、石太复线、鹰厦、川黔、太焦等线，共建成隧道1 005座，总延长306km。10年中建成隧道的数量比新中国成立前隧道总数量增长近1倍。

20世纪60年代，国民经济调整后，我国组织了西南铁路建设大会战，建成了一批隧道较多的山区铁路，隧道建设在停建、发展、延滞的曲折前进中取得了成就。这一时期相继建成贵昆、成昆、京原以及东川、镜铁山、嫩林、盘西、水大、渡口等干支线，共修建隧道1 113座，总延长660km，为20世纪50年代的2倍多。

20世纪70年代，由于铁路路网迅速扩展，我国进行了大规模铁路建设，完成了较多的隧道工程。这一时期，主要是会战焦枝、枝柳、襄渝、京通、阳安、湘黔等线，都是路网中隧道较多的山区铁路干线，工程非常艰巨。期间共建成隧道1 954座，总延长1 035km，在规模、速度和数量上，都大大超过五六十年代，是中国铁路隧道建设史上建成隧道较多的时期。

20世纪80年代，由于改革开放的需要，旧线改造与新线建设并举，出现了特长隧道。为改变铁路运输的紧张状态，旧线改造和新线建设重点放在加强晋煤外运通道和改造既有铁路能力不足的“瓶颈”上，开展了“南攻衡广、北战大秦、中取华东”的会战，加速了衡广、沪宁、沪杭、浙赣等复线建设和修建京秦、大秦、兖石、新菏等铁路。这一时期共建成隧道319座，总延长199km，数量上比六七十年代大为减少，但建成的长隧道特别是双线长隧道增多。其中衡广复线大瑶山隧道(14.29km)是我国已建成的最长双线隧道。大秦铁路的军都山隧道(8.46km)、白家湾隧道(5.06km)等双线铁路隧道也都在这一时期建成。

20世纪90年代，随着改革开放的深入发展，铁路工程建设的重点是发展和完善路网，提高铁路综合运输能力。这一时期建设的铁路干线主要有侯月、宝中、京九、南昆、神朔、朔黄、达成、横南、广大、西康、神延、内昆等线，同时还对宝成、兰新、宝天、株六等线增建二线。这些铁路的隧道工程数量大,长隧道多,工程地质条件极其复杂,建设技术要求高,从而使铁路隧道的建设进入了新的高潮时期,技术水平提高也很快。南昆线米花岭隧道(9.392km)和家竹箐隧道(4.99km),西康线秦岭Ⅰ线隧道(18.456km),京九线五指山隧道(4.465km)以及朔黄线长梁山隧道(12.782km)等均在这一时期建成。期间共建成隧道1 822座,总延长1 311km,是我国建成铁路隧道总延长最多、隧道平均长度最长的时期。

根据2004年3月出版的中国铁路隧道史记载,截至1999年年底,我国共建成铁路隧道6 877座,共计3 666.76延长公里(未包括台湾省)。根据铁道部工程设计鉴定中心和中国工程建设标准化协会铁道分会的统计资料。截至2005年年底,我国已建成的铁路隧道7 538座,共计4 314.07延长公里(未包括台湾省)。

中国的铁路隧道按地区分布,以西南、西北居多,约占70%;华北和东北次之,约占25%;华东和中南较少,约占5%。我国已建成铁路线隧道密度较大的有西康线(长度超过200km),隧线比率为45.9%,居全路之首;其次是襄渝线,隧线比率为33.4%;第三是成昆线,为31.5%。除此以外,侯月、丰沙、京原、南昆、枝柳等线隧线比率也都在20%以上。

## 二、我国公路隧道发展的历史

(1)引言

我国公路隧道的建设起步很晚,自20世纪80年代才开始建设。

我国山区面积约占全国国土总面积的70%,是一个多山的国家。在山区建设公路必然遇到地形障碍,有必要采用隧道方案穿越山岭或丘陵。以往建设的公路多为低等级公路,需要穿越山岭或丘陵时普遍采用的做法是盘山绕行或切坡深挖,这样不仅增加了公路里程,而且降低了时速。据统计,汽车靠盘山绕行翻越山岭时平均时速不足30km,不到经济时速的一半,由此大大影响运输效率。同时汽车的机械损坏和轮胎磨损极为严重,汽油耗量比高等级公路多20%~50%。而且盘山绕行通常伴随切坡深挖,容易出现许多高边坡,不仅严重破坏自然景观,而且容易导致塌方、滑坡和水土流失。采用隧道方案不仅可缩短行车里程、提高线形标准、增强运营安全,而且比盘山绕行具有可节省建设用地,并利于保护生态环境等优点。因此自20世纪80年代以来,随着高速公路建设的快速发展,公路隧道已逐渐得到采用和发展。

我国公路隧道的建设起步虽晚,发展却非常迅速。到1990年年底,我国建成的千米以上的公路隧道已有十余座,其中包括福建鼓山隧道和深圳梧桐山隧道等典型公路隧道,标志着我国公路隧道的修筑技术已有较高水平。进入20世纪90年代后,公路隧道的建设迅速发展,迄今我国已相继建成数千座公路隧道,已成为当前世界上公路隧道最多、发展速度最快的国家。与此同时,随着隧道长度越来越长,断面越来越大,结构形式越来越丰富,修建、运营技术也正不断提高,从而使我国成为修筑隧道技术先进的国家之一。

(2)早期典型公路隧道

我国最早建成的用于交通的隧道,是公元66年建成的陕西古褒斜道上的石门隧道。20世纪50~80年代,公路隧道建设极少。原因主要是公路等级低,对线形要求不高,遇山可以盘山展线绕行;筑隧技术跟不上需求,工程建设贯彻环保理念差等也是重要原因之一。20世纪50年代据北京等九省市统计,当时我国仅有公路隧道30多座,总长约2 500m,长度都比较短。20世纪60~70年代,我国开始在干线公路上修建百米以上的隧道,但标准仍很低。1964年,在北京至山西的原平公路上修建了两座长约200m的公路隧道。期间为发展山区经济和解决山区群众出行难的问题,有些地方政府利用国家补助,制定了地方自筹和群众集资投劳等政策，组织群众开山打洞修建公路，也建成了一些隧道，如河南辉县的愚公洞，河北涉县的桃花岭隧道、山东淄川的黑峪隧道、浙江永康的鹫岭隧道和北京延庆的幸福岭隧道等。

1980 年以后，公路隧道的发展逐渐加快。具有代表性的隧道工程有：1983 年建成的新疆天山公路的铁力买提隧道（长 189m）、玉希莫勒盖隧道和哈希勒根隧道（海拔 3 400m），开避了通往昔日交通禁区的通衢；1986 年建成的福州—马尾一级公路上的鼓山隧道（长 3 138m），洞内设置了照明、吸音、防潮、通信、防火等装置和闭路电视监控及雷达测速系统，是我国第一条现代化双线公路隧道；1987 年建成的深圳梧桐山隧道（长 2 300m），也设置了照明、消防、供水、监控、交通信号、广播通信等设施；1989 年建成的甘肃七道梁隧道（长 1 560m），首次在我国公路隧道中采用了射流通风技术，并使用了第一批国产射流风机（图 1.1-1）。同期建成的典型公路隧道还有珠海板樟山隧道（长 1 210m）和福建马尾隧道（长 1 935m）等。

20 世纪 80 年代建成的典型公路隧道，标志着我国公路隧道的修筑技术已开始步入发展轨道。

a)　　b)

图 1.1-1　甘肃七道梁隧道

（3）公路隧道的建设规模与类型

到 1990 年年底，我国建成的千米以上的公路隧道已有十余座。据不完全统计（表 1.1-1），2007 年国内特长公路隧道（含在建）已达到 196 座。其中 8km 以上的超特长隧道有 9 座，包括陕西秦岭终南山公路隧道（2 × 18.02km，图 1.1-2）、台湾雪山隧道（2 × 12.9km）、甘肃大坪里隧道（2 × 12.288km）、陕西包家山隧道（2 × 11.185km）、四川泥巴山（大相岭）隧道（2 × 9.985km）、甘肃麻崖子隧道（2 × 9km）、湖北龙潭隧道（2 × 8.657km）、四川丐山梁隧道（2 × 8.53km）及重庆金寨山隧道（2 × 8.1km）等。

在断面规模方面，随着交通量的日益增大，双车道隧道（内轮廓净空面积约 $65m^2$）已不能完全满足交通功能的需求，使三车道隧道（内轮廓净空面积约 $96m^2$）、四车道隧道（内轮廓净空面积约 $136m^2$）等大跨扁平隧道断面应运而生。我国一些大跨度扁平隧道的工程实例如表 1.1-2 及图 1.1-3 所示。

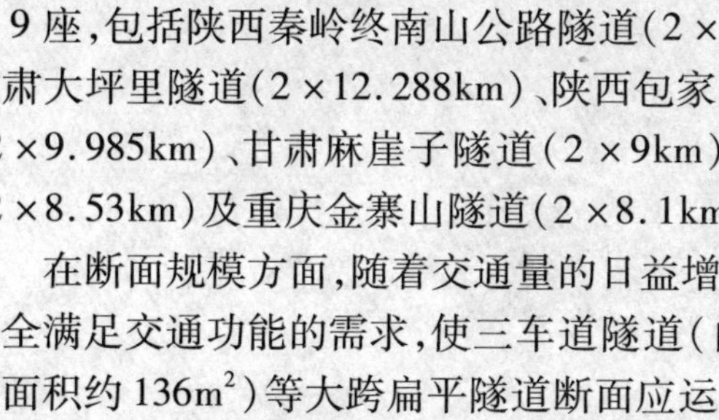


图 1.1-2　秦岭终南山公路隧道

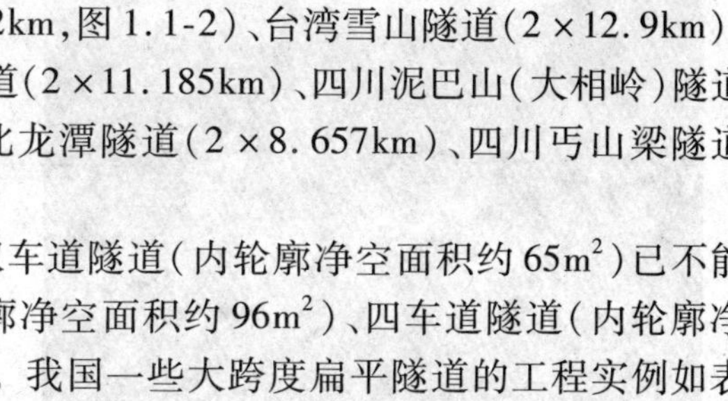

图 1.1-3　深圳雅宝隧道

**特长隧道分段长度统计表** 表 1.1-1

| 序　号 | 分段范围(km) | 座　数 |
|---|---|---|
| 1 | 3~4 | 90 |
| 2 | 4~5 | 62 |
| 3 | 5~6 | 15 |
| 4 | 6~7 | 13 |
| 5 | 7~8 | 7 |
| 6 | >8 | 9 |

在结构形式方面，早期公路隧道普遍采用双洞分离式结构，但因种种条件限制，很多情况下双洞隧道左右线间距往往不能满足分离式结构的要求，因此出现了连拱隧道(图 1.1-4)和小净距隧道(图 1.1-5)。此外，伴随着桥隧相连和实现地下互通等特殊交通功能的需求，分岔式隧道(图 1.1-6)、桥隧混合式结构、地下立交结构等形式也已出现。

**大跨扁平隧道典型工程** 表 1.1-2

| 隧道名称 | 长度(m) | 车道数×洞数 | 开挖宽度(m)×高度(m) | 建成年份 | 备　注 |
|---|---|---|---|---|---|
| 大阁山隧道(贵州) | 496 | 4×1 | 21.04×11.5 | 2002 年 | 第一座单洞四车道城市公路隧道 |
| 金州隧道(辽宁) | 520 | 4×1 | 22.482×15.52 | 2003 年 | 第一座单洞四车道高速公路隧道 |
| 雅宝隧道(广东) | 260 | 4×2 | 21.1×13.7 | 2006 年 | 第一座双洞八车道公路隧道 |
| 龙头山隧道(广东) | 1 020 | 4×2 | 21.1×13.2 | 2008 年 | 双洞八车道公路隧道 |

图 1.1-4　金鸡山连拱隧道

图 1.1-5　东楼小净距隧道

图 1.1-6　八字岭分岔隧道

建设里程方面，截至 2010 年年底，我国共建设公路隧道 7 384 座，总延长约 512.26 万延米(表 1.1-3)。其中特长隧道 265 座，总延长约 113.80 万延米；长隧道1 218座，总延长约 202.08 万延米(上述统计数据不包括香港、澳门和台湾以及城市隧道)。随着公路建设逐渐向大山延伸，我国公路隧道的总长占全线总长的比例越来越高，隧道建设的规模也越来越大。

**隧道与公路建设规模发展对比表** 表 1.1-3

| 工程类型 | 2010 年总里程 | 同比 2009 年增长(%) |
|---|---|---|
| 公路 | 400.82 万公里 | 38.2 |
| 等级公路 | 330.47 万公里 | 8.13 |
| 高速公路 | 7.41 万公里 | 13.82 |
| 隧道 | 5 122.6 公里 | 29.95 |
| | 7 384 座 | 20.28 |

## 第二节 我国铁路隧道技术的发展

隧道修建技术是涵盖多种专业、交叉性很强的综合技术。一个多世纪以来(到 1999 年年底),中国铁路隧道修建技术的发展,大体可按年代划分为三个时期。

(1)1888 ~ 1949 年

新中国成立以前,铁路隧道修建技术的特点是,基本采用人力开挖、手工操作,机具简单、技术落后。当时铁路隧道的建设既没有固定的专业技术队伍,也没有完整的设计、施工规范,机具设备少,方法简单,工人劳动强度大,效率很低。建成的隧道,长度超过 3km 的仅有 3 座。

(2)20 世纪 50 ~ 70 年代

新中国成立后不久,铁路建设迅速发展,隧道施工则由人力为主转为依靠中、小型机械施工。在这一时期,隧道设计、施工技术得到了较大的发展。

自 20 世纪 50 年代初起,铁道部十分重视隧道建设专业队伍的组建,并逐步制定了铁路隧道勘测设计、施工规范和隧道建筑限界标准,编制了一些隧道建筑标准设计图。对平面控制测量做出了测量设计,提出了贯通误差计算公式,测量方法采用两条基线的三角网和导线法,初步建立了贯通误差理论。辅助坑道采用横洞、斜井、竖井和平行导坑,竖井最深达 136m。开挖施工方法以上、下导坑法为主,开始采用平行导坑和管道进行施工通风。从 1957 年开始,较长隧道试用后翻式装渣机装渣,用电瓶车牵引轨道运输出渣。水泥砂浆注浆防水技术在这期间得到逐步采用。20 世纪 50 年代受当时技术条件及工期限制,修建的长隧道不多,建成 3km 以上的隧道只有北同蒲线的段家岭[Ⅰ线(3.540km)、Ⅱ线(3.348km)]隧道和川黔线的凉风垭隧道(4.270km)。

20 世纪 60 ~ 70 年代,通过实践和试验研究,改进和提高了铁路隧道的勘测设计手段和施工组织方法,并推广采用机械设备。从西南铁路建设开始,以成昆线为代表,购进了一批新的勘测技术设备和施工设备,逐步应用航测遥感和工程物探技术,注意按隧道建设要求进行选线和选址,平面控制测量开始采用闭合导线法和一条基线的三角网;在施工方面开始推广漏斗棚架法,部分采用全断面开挖,研究试用光面爆破,对整治岩溶、岩爆、坍塌、涌水和瓦斯等也逐步积累了经验,使铁路隧道的修建技术得到了迅速提高。山区铁路长隧道显著增多,20 世纪 60 年代建成 3km 以上的长隧道 20 座,70 年代建成 3km 以上的隧道 33 座,其中各有 5 座隧道长度超过 5km。

(3)20 世纪 80 年代以来

20 世纪 80 年代以来,铁路建设得到了大发展,长大隧道普遍修建。隧道修建技术从传统的矿山法转向采用以“新奥法”原则为指导的一系列新技术、新设备。隧道施工进入大型机械配套的时期，隧道修建技术整体追赶世界先进水平。修建长隧道可降低线路越岭高度和避免采用短隧道群，使线路状态得到改善，有利于消除和确保运营安全，而为适应特长隧道修建的需要，在隧道施工中大量引进国外先进技术和设备，促进铁路隧道修建技术快速提高。20世纪80年代以衡广复线大瑶山隧道为代表，攻克了双线特长隧道设计施工中的难题，解决了双线长隧道施工大型机械化配套问题，应用“新奥法”原则指导大断面和全断面隧道施工取得了成功。这是中国隧道建设史上的新突破，标志着双线隧道施工技术和设备达到了国际先进水平。20世纪80年代共建成3km以上的长隧道10座，其中双线隧道8座，长度超过8km的隧道2座。衡广复线的大瑶山隧道(14.294km，最大埋深约910m)是我国第一座长度超过10km的特长隧道，也是国内已经建成的最长的双线铁路隧道。

20世纪90年代，在双线铁路长隧道的施工已实现机械化配套的带动下，针对单线铁路长隧道施工技术较为落后的状况，铁道部对单线铁路长隧道立项，攻关研究快速施工配套技术与设备，成果在米花岭隧道施工中得到实施，取得了双口月成洞769m的全国最好成绩，单口月成洞则最高达到515.9m。随后又在西康线铁路Ⅰ线隧道(18.46km，最大埋深达1 600m，是目前全国最长的单线铁路隧道)及朔黄线的长梁山隧道(12.78km，是全国第二长的双线隧道)成功地得到应用。铁路长隧道的成功修建，集中体现和标志着我国铁路隧道建设的新水平。

## 第三节　我国公路隧道修筑技术的研究

### 一、筑隧技术研究的主要领域

我国地域辽阔，各地自然地形、地质、环境建设条件差别很大，使公路隧道的建设容易遇到各种技术难题，其中一些难题在世界范围内也极为罕见。我国技术人员在广泛吸取日本、奥地利、瑞士和挪威等国成功经验的基础上，通过多年来的科技创新与大量的工程实践，在公路隧道建设技术的各个方面都已取得了长足的进步，从而成为迄今世界上公路隧道最多、发展速度最快、修筑技术先进的国家之一。

技术研究方面，我国的公路隧道在超特长隧道技术、大跨扁平隧道技术、连拱及小净距隧道技术、分岔式隧道技术、复杂条件下的隧道技术、隧道防排水技术、隧道防灾减灾技术、隧道环保技术、围岩与支护结构稳定性的分析与评价技术和“四新”技术等方面的研究都已取得丰硕成果，以下分别简要介绍。

1)超特长隧道技术

我国已经建成的秦岭终南山公路隧道是迄今总长世界第一的双洞高速公路隧道。长度大于6 000m的超特长隧道的建设规模也正日益增大。特长和超特长隧道通常穿越的地层类型众多，地质条件复杂多变，安全施工和安全运营遇到许多问题，防灾救援要求也高，因此在建设过程中，依托典型特长隧道工程开展了多个方面、多项课题的科技攻关研究。例如依托秦岭终南山公路隧道、雪峰山公路隧道、泥巴山隧道及七道梁隧道分别进行的深埋长大公路隧道修建关键技术研究，依托龙潭隧道的“湖北沪蓉西国道主干线龙潭特长隧道特殊地质条件下的关键技术研究”，依托乌鞘岭隧道的“乌鞘岭特长公路隧道群建设与运营安全控制技术研究”等。这些课题围绕超特长隧道的勘察、超前地质预报(断层、岩溶等)、信息化设计与施工、通风、防灾、监控与管理等方面开展研究工作，取得了丰硕的成果。

2)大跨扁平隧道技术

一般将单洞跨度大于16m、扁平率小于0.5的隧道称为大跨扁平公路隧道,其设计施工常有较大难度。其中双洞六车道公路隧道国内已建成近百座,目前在建的也有近百座,标志着这类隧道的建设技术已基本成熟。而双洞八车道公路隧道单洞跨度更大,在工程地质、环境地质、断面几何特性、防排水及施工技术措施、围岩力学特性、结构稳定性要求以及工程建设成本、工期等因素的综合影响下,其结构受力条件较双车道和三车道隧道均更加复杂,尤其是在软弱围岩、断层破碎带及位于浅埋地层等不良地质段的隧道,更容易发生围岩失稳和隧道结构开裂等破坏现象。

为促进超大跨扁平隧道技术的发展,1998年开展的项目"大梅沙扁平大断面隧道施工力学响应及施工方法的研究",2002年开展的项目"大跨扁平公路隧道开挖方法与支护工艺"及"辽宁省沈大高速公路韩家岭隧道修筑技术研究",2005年完成的项目"龙山浅埋大跨连拱隧道动态反馈与施工控制技术研究",以及2007年开展的项目"单拱四车道公路隧道设计优化与施工技术研究",均对大跨扁平隧道的设计、施工技术,从多个角度出发进行了科技攻关研究,形成了成套技术。

3)连拱及小净距隧道技术

山岭隧道以往普遍采用双洞分离式结构形式,但因种种条件的限制,很多情况下双向隧道左、右线间距往往不能满足使其成为分离式结构的要求,从而出现了连拱隧道和小净距隧道。

1992年由铁道部第四勘察设计院设计的白云隧道,是国内较早建造的公路连拱隧道。其后京珠高速公路的五龙岭隧道、浙江宁海县境内的岵岫岭隧道、沪蓉路广邻高速公路的冯家娅口隧道、延塞高速公路的墩山隧道、福建的相思岭隧道和广东西部沿海高速公路的猫山隧道等连拱隧道相继建成。与此同时,连拱隧道设计施工的关键技术也被逐步立项研究。如2002年立项的西部交通建设科技攻关项目"连拱隧道建设关键技术研究"、2003年完成的"扁平大跨度不对称连拱隧道设计与施工技术研究"、2004年完成的"高速公路复杂地层双连拱隧道施工关键技术研究与应用"、2005年完成的"软弱围岩双跨连拱高等级公路隧道综合修建关键技术研究"、2006年完成的"公路双连拱隧道关键技术与工程应用研究"等,都是针对连拱隧道建设的技术问题开展的专项研究。通过大量研究成果的推广普及与工程实践,连拱隧道的中墙形式已从最初的整体式直中墙演变为夹心式直中墙,再发展到夹心式曲中墙;断面形式已从对称连拱隧道发展到不对称连拱隧道;并已从全暗或全明的连拱隧道发展到明暗组合的连拱隧道等。

小净距隧道常与连拱隧道相连,并逐步演变为达到正常间距的双洞分离式隧道。与连拱隧道相比较,小净距隧道有施工风险较小、造价相对较低等优点,但也存在小净距极值确定和工法步骤优化等技术问题需要攻关研究。在这一领域,2000年开展的项目"京福高速公路小净距隧道设计施工关键技术研究",及2003年立项的交通部西部交通建设科技项目"双洞小净距隧道设计、施工关键技术研究",为推动小净距隧道设计施工技术的完善,促进小净距隧道技术的工程应用,均发挥了显著的作用。

4)分岔式隧道技术

在桥隧相接的特殊路段,由于洞口接线的要求及地形条件的限制,或出于减少工程造价的考虑,出现了一种结构形式新颖的隧道——分岔式隧道。其结构形式可分为两类:一类依次由洞口的连拱隧道结构区段,转变为小净距隧道结构区段,并逐渐过渡为正常间距的双洞分离式隧道结构;另一类洞口段衬砌先设置为四车道大拱隧道结构,然后逐渐过渡为整体式中墙连拱隧道、夹心式中墙连拱隧道及小净距隧道，最后转变为正常间距的双洞分离式隧道结构。2004年施工的山西晋济高速公路月湖泉隧道是第一类分岔式隧道的典型代表（连拱隧道段长348.49m，小净距隧道段长266.44m，分离式隧道段长4 129.62m）。隧道出口端与仙神河大桥相连，该桥的左、右幅桥均必须建造为整体形式，而桥隧之间缺少足够的过渡路基，因此出口端洞口必须设计为连拱隧道，其后在隧道内逐渐将左、右线洞室分离，形成分岔式结构。湖北沪蓉西高速公路八字岭隧道则是第二类分岔式隧道的典型代表（双洞四车道，全长2×3 525m），2007年建成。隧道进口端与八字岭特大桥西桥台相连，设为分离式隧道结构；出口端与四渡河特大桥东桥台间距仅15m，依次采用四车道大拱隧道段、双连拱隧道段、小净距隧道段、标准间距分离式隧道段。

结构形式方面，分岔式隧道往往同时具有大跨扁平隧道、连拱隧道、小净距隧道和分离式隧道等结构的特点，其受力分析、施工顺序、爆破控制和确保运营通风质量等方面仍处于经验积累阶段。因此，2004年西部交通建设科技项目以“分岔式隧道设计施工关键技术研究”为题，对其进行了有益的专题研究探索。

5）复杂条件下的隧道技术

众所周知，我国地域辽阔，隧址所在地区的地质条件和地理条件具有多样性，由此导致我国出现了许多复杂、特殊的公路隧道技术。一般情况下，隧道工程中常见的复杂地质和地理现象主要包括高地应力、岩爆、大变形、构造破碎带及活动断裂、松散地层、特殊性土、采空区、岩溶地层、有毒气体、浅埋段、高海拔及高寒和冻土等。此外还有桥隧混合结构，以及地下通道的立交互通。这些复杂地质和地理现象不仅给隧道施工造成极大困难，而且还危及人员生命财产安全。针对上述情况，人们开展了一系列的专项研究。

（1）高海拔、高寒和冻土的研究

2001年完成的项目“高海拔高寒隧道综合施工技术研究”，2004年完成的项目“寒冷地区隧道冻害防治技术研究”及“高原冻土隧道冻害预报和综合防治关键技术”，以及2004年开展的项目“高海拔地区复杂地质条件下公路隧道设计与施工技术研究”等，都主要针对高海拔、高寒和冻土地区的筑隧技术。

（2）深埋与高地应力的研究

2003年完成的项目“深埋长隧道高地应力与围岩稳定问题——‘川藏公路二郎山隧道高地应力测试、监测及围岩稳定性分析与工程措施’研究”，及2006年完成的项目“通渝深埋特长隧道高地应力与围岩稳定性研究”等，都是结合高地应力下隧道围岩的稳定性和岩爆等地质现象开展的研究。

（3）穿越瓦斯、煤层地层的研究

2007年开展的项目“西部地区公路瓦斯隧道设计与施工技术研究”等，结合公路隧道的特点对这类课题进行了研究。

（4）黄土、松散地层和软弱围岩的研究

2004年完成的项目“黄土地区隧道的修筑技术研究”，2006年完成的项目“软弱围岩特长高速公路隧道施工技术研究”等，结合公路隧道的特点对这类课题进行了研究。

（5）岩溶和涌水的研究

2005年完成的项目“华蓥山隧道设计与施工关键技术研究”，2008年完成的项目“大涌水量与复杂地质条件下的公路隧道修筑技术研究”，及2008年开展的项目“多断层、富水岩溶地区特长公路隧道修建关键技术及防灾救援方案研究与应用”等课题的研究。

这些课题都能针对依托工程，以突破复杂条件下隧道建设的技术瓶颈为目标，通过研究为这些工程提供了与特定地理、地质条件相应的隧道勘测、设计、施工技术，为确保工程建设安全、降低工程造价和养护成本提供了有力的技术支撑。

6）隧道防排水技术

与铁路等隧道相比较，防排水措施与构造的有效性对公路隧道的安全运营更为重要。因为汽车行驶需要良好的环境条件，故有必要在公路隧道内设有通风机、照明灯具、消防器材、摄像机、交通监视器和环境监测器等设备或器材，从而不允许因洞内出现渗漏水而造成设备失效，危及结构使用和洞内行车安全。因此，公路隧道的防排水措施与构造相对于铁路隧道显得尤为重要。

在这一领域立项研究的项目有“天巉公路隧道防排水设计施工研究”、“黄土山区高等级公路防排水系统研究”、“双连拱隧道结构防排水与渗漏水治理技术研究”、“山岭隧道防排水技术研究”、“公路隧道喷射防水层技术研究”、“公路隧道防排水技术及施工工艺”、“高速公路隧道沥青复合式路面结构防排水综合技术研究”等，研究内容同时包括防排水构造、防排水材料和施工工艺等。

7）隧道防灾减灾技术

灾害防治的研究正日益受到重视，而公路隧道防灾减灾技术的研究则主要是围绕隧道可能遇到的主要灾害，开展灾前预警、灾中处置和灾后恢复等技术的研究，从而为公路隧道的防灾减灾以及在灾害条件下紧急救援的决策提供技术指导。例如2008年开展的项目“公路隧道抗震及减震技术研究”，主要研究地震条件下的防灾减灾技术；同年开展的项目“公路隧道衬砌结构耐火技术研究”，主要研究火灾灾害下的隧道建设技术；而同年开展的另一项目“公路隧道施工重大险情预警与应急救援技术研究”，则主要是对施工重大灾害险情的预警与救援保障技术开展科技攻关研究。

8）隧道环保技术

随着人们环保意识的逐渐提高，隧道建设中的环境保护问题越来越受到业界的关注。因此，针对隧道设计施工中可能破坏周边生态环境的主要环节，如隧道开挖对周围生态环境的干扰或破坏、隧道洞门的环境损伤、隧道施工废水排放造成的污染等问题，开展了科技攻关研究。2006年完成的项目“高速公路隧道环保型建设技术研究”、2007年开展的项目“山区隧道建设环境保护关键技术研究”及“沿河傍山路段棚洞结构形式适应性及设计施工技术研究”等，均是本着为建设“资源节约型、环境友好型”交通提供技术指导和科学依据的宗旨而进行的科技攻关研究。

9）围岩与支护结构稳定性的分析与评价技术

围岩与支护结构稳定性的分析与评价涉及隧道设计、施工的基本理论，在这一领域开展研究在水电、交通、矿山部门历来都受到重视。其中原交通部“九·五”重点科研课题“公路隧道围岩稳定与支护衬砌结构设计技术研究”，是在这方面较早取得成果的典型研究课题之一，课题“用扩张卡尔曼滤波器有限元法反分析隧道围岩非确定性动态的研究”也是该领域的另一个典型。此外，上述多项课题的子项研究内容，也都涉及本项技术的研究。

10）“四新”技术

除上述研究方面外，针对新材料、新技术、新工艺、新设备开展的研究也取得了很大的进展。2000年开展的课题“公路隧道钢纤维喷射混凝土力学性能、施工工艺及装备”，主要研究了钢纤维喷射混凝土的应用技术；2005年完成的课题“公路隧道湿喷混凝土综合技术”，着重研究了这类结构的湿喷工艺;2005 年开展的课题"公路隧道喷射防水层技术研究",主要探讨喷射防水层的新材料;2006 年开展的课题"公路隧道松弛荷载预测理论与预警系统及设计方法研究"提出了"基于监控量测与反分析的隧道动态围岩分析"的新技术;同年开展的课题"公路隧道建设中数字化技术应用",则专门就数字化新技术在隧道工程中的应用进行了研究等。"四新"技术的研究,对行业的技术进步常可起到很好的促进作用。

隧道掘进技术方面,近几十年来全断面隧道掘进机(TBM)、盾构掘进机和沉管技术、箱涵顶进技术都已取得很大的发展。其中全断面隧道掘进机具有施工速度快、隧道成型好、机械化程度高以及对周边环境影响小等优点,已成为国外隧道开挖普遍采用的机具,但迄今我国仅在铁路隧道和水工隧洞的开挖施工中用过 TBM,公路隧道掘进方面还没有应用实践。采用盾构机掘进适用于软土、淤泥地层,一般多用于在沿海冲积层地层中开挖隧道。我国目前已采用盾构机建成大量水下公路隧道和地铁区间隧道,并已积累有许多成功的经验。沉管法适用于建造水下隧道,目前我国在江河湖海修建通道时已有多座水下沉管隧道的实例。

## 二、筑隧技术研究的典型成果

1)秦岭终南山特长公路隧道关键技术研究

该项目于 2001 ~ 2007 年实施,针对秦岭终南山特长公路隧道的技术难点,共设 7 个子课题开展科技攻关研究,分别为环保技术研究、通风技术研究、防灾救援技术研究、监控技术研究、管理与养护系统研究、信息技术研究和施工定额研究。通过 6 年的研究,该项目共取得 19 项重大技术突破,7 项成果达到国际领先或国际先进水平,为依托工程的安全施工和运营提供了保障技术,并使其具有以下亮点:

(1)单洞长度达到 18.02km,双洞长 36.04km,成为中国公路隧道之最,建设规模世界第一。

(2)使依托工程成为我国第一座自行设计、自行施工、自行监理、自行管理、技术水平最高的高速公路隧道。

(3)隧道全线共设 3 座通风竖井,分段送、排或纵向通风。竖井下方设有大型地下风机厂房,竖井施工根据实际情况采用正挖或反挖方案。通风区段最长 4 948m,竖井最深 664m,井径最大 11.5m,成为世界上工程规模最大的隧道通风竖井,通风控制方式属国内首创、世界罕见。

(4)开创性地在超特长高速公路隧道中设置了景观灯光带,利用不同灯光和图案变化,将超特长隧道分成几个短隧道,以缓解驾驶员焦虑情绪、压抑心理和视觉疲劳,保证行车安全。

(5)拥有世界上最完备的高速公路隧道监控设备。隧道每隔 125m 设一台摄像机(共 288 台),每隔 250m 设一台视频时间监测仪和火灾报警器,是世界上摄像机最密集的高速公路隧道,可对突发事件进行全方位自动跟踪监控,以便有效处理,水平属世界领先。

(6)创造性地出台了策略自动生成软件,在隧道运营管理中对火灾、交通事故等实现了自动监控,并可对发生的事故自动生成相应的策略程序,以便全方位联动指导,保证隧道安全畅通。

(7)对隧道防灾救灾实行军事管理。该隧道建有大型消防水池,发生火灾时具有消防水源;隧道公司和武警部队合作,成立终南山隧道武警消防支队,并经常进行消防演练。

秦岭终南山隧道是集科技、文化、景观、环保、服务、管理于一身的现代化隧道样板工程,为我国后续超大规模公路隧道的建设提供了宝贵的经验。

2)高速公路隧道环保型建设技术研究

该项目于2003年10月至2006年5月实施,依托工程为位于国家级森林公园老山风景区的老山隧道,针对高速公路隧道洞口的高边仰坡和公路一旁的大范围高边坡刷坡的处治措施开展优化研究,取得的成果主要包括如下几方面:

(1)以老山隧道1号隧道为依托,对公路隧道提出了采用前置式洞口的布置方案与工法,避免了高边仰坡。

(2)以老山隧道2号隧道为依托,研究对沿河傍山路段采用棚洞结构避免高边坡时的可行方案,内容包括傍山路段棚洞结构的支挡原理、结构类型和设计方法,以及边坡的稳定性,环保效应和施工方法。通过研究设计了一种新颖的大跨半拱斜柱轻型棚洞结构,研制了用于整体浇筑半拱斜柱棚洞结构混凝土的模板台车,并根据结构形式结合监控量测结果对这类结构提出了施工步骤和措施。

(3)通过研究对两个隧道洞口都实现了"零仰坡"施工,并避免了高大边坡开挖,保护了自然植被,减小了对原地质体的扰动,节约了资源,体现了"环境友好、资源节约型"交通建设的理念。

老山隧道已采用优化建设方案建成,取得了良好的环境效益与社会效益。

## 第四节　本书主要内容

本书介绍隧道工程的设计、施工方法。鉴于铁路隧道和公路隧道在使用要求、建筑布置和修建技术方面都各有特点,而诸多内容不可能在同一本书中都予包含,本书将主要结合近期发展较快的公路隧道介绍设计、施工方法。

隧道工程的建设技术与岩土地层的属性及其工程地质条件关系密切,山岭隧道和软土隧道的设计、施工方法有很大差别,本书对这两类公路隧道的设计、施工方法都将作简要介绍。与此同时,高速公路隧道内部环境设计标准较高,本书也将扼要介绍洞内通风、照明、监控、防排水设施的要点。

全书共分12章。除绪论外分别介绍隧道工程的勘测和建筑设计,隧道结构的荷载、设计模型与计算方法,隧道结构的施工方法,锚喷支护及其设计施工方法,小净距隧道和连拱隧道,隧道通风、照明与防排水,隧道工程监控与防灾,以及隧道工程的风险管理。其中勘测和建筑设计内容铁路、公路隧道差别较大,本书主要介绍公路隧道的勘测和建筑设计;小净距隧道和连拱隧道,隧道工程的通风、照明与防排水,以及隧道工程的监控与防灾等内容多数属于公路隧道建设创造的特色;隧道结构荷载、设计计算方法、开挖施工方法和锚喷支护及其设计施工方法等内容,虽然术语名称沿用习惯提法,实际内容与以往相比却面目一新,因而也只能主要结合公路隧道作介绍。例如公路隧道施工中,早年常用的简单开挖方法有单侧壁导坑法、双侧壁导坑法、CD开挖法(中隔壁法)及CRD开挖法(交叉中隔壁法)等。又如软土隧道的明挖工法包含超大深度基坑的支护开挖技术,顶管工法已拓展用于在热闹市区形成下穿越通道的箱涵顶进方法等,名称虽仍可沿用常用术语,技术难度和工艺水平却都能充分体现我国筑隧技术的发展水平,甚至已达到世界先进水平。

隧道工程的风险管理是近几年来得到发展的学科分支,属于发展方向,本书在十一章对其作了介绍。

公路、铁路隧道建设规模的发展,尤其是复杂条件下长隧道、特长隧道和大跨度复杂隧道结构形式的出现，必然伴随着筑隧技术的不断创新。20多年来，结合面临的技术难题开展的攻关研究范围之广、内容之多、成果之丰硕令人目不暇接。对这些领域的丰硕成果，本书注意了对新技术的吸纳，然而由于我国筑隧技术的发展内容太过丰富，相比之下书中内容对新技术的介绍只能是挂一漏万。

## 本章参考文献


[1] 王毅才.古代隧道技术文化现象与思考[J].文博,1994,(2):26-29.

[2] 蒋树屏.我国公路隧道建设技术的现状及展望[J].交通世界,2003,(Z1):22-27.

[3] 中华人民共和国交通运输部.2010年公路水路交通行业发展统计公报[EB].北京:中华人民共和国交通运输部,2008.

[4]《中国铁路隧道史》编辑委员会.中国铁路隧道史[M].北京:中国铁道出版社,2004.

# 第二章　公路隧道的勘测与建筑设计

## 第一节　公路隧道的分类

公路隧道勘察、设计的要求和方法与公路等级、交通量大小及由隧道建设方案确定的隧道长度、跨度和横断面布置方案等因素有关。因此在勘察、设计过程中，首先应根据这些因素对隧道进行分级与分类，以帮助确定勘察、设计的工作内容、标准及质量要求。

公路隧道按长度一般可分为特长隧道、长隧道、中隧道和短隧道四类，如表 2.1-1 所示。表中同时列有各类隧道的特点，由表可见隧道的设计标准与长度有关，尤其是消防要求和通风方案的确定。

公路隧道按长度分类　　表 2.1-1

| 隧道分类 | 隧道长度 $L$(m) | 特　点 |
|---|---|---|
| 特长隧道 | $L>3\,000$ | 平纵指标对通风方案影响显著 |
| 长隧道 | $1\,000<L\leqslant 3\,000$ | 一般需设置水消防及进行机械通风 |
| 中隧道 | $500<L\leqslant 1\,000$ | 一般不需设置水消防 |
| 短隧道 | $L\leqslant 500$ | 隧道平纵指标可适当放宽 |

注：1. 隧道长度指隧道两端洞门桩号之差，当为并行双洞时以较长隧道为准。
2. 当隧道长度大于 6 000m 时，隧道运营管理系统一般需特殊考虑；当隧道长度小于 100m 时，隧道平纵指标不受隧道规范约束，可不采用电光照明。

国际隧道协会（ITA）按横断面面积的大小将隧道分为极小断面隧道（$2\sim3\text{m}^2$）、小断面隧道（$3\sim10\text{m}^2$）、中等断面隧道（$10\sim50\text{m}^2$）、大断面隧道（$50\sim100\text{m}^2$）和特大断面隧道（大于 $100\text{m}^2$）。国内对公路隧道则习惯于按其开挖跨度分为四类，依次分别为小跨度隧道、中跨度隧道、大跨度隧道和超大跨度隧道，如表 2.1-2 所示。表中列有各类隧道适用场合的描述，可供参考。一般情况下，跨度越大，横断面面积也越大，开挖施工方法的确定更需注意围岩的稳定性。

公路隧道按跨度分类　　表 2.1-2

| 隧道分类 | 开挖跨度 $B$(m) | 适用场合 |
|---|---|---|
| 小跨度隧道 | 开挖跨度 $B<9$ | 1. 单车道公路隧道；<br>2. 服务隧道；<br>3. 人行横洞及车行横洞 |
| 中跨度隧道 | 开挖跨度 $9\leqslant B<14$ | 1. 双车道公路隧道；<br>2. 单车道公路隧道的错车带 |
| 大跨度隧道 | 开挖跨度 $14\leqslant B<18$ | 1. 三车道公路隧道；<br>2. 双车道公路隧道的紧急停车带 |
| 超大跨度隧道 | 开挖跨度 $B\geqslant 18$ | 1. 四车道公路隧道（单洞）；<br>2. 连拱隧道 |

公路隧道根据其横断面布置方式可分为双向行车单洞隧道、单向行车双洞分离式隧道、小净距隧道、连拱隧道和分岔隧道五类，如表2.1-3所示。由表可见，双向行车单洞隧道一般仅适用于二级、三级、四级公路隧道；高速公路或一级公路隧道左右洞之间的间距大于表2.1-4的规定时，设计施工基本可忽略相互之间的影响，称为分离式隧道；双洞隧道的左右洞间距小于表2.1-4的规定时，设计施工应考虑相互之间的影响，并可称为小净距隧道；双洞之间的间距更小，双洞隧道的内侧结构设置为整体结构时，一般称为连拱隧道。高速公路跨越地势陡峻的深沟峡谷时，因受特殊地形条件的限制，高等级公路隧道可由单洞四车道大拱隧道过渡为连拱隧道，然后逐渐过渡为上下行双洞分离的小净距隧道和分离式隧道，或由连拱隧道逐渐过渡为小净距隧道和分离式隧道，称为分岔隧道。

**公路隧道按横断面布置形式分类** 表2.1-3

| 隧道分类 | 特点 |
|---|---|
| 双向行车单洞隧道 | 一般指仅设置一个独立洞室的二级、三级、四级公路隧道 |
| 单向行车<br>双洞分离式隧道 | 高速公路或一级公路隧道左右洞间距大于表2.1-4的规定时，设计施工基本可忽略相互之间的影响 |
| 小净距隧道 | 双洞隧道的左右洞间距小于表2.1-4的规定时，设计施工应考虑相互之间的影响 |
| 连拱隧道 | 双洞隧道的内侧结构设置为整体的隧道 |
| 分岔隧道 | 由于特殊条件限制，高等级公路隧道由四车道大拱或连拱逐渐过渡为上下行分离双洞的一种隧道设置方式 |

**不考虑两洞室之间相互影响的双洞最小净距** 表2.1-4

| 围岩级别 | Ⅰ | Ⅱ | Ⅲ | Ⅳ | Ⅴ | Ⅵ |
|---|---|---|---|---|---|---|
| 最小净距(m) | $1.0\times B$ | $1.5\times B$ | $2.0\times B$ | $2.5\times B$ | $3.5\times B$ | $4.0\times B$ |

注：$B$为隧道开挖跨度。

经验表明，铁路、公路隧道的设计方法与工程场地的地形、地质、环境条件及采用的施工方法关系密切，故习惯上可按施工方法将公路隧道分类为矿山法隧道、明挖法隧道、盾构隧道和沉管隧道，或按隧道所在位置的特点将其分为山岭隧道、水底隧道和城市道路隧道，以及按隧道埋置深度将其分为浅埋隧道和深埋隧道等。

## 第二节　公路隧道的平纵断面

### 一、一般规则

公路隧道勘察设计中，对隧道平纵断面应注意隧道内外线形协调，以满足行车安全与舒适的要求。其中涉及隧道位置的选择。隧道位置应在进行地形、地貌、地质、气象、社会人文和环境等调查的基础上，通过对轴线方案的走向、平纵线形、隧道设置形式及洞口位置等方面进行综合比选确定，尤应重视地质条件对选线的制约作用。

地质条件复杂时，路线走向应受特长、长隧道的控制，以避开不良地质地段。即特长、长隧道方案的比选，原则上应在基本符合路线总体走向的前提下，由隧道控制局部线位。对各可行的方案，则应从隧址的区域自然建设条件、建设规模、施工条件、运营管理技术难度和成本等方面，进行系统地论证、分析和比较。

中、短隧道方案的比选原则上应服从路线布设的要求，可根据地形条件，对连拱隧道与小净距隧道方案进行比较；对于中心挖深大于30m的路堑，进行路、隧方案的比较；对短隧道群，则进行整体式路基连拱隧道方案与分离式路基小净距隧道方案的比较。尤应加强中短隧道与深路堑方案的比选，因为深路堑与隧道方案的选择直接影响路线的平纵面设计。在方案比选过程中，除应考虑工程造价外，还应考虑土地使用费、防止水土流失费、弃渣场设置费和提高工程可靠度的费用（如高边坡的处治费用）等，并应结合生态环境保护、道路景观等方面进行定性或定量的分析论证，综合考虑不同隧址方案对公路总体施工方案、施工安排和施工工期及工程投资的影响。

在隧道设计过程中，应通过优化隧道前后的公路路线在平面和纵断面上的线形，尽量做到在开挖过程中填挖方基本平衡，以减少隧道弃渣的数量。废石渣应尽量作为建筑材料或路基填料加以利用。当无法利用时，应运至指定地点废弃。弃渣场地宜选择荒坡地和凹地，尽量不侵占耕地、河道和沟谷。应加强弃渣场的防护与排水设计，以防止由雨水冲刷造成水土流失。

公路隧道勘察设计中，对山区公路隧道的施工方案应加强交通组织设计。因为在山区公路桥隧集中、施工组织困难的特殊地段，隧道的布设应考虑隧道施工方案和施工期间的交通组织的影响。同时山区公路控制性重点工程较多，经常遇到桥隧相接、隧道和互通式立交紧邻等情况，特别是当桥梁结构形式（如悬索桥、拱桥等特大跨径桥梁）和交通组织（如隧道内交通分、合流）等影响到隧道结构形式的选择时，应加大隧道方案的研究范围，将洞外结构物与隧道一起整体进行综合比选，从而加强山区公路隧道与洞外结构物的协调。

## 二、隧道的平面线形

公路隧道路线平面线形的确定，应综合考虑地形地质条件、洞口接线、隧道通风、车辆运行安全和施工条件等因素的影响，并与隧道自身的建设条件及相邻连接区间的公路路线的线形整体协调一致。

当隧道采用曲线时，不宜采用需设超高的平曲线，并不应采用需要加宽断面的平曲线。隧道可不设超高的圆曲线的最小半径应符合表2.2-1的规定。因受特殊条件的限制，隧道平面线形需要采用设超高的平曲线时，其超高值应按表2.2-2的要求，进行停车视距与会车视距验算，以保证驾驶员在紧急情况下有充分的时间迅速停车，从而避免交通事故。

**不设超高的圆曲线的最小半径（m）**　　表2.2-1

| 设计速度（km/h）<br>路拱（%） | 120 | 100 | 80 | 60 | 40 | 30 | 20 |
|---|---|---|---|---|---|---|---|
| ≤2.0 | 5 500 | 4 000 | 2 500 | 1 500 | 600 | 350 | 150 |
| >2.0 | 7 500 | 5 250 | 3 350 | 1 900 | 800 | 450 | 200 |

**公路停车视距与会车视距（m）**　　表2.2-2

| 公路等级 | 高速公路、一级公路 | | | | 二级、三级、四级公路 | | | | |
|---|---|---|---|---|---|---|---|---|---|
| 设计速度（km/h） | 120 | 100 | 80 | 60 | 80 | 60 | 40 | 30 | 20 |
| 停车视距 | 210 | 160 | 110 | 75 | 110 | 75 | 40 | 30 | 20 |
| 会车视距 | — | — | — | — | 220 | 150 | 80 | 60 | 40 |

确定隧道的平面线形时，应予注意的其他事项：

(1)特长隧道往往控制路线的总体走向，一般宜采用直线。高速公路、一级公路上的长、中隧道以及各级公路上的短隧道，平面线形宜采用直线或较大半径的曲线；中短隧道的平面线形一般同洞外路线线形，并应尽可能不使隧道内出现过大的超高。单向行车的小半径平曲线隧道，应按行车速度进行停车视距验算，双向行车的小半径平曲线隧道，尚应按行车速度进行会车视距验算，必要时应对隧道进行加宽处理。

(2)为保证高等级公路隧道内车辆行驶的安全性和行车的舒适性，当隧道设计速度等于或高于80km/h时，隧道内平曲线的最小半径不宜小于8倍行车速度；当隧道内的设计速度不高于80km/h时，隧道内平曲线最小半径不宜小于10倍行车速度。

(3)受工程造价及横向、竖向净空的限制，隧道内一般不宜设置交通标志。隧道内应避免出现车辆合流、分流、交织等现象。特殊情况下，如因洞口分散设置而车辆需在隧道内分、合流时，应根据车辆合流、分流的运行速度对停车视距进行验算，并进行行车安全的专题论证。

(4)隧道内不宜采用S形曲线，特别是高速公路和一级公路的隧道。为满足隧道内行车视距要求，保证行车安全，中短隧道内应禁止设置S形反向曲线；特长及超长隧道内必须设置S形曲线时，应尽量采用由不需设置超高的平曲线组成的S形曲线，或在反向曲线间设置一段缓和曲线或直线段。

(5)隧道洞外接线应与隧道内路线线形相协调，同时应满足以下规定：

①隧道洞口内外各3s设计速度行程长度范围的平面线形应保持一致(有条件时宜取5s设计速度行程)，即平面线形处于同一根直线或圆曲线内，不包括曲率不断变化的缓和曲线。

②当处于下列两种情况下时，洞内外接线可采用缓和曲线或缓和曲线与圆曲线组合的线形，但应在洞口内外在线形诱导和光过渡等方面采取措施，以保证行车安全。

a. 路线平纵面线形指标较高(平曲线半径大于规范规定的一般平曲线半径最小值的2倍，纵面最大纵坡小于2%)，行车视距大于停车视距规定值2倍以上，且调整后工程规模增加较大时。

b. 隧道群之间每个洞口线形均采用理想线形有困难，而平面线形指标较高，处于上坡进洞，且行车视距满足要求时。

(6)隧道进出口是事故多发地段，因而隧道入洞前一定距离内，应设置必要的安全设施和视线诱导标志，以保持隧道洞外连接线形均衡过渡。一般包括：

①当隧道出进段洞外设置较长、较大的下坡时，应避免在洞口设置小半径平曲线进洞。

②当隧道出进段洞内纵坡较大时，应避免在洞口设置小半径平曲线出洞。

③双洞隧道平面分线应在保证出洞方向线形较顺畅的前提下，灵活选择进洞方向的平面分离点，进洞方向的平面指标不必过高，分离式断面长度不宜过长。

(7)隧道洞口外应满足相应公路等级对视距的要求。隧道接线设置中间分隔带时采用停车视距，无中间分隔带时采用会车视距。

(8)并行双洞特长及长隧道应在洞口外适当位置设置联络通道，以利特殊情况下车辆掉头。包括：

①分离式双洞隧道洞口外均应设置转向车道，以方便隧道维修、养护和应急抢险等。

②双洞特长及长隧道应在洞口外适当位置设置联络通道，形式可采用交叉“X”形。

③中、短隧道宜结合路段中央分隔带开口合并设置联络通道，其形式可采用简易“Ⅱ”形。

④隧道前后750~1 000m内中央分隔带上设置有开口时，可不设转向车道。

(9)当隧道洞门内外路基(路面)宽度变化较大时,隧道洞口外与之相连的路段应设置距洞口不小于3s设计速度行程长度,且不小于50m的过渡段,在满足车道行驶轨迹的条件下,应保持道路断面过渡的顺适。

(10)左、右分幅设置的分离式隧道,其分线(或合线)的处理,宜由左、右幅分别进行线形设计(线形分离)确定;对小净距或连拱隧道,因受地形条件的限制,宽度变化不大于1m时,可采用设置过渡段的方式,按中间带变宽处理。过渡段的长度,宜按4s设计速度行程考虑。

## 三、隧道的纵断面

隧道纵断面的线形,应以行车安全,排水、通风、防灾效果良好为前提,并考虑施工期间的排水、出渣、材料运输等的要求确定。

为保证行车安全,隧道内应尽量设置缓坡,但隧道内的最小纵坡应不小于0.3%。超长、特长、长大隧道的最大纵坡最好控制2%以下,中、短隧道一般应控制在3%以下。通过对隧道行车安全性、通风设备投入和运营费用的增加等进行技术经济综合论证后,认为高速公路、一级公路的中、短隧道在条件受限制时,最大纵坡可适当加大到4%;在特别困难的条件下,还可适当放宽,但不应大于5%。短于100m的隧道,纵坡与隧道外路线的纵坡的要求相同。

隧道内一般宜采用单向坡,地下水发育的长隧道、特长隧道可采用双向人字坡。纵坡变化处应设置大半径竖曲线实现平缓过渡,以保证驾驶员有足够的视线。变坡点的线形应为凸形、凹形竖曲线,其最小半径和最小长度应符合表2.2-3的规定。

竖曲线最小半径和最小长度(m)　　表2.2-3

| 设计速度(km/h) | | 120 | 100 | 80 | 60 | 40 | 30 | 20 |
|---|---|---|---|---|---|---|---|---|
| 凸形竖曲线半径 | 一般值 | 17 000 | 10 000 | 4 500 | 2 000 | 700 | 400 | 200 |
| | 极限值 | 11 000 | 6 500 | 3 000 | 1 400 | 450 | 250 | 100 |
| 凹形竖曲线 | 一般值 | 6 000 | 4 500 | 3 000 | 1 500 | 700 | 400 | 200 |
| | 极限值 | 4 000 | 3 000 | 2 000 | 1 000 | 450 | 250 | 100 |
| 竖曲线长度 | | 100 | 85 | 70 | 50 | 35 | 25 | 20 |

隧道内一般不宜设置爬坡车道。研究表明纵坡大于4%的单向两车道隧道,洞内行车速度将低于路段的最低允许速度,尤其是大型车比例较高时,将严重影响隧道的通行能力,故应适当降低纵向坡度。调整隧道纵坡较困难时,可通过进行技术经济综合比较,根据实际情况在隧道出口端设置爬坡车道,使大型车与小型车分离,从而保证小型车的运行质量,并提高道路的通行能力。

隧道洞口的纵坡,宜设置一定长度的直坡段,以使驾乘人员有较好的行车视距。当条件困难不能满足上述要求时,应采用较大的竖曲线半径,特别是当隧道设计速度大于或等于60km/h时,隧道洞口竖曲线半径应符合表2.2-4的规定。

洞口视觉所需的最小竖曲线半径　　表2.2-4

| 设计速度(km/h) | | 120 | 100 | 80 | 60 |
|---|---|---|---|---|---|
| 竖曲线半径(m) | 凸形 | 20 000 | 16 000 | 12 000 | 9 000 |
| | 凹形 | 12 000 | 10 000 | 8 000 | 6 000 |

## 第三节 公路隧道横断面布置的形式与建筑限界

### 一、横断面布置形式

一般说来，隧道断面布置形式应根据工程所处场地的地质条件和周边环境等合理确定，并需同时满足节省成本与施工安全的要求。

工程设计中，高等级公路隧道横断面布置的形式可在标准间距的分离式隧道、小净距隧道、连拱隧道和分岔隧道等四种形式中选择，其间应充分考虑围岩地质条件、断面形状、尺寸大小、施工方法、支护时间、洞口两端接线、占地大小、环境影响和工程造价等因素的综合影响。

高速公路、一级公路的隧道一般应优先选择标准间距的分离式隧道，其次选择小净距隧道，不得已而为之时选择连拱隧道或分岔隧道。

标准间距分离式隧道最小间距的选定与地质条件及隧道跨度关系密切，但还应综合考虑隧道埋深及运营通风等因素的影响。当埋置深度较大时，双洞间距尚应考虑地应力的影响，并以双洞之间彼此不产生不利影响为原则。实际设计中，隧道双洞间距的选取可参考表2.3-1。

长大双洞隧道净距参考表(m) 表2.3-1

| 隧道断面 | 隧道长度(m) | 80%地段的围岩条件 | | |
|---|---|---|---|---|
| | | Ⅲ级及其以上 | Ⅳ级及其以下 | Ⅴ级及其以下 |
| 两车道隧道 | ≤200 | 5~10 | 8~12 | 10~20 |
| | 200~500 | 5~10 | 10~15 | 15~25 |
| | 500~1 000 | 10~15 | 15~20 | 20~30 |
| | ≥1 000 | 15~20 | 20~30 | 30~40 |
| 三车道隧道 | ≤200 | 5~10 | 10~15 | 15~20 |
| | 200~500 | 10~15 | 15~20 | 20~30 |
| | 500~1 000 | 15~20 | 20~30 | 30~40 |
| | ≥1 000 | 20~30 | 30~40 | 40~50 |

在地形条件较狭窄的情况下，尤其是在地形陡峻的傍山沿河地带，上下行隧道设置为分离式隧道时，可能导致隧道两端的接线路基(桥梁)的工程量增加较多，施工难度显著增大，这时可考虑将其设置为小净距隧道。

小净距隧道的最大长度及净距可参照表2.3-2。小净距隧道的净距不宜过小，否则两洞室的施工相互间影响较大，不仅将增加施工难度，而且造价亦会较高。

小净距隧道最大长度和合理净距参考表 表2.3-2

| 隧道断面 | 隧道长度(m) | | 隧道间距(m) |
|---|---|---|---|
| 两车道隧道 | 一般值 | 750 | ≥5 |
| | 极限值 | 1 000 | 8~15 |
| 三车道隧道 | 一般值 | 500 | ≥8 |
| | 极限值 | 750 | 8~20 |

注：地质条件好时取低值，地质条件差时取高值。

在地形狭窄、地势陡峻的傍山沿河地带，上下行隧道也可设置为连拱隧道。连拱隧道两端接线均可采用整体式路基，具有能节约土地、接线顺畅、接线工程量小等优点，但连拱隧道施工复杂、造价较高，故需通过综合比较确定。

连拱隧道方案的关键因素是其平面线形和隧道长度。其中隧道长度可结合地质条件与洞外工程规模综合确定，其经济长度可参照表2.3-3。

连拱隧道的最大长度参考表　　表2.3-3

| 隧道断面 | 隧道长度(m) | |
|---|---|---|
| 四车道隧道 | 一般值 | 400 |
| | 极限值 | 750 |
| 六车道隧道 | 一般值 | 300 |
| | 极限值 | 500 |

注：本表主要从经济性与施工工期考虑。如果有特殊要求需要进一步加长连拱隧道，则也是可行的。

为减少洞口占地，长大公路隧道可采用不平行布线方式。即在隧道洞口采用小净距形式，洞内逐渐分开，成为分离式隧道。为避免通风发生串流，洞口段应避免采用连拱隧道形式。如不能避免，应做方案设计和专门论证分析。

## 二、隧道建筑限界

公路隧道的建筑限界，是指为确保汽车能在隧道内正常、持续地行驶，而在建筑设计中在隧道横断面上预留的建筑空间的界限。用于确保汽车具有足够的、畅通的行驶空间，以及为附属设施、设备的设置规定安装空间。

公路隧道的功用主要是通行汽车。然而由于确保汽车行驶需要配套设备和设施，因而公路隧道建筑限界的确定不仅应注意满足汽车行驶的需要，而且应充分考虑与汽车行驶的安全、快捷舒适和防灾等有关的因素的影响。众所周知，公路隧道内有通风、照明、消防、监控和营运管理等的设备和设施需要安装，并有洞内路面、排水设施和洞内装饰的施作需要土建配合，建筑限界则表示以上设备和设施都不得侵入这一界限包围的范围，即在建筑限界内不得有上述系统的任何部件侵入。

一般来说，隧道建筑限界的形状和尺寸与公路等级，设计行车速度，单、双向行驶，车道数及是否设检修道、人行道或紧急停车带等有关，本节将分高速公路及一级公路隧道，以及二级、三级和四级公路隧道对其作介绍。

建筑限界是使隧道满足使用功能、保证隧道运营安全的基本控制因素，对其确定形状和尺寸必须严格遵守现行《公路工程技术标准》(JTG B01—2003)的规定。

与此同时，鉴于检修道、人行道与路基宽度，紧急停车带，横向通道，建筑限界与隧道内轮廓，以及对路面横向坡度等方面的规定对隧道建筑限界的影响都较突出，本节对这些方面也拟分别作介绍。

1)高速公路及一级公路隧道的建筑限界

以单向行车公路隧道为例，高速公路及一级公路隧道的建筑限界的几何形状应按图2.3-1确定，最小宽度应按表2.3-4确定。

图2.3-1中，单向行车高速公路及一级公路隧道的建筑限界的净高度均为5m，净宽度则

由行车道宽度、行车道两侧的侧向宽度、检修道宽度和余宽等组成，表 2.3-4 则表明设计速度大于等于 80km/h 时，车道宽度为 3.75m，小于 80km/h 时为 3.50m；设计速度为 120km/h 时，余宽为 0.50m，设计速度小于 120km/h 时则均为 0.25m；侧向宽度和检修道宽度也均与公路设计速度有关，而且都右侧大于左侧。

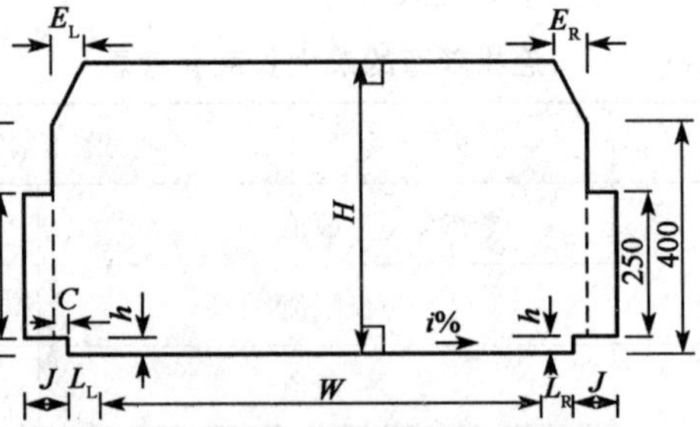


图 2.3-1　单向行车公路隧道建筑限界（尺寸单位：cm）

$H$-建筑限界高度，$H = 5m$；$W$-行车道宽度；$L_L$-左侧侧向宽度；$L_R$-右侧侧向宽度；$C$-余宽；$J$-检修道（或人行道）宽度；$h$-检修道或人行道高度；$E_L$-建筑限界左顶角宽度，$E_L = L_L$；$E_R$-建筑限界右顶角宽度，当 $L_R \leq 1m$ 时，$E_R = L_R$，当 $L_R > 1m$ 时，$E_R = 1m$

**单向行车高速公路及一级公路隧道建筑限界横断面组成最小宽度（m）**　　表 2.3-4

| 设计速度（km/h） | 车道宽度 $W$ | 侧向宽度 $L$ | | 余宽 $C$ | 检修道 $J$ | | 隧道建筑限界净宽 |
|---|---|---|---|---|---|---|---|
| | | 左侧 $L_L$ | 右侧 $L_R$ | | 左侧 | 右侧 | |
| 120 | 3.75×2 | 0.75 | 1.25 | 0.50 | 1.00 | 1.00 | 11.50 |
| 100 | 3.75×2 | 0.50 | 1.00 | 0.25 | 0.75 | 1.00 | 11.00 |
| 80 | 3.75×2 | 0.50 | 0.75 | 0.25 | 0.75 | 0.75 | 10.25 |
| 60 | 3.50×2 | 0.50 | 0.75 | 0.25 | 0.75 | 0.75 | 9.75 |

注：三车道和四车道隧道除增加车道数外，其他宽度同表；增加车道的宽度不得小于 3.5m。

确定公路隧道的净宽度时应予注意的其余事项有：

（1）高速公路、一级公路等单向行车的隧道的右侧一般不设余宽，但当右侧不设检修道时，必须设置不少于 25cm 的余宽。

（2）当隧道内检修道高度不大于 25cm 时，余宽可包含于检修道宽度之中；检修道高度大于 25cm，且余宽仍包含于检修道或人行道宽度中时，则宜加宽左侧侧向宽度，以满足现行公路工程技术标准的相关要求。

2）二级、三级及四级公路隧道的建筑限界

以双向行车公路隧道为例，二级、三级及四级公路隧道的建筑限界的几何形状应按图 2.3-2确定，最小宽度应按表 2.3-5 确定。

图 2.3-2 中，二级公路隧道建筑限界的净高度也为 5m，三级、四级公路隧道的净高度取 4.5m。净宽度仍由行车道宽度、行车道两侧的侧向宽度、人行道（兼检修道）宽度和余宽等组成，各类指标的确定也均与公路设计速度有关。区别是双向行车公路隧道常设人行道，而不是检修道；侧向宽度、人行道宽度和余宽等均左、右侧相同以及指标量值均随设计速度减小而减小。如当设计速度小于 40km/h 时，行车道宽度为 3.25m 或 3.00m，余宽则均为 0.25m 等（表2.3-5）。

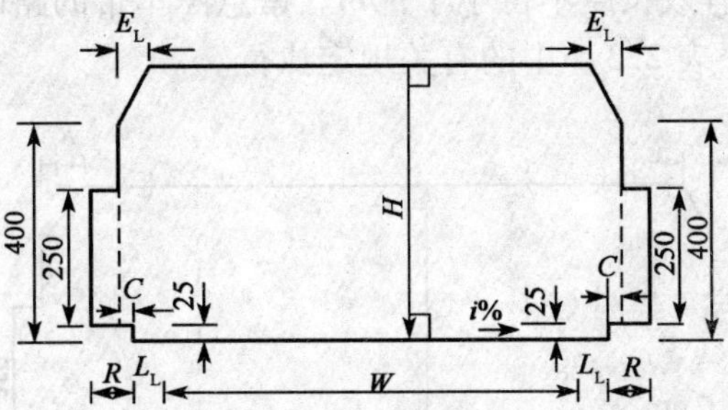


图 2.3-2　双向行车公路隧道建筑限界(尺寸单位:cm)

$H$-建筑限界高度;$W$-行车道宽度;$L_L$-左侧侧向宽度(相对于行车方向);$C$-余宽;$R$-人行道宽度;$E_L$-建筑限界左顶角宽度,$E_L = L_L$

**双向行车公路隧道建筑限界横断面组成最小宽度(m)**　　表 2.3-5

| 设计速度(km/h) | 车道宽度 $W$ | 侧向宽度 $L_L$ | 余宽 $C$ | 人行道 $R$ | 隧道建筑限界净宽 | |
|---|---|---|---|---|---|---|
| | | | | | 设人行道 | 不设人行道 |
| 80 | 3.75 ×2 | 0.75 | 0.25 | 1.00 | 11.00 | — |
| 60 | 3.50 ×2 | 0.50 | 0.25 | 1.00 | 10.00 | — |
| 40 | 3.50 ×2 | 0.25 | 0.25 | 0.75 | 9.00 | — |
| 30 | 3.25 ×2 | 0.25 | 0.25 | — | — | 7.5 |
| 20 | 3.00 ×2 | 0.50 | 0.25 | — | — | 7.5 |

对这几类公路隧道,尚有以下几点应予注意:

(1)对于三级、四级公路隧道,宜结合隧道长度及未来道路等级提高的可能性等因素确定其建筑限界。

(2)对于城市公路隧道,人行道宽度应根据人员通行量确定。

此外,考虑到通行能力、交通安全及改扩建等问题,单车道四级公路的隧道宜按双车道四级公路隧道的标准修建。

3)检修道、人行道与路基宽度

(1)公路隧道的检修道与人行道

高速公路和一级公路的隧道应双侧设置检修道,其他等级的公路隧道应根据隧道所在地区的行人密度、隧道长度、交通量及交通安全等因素确定是否设置人行道。一般情况下人行道宜双侧设置,并兼做检修道。当隧道长度大于 1 000m 时,人行道宽度不宜小于 1m;当隧道内需设置水消防时,设置消防水管一侧的检修道或人行道宽度不宜小于 1m。

(2)路基宽度

隧道在横断面上设计为与路基同宽需经专门技术经济论证。

隧道横断面宽度设计与路基同宽可提高行车舒适性和减少交通事故,尤其是当较长路段仅设置一座隧道或少量短隧道时,隧道设置为与路基同宽可大大提高行车舒适性和行车安全。但工程造价增加较大,不宜大量采用。

4)紧急停车带

紧急停车带建筑限界的构成如图 2.3-3 所示。由图可见其右侧侧向宽度应不小于 3.5m,

长度应不小于40m，其中有效长度不得小于30m。紧急停车带的路面横坡可取0.5%~1.0%，其余具体尺寸按图2.3-3、表2.3-5中的有关规定执行。

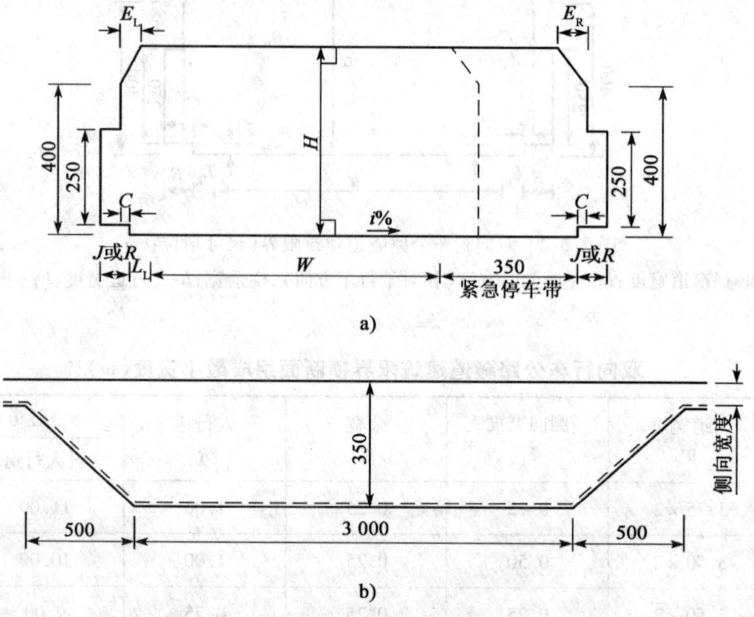


图2.3-3　紧急停车带的建筑限界、宽度和长度(尺寸单位:cm)

a)宽度构成及建筑限界;b)长度

5)横向通道

上、下行分离的双洞公路隧道之间应设置满足人行或车辆绕行需要的横向通道。建筑限界方面，人行横洞尺寸大小一般为200cm×250cm(宽×高)，车行横洞一般为450cm×500cm(宽×高)，如图2.3-4所示。

车行横通道路面两侧路缘石的高度，一般与行车隧道检修道或人行道的路缘石高度相同。

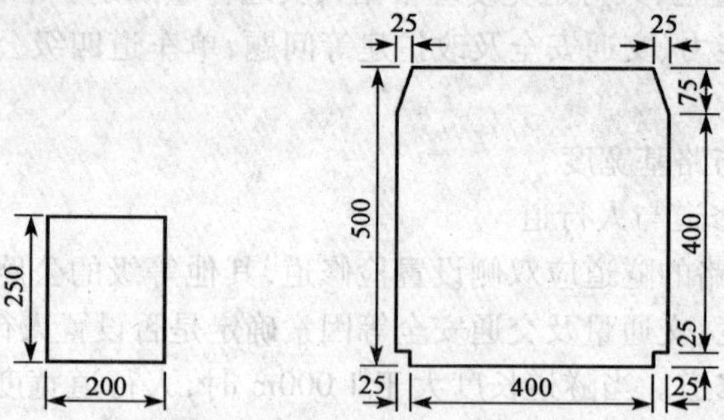


图2.3-4　横通道的建筑限界(尺寸单位:cm)

a)人行横通道;b)车行横通道

6)建筑限界与隧道内轮廓

隧道内轮廓设计除应符合隧道建筑限界的要求外，还应满足洞内设置路面、排水设施和装饰等的需要，并应为通风、照明、消防、监控、营运管理等设施的设置提供安装空间，以及为衬砌变形和施工误差预留适当的富余量，使确定的断面形式及尺寸符合安全、经济、合理的原则。

建筑限界与隧道内轮廓间的关系如图 2.3-5 所示。

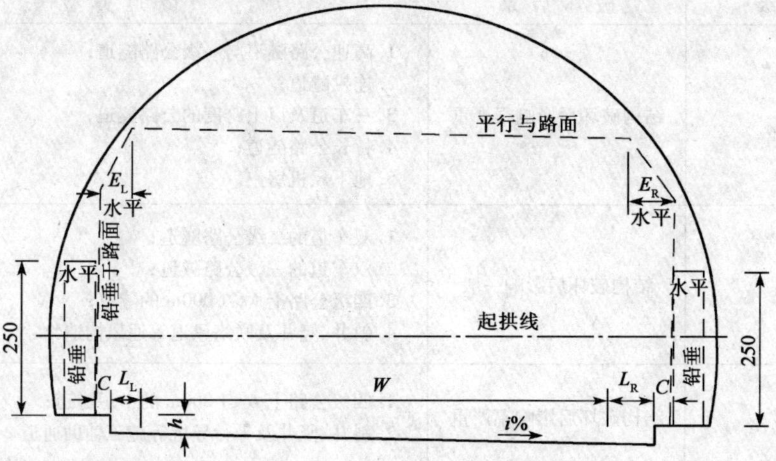


图 2.3-5　隧道建筑限界的基本情况(尺寸单位:cm)

7)路面横向坡度

当隧道为单向交通时,路面横坡应设置为单面坡;当隧道为双向交通时,可采用双面坡。横坡坡度值应根据隧道长度及平、纵线形等因素,通过综合分析确定,一般可取 1.5% ~2.0%。当隧道处于超高地段时,应根据超高要求设置路面横坡,一般不宜大于 4.0%。

当隧道路面为单面坡时,应注意以下几点:

(1)建筑限界底边线与路面重合,建筑限界顶边线平行于路面。

(2)检修道或人行道相对路面的高度保持不变,并设置流向路面的横坡(0.5% ~1%)。

(3)建筑限界检修道或人行道的边线、顶边线保持铅垂和水平。

(4)建筑限界车行道边线垂直于路面,高度保持不变。

## 第四节　公路隧道的技术要求

本节介绍与公路隧道的建筑设计有关的技术要求,内容包括支护结构的安全等级,隧道结构的设计基准期,设计水位的洪水频率,支护结构的防水等级,以及公路隧道的供电分级等。尚有公路隧道的通风方式,公路隧道照明的分类,公路隧道的防火等级,以及公路隧道监控等级的划分,将在各有关章节介绍。

### 一、支护结构的安全等级

根据各级公路隧道破坏后的影响程度,可将其支护结构划分为三个安全等级,如表 2.4-1 所示。由表可见支护结构的安全等级与公路隧道的类型有关,因为其安全等级与隧道使用功能的重要性有着内在的联系。

### 二、隧道结构的设计基准期

各级公路隧道的主体结构,如洞门、支护衬砌、各附属风道、风井、洞室及防排水构造物等,设计基准期应达到表 2.4-2 所示的要求。

**公路隧道支护结构的安全等级** 表 2.4-1

| 安全等级 | 破坏后果 | 隧道类型 |
|---|---|---|
| 一级 | 结构破坏后影响很严重 | 1. 高速公路隧道与一级公路隧道;<br>2. 连拱隧道;<br>3. 三车道及以上跨度的公路隧道;<br>4. 特长公路隧道;<br>5. 地下风机房 |
| 二级 | 结构破坏后影响一般 | 1. 双车道的二级公路隧道;<br>2. 双车道的三级公路隧道;<br>3. 四级公路上 $L>1\,000$m 的隧道;<br>4. 斜井、竖井及联络风道等通风构造物 |
| 三级 | 结构破坏后影响不严重 | 1. 四级公路上 $L\leqslant 1\,000$m 的中短隧道;<br>2. 斜井、竖井及平行导坑等施工辅助通道 |

注:对于安全等级为二级、三级的隧道工程,其安全等级也可根据工程重要程度按提高一级设计。

**公路隧道结构设计基准期** 表 2.4-2

| 类别 | 设计基准期 | 结构类型 |
|---|---|---|
| 1 | 100 年 | 特别重要的结构物或构件,如二级及其以上公路隧道的支护结构及洞门等 |
| 2 | 50 年 | 普通建筑物或构件,如三级及四级公路隧道的支护结构及洞门等 |
| 3 | 25 年 | 易于替换和修复的构件,如隧道内边水沟及电缆沟等 |

注:隧道路面结构设计基准期应根据现行公路路面设计规范确定。

## 三、支护结构的防水等级

各级公路隧道及其附属构筑物的防水等级应达到表 2.4-3 所示的标准。由表可见支护结构的防水等级主要与公路等级及其使用功能要求有关。例如设备洞室的防水等级高于通风竖井或斜井,他们的防水等级又都高于施工辅助坑道和紧急疏散通道等。

**公路隧道支护结构及其附属构筑物的防水等级** 表 2.4-3

| 防水等级 | 标准 | 适用范围 |
|---|---|---|
| 一级 | 不容许渗水,结构表面无湿迹 | 地下风机房及大型电器设备洞室 |
| 二级 | 不容许渗水,结构表面有少量、偶见的湿迹 | 1. 高速公路隧道;<br>2 一级公路隧道;<br>3. 二级、三级公路上的长及特长隧道;<br>4. 四级公路上的特长隧道;<br>5. 设备洞室 |
| 三级 | 有少量漏水点,不得有线流和漏泥沙,每昼夜漏水量小于 0.5L/$m^2$ | 1. 二级、三级公路上的中短隧道;<br>2. 四级公路上的长、中、短隧道;<br>3. 通风竖井或斜井;<br>4. 人行横洞及车行横洞 |
| 四级 | 有漏水点,不得有线流和漏泥沙,每昼夜漏水量小于 2L/$m^2$ | 1. 施工辅助坑道;<br>2. 紧急疏散通道 |

注:公路隧道路面一般应达到二级防水标准,以保证行车安全。

## 四、公路隧道的供电等级

隧道供电可根据设备对供电可靠性的要求及中断供电后所造成损失或影响的程度分为四级，如表 2.4-4 所示。

公路隧道供电分级　　表 2.4-4

| 分　级 | 供 电 要 求 | 备　　注 |
|---|---|---|
| 特一级 | 不容许中断供电<br>（双电源 + 不间断电源） | 应急照明、电光标志、交通监控设施、通风及照明控制设施、紧急呼叫设施、火灾检测报警及控制设施、中央控制设施 |
| 一级 | 不容许中断供电<br>（双电源） | 消防水泵、基本照明、排烟风机 |
| 二级 | 可短时间中断供电 | 通风风机 |
| 三级 | — | 其余隧道电力负荷 |

# 第五节　隧道建筑材料

隧道常用建筑材料有混凝土、砌体、钢材、木材、注浆材料、防水材料、装饰材料等。其中拌制混凝土的大宗材料包括水泥、砂、卵石、碎石等，砌筑砌体的材料为石材、砖材和拌制水泥砂浆的材料。本节主要介绍使用较多的混凝土材料、防排水材料和防火涂料。同样使用较多的注浆材料将在第九章介绍。

## 一、混凝土材料

1）水泥（GB 175—2007）

（1）水泥的特性及适用范围

本节主要叙述对水泥、砂、石料的选材要求。

主要品种水泥的特性及适用范围示于表 2.5-1。

主要品种水泥的特性及适用范围表　　表 2.5-1

| 水泥品种 | 特　性 | 适 用 范 围 | 不适用场合 |
|---|---|---|---|
| 硅酸盐水泥 | 1. 硬化快，强度高；<br>2. 水化热较大；<br>3. 耐冻性较好；<br>4. 耐腐蚀与耐水性较差；<br>5. 密度 3.0 ~ 3.15g/cm$^3$；<br>6. 堆积密度 1 000 ~ 1 600kg/m$^3$ | 1. 配制高强混凝土；<br>2. 配制高性能混凝土；<br>3. 预应力混凝土和构件；<br>4. 道路和低温下施工的混凝土 | 1. 大体积混凝土；<br>2. 受化学侵蚀及海水侵蚀的混凝土工程 |
| 普通硅酸盐水泥 | 1. 早期强度高；<br>2. 水化热较大；<br>3. 耐冻性较好；<br>4. 耐热性较差；<br>5. 耐腐蚀性与耐水性较差 | 一般土建工程中混凝土及预应力钢筋混凝土结构，包括受反复冰冻作用的结构，也可拌制高强度混凝土 | 1. 大体积混凝土结构；<br>2. 受化学侵蚀及海水侵蚀的工程 |

续上表

| 水泥品种 | 特　　性 | 适 用 范 围 | 不适用场合 |
| --- | --- | --- | --- |
| 矿渣硅酸盐水泥 | 1. 早期强度低，后期强度增长较决；<br>2. 水化热较小；<br>3. 耐热性好；<br>4. 耐硫酸盐侵蚀和耐水性较好；<br>5. 抗冻性差和干缩性大；<br>6. 抗碳化能力差 | 1. 高温车间和有耐热耐火要求的混凝土结构；<br>2. 大体积混凝土结构；<br>3. 蒸汽养护的混凝土构件；<br>4. 一般地上、地下和水中的混凝土结构；<br>5. 有抗硫酸盐侵蚀要求的一般工程 | 1. 早期强度要求较高的工程；<br>2. 严寒地区、处在水位升降范围内的混凝土结构 |
| 火山灰质硅酸盐水泥 | 1. 抗渗性较好；<br>2. 耐热性较差；其他同矿渣水泥 | 1. 地下、水中大体积混凝土结构和有抗渗要求的混凝土结构；<br>2. 蒸汽养护的混凝土构件；<br>3. 一般混凝土结构；<br>4. 有抗硫酸盐侵蚀要求的一般工程 | 1. 处在干燥环境的工程；<br>2. 其他同矿渣水泥 |
| 粉煤灰硅酸盐水泥 | 1. 干缩性较小；<br>2. 抗裂性较好；其他同火山灰质硅酸盐水泥 | 1. 地上、地下、水工构筑物及大体积混凝土结构中；<br>2. 蒸汽养护的混凝土构件；<br>3. 有抗硫酸盐侵蚀要求的一般工程 | 有抗碳化要求的工程，其他同矿渣水泥 |
| 快硬硅酸盐水泥 | 1. 凝结硬化快；<br>2. 早期强度增进率较大；<br>3. 强度等级以3d抗压强度来表示 | 1. 要求早期强度高的工程；<br>2. 紧急抢修的工程；<br>3. 冬季施工的工程；<br>4. 混凝土预制构件 | 大体积混凝土工程 |
| 抗硫酸盐硅酸盐水泥 | 1. 耐硫酸盐侵蚀强；<br>2. 耐海水侵蚀性能强；<br>3. 耐水性好 | 1. 地下、水中混凝土工程；<br>2. 港口混凝土结构；<br>3. 有硫酸盐侵蚀的排污工程、道路和桥梁基础、水利、隧涵、引水等工程 | |
| 白色硅酸盐水泥 | 1. 强度高；<br>2. 色泽洁白；<br>3. 可配制各种颜色的砂浆及各种颜色的涂料 | 1. 建筑工程的粉刷和雕塑；<br>2. 制造各种艺术性要求的彩色或白色混凝土及钢筋混凝土等装饰结构部件；<br>3. 制造各种颜色的水刷石、假大理石及水磨石等制品；<br>4. 即制各种颜色水泥 | |
| 铝酸盐水泥 | 1. 凝结硬化快；<br>2. 强度高；<br>3. 耐腐蚀性好；<br>4. 耐高温性能好；<br>5. 水化热大；<br>6. 耐碱性极差 | 1. 紧接抢修工程；<br>2. 耐高温工程；<br>3. 冬季施工工程 | 1. 大体积混凝土工程；<br>2. 高温季节施工工程；<br>3. 与碱性介质接触的工程；<br>4. 不得与石灰和硅酸盐系水泥混用，也不得在未硬化的硅酸盐系水泥混凝土上施工 |

续上表

| 水泥品种 | 特　　性 | 适 用 范 围 | 不适用场合 |
|---|---|---|---|
| 中热硅酸盐水泥 | 1. 水化热低；<br>2. 早期强度较高；<br>3. 抗冻性较高 | 1. 大体积混凝土工程；<br>2. 水中混凝土工程 | |
| 低热矿渣硅酸盐水泥 | 1. 水化热较低；<br>2. 抗冻性、耐磨性较高；<br>3. 具有一定的抗硫酸盐的能力；<br>4. 早期强度较低 | 1. 适用于大坝溢流面或大体积的水中建筑物、水位变动区的覆面层等，要求具有较低水化热和较高抗冻性和耐磨性的部位；<br>2. 适用于清水或含有较低硫酸盐类侵蚀介质的水中工程；<br>3. 大体积混凝土工程 | 1. 冬季施工混凝土工程；<br>2. 早期强度要求较高的混凝土工程 |
| 低热微膨胀水泥 | 1. 水化热低；<br>2. 抗裂性好；<br>3. 抗渗性好；<br>4. 微膨胀 | 1. 要求低水化热工程；<br>2. 大体积混凝土工程；<br>3. 补偿收缩混凝土工程；<br>4. 高抗渗和抗硫酸盐侵蚀的工程 | |
| 砌筑水泥 | 1. 和易性较好；<br>2. 强度低 | 1. 配制砌筑砂浆；<br>2. 配制内墙抹面砂浆 | 不得用于钢筋混凝土工程 |
| 快凝快硬硅酸盐水泥 | 1. 凝结速度快、小时强度增长快；<br>2. 流动性损失大；<br>3. 不能与其他任何品种水泥混用 | 机场道面、桥梁、隧道等紧急抢修工程，冬季施工混凝土工程，堵漏工程 | 不得用于普通钢筋混凝土工程 |
| 硅酸盐膨胀水泥 | 1. 水中硬化时体积增大；<br>2. 潮湿环境中硬化时最初 3d 内不收缩或微膨胀 | 1. 配制防水层和防水混凝土；<br>2. 结构加固、接缝、修补；<br>3. 浇筑后浇带 | 有硫酸盐侵蚀的工程 |
| 浇筑水泥 | 1. 凝结速度快；<br>2. 不收缩；<br>3. 水化热大 | 1. 后浇混凝土；<br>2. 接缝工程；<br>3. 设备安装的灌浆；<br>4. 混凝土修补和加固工程；<br>5. 要求快硬、高强、无收缩的混凝土工程 | 不得用于普通钢筋混凝土工程 |

(2)水泥品种的选用原则

水泥品种的选用原则见表 2.5-2，可供参考。

**建筑工程中水泥品种的选用原则**　　表 2.5-2

| 序号 | 工程特点及所处环境条件 | 优 先 选 用 | 可 以 选 用 | 不 宜 选 用 |
|---|---|---|---|---|
| 1 | 在一般气候环境中的混凝土 | 普通水泥 | 矿渣水泥、火山灰水泥、粉煤灰水泥、复合水泥 | — |
| 2 | 在干燥环境中的混凝土 | 普通水泥 | 矿渣水泥 | 火山灰水泥、粉煤灰水泥 |
| 3 | 在高湿度环境中或长期处于水中的混凝土 | 矿渣水泥、火山灰水泥、粉煤灰水泥、复合水泥 | 普通水泥 | — |

续上表

| 序号 | 工程特点及所处环境条件 | 优先选用 | 可以选用 | 不宜选用 |
| --- | --- | --- | --- | --- |
| 4 | 厚大体积的混凝土 | 矿渣水泥、火山灰水泥、粉煤灰泥、复合水泥 | 普通水泥 | 硅酸盐水泥 |
| 5 | 要求快硬、早强(强度等级 >40)的混凝土 | 硅酸盐水泥 | 普通水泥 | 矿渣水泥、火山灰水泥、粉煤灰水泥、复合水泥 |
| 6 | 严寒地区的露天混凝土、寒冷地区处于水位升降范围内的混凝土 | 普通水泥、硅酸盐水泥 | 矿渣水泥(强度等级 > 32.5) | 火山灰水泥、粉煤灰水泥 |
| 7 | 严寒地区处于水位升降范围内的混凝土 | 硅酸盐水泥、普通水泥(强度等级 > 42.5) | — | 火山灰水泥、矿渣水泥、粉煤灰水泥、复合水泥 |
| 8 | 有抗渗要求的混凝土 | 普通水泥、火山灰水泥 | | 矿渣水泥、粉煤灰水泥 |
| 9 | 有耐磨除要求的混凝土 | 硅酸盐水泥,普通水泥 | 矿渣水泥(强度等级 > 32.5) | 火山灰水泥、粉煤灰水泥 |
| 10 | 受侵蚀性介质作用的混凝土 | 矿渣水泥、火山灰水泥、粉煤灰水泥、复合水泥 | | 硅酸盐水泥、普通水泥 |
| 11 | 有耐热要求的混凝土工程 | 铝酸盐水泥 | 矿渣水泥 | 硅酸盐水泥、普通水泥 |
| 12 | 有耐酸防腐要求的混凝土工程 | 水玻璃系耐酸水泥 | 硫磺耐酸胶结料 | 硅酸盐水泥、普通水泥 |
| 13 | 有耐按防腐要求的混凝土工程 | 耐氨聚合物胶结料 | 铁铝酸盐水泥 | 硅酸盐水泥、普通水泥 |
| 14 | 构件拼装锚固混凝土工程 | 浇筑水泥、快硬硅酸盐水泥、膨胀铝酸盐水泥、高强度等级水泥、明矾石膨胀水泥、快硬硅酸盐水泥 | 硅酸盆膨胀水泥、铝酸盐水泥 | 普通水泥、矿渣水泥、火山灰水泥、粉煤灰水泥、复合水泥 |
| 15 | 紧急抢修和加固混凝土工程 | 浇筑水泥、快硬硅酸盐水泥、特快硬调凝铝酸盐水泥、快硬铝酸盐水泥、快凝快硬硅酸盐水泥 | 早强型高强度等级硅酸盐水泥 | 火山灰水泥、粉煤灰水泥、矿渣水泥、复合水泥 |
| 16 | 抗海水腐蚀混凝土工程 | 抗硫酸盐水泥、矿渣水泥 | 铝酸盐水泥、火山灰质硅酸盐水泥 | 硅酸盐水泥、普通水泥 |
| 17 | 高强混凝土工程 | 强度等级大于等于 42.5 的硅酸盐水泥和普通水泥 | 强度等级 32.5 级硅酸盐水泥 | 低强度等级水泥 |
| 18 | 泵送混凝土工程 | 硅酸盐水泥、普通水泥、粉煤灰水泥、复合水泥 | 矿渣水泥 | 快凝快硬硅酸盐水泥、硫铝酸盐水泥 |
| 19 | 装饰工程 | 白色硅酸盐水泥、彩色硅酸盐水泥 | 普通水泥、火山灰水泥 | |

2）建筑用砂（GB/T 14684—2001）

公称粒径在0.15～0.5mm的集料称为细集料，亦即砂。

常用细集料按来源可分为河砂、海砂、山砂和机制砂（也称人工砂、加工砂）等，根据技术要求则可分为Ⅰ类、Ⅱ类和Ⅲ类。Ⅰ类细集料用于强度等级大于C60的混凝土；Ⅱ类用于强度等级C30～C60的混凝土；Ⅲ类用于强度等级小于C30的混凝土。

当采用海砂配制钢筋混凝土时，要求其中氯离子含量小于0.06%（以干砂度量计）；预应力混凝土不宜采用海砂，必须使用时，需经淡水冲洗至氯离子含量小于0.02%。海砂用于配制素混凝土时，氯离子含量可不予限制。

山砂可直接用于一般工程混凝土结构，但当用于重要结构物时，必须通过坚固性试验和碱活性试验。

机制砂是指将卵石或岩石用机械方法破碎，通过冲洗、过筛制成的砂。砂中有害物质含量限值见表2.5-3。

**砂中有害物质含量限值** 表2.5-3

| 项　目 | | Ⅰ　类 | Ⅱ　类 | Ⅲ　类 |
|---|---|---|---|---|
| 云母含量（按质量计，%） | < | 1.0 | 2.0 | 2.0 |
| 硫化物与硫酸盐含量（$SO_3$，%） | < | 0.5 | 0.5 | 0.5 |
| 有机物含量（用比色法试验） | < | 合格 | 合格 | 合格 |
| 轻物质 | < | 1.0 | 1.0 | 1.0 |
| 氯化物含量（NaCl，%） | < | 0.01 | 0.02 | 0.06 |
| 含泥量（按质量计，%） | < | 1.0 | 3.0 | 5.0 |
| 黏土块含量（按质量计，%） | < | 0 | 1.0 | 2.0 |

注：《普通混凝土用砂、石质量及检验方法标准》（JGJ 52—2006）中对有害杂质含量的规定为：云母含量不得大于2%，轻物质含量和硫化物及硫酸盐含量分别不得大于1%；含泥量及泥块含量的限值为：当小于C30时分别不大于5%和2%，当大于等于C30小于C60时，分别不大于3%和1%，当大于等于C60时，分别不大于2%和0.5%。

对重要工程或需在特殊环境下工作的混凝土用砂，应做坚固性检验。如严寒地区的室外工程，并处于湿潮或干湿交替状态下的混凝土，有腐蚀介质存在或处于水位升降区的混凝土等。坚固性指标应符合表2.5-4的要求。

**混凝土用砂的坚固性要求** 表2.5-4

| 项　目 | （GB/T 14684—2001） | | | （JGJ 52—2006） | |
|---|---|---|---|---|---|
| | Ⅰ类 | Ⅱ类 | Ⅲ类 | 在严寒地区室外并处于湿潮或干湿交替状态下的混凝土 | 其他条件下使用的混凝土 |
| 循环后质量损失（%）< | 8 | 8 | 10 | 8 | 10 |

根据0.063mm筛孔对应的累计筛余百分率，砂的颗粒级配分成Ⅰ区、Ⅱ区和Ⅲ区三个级配区，其颗粒级配应符合表2.5-5的要求。

**砂的颗粒级配区范围** 表2.5-5

| 筛孔尺寸（mm） | | 10.0 | 4.75 | 2.36 | 1.18 | 0.600 | 0.300 | 0.150 |
|---|---|---|---|---|---|---|---|---|
| 累计筛余（%） | Ⅰ区 | 0 | 0～10 | 5～35 | 35～65 | 71～85 | 80～95 | 90～100 |
| | Ⅱ区 | 0 | 0～10 | 0～25 | 10～50 | 41～70 | 70～92 | 90～100 |
| | Ⅲ区 | 0 | 0～10 | 0～15 | 0～25 | 16～40 | 55～85 | 90～100 |

注：根据细度模数$M_x$的大小，砂又可分为特粗砂（$M_x>3.7$）、粗砂（$M_x=3.1～3.7$）、中砂（$M_x=2.3～3.0$）、细砂（$M_x=1.6～2.2$）和特细砂（$M_x=0.7～1.5$）五类。普通混凝土工程宜选用Ⅱ级配区的中砂。

3）建筑用卵石、碎石（GB/T 14685—2001）

颗粒粒径大于4.75mm的集料为粗集料。混凝土工程中常用的粗集料有碎石和卵石两大类。其中碎石由岩石（有时采用大块卵石，称为碎卵石）经破碎、筛分而得，卵石多为自然形成的（经筛分而得的）河卵石。通常根据卵石和碎石的技术要求将其分为Ⅰ类、Ⅱ类和Ⅲ类。Ⅰ类用于强度等级大于C60的混凝土，Ⅱ类用于强度等级C30～C60及抗冻、抗渗的混凝土，Ⅲ类用于强度等级小于C30的混凝土。

粗集料的中黏土、硫化物及硫酸盐、有机物等有害物质的含量应符合表2.5-6的要求。

碎石或卵石的技术指标（GB/T 14685—2001）　　表2.5-6

| 项　目 | | 指　标 | | |
|---|---|---|---|---|
| | | Ⅰ类 | Ⅱ类 | Ⅲ类 |
| 含泥量（按质量计，%） | < | 0.5 | 1.0 | 1.5 |
| 黏土块含量（按质量计，%） | < | 0 | 0.5 | 0.7 |
| 硫化物与硫酸盐含量（以 $SO_3$ 计，%） | < | 0.5 | 1.0 | 1.0 |
| 有机物含量（用比色法试验） | | 合格 | 合格 | 合格 |
| 针片状（按质量计，%） | < | 5 | 15 | 25 |
| 坚固性质量损失（%） | < | 5 | 8 | 12 |
| 碎石压碎指标 | < | 10 | 20 | 30 |
| 卵石压碎指标 | < | 12 | 16 | 16 |

《普通混凝土用碎石和卵石质量标准及检验方法》（JGJ 52—2006）中对黏土、硫化物及硫酸盐、有机物等有害物质含量以及卵石和碎石的压碎值指标等的规定，则如表2.5-7和表2.5-8所示。

碎石或卵石的有害物质限值（JGJ 52—2006）　　表2.5-7

| 项　目 | 指　标 | | |
|---|---|---|---|
| | ≥C60 | C55～C30 | ≤C25 |
| 含泥量（按质量计，%）　≤ | 0.5 | 1.0 | 2.0 |
| 黏土块含量（按质量计，%）≤ | 0.2 | 0.5 | 0.7 |
| 硫化物与硫酸盐（以 $SO_3$ 计，%）　≤ | 1.0 | | |
| 有机物含量（用比色法试验） | 颜色不深于标准色，否则应进行混凝土强度对比试验，抗压强度比不应低于0.95 | | |
| 针片状（按质量计%）　≤ | 18 | 15 | 25 |

粗集料最大粒径不得大于构件最小截面尺寸的1/4，同时不得大于钢筋净距的3/4。对于混凝土实心板，最大粒径不宜超过板厚的1/3，且不得大于40mm。对于泵送混凝土，当泵送高度在50m以下时，最大粒径与输送管内径之比，碎石不宜大于1∶3，卵石不宜大于1∶2.5。

碎石或卵石的压碎值指标(JGJ 52—2006)　　表 2.5-8

| 岩石品种 | | 混凝土等级 | 压碎值指标(%)≤ |
|---|---|---|---|
| 碎石 | 沉积岩 | C40 ~ C60 | 10 |
| | | ≤C35 | 16 |
| | 变质岩或深成的火成岩 | C40 ~ C60 | 12 |
| | | ≤C35 | 20 |
| | 喷出的火成岩 | C40 ~ C60 | 13 |
| | | ≤C35 | 30 |
| 卵石 | | C40 ~ C60 | 12 |
| | | ≤C35 | 16 |

石子的粒级分为连续粒级和单粒级两种。连续粒级指粒径 5mm 以上至最大粒径 $D_{max}$ 间的粒级,各粒级均占一定比例,且均在一定范围内。单粒级指从 1/2 最大粒径开始,至 $D_{max}$ 间的粒级,用于组成具有要求级配的连续粒级,也可与连续粒级混合使用。单粒级一般不宜单独用来配制混凝土。必须单独使用时,应作技术经济分析,并通过试验证明不发生离析或影响混凝土的质量。

根据《建筑用卵石、碎石》(GB/T 14685—2001),碎石和卵石级配均应符合表 2.5-9 的要求。

碎石或卵石的颗粒级配范围　　表 2.5-9

| 级配颗粒 | 公称粒级(mm) | 累计筛余(%) 筛孔尺寸(方孔筛)(mm) | | | | | | | | | | | |
|---|---|---|---|---|---|---|---|---|---|---|---|---|---|
| | | 2.36 | 4.75 | 9.50 | 16.0 | 19.0 | 26.5 | 31.5 | 37.5 | 53.0 | 63.0 | 75.0 | 90 |
| 连续粒级 | 5 ~ 10 | 95 ~ 100 | 80 ~ 100 | 0 ~ 15 | 0 | — | — | — | — | — | — | — | — |
| | 5 ~ 16 | 95 ~ 100 | 85 ~ 100 | 30 ~ 60 | 0 ~ 10 | 0 | — | — | — | — | — | — | — |
| | 5 ~ 20 | 95 ~ 100 | 90 ~ 100 | 40 ~ 80 | — | 0 ~ 10 | 0 | — | — | — | — | — | — |
| | 5 ~ 25 | 95 ~ 100 | 90 ~ 100 | — | 30 ~ 70 | — | 0 ~ 5 | 0 | — | — | — | — | — |
| | 5 ~ 31.5 | 95 ~ 100 | 90 ~ 100 | 70 ~ 90 | — | 15 ~ 45 | — | 0 ~ 5 | 0 | — | — | — | — |
| | 5 ~ 40 | — | 95 ~ 100 | 75 ~ 90 | — | 30 ~ 60 | — | — | 0 ~ 5 | 0 | — | — | — |
| 单粒级 | 10 ~ 20 | — | 95 ~ 100 | 85 ~ 100 | — | 0 ~ 15 | 0 | — | — | — | — | — | — |
| | 16 ~ 31.5 | — | 95 ~ 100 | — | 85 ~ 100 | — | — | 0 ~ 10 | 0 | — | — | — | — |
| | 20 ~ 40 | — | — | 95 ~ 100 | — | 80 ~ 100 | — | — | 0 ~ 10 | 0 | — | — | — |
| | 31.5 ~ 63 | — | — | — | 95 ~ 100 | — | — | 75 ~ 100 | 45 ~ 75 | — | 0 ~ 10 | 0 | — |
| | 40 ~ 80 | — | — | — | — | 95 ~ 100 | — | — | 70 ~ 100 | — | 30 ~ 60 | 0 ~ 10 | 0 |

石子密度、体积密度、空隙率应符合如下规定:密度大于 2.5g/cm$^3$,松散体积密度大于 1 350kg/cm$^3$,空隙率小于 47%。经碱集料反应试验后,由石子制备的试件无裂缝、酥裂、硅胶体外溢等现象,在规定的试验龄期的膨胀率应小于 0.1%。

4)混凝土

混凝土构件材料的轴心抗压强度、轴心抗拉强度和疲劳强度等强度指标,及弹性模量、泊松比、线膨胀系数、剪切变形模量等变形性能参数及结构混凝土的耐久性要求均可参见《混凝土结构设计规范》(GB 50010—2010)。

## 二、防排水材料

除防水混凝土外,建筑结构常用的防排水材料有防水卷材、防水涂料、橡胶止水带和嵌缝材料等。本节主要介绍常用防排水材料的特性。

1)防水卷材

防水卷材通常用于施作衬砌结构的外防水层,常用材料有聚氯乙烯防水卷材(PVC 卷材)、氯化聚乙烯防水卷材(CPE)、高分子防水片才、三元丁橡胶防水卷材、氯化聚乙烯一橡胶共混防水卷材和高聚物改性沥青防水卷材等。

以下仅介绍聚氯乙烯防水卷材、高分子防水片才及高聚物改性沥青防水卷材等的主要卷材的理化性能指标要求。

(1)聚氯乙烯防水卷材

聚氯乙烯防水卷材常称 PVC 卷材,其厚度偏差要求及最小单值见表 2.5-10。表 2.5-11 为 N 类无复合层的卷材理化性能的指标要求,表 2.5-12 则为 *L* 类纤维单面复合及 W 类织物内增强的卷材理化性能的指标要求。

**厚度偏差要求及最小单值(mm)**　　表 2.5-10

| 厚度 | 允许偏差 | 最小单值 |
|---|---|---|
| 1.2 | ±0.10 | 1.00 |
| 1.5 | ±0.15 | 1.30 |
| 2.0 | ±0.20 | 1.70 |

**N 类卷材理化性能的指标要求**　　表 2.5-11

| 序号 | 项目 | | | Ⅰ型 | Ⅱ型 |
|---|---|---|---|---|---|
| 1 | 拉伸强度(MPa) | | ≥ | 8.0 | 12.0 |
| 2 | 断裂伸长率(%) | | ≥ | 200 | 250 |
| 3 | 热处理尺寸变化率(%) | | ≤ | 3.0 | 2.0 |
| 4 | 低温弯折性 | | | -20℃无裂纹 | -20℃无裂纹 |
| 5 | 抗穿孔性 | | | 不渗水 | |
| 6 | 不透水性 | | | 不透水 | |
| 7 | 剪切状态下的黏合性(N/mm) | | ≥ | 3.0 或卷材破坏 | |
| 8 | 热老化处理 | 外观 | | 无起泡、裂纹、黏结和孔洞 | |
| | | 拉伸强度变化率(%) | | ±25 | ±20 |
| | | 断裂伸长率变化率(%) | | | |
| | | 低温弯折性 | | -15℃无裂纹 | -20℃无裂纹 |
| 9 | 耐化学侵蚀 | 拉伸强度变化率(%) | | ±25 | ±20 |
| | | 断裂伸长率变化率(%) | | | |
| | | 低温弯折性 | | -15℃无裂纹 | -20℃无裂纹 |
| 10 | 人工气候加速老化 | 拉伸强度变化率(%) | | ±25 | ±20 |
| | | 断裂伸长率变化率(%) | | | |
| | | 低温弯折性 | | -15℃无裂纹 | -20℃无裂纹 |

注:非外露使用可不用考核人工气候加速老化性能。

**L 类及 W 类卷材理化性能的指标要求** 表 2.5-12

| 序号 | 项目 | | Ⅰ型 | Ⅱ型 |
|---|---|---|---|---|
| 1 | 拉力(N/cm) ≥ | | 100 | 160 |
| 2 | 断裂伸长率(%) ≥ | | 150 | 200 |
| 3 | 热处理尺寸变化率(%) ≤ | | 1.5 | 1.0 |
| 4 | 低温弯折性 | | -20℃无裂纹 | -25℃无裂纹 |
| 5 | 抗穿孔性 | | 不渗水 | |
| 6 | 不透水性 | | 不透水 | |
| 7 | 剪切状态下的黏和性(N/mm) ≥ | *L* 类 | 3.0 或卷材破坏 | |
| | | *W* 类 | 6.0 或卷材破坏 | |
| 8 | 热老化处理 | 外观 | 无起泡、裂纹、黏结和孔洞 | |
| | | 拉伸强度变化率(%) | ±25 | ±20 |
| | | 断裂伸长率变化率(%) | | |
| | | 低温弯折性 | -15℃无裂纹 | -20℃无裂纹 |
| 9 | 耐化学侵蚀 | 拉伸强度变化率(%) | ±25 | ±20 |
| | | 断裂伸长率变化率(%) | | |
| | | 低温弯折性 | -15℃无裂纹 | -20℃无裂纹 |
| 10 | 人工气候加速老化 | 拉伸强度变化率(%) | ±25 | ±20 |
| | | 断裂伸长率变化率(%) | | |
| | | 低温弯折性 | -15℃无裂纹 | -20℃无裂纹 |

注:非外露使用可不用考核人工气候加速老化性能。

(2)高分子防水片材

高分子防水片材的分类如表 2.5-13 所示,其规格尺寸见表 2.5-14,允许偏差见表2.5-15,均质片的物理性能见表 2.5-16,复合片的物理性能见表 2.5-17。

**片 材 的 分 类** 表 2.5-13

| 分类 | | 代号 | 主要原材料 |
|---|---|---|---|
| 均质片 | 硫化橡胶类 | JL1 | 三元乙丙橡胶 |
| | | JL2 | 橡胶(橡塑)共混 |
| | | JL3 | 氯丁橡胶、氯磺化聚乙烯、氯化聚乙烯等 |
| | | JL4 | 再生胶 |
| | 非硫化橡胶类 | JF1 | 三元乙丙橡胶 |
| | | JF2 | 橡塑共混 |
| | | JF3 | 氯化聚乙烯 |
| | 树脂类 | JS1 | 聚氯乙烯等 |
| | | JS2 | 乙烯醋酸乙烯、聚乙烯等 |
| | | JS3 | 乙烯醋酸乙烯改性沥青共混等 |
| 复合片 | 硫化橡胶类 | FL | 乙丙、丁基、氯丁橡胶,氯磺化聚乙烯等 |
| | 非硫化橡胶类 | FF | 氯化聚乙烯,乙丙、丁基、氯丁橡胶,氯磺化聚乙烯等 |
| | 树脂类 | FS1 | 聚氯乙烯等 |
| | | FS2 | 聚乙烯等 |

**片材的规格尺寸** 表 2.5-14

| 项　目 | 厚度(mm) | 宽度(m) | 长度(m) |
|---|---|---|---|
| 橡胶类 | 1.0,1.2,1.5,1.8,2.0 | 1.0,1.1,1.2 | 20 以上 |
| 树脂类 | 0.5 以上 | 1.0,1.2,1.5,2.0 | |

注:橡胶类片材在每卷 20m 长度中允许有一处接头,且最小块长度应不小于 3m,并应加长 15cm 备作搭接,树脂类片材在每卷至少 20m 长度内不允许有接头。

**允 许 偏 差** 表 2.5-15

| 项　目 | 厚 度(mm) | 宽度(m) | 长度(m) |
|---|---|---|---|
| 允许偏差(%) | -10 ~ +15 | > -1 | 不允许出现负值 |

**均质片材的物理性能** 表 2.5-16

| 项　目 | | 指　标 | | | | | | | | | |
|---|---|---|---|---|---|---|---|---|---|---|---|
| | | 硫化橡胶类 | | | 非硫化橡胶类 | | | | 树脂类 | | |
| | | JL1 | JL2 | JL3 | JL4 | JF1 | JF2 | JF3 | JS1 | JS2 | JS3 |
| 断裂拉伸强度(MPa) | 常温 ≥ | 7.5 | 6.0 | 6.0 | 2.2 | 4.0 | 3.0 | 5.0 | 10 | 16 | 14 |
| | 60℃ ≥ | 2.3 | 2.1 | 1.8 | 0.7 | 0.8 | 0.4 | 1.0 | 4 | 6 | 5 |
| 扯断伸长率(%) | 常温 ≥ | 450 | 400 | 300 | 200 | 450 | 200 | 200 | 200 | 550 | 500 |
| | -20℃ ≥ | 200 | 200 | 170 | 100 | 200 | 100 | 100 | 15 | 350 | 300 |
| 撕裂强度(kN/m) ≥ | | 25 | 24 | 23 | 15 | 18 | 10 | 10 | 40 | 60 | 60 |
| 不透水性,30min 无渗漏(MPa) | | 0.3 | 0.3 | 0.2 | 0.2 | 0.3 | 0.2 | 0.2 | 0.3 | 0.3 | 0.3 |
| 低温弯折(℃) ≤ | | -40 | -30 | -30 | -20 | -30 | -20 | -20 | -20 | -35 | -35 |
| 加热伸缩量(mm) | 延伸 < | 2 | 2 | 2 | 2 | 2 | 4 | 4 | 2 | 2 | 2 |
| | 收缩 < | 4 | 4 | 4 | 4 | 4 | 6 | 10 | 6 | 6 | 6 |
| 热空气老化(80℃ ×168h) | 断裂拉伸强度保持率(%) | 80 | 80 | 80 | 80 | 90 | 60 | 80 | 80 | 80 | 80 |
| | 扯断伸长率保持率(%) | 70 | 70 | 70 | 70 | 70 | 70 | 70 | 70 | 70 | 70 |
| | 100% 伸长率外观 | 无裂纹 | 无裂纹 | 无裂纹 | 无裂纹 | 无裂纹 | 无裂纹 | 无裂纹 | 无裂纹 | 无裂纹 | 无裂纹 |
| 耐碱性[10% $Ca(OH)_2$ 常温 ×168h] | 断裂拉伸强度保持率(%) | 80 | 80 | 80 | 80 | 80 | 70 | 70 | 80 | 80 | 80 |
| | 扯断伸长率保持率(%) | 80 | 80 | 80 | 80 | 90 | 80 | 70 | 80 | 90 | 90 |
| 臭氧老化(40℃ ×168h) | 伸长率 40%(500pphm) | 无裂纹 | — | — | — | 无裂纹 | — | — | — | — | — |
| | 伸长率 20%(500pphm) | — | 无裂纹 | — | — | — | — | — | — | — | — |
| | 伸长率 20%(200pphm) | — | — | 无裂纹 | — | — | — | — | 无裂纹 | 无裂纹 | 无裂纹 |
| | 伸长率 20%(100pphm) | — | — | — | 无裂纹 | — | 无裂纹 | 无裂纹 | — | — | — |
| 人工气候老化 | 断裂拉伸强度保持率(%) | 80 | 80 | 80 | 80 | 80 | 70 | 80 | 80 | 80 | 80 |
| | 扯断伸长率保持率(%) | 70 | 70 | 70 | 70 | 70 | 70 | 70 | 70 | 70 | 70 |
| | 100% 伸长率外观 | 无裂纹 | 无裂纹 | 无裂纹 | 无裂纹 | 无裂纹 | 无裂纹 | 无裂纹 | 无裂纹 | 无裂纹 | 无裂纹 |
| 黏合性能 | 无处理 | 自基准线的偏移及剥离长度在 5mm 以下,且无有害偏移及异状点 | | | | | | | | | |
| | 热处理 | | | | | | | | | | |
| | 碱处理 | | | | | | | | | | |

**复合片材的物理性能** 表 2.5-17

| 项目 | | 种类 | | | |
|---|---|---|---|---|---|
| | | 硫化橡胶类 FL | 非硫化橡胶类 FF | 脂类 | |
| | | | | FSI | FS2 |
| 断裂拉伸强度(N/cm) | 常温 ≥ | 80 | 60 | 100 | 60 |
| | 60℃ ≥ | 30 | 20 | 40 | 30 |
| 胶断伸长率(%) | 常温 ≥ | 300 | 250 | 150 | 400 |
| | −20℃ ≥ | 150 | 50 | 10 | 10 |
| 撕裂强度(N) ≥ | | 40 | 20 | 20 | 20 |
| 不透水性,30min 无渗漏 | | 0.3MPa | 0.3MPa | 0.3MPa | 0.3MPa |
| 低温弯折(℃) ≤ | | −35 | −20 | −30 | −20 |
| 加热伸缩量(mm) | 延伸 < | 2 | 2 | 2 | 2 |
| | 收缩 < | 4 | 4 | 2 | 4 |
| 热空气老化(80℃ ×168h) | 断裂拉伸强度保持率(%) ≥ | 80 | 80 | 80 | 80 |
| | 胶断伸长率保持率(%) ≥ | 70 | 70 | 70 | 70 |
| 耐碱性[10% $Ca(OH)_2$ 常温 ×168h] | 断裂拉伸强度保持率(%) ≥ | 60 | 60 | 60 | 60 |
| | 胶断伸长率保持率(%) ≥ | 80 | 80 | 80 | 80 |
| 臭氧老化(40℃ ×168h) | | 无裂纹 | 无裂纹 | 无裂纹 | 无裂纹 |
| 人工气候老化 | 断裂拉伸强度保持率(%) ≥ | 80 | 70 | 80 | 80 |
| | 胶断伸长率保持率(%) ≥ | 70 | 70 | 70 | 70 |
| 黏合性能 | 无处理 | 自基准线的偏移及剥离长度在 5mm 以下,且无有害偏移及异状点 | | | |
| | 热处理 | | | | |
| | 碱处理 | | | | |

(3)高聚物改性沥青防水卷材

高聚物改性沥青防水卷材的主要物理力学性能要求见表 2.5-18。

**高聚物改性沥青防水卷材的主要物理性能** 表 2.5-18

| 项目 | | 指标 | | | | |
|---|---|---|---|---|---|---|
| | | 弹性体改性沥青防水卷材 | | | 自黏聚合物改性沥青防水卷材 | |
| | | 聚酯毡胎体 | 玻纤毡胎体 | 聚乙烯膜胎体 | 聚酯毡胎体 | 无胎体 |
| 可溶物含量($g/m^2$) | | 3mm 厚≥2 100<br>4mm 厚≥2 900 | | | 3mm 厚<br>≥2 100 | — |
| 拉伸性能 | 拉力(N/50mm) | ≥800(纵横向) | ≥500(纵横向) | ≥140(纵向)<br>≥120(横向) | ≥450(纵横向) | ≥180(纵横向) |
| | 延伸率(%) | 最大拉力时≥40(纵横向) | — | 断裂时≥250(纵向) | 最大拉力时≥30(纵横向) | 断裂时≥200(纵横向) |
| 低温柔度(℃) | | −25,无裂纹 | | | | |
| 热老化后低温柔度(℃) | | −20,无裂纹 | | | −22,无裂纹 | |
| 不透水性 | | 压力 0.3MPa,保持时间 120mm,不透水 | | | | |

2)防水涂料

防水涂料一般用于在衬砌结构表面施作防水涂层,常用材料有聚氨酯防水涂料、水性沥青基防水涂料、聚氯乙烯弹性防水涂料、溶剂型橡胶沥青防水涂料、聚合物乳液建筑防水涂料、聚合物水泥防水涂料和建筑表面用有机硅防水剂等。

以下仅介绍聚氨酯防水涂料、水性沥青基防水涂料、聚合物乳液建筑防水涂料、聚合物水泥防水涂料及聚合物水泥防水涂料的物理力学性能。

(1)聚氨酯防水涂料(GB/T 19250—2003)

单组分聚氨酯防水涂料物理力学性能示于表2.5-19,多组分聚氨酯防水涂料物理力学性能见表2.5-20。

**单组分聚氨酯防水涂料物理力学性能** 表2.5-19

| 序号 | 项目 | | | Ⅰ | Ⅱ |
|---|---|---|---|---|---|
| 1 | 拉伸强度(MPa) | | ≥ | 1.9 | 2.45 |
| 2 | 断裂伸长率(%) | | ≥ | 550 | 450 |
| 3 | 撕裂强度(N/mm) | | ≥ | 12 | 14 |
| 4 | 低温弯折性(℃) | | ≤ | -40 | |
| 5 | 不透水性(0.3MPa,30min) | | | 不透水 | |
| 6 | 固体含量(%) | | ≥ | 80 | |
| 7 | 表干时间(h) | | ≤ | 12 | |
| 8 | 实干时间(h) | | ≤ | 24 | |
| 9 | 加热伸缩率(%) | | ≤ | 1.0 | |
| | | | ≥ | -4.0 | |
| 10 | 潮湿基面黏结强度(MPa) | | | 0.50 | |
| 11 | 定伸时老化 | 加热老化 | | 无裂纹及变形 | |
| | | 人工气候老化 | | 无裂纹及变形 | |
| 12 | 热处理 | 拉伸强度保持率(%) | | 80~150 | |
| | | 断裂伸长率(%) | ≥ | 500 | 400 |
| | | 低温弯折性(℃) | ≤ | -35 | |
| 13 | 碱处理 | 拉伸强度保持率(%) | | 60~150 | |
| | | 断裂伸长率(%) | ≥ | 500 | 400 |
| | | 低温弯折性(℃) | ≤ | -35 | |
| 14 | 酸处理 | 拉伸强度保持率(%) | | 80~150 | |
| | | 断裂伸长率(%) | ≥ | 500 | 400 |
| | | 低温弯折性(℃) | ≤ | -35 | |
| 15 | 人工气候老化 | 拉伸强度保持率(%) | | 80~150 | |
| | | 断裂伸长率(%) | ≥ | 500 | 400 |
| | | 低温弯折性(℃) | ≤ | -35 | |

**多组分聚氨酯防水涂料物理力学性能** 表2.5-20

| 序号 | 项目 | | Ⅰ | Ⅱ |
|---|---|---|---|---|
| 1 | 拉伸强度(MPa) | ≥ | 1.9 | 2.45 |
| 2 | 断裂伸长率(%) | ≥ | 450 | 450 |
| 3 | 撕裂强度(N/mm) | ≥ | 12 | 14 |
| 4 | 低温弯折性(℃) | ≤ | -35 | |

续上表

| 序 号 | 项 目 | | | Ⅰ | Ⅱ |
|---|---|---|---|---|---|
| 5 | 不透水性(0.3MPa,30min) | | | 不透水 | |
| 6 | 固体含量(%) | | ≥ | 92 | |
| 7 | 表干时间(h) | | ≤ | 8 | |
| 8 | 实干时间(h) | | ≤ | 24 | |
| 9 | 加热伸缩率(%) | | ≤ | 1.0 | |
| | | | ≥ | -4.0 | |
| 10 | 潮湿基面黏结强度(MPa) | | | 0.50 | |
| 11 | 定伸时老化 | 加热老化 | | 无裂纹及变形 | |
| | | 人工气候老化 | | 无裂纹及变形 | |
| 12 | 热处理 | 拉伸强度保持率(%) | | 80~150 | |
| | | 断裂伸长率(%) | ≥ | 400 | |
| | | 低温弯折性(℃) | ≤ | -30 | |
| 13 | 碱处理 | 拉伸强度保持率(%) | | 60~150 | |
| | | 断裂伸长率(%) | ≥ | 400 | |
| | | 低温弯折性(℃) | ≤ | -30 | |
| 14 | 酸处理 | 拉伸强度保持率(%) | | 80~150 | |
| | | 断裂伸长率(%) | ≥ | 400 | |
| | | 低温弯折性(℃) | ≤ | -30 | |
| 15 | 人工气候老化 | 拉伸强度保持率(%) | | 80~150 | |
| | | 断裂伸长率(%) | ≥ | 400 | |
| | | 低温弯折性(℃) | ≤ | -30 | |

(2)水性沥青基防水涂料(JC/T 408—2005)

水性沥青基防水涂料按照性能分为H型和L型。产品的质量指标见表2.5-21。

**水性沥青基防水涂料质量指标** 表2.5-21

| 项 目 | | | 质量指标 | |
|---|---|---|---|---|
| | | | L | H |
| 外观 | | | 样品搅拌后均匀无色差、无凝胶、无结块、无明显沥青丝 | |
| 固体含量(%)不小于 | | | 45 | |
| 耐热度(℃) | | | 80±2 | 110±2 |
| | | | 无流淌、滑动、滴落 | |
| 不透水性 | | | 0.1MPa,30min 无渗水 | |
| 黏结强度(MPa) | | ≥ | 0.30 | |
| 表干时间(h) | | ≤ | 8 | |
| 实干时间(h) | | ≤ | 24 | |
| 低温柔度(℃) | 标准条件 | | -15 | 0 |
| | 碱处理 | | -10 | 5 |
| | 热处理 | | | |
| | 紫外线处理 | | | |

续上表

| 项目 | | 质量指标 |
|---|---|---|
| 断裂伸长率(%) | 标准条件 | 600 |
| | 碱处理 | |
| | 热处理 | |
| | 紫外线处理 | |

(3)聚合物乳液建筑防水涂料(JC/T 864—2008)

聚合物乳液建筑防水涂料的物理力学性能应符合表2.5-22的规定。

**聚合物乳液建筑防水涂料物理力学性能** 表2.5-22

| 序号 | 试验项目 | | | 指标 | |
|---|---|---|---|---|---|
| | | | | Ⅰ类 | Ⅱ类 |
| 1 | 拉伸强度(MPa) | | ≥ | 1.0 | 1.5 |
| 2 | 断裂延伸率(%) | | ≥ | 300 | 300 |
| 3 | 低温柔性(绕 $\phi$10mm 棒) | | | -10℃无裂纹 | -20℃无裂纹 |
| 4 | 不透水性(0.3MPa,0.5h) | | | 不透水 | |
| 5 | 固体含量(%) | | ≥ | 65 | |
| 6 | 干燥时间(h) | 表干时间 | ≤ | 4 | |
| | | 实干时间 | ≤ | 8 | |
| 7 | 老化处理后的拉伸强度保持率(%) | 加热处理 | ≥ | 80 | |
| | | 人工老化处理 | | — | 80~150 |
| | | 碱处理 | ≥ | 60 | |
| | | 酸处理 | ≥ | 40 | |
| 8 | 老化处理后的断裂延伸率(%) | 加热处理 | ≥ | 200 | |
| | | 人工老化处理 | | — | 200 |
| | | 碱处理 | ≥ | 200 | |
| | | 酸处理 | ≥ | 200 | |
| 9 | 加热伸缩率(%) | 伸长 | ≤ | 1.0 | |
| | | 缩短 | ≤ | 1.0 | |

(4)聚合物水泥防水涂料(GB/T 23445—2009)

聚合物水泥防水涂料物理力学性能应符合表2.5-23的规定。

**聚合物水泥防水涂料物理力学性能表** 表2.5-23

| 序号 | 试验项目 | | | 技术指标 | | |
|---|---|---|---|---|---|---|
| | | | | Ⅰ型 | Ⅱ型 | Ⅲ型 |
| 1 | 固体含量(%) | | ≥ | 70 | | |
| 2 | 拉伸强度 | 浸水处理后保持率(%) | ≥ | 60 | 70 | 70 |
| | | 无处理(MPa) | ≥ | 1.2 | 1.8 | 1.8 |
| | | 加热处理后保持率(%) | ≥ | 80 | 80 | 80 |
| | | 碱处理后保持率(%) | ≥ | 60 | 70 | 70 |
| | | 紫外线处理后保持率(%) | ≥ | 80 | — | — |

续上表

| 序号 | 试验项目 | | | 技术指标 | | |
|---|---|---|---|---|---|---|
| | | | | Ⅰ型 | Ⅱ型 | Ⅲ型 |
| 3 | 断裂伸长率 | 浸水处理(%) | ≥ | 150 | 65 | 20 |
| | | 无处理(%) | ≥ | 200 | 80 | 30 |
| | | 加热处理(%) | ≥ | 150 | 65 | 20 |
| | | 碱处理(%) | ≥ | 150 | 65 | 20 |
| | | 紫外线处理(%) | ≥ | 150 | — | — |
| 4 | 低温柔性(绕 φ10mm 棒) | | | -10℃无裂纹 | — | — |
| 5 | 黏结强度 | 无处理(MPa) | | 0.5 | 0.7 | 1.0 |
| | | 潮湿基层(MPa) | | 0.5 | 0.7 | 1.0 |
| | | 碱处理(MPa) | | 0.5 | 0.7 | 1.0 |
| | | 浸水处理(MPa) | | 0.5 | 0.7 | 1.0 |
| 6 | 不透水性(0.3MPa,0.5h) | | | 不透水 | 不透水 | 不透水 |
| 7 | 抗渗性(背水面)(MPa) | | ≥ | — | 0.6 | 0.8 |

(5)建筑表面用有机硅防水剂(JC/T 902—2002)

建筑表面用有机硅防水剂的物理力学性能应符合表2.5-24的规定。

**建筑表面用有机硅防水剂的物理力学性能表** 表2.5-24

| 序号 | 试验项目 | | | 指标 | |
|---|---|---|---|---|---|
| | | | | *W* | *S* |
| 1 | pH值 | | | 规定值±1 | |
| 2 | 固体含量(%) | | ≥ | 20 | 5 |
| 3 | 稳定性 | | | 无分层,无漂油、无明显沉淀 | |
| 4 | 吸水率比(%) | | ≤ | 20 | |
| 5 | 渗透性 | ≤ | 标准状态 | 2mm,无水迹无变色 | |
| | | | 热处理 | 2mm,无水迹无变色 | |
| | | | 低温处理 | 2mm,无水迹无变色 | |
| | | | 紫外线处理 | 2mm,无水迹无变色 | |
| | | | 酸处理 | 2mm,无水迹无变色 | |
| | | | 碱处理 | 2mm,无水迹无变色 | |

3)密封材料

密封材料用于嵌缝和填塞各种孔洞,以免形成渗水通道,达到防水效果良好的目的。

常用密封材料有硅酮建筑密封胶、建筑防水沥青嵌缝油膏、聚氨酯建筑密封胶、丙稀酸酯建筑密封胶、聚氯乙烯建筑密封胶、混凝土建筑接缝用密封胶等,对具体工程可根据材料特性和工程特点,结合工程经验选用。

## 三、防火涂料

隧道防火涂料涂于隧道混凝土结构的表面,用于使其形成耐火隔热保护层,以提高其结构的耐火极限。其特性应为非膨胀型,同时应满足涂料中不宜采用苯类溶剂、石棉等对人体有害的物质的要求。涂料作业可采用喷涂、抹涂、刮涂等方法,并应在通常的自然环境条件下干燥固化。涂层干燥后不应有刺激性气味。

隧道防火涂料的技术指标见表2.5-25。

**隧道防火涂料技术指标表** 表2.5-25

| 序号 | 检验项目 | | 技术指标 | 缺陷分类 |
|---|---|---|---|---|
| 1 | 在容器中的状态 | | 经搅拌后呈均匀稠厚液体,无结块 | C |
| 2 | 干燥时间,表干(h) | | ≤24 | C |
| 3 | 黏结强度(MPa) | | ≥0.1 | A |
| 4 | 干密度($kg/m^3$) | | ≤800 | C |
| 5 | 耐水性(h) | | 经720h试验后,涂层不开裂、起层、脱落,允许轻微发胀和变色 | A |
| 6 | 耐酸性(h) | | 经360h试验后,涂层不开裂、起层、脱落,允许轻微发胀和变色 | B |
| 7 | 耐碱性(h) | | 经360h试验后,涂层不开裂、起层、脱落,允许轻微发胀和变色 | B |
| 8 | 耐冻融循环试验(次) | | 经15次试验后,涂层不开裂、起层、脱落、变色 | B |
| 9 | 耐湿热性(h) | | 经720h试验后,涂层不开裂、起层、脱落、变色 | B |
| 10 | 耐火性能 | 涂层厚度(mm) | 10≤ | A |
| | | 耐火极限(h) | ≥2.0 | |

## 本章参考文献


[1] 中华人民共和国行业标准. JTJ 026.1—1999 公路隧道通风照明设计规范[S]. 北京:人民交通出版社,2000.

[2] 中华人民共和国交通运输部. 水运公路建设项目可行性研究报告编制办法. 1988.

[3] 中华人民共和国行业标准. JTG/T D71—2004 公路隧道交通工程设计规范[S]. 北京:人民交通出版社,2004.

[4] 中华人民共和国国家标准. GB 5768—2009 道路交通标志和标线[S]. 北京:中国标准出版社,2009.

[5] 中华人民共和国行业标准. JTJ 064—98 公路工程地质勘查规范[S]. 北京:人民交通出版社,1999.

[6] 中华人民共和国国家标准. GB/T 18567—2001 高速公路隧道监控系统模式[S]. 北京:中国标准出版社,2001.

[7] 中华人民共和国行业标准. JTG D81—2006 高速公路交通安全设施设计及施工技术规范[S]. 北京:人民交通出版社,2006.

[8] 中华人民共和国行业标准. GBJ 16-87—2001 建筑设计防火规范[S]. 北京:中国计划出版社,2001.

[9]《交通工程手册》编委会. 交通工程手册[M]. 北京:人民交通出版社,1998.

[10] 高速公路丛书编委会. 高速公路交通工程及沿线设施[M]. 北京:人民交通出版社,1995.

[11] 陈耀宗,等. 建筑给水排水设计手册[M]. 北京:中国建筑工业出版社,2003.
[12] 交通部公路司. 公路勘察设计典型示范工程咨询要点及图示. 2004.
[13] 赵剑强. 公路交通与环境保护[M]. 北京:人民交通出版社,2002.
[14] 朱小清,林翰. 照明技术手册[M]. 北京:机械工业出版社,1995.
[15] 孙钧,侯学渊. 地下结构[M]. 北京:科学出版社,1991.
[16] 关宝树. 隧道工程施工要点集[M]. 北京:人民交通出版社,2003.
[17] 王建宇,等. 隧道工程监测和信息化设计原理[M]. 北京:中国铁道出版,1990.
[18] 交通部第一公路勘查设计院. 路线(公路设计手册)[M]. 北京:人民交通出版社,1979.
[19] 铁道部第二勘察设计院. 隧道(修订版)[M]. 北京:中国铁道出版社,1999.
[20] 铁道部第二工程局. 隧道(上,下册)(第二版)[M]. 北京:中国铁道出版社,1999.
[21] 铁道部第二设计院. 隧道(铁路工程设计技术手册)[M]. 北京:人民铁道出版社,1978.
[22] 鞠建英. 实用地下工程防水手册[M]. 北京:中国计划出版社,2002.
[23] 铁道部第一设计院. 铁路隧道设计基础手册[M]. 北京:人民铁道出版社,1981.
[24] 王毅才. 隧道工程(上册)[M]. 北京:人民交通出版社,2007.
[25] 张庆贺. 地下工程[M]. 上海:同济大学出版社,2005.

# 第三章　隧道支护结构的形式与构造

## 第一节　隧道支护的作用

公路隧道在开挖施工过程中，常需通过施作支护及时加固围岩，并应在断面施工结束时施作衬砌，形成永久支护。

支护的作用首先是加固围岩。石质坚硬的围岩通常具有较强的自支承能力，然而由于其中经常存在断层、软弱夹层、节理和裂隙等地质构造上的薄弱环节，隧道开挖中易因遭遇断层而发生塌方，或由软弱夹层、节理和裂隙等承载能力较弱的地质构造面与洞周表面在几何形状上的不利组合引起岩块掉落，甚至在关键块体掉落后出现连锁反应，导致大面积塌方，故需通过施作支护及时加固。对这类情况，锚杆、喷射混凝土及其组合形式锚喷支护常可提供有效的支护，使弱面的承载能力提高，从而使围岩的自支承能力可充分发挥，以利于隧道周围的地层保持稳定。

隧道跨度较大、围岩强度较低时，洞周围地层有可能不能单靠自身强度保持稳定，而需要支护对其提供帮助。这时支护既需要对围岩构造的薄弱环节起加固作用，又需要靠自身强度帮助周围地层保持稳定。对这类情况，施工过程中常需要再次施作支护，称为二次支护。二次支护应有合适的刚度，使可满足对石质较差的Ⅵ级围岩可主要由支护提供承载力稳定围岩；而对石质相对较好的Ⅳ、Ⅴ级围岩，可由支护提供部分承载力帮助围岩保持稳定。二次支护仍可采用喷射混凝土施作，适用性更好的形式则是混凝土衬砌及钢筋混凝土衬砌。

支护的另一作用是封闭围岩，使其免于因与洞内空气直接接触而风化潮解和降低强度，有利于使围岩保持长期稳定。

规范规定公路隧道均应施作衬砌，其作用则随围岩性质而异。岩体较差时，用于在稳定围岩中起主要作用；岩体相对较好时，用于提供部分承载力帮助围岩保持稳定；岩体较好时，则主要用于防止围岩风化，以利隧道保持长期稳定。

## 第二节　明挖隧道的支护形式与构造

### 一、引言

明挖隧道通常是指采用明挖法施工的隧道。多见于山区铁路、公路隧道的出入口段，或平原地区城市的地铁区间隧道，以及道路隧道和越江隧道的出入口段。

山区铁路、公路隧道的出入口段常有长度不等的浅埋段，隧道开挖后因覆盖层较薄而顶部围岩容易坍塌，故需要对隧道采用明挖法施工。其工法为先开挖路堑，在路堑内立模浇筑混凝土衬砌，然后在衬砌上回填土石保护层，建成的隧道称为明洞。近十多年来，随着环保理念逐步深入人心，对明洞回填已逐步提高要求，即力求使覆盖复原自然坡度，必要时将洞身接长，并对地表恢复植被，以尽可能保护自然环境，尤其是位于市郊或靠近城市的公路、铁路隧道，洞口常有壮观的洞门和优美的环境配合，由此成为景色秀丽的景点。

在大中城市，地铁区间隧道、道路隧道和越江隧道施工方法的选择常受环境的制约。其中地铁区间隧道多用暗挖法施工，地表空旷的地段则可采用明挖法；道路隧道多用明挖法、箱涵顶进法等建造，越江隧道多为盾构法隧道，但二者的出入口段则都需采用明挖法施工。

采用明挖法建造隧道的施工方法与周围地层的性质及工程地质条件有关。一般来说，工程施工都需开挖路堑或基坑，但在岩石地层中边坡易于加固和保持稳定，而在土质地层尤其是饱和软土地层中开挖时，则需通过施作合适的围护结构和进行地层降水，才能在开挖地层时使基坑保持稳定。

鉴于山区明洞隧道的施工方法和工艺比较简单，本章拟仅介绍软土地区明挖隧道的施工方法和工艺，并主要是基坑支护和地层开挖，而不再叙述基坑开挖后混凝土衬砌的浇筑工艺。

明挖法在史前就已经被采用，迄今为止仍是软土工程施工中最基本、最常用的施工方法。原因是由于这类方法有以下几个显著的优点：

(1)工艺简单，施工面宽敞，作业条件较好。

(2)可安排较多劳动力同时工作，并便于使用大型施工机械，以缩短工期。

(3)造价低，施工质量也易于保证。

20世纪70年代以来，随着整体工业水平的提高，明挖法施工在技术上已有较大的进步，主要表现为支护类型的发展，支撑类型的发展，地下水控制技术的发展，以及逆筑法技术的出现等。一般来说，在浅埋施工场地比较开阔的情况下，应优先采用明挖法施工。

## 二、明挖隧道的构造

众所周知，采用明挖法建造地铁区间隧道和道路隧道出入口地段的施工方法与越江隧道出入口地段的施工方法基本相同，因而本节以水底公路隧道出入口段的施工方法为例讨论。

水底公路隧道一般用于连接江河或海峡两岸的城市交通干道或高速公路，纵横断面一般均需按高速公路的要求设计。横断面形状多为圆形、马蹄形或矩形，洞内主要设置车行道、送排风道和检修人员通道，少数设有人行道及自行车道；纵剖面形状常为“U形”。通常由敞开段和暗埋段组成，并在二者的交会地点设置洞门，如图3.2-1所示。

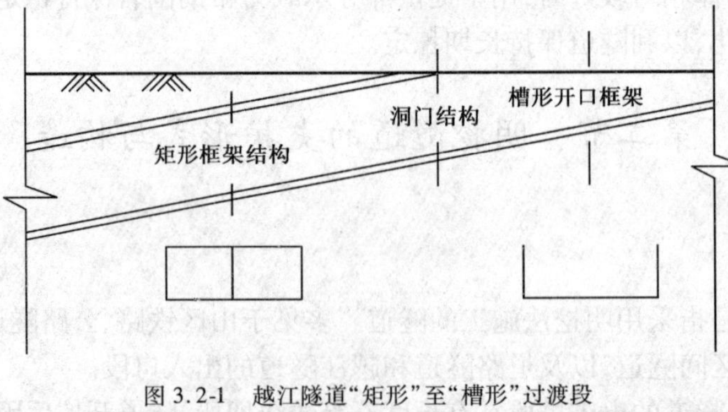


图3.2-1　越江隧道“矩形”至“槽形”过渡段

敞开段常用于设置引道，暗埋段可以通风竖井为界细分为岸边段与河中段。施工阶段通风竖井可兼作盾构工作井，河中段隧道埋深应满足水底隧道最小覆盖层的要求，岸边段需设水底隧道紧急出口。洞口常设售票亭收费，并在附近建造容纳公路隧道交通监控系统的建筑物及其附属设施。其余设施主要有水底隧道通风系统、公路隧道照明系统、水底隧道给水系统、水底隧道排水系统和公路隧道消防系统等。土质地层中河中段隧道多采用盾构工法或沉管工法施工，岸边段的施工方法则多为明挖法；岩石地层中常用方法为新奥法，长度较大时也可采用隧道掘进机。

引道结构通常是指城市道路系统中的立交地道、水底隧道和地下铁道车辆牵出线等与地面间连接段的敞开衬砌结构。按底板与侧向挡土结构间连接构造的特点可分为整体式引道结构（图 3.2-2）与分离式引道结构。完建后形成沿纵向由深到浅的堑壕，用于为引道挡土，隔水和防洪，以保证行车安全。

车道底板与挡土墙体间的接头在构造上不连续的引道结构为分离式引道结构。车道底板常为钢筋混凝土板，挡墙可为浆砌块石挡墙、扶壁式挡墙或板桩锚拉结构。按受力特点挡土墙体又有重力式、加筋型和板桩拉锚型等典型形式。不具有防水功能，但造价较低。适用于地下水位较深，或引道埋深较浅的情况。

重力式挡墙高度可达 8.0m 左右，必要时可在侧壁背后间隔适当距离设置加劲肋，成为扶壁式墙型支挡结构。加劲肋材料常与墙体相同，用于增强侧墙的抗变形能力，使可减小墙体厚度，节省建筑材料。加筋型引道支挡结构由直立墙面板、水平向钢筋及填料组成。墙面板与填料由钢筋拉结，受力合理，成本较低。板桩拉锚型引道支挡结构采用钢筋混凝土板桩作为挡土结构，并由拉锚平衡板桩承受的土压力。拉锚结构可为埋入式锚定结构，也可为钻孔土层锚杆。前者常在端部设锚碇板或锚碇桩，以增加稳定性。

将底板与侧墙整体浇筑的引道结构为整体式引道结构，如图 3.2-2 所示。常见结构形式为槽形开口框架[图 3.2-2 a)]，受力及抗变形性能较好，但须进行抗浮稳定验算。必要时需采取措施抗浮，如设置压重[图 3.2-2 b)]、抗拔桩等。适用于地下水位较高，透水性较强的地层。

a)　　b)

图 3.2-2　整体式引道结构—— 槽形框架结构

a）一般形式；b）结构抗浮伸板形式

岸边段的暗埋隧道及明挖地铁区间隧道结构多属于浅埋式地下结构，其覆盖土层较薄，不满足压力拱成拱条件，或甚至覆盖层厚度小于结构尺寸。明挖地铁区间隧道结构一般采用矩形框架结构。根据使用要求及荷载和跨度的大小，闭合框架可为单跨、双跨矩形闭合框架（图 3.2-3 和图 3.2-4）。跨度较小时（一般小于 6m），可采用单跨矩形闭合框架结构；结构跨度较大，或由于使用和工艺的要求，可设计成双跨矩形闭合框架结构。对浅埋地铁车站结构，尚可采用三跨多层矩形闭合框架结构。

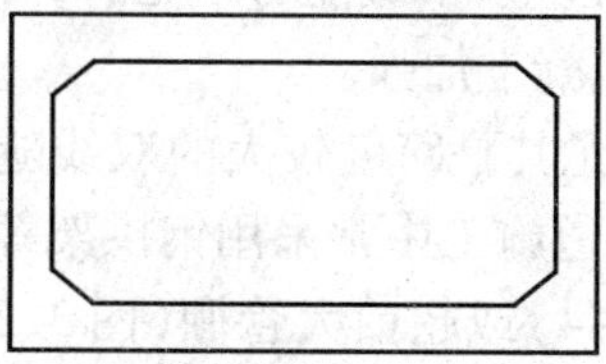

图 3.2-3　单跨矩形闭合框架

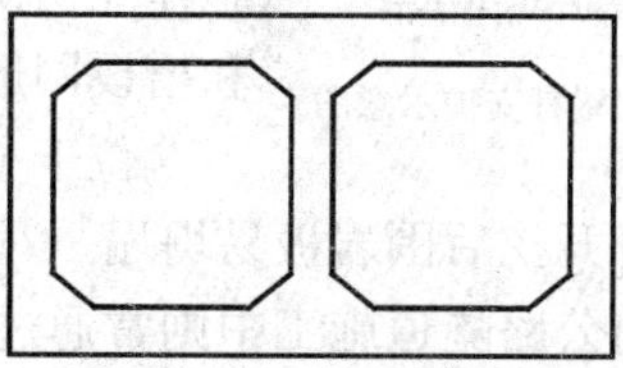

图 3.2-4　双跨通道框架

为了改善通风条件和节约材料,同时使结构轻巧、美观,中间隔墙还可开设孔洞,如图3.2-5所示。中间隔墙还可由梁、柱代替,适用于在隔墙上开设较大孔洞时的情况(图3.2-6)。

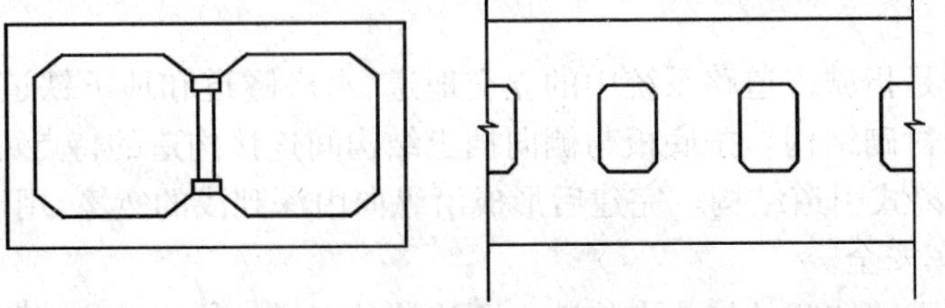

图3.2-5 双跨开孔矩形闭合框架

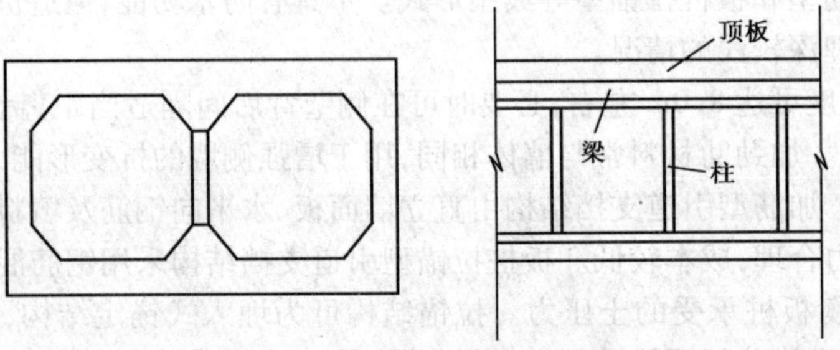


图3.2-6 双跨开孔梁柱矩形闭合框架

## 第三节 矿山法隧道支护形式与构造

隧道支护通常在开挖施工过程中施作。其中用于及时加固围岩的支护称为初期支护,断面施工结束时施作的衬砌称为二次支护,由初期支护与二次支护联合起作用形成的支护称为复合式支护,亦称复合式衬砌。以下分别叙述其组成和工法的特点。

### 一、初期支护

初期支护的基本类型一般是锚杆支护和喷射混凝土支护,二者联合一起作用时称为锚喷支护,如图3.3-1~图3.3-3所示。其中锚杆支护可用于固定可移动岩块,也可用于加固围岩。起前一种作用的锚杆常在爆破作业完成后立即施作,空间点位和布设方向取决于围岩构造的特点;起后一种作用的锚杆空间点位常选为在开挖面上成矩形或梅花形均匀布置,纵横向间距一般不大于1.5m,布设方向与洞周表面垂直,称为系统锚杆。喷射混凝土支护通常在隧道开挖过程中随挖随喷,并可分层施作。初次喷射时厚度宜在5cm以上,承载能力不足时,可加厚喷层和增设网筋,或改用钢纤维喷射混凝土加强。

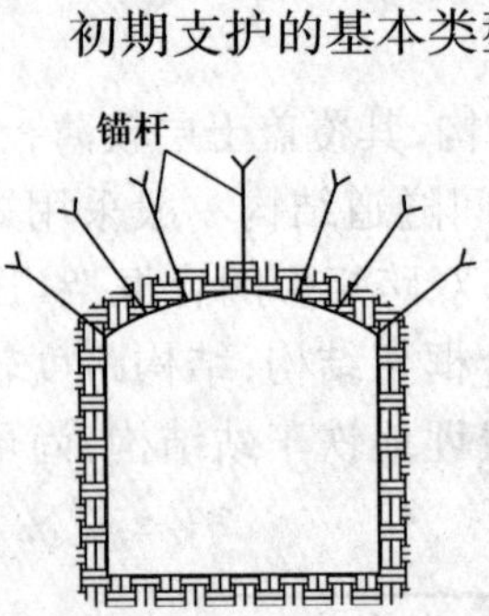


图3.3-1 锚杆支护示意图

位于Ⅴ、Ⅵ级围岩中的隧道,尤其是跨度较大的双线隧道和连拱隧道,洞身开挖后围岩极易坍塌。对这类情况,以往公路隧道施工中常采用钢拱架等加强初期支护,目前公路隧道施工中则常通过增设超前锚杆(图3.3-4)或超前大管棚(图3.3-5),或采用超前小导管注浆加固围岩(图3.3-6)等工程措施使初期支护加强。

图 3.3-2　喷射混凝土支护示意图

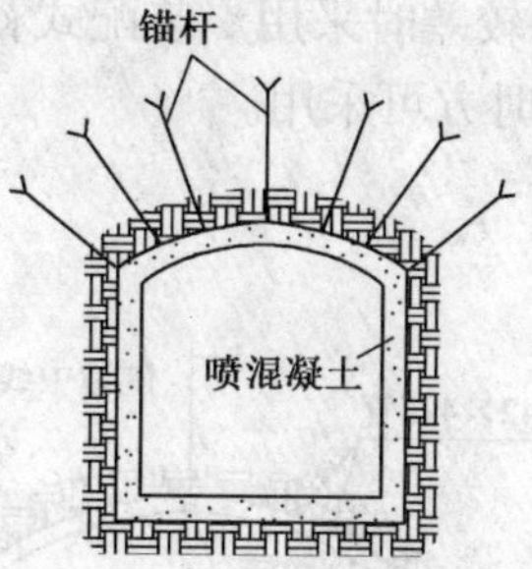


图 3.3-3　锚喷支护示意图

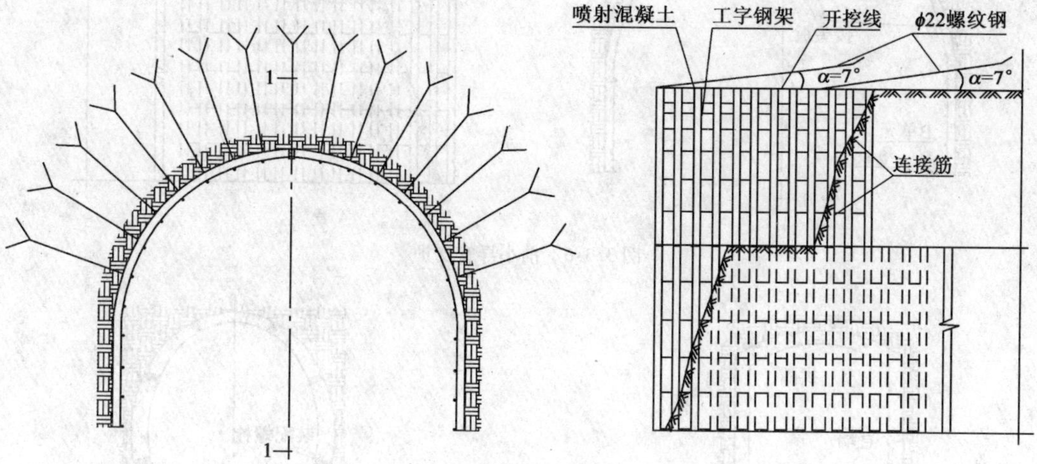


图 3.3-4　超前锚杆

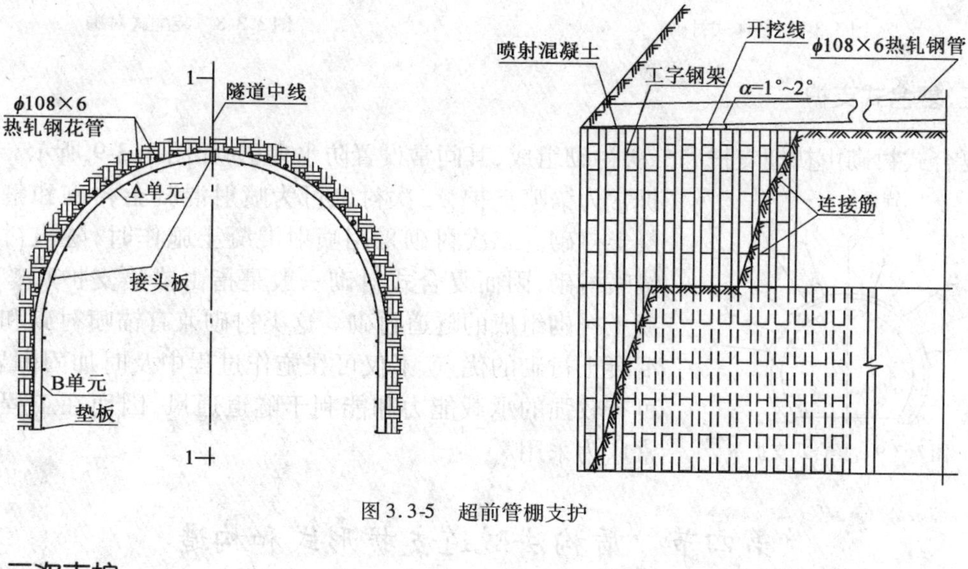


图 3.3-5　超前管棚支护

## 二、二次支护

二次支护一般在围岩变形趋于基本稳定后施作，结构基本类型有喷射混凝土衬砌和混凝土衬砌两类。喷射混凝土衬砌中可布置钢筋网加强，也可改用钢纤维喷射混凝土。混凝土衬砌按材料可分为素混凝土衬砌和钢筋混凝土衬砌，按工法和构造又可分为整体式衬砌（图 3.3-7）和装配式衬砌（图 3.3-8）。其中整体式钢筋混凝土衬砌刚性最大，适宜于在围岩工程地质条件较差时采用。装配式衬砌由管片（和构件）组成，施工中机械化程度较高（如采用TBM施工）时方可采用。

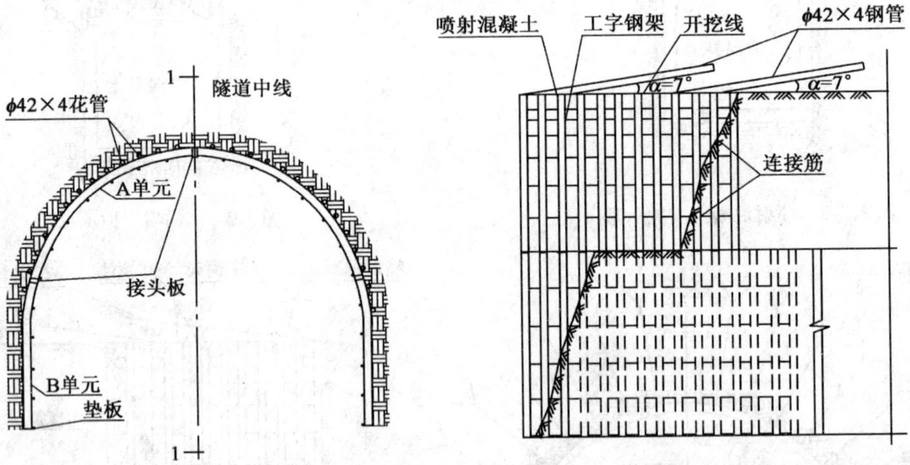


图3.3-6　前小导管支护

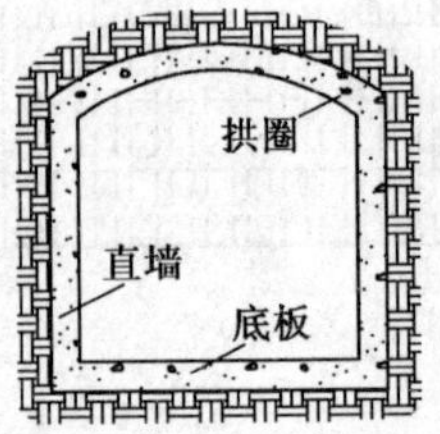


图3.3-7　整体式衬砌

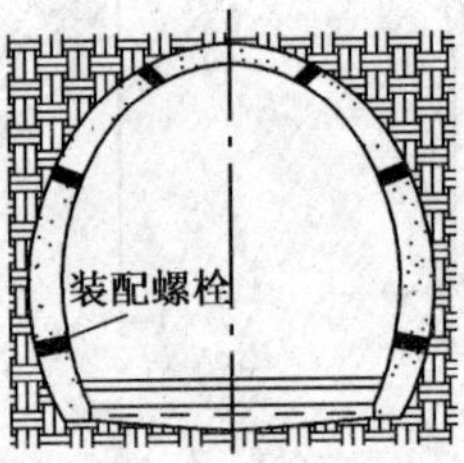


图3.3-8　装配式衬砌

## 三、复合式支护

复合式衬砌由初期支护和二次衬砌组成，其间常设置防水夹层，如图3.3-9所示。初期支护常为锚喷支护，二次衬砌可为喷射混凝土衬砌和整体式混凝土衬砌。二次衬砌采用喷射混凝土施作时，隧道衬砌即为锚喷衬砌，因而复合式衬砌一般是指由锚喷支护和整体式混凝土衬砌组成的隧道衬砌。这类衬砌兼有锚喷衬砌和整体式混凝土衬砌的优点，不仅可在施作过程中及时加固围岩，而且可有较强的承载能力和能利于隧道通风，因而在工程实践中常广为采用。

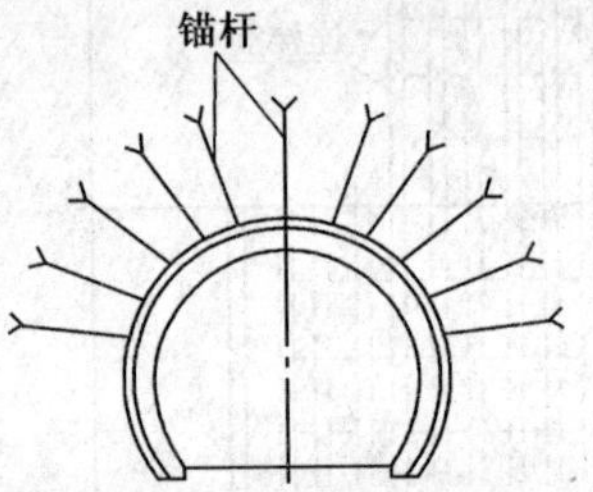


图3.3-9　复合式支护

# 第四节　盾构法隧道支护形式和构造

## 一、衬砌断面的形式与选型

盾构法隧道的衬砌结构在施工阶段作为隧道施工的支护结构，它保护开挖面以防止土体变形，土体坍塌及泥水渗入，并承受盾构推进时千斤顶顶力及其他施工荷载；在隧道竣工后作为永久性支撑结构,并防止泥水渗入,同时支承衬砌周围的水、土压力以及使用阶段和某些特殊需要的荷载,以满足结构的预期使用要求。因而,必须依据隧道的使用目的、周围环境、地层条件以及施工方法,合理选择衬砌的强度、结构、形式和种类等。根据这些条件,盾构隧道横断面一般有圆形、矩形、半圆形、马蹄形等多种形式,最常用衬砌的横断面形式为圆形与矩形。在饱和含水软土地层中修建地下隧道,由于顶压和侧压较为接近,较有利的结构形式是选用圆形结构。目前在地下隧道施工中盾构法应用得十分普遍,这样装配式圆形衬砌结构在一些城市的地下铁道、市政管道等方面的应用也显得较为广泛和普遍。

1)圆形隧道断面的优点

隧道衬砌断面形状虽然可以采用半圆形、马蹄形、长方形等形式,但最普遍的还是采用圆形。因为圆形隧道衬砌断面有以下优点。

(1)可以等同地承受各方向外部压力。尤其是在饱和含水软土地层中修建地下隧道,由于顶压、侧压较为接近,更可显示出圆形隧道断面的优越性。

(2)施工中易于盾构推进。

(3)便于管片的制作、拼装。

(4)盾构即使发生转动,对断面的利用也毫无妨碍。

用于圆形隧道的拼装式管片衬砌一般由若干块组成,分块的数量由隧道直径、受力要求、运输和拼装能力等因素确定。管片类型分为标准块、邻接块和封顶块三类。管片的宽度一般为700~2 000mm,厚度为隧道外径的5%~6%,块与块、环与环之间用螺栓连接。

2)单双层衬砌的选用

隧道衬砌是直接支承地层,保持规定的隧道净空,防止渗漏,同时又能承受施工荷载的结构。通常它是由管片拼装的一次衬砌和必要时在其内面灌注混凝土的二次衬砌所组成。一次衬砌为承重结构的主体,二次衬砌主要是为了一次衬砌的补强和防止漏水与侵蚀而修筑的。近年来,由于防水或截水材料质量的提高,可以考虑省略二次衬砌,采用单层的一次衬砌,既承重又防水。对于有压的输水隧道,为了承受较大的内水压力,需做二次衬砌。

综上所述,应根据隧道的功能、外围土层的特点、隧道受力等条件,分别选用单层装配式衬砌,或在单层装配式衬砌内再浇筑整体式混凝土、钢筋混凝土内衬的双层衬砌等。

双层衬砌施工周期长,造价贵,且它的止水效果在很大程度上还是取决于外层衬砌的施工质量、渗漏情况,所以只有当隧道功能有特殊要求时,才选用双层衬砌。通常在满足工程使用要求的前提下,应优先选用单层装配式钢筋混凝土衬砌。单层预制装配式钢筋混凝土衬砌的施工工艺简单,工程施工周期短,节省投资。

近年来,由于钢筋混凝土管片制作精度的提高和新型防水材料的应用,管片衬砌的渗漏水显著减少,故已经可以省略二次衬砌。例如,我国于1989年建成的上海延安东路水底公路隧道,即已采用单层钢筋混凝土衬砌,防水效果较好,已达到国际先进水平。

## 二、衬砌的分类及其比较

1)按材料及形式分类

(1)钢筋混凝土管片

①箱形管片一般用于较大直径的隧道。单块管片质量较轻,管片本身强度不如平板形管片,特别在盾构顶力作用下易开裂(图3.4-1)。

②平板形管片单块管片质量较重,对盾构千斤顶顶力具有较大的抵抗能力,正常运营时对

隧道通风阻力较小(图3.4-2)。

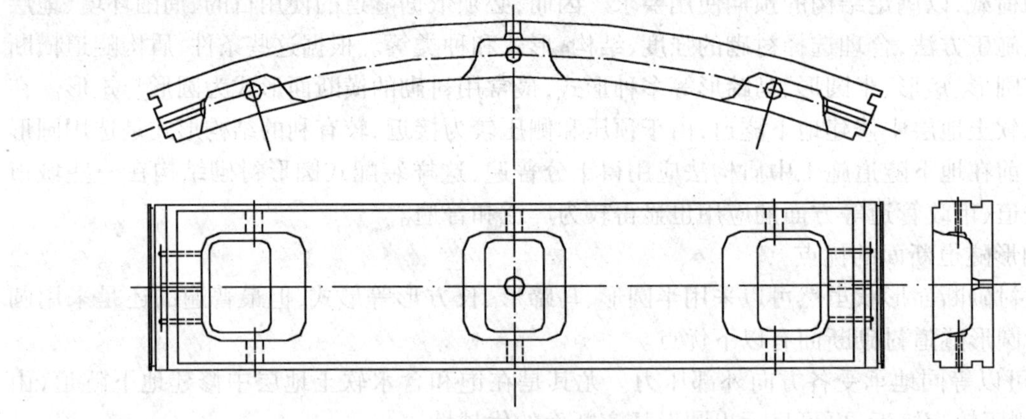

图3.4-1　箱形管片(钢筋混凝土管片)

(2)铸铁管片

国外在饱和含水不稳定地层中修建隧道时较多采用铸铁管片,最初采用的铸铁材料全为灰口铸铁,第二次世界大战后逐步改用球墨铸铁,其延性和强度接近于钢材,因此管片就显得较轻,耐蚀性好,机械加工后管片精度高,能有效地防渗抗漏。缺点是金属消耗量大,机械加工量也大,价格昂贵。近十几年来已逐步由钢筋混凝土管片所取代。由于铸铁管片具有脆性破坏的特性,不宜用作承受冲击荷载的隧道衬砌结构(图3.4-3)。

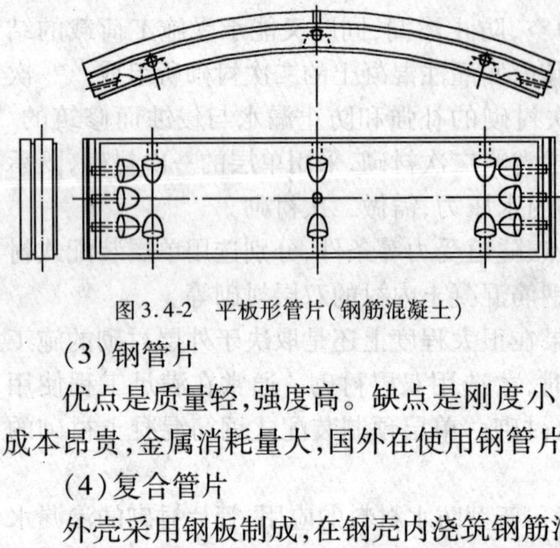

图3.4-2　平板形管片(钢筋混凝土)

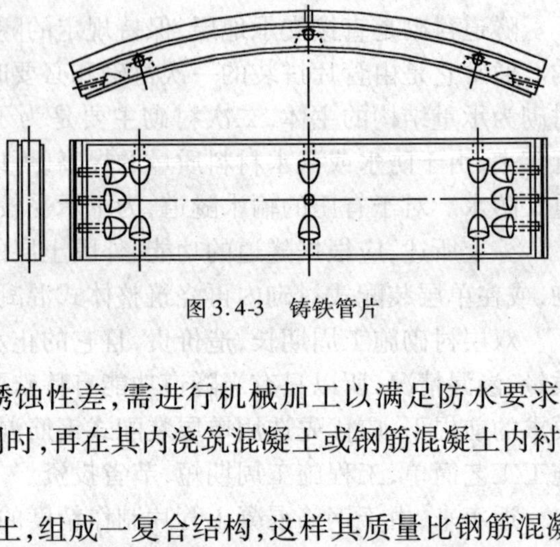

图3.4-3　铸铁管片

(3)钢管片

优点是质量轻,强度高。缺点是刚度小,耐锈蚀性差,需进行机械加工以满足防水要求。成本昂贵,金属消耗量大,国外在使用钢管片的同时,再在其内浇筑混凝土或钢筋混凝土内衬。

(4)复合管片

外壳采用钢板制成,在钢壳内浇筑钢筋混凝土,组成一复合结构,这样其质量比钢筋混凝土管片轻,刚度比钢管片大,金属消耗量比钢管片小,缺点是钢板耐蚀性差,加工复杂冗繁。

2)按结构形式分类

隧道外层装配式钢筋混凝土衬砌结构根据不同的使用要求分成箱形管片,平板形管片等几种结构形式。钢筋混凝土管片四侧都设有螺栓与相邻管片连接起来。平板形管片在特定条件下可不设螺栓,此时称为砌块,砌块四侧设有不同几何形状的接缝槽口,以便砌块间和环间相互衔接起来。

(1)管片

适用于不稳定地层内各种直径的隧道,接缝间通过螺栓予以连接。由错缝拼装的钢筋混凝土衬砌环近似地可视为一匀质刚度圆环,接缝由于设置了一排或二排的螺栓可承受较大的正、负弯矩。环缝上设置了纵向螺栓,使隧道衬砌结构具有抵抗隧道纵向变形的能力。管片由于设置了数量众多的环、纵向螺栓,使管片拼装进度大为降低,增加工人劳动强度,也相应地增高了施工费用和衬砌费用。

(2)砌块

一般适用于含水率较小的稳定地层内。由于隧道衬砌的分块要求,使由砌块拼成的圆环(超过三块以上)成为一个不稳定的多铰圆形结构。衬砌结构在通过变形后(变形量必须予以限制)地层介质对衬砌环的约束使圆环得以稳定。砌块间以及相邻环间接缝防水、防泥必须得到满意的解决,否则会引起圆环变形量的急剧增加而导致圆环丧失稳定,形成工程事故。砌块由于在接缝上不设置螺栓,施工拼装进度就可加快,隧道的施工和衬砌费用也随之降低。

3)按形成方式分类

按衬砌的形成方式分可将衬砌分为装配式衬砌和挤压混凝土衬砌。

装配式衬砌圆环一般是由分块的预制管片在盾尾拼装而成,按照管片所在位置及拼装顺序不同可将管片划分为标准块,邻接块和封顶块,根据工程需要组成衬砌的预制构件有铸铁、钢、混凝土,钢筋混凝土管片和砌块之分。我国目前广泛使用的是钢筋混凝土管片或砌块。与整体式现浇衬砌相比,装配式衬砌的特点在于:①安装后能立即承受荷载;②管片生产工厂化,质量易于保证,管片安装机械化,方便快捷;③在其接缝处防水需要采取特别有效的措施。

近年来,国外发展有在盾尾后现浇混凝土的挤压式衬砌工艺,即在盾尾刚浇捣而未硬化的混凝土处在高压作用下,作为盾尾推进的后座,盾尾在推进的过程中,不产生建筑空隙,空隙由注入的混凝土直接填充。挤压混凝土衬砌施工方法的特点是:①自动化程度高,施工速度快;②整体式衬砌结构可以达到理想的受力、防水要求,建成的隧道有满意的使用效果;③采用钢纤维混凝土能提高薄形衬砌的抗裂性能;④在渗透性较大的砂砾层中要达到防水要求尚有困难。德国豪赫帝夫国际建筑工程公司研制的掺钢纤维挤压混凝土衬砌已在汉堡、罗马和里昂等地的地铁工程中得到了成功的应用,日本也在不少软土隧道的施工中采用了这种施工方法。

4)按构造形式分类

大致可分为单层及双层衬砌两种形式。修建在饱和含水软土地层内的隧道,由于目前对隧道防水(特别是接缝防水),还没有得到完善地解决,影响了使用要求,因此较多的还是选择双层衬砌结构,外层是装配式衬砌结构,内层是内衬混凝土或钢筋混凝土层。例如,在地下铁道的区间隧道以及一些市政管道也已采用了这种双层衬砌结构形式。由于采用了双层衬砌,导致了下列的一系列问题:开挖断面增大,增加了出土量;施工工序复杂,延长了施工期限,导致了隧道建设成本的增加。为此目前不少国家正在研究解决单层衬砌的防水技术和使用效果,以逐步取代双层衬砌结构。另一种做法是在目前隧道防水尚未得到较为满意解决的条件下,把外层衬砌视作一施工临时支撑结构,这样就简化了外层衬砌的要求。在内层现浇衬砌施工前,对外层衬砌进行清理,堵漏,做必要的结构构造处理,然后再浇捣内衬层,并使内层衬砌与外层村砌连成一起视作一整体结构(或近似整体结构)以共同抵抗外荷载。

## 三、装配式钢筋混凝土管片

目前由于国内外应用装配式钢筋混凝土管片较为普遍,这里着重介绍钢筋混凝土管片的构造。

(1)环宽

根据国内外实践经验，无论是钢筋混凝土管片或金属管片，环宽一般在700～2 000mm。环宽过小会导致接缝数量的增加进而加大隧道防水的困难，过大的环宽虽对防水有利，但也会使盾尾长度增长而影响盾构的灵敏度；单块管片质量也增大。一般说来，大隧道的环宽可以比小隧道的大一些。盾构在曲线段推进时还必须设有楔形环，楔形环的锥度可按隧道曲率半径计算。表3.4-1表示了隧道外径与管片环宽锥度的经验数值。

**隧道外径与管片环宽锥度的经验关系** 表3.4-1

| 隧道外径(m) | $D_{外}<3$ | $3<D_{外}<6$ | $D_{外}>6$ |
|---|---|---|---|
| 锥度(mm) | 15～30 | 20～40 | 30～50 |

(2)分块

单线地下铁道衬砌一般可分成6～8块，双线地下铁道衬砌可分为8～10块。小断面隧道可分为4～6块。衬砌圆环的分块主要考虑在管片制作、运输、安装等方面的实践经验而定。但也有少数从受力角度考虑采用4等份管片，把管片接缝设置在内力较小的45°或135°处，使衬砌环具有较好的刚度和强度，接缝构造也可相应得到简化。管片的最大弧长、弦长一般较少超过4 m，管片越薄其长度应越短。

(3)封顶管片形式

根据隧道施工的实践经验，考虑到施工方便以及受力的需要，目前封顶块一般趋向于采用小封顶形式。封顶块的拼装形式有两种，一为径向楔入，另一为纵向插入。采用后者形式的封顶块受力情况较好，在受荷后，封顶块不易向内滑移。其缺点是需加长盾构千斤顶行程。在一些隧道工程中也有把封顶块设置于45°、135°甚至185°处。

(4)拼装形式

圆环的拼装形式有通缝、错缝两种，所有衬砌环的纵缝环环对齐的称为通缝，而环间纵缝相互错开，犹如砖砌体一样的称为错缝。

圆环衬砌采用错缝拼装较普遍，其优点在于能加强圆环接缝刚度，约束接缝变形，圆环近似地可按匀质刚度考虑。当管片制作精度不够好时，采用错缝拼装形式容易使管片在盾构推进过程中顶碎。另外在错缝拼装条件下，环、纵缝相交处呈丁字形式，而通缝拼装时则为十字形式，在接缝防水上丁字缝比十字缝较易处理。

在某些场合中例如需要拆除管片后修建旁侧通道或某些特殊需要时，则管片常采用通缝形式，以便于进行结构处理。

## 四、管片接头构造

管片间的接头有两类，沿纵向(接头面平行于纵轴)的称纵向接头，沿环向(接头面垂直于纵轴)的称环向接头。从其力学特性来看，可分为柔性接头和刚性接头，前者要求相邻管片间允许产生微小的转动与压缩，使整个衬砌能屈从于内力的方向产生一定的变形，后者则是通过增加螺栓数量等手段，力图在构造上使接头的刚度与构件本身相同。早期的管片接头多为刚性，以为越刚越安全，通过长期的试验、实践和研究，这种传统观念逐渐为后来的柔性结构思想所打破，管片的连接方式也经历了从刚性连接到柔性连接方式的过渡。

目前采用的基本接头结构有螺栓接头、铰接头、销插入式接头、楔形接头、榫接头等。

(1)螺栓接头：这是环向接头和纵向接头上最为常用的接头结构，这是一种利用螺栓将接头板紧固起来，将管片环组装起来的抗拉连接结构。

环向螺栓根据衬砌接缝内力情况设置成单排或双排。一般在直径较大的隧道内，接内力设计的管片厚度也较大，常在管片的纵向缝上设置双排螺栓，外排螺栓抵抗负弯矩，内排螺栓抵抗正弯矩，每一排螺栓配有2~3只螺栓；对小直径隧道则常采用单排螺栓，单排螺栓孔一般设置在离隧道内侧1/3$h$（$h$为衬砌厚度）处。

纵向螺栓是按管片分块（拼装形式）结构受力等要求配置，其数量不一。纵向螺栓孔位置设置在离隧道内侧的（1/4~1/3）$h$处。环、纵向螺栓孔一般比螺栓直径大3~6mm。环，纵向螺栓形式有直螺栓，弯螺栓两种，直螺栓受力性能好，效果显著，加工简单，但常扩大了螺栓手孔的尺寸，影响了管片承受盾构千斤顶顶力的承载能力。弯螺栓（图3.4-4）的设置能缩小螺栓手孔的尺寸，较少地影响管片的纵向承受能力。但其对抵抗圆环横向内力的结构效能差，且加工麻烦。实验表明，弯螺栓接头比直螺栓接头易变形，且实践也说明弯螺栓对施工亦不方便，用料又大，已逐渐被直螺栓取代。

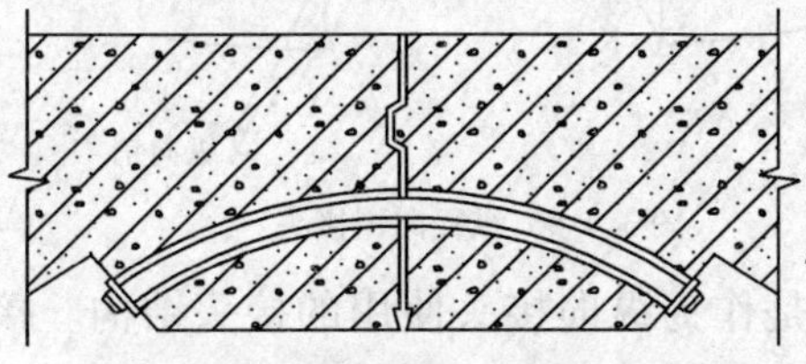
图3.4-4　弯螺栓连接形式

直螺栓连接通过管片的钢端肋的，称为小钢盒形式，这种连接形式虽然可减短螺栓长度，减少钢材用量，但端肋板的耗钢量却又更大，加上预埋钢盒时精度往往得不到保证，现已改为钢筋混凝土端肋，如图3.4-5、图3.4-6所示。

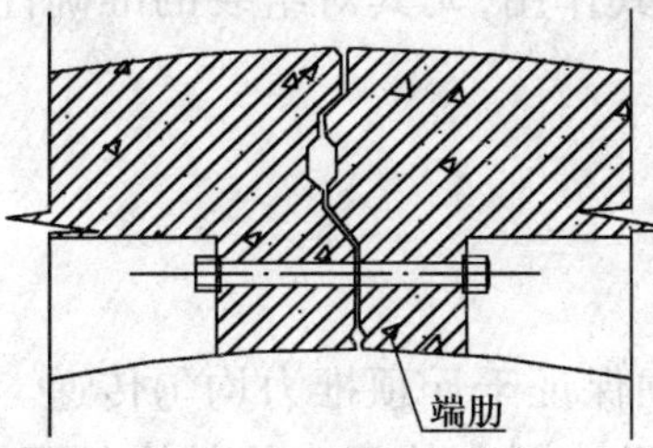

图3.4-5　直螺栓连接形式

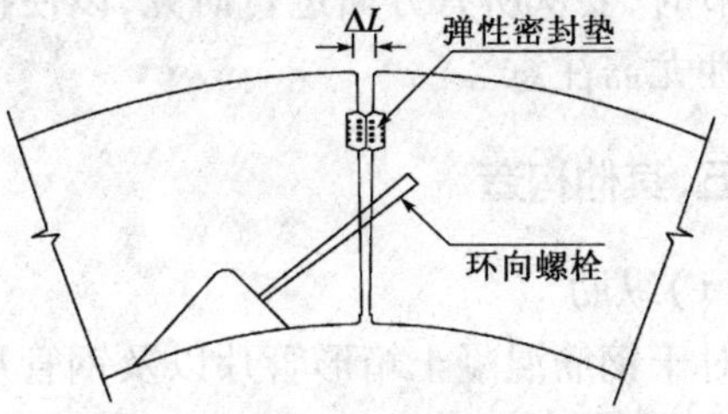

图3.4-6　斜直螺栓连接形式

（2）铰接头：作为多铰环的环向接头进行使用，一般多为转向接头结构，在地基条件良好的英国和俄罗斯得到广泛应用。由于几乎不产生弯曲，轴向压力占主导地位，在良好地基条件下是一种合理的结构。但对于地基软弱，地下水位又高的日本几乎未被采用。为了防止从管片组装到壁后注浆硬化为止这段时间内的变形，最好在采用不损坏其结构特性的接头的同时，也采取防止变形的辅助手段。另外，此类接头一般不能指望紧固力，所以对于地下水位以下的隧道，对防水要作特殊的考虑。

（3）销插入型接头结构：这也可以作为环向接头来使用，如图3.4-7所示，但主要是作为纵向接头使用的接头结构，如图3.4-8所示。

它们在结构上的作用是加强了构件的连接，防止接头两边相对错动，承担接头上的剪力，所以有时被称为抗剪销。采用销钉连接的管片本身形状简单，各截面强度一致，所成的隧道内壁光滑平整，易于清理，无特殊需要可不必另设内衬。销插入型接头结构作业效率高，对自动化施工的适应性强。

（4）楔形接头：这是环向接头和纵向接头都可使用的结构，是利用楔作用将管片拉合紧固的接头，以混凝土平板型管片为对象开发使用。由于其难以变形的结构特征，所以在会受到强制变位的隧道的环向接头时应特别注意。

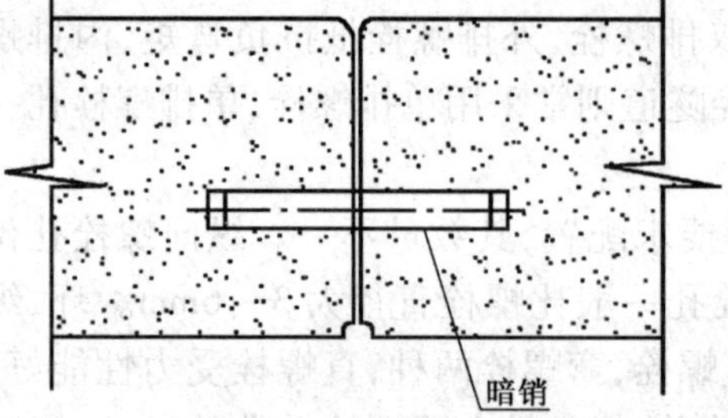


图 3.4-7　暗销接头

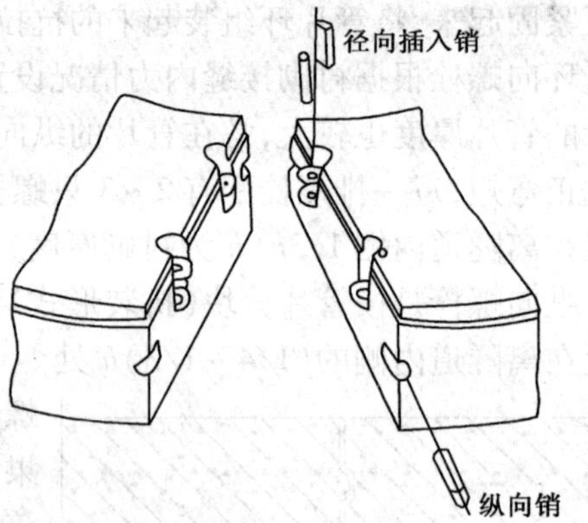


图 3.4-8　纵径向销接头

(5)榫接头:这也可以作为环向接头来使用,但主要是作为纵向接头使用的接头结构。接头部分设有凹凸,通过凹凸部位的啮合作用进行力的传递。用于接头时,环的组装精度高,反过来,从其结构上讲需要有很好的施工管理。还有,从确保隧道轴向的连续性和防水的观点出发,一般都要同时使用有紧固力的接头结构。

接头结构一旦误选,不仅难以指望管片环的组装有很好的可靠性,而且作业效率会下降,施工上还容易出漏洞,甚至会损坏接头功能,形成衬砌结构上的缺陷。因此,在决定接头结构的细节时,要从所有方面进行研究,以便接头能充分发挥其作用,尤其对组装的准确性和作业方便性尤需注意。

## 五、其他构造

(1)纵肋

对于钢筋混凝土箱形管片以及钢管片,纵肋配置必须保证千斤顶推力均匀传递。钢制管片上,纵肋必须考虑等间隔配置,其数量至少要按 2 条纵肋支承 1 块压力垫的比例配置,否则就不可能均匀地传递千斤顶推力。这时,拼接起来的两块接头板可视为一条纵肋。如果纵肋数量不够,则千斤顶的推力就不能均匀传递,主肋等结构上也会产生意想不到的应力。为了防止千斤顶推力产生主肋平面外的弯曲应力,纵肋需沿隧道轴方向连续配置。还有,纵肋的形状也要考虑管片的组装和二次衬砌施工的方便性来确定。对于箱形管片,纵肋的配置方法应和钢制管片时的一样,而其数量一般和盾构千斤顶数量相同。

(2)注浆孔

为了能够均匀地注浆,衬砌管片上需设置注浆孔,通常每个管片上设置一个或一个以上注浆孔。由于注浆孔数量的增加会增加可能的渗漏水通道,并且,目前广泛采用盾尾同步壁后注浆的注浆方式,管片上的注浆孔往往用作二次注浆,因而,国内采用较多的是每个管片上仅设置一个注浆孔。

注浆孔的直径必须依据使用的注浆材料确定。一般采用内径 50mm 左右。

(3)起吊环

盾构法隧道的管片上必须考虑设置起吊环。混凝土平板形管片和球墨铸铁管片大多将壁后注浆孔同时兼作起吊环使用,而钢管片则需另设置起吊配件。无论哪种情况,其设计必须保证对搬运和施工时的荷载等来说都是安全的。如果采用自动组装管片的管片方式时,要求管片牢固地固定在组装机上。

# 第五节　沉管隧道支护形式与构造

## 一、沉管隧道结构的类型

沉管结构有两种基本类型：钢壳沉管和钢筋混凝土沉管。

钢壳沉管为外壁或内外壁均为钢壳，中间为钢筋混凝土或混凝土，钢壳和混凝土共同受力的复杂结构。它的特点是钢壳在船坞内预制，下水后浮在水面浇灌钢壳内的大部分混凝土，钢壳既是浇灌混凝土的外模板又是隧道的防水层，省去了钢筋混凝土管段预制所需的干坞工程。但是隧道耗钢量大，钢壳制作的焊接工作量大，防水质量难以保证；钢壳的防腐蚀、钢壳与混凝土组合结构受力等问题不易得到较好解决，而且施工工序复杂；钢壳沉管由于制造工艺及结构受力等原因，断面一般为圆形，每孔一般只能容纳两车道，断面利用率很低，不经济。

钢筋混凝土沉管主要由钢筋混凝土组成，外涂防水涂料。沉管预制一般在干坞内进行，临时干坞工程量较大；管段预制时须采取严格的施工措施防止混凝土产生裂缝。但与钢壳管段相比，钢筋混凝土沉管用钢量少，造价相对较低。钢筋混凝土管段一般采用矩形断面，因而断面利用率高，多管孔可随意组合。

## 二、沉管的防水设计

1）沉管的防水措施

早期的沉管隧道都是采用钢壳圆形、八角形或花篮形管段，利用船厂里的设备和船台，制成钢壳，待钢壳下水之后，再于浮态下进行衬砌混凝土的浇筑。这种钢壳既是施工阶段的外模，又是管段沉设以后使用阶段的防水层。

20 世纪 40 年代初，矩形钢筋混凝土管段开始应用于水底道路隧道，制作时不必再用船台，而改于干坞整体浇筑。从施工的需要来说，本可改用其他更省的办法来制作外模，但由于当时认为只有钢壳才是较为可靠的防水措施，所以最初的矩形管段，还是用四边包裹的钢壳。不但底板下边及二侧墙外边用钢板防水，连顶板上面亦用钢板防水。

20 世纪 50 年代以后，开始改用三边包裹的钢壳，顶板上的钢板改以柔性防水层代替，不但节省了钢材，降低了造价，而且也便利了施工。从 1956 年以后，又发展成为单边钢板防水加三边柔性防水的做法，只在底板之下仍保留钢板作防水层（取其在施工阶段不易被损坏）。

到 20 世纪 60 年代初，开始在一些沉管隧道的工例中，全部采用柔性防水，完全不用钢板。

柔性防水层的种类亦很多，最初使用的沥青油毡，50 年代开始采用了玻璃纤维布油毡，到 60 年代后期，异丁橡胶卷材开始应用于管段防水上。近年来又发展了涂料防水代替施工较麻烦的卷材防水。

以上所述都是设在管段外表面的防水措施，可概称外防水。除外防水以外，沉管自身防水亦是一项极为重要的防水措施。如果在施工和设计上，都有适当的措施，自身防水在一定条件下也可以取代外防水，最近已有实际工例。

2）钢壳与防水钢板

钢壳防水虽已不再常用，但到 20 世纪 70 年代仍有一些工例继续采用它，然而其主要的目的，已不仅是防水而已，另一更重要的目的是缩小干坞规模。如单纯作为防水措施，钢壳的缺点不少，主要是以下几个方面：

（1）耗钢量大。钢壳的构成，除了外皮是一层 6～10mm 厚的钢板外，还有不少由型钢组成的加劲和支撑件，因此耗钢量相当可观。

（2）焊接质量不保证。焊接质量问题，是钢壳防水中的一个棘手问题，虽然在施工中尽一切可能使用自动焊接设备，但是手焊仍是大量的。对焊缝作全面检验后，仍不免有焊接缺陷的发生与存在，常导致没完没了的堵漏工作。

（3）防锈问题仍未切实解决。钢材在水中的防锈问题，还未有较妥善的解决办法。目前多用喷涂环氧焦油的办法来防锈。喷涂前先用喷灯烧除钢壳表面污垢，而后喷涂防锈涂料，过后再用喷灯加热促其固化。由于涂料薄膜厚度很小，薄胶之外又不设防护层，所以施工时仍不免在个别地方被碰损，亦有用阴极保护法防锈的，但费用较高，工例不多。

（4）钢板与混凝土之间黏结不良。本来钢材与混凝土之间的黏结是比较良好的。可是在采用钢壳时，情况就不同了。在钢壳底部，常有夹气囊的现象，而在钢壳的两侧（特别在端部）多出现大面积脱离的现象。这种现象的存在，再加上焊缝质量和防锈措施的尚未切实解决，进入钢壳的水就会窜到另外的地方，并渗漏到隧道里面，堵漏工作非常困难。

由于钢壳防水的昂贵而不可靠，改用钢板防水（即仅在管段底板下用钢板防水层）的工例日渐增多。用在底板下的防水钢板，基本上不用焊接（至少完全不用手焊），而用拼接贴封的办法，从而排除了焊接质量问题（图 3.5-1）。

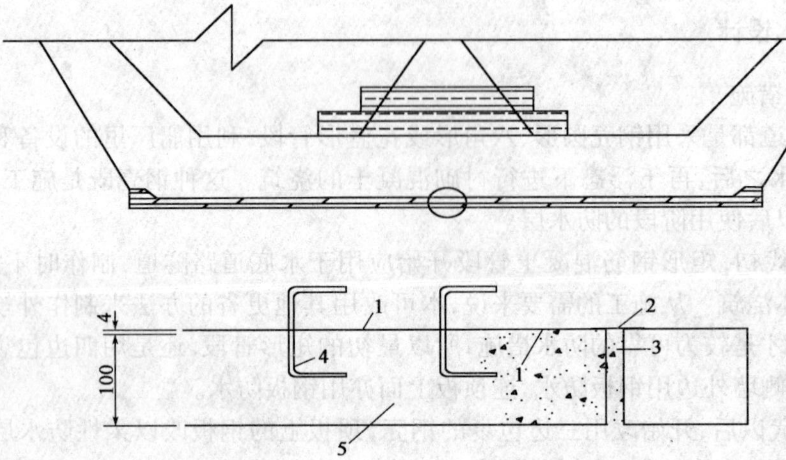


图 3.5-1　防水钢板的构造

1-防水钢板；2-贴封；3-填料；4-横栓；5-混凝土板

防水钢板的单位面积用钢量，比钢壳的单位面积用钢量低得多，仅为其 1/4 左右。主要是钢板厚度可以薄很多，而且又略去大量的加劲及支撑，基本上不再使用型钢。

3）卷材防水与涂料防水

卷材防水层是用胶料把多层沥青类卷材或合成橡胶类卷材胶合成的粘贴式防水层。沥青类卷材品种很多，沉管隧道外防水用的卷材，以选用织物卷材为宜，取其强度大，韧性好。尤其是玻璃纤维布油毡更适于水下或地下工程，我国许多隧道均用这种卷材作防水层。这种玻璃纤维布油毡系以玻璃纤维织布为胎，浸涂沥青制成，性能全面，价仅稍高于普通沥青油毡。

卷材的层数，应视水头大小而定。水底隧道的水下深度一般为 20 多米，所用卷材层数有达 5～6 层之多。但如精心施工，三层亦已足够，采用三层的实例不在少数。卷材防水的主要缺点是施工工艺较繁，而且在施工操作过程中稍有不慎就会造成“起壳”而返工，返工时非常费事。随着化学工业的发展，涂料防水渐被引用到管段防水上来，它最突出的优点是操作工艺比卷材防水简单得多，而且在平整度较差的混凝土面上，可以直接施工。

目前涂料在管段防水上尚未普遍推广，主要是它的延伸率还不够(不及卷材)。在沉管隧道中，结构设计的容许裂缝开展宽度为0.15～0.2mm，而防水设计的容许裂缝开展宽度为0.5mm。防水卷材易于满足此要求，而防水涂料尚不能完全满足这项要求。因此提高延伸率，是当前防水涂料试验研究的一项主要课题。防水涂料的另一要求是能在潮湿的混凝土面上能直接涂布，目前也没有完全解决好。

## 三、变形缝与管段接头设计

钢筋混凝土的沉管结构，如无适当的措施，很容易因隧道的纵向变形而开裂。假定混凝土浇筑温度为5～15℃，沉管外侧温度为10℃，内侧温度为0～25℃，而整个沉管隧道又是整体无缝的，那么在变温影响下所产生的纵向应力可达$40kg/m^2$，沉管结构势必发生严重的开裂。又如，管段在干坞中预制时，一般都是先浇筑底板，隔上若干时日后再浇筑竖墙和顶板。两次浇筑的混凝土，龄期、弹性模量、剩余收缩率均不相同，后浇的混凝土不能自由收缩，而要受到偏心受拉内力的作用，常易发生如图3.5-2所示的裂缝。此外，不均匀沉降、地震影响等都可能导致管段开裂。这种纵向变形所引起的裂缝都是通透的，对防水很不利。因此，在设计中必须采取适当措施加以防止。

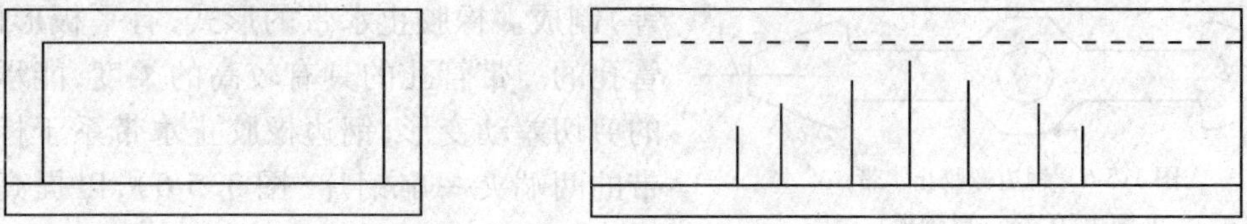

图3.5-2　常见的收缩裂缝

最有效的措施是设置垂直于隧道轴线方向的变形缝，把每节管段分剖成若干节段。根据各国的实践经验，节段的长度不宜过大，一般为15～20m左右(图3.5-3)。

变形缝的构造要满足三个主要要求：

(1)能适应一定幅度的线变形与角变形。

(2)施工阶段能传递弯矩，使用阶段能传递剪力。

(3)变形前后均能防水。

为满足第一个要求，变形缝左右两侧管段节段的端面之间，要留一小段间隙，不使直接接触。间隙中用防水材料充填。间隙的宽度，应按变温幅度与角变量来决定，一般不少于2cm。

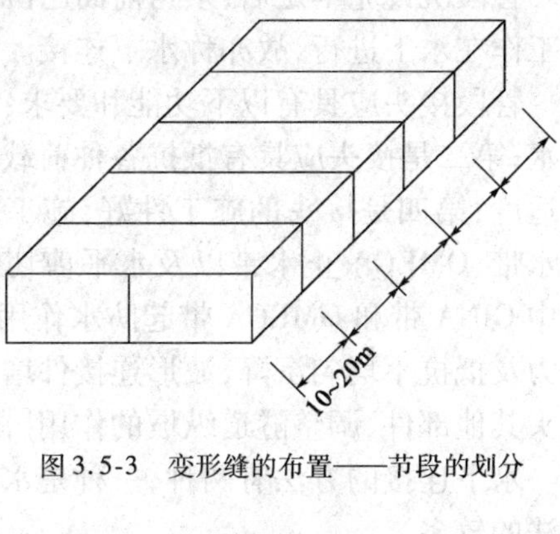


图3.5-3　变形缝的布置——节段的划分

在管段浮运时，为了保持管段的整体性，变形缝一定要能传递由波浪引起的纵向弯矩。如管段结构的纵向钢筋在变形缝处全部切断，则需安设临时的预应力索(或预应力筋)，待沉设完毕后，再行撤去。如不设临时预应力设施，则可将变形缝处的外侧纵向钢筋切断，而临时保留内侧纵向钢筋，待沉设完毕后，再予切断(图3.5-4)。

为传递横向剪力，宜采用台阶缝。

为保证变形前后均能防水，一般均于变形缝处设置一道止水缝带，见图 3.5-5。

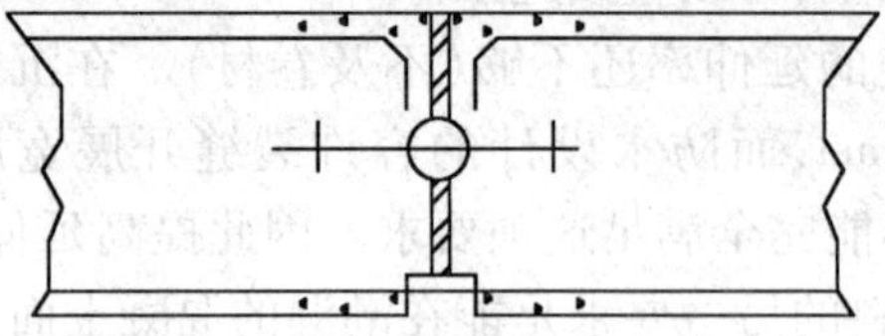

图 3.5-4　变形缝的临时传力措施图

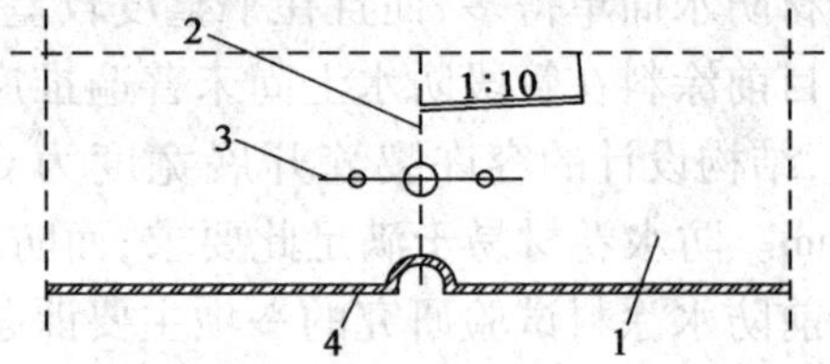


图 3.5-5　变形缝的抗剪措施

1-管壁；2-变形缝；3-钢边橡胶止水带；4-止水钢板

## 四、止水缝带

在管段各节段间的变形缝，是保证管段不裂、不漏的“安全阀”，很要紧。所以必须进行精心的设计和施工。在变形缝的各组成部分中，最为主要的是既能适应变形，又能有效地堵住渗漏的止水缝带，又简称作止水带。

止水带的种类与形式很多。铜片等金属止水带现已很少采用。塑料（聚氯乙烯）止水带弹性较差，只能适应幅度较小的变形，预制管段中用得不多。在管段中用得较普遍的是橡胶止水带和钢边橡胶止水带。

橡胶止水带系用天然橡胶（生胶）或含胶率 >70% 的天然橡胶，或合成橡胶（如氯丁橡胶等）制成。橡胶止水带的形式，有平板形的，有带管孔的。带管孔的具有较高的柔度，能承受较大的剪切差动变形，钢边橡胶止水带系于橡胶止水带的两端夹一扁钢片（图 3.5-6），以提高止水效果并节约橡胶，现在国外已普遍推广。

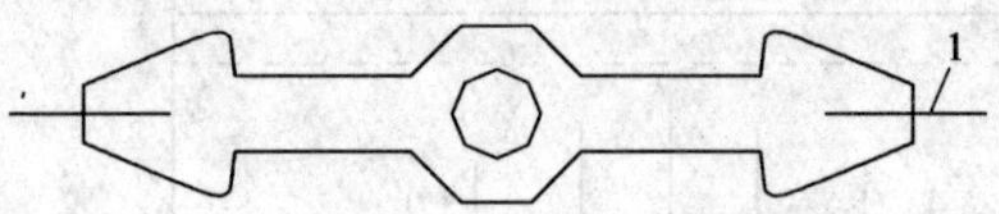


图 3.5-6　钢边橡胶止水带

1-钢边（0.7mm 厚钢板）

## 五、管段接头

管段沉设完毕之后，须与前面已沉设好的管段（简称既设管段）或竖井连接起来。这项连接工作在水下进行，故亦称水下连接。

管段接头应具有以下功能和要求：第一是水密性的要求，即要求在施工和运营各阶段均不漏水；第二是接头应具有抵抗各种荷载作用和变形的能力；第三是接头的各构件功能明确，造价适度；第四是接头的施工性好，施工质量能够保证，并尽量做到能检修。常用接头有 GINA 止水带、OMEGA 止水带以及水平剪切键、竖直剪切键、波形连接件、端钢壳及相应的连接件，其中 GINA 带和 OMEGA 带起防水作用，水平剪切键可承受水平剪力，竖直剪切键可承受竖直剪力及抵抗不均匀沉降，波形连接件增加接头的抗弯抗剪能力，端钢壳主要是起安装端封门和接头其他部件、调整隧道纵坡的作用[图 3.5-7a)]。

水下连接的方法有两种，一种是水下混凝土连接法，一种是水力压接法。目前采用水力压接法的较多。

水力压接法就是利用在管段上的巨大水压力使安装在管段前端面（即靠近已设管段或竖井的端面）周边上的一圈胶垫发生压缩变形，形成一个水密性相当良好可靠的管段间接头。在管段下沉就位完毕后，先将新设管段拉向既设管段并紧密靠上，这时胶垫产生了第一次压缩变形，并具有初步止水作用。随即将既设管段后端的端封墙与新设管段前端的端封墙之间的水（这时这部分水已与河水隔离）排走。排水之前，作用在新设管段前、后二端封墙上的水压力是相互平衡的。排水之后,作用在前端封墙上的水压力变成一个大气压力的空气压力。于是作用在后端封墙上的成千上万吨的巨大水压力就将管段推向前方,使胶垫产生第二次压缩变形[图3.5-7b)]。经二次压缩变形后的胶垫,使管段接头具有非常可靠的水密性。水力压接法具有工艺简单、施工方便、质量可靠、工料费省等优点,目前已在各国水底隧道工程中普遍采用。

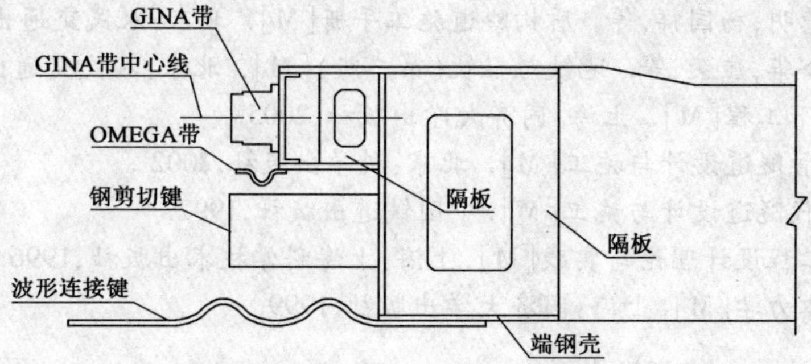


a)

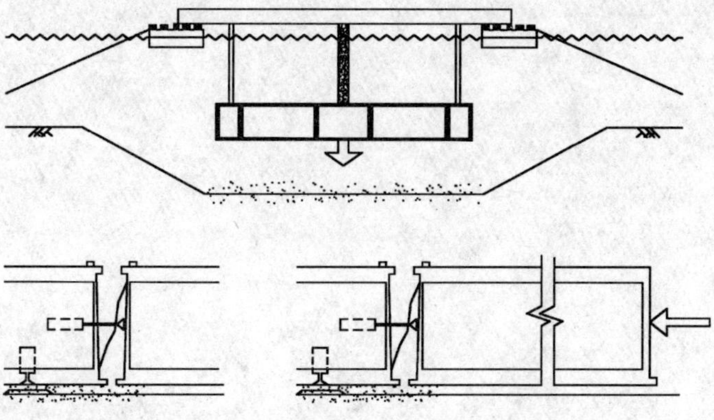

b)

图3.5-7 管段接头构造及水力压接法

a)GINA止水带接头构造图;b)水力压接示意图

## 本章参考文献

[1] 孙钧,侯学渊. 地下结构[M]. 北京:科学出版社,1991.
[2] 关宝树. 隧道工程施工要点集[M]. 北京:人民交通出版社,2003.
[3] 李世辉,等. 隧道支护设计新论[M]. 北京:科学出版社,1999.
[4] 徐干成,等. 地下工程支护结构[M]. 北京:中国水利水电出版社,2002.
[5] 铁道部第二勘察设计院. 隧道(修订版)[M]. 北京:中国铁道出版社,1999.
[6] 铁道部第二工程局. 隧道(上,下册)(第二版)[M]. 北京:中国铁道出版社,1999.
[7] 杨林德,耿大新,丁文其. 复杂地质条件下地下洞室围岩支护优化选型的研究[C]//中国岩石力学与工程学会第七次学术大会论文集. 2002,525~529.
[8] 铁道部第二设计院. 隧道(铁路工程设计技术手册)[M]. 北京:人民铁道出版社,1978.
[9] 张凤祥,朱合华. 盾构隧道[M]. 北京:人民交通出版社,2004.

[10] 杨林德,等. 岩土工程问题的反演理论与工程实践[M]. 北京:科学出版社,1999.
[11] 王毅才. 隧道工程(上册)[M]. 北京:人民交通出版社,2007.
[12] 于书翰, 杜谟远. 隧道施工[M]. 北京:人民交通出版社,2001.
[13] 刘建航,侯学渊. 盾构法隧道[M]. 北京:中国铁道出版社,1991.
[14] 同济大学,等. 土层地下建筑结构[M]. 北京:中国建筑工业出版社,1982.
[15] 张凤祥,傅德明,杨国祥,等. 盾构隧道施工手册[M]. 北京:人民交通出版社,2005.
[18] 张庆贺,朱合华,庄荣,等. 地铁与轻轨(第二版)[M]. 北京:人民交通出版社,2006.
[19] 张庆贺. 地下工程[M]. 上海:同济大学出版社,2005.
[20] 陈韶章. 沉管隧道设计与施工[M]. 北京:科学出版社,2002 .
[21] 易萍丽. 现代隧道设计与施工[M]. 中国铁道出版社,1997.
[22] 孙钧. 地下工程设计理论与实践[M]. 上海:上海科学技术出版社,1996.
[23] 沈明荣. 岩体力学[M]. 上海:同济大学出版社,1999.

# 第四章 初始地应力与隧道结构的荷载

## 第一节 初始地应力

### 一、初始地应力的含义与组成

初始地应力是指天然状态下存在于岩体或土体介质内部的应力。在未经扰动的岩层中开挖隧道时,岩体内部存在的应力即为初始地应力,相应的应力状态可称为初始应力状态。

在先期经受过开挖扰动影响的岩层中开挖隧道时,岩体内部存在的应力并不是初始地应力,而是包含先期开挖扰动影响的合应力,但相应的应力状态仍可称为初始应力状态。

初始地应力由初始自重应力及构造应力组成,表达式可写为:

$$\sigma = \sigma_g + \sigma_t \tag{4.1-1}$$

式中:$\sigma$——初始地应力;

$\sigma_g$——自重应力分量;

$\sigma_t$——构造应力分量。

### 二、初始地应力量测

大约100年以前,人们在从事地下工程建设的过程中开始逐步认识初始地应力。瑞士地质学家海姆(Heim)通过观察大断面越岭隧道的工作状态,首先提出了在岩层中存在初始地应力的概念。1905~1912年,他对初始地应力的分布规律提出了静水应力场假设,认为在离地表的距离为$H$的地层深处,在各个方向上存在的初始地应力的量值都等于$\gamma H$($\gamma$为地层密度)。1925~1926年,金尼克又对初始地应力场的分布提出了弹性理论计算法,认为地层中的初始垂直应力可取为自重$\gamma H$,初始水平应力则应为$[\mu/(1-\mu)]\gamma H$。这两种理论后来都被证明仅适用于特殊的场合,而不是初始地应力场分布状态的普遍规律。一般来说,埋深较大时地层中的初始应力场比较接近于静水应力场;而按弹性理论规律分布的初始地应力,则只在未受构造运动扰动的水平地层中才有可能存在。

1915年,瑞典的哈斯特(N · Hast)在斯堪的纳维亚半岛首先开始量测初始地应力,由此开创了通过现场量测信息反演确定初始地应力的历史。继哈斯特之后,许多国家接着先后开展了这项工作。20世纪50年代以后,我国和其他许多国家都已在结合矿山开采和重大工程建设进行的地质勘查工作中,积累了许多初始地应力的实测资料。将这些实测资料进行综合分析,可知虽然绝大部分地区岩体的初始垂直应力大致相当于按平均密度$\gamma=2.7\text{t/m}^3$计算所得的上覆岩层的质量,但初始水平应力却常大于初始垂直应力,且都具有强烈的方向性,即两个初始水平主应力的量值常常相差较大。最大初始水平主应力的作用方向,一般取决于现代构造应力场的主要压缩方向。

在初始地应力量测的初期阶段，采用的确定量测地点的初始地应力的计算方法，是钻孔应变反演分析计算法。

一般来说，岩体在受到扰动的过程中发生的应力、应变和位移量变化信息，都可用于初始地应力的反演计算。但在初始地应力量测的实际研究中，开始时被用于反演分析计算的信息仅是应变量，首先被发展的现场信息量测技术则是钻孔应变的量测技术，而且迄今为止实际采用的确定测点初始地应力的多数方法仍然是以钻孔应变量测信息为依据的反演分析计算法。出现这种情况的原因，主要是当时已经取得的理论研究成果的水平尚有限。由于以前已经取得成果的、可用于反演计算的理论计算式的适用条件较局限，依靠这些计算式还不能在任意形状的岩石工程和岩石地下结构的任意开挖阶段内量测信息，通过反演计算得出初始地应力，因而岩体扰动情况的量测首先被安排在圆形钻孔中进行。原因之一是钻孔可以达到较深的深度，即使将其设置在巷道内，在理论分析中仍能忽略出开挖引起的围岩应力重分布的影响，以便顺利建立依据量测信息反演确定初始地应力的方程组，其次是出于在钻孔中应变量信息较易测取，而且在当时技术水平下已可按规定的工艺过程顺利实施量测作业。

目前广为采用的钻孔应变反演分析计算法，主要有孔底应力解除法和套孔应力解除法两类。采用孔底应力解除法测定时，先在测点向岩体钻进一个平底钻孔，接着在孔底中心粘贴应变传感器（电阻应变花或双向光弹应变计），然后钻出岩芯，使孔底平面完全卸载，同时记录出应变传感器获取的孔底平面的恢复应变值，并由与应力解除过程相应的弹性力学公式反演确定初始地应力。由于由此得出的仅是在与钻孔轴线垂直的平面上的初始地应力分量，以这类方法反演确定初始地应力时需在三个不同的方向上钻取交会于一点的三个钻孔，并根据平面问题的计算结果构成求解空间问题的关系式，使测定和计算工作都较为复杂。实际操作表明，使三个钻孔在空间交会于一点并不容易，因而虽然据以进行分析计算的弹性理论计算式在理论上有严谨的证明，由此得来的最终计算结果仍然难于进行定量分析的误差。套孔应力解除法据以进行反演计算的应变量是孔壁应变量，采用的反演计算式是与套孔应力解除过程相应的弹性理论计算式。在采用这类方法测定初始地应力的初期，人们仅有量测平面应变量的探头，因而用于确定空间初始地应力分量时也需借助三孔交会法。1966 年，利曼（Leeman）和海斯（Hayes）研制了可在同一钻孔中同时测定三个方向上的应变量的三轴应变计，使这一方法的测试技术有所改进。我国冶金部长沙矿冶研究所也研制了原理相同的岩石钻孔三轴应变计，它已广为采用。相比之下，这类方法优于三孔交会法。

钻孔位移量测信息也已用于反演确定初始地应力，这类方法称为钻孔位移法。对于圆形钻孔的弹性平面问题，孔周位移与初始地应力之间的理论关系式早已建立，这就是著名的基尔希（Kirsh）解，据以不难建立反演计算式。1964 年，利曼研制了钻孔变形计，用钻取岩芯圈的方法量测了应力解除前后钻孔直径的变化量。中国科学院武汉岩土力学研究所也研制了由触脚测取孔径变化量的位移传感器，并已将其用于初始地应力的量测。

以钻孔量测资料为依据的反演分析计算法还有孔径变化负荷法。这种方法采用根据磁感效应设计的磁致伸缩式仪表测定孔径变化，并据以计算测点的初始地应力。因在量测过程中记录的数据通常是折算应力值，故这种方法又可称为钻孔应力法。

以上两类方法的理论反演计算式也都是弹性平面应变问题的计算式，为了得出存在于三维空间的初始地应力，仍需设置相互交会于一点的三个钻孔。

上述各类方法的不足之处有以下几点：

(1) 推导反演计算方程式时都以假设介质具有弹性、均质和各向同性性质为基础，而这些假设并不总与实际情况相符合。

(2)材料本构方程中的 $E,\mu$ 值一般由室内试验确定,而现场条件与试验室条件常有不同,由此影响反演计算结果的正确性。

(3)所有方法都需预先设置安装测试仪器的钻孔,而其本身已造成初始地应力的释放。

利用钻孔确定初始地应力的方法还有水压致裂法。这种方法在量测中记录的资料是在钻孔孔壁开始出现张裂缝时的破裂水压力和在水泵停开后使水压裂缝保持张开状态所必需的封井压力,得出的初始地应力的计算式是比较直观和简单的液压关系分析式。这个方法无需量测应变,理论计算式与应变量间也不发生关系。然而,因目前仅对各向同性弹性岩体已得出水压张裂压力与初始地应力的理论关系式,而且这些公式都必须以一个主应力的方向近似平行于钻孔孔轴为前提,故其适用场合有局限性。此外,采用水压张裂法时必须知道裂缝形成和开展的情况,以及岩体介质的抗拉强度,而这类资料在试验现场却无法确切查明。

迄今为止,依据钻孔量测资料进行反演分析的方法已得到相当充分的发展。在初始地应力研究的发展史中,以这类方法积累的丰富的实测资料为研究工作的开展奠定了基础。

### 三、扰动地压的量测

人们常将开挖过程中洞室围岩的应力状态称为扰动地压。在围岩应力分析研究中,扰动地压的量测早已受到重视。在矿山巷道、隧道和地下洞室的开挖过程中,对围岩应力和支架压力都曾进行过量测,并已积累了许多资料。

一般来说,以往量测扰动地压的目的主要是确定围岩的应力状态,为围岩稳定性分析提供依据,以及确定作用在临时支撑或永久衬砌结构上的荷载,以便合理地设计支撑和地下结构。然而由于扰动地压与岩体初始地应力之间存在相互联系,因而如能建立二者之间的理论关系式,必能依据扰动地压的实测值反演确定初始地应力。目前这类课题的研究取得的成果尚少,因为得出二者之间的解析关系式时常需考虑施工因素的影响,难度较大。继续研究建立依据扰动地压量测信息反演确定岩体初始地应力的数值计算法有较大的意义,因为扰动地压的量测常比钻孔应变量测容易,而且这类信息还可用于同时反演确定弹性模量和泊松比等描述地层性态的参数。

下面介绍量测扰动地压的方法。

围岩应力的量测可分为合应力量测和应力增量量测两类。前者量测某开挖阶段结束后围岩应力的总值,后者量测各开挖阶段由开挖作业引起的围岩应力的增量。

量测围岩合应力的方法又可分为利用平面扁千斤顶直接量测围岩应力的补偿法,以及由以电阻应变花测得的应变量确定围岩应力的应变反演分析法两类。前者属于应力恢复法,后者属于应力解除法。

平面扁千斤顶法有空隙充填法和空隙不充填法两种。图 4.1-1 为空隙充填法测试原理的示意图。试验开始时先在解除槽的中垂线上安装量测变形的元件(千分表、钢弦应变计或电阻应变片等),记录初始读数;接着开凿解除槽,使岩体发生变形,并在凿槽结束后记录量测元件的相应读数;然后在挖出的解除槽中埋设压力枕,并用水泥砂浆充填空隙;水泥砂浆达到一定强度后,将压力枕与油泵连接,通过压力枕对岩体施加压力,并随时记录压力值与量测元件的相应读数,直到量测元件的读数达到某一预定值。一般来说,压力枕压力逐步增加时岩体变形将逐步恢复,设若岩体为理想弹性体,则当量测元件的读数回复到初始读数时,压力枕对岩体施加的压力值 $p$ 即为岩体在这一方向上的合应力值。

由于实际岩体一般并不是理想弹性体，其应力应变关系并非线性关系，凿槽卸载后存在残余塑性变形，且当压力枕加压时，其应力应变曲线与开槽卸载曲线并不完全重合，因而实际岩体的合应力值通常并不等于量测元件读数恢复为初始读数时的油压值。图4.1-2为这类现象的示意图。图中曲线 $OA$ 为岩体已经经历的应力应变加载曲线，$AB$ 为开凿解除槽时发生的卸载曲线，$BDC$ 为压力枕施加压力时岩体重新经历的加载曲线。由图可见测点变形回复到初始读数，即回复到 $D$ 点时压力枕显示的油压值并未达到 $A$ 点原有的应力，仅当继续加压到 $C$ 点时才能得出符合实际的结果。鉴于试验过程中 $C$ 点的位置无法预先确定，实际操作时常将压力枕的最大油压值取为较大的量，然后进行卸载试验，记录发生的残余变形量，由此通过计算确定 $C$ 点的位置，并将相应的油压值取为合压力值。比较简单的方法是按残余变形在变形总量中所占的比例进行计算，不再赘述。

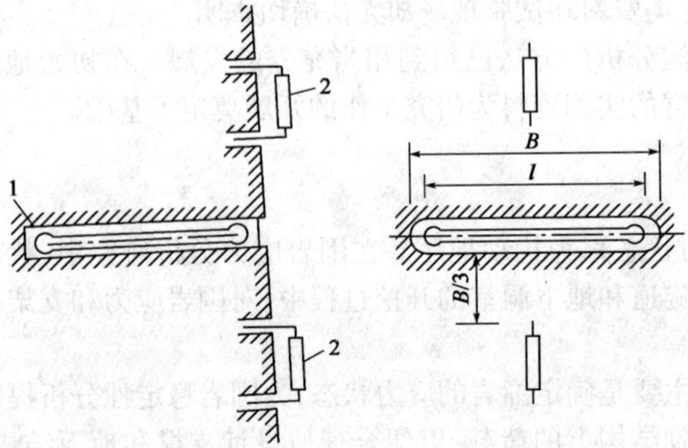


图4.1-1 空隙充填法测试原理示意图

1-压力枕；2-应变计

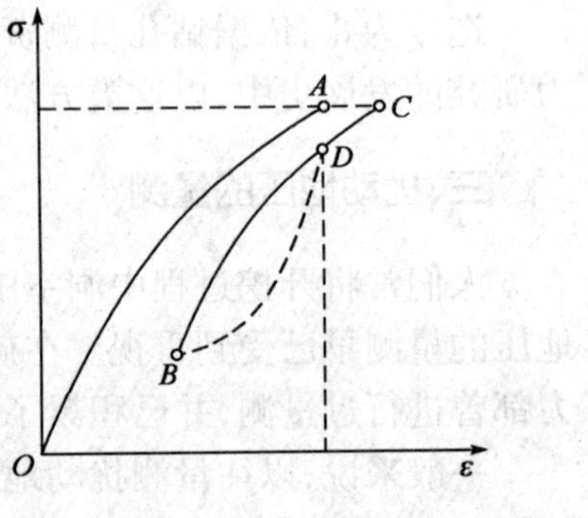


图4.1-2 应力应变非线性示意图

应力解除法有表面应力解除法、孔底应力解除法和套孔应力解除法等种类。后两种方法钻孔较深时用于测定初始地应力，钻孔较浅时测得的则为围岩合应力。

图4.1-3为表面应力解除法测试原理的示意图。试验开始时先对选定的试验点整平表面，使其具有合适的光滑度；接着装置应变传感器（如电阻应变片等），并读取初读数；然后在试点四周开槽，直到槽深大于表面直径 $D$，使试点岩体表面的应力完全解除，开槽时随时测读应变值，应变传感器读数不再变化后记录终读数；最后将试点处的岩芯或在邻近采集的岩块加工成岩石试件，在室内测定岩石的弹性模量 $E$ 和泊松比 $\mu$。设由应变花在三个不同方向上测得的平面应变值分别为 $\varepsilon_A$，$\varepsilon_B$ 和 $\varepsilon_C$（图4.1-4），则由下列线性方程组可解得平面应变分量 $\varepsilon_x$，$\varepsilon_y$ 和 $\gamma_{xy}$：

$$\left.\begin{aligned}\varepsilon_A &= \varepsilon_x\cos^2\theta_A + \varepsilon_y\sin^2\theta_A + \gamma_{xy}\sin\theta_A\cos\theta_A \\ \varepsilon_B &= \varepsilon_x\cos^2\theta_B + \varepsilon_y\sin^2\theta_B + \gamma_{xy}\sin\theta_B\cos\theta_B \\ \varepsilon_C &= \varepsilon_x\cos^2\theta_C + \varepsilon_y\sin^2\theta_C + \gamma_{xy}\sin\theta_C\cos\theta_C\end{aligned}\right\} \tag{4.1-2}$$

式中：$\theta_A$，$\theta_B$，$\theta_C$——分别表示由 $x$ 轴方向逆时针旋转到 $A$，$B$，$C$ 三个方向时的夹角。求得 $\varepsilon_x$，$\varepsilon_y$ 和 $\gamma_{xy}$ 后，即可算得平面应力分量，计算式为：

$$\left.\begin{aligned}\sigma_x &= \frac{E(\varepsilon_x + \mu\varepsilon_y)}{1-\mu^2} \\ \sigma_y &= \frac{E(\varepsilon_y + \mu\varepsilon_x)}{1-\mu^2} \\ \tau_{xy} &= \frac{E\gamma_{xy}}{2(1+\mu)}\end{aligned}\right\} \tag{4.1-3}$$

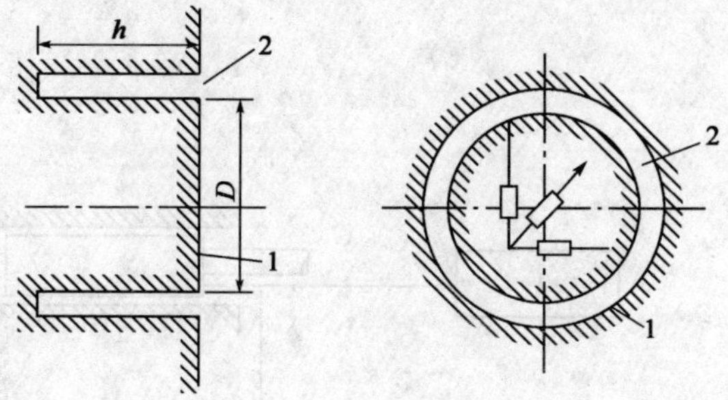


图 4.1-3　表面应力解除法测试原理示意图

1-应变片;2-刻槽

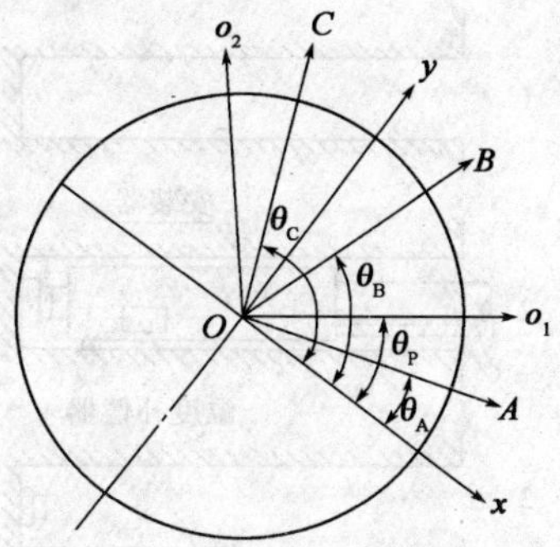


图 4.1-4　测点平面应变值

为便于计算,应变花常布置为直角式或等角式,相应的计算公式示于表 4.1-1。

**等角应变花和直角应变花的压力应变关系表**　　表 4.1-1

| | 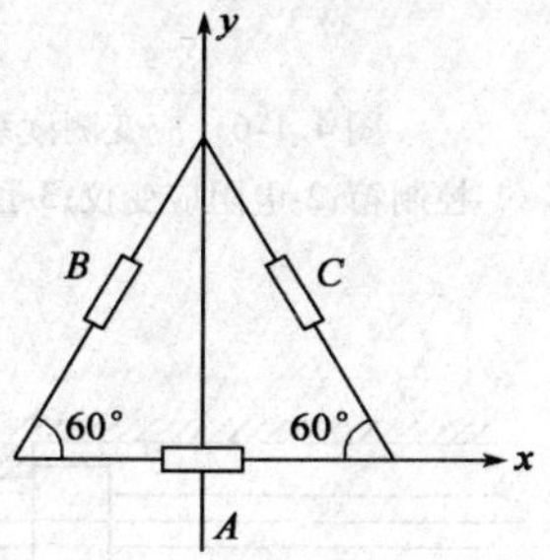  | 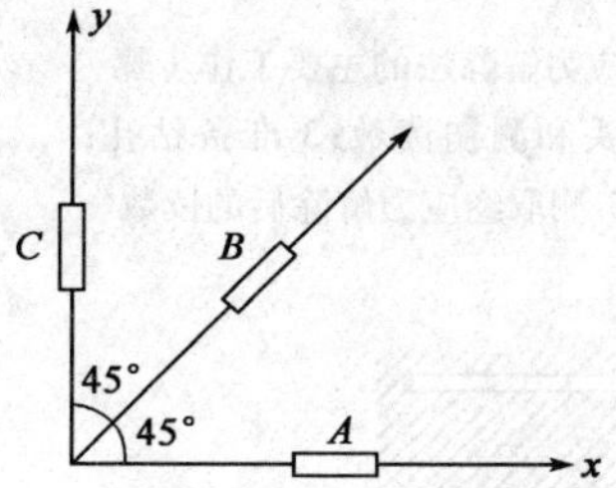  |
|---|---|---|
| 主应力 $\varepsilon_1$、$\varepsilon_2$ | $\frac{1}{2}(\varepsilon_A+\varepsilon_B+\varepsilon_C)\pm\frac{\sqrt{2}}{3}\times\sqrt{(\varepsilon_A-\varepsilon_B)^2+(\varepsilon_B-\varepsilon_C)^2+(\varepsilon_C-\varepsilon_A)^2}$ | $\frac{1}{2}(\varepsilon_A+\varepsilon_C)\pm\frac{1}{\sqrt{2}}\times\sqrt{(\varepsilon_A-\varepsilon_B)^2+(\varepsilon_B-\varepsilon_C)^2}$ |
| 主应力 $\sigma_1$、$\sigma_2$ | $E\left[\frac{\varepsilon_A+\varepsilon_B+\varepsilon_C}{3(1-\mu)}\pm\frac{1}{1+\mu}\times\sqrt{\left(\varepsilon_A-\frac{\varepsilon_A+\varepsilon_B+\varepsilon_C}{3}\right)^2+\left(\frac{\varepsilon_B+\varepsilon_C}{\sqrt{3}}\right)^2}\right]$ | $\frac{E}{2}\left[\frac{\varepsilon_A+\varepsilon_C}{1-\mu}\pm\frac{1}{1+\mu}\times\sqrt{(\varepsilon_A-\varepsilon_B)^2+(2\varepsilon_B-\varepsilon_A-\varepsilon_C)^2}\right]$ |
| 主轴方向(图 4.1-4)$\theta_P$ | $-\frac{1}{2}\tan^{-1}\left[\frac{\sqrt{3}(\varepsilon_B-\varepsilon_C)}{2\varepsilon_A-\varepsilon_B-\varepsilon_C}\right]$ | $-\frac{1}{2}\tan^{-1}\left[\frac{2\varepsilon_B-\varepsilon_A-\varepsilon_C}{\varepsilon_A-\varepsilon_C}\right]$ |

孔底应力解除法的主要工作步骤示于图 4.1-5,应变测读系统示于图 4.1-6。采用这类方法时应变花的布置形式及其计算原理与表面应力解除法的相同。采用套孔应力解除法量测岩体中某点的应力时,先向该点钻进超前一定深度的小孔,并在其中埋设钻孔传感器,然后钻取一段同心的管状岩芯,使应力解除,同时量测与之相应的恢复应变值,最后由室内试验测定岩石的弹性常数和通过计算得出应力值。采用这类方法量测围岩应力的主要工作步骤示于图 4.1-7。

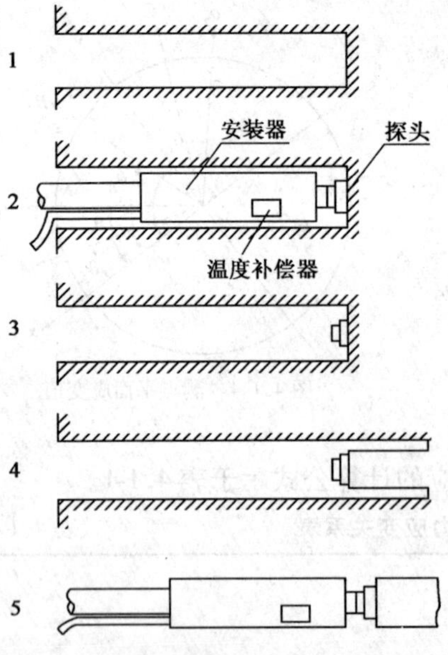


图 4.1-5　孔底应力解除法的主要工作步骤

1-成孔;2-安装探头和测初读数;3-准备钻孔;
4-钻孔解除应力;5-测取经应力解除后的读数

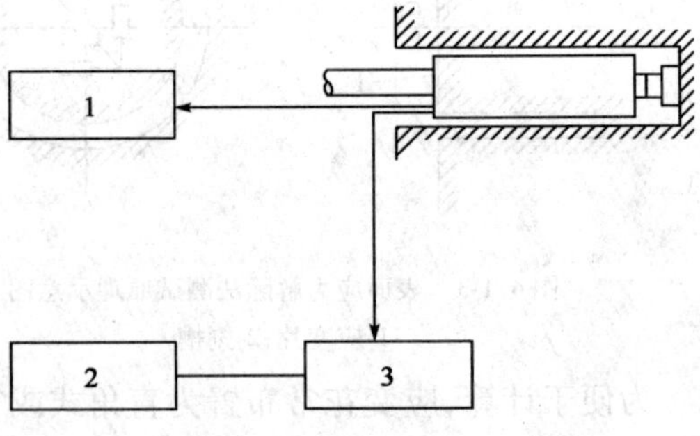


图 4.1-6　应变测读系统

1-控制箱;2-电阻应变仪;3-预测平衡箱

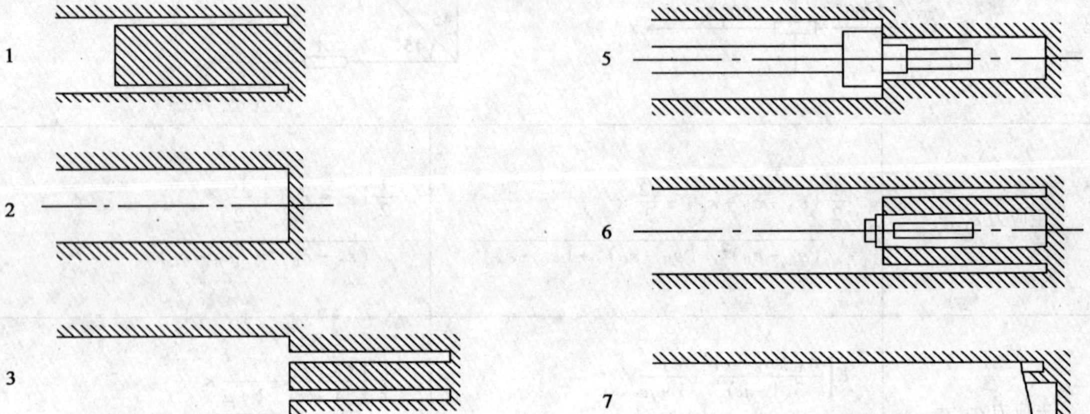


图 4.1-7　套孔应力解除法主要工作步骤

1-套孔大孔;2-取岩芯并孔底磨平;3-套钻小孔;4-取小孔岩芯;5-粘贴元件测初读数;6-应力解除;7-取岩芯;8-测终读数

量测围岩合应力的方法还有声波发射法和地震波法等物理测定法。相比之下物理测定法精度较差,一般只能用于围岩应力分量测量。开挖过程中洞室围岩发生的应力增量的测量方法有包体应力计法、格鲁系尔压力盒法及压磁套芯解除测量法等。

## 四、初始地应力的确定方法

初始地应力的确定方法有水压致裂法、钻孔应力法、位移反分析法和回归分析法等。前两种方法属于直接测量法，后两种方法属于反分析法。其中直接测量法通常有需要经费较多、花费时间较长的显著弱点，回归分析法需在工程所在地区的数个点上测得地应力值后才能采用，因而通常都仅适用于水电站工程等的设计研究。对公路隧道，这些方法一般仅在长度特长，地质条件特复杂的场合才考虑采用。

水压致裂法通过测量垂直钻孔的孔壁开始出现张裂缝时的破裂水压力和在水泵停开后使水压裂缝保持张开状态所必需的封井压力，进而得出地应力值。水压致裂法用于测量深层岩体的地应力时，测得的地应力即为测点的初始地应力。适用于初始地应力的一个主应力为垂直应力的情况。

钻孔应力法通过量测套芯应力解除前后钻孔孔径的变化确定地应力。钻孔深度超过扰动影响区时测得的地应力即为测点的初始地应力。适用于测点范围内岩性均匀，且岩芯无大的裂隙通过的情况。

(1)位移反分析法

位移反分析法利用在工程现场测得的，由开挖扰动引起的位移量确定初始地应力，因分析过程(位移→荷载)与常见过程(荷载→位移)相反而得名。按算法特点可分为正反分析法和逆反分析法两类。后者由正分析计算的逆解过程确定初始地应力，因对非线性问题的分析难于得到解析式，以及需要针对各类具体情况分别编制专用程序而很少采用；前者则通过正分析计算的优化逆解逼近过程确定初始地应力，因可以主要采用常用正算程序计算而显得简便。目前采用的方法一般都是正反分析法。

采用正反分析法确定初始地应力时，可供采用的用于促使优化过程收敛的算法有单纯形法、阻尼最小二乘法、遗传算法、遗传模拟退火算法以及混合遗传算法等，用于约束优化过程的目标函数可统一表示为：

$$J = \mathrm{Min}\sum_{j=1}^{N}\left[1 - \frac{\bar{u}_{\mathrm{j}}}{u_{\mathrm{j}}}\right]^2 \tag{4.1-4}$$

式中：$J$——目标函数；

$\bar{u}_{\mathrm{j}}$——位移量实测值；

$u_{\mathrm{j}}$——位移量真值；

$N$——位移量测值个数。

采用正反分析法确定初始地应力时，需先对初始地应力场的分布规律作假设。通常认为在工程活动涉及的岩层内，自重应力自上而下呈线性规律分布(地表为零)，构造应力可假设为均布应力，或沿深度分段均布的应力，或沿深度呈线性规律分布的应力(地表不一定为零)。目标未知数宜选为沿计算区域的边界分布的应力。求得边界应力后，即可由数值分析的正演方法算得计算区域内各点的初始地应力。

按计算区域的几何特征，正反分析法可分为二维平面应变问题和三维空间问题的反分析方法两类。前者采用的目标未知数为沿边界线均布或线性分布的线荷载(应力)，后者则为沿边界面均布或线性分布的面荷载(应力)。对计算区域的边界需设定边界条件时，采用的方法宜与数值分析的正演分析法相同。

鉴于围岩位移量的量测值与初始地应力及工程岩体的弹性参数值(尤其是弹性模量值或变形模量值)都关系密切,采用位移反分析法确定初始地应力时,应同时确定弹性参数值。

(2)回归分析法

回归分析法类属应力反分析法,特点为利用散布在工程所在区域内的数个地点的初始地应力实测值,借助根据数理统计原理建立的优化过程反演确定区域范围内的初始地应力场的分布规律,从而得出工程建设地点的初始地应力的估计值。

采用回归分析法确定工程所在区域的初始地应力场的分布时,用于促使优化过程收敛的算法可与位移反分析法相同,用于约束优化过程的目标函数则需表示为:

$$J = \mathrm{Min}\sum_{k=1}^{N}\sum_{i=1}^{6}(w_k\overline{\sigma}_{ij}^{k} - \sigma_{ij}^{k})^2 \qquad (4.1\text{-}5)$$

式中:$\overline{\sigma}_{ij}^{k}$——应力分量的量测值;

$\sigma_{ij}^{k}$——应力分量的真值;

$N$——测点数;

$w_k$——加权系数,一般可令 $w_k=1$。

采用回归分析法确定初始地应力时,也需先对初始地应力场的分布规律作假设。其原则可与位移反分析法相同。计算方法均属三维空间问题的反分析法,目标未知数常选为边界面力。求得边界面力后,再由数值分析的正演分析方法算得工程所在部位的初始地应力。对计算区域的边界需设定边界条件时,采用的方法宜与数值分析的正演分析法相同。

在丘陵地带建造公路隧道时,围岩的初始地应力场通常即是自重应力场,其分布规律可借助正演分析的数值方法通过计算确定,也可将垂直应力取为上覆地层质量之和,并按给定水平侧压力系数法确定侧压力。后者的计算公式可参见《公路隧道设计规范》(JTG D70—2004)中的附录J,或有关文献。

## 第二节 隧道围岩的分级

### 一、隧道围岩分级的方法

1)以往围岩分级的方法

首先叙述以往各个发展阶段中具有代表性的隧道围岩的分级方法。由于所参考文献来自不同行业标准,各行业关于围岩分级的说法并不统一。国家标准《工程岩体分级标准》(GB 50218—1994)将岩石隧道围岩稳定性的等级由好至坏分为Ⅰ级、Ⅱ级、Ⅲ级、Ⅳ级和Ⅴ级,其中Ⅲ级、Ⅳ级和Ⅴ级又分为2~3个亚级。对土体中的隧道,将松软的土体围岩定为Ⅵ级,并分为3个亚级。公路隧道设计与施工旧规范由好至坏分为Ⅵ类、Ⅴ类、Ⅳ类、Ⅲ类、Ⅱ类、Ⅰ类,2004年以后的新规范已与该国家标准相一致。为叙述方便,这里仍按所参考文献的习惯用法进行分析。

(1)以岩石强度或物性指标为基础的分类方法

我国最早出现的隧道围岩分类方法,是单纯以岩石的单轴抗压强度为依据的分类,如表4.2-1所示。

**岩石按抗压强度分类表**　　　表 4.2-1

| 类　别 | 岩石单轴抗压强度 $R_c$(MPa) | 岩 石 类 别 |
|---|---|---|
| Ⅰ | 160 ~ 250 | 特坚石 |
| Ⅱ | 100 ~ 160 | 坚石 |
| Ⅲ | 40 ~ 100 | 次坚石 |
| Ⅳ | <40 | 软石 |

由表可见这种分类方法认为隧道开挖后,围岩的稳定性主要取决于岩石的单轴抗压强度。岩石越坚硬,隧道越稳定;岩石越松软,稳定性就越差。这种认识很不全面,因而这种分类方法后来被"岩石坚固性系数分类法"代替。

"岩石坚固性系数分类法"由前苏联学者普洛托奇雅柯诺夫教授提出,又称"$f$"值分类法,或普氏分类法。普氏分类法把围岩分为 10 类,其中"$f$"值是一个综合的物性指标值,用以表示岩石在采矿中的相对坚固性,如抗钻性、抗爆性和强度等。"$f$"值主要按强度确定,计算式为 $f_{岩石}=\frac{1}{150}R_c \sim \frac{1}{100}R_c$。$R_c$ 为岩石的饱和单轴极限抗压强度。因此,普氏分类法仍是基于岩石强度指标的分类。

我国把"$f$"值用于隧道工程的设计、施工时,考虑了节理、裂隙、风化条件等地质因素的影响,把由强度决定的"$f$"值适当降低。方法为令 $f_{岩体}=K\cdot f_{岩石}$,其中 $K$ 为地质条件折减系数。

(2)按岩体构造、岩性特征分类的方法

这种分类方法以太沙基分类法为代表。太沙基分类法考虑了岩体的构造、岩性及地下水的影响,将围岩分成 9 类(表 4.2-2),每类都有一个相应的地压范围值和支护措施建议。分类时以隧道有水为基础,确认无水时 4 ~ 7 类围岩的地压值应降低 50%。这种分类方法曾长期被各国采用,至今在欧美等国家的地下工程围岩分类中仍有广泛的影响。

**太沙基围岩分类**　　　表 4.2-2

| 类别 | 岩 石 状 态 | 岩石荷载高度(m) | 备　注 |
|---|---|---|---|
| 1 | 坚硬和完整的 | 0 | 当有掉块或岩爆时可轻型支撑 |
| 2 | 坚硬的层状和片状岩层 | $(0 \sim 0.5)B$ | 采用轻型支撑,局部荷载作用变化不规则 |
| 3 | 大块状、中等程度节理 | $(0 \sim 0.25)B$ | 荷载局部作用、不规则 |
| 4 | 中等程度块状和裂缝状 | $0.25B \sim 0.35B(B+H_t)$ | 无侧压 |
| 5 | 裂隙较多和块度较小的岩层 | $(0.35 \sim 1.10)\times(B+H_t)$ | 侧压力很小或没有 |
| 6 | 完全破碎,但不受化学侵蚀 | $1.10(B+H_t)$ | 有一定侧压,由于渗漏水,使下部岩层软化,衬砌要作基础。必要时采用圆形支撑 |
| 7 | 挤压变形缓慢的岩石,覆盖层厚度中等 | $(1.10 \sim 2.10)\times(B+H_t)$ | 有很大偏压,必要时修仰供,推荐采用圆形支撑 |
| 8 | 挤压变形缓慢的岩石,覆盖层较厚 | $(2.10 \sim 4.50)\times(B+H_t)$ | 有很大偏压,必要时修仰供,推荐采用圆形支撑 |
| 9 | 膨胀性地质条件 | 与 $(B+H_t)$ 无关,一般达 80m 以上 | 用圆形支撑,强烈时采用柔性支撑 |

注:$B$——开挖断面的宽度;$H_t$——开挖断面的高度。

(3)按岩体完整性分类的方法

①按弹性波(纵波)速度的分类

弹性波在岩体中传播时,结构面不仅将使岩体中的波速明显下降,而且会使其能量有不同程度的消耗。所以,弹性波速的变化能反映岩体的结构特性和完整性。

中国科学院地质研究所根据他们对岩体结构的分类,列出了弹性波在各类结构岩体中的传播特征(表4.2-3)。

**各类结构岩体中弹性波的传播特性** 表4.2-3

| 弹性波指示 \ 类别 | | 块状结构 | 层状结构 | 碎裂结构 | 散体结构 |
|---|---|---|---|---|---|
| 波速 $v_p$(m/s) | 范围 | 4 000~5 000 | 3 000~4 000 | 2 000~3 500 | <2 000 |
| | 采用值 | 4 500 | 3 500 | 2 750 | 1 500 |
| | 最小值 | 3 500 | 2 500 | 1 500 | 500 |
| 岩体、岩块波速比 $v_{pm}/v_{psr}$ | 范围 | >0.8 | 0.5~0.8 | 0.3~0.6 | <0.4 |
| | 采用值 | 0.8 | 0.65 | 0.45 | 0.3 |
| | 最小值 | 0.6 | 0.5 | 0.3 | — |
| 可接收距离(m) | 范围 | 5~10 | 3~5 | 1~3 | <1 |
| | 最小值 | 3 | 2 | 1 | — |

日本的池田和彦经过近10年时间,对大约70座隧道进行了地质、工法以及声波测试结果的调查,并于1969年提出了日本铁路隧道围岩分类(表4.2-4)。他先将岩石分为*A*、*B*、*C*、*D*、*E*、*F*6类,然后根据弹性波在岩体中传播的速度,将围岩按强度分为7类。1986年起,我国开始将弹性波速度引入围岩分类。

**日本铁路隧洞围岩分类表** 表4.2-4

| 围岩强度分类 | 岩质 *A* | 岩质 *B* | 岩质 *C* | 岩质 *D* | 岩质 *E* | 岩质 *F* | 良好程度 | 备注 |
|---|---|---|---|---|---|---|---|---|
| 1 | >5.0 | — | >4.8 | >4.2 | — | — | 好 | 1.开挖面有涌水时,分类需降一级;<br>2.膨胀性岩石的弹性波速度值,要特殊考虑这种情况其速度值小于4.0km/s,泊松比大于0.3;<br>3.对风化岩层泊松比小于0.3时,分类需提高一级到两级;<br>4.单位:km/s |
| 2 | 4.4~5.0 | — | 4.2~4.8 | 3.6~4.2 | — | — | | |
| 3 | 4.0~4.6 | 4.2~4.8 | 3.8~4.4 | 3.2~3.8 | >2.6 | — | 中等 | |
| 4 | 3.0~4.2 | 3.8~4.4 | 3.4~4.0 | 2.8~3.4 | 2.0~2.6 | — | | |
| 5 | 3.2~3.8 | 3.4~4.0 | 3.0~3.6 | 2.4~3.0 | 1.6~2.2 | 1.2~1.8 | 差 | |
| 6 | <3.4 | <3.6 | <3.2 | <2.6 | <1.8 | 0.8~1.4 | | |
| 7 | — | — | — | — | <1.4 | <1.0 | | |

②按岩石质量指标(RQD)的分类

岩石质量指标RQD(Rock Quality Designation)由美国人Deere于1963年提出,后被用于对围岩分类的指标。

RQD由修正的岩芯采取率确定。岩芯采取率是采取的岩芯的总长度与钻孔长度之比,而RQD则是长度等于或大于10cm的岩芯的总长度与钻孔长度之比,并以百分数表示,如式(4.2-1)所示。

$$\text{RQD} = \frac{\sum_{i=1}^{N} l \geq 10\text{cm}}{L} \times 100\% \tag{4.2-1}$$

式中：$l$——≥10cm 的岩芯的单节长；

$N$——同一岩层中的 $l$≥10cm 的岩芯的节数；

$L$——同一岩层中的钻孔长度。

工程实践证明，RQD 是一种比岩芯采取率更好的指标。按 RQD 的大小可将围岩分为五级，如表 4.2-5 所示。

**按 RQD 大小的岩石工程分类** 表 4.2-5

| 等　级 | RQD(%) | 工程分类 |
|---|---|---|
| Ⅰ | 90～100 | 极好的 |
| Ⅱ | 75～90 | 好的 |
| Ⅲ | 50～75 | 中等的 |
| Ⅳ | 25～50 | 差的 |
| Ⅴ | 0～25 | 极差的 |

(4)综合因素分类方法

①岩体质量($Q$)分类法

岩体质量分类法由挪威人 N·巴顿(Barton)提出，因此又称巴顿围岩分类法。该方法对岩石按岩体质量 $Q$ 分类，如表 4.2-6 所示。表中岩体质量 $Q$ 的计算式为：

$$Q = \left(\frac{\text{RQD}}{J_n}\right)\left(\frac{J_r}{J_a}\right)\left(\frac{J_w}{\text{SRF}}\right) \tag{4.2-2}$$

式中：RQD——岩石质量指标；

$J_n$——节理组数系数；

$J_r$——节理面粗糙度系数；

$J_a$——节理蚀变系数；

$J_w$——节理含水折减系数；

SRF——地应力影响折减系数。

式(4.2-2)中，RQD/$J_n$ 表示岩体的完整程度，$J_r/J_a$ 表示岩体的抗剪强度。$J_w$/SRF 反映地下水与初始应力对岩体质量的影响。

**巴顿分类表** 表 4.2-6

| 围岩分类 | 特别坏 | 极坏 | 很坏 | 坏 | 一般 | 好 | 很好 | 极好 | 特别好 |
|---|---|---|---|---|---|---|---|---|---|
| $Q$ | 0.001～0.01 | 0.01～0.1 | 0.1～1.0 | 1～4 | 4～10 | 10～40 | 40～100 | 100～400 | 400～1 000 |

巴顿围岩分级通常分为确定计算 $Q$ 的六个参数、估测支护压力和确定支护类型及标准等三个步骤。

②比尼奥斯基的地质力学分类方法

这种分级方法 1974 年由比尼奥斯基(Bieniawski)提出，亦称 RMR 分级。特点是根据岩石强度(单轴抗压强度及点荷载强度)、岩石的 RQD、不连续面间距、不连续面特征、不连续面产状与洞室的关系以及地下水状况等 6 个方面的因素对岩体分别进行评分，并将总的岩体评分值(RMR)作为衡量岩体工程质量的"综合特征值"。

RMR 岩体评分方法，不仅对地下洞室围岩分级适用，而且也适用于边坡、地基工程裂隙组数≥3 的块状岩体的分级。对裂隙数<3 的片状或柱状岩体，该分级方法偏于保守。

RMR 分级的参数及评分标准见表 4.2-7，根据总 RMR 值的围岩分级及相应的岩体稳定性见表 4.2-8，各类围岩主要物理力学参数见表 4.2-9。

**RMR 分级参数及评分标准**　　表 4.2-7

<table>
<tr><th>序号</th><th colspan="3">参　数</th><th colspan="7">评 分 标 准</th></tr>
<tr><td rowspan="3">1</td><td rowspan="2">岩石强度（MPa）</td><td colspan="2">点荷载强度</td><td>>10</td><td>4~10</td><td>2~4</td><td>1~2</td><td colspan="3">宜采用单轴抗压强度</td></tr>
<tr><td colspan="2">单轴抗压强度</td><td>>250</td><td>100~250</td><td>50~100</td><td>25~50</td><td>5~25</td><td>1~5</td><td><1</td></tr>
<tr><td colspan="3">评分</td><td>15</td><td>12</td><td>7</td><td>4</td><td>2</td><td>1</td><td>0</td></tr>
<tr><td rowspan="2">2</td><td colspan="3">岩石质量指标 RQD（%）</td><td>90~100</td><td>75~90</td><td>50~75</td><td>25~50</td><td colspan="3"><25</td></tr>
<tr><td colspan="3">评分</td><td>20</td><td>15</td><td>10</td><td>8</td><td colspan="3">5</td></tr>
<tr><td rowspan="2">3</td><td colspan="3">裂隙间距（cm）</td><td>>200</td><td>60~200</td><td>20~60</td><td>6~20</td><td colspan="3"><6</td></tr>
<tr><td colspan="3">评分</td><td>20</td><td>15</td><td>10</td><td>8</td><td colspan="3">5</td></tr>
<tr><td rowspan="6">4</td><td rowspan="5">裂隙特征</td><td colspan="2">表面粗糙度</td><td>很粗糙</td><td>较粗糙</td><td>较粗糙</td><td>光滑</td><td colspan="3">—</td></tr>
<tr><td colspan="2">充填物</td><td>—</td><td>—</td><td>—</td><td><5mm</td><td colspan="3">（软的）>5mm</td></tr>
<tr><td colspan="2">张开度</td><td>未张开</td><td><1mm</td><td><1mm</td><td>1~5mm</td><td colspan="3">>5mm</td></tr>
<tr><td colspan="2">连续性</td><td>不连续</td><td>—</td><td>连续</td><td>连续</td><td colspan="3">连续</td></tr>
<tr><td colspan="2">岩石风化程度</td><td>未风化</td><td>微风化</td><td>强风化</td><td>—</td><td colspan="3">—</td></tr>
<tr><td colspan="3">评分</td><td>30</td><td>25</td><td>20</td><td>10</td><td colspan="3">0</td></tr>
<tr><td rowspan="4">5</td><td rowspan="3">地下水</td><td colspan="2">每 10m 洞长流量（L/min）</td><td>无</td><td><10</td><td>10~25</td><td>25~125</td><td colspan="3">>125</td></tr>
<tr><td colspan="2">裂隙水压力/最大主应力</td><td>0</td><td>0~0.1</td><td>0.1~0.2</td><td>0.2~0.5</td><td colspan="3">>0.5</td></tr>
<tr><td colspan="2">状态</td><td>干燥</td><td>湿润</td><td>潮湿</td><td>滴水</td><td colspan="3">流水</td></tr>
<tr><td colspan="3">评分</td><td>15</td><td>10</td><td>7</td><td>4</td><td colspan="3">0</td></tr>
<tr><td rowspan="4">6</td><td rowspan="3">裂隙产状与洞线的关系</td><td colspan="4">走向垂直洞线</td><td colspan="2" rowspan="2">走向平行洞线</td><td colspan="3" rowspan="3">倾角 0°~20°与走向无关</td></tr>
<tr><td colspan="2">顺倾向开挖</td><td colspan="2">逆倾向开挖</td></tr>
<tr><td>倾角 45°~90°</td><td>倾角 20°~45°</td><td>倾角 45°~90°</td><td>倾角 20°~45°</td><td>倾角 45°~90°</td><td>倾角 20°~45°</td></tr>
<tr><td>折减分</td><td>0</td><td>-2</td><td>-5</td><td>-10</td><td>-12</td><td>-5</td><td colspan="3">-10</td></tr>
</table>

**围 岩 分 级**　　表 4.2-8

| 级　别 | 岩体的描述 | 岩体评分值 RMR |
|---|---|---|
| Ⅰ | 很好的岩石 | 81~100 |
| Ⅱ | 好的岩石 | 61~80 |
| Ⅲ | 较好的岩石 | 41~60 |
| Ⅳ | 较差的岩石 | 21~40 |
| Ⅴ | 很差的岩石 | 0~20 |

各级围岩主要物理力学参数　　表 4.2-9

| 围岩级别 | Ⅰ | Ⅱ | Ⅲ | Ⅳ | Ⅴ |
|---|---|---|---|---|---|
| 无支撑跨度及自稳时间 | 5m、10 年 | 4m、3 个月 | 3m、一星期 | 1.5m、5h | 0.5m、10min |
| 岩体黏聚力(kPa) | >300 | 200~300 | 150~200 | 100~150 | <100 |
| 岩体内摩擦角(°) | >45 | 40~45 | 35~40 | 30~35 | <30 |

由于 RMR 分级不仅考虑了岩石的抗压强度，而且比较仔细地考虑了节理和地下水等对工程稳定的影响，故对隧道围岩分级较为实用。对于围岩 RMR 分级，可根据不同围岩级别而采用不同的开挖方式和不同的支护形式，如表 4.2-10 所示。

岩体级别与开挖支护形式　　表 4.2-10

| 岩体级别 | 开挖方式 | 支护形式 | | |
|---|---|---|---|---|
| | | 锚杆(直径 20mm)灌浆 | 喷混凝土 | 钢架 |
| Ⅰ | 全断面开挖，每炮进尺 3m | 一般不需要支护，个别点设锚杆 | | |
| Ⅱ | 全断面开挖，每炮进尺 1~1.5m，掌子面 20m 以外全面支护 | 拱部设局部锚杆，长 3m 间距 2.5m，有时加设钢筋网 | 必要时顶部喷 50mm | 不需要 |
| Ⅲ | 先拱部导洞，再扩挖。导洞每炮进尺 1.5~3m。每次爆破后作初期支护。掌子面 10m 外全面支护 | 拱部和边墙全面设锚杆，长 4m，间距 1.5~2m，拱部加设钢筋网 | 顶部 100~150mm，边墙 30mm | 不需要 |
| Ⅳ | 先拱部导洞，再扩挖。导洞每炮进尺 1~1.5m。掌子面 10m 外立即支护 | 拱部和边墙设锚杆，长 4~5m，间距 1~1.5m，同时加设钢筋网 | 顶部 100~150mm，边墙 100mm | 必要时，设轻型钢拱架，间距 1.5m |
| Ⅴ | 分布开挖。顶部导洞每炮进尺 0.5~1.5m，开挖后随即支护。放炮后尽快喷混凝土 | 拱部和边墙设锚杆，长 5~6m，间距 1~1.5m，加设钢筋网，底部设锚杆 | 顶部 150~200mm，边墙 150mm，工作面 50mm | 必要时设带横隔板的轻型至重型钢拱架，间距 0.75m，并设前部支撑，底部也支撑 |

注：断面形状：马蹄形；跨度 10m；竖向应力 <0.125MPa；施工方法：钻爆法。

此外，地质力学分类方法的 RMR 评分与巴顿围岩分类方法中的围岩体质量指标 $Q$ 之间有以下关系：

$$Q = e^{(RMR-44)/9} \tag{4.2-3}$$

以上关系可以用来估算巴顿围岩分类方法中的地应力影响折减系数 SRF。

2）现有隧道围岩分级的方法与分级表

（1）现有隧道围岩的分级方法

由以上叙述可见影响围岩稳定的因素有岩石（体）的物理力学性质、构造发育状况、荷载种类与分布（工程荷载和初始应力）、应力变形状态、几何边界条件及水的赋存状态等。这些因素中，岩体的物理力学性质和构造发育情况是独立于工程类型的，并可反映岩体的基本特性的因素。物理力学性质中，对稳定性关系最大的是岩石的坚硬程度，而岩体的构造发育状态，又可由体现岩体的不连续性和节理化程度的岩体的完整性表征。因此，隧道围岩分级中通常将岩石的坚硬程度和岩体的完整程度作为岩体基本质量分级的两个基本因素。这一做法已为国内外多数围岩分级方法采纳。与此同时，对隧道围岩分级时也常通过引入相应的修正系数考虑地应力和地下水等因素的影响。

现有的围岩分级方法有定性、定量方法及定性与定量相结合的方法等3类，而且多以前两类方法为主。定性分级方法的做法是通过对影响岩体质量的因素进行定性描述、鉴别和判断，或对主要因素作出评判和打分，或同时引入部分量化指标对围岩进行综合分级。这类分级方法有一定人为因素和不确定性，使用中往往随勘察人员的认识和经验的差别，对同一围岩作出级别不同的判断。采用定性分级判定的围岩级别，常常出现与实际差别1～2级的情况。定量分级方法的做法是，根据由对岩体（或岩石）性质进行测试得到的数据或对各参数的打分，经计算获得岩体质量指标，并以该指标值为依据进行分级。如国外N. Bartor的$Q$分级，Z. T. Bieniawsks的地质力学（MRM）分级，Deere的RQD值分级方法等。但由于岩体的性质及其赋存条件十分复杂，仅仅依据少数参数和某个数学公式分级通常难于全面准确地概括所有情况，而且参数测试数量有限，数据的代表性和抽样的代表性均存在一定的局限性，实施定量分级时难度较大。因此，围岩的分级趋向采用定性和定量相结合的方法评判，以提高分级的可靠性。我国的公路隧道规范对围岩的分级采用了定性和定量相结合的综合评判方法，使两者可互相校核和检验，以提高分级的可靠性。

(2)隧道围岩分级表

①铁路隧道围岩分级表

我国1986年实施的《铁路隧道设计规范》中明确规定，铁路隧道围岩分级同时采用两种方法，即以围岩稳定性为基础的分级方法和按弹性纵波的分级方法；两者并都同时采用按定性分析和定量指标分级。

2005年实施的《铁路隧道设计规范》（GB 10003—2005）中的围岩分级见表4.2-11。

**铁路隧道围岩分级表**

表4.2-11

| 围岩级别 | 围岩主要工程地质条件 | | 围岩开挖后的稳定状态（单线） | 围岩弹性纵波速度 $v_p$（km/s） |
|---|---|---|---|---|
| | 主要工程地质特征 | 结构特征和完整状态 | | |
| Ⅰ | 硬质岩（单轴饱和抗压极限强度 $R_C$ > 60MPa）：受地质构造影响轻微，节理不发育，无软弱面（或夹层）；层状岩层为厚层，层间结合良好 | 呈巨块状整体结构 | 围岩稳定，无坍塌，可能产生岩爆 | >4.5 |
| Ⅱ | 硬质岩（$R_C$ > 30MPa）：受地质构造影响较重，节理较发育，有少量软弱面（或夹层）和贯通微张节理，但其产状及组合关系不致产生滑动；层状岩层为中层或厚层，层间结合一般，很少有分离现象，或为硬质岩偶夹软质岩 | 呈大块状砌体结构 | 暴露时间长，可能会出现局部小坍塌；侧壁稳定；层间结合差的平缓岩层，顶板易塌落 | 3.5～4.5 |
| Ⅲ | 硬质岩（$R_C$ > 30MPa）：受地质构造影响严重，节理发育，有层状软弱面（或夹层），但其产状及组合关系尚不致产生滑动；层状岩层为薄层或中层，层间结合差，多有分离现象；或为硬、软质岩石互层 | 呈块（石）碎（石）状镶嵌结构 | 拱部无支护时可产生小坍塌，侧壁基本稳定，爆破振动过大易塌 | 2.5～4.0 |
| | 较软岩（$R_C$ = 15～30MPa）：受地质构造影响较严重，节理较发育；层状岩层为薄层、中层或厚层，层间结合一般 | 呈大块状砌体结构 | | |

续上表

| 围岩级别 | 围岩主要工程地质条件 | | 围岩开挖后的稳定状态（单线） | 围岩弹性纵波速度 $v_p$(km/s) |
|---|---|---|---|---|
| | 主要工程地质特征 | 结构特征和完整状态 | | |
| Ⅳ | 硬质岩（$R_C>30$MPa）：受地质构造影响很严重，节理很发育；层状软弱面（或夹层）已基本被破坏 | 呈碎石状压碎结构 | 拱部无支护时，可产生较大的坍塌，侧壁有时失去稳定 | 1.5～3.0 |
| | 软质岩（$R_C\approx 5\sim30$MPa）：受地质构造影响很严重，节理发育 | 呈块（石）碎（石）状镶嵌结构 | | |
| | 土体：1. 具压密或成岩作用的黏性土、粉土及砂类土；<br>2. 黄土（$Q_1$、$Q_2$）；<br>3. 一般钙质、铁质胶结的碎石土、卵石土、大块石土 | 1 和 2 呈大块状压密结构，3 呈巨块状整体结构 | | |
| Ⅴ | 岩体：软岩，岩体较破碎至极破碎；全部极软岩及全部极破碎岩（包括受构造影响严重的破碎带） | 呈角（砾）（碎）石状松散结构 | 围岩易坍塌，处理不当会出现大坍塌，侧壁经常小坍塌；浅埋时易出现地表下沉（陷）或塌至地表 | 1.0～2.0 |
| | 土体：一般第四系坚硬、硬塑黏性土，稍密及以上、稍湿或潮湿的碎石土、卵石土、圆砾土、角砾土、粉土及黄土（$Q_3$、$Q_4$） | 非黏性土呈松散结构，黏性土及黄土呈松软结构 | | |
| Ⅵ | 岩体：受构造影响很严重呈碎石、角砾及粉末、泥土状的断层带 | 呈松软结构 | 围岩极易坍塌变形，有水时土砂常与水一起涌出；浅埋时易塌至地表 | <1.0（饱和状态的土<1.5） |
| | 土体：软塑状黏性土、饱和的粉土、砂类土等 | 黏性土呈易蠕动的松软结构，砂性土呈潮湿松散结构 | | |

注：1. 表中"围岩级别"和"围岩主要工程地质条件"栏，不包括膨胀性围岩、多年冻土等特殊岩土。

2. 遇有地下水时，可按下列原则调整围岩级别：

a. 在Ⅳ级或属于Ⅴ级的硬质岩石中，一般地下水对其稳定性影响不大，可不考虑降低。

b. 在Ⅳ级围岩或属于Ⅴ级的软质岩石，应根据地下水的类型、水量大小和危害程度调整围岩级别，当地下水影响围岩稳定，产生局部坍塌或软化软弱面时，可酌情降低一级。

c. Ⅲ级、Ⅱ级围岩已成碎石状松散结构，裂隙中并有黏性土填充物，地下水对围岩稳定性影响较大，可根据地下水的类型、水量大小、渗水条件、动水压力和静水压力情况，判断其对围岩的危害程度，适当降低1～2级。

d. 在Ⅰ级围岩中，分级已考虑了一般含水情况的影响，但在特殊含水地层（如处于饱水状态或具有较大承压水流时）需另作处理。

②《工程岩体分级标准》（GB 50218—1994）的围岩分级表

《工程岩体分级标准》（GB 50218—1994）采用的岩体基本质量分级如表4.2-12所示。

对本分级表有以下说明：

a. 岩体基本质量分级，应根据岩体基本质量的定性特征和岩体基本质量指标（BQ）两者相结合，按表4.2-12确定。

b. 当根据基本质量定性特征和基本质量指标（BQ）确定的级别不一致时，应通过对定性划分和定量指标的综合分析，确定岩体基本质量级别。必要时，应重新进行测试。

c. 岩体基本质量的定性特征，应由表4.2-26和表4.2-27所确定的岩石坚硬程度和岩体完整程度组合确定。

d. 岩体基本质量指标（BQ），应根据分级因素的定量指标 $R_C$ 的兆帕数值和 $K_v$ 按式（4.2-5）计算。

**岩体基本质量分级** 表4.2-12

| 基本质量级别 | 岩体基本质量的定性特征 | 岩体基本质量指标（BQ） |
|---|---|---|
| Ⅰ | 坚硬岩，岩体完整 | >550 |
| Ⅱ | 坚硬岩，岩体较完整；<br>较坚硬岩，岩体完整 | 451～550 |
| Ⅲ | 坚硬岩，岩体较破碎；<br>较坚硬岩或软硬岩互层，岩体较完整；<br>较软岩，岩体完整 | 351～450 |
| Ⅳ | 坚硬岩，岩体破碎；<br>较坚硬岩，岩体较破碎～破碎；<br>较软岩或软硬岩互层，且以软岩为主，岩体较完整～较破碎；<br>软岩，岩体完整～较完整 | 251～350 |
| Ⅴ | 较软岩，岩体破碎；<br>软岩，岩体较破碎～破碎；<br>全部极软岩及全部极破碎岩 | <250 |

③《水利水电工程地质勘察规范》的围岩分级

《水利水电工程地质勘察规范》（GB 50287—1999）的围岩工程地质分类见表4.2-13。新版《水利水电工程地质勘察规范》（GB 50487—2008）对其作了改进，将围岩工程地质分类分为初步分类和详细分类。围岩初步分类适用于规划阶段、可研阶段以及深埋洞室施工之前的围岩工程地质分类，详细分类主要用于初步设计、招标和施工图设计阶段的围岩工程地质分类。围岩初步分类以岩石强度、岩体完整程度及岩体结构类型为基本依据，以岩层走向与洞轴线的关系、水文地质条件为辅助依据，如表4.2-14所示；详细分类取决于围岩总评分 $T$（表4.2-7）和围岩强度应力比 $S$（计算式见该规范），分类仍同表4.2-13。

采用新版本分类时，岩质类型的划分同表4.2-26；岩体完整程度根据结构面组数、结构面间距确定，并应符合表4.2-15的规定；岩体结构分类见表4.2-16。

**围岩工程地质分类** 表4.2-13

| 围岩类别 | 围岩稳定性 | 围岩总评分 $T$ | 围岩强度应力比 $S$ | 支护类型 |
|---|---|---|---|---|
| Ⅰ | 稳定，围岩可长期稳定，一般无不稳定块体 | $T>85$ | >4 | 不支护或局部锚杆或喷薄层混凝土。大跨度时，喷混凝土、系统锚杆加钢筋网 |
| Ⅱ | 基本稳定，围岩整体稳定，不会产生塑性变形，局都可能产生掉块 | $85 \geqslant T>65$ | >4 | |
| Ⅲ | 局部稳定性差，围岩强度不足局部会产生塑性变形，不支护可能产生塌方或变形破坏，完整的较软岩，可能暂时稳定 | $65 \geqslant T>45$ | >2 | 喷混凝土、系统锚杆加钢筋网。跨度为20～25m时，并浇筑混凝土衬砌 |
| Ⅳ | 不稳定，围岩自然时间很短，规模较大的各种变形和破坏都可能发生 | $45 \geqslant T>25$ | >2 | 喷混凝土、系统锚杆加钢筋网，并浇筑混凝土衬砌 |
| Ⅴ | 极不稳定，围岩不能自稳，变形破坏严重 | $T \leqslant 25$ | | |

注：Ⅱ、Ⅲ、Ⅳ类围岩，当其强度应力比小于本规定时，围岩类别宜相应降低一级。

**围 岩 初 步 分 类** 表 4.2-14

| 围岩类别 | 岩质类型 | 岩体完整程度 | 岩体结构类型 | 围岩分类说明 |
|---|---|---|---|---|
| Ⅰ、Ⅱ | 硬质岩 | 完整 | 整体或巨厚层状结构 | 坚硬岩定Ⅰ类,中硬岩定Ⅱ类 |
| Ⅱ、Ⅲ | | 较完整 | 块状结构、次块状结构 | 坚硬岩定Ⅱ类,中硬岩定Ⅲ类,薄层状结构定Ⅲ类 |
| Ⅱ、Ⅲ | | | 厚层或中厚层状结构、层(片理)面结合牢固的薄层状结构 | |
| Ⅲ、Ⅳ | | | 互层状结构 | 洞轴线与岩层走向夹角小于30°时,定Ⅳ类 |
| Ⅲ、Ⅳ | | 完整性差 | 薄层状结构 | 岩质均一且无软弱夹层时可定Ⅲ类 |
| Ⅲ | | | 镶嵌结构 | — |
| Ⅳ、Ⅴ | | 较破碎 | 破碎结构 | 有地下水活动时定Ⅴ类 |
| Ⅴ | | 破碎 | 破碎或碎屑状散体结构 | — |
| Ⅲ、Ⅳ | 软质岩 | 完整 | 整体或巨厚层状结构 | 较软岩定Ⅲ类,软岩定Ⅳ类 |
| Ⅳ、Ⅴ | | 较完整 | 块状或次块状结构 | 较软岩定Ⅳ类,软岩定Ⅴ类 |
| | | | 厚层、中厚层或互层状结构 | |
| | | 完整性差 | 薄层状结构 | 较软岩无夹层时可定Ⅳ类 |
| | | 较破碎 | 碎裂结构 | 较软岩可定Ⅳ类 |
| | | 破碎 | 碎块或碎屑状散体结构 | — |

**岩体完整程度划分** 表 4.2-15

| 组数 / 间距(cm) | 1~2 | 2~3 | 3~5 | >5 或无序 |
|---|---|---|---|---|
| >100 | 完整 | 完整 | 较完整 | 较完整 |
| 50~100 | 完整 | 较完整 | 较完整 | 差 |
| 30~50 | 较完整 | 较完整 | 差 | 较破碎 |
| 10~30 | 较完整 | 差 | 较破碎 | 破碎 |
| <10 | 差 | 较破碎 | 破碎 | 破碎 |

**岩 体 结 构 分 类** 表 4.2-16

| 类 型 | 亚 类 | 岩体结构特征 |
|---|---|---|
| 块状结构 | 整体结构 | 岩体完整,呈巨块状,结构面不发育,间距大于100cm |
| | 块状结构 | 岩体较完整,呈块状,结构面轻度发育,间距一般50~100cm |
| | 次块状结构 | 岩体较完整,呈次块状,结构面中等发育,间距一般30~50cm |
| 层状结构 | 巨厚层状结构 | 岩体完整,呈巨厚状,层面不发育,间距大于100cm |
| | 厚层状结构 | 岩体较完整,呈厚层状,层面轻度发育,间距一般50~100cm |
| | 中厚层状结构 | 岩体较完整,呈中厚层状,层面中等发育,间距一般30~50cm |
| | 互层结构 | 岩体较完整或完整性差,呈互层状,层面较发育或发育,间距一般10~30cm |
| | 薄层结构 | 岩体完整性差,呈薄层状,层面发育,间距一般小于10cm |

续上表

| 类型 | 亚类 | 岩体结构特征 |
|---|---|---|
| 镶嵌结构 | | 岩体完整性差，岩块镶嵌紧密，结构面较发育到很发育，间距一般10~30cm |
| 破碎结构 | 块裂结构 | 岩体完整性差，岩块间有岩屑和泥质物充填，嵌合中等紧密~较松弛，结构面较发育到很发育，间距一般10~30cm |
| | 破碎结构 | 岩体破碎，结构面很发育，间距一般小于10cm |
| 散体结构 | 破块状结构 | 岩体破碎，岩块夹岩屑或泥质物 |
| | 破屑状结构 | 岩体破碎，岩屑或泥质物夹岩块 |

④《锚杆喷射混凝土支护技术规范》(GB 50086—2001)的围岩分级表

《锚杆喷射混凝土支护技术规范》(GB 50086—2001)采用的围岩分级表如表4.2-17所示。

**锚杆喷射混凝土支护技术规范围岩分级表** 表4.2-17

| 围岩级别 | 主要工程地质特征 | | | | | | | 毛洞稳定情况 |
|---|---|---|---|---|---|---|---|---|
| | 岩体结构 | 构造影响程度，结构面发育情况和组合状态 | 岩石强度指标 | | 岩体声波指标 | | 岩体强度应力比 | |
| | | | 单轴饱和抗压强度(MPa) | 点荷载强度(MPa) | 岩体纵波速度(km/s) | 岩体完整性指标 | | |
| Ⅰ | 整体状及层间结合良好的厚层状结构 | 构造影响轻微，偶有小断层。结构面不发育，仅有2~3组，平均间距大于0.8m，以原生和构造节理为主，多数闭合，无泥质充填，不贯通。层间结合良好，一般不出现不稳定块体 | >60 | >2.5 | >5 | >0.75 | — | 毛洞跨度5~10m时长期稳定，无碎块掉落 |
| Ⅱ | 同Ⅰ级围岩结构 | 同Ⅰ级围岩特征 | 30~60 | 1.25~2.5 | 3.7~5.2 | >0.75 | — | 毛洞跨度5~10 m时，围岩能较长时间(数月至数年)维持稳定，仅出现局部小块掉落 |
| | 块状结构和层间结合较好的中厚层或厚层状结构 | 构造影响较重，有少量断层，结构面较发育，一般为3组，平均间距0.4~0.8m，以原生和构造节理为主，多数闭合，偶有泥质充填，贯通性较差，有少量软弱结构面。层间结合较好，偶有层间错动和层面张开现象 | >60 | >2.5 | 3.7~5.2 | >0.5 | — | |
| Ⅲ | 同Ⅰ级围岩结构 | 同Ⅰ级围岩特征 | 20~30 | 0.85~1.25 | 3.0~4.5 | >0.75 | >2 | 毛洞跨度5~10 m时，围岩能维持一个月以上的稳定，主要出现局部掉块、塌落 |
| | 同Ⅱ级围岩块状结构和层间结合较好的中厚层或厚层结构 | 同Ⅱ级围岩块状结构和层间结合较好的中厚层或厚层状结构特征 | 30~60 | 1.25~2.50 | 3.0~4.5 | 0.50~0.75 | >2 | |
| | 层间结合良好的薄层和软硬岩互层结构 | 构造影响较重。结构面发育，一般为3组，平均间距0.2~0.4m，以构造节理为主，节理面多数闭合，少有泥质填充。岩层为薄层或以硬岩为主的软硬岩互层，层间结合良好，少见软弱夹层、层间错动和层面张开现象 | >60<br>(软岩>20) | >2.50 | 3.0~4.5 | 0.30~0.50 | >2 | |
| | 碎裂镶嵌结构 | 构造影响严重，结构面发育，一般为3组以上，平均间距0.2~0.4m，以构造节理为主，节理面多数闭合，少数有泥质充填，块体间牢固咬合 | >60 | >2.50 | 3.0~4.5 | 0.30~0.50 | >2 | |

| 围岩级别 | 主要工程地质特征 | | 岩石强度指标 | | 岩体声波指标 | | 岩体强度应力比 | 毛洞稳定情况 |
|---|---|---|---|---|---|---|---|---|
| | 岩体结构 | 构造影响程度，结构面发育情况和组合状态 | 单轴饱和抗压强度（MPa） | 点荷载强度（MPa） | 岩体纵波速度（km/s） | 岩体完整性指标 | | |
| Ⅳ | 同Ⅱ级围岩块状结构和层间结合较好的中厚层或厚层状结构 | 同Ⅱ级围岩块状结构和层间结合较好的中厚层或厚层状结构特征 | 10～30 | 0.42～1.25 | 2.0～3.5 | 0.50～0.75 | >1 | 毛洞跨度5m时，围岩能维持数日到一个月的稳定，主要失稳形式为冒顶或片帮 |
| | 散块状结构 | 构造影响严重，一般为风化卸荷带。结构面发育，一般为3组，平均间距0.4～0.8m，以构造节理、卸荷、风化裂隙为主，贯通性好，多数张开，夹泥，夹泥厚度一般大于结构面的起伏高度。咬合力弱，构成较多的不稳定块体 | >30 | >1.25 | >2.0 | >0.15 | >1 | |
| | 层间结合不良的薄层、中厚层和软硬岩互层结构 | 构造影响严重。结构面发育，一般为3组以上，平均间距0.2～0.4m，以构造、风化节理为主，大部分微张（0.5～1.0mm），部分张开（>1.0mm），有泥质填充，层间结合不良，多数夹泥，层间错动明显 | >30（软岩>10） | >1.25 | 2.0～3.5 | 0.20～0.40 | >1 | |
| | 碎裂状结构 | 构造影响严重，多数为断层影响带或强风化带。结构面发育，一般为3组以上。平均间距0.2～0.4m，大部分微张（0.5～1.0mm），部分张开（>1.0mm），有泥质充填，形成许多碎块体 | >30 | >1.25 | 2.0～3.5 | 0.20～0.40 | >1 | |
| Ⅴ | 散体状结构 | 构造影响很严重，多数为破碎带，全强风化带、破碎带交汇部位。构造及风化节理密集，节理面及其组合杂乱，形成大量碎块体。块体间多为泥质充填，甚至呈石夹土状或土夹石状 | — | — | <2.0 | — | — | 毛洞跨度5m时，围岩稳定时间很短，约数小时至数日 |

注：1. 围岩按定性分级与定量指标分级有差别时，一般应以低者为准。

2. 本表声波指标以孔测法测试值为准。如果用其他方法测试时，可通过对比试验，进行换算。

3. 层状岩体按单层厚度可划分为厚层：大于0.5m；中厚层：0.1～0.5m；薄层：小于0.1m。

4. 一般条件下，确定围岩级别时，应以岩石单轴湿饱和强度为准；当洞跨小于5m，服务年限小于10年的工程，确定围岩级别时，可采用点荷载强度指标代替岩石单轴饱和抗压强度指标，可不做岩体声波指标测试。

5. 测定岩石强度，做单轴抗压强度测定后，可不做点荷载强度测定。

⑤公路隧道围岩分级表

根据围岩分级指标的定性和定量值，岩质围岩按表4.2-18确定围岩级别，土质围岩按表4.2-24，由此可确定围岩级别。

**公路隧道岩质围岩分级表** 表 4.2-18

| 围岩级别 | 围岩或土体主要定性特征 | 围岩基本质量指标 BQ 或<br>修正的围岩基本质量指标[BQ] |
|---|---|---|
| Ⅰ | 坚硬岩,岩体完整,巨整体状或巨厚层状结构 | >550 |
| Ⅱ | 坚硬岩,岩体较完整,块状或巨厚层状结构;较坚硬岩,岩体完整,块状整体结构 | 451~550 |
| Ⅲ | 坚硬岩,岩体较破碎,巨块(石)碎(石)状镶嵌结构;较坚硬岩或较软硬岩层,岩体较完整,块状体或中厚层结构 | 351~450 |
| Ⅳ | 坚硬岩,岩体破碎,碎裂结构;<br>较坚硬岩,岩体较破碎~破碎,镶嵌碎裂结构;<br>较软岩或软硬互层,且以软岩为主,岩体较完整~较破碎,中薄层状结构 | 251~350 |
| | 土体:1. 压密或成岩作用的黏性土及砂性土;<br>2. 黄土($Q_1$、$Q_2$);<br>3. 一般钙质、铁质胶结的碎石土、卵石土、大块石土 | — |
| Ⅴ | 较软岩,岩体破碎;<br>软岩,岩体较破碎~破碎;<br>极破碎各类岩体,碎、裂状,松散结构 | ≤250 |
| | 一般第四系的半干硬至硬塑的黏性土及稍微至潮湿的碎石土,卵石土、圆砾、角砾土及黄土($Q_3$、$Q_4$)。非黏性土呈松散结构,黏性土及黄土呈松软结构 | — |
| Ⅵ | 软塑状黏性土及潮湿、饱和粉细砂层、软土等 | — |

注:本表不适用于特殊条件的围岩分级,如膨胀性围岩、多年冻土等。

岩质围岩基本指标进一步细化的定性分级方法见表 4.2-19,根据 BQ 值对岩质围岩定量分级的相应判据见表 4.2-20,由此可确定岩质围岩的基本级别。表 4.2-21~表 4.2-23 列有Ⅲ~Ⅴ级围岩各亚级的组合标准,可供参考。公路隧道土质围岩分级见表 4.2-24。

需予指出,在有地下水、结构面产状和初始地应力状态等因素影响时,BQ 值需要进行修正,修正值[BQ]按式(4.2-7)计算。

**岩质围岩基本指标的定性分级方法** 表 4.2-19

| 围岩级别 | | 围岩定性组合特征 |
|---|---|---|
| 基本级别 | 亚级 | |
| Ⅰ | — | 坚硬岩,岩体完整,整体状或巨厚层状结构 |
| Ⅱ | — | 坚硬岩,岩体较完整,块状或厚层状结构;<br>较坚硬岩,岩体完整,块状结构或整体状结构; |
| Ⅲ | $Ⅲ_1$ | 较软岩,完整,结构面不发育、结合好或一般,整体状或巨厚层状结构;<br>较坚硬岩或以硬岩为主的软硬岩互层,较完整,结构面不发育、结合差,块状或厚层状结构 |
| | $Ⅲ_2$ | 较坚硬岩或以硬岩为主的软硬岩互层,较完整,结构面较发育、结合好或一般,块状结构;<br>坚硬岩,较破碎,结构面发育、结合好或较发育、结合差,镶嵌碎裂结构、裂隙块状或中厚层状结构 |

续上表

| 围岩级别 | | 围岩定性组合特征 |
|---|---|---|
| 基本级别 | 亚级 | |
| Ⅳ | $\mathrm{IV}_1$ | 软岩,完整,结构面不发育、结合好或一般,整体状或巨厚层状结构;<br>较软岩或软岩为主的软硬岩互层,较完整,结构面较发育、结合好或一般,块状结构 |
| | $\mathrm{IV}_2$ | 较坚硬岩,较破碎,结构面发育、结合好,镶嵌碎裂结构;<br>较软岩或以软岩为主的软硬岩互层,较破碎,结构面发育、结合一般,中、薄层状结构 |
| | $\mathrm{IV}_3$ | 坚硬岩或较坚硬岩,破碎,结构面极发育、结合一般或差,碎裂状结构;<br>软岩,较完整,结构面较发育、结合好或一般,块状结构 |
| Ⅴ | $\mathrm{V}_1$ | 软岩,较破碎,结构面较发育、结合差或发育、结合好 |
| | $\mathrm{V}_2$ | 较软岩,破碎,结构面发育或极发育;<br>软岩,较破碎,结构面发育、结合一般或破碎;<br>极破碎各类岩体,碎裂状结构或散体状结构 |

**岩质隧道围岩亚级分级综合标准表** 表 4.2-20

| 围岩级别 | | BQ 值 范 围 |
|---|---|---|
| 级别 | 亚级 | |
| Ⅲ | $\mathrm{III}_1$ | 386~450 |
| | $\mathrm{III}_2$ | 351~385 |
| Ⅳ | $\mathrm{IV}_1$ | 306~350 |
| | $\mathrm{IV}_2$ | 271~305 |
| | $\mathrm{IV}_3$ | 251~270 |
| Ⅴ | $\mathrm{V}_1$ | 201~250 |
| | $\mathrm{V}_2$ | <200 |

**Ⅲ级围岩亚级组合标准** 表 4.2-21

| 亚级 | 坚硬程度 | 完 整 程 度 | | | 结合程度 |
|---|---|---|---|---|---|
| | 定性指标 | 定性指标 | 定量指标 | | 定性指标 |
| | | | 结构面组数(组) | 结构面间距(m) | |
| $\mathrm{III}_1$ | 较坚硬岩 | 较完整 | 1~2 | ≥1 | 差 |
| | 较软硬岩 | | | | |
| | 较软岩 | 完整 | 1~2 | ≥1.0 | 好或一般 |
| | 软硬岩互层 | 较完整 | 1~2 | ≥1 | 好或一般 |
| | 坚硬岩 | 较破碎 | 2 | | 差 |
| $\mathrm{III}_2$ | 坚硬岩 | 较破碎 | >3 | 0.2~0.4 | 好 |
| | | | 2~3 | 0.4~1.0 | 差 |
| | 较坚硬岩 | 较完整 | 2~3 | 0.4~1.0 | 好或一般 |
| | 较软硬岩 | | | | |
| | 软硬岩互层 | 较完整 | 2~3 | 0.4~1.0 | 好或一般 |

Ⅳ级围岩亚级组合标准

表 4.2-22

<table>
<tr><th rowspan="3">亚级</th><th>围岩岩性</th><th colspan="3">完整程度</th><th>结构面结合程度</th></tr>
<tr><th rowspan="2">定性描述</th><th rowspan="2">定性描述</th><th colspan="2">定量指标</th><th rowspan="2">定性描述</th></tr>
<tr><th>结构面组数（组）</th><th>结构面间距（m）</th></tr>
<tr><td rowspan="3">Ⅳ<sub>1</sub></td><td>较软岩</td><td rowspan="2">较完整</td><td rowspan="2">2～3</td><td rowspan="2">≤0.4</td><td rowspan="2">好或一般</td></tr>
<tr><td>软硬岩互层，软岩为主</td></tr>
<tr><td>软岩</td><td>完整</td><td>1～2</td><td>≥1.0</td><td>好或一般</td></tr>
<tr><td rowspan="4">Ⅳ<sub>2</sub></td><td>软岩</td><td>较完整</td><td>2</td><td>0.4～1.0</td><td>好或一般</td></tr>
<tr><td>较坚硬岩</td><td rowspan="3">较破碎</td><td rowspan="5">>3</td><td rowspan="3">0.2～0.4</td><td>好</td></tr>
<tr><td>较软岩</td><td rowspan="2">一般</td></tr>
<tr><td>软硬岩互层，软岩为主</td></tr>
<tr><td rowspan="3">Ⅳ<sub>3</sub></td><td>坚硬岩</td><td rowspan="2">破碎</td><td rowspan="2"><0.2</td><td rowspan="2">一般或差</td></tr>
<tr><td>较坚硬岩</td></tr>
<tr><td>软岩</td><td>较完整</td><td>3</td><td>0.4～1.0</td><td>好或一般</td></tr>
</table>

Ⅴ级围岩亚级组合标准

表 4.2-23

<table>
<tr><th rowspan="2">围岩级别</th><th>围岩岩性</th><th colspan="3">完整程度</th><th>结构面结合</th></tr>
<tr><th>定性描述</th><th>结构面组数（组）</th><th>结构面间距（m）</th><th>定性描述</th><th>定性描述</th></tr>
<tr><td rowspan="2">Ⅴ<sub>1</sub></td><td rowspan="2">软岩</td><td>2</td><td>0.4～1.0</td><td>较破碎</td><td>结合差</td></tr>
<tr><td>>3</td><td>0.2～0.4</td><td>破碎</td><td>好</td></tr>
<tr><td rowspan="7">Ⅴ<sub>2</sub></td><td>软岩</td><td>3</td><td>0.4～1.0</td><td>较破碎</td><td>结合差</td></tr>
<tr><td rowspan="2">较软岩</td><td rowspan="5">>3</td><td><0.2</td><td rowspan="4">破碎</td><td>结合一般或差</td></tr>
<tr><td>0.2～0.4</td><td>结合差</td></tr>
<tr><td rowspan="3">软岩</td><td><0.2</td><td>结合一般或差</td></tr>
<tr><td rowspan="2">0.2～0.4</td><td>结合差</td></tr>
<tr><td>较破碎</td><td>结合一般</td></tr>
<tr><td>—</td><td>—</td><td>—</td><td>极破碎</td><td>—</td></tr>
</table>

**公路隧道土质围岩分级表**　　　　表 4.2-24

| 围岩级别 | | 土质围岩 | | | |
|---|---|---|---|---|---|
| | | 黏质土围岩 | 砂质土围岩 | | 碎石土围岩 |
| 基本级别 | 亚级 | 主要定性特征 | 主要定性特征 | 基本质量指标 SBQ 值范围 | 主要定性特征 |
| Ⅳ | $\mathrm{IV}_3$ | 坚硬状,天然密度 ≥20$kN/cm^3$ | 密实状,细粒含量≥30%且细粒含水率≤18.75%或细粒含量<10% | ≥0.7 | 密实状,细料含量≥30%且细料含水率≤14%或细料含量<30% |
| Ⅴ | $\mathrm{V}_1$ | 坚硬状,天然密度<20$kN/cm^3$;<br>硬塑状,天然密度<20$kN/cm^3$且塑性指数≤18或天然密度≥20$kN/cm^3$ | 密实状,细粒含量≥30%且细粒含水率在18.75%~43.29%之间或细粒含量在10%~30%之间;<br>密实~中密状,细粒含量<10%;<br>密实以下,细粒含量≥30%,细粒含水率≤18.75% | 0.6~0.7 | 密实状,细料含量≥30%且细料含水率>14%;<br>中密状,细料含量≥30%且细料含水率<18%或细料含量<30% |
| | $\mathrm{V}_2$ | 硬塑状,天然密度<20$kN/cm^3$,塑性指数>18;<br>可塑状,天然密度≥16$kN/cm^3$ | 中密~稍密状,细粒含量<10%;<br>稍密~密实状,细粒含量在10%~30%;<br>密实以下,细粒含量≥30%,细粒含水率在18.75%~43.29% | 0.5~0.6 | 中密状,细料含量≥30%且细料含水率≥18%;<br>稍密状碎石土 |
| Ⅵ | — | 可塑状,天然密度<16$kN/cm^3$;<br>软塑~流塑状黏质土 | 稍密以下,细粒含量<30%;<br>细粒含量≥30%且细粒含水率≥43.29%的砂质土 | <0.5 | — |

⑥公路隧道施工中围岩分级汇总表

根据铁路、公路山岭隧道围岩分级表和《工程岩体分级标准》(GB 50218—1994)、《岩土工程勘察规范》(GB 50086—2001)以及《锚杆喷射混凝土支护技术规范》(GB 50086—2001),针对公路隧道围岩分级中常用分级依据及公路隧道施工中常涉及到的参数;以《公路隧道设计规范》(JTG D70—2004)为基础,将公路隧道施工中有关公路隧道围岩分级事项汇总如表4.2-25所示。

表 4.2-25

**公路隧道围岩参数汇总表**

| 围岩级别 | Ⅰ | Ⅱ | | Ⅲ | | Ⅳ | | | Ⅴ | | | Ⅵ |
|---|---|---|---|---|---|---|---|---|---|---|---|---|
| 岩石等级 | 硬质岩 | 硬质岩 | 软质岩 | 硬质岩 | 软质岩 | 硬质岩 | 软质岩 | 1. 略具压密或成岩作用的黏性土，及砂性土；<br>2. 一般钙质、铁质胶结的碎、卵石土、大块石土；<br>3. 黄土（$Q_1$、$Q_2$） | 较软岩 | 软岩 | 第四系半干硬至硬塑黏性土及稍湿至潮湿的碎石土、卵石土、圆砾角砾土及黄土 | 软塑状黏性土及潮湿、饱和粉细砂层、软土 |
| 饱和抗压极限强度 $R_b$ | >60MPa | >30MPa | ≈30MPa | >30MPa | 5～30MPa | >30MPa | 5～30MPa | — | — | — | — | — |
| 点荷载强度 $I_{S(50)}$ | >2.5MPa | >1.25MPa | ≈1.25MPa | >1.25MPa | 0.21～1.25MPa | >1.25MPa | 0.21～1.25MPa | — | — | — | — | — |
| 受地质构造影响程度 | 轻微节理不发育 | 较重，节理较发育、贯通微张，但其产状和组合不产生滑动 | 轻微节理不发育 | 严重节理发育 | 较重节理较发育 | 很严重节理很发育 | 严重节理发育 | — | — | — | — | — |
| 层状及软弱夹层 | 无断裂或夹层 | 有少量软弱面或夹层 | — | 有层状软弱面或夹层，产状和组合关系尚不会产生滑动 | — | 层状软弱面已基本被破坏 | | — | 很严重，岩体较破碎受挤压强烈 | | — | — |
| 岩层厚度 | 厚层 | 中层或厚层硬质岩偶夹软质岩 | 厚层 | 中层或薄层 | 薄层中层或厚层 | 中薄层 | | — | — | | — | — |
| 层间结合情况 | 结合良好 | 结合一般很少有分离现象 | 结合良好 | 结合差有分离现象硬软互层 | 结合一般 | 软硬互层 | | — | 很差 | | — | — |
| 结构完整状况 | 巨整体状或厚层状结构 | 块状或厚层状结构 | 块状整体结构 | 巨块（石）碎（石）状镶嵌结构 | 块状体或中厚层结构 | 碎裂结构 | 镶嵌碎裂结构 | 1. 呈大块状压密结构；<br>2. 呈巨块状整体结构；<br>3. 呈巨块状整体结构 | 呈角（砾）碎（石）松散结构 | | 非黏性土呈松散结构，黏性土及黄土呈松软结构 | 黏性土呈易蠕动的松软结构，砂性土呈潮湿松散结构 |

续上表

| 围岩级别 | Ⅰ | Ⅱ | | Ⅲ | | Ⅳ | | | Ⅴ | | Ⅵ |
|---|---|---|---|---|---|---|---|---|---|---|---|
| 岩体完整性指标 $K_V$ | >0.75 | >0.75 | 0.55~0.75 | 0.55~0.75 | 0.35~0.55 | 0.15~0.35 | 0.35~0.55 | 0.15~0.35 | 0.15~0.35 | <0.15 | <0.15 |
| 弹性纵波 $V_p$(km/s) | >4.5 | 3.5~4.5 | | 2.5~4.0 | | 1.5~3.0 | | | 1.0~2.0 | | <1.0;饱和土<1.5 |
| 围岩开挖后的稳定状态 | 围岩稳定、无坍塌、可能产生岩爆;当跨度20m,可长期稳定,偶有掉块,无塌方 | 暴露时间过长,可能会出现局部小坍塌;侧壁稳定,层间结合差的平缓岩层,顶板易塌落,在跨度10~20m时可基本稳定,局部可发 | 生掉块或小塌方;在跨度10m时,可长期稳定,偶有掉块 | 拱部无支护时可产生小坍塌,侧壁基本稳定,爆破振动过大易坍塌;在跨度为10~20m,时可稳定数日~1月,可发生小~中塌方;<br>跨度在5~10m时,可数月稳定,可发生局部块体位移及小~中塌方;跨度为5m时,可基本稳定 | | 拱部无支护时可产生较大坍塌,侧壁有时失去稳定 | | 跨度为5m时一般无自稳能力,数日~数月内可发生松动变形小塌方进而发展为中~大塌方。埋深小时,以拱部松动破坏为主,埋深大时,有明显塑性流动变形和挤压破坏。跨度小于5m时,可自稳数日~1月 | 围岩易坍塌,处理不当会出现大坍塌,侧壁经常小坍塌,浅埋时易出现地表下沉或坍塌至地表,跨度为5m或更小时,可稳定数日 | | 围岩极易坍塌变形,有水时土砂常与水一起涌出,浅埋时易坍塌至地表 |
| 密度 $\rho$($t/m^3$) | 2.6~2.8 | 2.5~2.7 | | 2.3~2.5 | | 2.0~2.3 | | | 1.7~2.0 | | 1.5~1.7 |
| 弹性抗力系数 | 1 800~2 800MPa/m | 1 200~1 800MPa/m | | 500~1 200MPa/m | | 200~500MPa/m | | | 100~200MPa/m | | <100MPa/m |
| 变形模量 $E$ | >33GPa | 20~33GPa | | 6~20GPa | | 1.3~6GPa | | | 1~2GPa | | <1 GPa |
| 泊松比 $\mu$ | <0.2 | 0.2~0.25 | | 0.25~0.30 | | 0.30~0.35 | | | 0.35~0.45 | | 0.4~0.50 |
| 内摩擦角 $\varphi$ | >60° | 50°~60° | | 39°~50° | | 27°~39° | | | 20°~27° | | <20° |
| 计算摩擦角 | >78° | 70°~78° | | 60°~70° | | 50°~60° | | | 40°~50° | | 30°~40° |
| 黏聚力 $c$ | >2.1MPa | 1.5~2.1MPa | | 0.7~1.5MPa | | 0.2~0.7MPa | | | 0.05~0.2MPa | | <0.2MPa |
| 围岩基本质量指标BQ或修正的围岩基本质量指标[BQ] | >550 | 451~550 | | 351~450 | | 251~350 | | | ≤250 | | — |

## 二、岩质隧道围岩分级的影响因素及其参数

影响岩质隧道围岩分级的因素有很多，其中起主导和控制作用的主要有岩石材料的质量、岩体的完整性、地质构造的特征、地下水的活动和地应力等。以下分别作讨论。

1）岩石材料的质量

岩石材料的质量可由岩石物理力学性质的优劣体现，与其相应的参数的指标常是工程岩体分级的基础。工程实践表明岩石的物理力学性质可由岩石的坚硬程度、强度及变形特性体现，相应参数主要包括材料重度、各类岩石抗压强度、抗拉强度、弹性抗力系数、变形模量、泊松比、内摩擦角和黏聚力等。其中许多参数的指标可由室内岩块试验获得，如各类岩石的抗压、抗拉、抗剪强度、各类弹性参数及其他指标等，如表4.2-21、表4.2-22所示。根据上述参数及其指标评价和衡量岩石质量的好坏，至今尚无统一的标准。从国外岩体分类的情况来看，目前都沿用室内单轴抗压强度指标（$R_c$）反映。为便于取得数据资料，可在现场通过对围岩坚硬程度的定性判断确定围岩单轴抗压强度的取值范围。

坚硬程度不同的岩石耐风化的能力有明显的差异，并且两者存在一定的内在联系，因而了解岩石坚硬程度和耐风化能力之间的关系，对现场确定围岩的支护时间有一定的指导作用。围岩分级中岩石单轴抗压强度、坚硬程度的定性划分及耐风化能力间的关系，可按表4.2-26确定。

**$R_c$ 和岩石坚硬程度定性划分** 表4.2-26

| 岩石等级 | | 单轴抗压强度 $R_c$（MPa） | 定性鉴定 | 耐风化能力 | | 代表性岩石 |
|---|---|---|---|---|---|---|
| | | | | 程度 | 现象 | |
| 硬质岩 | 坚硬岩 | >60 | 锤击声清脆，有回弹、振手，难击碎；浸水后大多无吸水反应 | 强 | 暴露后1到2年不会风化 | 未风化－微风化的：花岗岩、闪长岩、玄武岩；硅质胶结的砾岩，片麻岩、石英片岩、辉绿岩安山岩 |
| | 较坚硬岩 | 30～60 | 锤击声较清脆，有轻微回弹，稍振手，较难击碎；浸水后有轻微吸水反应 | | | 1. 弱风化的坚硬岩；<br>2. 未风化－微风化的：熔结凝灰岩、大理岩、板岩、白云岩、石灰岩钙质胶结的砂岩 |
| 软质岩 | 较软岩 | 15～30 | 锤击声不清脆，无回弹，较易击碎；浸水后指甲可刻出印痕 | 弱 | 暴露后数日至数月即出现风化壳 | 1. 强风化的坚硬岩；<br>2. 弱风化的较坚硬岩；<br>3. 未风化－微风化的：凝灰岩、千枚岩、砂质泥岩、泥灰岩，粉砂岩等 |
| | 软岩 | 5～15 | 锤击声哑，无回弹，有凹痕，易击碎；浸水后手可掰开 | | | 1. 强风化坚硬岩；<br>2. 弱风化－强风化的较坚硬岩；<br>3. 弱风化的较软岩；<br>4. 未风化的泥岩等 |
| | 极软岩 | <5 | 锤击声哑，无回弹，有较深凹痕，手可捏碎；浸水后也捏成团 | | | 1. 全风化的各种岩石；<br>2. 各种半成岩 |

岩石坚硬程度的定量指标，一般采用岩石单轴饱和抗压强度 $R_c$ 的实测值表达。无法获取实测值时，可在现场进行点荷载试验，采用实测的岩石点荷载强度指数 $I_S$ 进行换算。其换算关系如表 4.2-27 所示。

**$I_{S(50)}$ 与岩石坚硬程度定性值的对应关系** 表 4.2-27

| $I_{S(50)}$ (MPa) | >3.63 | 1.44~3.63 | 0.57~1.44 | 0.13~0.57 | <0.13 |
|---|---|---|---|---|---|
| 定性值 | 坚硬岩 | 较坚硬岩 | 较软岩 | 软岩 | 极软岩 |

注：$I_{S(50)}$ 为直径 50mm 的圆柱形试件径向加压时的岩石点荷载强度指数。

2）岩体的完整性

岩体在亿万年的形成过程中，受到各种地质因素和地质条件作用，使其成为是由较大岩块、各种结构面及结构面间的充填物质组合而成的地质作用的产物。各种结构面和结构间充填物质的存在直接削弱了岩体的物理力学性质。因此，岩体的工程性质不仅取决于岩块的力学性质，而且还受到岩体中各种软弱结构面和其间充填物质的性质，以及本身的空间分布状态的影响，如结构面的组数、间距及单位体积岩体中的节理数等。这些表征岩体工程性质的重要参数，在围岩分级类中常通过岩体完整性的定量指标表征。

围岩分级中定量表述结构面影响的方法及参数主要有：

①采用结构面特征参数表述。通常是统计参数，如节理组数、节理间距、体积裂隙率，以及结构面的粗糙状况和充填状况等。这些都是工程围岩分级需要用到的重要参数。这些围岩参数之间互有联系，其定性划分间的关系见表 4.2-27 ~ 表 4.2-37。

②采用岩体的弹性波速度，主要是纵波的速度表述。因为纵波速度能综合反应岩体的完整性，所以弹性纵波的速度往往是围岩工程分级的一种重要参数。工程实践中，弹性波速度和围岩分级间的关系见表 4.2-33。

（1）岩体完整程度的定性划分

岩体的完整程度应按表 4.2-28 定性划分。由表可见岩体的完整程度分为完整、较完整、较破碎、破碎、极破碎五级，各级岩体均有相应的结构类型，并均与结构面的类型、结合程度、发育程度等因素有关。其中岩体结构及层状岩体的类型与区分分别见表 4.2-29、表 4.2-30。由表可见岩体结构的性质取决于结构面的空间分布及其张开程度和充填情况。这些因素可由结构面发育程度表示，如表 4.2-31 所示，将在下节讨论。

**岩体完整程度定性划分表** 表 4.2-28

| 名称 | 结构面发育程度 | | | 主要结构面的结合程度 | 主要结构面的类型 | 相应结构类型 | 工程地质特征 |
|---|---|---|---|---|---|---|---|
| | 定性描述 | 组数 | 平均间距(m) | — | — | — | — |
| 完整 | 不发育 | 1~2 | >1.0 | 好或一般 | 节理裂隙层面 | 整体状或巨厚层结构 | 岩体新鲜完整，裂隙稀少，多闭合，无充填，或充填胶结良好，空间上无连续性强的软弱结构面，相对隔水 |
| 较完整 | 不发育 | 1~2 | >1.0 | 差 | 节理裂隙层面 | 块状或厚层结构 | 岩体新鲜，呈较大块状，裂隙多闭合或充填胶结良好，有极少量软弱结构面，透水性弱 |
| | 较发育 | 2~3 | 0.4~1.0 | 好或一般 | | 块状结构 | |

续上表

| 名称 | 结构面发育程度 | | | 主要结构面的结合程度 | 主要结构面的类型 | 相应结构类型 | 工程地质特征 |
|---|---|---|---|---|---|---|---|
| | 定性描述 | 组数 | 平均间距（m） | — | — | — | — |
| 较破碎 | 较发育 | 2~3 | 0.4~1.0 | 差 | 节理裂隙层面小断层 | 裂隙块状或中厚层结构 | 裂隙较发育，多为碎屑充填，空间上分布有较大的软弱结构面，中等透水性 |
| | 发育 | >3 | 0.2~0.4 | 好 | | 镶嵌碎裂结构 | |
| | | | | 一般 | | 中、薄层状结构 | |
| 破碎 | 发育 | >3 | 0.2~0.4 | 差 | 各种类型结构面 | 裂隙块状结构 | 由于强烈的地质结构作用，出现较多的破碎带或软弱倾角结构面，裂隙密集多为软弱物充填，力学强度低，透水性强 |
| | 很发育 | | <0.2 | 一般或差 | | 碎裂状结构 | |
| 极破碎 | 很发育 | 无序 | — | 很差 | — | 散体状结构 | 断层破碎带或强烈影响带，未胶结或泥质充填（厚层多层软弱夹层或遇水崩解的特殊岩类也属此类）。力学强度很低，水对其影响特别显著 |

注：本表层状岩体按单层厚度划分原为：厚层：>0.5m；中厚层：0.1~0.5m；薄层：0.02~0.1m。建议统一取为表4.2-29所列的数据。

表4.2-28中的岩体结构类型可按表4.2-29确定，层状岩体类型可按表4.2-30确定。

**岩体结构类型**　　表4.2-29

| 岩体结构类型 | 状　态 | 结构面特征 | | | |
|---|---|---|---|---|---|
| | | 间距 | 性质 | 张开程度 | 充填情况 |
| 整体结构 | 巨块状 | 多数>1.0m | 多为原生型或构造型 | 多密闭，延展不长 | — |
| 块体结构 | 大块状 | 多数>0.4m | 构造型为主 | 多密闭，部分微张 | 少有充填 |
| 镶嵌结构 | 块（石）状 | 多数<0.4m | 以构造型或风化型为主 | 大部分微张，部分张开 | 部分为黏性土充填 |
| 碎裂结构 | 碎石状 | 多数<0.2m | 以风化型或构造型为主 | 微张或张开 | 部分为黏性土充填 |
| 散体结构 | 角砾碎石状或泥沙角砾状 | — | — | — | — |

**层状岩体类型**　　表4.2-30

| 类　型 | 层厚（m） | 类　型 | 层厚（m） |
|---|---|---|---|
| 巨厚层 | >1.0 | 中厚层 | 0.1~0.5 |
| 厚层 | 0.5~1.0 | 薄层 | <0.1 |

（2）结构面

结构面是岩体在各种不同的地质作用下形成的产物，成因类型很多，性质很复杂。结构面的性质对围岩稳定性有较大影响，对其常用结构面结合程度定性描述，并主要依据结构面张开程度及充填物种类进行划分(表4.2-31),用于表示结构面切割岩体的程度及结构面对岩体工程的危害程度。

结构面的结合程度的定性划分　　表4.2-31

| 名　称 | 结构面特征 |
|---|---|
| 结合好 | 张开度小于1mm,无充填物 |
| 结合好 | 张开度1~3mm,为硅质或铁质胶结;<br>张开度大于3mm,结构面粗糙,为硅质胶结 |
| 结合一般 | 张开度1~3mm,为钙质或泥质胶结;<br>张开度大于3mm,结构面粗糙,为硅质或铁质胶结 |
| 结合差 | 张开度1~3mm,结构面平整,为泥质或泥质和钙质胶结;<br>张开度大于3mm,多为泥质或岩屑充填 |
| 结合最差 | 泥质充填或泥加岩屑充填,充填物厚度大于起伏差 |

(3)岩体完整性指数

岩体完整程度的定量指标常用岩体完整性指数($K_v$)表示。$K_v$ 可按下式计算:

$$K_v = \left(\frac{v_{pm}}{v_{pr}}\right)^2 \tag{4.2-4}$$

式中:$v_{pm}$——隧洞岩体实测的纵波速度(km/s);

$v_{pr}$——隧洞岩石实测的纵波速度(km/s)。

当不具备进行声波测试的条件时,可根据岩体的体积节理数 $J_v$,按表4.2-32确定 $K_v$ 值。

岩体完整系数与岩体体积节理数关系　　表4.2-32

| 名　称 | 岩体完整系数 $K_v$ | 岩体体积节理数 $J_v$(条/$m^3$) |
|---|---|---|
| 完整 | >0.75 | <3 |
| 较完整 | 0.55~0.75 | 3~10 |
| 较破碎 | 0.35~0.55 | 10~20 |
| 破碎 | 0.15~0.35 | 20~35 |
| 极破碎 | <0.15 | >35 |

隧道具有弹性纵波传播速度的测试资料时,亦可作为判断围岩类别的依据。弹性纵波速度与围岩类别间的关系见表4.2-33。

围岩弹性波速度与围岩类别的关系　　表4.2-33

| 围岩类别 | Ⅵ | Ⅴ | Ⅳ | Ⅲ | Ⅱ | Ⅰ |
|---|---|---|---|---|---|---|
| 围岩弹性波速度(km/s) | >4.5 | 3.5~4.5 | 2.5~4.0 | 1.5~3.0 | 1.0~2.0 | <1.0<br>饱和状态的土<1.5 |

(4)节理

①节理类型

节理性质影响围岩分级已为人们所重视。对其常根据节理裂隙的张开程度分为4种,如表4.2-34所示。

节理类型划分　表 4.2-34

| 序号 | 节理类型 | 节理裂隙宽度(mm) | 序号 | 节理类型 | 节理裂隙宽度(mm) |
|---|---|---|---|---|---|
| 1 | 宽张节理 | >5 | 3 | 微张节理 | 1~3 |
| 2 | 张开节理 | 3~5 | 4 | 闭合节理(封闭节理) | <1 |

②节理发育程度描述

节理发育程度用于表示节理对工程稳定性的危害程度。对其通常根据节理的地质类型、组数、间距、张开程度等划分,其间关系详见表 4.2-35。

节理发育程度等级划分　表 4.2-35

| 节理发育等级 | 节理的基本特征 | | | | | | | 完整程度 |
|---|---|---|---|---|---|---|---|---|
| | 节理类型 | 分布状况 | 单位密度 | 节理间距 | 节理张裂程度及延伸长度 | 充填物 | 岩体状况 | |
| 不发育 | 原生型或构造型 | 原生节理或裂隙规则 | 1~2 组 | >1m | 多为密闭,延伸长小于3m | | 岩体呈巨块状 | 完整 |
| 较发育 | 以构造型为主 | 呈 X 形,较为规则 | 2~3 组 | >0.4m | 多为密闭部分微张,延伸长小于10m | 少有充填物 | 岩体呈大块状 | 中等完整 |
| 发育 | 以构造型或风化型为主 | 呈 X 形或米字形,不规则 | 3 组以上 | 多数间距小于0.4m | 大部分微张,部分张开,延伸长大于10m | 部分为黏土充填 | 岩体呈块(石)碎(石)状 | 完整性差 |
| 很发育 | 以构造型风化型为主 | 节理和裂隙杂乱 | 3 组以上 | 多数间距小于0.2m | 微张或张开,延伸长的大节理 | 部分为黏土充填 | 岩体呈碎块状 | 破碎 |

(5)风化程度

风化作用对围岩分级的影响主要有两个方面:一是结构的完整状态,风化将使岩体结构变得松散、破碎和软硬不一;二是风化将使得岩石成分改变,抗压拉强度降低,影响岩石级别。所以围岩分级时应考虑其受风化作用的程度。

围岩风化程度定性划分的细况详见表 4.2-36。风化程度可由风化系数 $K_f$ 与岩石风化程度定性值的对应关系如表 4.2-37 所示。

岩石风化程度的划分　表 4.2-36

| 名称 | 风化特征 |
|---|---|
| 未风化 | 原岩结构、构造、矿物成为、颜色、强度等均无变化,无风化裂隙,节理面上无蚀变现象,岩质新鲜 |
| 微风化 | 原岩结构构造无变化,颜色稍暗,节理面上矿物有蚀变现象:部分矿物变色,有水锈,有少数风化裂隙,部分裂隙面有铁锰质渲染,但无泥质充填,岩石强度无明显降低 |
| 弱风化 | 节理面附近原岩结构构造部分破坏,矿物成分有蚀变,除石英外大部分矿物色泽变暗,云母失去弹性,易风化矿物形成高岭土、绿泥岩石等次生矿物。构造型、原生型节理加宽、有泥质充填,并有较多风化裂隙出现,裂隙面上出现风化矿物或存在风化夹层,岩体较破碎、岩石强度明显降低 |
| 强风化 | 原生结构构造大部分破坏,矿物色泽明显变化,部分岩块虽保留原岩外观,但结晶矿物除石英外多变为次生矿物。构造及原生节理均加宽,并有泥质充填,风化裂隙很多。岩石强度很不均一,岩体破碎,多呈石加泥状 |
| 全风化 | 原岩结构构造几乎完全破坏,仅剩个别岩块或孤石保留原岩外观。结晶矿物除石英外全部变为此生矿物。风化裂隙很多,原生构造节理已很难识别,全部被泥质充填,岩体破碎、松散,多呈土包石状 |

**$K_f$ 与岩石风化程度定性值的对应关系** 表 4.2-37

| $K_f$ | 0.9~1.0 | 0.8~0.9 | 0.4~0.8 | <0.4 | — |
|---|---|---|---|---|---|
| 定性值 | 未风化 | 微风化 | 弱风化 | 强风化 | 全风化 |

3)地质构造影响

在同一工程的不同里程区域,隧道围岩的性质常表现出具有十分明显的差异性。这种由空间位置不同造成的围岩的差别,原因常是程度不同地受到地质构造作用的影响。地质构造作用对岩体工程的危害程度,常与工程围岩的地质构造的特征、软弱结构面的性质及其分布与工程方位间的关系有关。围岩受地质构造影响程度等级的划分见表 4.2-38,地质软弱结构面产状对围岩稳定性的影响程度见表 4.2-39,主要软弱结构面产状影响级别见表 4.2-40,主要软弱结构面产状对围岩级别修正的影响见表 4.2-41。

**围岩受地质构造作用影响程度等级的划分** 表 4.2-38

| 等　级 | 地质构造作用特征 | 结构类型 |
|---|---|---|
| 轻微 | 在地质构造运动中,岩体变动小,无断裂(层)或远离大断层和侵入接触带,层状岩体一般呈单斜状构造,层状结合好、节理不发育 | 整体状或层状 |
| 较重 | 在地质构造运动中,位于断裂(层)或褶皱轴部临近地段,可有少量断层和层间错动,但距大断层或侵入接触带较远,岩体变动大,节理较发育,一般多位于强烈褶皱轴两翼 | 块状 |
| 严重 | 一般靠近大断层侵入接触带、层状岩体多位于强烈褶皱轴部,岩体构造变动强烈,节理裂隙发育;脆性岩石多破碎,软质岩石多为扭曲、揉皱、拖拉 | 碎裂状 |
| 很严重 | 位于大断层破碎带内,侵入接触带内或各种断层交汇带内,岩体破碎呈碎石块状、角砾状,甚至呈粉末、土状 | 散体状 |

**软弱结构面产状对围岩稳定性影响程度** 表 4.2-39

| 结构面与洞轴夹角 | | 70°~90° | | 30°~70° | | 0°~30° | | 0°~90° |
|---|---|---|---|---|---|---|---|---|
| 结构面倾角 | | 45°~90° | 20°~45° | 45°~90° | 20°~45° | 45°~90° | 20°~45° | 0°~20° |
| 稳定状况 | 洞顶 | 最有利 | 一般 | 有利 | 一般 | 一般 | 不利 | 最不利 |
| | 侧墙 | 一般 | 有利 | 不利 | 有利 | 最不利 | 一般 | 最不利 |

**主要软弱结构面产状影响级别** 表 4.2-40

| 影响级别 | 结构面产状及其与洞轴线的组合关系 |
|---|---|
| Ⅰ | 结构面走向与洞轴线夹角>60°,结构面倾角>75° |
| Ⅱ | 其他组合 |
| Ⅲ | 结构面走向与洞轴线夹角<30°,结构面倾角30°~75° |

**主要软弱结构面产状影响修正** 表 4.2-41

| 影响级别＼围岩基本级别 | Ⅰ | Ⅱ | Ⅲ | | Ⅳ | | | Ⅴ | |
|---|---|---|---|---|---|---|---|---|---|
| | | | Ⅲ$_1$ | Ⅲ$_2$ | Ⅳ$_1$ | Ⅳ$_2$ | Ⅳ$_3$ | Ⅴ$_1$ | Ⅴ$_2$ |
| Ⅰ | Ⅱ | Ⅲ$_1$ | Ⅳ$_1$ | Ⅳ$_2$ | Ⅳ$_3$ | Ⅴ$_1$ | Ⅴ$_2$ | Ⅴ$_2$ | Ⅵ |
| Ⅱ | Ⅱ | Ⅲ$_1$ | Ⅲ$_2$ | Ⅳ$_1$ | Ⅳ$_2$ | Ⅳ$_3$ | Ⅴ$_1$ | Ⅴ$_2$ | Ⅵ |
| Ⅲ | Ⅱ | Ⅲ$_1$ | Ⅲ$_2$ | Ⅳ$_1$ | Ⅳ$_3$ | Ⅴ$_1$ | Ⅴ$_1$ | Ⅴ$_2$ | Ⅵ |

岩体结构类型通常是地质构造影响的表现形式，同时也是岩体围岩级别划分的基本参数。不同的岩体结构表明围岩具有不同的稳定性，以及需要采用相应的施工方式和支护措施。岩体结构类型的主要参数已在表4.2-28～表4.2-30中叙述，其定性划分详见表4.2-42。

**岩体结构类型定性划分** 表4.2-42

| 名　　称 | | 结构面结构体特征 | 地 质 背 景 | 块度尺寸（m） |
|---|---|---|---|---|
| 整体状结构 | | 地质构造影响轻微，未风化，节理不发育。成层岩体多为巨厚层，且层间结合力强，无软弱夹层和夹泥层面。结构体多为规则的巨块体或呈整体状 | 一般远离大断层和侵入接触带，无小断层。岩石多为岩性单一的岩浆岩及其变质岩类、巨厚层沉积岩及其变质岩 | >1.0 |
| 块状结构 | | 地质构造影响较重或有微风化，节理较发育。成层岩体多为岩性单一或强度较近的中—厚层，层间结合较好，偶有夹泥层面或软弱夹层。结构体多为规则的大块体 | 一般距大断层和侵入接触带较远，偶有小断层。成层岩体一般褶皱不强烈。岩石种类多为岩性单一的岩浆岩及其变质岩类、巨厚层沉积岩及其变质岩 | 0.4～1.0 |
| 层状结构 | 单一层状结构 | 岩体成层，岩性单一或岩石强度接近。中—厚层岩体一般层间结合不好，但无软弱夹层；薄层岩体层间结合较好，一般无软弱夹层和夹泥层面。节理不发育—较发育，间距多大于层厚。结构多为较规则的大块体或板状体 | 一般处于碎屑岩建造和碳酸岩建造的平缓褶皱地区，或强烈褶皱的两翼 | |
| | 互层薄层状结构 | 岩体成层，且多软弱夹层和夹泥层面，层理、片理发育，层间错动较多，层间结合力很弱。节理裂隙不发育—较发育。结构体多为厚薄不等的板状体 | 一般处于碎屑岩、复理式和含煤建造地区 | |
| 碎裂结构 | 镶嵌碎裂结构 | 地质构造影响严重，岩石新鲜或有微风化，节理发育，但多闭合，不夹泥。结构体多为较规则的碎块体，彼此多以刚性接触，有较高的咬合力 | 多处于脆性岩石的压碎岩带、多组密集节理交汇带、强烈褶皱构造的背斜轴部 | |
| | 层状碎裂结构 | 成层岩体节理发育—很发育，岩体破碎，或破碎岩层与完整性较好的岩层相间分布；非成层岩体中有许多近于平行的破碎带与完整性较好的岩体相间分布，破碎带中节理很发育，且多夹泥。结构体多为块体、板状体与碎块体成层相间分布 | 多处于碎屑岩、复理式和含煤建造的强烈褶皱地区，近于平行的密集断裂构造、叠瓦式构造发育地区 | 0.2～0.4 |
| | （夹泥）碎裂结构 | 地质构造影响严重—很严重，或弱—强风化；节理裂隙很发育，且多张开、夹泥。结构体多为不规则的碎块体，彼此多以弱面接触，咬合力很弱 | 一般处于大断层或侵入接触带主体的边缘，或处于弱—强风化带、小断层交会带上 | |
| 散体状结构 | | 地质构造影响很严重或剧风化，节理裂隙很发育，且多杂乱无序，泥质充填物很厚。结构体很不规则，大小不等，形状不同，彼此多以棱面、点面接触或完全被泥质包裹，呈孤石状，无咬合力 | 多处于大断层主体、浸入接触带或剧风化带上 | <0.2 |

注：1. 岩层厚度的划分本表原为：巨厚层：单层厚大于1m；中—厚层：单层厚0.3～1.0m；薄层：单层厚多小于0.3m。建议统一取为表4.2-5所列的数据。

2. 块度尺寸原为整体状结构>0.8m、块状结构为0.4～0.8m，现参照表4.2-3、表4.2-4，改为整体状结构>1.0m、块状结构为0.4～1.0m。

4)水的影响

地下水的活动会使隧道围岩的岩质软化、强度降低,尤其是在软岩地层中。因为在有软弱结构面的岩体中,地下水的活动常使夹层软化,冲走充填物,从而减少岩块间的摩阻力。隧道开挖后,围岩稳定性降低,岩块容易滑动掉落。某些土体还会因受到水浸而液化,隧道开挖后极不稳定。有些膨胀性围岩,如硬石膏和含有膨胀性矿物的黏土岩等,遇水作用后,无支护时将产生较大的膨胀变形,有支护时则会对支护结构产生很大的膨胀压力,严重影响结构的稳定性。

一般来说,水对岩体质量的影响主要表现在以下两方面:一是使岩石及结构面充填物的物理力学性能恶化;二是水沿岩体结构面渗透,形成渗透力影响岩体的稳定性。但就水对工程岩体分级的影响而言,尚缺乏有效的定量评价方法,因而一般常采用定量和定性相结合的方法。

以下叙述地下水状态级别的划分及其与围岩级别修正间的关系。

(1)地下水状态级别的划分

岩质围岩地下水状态级别的划分见表4.2-43。由表可见地下水状态级别分为3级,其定性指标为围岩的渗水状态,定量指标则是水压和围岩的单位渗水量。

**地下水状态定性值和定量值的对应关系** 表4.2-43

| 定性值 | | 定量值 | |
|---|---|---|---|
| 级别 | 状态 | 水压(MPa) | 单位涌水量[L/(min·m)] |
| Ⅰ | 潮湿或点滴状出水 | — | — |
| Ⅱ | 水压或水量较小的淋雨状或涌流状出水 | ≤0.1 | ≤10 |
| Ⅲ | 水压或水量较大的淋雨状或涌流状出水 | >0.1 | >10 |

(2)地下水状态与围岩级别的修正

各级隧道围岩中地下水状态的级别可用于考虑水因素对划分围岩级别的影响,即各类隧道围岩的级别需根据地下水状态的级别重新划分,考虑地下水状态影响下围岩级别的修正关系见表4.2-44。

**地下水状态影响围岩级别修正表** 表4.2-44

| 围岩基本级别 / 地下水级别 | Ⅰ | Ⅱ | Ⅲ | | Ⅳ | | | Ⅴ | |
|---|---|---|---|---|---|---|---|---|---|
| | | | $Ⅲ_1$ | $Ⅲ_2$ | $Ⅳ_1$ | $Ⅳ_2$ | $Ⅳ_3$ | $Ⅴ_1$ | $Ⅴ_2$ |
| Ⅰ | Ⅰ | Ⅱ | $Ⅲ_1$ | $Ⅲ_2$ | $Ⅳ_1$ | $Ⅳ_2$ | $Ⅳ_3$ | $Ⅴ_1$ | $Ⅴ_2$ |
| Ⅱ | Ⅰ | Ⅱ | $Ⅲ_2$ | $Ⅳ_1$ | $Ⅳ_3$ | $Ⅴ_1$ | $Ⅴ_2$ | Ⅵ | Ⅵ |
| Ⅲ | Ⅱ | $Ⅲ_1$ | $Ⅳ_1$ | $Ⅳ_2$ | $Ⅴ_1$ | $Ⅴ_2$ | Ⅵ | Ⅵ | Ⅵ |

5)地应力影响

对工程岩体分级来说,地应力是一个独立因素,但由于地应力难以测量,其对工程的影响程度尚难以确定。在我国西南、西北等高应力地区,会出现由于存在高地应力而产生的特殊问题。铁路、公路山岭隧道围岩分级中将初始地应力状态进行了定性分级(表4.2-45),并根据不同初始地应力状态对隧道围岩的级别进行了修正。在考虑初始地应力状态的情况下,初始地应力状态定量值与定性值的对应关系见表4.2-46,初始地应力状态对围岩级别的修正按表4.2-47确定。

**初始应力状态定性划分** 表 4.2-45

| 初始应力状态 | 主要现象 |
|---|---|
| 极高应力区 | 1. 硬质岩：开挖过程中有岩爆发生，有岩块被弹出，洞壁岩体剥离，新生裂隙多，成洞性能差；<br>2. 软质岩：岩芯常有饼状现象，开挖过程中洞壁有剥离，位移极为显著，甚至发生大位移，持续时间长，不易成洞 |
| 高应力区 | 1. 硬质岩：开挖过程中可能出现岩爆，洞壁岩体发生剥离、石块坠落现象，新生裂缝较多，成洞性能差；<br>2. 软质岩：岩芯时有饼化现象，开挖过程中洞壁岩体位移显著，持续时间较长，成洞性能差 |

**初始地应力状态定量值与定性值的对应关系** 表 4.2-46

| 定性值 | 定量值（$R_c/\sigma_{max}$） | | |
|---|---|---|---|
| | $R_c \geqslant 30$ | $30 > R_c > 15$ | $R_c \leqslant 15$ |
| 极高应力 | <2 | <4 | <6 |
| 高应力 | 2～4 | 4～7 | 6～8 |

注：$\sigma_{max}$ 为垂直洞轴线方向的最大初始应力，$R_c$ 为岩石单轴饱和抗压强度（单位：MPa）。

**初始地应力状态影响修正** 表 4.2-47

| 围岩级别 / 应力状态 | Ⅰ | Ⅱ | Ⅲ | | Ⅳ | | | Ⅴ | |
|---|---|---|---|---|---|---|---|---|---|
| | | | $Ⅲ_1$ | $Ⅲ_2$ | $Ⅳ_1$ | $Ⅳ_2$ | $Ⅳ_3$ | $Ⅴ_1$ | $Ⅴ_2$ |
| 极高应力 | Ⅰ | Ⅱ | $Ⅴ_1$ | $Ⅴ_2$ | $Ⅴ_2$ | Ⅵ | Ⅵ | Ⅵ | Ⅵ |
| 高应力 | Ⅰ | Ⅱ | $Ⅳ_1$ | $Ⅳ_2$ | $Ⅴ_1$ | $Ⅴ_2$ | $Ⅴ_2$ | Ⅵ | Ⅵ |

注：1. 围岩岩体为较破碎的极硬岩、较完整的硬岩时，定为Ⅲ级；围岩岩体为完整的较软岩、较完整的软硬互层时，定为Ⅳ级。

2. 围岩岩体为破碎的极硬岩、较破碎及破碎的硬岩时，定为Ⅳ级；围岩岩体为完整及较完整软岩、较完整及较破碎的较软岩时，定为Ⅴ级。

6）综合因素

（1）稳定性

在分级中能体现的是坍落量和自稳时间。它是结构面、岩石质量、水、应力和施工扰动等因素影响的产物。稳定状态受多种因素的综合影响，但因主要因素均已考虑，因此拟仅列出围岩自稳性分级标准，如表 4.2-48 所示。

（2）位移

在围岩分级中能显示的是隧道表面的位移量。尽管它与岩石质量、应力、结构面、水等因素都关系密切，但作为影响因素主要体现施工扰动的程度。但因收敛位移受多种因素的影响，因而将其用于围岩分级尚需进一步研究。

以上分析表明岩体工程分级的独立的地质因素只有三项，即岩石质量、岩体结构面和水的影响。地应力由于测定困难，其影响只能在综合因素中间接反映。此外，隧道位移应是以后围岩动态分类可以考虑的单独因素。

**围岩自稳性分级标准** 表 4.2-48

| 围岩级别 | | 自稳性 |
|---|---|---|
| 基本级别 | 亚级 | |
| Ⅰ | — | 跨度 20m,可长期稳定,偶有掉块,无塌方 |
| Ⅱ | — | 跨度 10~20m,可基本稳定,局部可发生掉块或小塌方;<br>跨度 10m,可长期稳定,偶有掉块 |
| Ⅲ | $Ⅲ_1$ | 跨度大于 18m,可发生中~大塌方;<br>跨度 10~18m,可暂时稳定,可发生小~中塌方;<br>跨度 10m,基本稳定 |
| | $Ⅲ_2$ | 跨度大于 14m,发生中~大塌方;<br>跨度 7~14m,可暂时稳定,可发生小~中塌方;<br>跨度 7m,基本稳定 |
| Ⅳ | $Ⅳ_1$ | 跨度大于 9m,可发生中~大塌方;<br>跨度 7~9m,暂时稳定,可发生小塌方;<br>跨度小于 7m,可基本稳定 |
| | $Ⅳ_2$ | 跨度大于 7m,可发生中~大塌方;<br>跨度 6~7m,暂时稳定,可发生小塌方;<br>跨度小于 6m,可稳定 |
| | $Ⅳ_3$ | 跨度大于 5m,可暂时稳定~不稳定,可直接发生中~大塌方;<br>跨度小于 5m,可基本稳定 |
| Ⅴ | $Ⅴ_1$ | 跨度大于 6m,完全无自稳性;<br>跨度 4~6m,可暂时稳定,可发生中~大塌方;<br>跨度小于 4m,可基本稳定 |
| | $Ⅴ_2$ | 跨度大于 4m,完全无自稳性;<br>跨度 3~4m,可暂时稳定,可发生中~大塌方;<br>跨度小于 3m,可基本稳定 |
| Ⅵ | — | 无自稳性 |

7)岩质隧道围岩参数的确定方法

(1)岩质围岩参数指标值的获取方法

上述岩质围岩参数指标值的获取方法见表 4.2-49。

**岩质围岩分级指标值获取方法表** 表 4.2-49

| 公路隧道围岩分级指标 | | | 指标值获取方法 |
|---|---|---|---|
| 岩石坚硬程度 | 定性指标 | 岩性 | 初勘阶段主要采用调查和测绘,配合物探及少量钻探获取;详勘阶段主要采用钻探,结合调绘及物探等获取 |
| | | 风化程度 | |
| | 定量指标 | 单轴饱和抗压强度 $R_c$ | 单轴抗压强度试验 |
| | | 点荷载强度指数 $I_{S(50)}$ | 点荷载强度试验 |
| | | 风化系数 $K_f$ | 单轴抗压强度试验 |
| 岩体完整程度 | 定性指标 | 结构面发育程度 | 初勘阶段主要采用调查和测绘,配合物探及少量钻探获取;详勘阶段主要采用钻探,结合调绘及物探等获取 |
| | | 主要结构面结合程度 | |
| | | 主要结构面类型 | |
| | | 岩体结构类型 | |

续上表

| 公路隧道围岩分级指标 | | | 指标值获取方法 |
|---|---|---|---|
| 岩体完整程度 | 定量指标 | 岩体完整性指数 $K_v$ | 弹性波测试 |
| | | 岩体体积节理数 $J_v$ | 初勘阶段一般不进行测试,必要时配合钻探进行;详勘阶段以钻探为主 |
| | | 结构面组数 $J_n$ | |
| | | 结构面平均间距 $d_p$ | |
| | | 结构面张开度 | |
| 岩体初始应力场 | 定性指标 | 初始应力状态 | 调查并结合少量钻探获取 |
| | 定量指标 | 强度应力比($R_c/\sigma_{max}$) | 地应力测试 |
| 主要软弱结构面产状 | 定量指标 | 走向与洞轴线夹角 | 初勘阶段主要采用调查和测绘,配合物探及少量钻探获取;详勘阶段主要采用钻探,结合调绘及物探等获取 |
| | | 结构面倾角 | |
| | | 结构面走向 | |
| 地下水状态 | 定性指标 | 出水状态 | 初勘阶段主要采用调查和测绘,配合物探及少量钻探获取;详勘阶段主要采用钻探,结合调绘及物探等获取 |
| | 定量指标 | 水压力(MPa) | 初勘阶段主要以收集的定性资料进行预测计算;详勘阶段在钻孔中进行提水、注水、压水或抽水等试验预测 |
| | | 单位涌水量[L/(min·m)] | |
| 弹性波速度 | 定量指标 | 弹性纵波速度 $v_P$(km/s) | 弹性波测试 |

(2)围岩质量指标的计算方法

对岩石的坚硬程度和岩体构造的完整性两类因素的综合影响,公路隧道围岩分级已通过引入围岩基本质量指标BQ,或修正的围岩基本质量指标[BQ]对其作定量描述。

现行《公路隧道设计规范》(JTG D70—2004)采用的公路隧道围岩分级见表4.2-18。其中BQ值的计算式为:

$$BQ = 90 + 3R_c + 250K_v \tag{4.2-5}$$

采用上式计算时的限制条件为:

①当 $R_C > 90K_v + 30$ 时,令 $R_C = 90K_v + 30$,$K_v$保持不变;

②当 $K_v > 0.04R_C + 0.4$ 时,令 $K_v = 0.04R_C + 0.4$,$R_C$ 保持不变。

式中,$R_C$ 为岩石单轴饱和抗压强度,采用实测值计算。当无条件获得实测值时,也可采用实测的岩石点荷载强度指数 $I_{s(50)}$(直径50mm的圆柱形试件径向加压时的岩石点荷载强度)换算计算式为:

$$R_C = 22.82 I_{S(50)}^{0.75} \tag{4.2-6}$$

$K_v$ 为岩体完整性指数,采用实测值,当无条件取得实测值时,也可根据岩体体积节理数 $J_v$,按表4.2-32确定。

围岩地层遇有地下水,或稳定性受软弱结构面影响,且由一组起控制作用,或存在高地应力时,应按围岩基本质量指标修正值[BQ]对其分级。

[BQ]的计算式为:

$$[BQ] = BQ - 100(K_1 + K_2 + K_3) \tag{4.2-7}$$

式中:$K_1$——地下水影响修正系数,可按表4.2-50确定;

$K_2$——主要软弱结构面产状影响修正系数,可按表4.2-51确定;

$K_3$——初始应力状态影响修正系数,可按表4.2-52确定。

地下水影响修正系数 $K_1$　　表 4.2-50

| 地下水出水状态 | BQ | | | |
|---|---|---|---|---|
| | >450 | 351 ~ 450 | 251 ~ 350 | <250 |
| 潮湿或点滴状出水 | 0 | 0.1 | 0.2 ~ 0.3 | 0.4 ~ 0.6 |
| 淋雨状或涌流状出水,水压 <0.1MPa,或单位出水量 <10L/(min · m) | 0.1 | 0.2 ~ 0.3 | 0.4 ~ 0.6 | 0.7 ~ 0.9 |
| 淋雨状或涌流状出水,水压 >0.1MPa,或单位出水量 >10L/(min · m) | 0.2 | 0.4 ~ 0.6 | 0.7 ~ 0.9 | 1.0 |

主要软弱结构面产状影响修正系数 $K_2$　　表 4.2-51

| 结构面产状及其与洞轴线的组合关系 | 结构面走向与洞轴线夹角 <30°;结构面倾角 30° ~ 75° | 结构面走向与洞轴线夹角 >60°;结构面倾角 >75° | 其他组合 |
|---|---|---|---|
| $K_2$ | 0.4 ~ 0.6 | 0 ~ 0.2 | 0.2 ~ 0.4 |

初始应力状态影响修正系数 $K_3$　　表 4.2-52

| 初始应力状态 | BQ | | | | |
|---|---|---|---|---|---|
| | >550 | 451 ~ 550 | 351 ~ 450 | 251 ~ 350 | <250 |
| 极高应力区 | 1.0 | 1.0 | 1.0 ~ 1.5 | 1.0 ~ 1.5 | 1.0 |
| 高应力区 | 0.5 | 0.5 | 0.5 | 0.5 ~ 1.0 | 0.5 ~ 1.0 |

(3)围岩物理力学参数表

各级围岩的物理力学参数及结构面的抗剪强度,一般应通过室内或现场试验获得。尚无实测数据时,也可按表 4.2-53 选用。

各级围岩基本物理力学参数值　　表 4.2-53

| 围岩级别 | 亚级 | 围岩 | | 重度 (kN/m³) | 弹性模量 (GPa) | 泊松比 | 内摩擦角 (°) | 黏聚力 (MPa) |
|---|---|---|---|---|---|---|---|---|
| Ⅰ | — | 岩质围岩 | | 26 ~ 28 | >33 | <0.2 | >60 | >2.1 |
| Ⅱ | — | 岩质围岩 | | 25 ~ 27 | 20 ~ 33 | 0.2 ~ 0.25 | 50 ~ 60 | 1.5 ~ 2.1 |
| Ⅲ | $Ⅲ_1$ | 岩质围岩 | | 24 ~ 25 | 10.7 ~ 20 | 0.25 ~ 0.26 | 44 ~ 50 | 1.1 ~ 1.5 |
| | $Ⅲ_2$ | 岩质围岩 | | 23 ~ 24 | 6 ~ 10.7 | 0.26 ~ 0.3 | 39 ~ 44 | 0.7 ~ 1.1 |
| Ⅳ | $Ⅳ_1$ | 岩质围岩 | | 22 ~ 23 | 3.8 ~ 6 | 0.3 ~ 0.31 | 35 ~ 39 | 0.5 ~ 0.7 |
| | $Ⅳ_2$ | 岩质围岩 | | 21 ~ 22 | 2.4 ~ 3.8 | 0.31 ~ 0.33 | 30 ~ 35 | 0.3 ~ 0.5 |
| | $Ⅳ_3$ | 岩质围岩 | | 20 ~ 21 | 1.3 ~ 2.4 | 0.33 ~ 0.35 | 27 ~ 30 | 0.2 ~ 0.3 |
| | | 土质围岩 | 黏质土围岩 | 20 ~ 23 | 0.03 ~ 0.045 | 0.25 ~ 0.33 | 30 ~ 45 | 0.06 ~ 0.25 |
| | | | 砂质土围岩 | 18 ~ 19 | 0.024 ~ 0.03 | 0.29 ~ 0.31 | 33 ~ 40 | 0.012 ~ 0.024 |
| | | | 碎石土围岩 | 22 ~ 24 | 0.050 ~ 0.075 | 0.15 ~ 0.3 | 43 ~ 50 | 0.019 ~ 0.030 |

续上表

| 围岩级别 | 亚级 | 围岩 | | 重度（kN/m$^3$） | 弹性模量（GPa） | 泊松比 | 内摩擦角（°） | 黏聚力（MPa） |
|---|---|---|---|---|---|---|---|---|
| Ⅴ | $V_1$ | 岩质围岩 | | 18 ~ 20 | 1.3 ~ 2 | 0.35 ~ 0.39 | 22 ~ 27 | 0.12 ~ 0.2 |
| | | 土质围岩 | 黏质土围岩 | 18 ~ 20 | 0.015 ~ 0.03 | 0.33 ~ 0.37 | 20 ~ 30 | 0.03 ~ 0.06 |
| | | | 砂质土围岩 | 16.5 ~ 18 | 0.009 ~ 0.024 | 0.31 ~ 0.33 | 30 ~ 33 | 0.006 ~ 0.012 |
| | | | 碎石土围岩 | 20 ~ 22 | 0.033 ~ 0.05 | 0.2 ~ 0.30 | 37 ~ 43 | 0.008 ~ 0.019 |
| | $V_2$ | 岩质围岩 | | 17 ~ 18 | 1 ~ 1.3 | 0.39 ~ 0.45 | 20 ~ 22 | 0.05 ~ 0.12 |
| | | 土质围岩 | 黏质土围岩 | 16 ~ 18 | 0.005 ~ 0.015 | 0.37 ~ 0.43 | 15 ~ 20 | 0.015 ~ 0.03 |
| | | | 砂质土围岩 | 15 ~ 16.5 | 0.003 ~ 0.009 | 0.33 ~ 0.36 | 25 ~ 30 | 0.003 ~ 0.006 |
| | | | 碎石土围岩 | 17 ~ 20 | 0.01 ~ 0.033 | 0.25 ~ 0.35 | 30 ~ 37 | <0.008 |
| Ⅵ | — | 岩质围岩 | | 15 ~ 17 | <1 | 0.4 ~ 0.5 | <20 | <0.2 |
| | | 土质围岩 | 黏质土围岩 | 14 ~ 16 | <0.005 | 0.43 ~ 0.5 | <15 | <0.015 |
| | | | 砂质土围岩 | 14 ~ 15 | 0.003 ~ 0.000 5 | 0.36 ~ 0.42 | 10 ~ 25 | <0.003 |

注：表中数字不适用于黄土、冻土以及膨胀性岩体等特殊地质地段的隧道。

各级围岩的其他物理力学参数可按表 4.2-54 选用，各亚级的物理力学参数见表 4.2-55。

**各级围岩的其他物理力学参数** 表 4.2-54

| 围岩级别 | 弹性波速（km/s） | 弹性抗力系数（MPa/m） | 计算摩擦角（°） | 普氏坚固系数 | 混凝土与围岩的摩擦系数 |
|---|---|---|---|---|---|
| Ⅰ | >4.5 | 1 800 ~ 2 800 | >78 | 15 ~ 20 | 0.6 ~ 0.7 |
| Ⅱ | 3.5 ~ 4.5 | 1 200 ~ 1 800 | 70 ~ 78 | 8 ~ 15 | 0.55 ~ 0.65 |
| Ⅲ | 2.5 ~ 4.0 | 500 ~ 1 200 | 60 ~ 70 | 3 ~ 8 | 0.45 ~ 0.55 |
| Ⅳ | 1.5 ~ 3.0 | 200 ~ 500 | 50 ~ 60 | 1 ~ 3 | 0.35 ~ 0.45 |
| Ⅴ | 1.0 ~ 2.0 | 100 ~ 200 | 40 ~ 50 | 0.8 ~ 1.5 | 0.25 ~ 0.35 |
| Ⅵ | <1.0 | <100 | 30 ~ 40 | 0.3 ~ 1.0 | ≤0.25 |

**岩质隧道围岩各亚级的物理力学参数** 表 4.2-55

| 围岩级别 | 亚级 | 重度 $\gamma$（kN/m$^3$） | 变形模量 $E_0$（GPa） | 泊松比 $\upsilon$ | 内摩擦角 $\varphi$（°） | 黏聚力 $c$（MPa） |
|---|---|---|---|---|---|---|
| Ⅲ | Ⅲ$_1$ | 24 ~ 25 | 10 ~ 20 | 0.24 ~ 0.27 | 42 ~ 50 | 1.1 ~ 1.5 |
| | Ⅲ$_2$ | 23 ~ 24 | 5.5 ~ 13.5 | 0.25 ~ 0.3 | 37 ~ 45 | 0.7 ~ 1.2 |
| Ⅳ | Ⅳ$_1$ | 22 ~ 23 | 4.0 ~ 6.5 | 0.28 ~ 0.31 | 31 ~ 39 | 0.5 ~ 0.8 |
| | Ⅳ$_2$ | 21 ~ 22 | 2.5 ~ 4.5 | 0.30 ~ 0.34 | 30 ~ 36 | 0.4 ~ 0.6 |
| | Ⅳ$_3$ | 20 ~ 21 | 1.1 ~ 2.8 | 0.33 ~ 0.36 | 26 ~ 30 | 0.2 ~ 0.4 |
| Ⅴ | $V_1$ | 18.5 ~ 20 | 1.3 ~ 2.0 | 0.33 ~ 0.40 | 22 ~ 26 | 0.11 ~ 0.2 |
| | $V_2$ | 17 ~ 18.5 | 1.0 ~ 1.4 | 0.37 ~ 0.45 | 20 ~ 23 | 0.05 ~ 0.13 |

## 三、土质隧道围岩分级的参数及其测定方法

土质隧道的围岩一般可分为黏质土、砂质土及碎石土等几种，以下分别做介绍。

1）黏质土围岩的分级指标值

黏质土围岩的分级指标值有液性指数（稠度状态）、塑性指数、天然密度等，其获取方法见表4.2-56。液性指数（稠度状态）定量值与定性值的对应关系见表4.2-57。

**黏质土围岩分级指标值获取方法**　　表4.2-56

| 黏质土围岩分级指标 | | | 指标值获取方法 |
|---|---|---|---|
| 液性指数（稠度状态） | 定性指标 | 稠度状态 | 手捻鉴定 |
| | 定量指标 | 液性指数 | 天然含水率试验与液塑限试验 |
| 塑性指数 | 定量指标 | 塑性指数 | 天然含水率试验与塑限试验 |
| 天然密度 | 定量指标 | 天然密度 | 天然密度试验 |

**液性指数（稠度状态）定量值与定性值的对应关系**　　表4.2-57

| 定量值（$I_L$） | ≤0 | 0～0.25 | 0.25～0.75 | 0.75～1 | ≥1 |
|---|---|---|---|---|---|
| 定性值 | 坚硬 | 硬塑 | 可塑 | 软塑 | 流塑 |

2）砂质土围岩的分级

砂质土围岩的分级指标可分为基本指标和修正指标二种。其中属于基本指标值的有密实度、贯入试验锤击数 $N$、相对密度 $D_r$、细粒含量、细粒含水率等，属于修正指标值的为出水状态和出水量。其中密实度和出水状态为定性指标，余为定量指标。

砂质土围岩分级指标值的获取方法见表4.2-58，由表可见密实程度定量值应采用标准贯入试验锤击数 $N$ 确定，但也可采用相对密度 $D_r$ 评定。$N$、$D_r$ 与密实度定性值的对应关系见表4.2-59，砂质土及碎石土地下水状态的分级见表4.2-60。

**砂质土围岩分级指标值获取方法**　　表4.2-58

| 砂质土围岩分级指标 | | | | 指标值获取方法 |
|---|---|---|---|---|
| 基本指标 | 密实程度 | 定性指标 | 密实度 | 肉眼观察，镐锹钻考察 |
| | | 定量指标 | 贯入试验锤击数 $N$ | 标准贯入试验 |
| | | | 相对密度 $D_r$ | 利用最大、最小干密度及天然密度进行计算 |
| | 细粒含量 | 定量指标 | 细粒含量 | 颗粒分析试验 |
| | 细粒含水率 | 定量指标 | 细粒含水率 | 颗粒分析试验、烘干法或酒精烧干法 |
| 修正指标 | 地下水状态 | 定性指标 | 出水状态 | 地质调查、地表踏勘、地质测绘、物探、遥感信息技术，配合少量钻探测试坑探、槽探等地质勘探方法，并在孔内进行观察或测试 |
| | | 定量指标 | 出水量［L/(min·10m)］ | 在定性资料的收集和进行钻孔勘探后，在钻孔中进行提水、注水、压水或抽水试验后，应用各种地下水的预测公式进行出水量、涌水量、水头的预测 |

密实程度定量值与定性值的对应关系　　表 4.2-59

| 定性值 | 定量值 | |
|---|---|---|
| | 标准贯入试验锤击数 $N$ | 相对密度 $D_r$ |
| 松散 | $N \leqslant 10$ | $0 < D_r \leqslant 0.2$ |
| 稍密 | $10 < N \leqslant 15$ | $0.2 < D_r \leqslant 0.33$ |
| 中密 | $15 < N \leqslant 30$ | $0.33 < D_r \leqslant 0.67$ |
| 密实 | $N > 30$ | $0.67 < D_r \leqslant 1.0$ |

砂质土及碎石土地下水状态的分级　　表 4.2-60

| 级别 | 状态 | 渗水量[L/(min·10m)] |
|---|---|---|
| Ⅰ | 干燥或湿润 | <10 |
| Ⅱ | 偶有渗水 | 10~25 |
| Ⅲ | 经常渗水 | 25~125 |

表4.2-59中 $N$ 值获取方法为进行标准贯入试验。标准贯入试验的设备应符合表4.2-61的规定，试验技术的要点为：

(1)需与钻探配合进行，先钻到需要进行试验的土层高程以上约15cm，清孔后换用标准贯入器，并量得深度尺寸。

(2)以15~30击/min的贯入速率将标准贯入器打入试验土层中。先打入15cm不计击数，继续贯入土中30cm，记录锤击数。若砂层比较密实，贯入击数较大时，也可记录小于30cm的锤击数，这时需按式(4.2-8)计算贯入30cm时的锤击数 $N$：

$$N = \frac{30n}{\Delta S} \tag{4.2-8}$$

式中：$n$——所选取的任意贯入量的锤击数；

$\Delta S$——对应锤击数 $n$ 的贯入量(cm)。

(3)拔出贯入器，取出贯入器中的土样进行鉴别描述。

(4)若需进行下一深度的贯入试验，则继续钻进并重复上述操作步骤。一般可每隔1m进行一次试验。

(5)在不能保持孔壁稳定的钻孔中进行试验时，可用泥浆或套管护壁。

标准贯入试验设备规格　　表 4.2-61

| | | | |
|---|---|---|---|
| 落锤 | | 锤的质量(kg) | 63.5 |
| | | 落距(cm) | 76 |
| 贯入器 | 对开管 | 长度(mm) | >500 |
| | | 外径(mm) | 51 |
| | | 内径(mm) | 35 |
| | 管靴 | 长度(mm) | 50~76 |
| | | 刃口角度(°) | 18~20 |
| | | 刃口单刃厚度(mm) | 2.5 |
| 钻杆 | | 直径(mm) | 42 |
| | | 相对弯曲 | <1/1 000 |

土的相对密度 $D_r$ 涉及其最大孔隙比、最小孔隙比及天然孔隙比,相对密度试验就是进行土的最大孔隙比(或最小干密度)试验和最小孔隙比(或最大干密度)试验。适用于粒径不大于5mm,且粒径2~5mm的试样质量不大于试样总质量的15%的土。

土的相对密度 $D_r$ 的计算式为式(4.2-9),即:

$$D_r = \frac{\rho_{dmax}(\rho_d - \rho_{dmin})}{\rho_d(\rho_{dmax} - \rho_{dmin})} \tag{4.2-9}$$

式中:$D_r$——相对密度;

$\rho_{dmax}$——最大干密度;

$\rho_{dmin}$——最小干密度;

$\rho_d$——天然干密度或要求的干密度。

3)碎石土围岩的分级

碎石土围岩的分级指标也可分为基本指标和修正指标两种,指标名称和指标值的获取方法也与砂质土围岩基本相同,仅需将贯入试验锤击数 $N$ 改为动力触探锤击数 $N$,如表4.2-62所示。

**碎石土围岩分级指标值获取方法** 表4.2-62

| 碎石土围岩分级指标 | | | | 指标值获取方法 | |
|---|---|---|---|---|---|
| 基本指标 | 密实程度 | 定性指标 | 密实度 | 肉眼观察,镐锹钻考察 | |
| | | 定量指标 | 动力触探锤击数 $N$ | 动力触探试验 | |
| | | | 相对密度 $D_r$ | 利用最大、最小干密度及天然密度进行计算 | |
| | 细料含量 | 定量指标 | 细料含量 | 颗粒分析试验 | |
| | 细料含水率 | 定量指标 | 细料含水率 | 颗粒分析试验、烘干法或酒精烧干法 | |
| 修正指标 | 地下水状态 | 定性指标 | 出水状态 | 地质调查、地表踏勘、地质测绘、物探、遥感信息技术,配合少量钻探测试坑探、槽探等地质勘探方法,并在孔内进行观察或测试 | 掌子面观察 |
| | | 定量指标 | 出水量[L/(min·10m)] | 在定性资料的收集和进行钻孔勘探后,在钻孔中进行提水、注水、压水或抽水试验后,应用各种地下水的预测公式进行出水量、涌水量、水头的预测 | 现场试验 |

碎石土围岩密实程度定量值应采用重型或超重型动力触探锤击数 $N_{63.5}$ 或 $N_{120}$ 确定,但也可用相对密度 $D_r$ 评定。$N_{63.5}$、$N_{120}$、$D_r$ 与密实度定性值的对应关系见表4.2-63,地下水状态定性值与定量值的对应关系见表4.2-43。

**密实程度定量值与定性值的对应关系** 表4.2-63

| 定性值 | 定量值 | |
|---|---|---|
| | 动力触探锤击数 $N_{63.5}$ 或 $N_{120}$ | 相对密度 $D_r$ |
| 稍密~松散 | $N_{63.5} \leqslant 10$ 或 $N_{120} \leqslant 6$ | $D_r < 0.49$ |
| 中密 | $10 < N_{63.5} \leqslant 20$ 或 $6 < N_{120} \leqslant 11$ | $0.49 < D_r \leqslant 0.73$ |
| 密实 | $N_{63.5} > 20$ 或 $N_{120} > 11$ | $0.73 < D_r \leqslant 1.0$ |

表 4.2-62、表 4.2-63 中 $D_r$ 的确定方法见式(4.2-9),$N_{63.5}$、$N_{120}$ 需采用重型和超重型动力触探试验的设备获取。

**重型和超重型动力触探试验设备规格** 表 4.2-64

| 类型 | | 重型 | 超重型 |
|---|---|---|---|
| 落锤 | 锤的质量(kg) | 63.5 | 120 |
| | 落距(cm) | 76 | 100 |
| 探头 | 直径(mm) | 74 | 74 |
| | 锥角(°) | 60 | 60 |
| 探杆直径(mm) | | 42 | 50 ~ 60 |
| 指标 | | 贯入 10cm 的读数 $N_{63.5}$ | 贯入 10cm 的读数 $N_{120}$ |

重型和超重型动力触探试验的设备应符合表 4.2-64 的规定,试验技术的要点为:

(1)需具有自动落锤装置。

(2)触探杆最大偏斜度不应超过 2%,锤击贯入应连续进行;同时防止锤击偏心、探杆倾斜和侧向晃动,保持探杆垂直度;锤击速率宜为 15 ~ 30 击/min。

(3)每贯入 1m,宜将探杆转动一圈半;贯入深度超过 10m 后,宜每贯入 20cm 转动探杆一次。

(4)重型动力触探中连续三次 $N_{63.5}$ >50 时,可停止试验,或改用超重型动力触探。

4)土质隧道围岩的分级与参数值

(1)黏质土围岩

黏质土围岩基本指标的定性分级方法及与各级围岩相应的参数见表 4.2-65。

**黏质土围岩基本指标定性分级方法** 表 4.2-65

| 围岩级别 | 分级指标 | | | | 围岩状态定性描述 |
|---|---|---|---|---|---|
| | 液性指数(稠度状态) | | 天然重度 $\gamma$(kN/m³) | 塑性指数 $I_P$ | |
| | 定性描述 | 定量指标 $I_L$ | | | |
| Ⅳ₃ | 坚硬 | <0 | ≥20 | — | 压密的坚硬黏质土 |
| Ⅴ₁ | 坚硬 | <0 | <20 | — | 一般坚硬黏质土、较大天然密度硬塑状黏质土及一般硬塑状黏质土 |
| | 硬塑 | $0 \leq I_L < 0.25$ | ≥20 | — | |
| | | | <20 | ≤18 | |
| Ⅴ₂ | 硬塑 | $0 \leq I_L < 0.25$ | <20 | >18 | 一般硬塑状黏土及可塑状黏质土 |
| | 可塑 | $0.25 \leq I_L \leq 0.5$ | ≥16 | — | |
| Ⅵ | 可塑 | $0.25 \leq I_L \leq 0.5$ | <16 | — | 软塑 ~ 流塑状黏质土或近软塑状及低天然密度可塑状黏质土 |
| | 可塑 ~ 流塑 | ≥0.5 | — | — | |

注:不适用于黄土、膨胀土、多年冻土等特殊土。

(2)砂质土围岩

砂质土围岩基本指标的定性分级方法及与各级围岩相应的参数见表 4.2-66,基本质量指标 SBQ 值的计算式见表 4.2-67,根据 SBQ 值对其分级的判据见表 4.2-68,地下水状态对砂质土围岩级别的定性修正见表 4.2-69。

**砂质土围岩基本指标定性分级方法** 表4.2-66

| 围岩级别 | 分级指标 | | | | | | 围岩状态定性描述 |
|---|---|---|---|---|---|---|---|
| | 密实程度 | | | 细粒含量 $W$(%) | 细粒含水率 $W_L$(%) | | |
| | 定性描述 | 定量指标 | | | | | |
| | | 标准贯入锤击数 $N$ | 相对密度 $D_r$ | | | | |
| Ⅳ$_3$ | 密实 | ≥30 | ≥0.67 | <10% | — | | 压密或成岩作用的砂质土 |
| | | | | ≥30% | ≤18.75% | | |
| Ⅴ$_1$ | 密实 | ≥30 | ≥0.67 | ≥30% | 18.75%~43.29% | | 压密状态稍湿至潮湿或胶结程度较好的砂质土 |
| | | | | 10%~30% | — | | |
| | 密实~中密 | 15~30 | 0.5~0.67 | <10% | — | | |
| | 密实以下 | <30 | <0.67 | ≥30% | ≤18.75% | | |
| Ⅴ$_2$ | 中密~稍密 | 10~15 | 0.5~0.27 | <10% | — | | 密实以下但胶结程度较好的砂质土 |
| | 稍密~密实 | 10~30 | 0.27~0.67 | 10%~30% | — | | |
| | 密实以下 | <30 | <0.67 | ≥30% | 18.75%~43.29% | | |
| Ⅵ | 稍密以下 | <10 | <0.27 | <30% | — | | 松散潮湿、呈饱和状态的粉细砂等砂质土 |
| | — | — | — | ≥30% | ≥43.29% | | |

注：细粒指粒径<0.075mm的土粒。

**砂质土围岩SBQ值计算公式** 表4.2-67

| 适用条件 | 计算公式 |
|---|---|
| $W>30\%$且$W_L\leq18.75\%$ | $SBQ=0.587+0.176D_r$ |
| $W>30\%$且$W_L\geq43.29\%$ | $SBQ<0.5$ |
| 除上述情况外 | $SBQ=0.66468-0.00445W+0.13923D_r-0.00057W_L$ |

**砂质土围岩基本指标定量分级判据** 表4.2-68

| 围岩级别 | | SBQ值范围 |
|---|---|---|
| 基本级别 | 亚级 | |
| Ⅳ | Ⅳ$_3$ | ≥0.7 |
| Ⅴ | Ⅴ$_1$ | 0.6~0.7 |
| | Ⅴ$_2$ | 0.5~0.6 |
| Ⅵ | — | <0.5 |

**地下水状态影响修正** 表4.2-69

| 地下水级别 | 围岩级别修正 | | | | |
|---|---|---|---|---|---|
| | Ⅳ$_3$(细粒含量<10%) | Ⅳ$_3$(细粒含量≥30%) | Ⅴ$_1$ | Ⅴ$_2$ | Ⅵ |
| Ⅰ | Ⅳ$_3$ | Ⅳ$_3$ | Ⅴ$_1$ | Ⅴ$_2$ | Ⅵ |
| Ⅱ | Ⅵ | Ⅴ$_2$ | Ⅵ | Ⅵ | Ⅵ |
| Ⅲ | Ⅵ | Ⅵ | Ⅵ | Ⅵ | Ⅵ |

(3)碎石土围岩

碎石土围岩基本指标的定性分级方法及与各级围岩相应的参数见表4.2-70，地下水状态对碎石土围岩级别的定性修正见表4.2-71。

**碎石土围岩基本指标的定性分级方法** 表4.2-70

<table>
<tr><th rowspan="4">围岩级别</th><th colspan="5">分级指标</th><th rowspan="4">围岩状态定性描述</th></tr>
<tr><th colspan="3">密实程度</th><th rowspan="3">细料含量 $W$ (%)</th><th rowspan="3">细料含水率 $W_L$ (%)</th></tr>
<tr><th rowspan="2">定性描述</th><th colspan="2">定量指标</th></tr>
<tr><th>动力触探锤击数</th><th>相对密度 $D_r$</th></tr>
<tr><td rowspan="2">Ⅵ$_3$</td><td rowspan="2">密实</td><td rowspan="2">$N_{63.5}>20$ 或 $N_{120}>11$</td><td rowspan="2">≥0.73</td><td><30%</td><td>—</td><td rowspan="2">一般钙质、铁质胶结的碎石土、卵石土、大块石土</td></tr>
<tr><td rowspan="2">≥30%</td><td>≤14%</td></tr>
<tr><td rowspan="3">Ⅴ$_1$</td><td>密实</td><td>$N_{63.5}>20$ 或 $N_{120}>11$</td><td>≥0.73</td><td>>14%</td><td rowspan="3">稍湿至潮湿的碎石土，卵石土、圆砾、角砾土</td></tr>
<tr><td rowspan="2">中密</td><td rowspan="2">$10<N_{63.5}\leq 20$ 或 $6<N_{120}\leq 11$</td><td rowspan="2">$0.49<D_r\leq 0.73$</td><td><30%</td><td>—</td></tr>
<tr><td rowspan="2">≥30%</td><td><18%</td></tr>
<tr><td rowspan="2">Ⅴ$_2$</td><td>中密</td><td>$10<N_{63.5}\leq 20$ 或 $6<N_{120}\leq 11$</td><td>$0.49<D_r\leq 0.73$</td><td>≥18%</td><td rowspan="2">稍湿至潮湿且较松散的碎石土，卵石土、圆砾、角砾土</td></tr>
<tr><td>稍密</td><td>$N_{63.5}>20$ 或 $N_{120}>11$</td><td><0.49</td><td>—</td><td>—</td></tr>
</table>

注：细料指粒径<2mm的土粒。

**地下水状态影响修正** 表4.2-71

| 地下水级别 | 围岩级别修正 | | | | |
|---|---|---|---|---|---|
| | Ⅳ$_3$(细料含量<30%) | Ⅳ$_3$(细料含量≥30%) | Ⅴ$_1$ | Ⅴ$_2$ | Ⅵ |
| Ⅰ | Ⅳ$_3$ | Ⅳ$_3$ | Ⅴ$_1$ | Ⅴ$_2$ | Ⅵ |
| Ⅱ | Ⅵ | Ⅴ$_2$ | Ⅵ | Ⅵ | Ⅵ |
| Ⅲ | Ⅵ | Ⅵ | Ⅵ | Ⅵ | Ⅵ |

## 第三节 隧道结构荷载种类和组合

### 一、荷载种类

作用在地下建筑结构上的荷载，按其存在的状态，可以分为静荷载、动荷载和活荷载等三大类。

(1)静荷载：又称恒载，是指长期作用在结构上且大小、方向和作用点不变的荷载，如结构自重、岩土体压力和地下水压力等。

(2)动荷载：要求具有一定防护能力的地下建筑物，需考虑原子武器和常规武器(炸弹、火箭)爆炸冲击波压力荷载，这是瞬时作用的动荷载；在抗震区进行地下结构设计时，应计算地震波作用下的动荷载作用。

(3)活荷载：是指在结构物施工和使用期间可能存在的变动荷载，其大小和作用位置都可能变化，如地下建筑物内部的楼地面荷载(人群物件和设备质量)、吊车荷载、落石荷载等。地面附近的堆积物和车辆对地下结构作用的荷载以及施工安装过程中的临时性荷载。

(4)其他荷载：使结构产生内力和变形的各种因素中，除有以上主要荷载的作用外，通常还有：混凝土材料收缩(包括早期混凝土的凝缩与日后的干缩)受到约束而产生的内力；

温度变化使地下结构产生内力，例如浅埋结构土层温度梯度的影响，浇灌混凝土时的水化热温升和散热阶段的温降；软弱地基当结构刚度差异较大时，由于结构不均匀沉降而引起的内力。

材料收缩、温度变化、结构沉降以及装配式结构尺寸制作上的误差等因素对结构内力的影响都比较复杂，往往难以进行确切计算，一般以加大安全系数和在施工、构造上采取措施来解决。中小型工程在计算结构内力时可不计上述因素，大型结构应予以估计。

## 二、荷载组合

上述几类荷载对结构可能不是同时作用，需进行最不利情况的组合。先计算个别荷载单独作用下的结构各部件截面的内力，再进行最不利的内力组合，得出各设计控制截面的最大内力。最不利的荷载组合一般有以下几种情况。

(1)静载。

(2)静载+活载。

(3)静载+动载[原子爆炸动载、炮(炸)弹动载]。

一般岩石地下建筑的荷载以作用在衬砌结构上的静荷载为主。地面建筑下的地下室(即附建式结构)，考虑动载作用时，地面部分房屋有被冲击波吹倒的可能，结构计算时是否考虑房屋的倒塌荷载需按有关规定确定。

## 三、荷载确定方法

1)使用规范

当前在地下建筑结构设计中试行的规范、技术措施、条例等有多种。有的仍沿用地面建筑的设计规范，设计时应遵守各有关规范。

2)设计标准

(1)根据建筑用途、防护等级、地震等级等确定设计地下建筑物的荷载。此外，各种地下建筑结构均应承受正常使用时的静力荷载。

(2)地下建筑结构材料的选用，一般应满足规范和工程实际要求。

(3)地下衬砌结构一般为超静定结构，其内力在弹性阶段可按结构力学计算。考虑抗爆动载时，允许考虑由塑性变形引起的内力重分布。

(4)截面计算原则

结构截面计算时，按总安全系数法进行，一般进行强度、裂缝(抗裂度或裂缝宽度)和变形的验算等。混凝土和砖石结构仅需进行强度计算，并在必要时验算结构的稳定性。

钢筋混凝土结构在施工和正常使用阶段的静荷载作用下，除强度计算外，一般应验算裂缝宽度，根据工程的重要性，限制裂缝宽度小于0.10~0.20mm，但不允许出现通透裂缝。对较重要的结构则不能开裂，即验算抗裂度。

钢筋混凝土结构在爆炸动载作用下只需进行强度计算，不作裂缝验算，因在爆炸情况下，只要求结构不倒塌，允许出现裂缝，日后再修固。

(5)安全系数

结构在静载作用下的安全系数可参照有关规范确定。

对于地下建筑结构，如施工条件差，不易保证质量和荷载变异大时，对混凝土和钢筋混凝土结构需考虑用附加安全系数1.1。

静载下的抗裂安全系数不小于1.25，视工程重要性，可予提高。

结构在爆炸荷载作用下，由于爆炸时间较短，而荷载很大，为使结构设计经济和配筋合理，其安全系数可以适当降低。

（6）材料强度指标

一般采用工业与民用建筑规范中的规定值，亦可根据实际情况，参照水利、交通、人防和国防等专门规范。

结构在动载作用下，材料强度可以提高；提高系数见有关规定。

3）结构自重及其他荷载

计算结构的静荷载时，结构自重必须计算在内。等直杆件，如墙、梁、板、柱的自重，计算简单，不予介绍。下面着重介绍衬砌结构拱圈自重的计算方法。

（1）将衬砌结构自重简化为垂直均布荷载

当拱圈截面为等截面拱时，结构自重荷载为：

$$q = \gamma d_0 \tag{4.3-1}$$

式中：$\gamma$——材料重度（$N/m^3$）；

$d_0$——拱顶截面厚度变化（m）。

（2）将结构自重简化为垂直均布荷载和三角形荷载

如图4.3-1所示，当拱圈为变截面拱时，结构自重荷载可选用如下三个近似公式：

$$\left.\begin{aligned} q &= \gamma d_0 \\ \Delta q &= \gamma(d_j - d_0) \end{aligned}\right\} \tag{4.3-2}$$

$$\left.\begin{aligned} q &= \gamma d_0 \\ \Delta q &= \gamma\left(\frac{d_j}{\cos\phi_j} - d_0\right) \end{aligned}\right\} \tag{4.3-3}$$

$$\left.\begin{aligned} q &= \gamma d_0 \\ \Delta q &= \frac{(d_0 + d_j)\phi_j - 2d_0\sin\phi_j}{\sin\phi_j}\gamma \end{aligned}\right\} \tag{4.3-4}$$

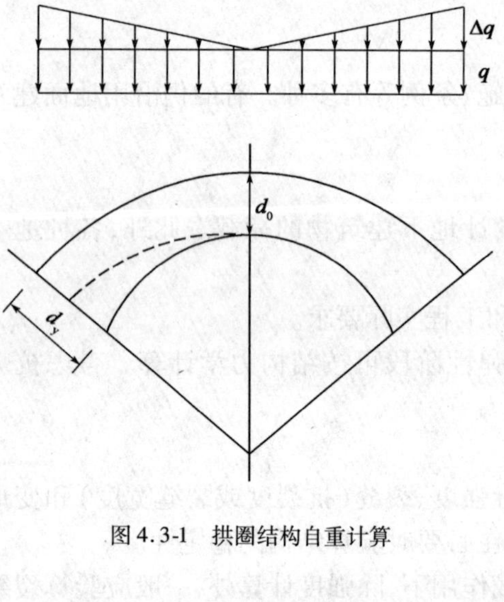


图4.3-1　拱圈结构自重计算

地下建筑结构除了岩土层压力、结构自重和弹性抗力等荷载外，还可能遇到其他形式的荷载，如灌浆压力、混凝土收缩应力、地下静水压力、温差应力及地震荷载等，这些荷载的计算可参阅有关文献，第五章将会对根据不同的隧道施工方法对荷载的确定进行详细介绍。

## 第四节　围岩的压力与开挖释放荷载

20世纪70年代以前，人们普遍认为这类荷载主要由开挖后地层中出现的松散体引起，并常在岩石隧道的设计中将其称为山体压力或山岩压力。20世纪70年代起，随着岩土介质的受力变形性态常随时间而变化的特点逐渐被认识，人们开始接受形变压力的概念，即认为地层压力主要是衬砌结构在与地层连成一体共同发生变形的过程中接受的荷载。由于衬砌结构发生的变形与结构形状及刚度等都有关，地层压力的分布规律一般都较复杂，将其简化为线性荷载等都会有程度不等的误差,因此在反演理论研究中对这类目标未知数一般都作灵活处理,例如在有限元反演计算法中将其简化为结点荷载等。

## 一、开挖效应

隧道开挖后,地层的初始应力平衡状态被破坏,洞周围岩将在沿隧道周边分布的,与初始应力大小相等、方向相反的不平衡力作用下发生变形,由此产生附加应力场与位移场。这类由隧道开挖引起的沿隧道洞周作用的不平衡力习惯称为释放荷载,在释放荷载作用下围岩产生附加应力场与位移场的现象称开挖效应。

开挖效应可通过在洞周边界上设置释放荷载进行计算,常用的计算方法是有限单元法。释放荷载是与隧道洞周上的初始围岩应力大小相等、方向相反的分布应力。在未经扰动的岩体中开挖隧道时,初始围岩应力即为初始地应力;在已扰动过的岩体中开挖隧道时,应为围岩当前的初始应力。

采用有限元方法计算时,释放荷载需转化为等效结点力。

## 二、释放荷载的计算方法

释放荷载可采用单元应力法、绕结点平均法或 Mana 法计算。上述三类方法都可用于计算释放荷载。但因 Mana 法在建立具体算法时对边界结点间围岩应力场变化规律的假设与有限单元法相同,并由此易于编制程序,因而宜优先采用。

(1)单元应力法

采用单元应力法计算时,需先根据初始地应力或与前一步开挖相应的应力场,算得预计开挖边界上各结点的应力,并假定各结点间的应力呈线性分布,然后反转开挖边界上各结点应力的方向(即改变其符号),得到释放荷载。将开挖边界上呈线性分布的释放荷载转化为等效结点力的计算式为:

$$P_x^i = \frac{1}{6}[2\sigma_x^i(b_1 + b_2) + \sigma_x^{i+1}b_2 + \sigma_x^{i-1}b_1 + 2\tau_{xz}^i(a_1 + a_2) + \tau_{xz}^{i+1}a_2 + \tau_{xy}^{i-1}a_1] \tag{4.4-1}$$

$$P_z^i = \frac{1}{6}[2\sigma_z^i(a_1 + a_2) + \sigma_z^{i+1}a_2 + \sigma_z^{i-1}a_1 + 2\tau_{xz}^i(b_1 + b_2) + \tau_{xz}^{i+1}b_2 + \tau_{xy}^{i-1}b_1] \tag{4.4-2}$$

$$a_1 = x_{i-1} - x_i$$
$$a_2 = x_i - x_{i+1}$$
$$b_1 = z_i - z_{i-1}$$
$$b_2 = z_{i+1} - z_i$$

式中:$\sigma_x^i$、$\sigma_z^i$、$\tau_{xz}^i$——分别为结点 $i$ 上与初始地应力或与前一步开挖相应的正应力和剪应力分量(图 4.4-1);

$P_x^i$、$P_z^i$——分别为结点 $i$ 在 $x$ 及 $z$ 轴方向上的等效结点力;

$x_i$、$z_i$——分别为结点 $i$ 在 $x$ 及 $z$ 轴方向上的坐标值。

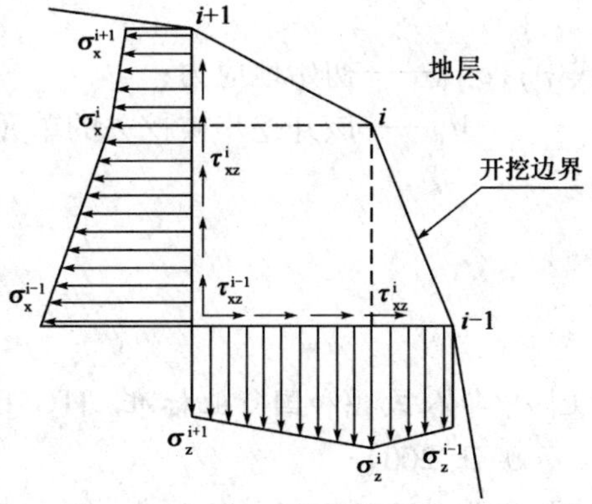

图 4.4-1　等效结点力示意图

(2)绕结点平均法

绕结点平均法将围绕该结点的各单元的应力的平均值作为该结点的应力值,并假设各结点间的应力呈线性分布,然后反转开挖边界上各点应力的方向,将其作为释放荷载。结点应力值的计算式为:

$$\sigma_{\mathrm{i}} = \frac{1}{m}\sum_{e=1}^{m}\sigma_{\mathrm{i}}^{\mathrm{e}} \tag{4.4-3}$$

式中:$\sigma_{\mathrm{i}}$——结点 $i$ 的平均应力值;

$m$——围绕该结点的全部单元的总数。

计算结点应力的平均值时,也可引入面积加权系数,即可将式(4.4-3)改写为:

$$\sigma_{\mathrm{i}} = \frac{\frac{1}{m}\left[\sum_{e=1}^{m}\sigma_{\mathrm{i}}^{\mathrm{e}}A_{\mathrm{e}}\right]}{\sum_{e=1}^{m}A_{\mathrm{e}}} \tag{4.4-4}$$

式中:$A_{\mathrm{e}}$——任意单元 $e$ 的面积,其余符号的含义同式(4.4-3)。

采用绕结点平均法计算时,等效结点力的计算式仍为式(4.4-1)及式(4.4-2)。

(3)Mana 法

Mana 法通过单元应变矩阵将所有被挖除单元高斯点处的应力等效到结点上,进而求得等效结点力。

初始地应力场含重力场时,第 $j$ 步开挖时的释放荷载 $\{P\}_{\mathrm{j}}$ 的计算表达式为:

$$\{P\}_{\mathrm{j}} = \sum_{i=1}^{M_{\mathrm{j}}}\int_{V_{\mathrm{i}}}[B]^{\mathrm{T}}\{\boldsymbol{\sigma}\}_{\mathrm{j-1}}\mathrm{d}V - \sum_{i=1}^{M_{\mathrm{j}}}\int_{V_{\mathrm{i}}}[N]^{\mathrm{T}}\{\boldsymbol{\gamma}\}\mathrm{d}V \tag{4.4-5}$$

式中:$M_{\mathrm{j}}$——第 $j$ 步开挖被挖去的单元的总数;

$[B]$——单元应变矩阵;

$\{\boldsymbol{\sigma}\}_{\mathrm{j-1}}$——第 $j-1$ 步开挖后的单元应力;

$[N]$——单元位移形函数矩阵;

$\{\boldsymbol{\gamma}\}$——该步开挖被挖去的单元的体力。

第一步开挖时的释放荷载为:

$$\{P\}_{1} = \sum_{i=1}^{M_1}\int_{V_{\mathrm{i}}}[B]^{\mathrm{T}}\{\boldsymbol{\sigma}\}_{0}\mathrm{d}V - \sum_{i=1}^{M_1}\int_{V_{\mathrm{i}}}[N]^{\mathrm{T}}\{\boldsymbol{\gamma}\}\mathrm{d}V \tag{4.4-6}$$

式中:$\{\boldsymbol{\sigma}\}_{0}$——初始地应力;

$M_1$——该开挖步被挖去的单元数。

## 本章参考文献


[1] 中华人民共和国行业标准. JTG D70—2004 公路隧道设计规范[S]. 北京:人民交通出版社,2004.

[2] 中华人民共和国行业标准. JTG F60—2009 公路隧道施工技术规范[S]. 北京:人民交通出版社,2009.

[3] 中华人民共和国行业标准. JTG F60—2009　公路隧道施工技术规范[S]. 北京:人民交通出版社,1995.

[4] 中华人民共和国行业标准. JTG/T D71—2004　公路隧道交通工程设计规范[S]. 北京:人民交通出版社,2004.

[5] 中华人民共和国国家标准. GB 50218—1994　工程岩体分级标准[S]. 北京:中国计划出版社,1995.

[6] 孙钧,侯学渊. 地下结构[M]. 北京:科学出版社,1991.

[7] 李世辉,等. 隧道支护设计新论[M]. 北京:科学出版社,1999.

[8] 徐干成,等. 地下工程支护结构[M]. 北京:中国水利水电出版社,2002.

[9] 日本土木学会. 日本山岭隧道技术规范及解释[M]. 关宝树,译. 北京:人民交通出版社,1979.

[10] 日本道路学会. 日本公路技术标准的解说与运用[M]. 王治中,等,译. 北京:人民交通出版社,1979.

[11] 铁道部第二勘察设计院. 隧道(修订版)[M]. 北京:中国铁道出版社,1999.

[12] 铁道部第二工程局. 隧道(上,下册)(第二版)[M]. 北京:中国铁道出版社,1999.

[13] 铁道部第二设计院. 隧道(铁路工程设计技术手册)[M]. 北京:人民铁道出版社,1978.

[14] 铁道部第一设计院. 铁路隧道设计基础手册[M]. 北京:人民铁道出版社,1981.

[15] 张凤祥,朱合华. 盾构隧道[M]. 北京:人民交通出版社,2004.

[16] 王毅才. 隧道工程(上册)[M]. 北京:人民交通出版社,2007.

[17] 武汉测绘科技大学测量学[M]. 北京:测绘出版社. 1989.

[18] 李清岳. 工程测量学[M]. 北京:测绘出版社,1982.

[19] 中华人民共和国行业标准. JTG/T D70—2010　公路隧道设计细则[S]. 北京:人民交通出版社,2010.

[20] 同济大学等编. 土层地下建筑结构[M]. 北京:中国建筑工业出版社,1982.

[21] 张庆贺. 地下工程[M]. 上海:同济大学出版社,2005.

[22] 孙钧. 隧道力学问题的若干进展[C]//隧道及地下工程学会第七届年会暨北京西单地铁车站工程学术讨论会论文集. 1992.

[23] 曾小清,孙钧,曹志远. 隧道工程施工过程中的力学分析[J]. 同济大学学报,Vol. 26,No. 5,1998.

[24] 沈明荣. 岩体力学[M]. 上海:同济大学出版社,1999.

[25] 李国锋,丁文其,李志厚,等. 特殊地质公路隧道动态设计施工技术[M],人民交通出版社,2005.

[26] 杨林德,丁文其,朱合华. 新奥法技术与隧道结构的计算[J]. 公路隧道,1998 年第 2 期.

[27] 杨林德,丁文其. 新奥法施工与复合支护的计算[J]. 岩石力学与工程学报,1998. 11,17(增),840-845.

[28] Linde Yang, Hehua Zhu, Wenqi Ding. The Evaluation of the Segment Internal Forces in the

Construction Process of Shield Tunnel[C]//Proceedings of the World Tunnel Congress' 99, Challenges for the 21st Century, Rotterdam: A. A. Balkema Publishers. 187-193, May 1999, Oslo, Norway.

[29] 朱合华,丁文其.盾构隧道施工过程模拟分析[J].岩石力学与工程学报,18(增):860-864,1999.8.

[30] 杨林德,黄宏伟,朱合华,等. 南平市天台隧道的信息化施工[C]//国际隧道研讨会暨公路建设技术交流大会论文集.北京:人民交通出版社,225-230,2002.10.

# 第五章　隧道结构的设计模型与计算方法

## 第一节　隧道结构的设计模型

### 一、设计模型的分类

针对公路隧道的设计，国际隧道协会(ITA)于1978年成立的隧道结构设计模型研究组收集和汇总了各会员国的设计方法，经总结后认为共有以下四种设计模型。

(1)以参照过去隧道工程实践经验进行工程类比为主的经验设计法。

(2)以现场量测和实验室试验为主的实用设计方法，例如以洞周位移量测值为根据的收敛——限制法。

(3)作用-反作用模型，例如按弹性地基圆环计算和弹性地基框架计算的方法。

(4)连续介质模型，包括解析法和数值法。解析法中有封闭解，也有近似解。数值计算法主要是有限单元法。

各种设计模型或方法各有适用场合，也各有自身的局限性。即使内力分析采用了比较严密的理论，其计算结果的合理性仍需借助经验类比予以判断。以现场测试为主的实用设计方法常受现场人员欢迎，因为它能依据直觉信息估计隧道围岩的稳定性与安全度，客观上起到为经验设计法提供定量判据的作用。理论计算法在无经验可循时对工程设计(如连拱隧道和大跨度车站隧道的设计)可起重要作用，因而对隧道衬砌结构的设计开展建立计算理论与方法的研究在近20年来愈益为人们重视。

我国20世纪80年代以来公路隧道的建设已从无到有并已获得快速发展，积累了许多设计、施工经验。与此同时，与国外情况相比较，我国隧道衬砌结构的设计更加重视计算，并已形成两类按理论计算结果进行结构设计的模式，采用的计算方法分别为荷载结构法和地层结构法。此外，鉴于隧道衬砌结构设计的合理性受围岩工程地质条件的影响极大，而这类资料在隧道开挖前又很难全面掌握，因而现场量测在国内已普遍受到重视，并已形成成套信息化反馈设计的方法，用以弥补按理论计算结果进行设计的缺陷，这类方法可归类为收敛限制法。由以上分析可知我国的隧道支护结构设计方法可以归类为以下四种设计模型。

(1)经验类比模型

借助经验类比直接选定支护类型和设计参数，据以绘制支护结构的施工图。

(2)荷载结构模型

荷载结构模型认为围岩的作用仅是产生作用在衬砌结构上的地层压力，衬砌结构应能在地层压力的作用下保持稳定。这类模型的计算方法是荷载结构法，支护结构按荷载结构法的计算结果设计。

在地下结构计算理论形成的初期，人们仅仿照地面结构的计算方法进行地下结构物的计算。这些方法可归类为荷载结构法，包括框架内力的计算、拱形直墙结构内力的计算等。在这些计算方法中,地层的作用是产生作用在结构上的荷载,结构的作用是安全地承受荷载。目前来看,这些方法仅适用于以明挖回填法施工的地下结构的计算。

地下结构与地面结构受力变形特点不同的事实逐渐被人们认识,并形成了以可考虑地层对结构受力变形的约束作用为特点的地下结构计算理论。这些计算理论仍然属于荷载结构法,并可分为假定抗力法与弹性地基梁法两类。在这两类方法中,假定抗力法出现较早。1910年,康姆烈尔(O · Kommerall)率先在计算整体式隧道衬砌时假设刚性边墙受呈直线形分布的弹性抗力的作用,建立了以将整体式结构的拱圈和边墙分开计算并将拱圈视为支承在固定支座上的无铰拱为特点的康氏计算法。1922 年,约翰逊(Johnson)等人在建议的圆形衬砌计算方法中也将结构视为受主动荷载和侧向地层弹性抗力联合作用的圆环。被动弹性抗力的图形假设为梯形,抗力大小根据衬砌各点没有水平移动的条件确定。1934 年,朱拉波夫和布加叶娃对拱形结构按常见变形曲线假定了抗力图形为镰刀形,并按局部变形理论认为弹性抗力与结构周边地层的沉陷成正比。由于该法对结构按变形曲线假定了地层弹性抗力的分布图形,并由变形协调条件计算弹性抗力的量值,因而它比前两种假定抗力法较为合理。鉴于假定抗力法对抗力图形的假定带有任意性,人们稍后开始研究将边墙视为双向弹性地基梁的地下结构计算理论。首先采用的弹性地基梁理论是局部变形理论。达维多夫在 1934 ~ 1935 年间提出了有关建议,纳乌莫夫在 1956 年将其发展为对直边墙按局部变形弹性地基梁理论计算的地下结构计算法。共同变形弹性地基梁理论稍后也被用于地下结构的计算。1939 年和 1950 年,达维多夫两次发表了按共同变形弹性地基梁理论计算整体式地下结构的方法。1954 年,奥尔洛夫进一步研究了按共同变形理论计算地下结构的弹性理论。除此以外,局部变形理论和共同变形理论都还被用于圆环的计算,并依此建立了一些计算法。假定抗力法与弹性地基梁法都比以前的计算方法有进步,目前在覆盖层厚度不大的暗挖地下结构的计算中仍可采用。

(3)地层结构模型

由于人们认识到地下结构与地层是一个整体,20 世纪以来按连续介质力学理论计算地下结构内力的方法也逐渐得到了发展。在初期,人们致力于建立这类计算理论的解析解,但由于遇到数学上的困难,目前为止仅对圆形衬砌的计算有较多研究成果。20 世纪 60 年代以来,随着电算技术的普及与岩土介质本构关系研究的进步,地下结构的数值计算法有了较大的发展。1966 年,雷耶斯和迪尔(D. U. DRree)应用德鲁克—普拉格(Drucker—Prager)准则进行了圆形洞室的弹塑性分析。1968 年,辛克维兹(O. C. Z1enkiewlcz)等按无拉应力分析了隧道的应力和变形,提出了可按初应力释放法模拟隧洞开挖效应的概念。1975 年,库尔荷威(F. H. Kuihawy)用有限元法探讨了几种因素对地下洞室受力变形的影响和开挖面附近隧洞围岩的三维应力状态,开始将力学分析引入非连续岩体和施工过程研究的计算。辛克维兹在 1975 年还研究过圆形隧道受力变形的黏塑性状态。以上都是国外学者在从事建立地下结构数值计算方法的研究中取得的较有影响的成果。20 世纪 70 年代起,我国著名学者孙钧教授等在这一领域也做了大量研究,已经建立的计算方法包括地下洞室的弹性计算法、弹塑性计算法、黏弹性计算法和弹黏塑性计算法等。其中不仅有有限元法,而且有边界元法;不仅有平面问题的计算法,而且有空间问题的计算法。程序软件不仅可用于洞周地层的应力分析,还可同时考虑衬砌结构与锚喷支护的作用。如果对这些方法的成就进行综合评价,可知迄今为止地下结构的数值计算法已发展为较为完整的计算理论。

上述计算方法常被称为地层结构法。地层结构法的计算理论虽已较为完整,在应用中却仍然存在不少问题,其中最主要的是需作为已知量输入的初始地应力的分布规律和量值常不明确，弹性模量、泊松比等地层参数的取值程度对不同地带有任意性，工程施工后地层与结构的受力变形随时间而变化的规律多数只能依据工程地质条件选用理想化的模型模拟，以及对地层受力变形后发生破坏的条件缺少符合实际的判断准则等，其后果是，由计算分析所得的结果常常不能与真实情况相符。在有限元计算法获得较快发展的初期，许多人曾对所得结果的正确性表示过怀疑。实际上，有关想法是当时已经获得发展的数值计算法还不能成功地用于工程实践的真实写照。针对这一情况，国内外研究工作者开始对地下结构计算理论的反问题开展研究，力图依据可在工程现场获取的信息，尤其是位移量测信息反演确定各类未知参数的理论和方法。

地层结构模型认为围岩具有自支承能力，因而对衬砌结构不仅将产生荷载，而且能与衬砌结构一起共同承受荷载。这类模型的计算方法是地层结构法，结构设计需按地层结构法的计算结果确定支护类型和设计参数，并同时检验围岩地层的稳定性。

(4)收敛限制模型

收敛限制模型的原理，是按弹-塑-黏性理论推导公式后，以洞周位移为横坐标、支护反力为纵坐标的坐标平面内绘出表示地层受力变形特征的洞周收敛线，并按结构力学原理在同一坐标平面内绘出表示衬砌结构受力变形特征的支护限制线，得出以上两条曲线的交点，根据交点处表示的支护抗力值进行衬砌结构设计(图5.1-1)。

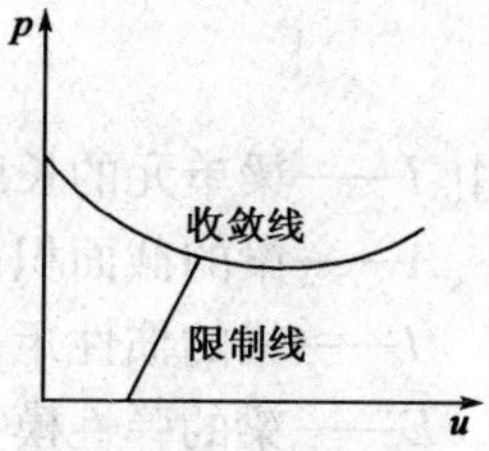

图5.1-1 收敛线与限制线

以上隧道设计模型中，前三类模型在国内设计院已广为采用，收敛限制模型则因计算原理尚待进一步研究和完善，目前一般仅能按照量测的洞周收敛值进行反馈设计和控制。然而由于地层变形能综合反映各种因素的影响，发展和完善这类设计模型应是今后设计研究的重要方向。本章主要介绍荷载结构模型和地层结构模型及其应用。

## 二、荷载结构法

采用荷载结构法计算时，通常先根据地层分类由经验公式确定地层压力，然后按弹性地基上结构物的计算方法计算衬砌结构的内力，并进行结构截面强度验算或配筋计算。

采用荷载结构法计算衬砌结构内力的具体方法有多种，以下介绍杆系有限元法。

(1)基本未知量与基本方程

采用杆系有限元法计算时，一般取衬砌结构结点的位移为基本未知量。由最小势能原理或变分原理可得系统整体求解时的平衡方程为：

$$[K]\{\delta\} = \{P\} \tag{5.1-1}$$

式中：$[K]$——衬砌结构的整体刚度矩阵，为 $m\times m$ 阶方阵，$m$ 为体系接点自由度的总个数；

$\{\delta\}$——由衬砌结构结点位移组成的列向量矩阵，即$\{\delta\}=[\delta_1,\delta_2,\cdots,\delta_m]^T$；

$\{P\}$——由衬砌结构结点荷载组成的列向量矩阵，即$\{P\}=[P_1,P_2,\cdots,P_m]^T$。

矩阵$\{P\}$，$[K]$和$\{\delta\}$可分别由单元的荷载矩阵$\{P\}^e$、刚度矩阵$[k]^e$和位移向量矩阵$\{\delta\}^e$组装而成，故在采用杆系有限元方法进行分析时，需先划分单元，建立单元的刚度矩阵$[k]^e$和荷载矩阵$\{P\}^e$。

(2)单元刚度矩阵的计算

设梁单元在局部坐标系下的结点位移为$\{\bar{\delta}\}=[\bar{u}_i,\bar{v}_i,\bar{\theta}_i,\bar{u}_j,\bar{v}_j,\bar{\theta}_j]^T$，对应的结点力为$\{\bar{f}\}=[\bar{X}_i,\bar{Y}_i,\bar{M}_i,\bar{X}_j,\bar{Y}_j,\bar{M}_j]^T$，则有：

$$\{\bar{f}\} = [\bar{k}]^e\{\bar{\delta}\} \tag{5.1-2}$$

式中：$[\bar{k}]^e$——梁单元在局部坐标系下的刚度矩阵，并有：

$$[\bar{k}]^e = \begin{bmatrix} \frac{EA}{l} & 0 & 0 & -\frac{EA}{l} & 0 & 0 \\ 0 & \frac{12EI}{l^3} & \frac{6EI}{l^2} & 0 & -\frac{12EI}{l^3} & \frac{6EI}{l^2} \\ 0 & \frac{6EI}{l^2} & \frac{4EI}{l} & 0 & -\frac{6EI}{l^2} & \frac{2EI}{l} \\ -\frac{EA}{l} & 0 & 0 & \frac{EA}{l} & 0 & 0 \\ 0 & -\frac{12EI}{l^3} & -\frac{6EI}{l^2} & 0 & \frac{12EI}{l^3} & -\frac{6EI}{l^2} \\ 0 & \frac{6EI}{l^2} & \frac{2EI}{l} & 0 & -\frac{6EI}{l^2} & \frac{4EI}{l} \end{bmatrix} \tag{5.1-3}$$

式中：$l$——梁单元的长度；

$A$——梁的截面积；

$I$——梁的惯性矩；

$E$——梁的弹性模量。

对于整体结构而言，各单元采用的局部坐标系均不相同，故需按式(5.1-3)将按局部坐标系建立的单元刚度矩阵$[\bar{k}]^e$转换成结构整体坐标系中的单元刚度矩阵$[k]^e$。

$$[k]^e = [T]^T[\bar{k}]^e[T] \tag{5.1-4}$$

式中：$[T]$——转置矩阵，表达式为：

$$[T] = \begin{bmatrix} \cos\beta & \sin\beta & 0 & 0 & 0 & 0 \\ -\sin\beta & \cos\beta & 0 & 0 & 0 & 0 \\ 0 & 0 & 1 & 0 & 0 & 0 \\ 0 & 0 & 0 & \cos\beta & \sin\beta & 0 \\ 0 & 0 & 0 & -\sin\beta & \cos\beta & 0 \\ 0 & 0 & 0 & 0 & 0 & 1 \end{bmatrix} \tag{5.1-5}$$

$\beta$——局部坐标系与整体坐标系之间的夹角。

(3)地层反力的作用模式

地层弹性抗力的计算式可表示为：

$$F_n = K_n \cdot U_n \tag{5.1-6}$$

$$F_s = K_s \cdot U_s \tag{5.1-7}$$

其中：

$$K_n = \begin{cases} K_n^+ & U_n \geqslant 0 \\ K_n^- & U_n < 0 \end{cases} \tag{5.1-8}$$

$$K_s = \begin{cases} K_s^+ & U_s \geqslant 0 \\ K_s^- & U_s < 0 \end{cases} \tag{5.1-9}$$

式中：$F_n$、$F_s$——分别为法向和切向弹性抗力；

$K_n$、$K_s$——相应的围岩法向和切向弹性抗力系数，且$K^+$、$K^-$分别为压缩区和拉伸区的抗

力系数,通常令为 $K_n = K_s = 0$;

$U_n$、$U_s$——分别为构件截面的法向和切向位移。

地层抗力常由在单元结点上设置地层弹簧单元模拟。地层弹簧单元可沿整个截面设置,也可只在部分结点上设置。沿整个截面设置地层弹簧单元时,计算过程中需用迭代法作变形控制分析,以判断出抗力区的确切位置。

(4)单元荷载矩阵的计算

将作用在单元上的荷载按等效原则移置到结点上,即可得到单元荷载矩阵的元素。

作用在结构单元上的荷载主要是地层压力和结构自重。地层压力确定后,单元荷载矩阵即可确定。

## 三、地层结构法

采用地层结构法计算时,衬砌和地层被视为整体共同受力的统一体系,在满足变形协调条件的前提下分别计算或同时得出衬砌结构与地层的内力,据以验算地层的稳定性和进行结构截面设计。地层-结构分析方法的计算方法可分为解析解和数值法两类。其中解析解只适用于均匀介质中的圆形隧道,且只能计算若干典型工况。对公路隧道的设计,可供采用的计算方法通常是数值法。

地层-结构分析方法的数值法可分为有限单元法(FEM)、特征单元法(DDA)、边界单元法(BEM)和有限差分法(FDM)等。

有限单元法因有既可模拟各级围岩的性态特征,又能反映断层、节理等地质构造的影响,并能对开挖施工过程实行动态追踪等显著优点,因而适用于各级围岩(硬岩或软岩)中的公路隧道设计的计算。同时由于已有多种包括前、后处理在内的功能强大的程序软件可供采用,这类方法是目前最常采用的一类算法。

特征单元法可较好模拟块体结构的性态,因而适用于围岩地层为块体状结构的硬岩地层中的公路隧道的设计。然而查明块体结构分布的几何特征及合理确定结构面性状的参数均需开展较多的地质调查工作,公路隧道设计很难满足这一要求,因而这类方法一般仅在规模较大的大跨度地下结构的设计研究中采用。

边界单元法用于均匀介质中的弹性、黏弹性问题的计算时才比有限单元法简捷,一般仅适用于围岩介质的性态可用弹性、黏弹性模型近似模拟时的公路隧道的设计计算。

有限差分法因将控制方程改造为差分方程而具有占内存少等显著优点,目前已为 FLAC 等程序吸收,可供各级围岩(硬岩或软岩)中的公路隧道设计计算采用。

目前采用的计算方法一般是有限单元法,承受的荷载主要是结构自重和由地层开挖导致的释放荷载,围岩的工作状态可为弹性状态,黏弹性状态和弹塑性状态等。本节以下拟分别介绍初始地应力和释放荷载的计算方法,围岩材料的本构模型及采用有限元方法计算时的主要方法和步骤。

1)初始地应力的计算方法

初始地应力通常由初始自重应力和构造应力组成,以下分别作介绍。

(1)初始自重应力

初始自重应力通常采用有限单元法或给定水平侧压力系数的方法计算。

①有限单元法

即初始自重应力由有限元方法算得,并将其转化为等效结点荷载。

②给定水平侧压力系数法

即在给定水平侧压力系数 $K_0$ 值后,按下式计算初始自重应力:

$$\sigma_z^g = \sum \gamma_i H_i \tag{5.1-10}$$

$$\sigma_x^g = K_0 \cdot (\sigma_z^g - p_w) + p_w \tag{5.1-11}$$

式中:$\sigma_z^g$、$\sigma_x^g$——分别为竖直和水平方向的初始自重地应力;

$\gamma_i$——计算点以上第 $i$ 层岩石的重度;

$H_i$——计算点以上第 $i$ 层岩石的厚度;

$p_w$——计算点的孔隙水压力,在不考虑地下水头变化的条件下,$p_w$ 由计算点的静水压力确定,即 $p_w = \gamma_w \cdot H_w$($\gamma_w$ 为地下水的重度,$H_w$ 为地下水的水位差)。

(2)构造应力

对隧道衬砌结构的计算断面,初始构造地应力常可假设为均布或线性分布应力。假设主应力作用方向保持不变,则对二维平面应变问题,这两类分布的构造应力分量的表达式可统一表示为:

$$\left.\begin{aligned} \sigma_x^t &= a_1 + a_4 z \\ \sigma_z^t &= a_2 + a_5 z \\ \tau_{xz}^t &= a_3 \end{aligned}\right\} \tag{5.1-12}$$

式中:$\sigma_x^t$、$\sigma_z^t$、$\tau_{xz}^t$——分别为竖直、水平方向的初始构造应力和初始构造剪应力;

$a_1 \sim a_5$——常系数,对均布构造应力有 $a_4 = a_5 = 0$;

$z$——竖直坐标。

(3)初始地应力

将初始自重应力与构造应力叠加,即得初始地应力。

2)本构模型

本节对围岩和衬砌结构的材料分别叙述本构关系的描述模型。

(1)岩石单元

①弹性模型

对于平面应变问题,横观各向同性弹性体的应力增量可表示为:

$$\{\Delta\sigma\} = \begin{Bmatrix} \Delta\sigma_x \\ \Delta\sigma_z \\ \Delta\tau_{zx} \end{Bmatrix} = [D]\{\Delta\varepsilon\} = \begin{bmatrix} \dfrac{E_h E_v - \mu_{uh}^2 E_h^2}{E_0} & \dfrac{E_h E_v \mu_{vh}(1+\mu_{hh})}{E_0} & 0 \\ \dfrac{E_h E_v \mu_{vh}(1+\mu_{hh})}{E_0} & \dfrac{E_v^2(1-\mu_{hh}^2)}{E_0} & 0 \\ 0 & 0 & G_{hv} \end{bmatrix} \begin{Bmatrix} \Delta\varepsilon_x \\ \Delta\varepsilon_z \\ \Delta\gamma_{zx} \end{Bmatrix} \tag{5.1-13}$$

其中:

$$E_0 = E_v(1-\mu_{hh}^2) - 2E_h \mu_{vh}^2 (1+\mu_{hh})$$

式中:$E_v$——竖直向($z$)的弹性模量;

$E_h$——水平向($x,y$)的弹性模量;

$\mu_{vh}$——竖直向应变引起水平向应变的泊松比(竖直面内的泊比);

$\mu_{hh}$——水平面内的泊松比;

$G_{hv}$——竖向平面内的剪切模量。

各向同性弹性材料的应力增量可表示为:

$$\{\Delta\sigma\} = \begin{Bmatrix}\Delta\sigma_x \\ \Delta\sigma_z \\ \Delta\tau_{zx}\end{Bmatrix} = [D]\{\Delta\varepsilon\} = \frac{E(1-\mu)}{(1+\mu)(1-2\mu)}\begin{bmatrix} 1 & \frac{\mu}{1-\mu} & 0 \\ \frac{\mu}{1-\mu} & 1 & 0 \\ 0 & 0 & \frac{1-2\mu}{2(1-\mu)}\end{bmatrix}\begin{Bmatrix}\Delta\varepsilon_x \\ \Delta\varepsilon_z \\ \Delta\gamma_{zx}\end{Bmatrix} \tag{5.1-14}$$

②弹塑性模型

a. 屈服准则

材料进入塑性状态的判断准则采用 Drucker-Prager 或 Mohr-Coulomb 屈服准则，其中 Drucker-Prager 屈服准则的表达式为：

$$f = \alpha I_1 + \sqrt{J_2} - k = 0 \tag{5.1-15}$$

$$\alpha = \frac{\sin\varphi}{\sqrt{3}\sqrt{3+\sin^2\varphi}} \qquad k = \frac{\sqrt{3}C\cos\varphi}{\sqrt{3+\sin^2\varphi}} \tag{5.1-16}$$

式中：$I_1$——应力张量的第一不变量；

$J_2$——应力偏量的第二不变量，可按下式计算。

Mohr-Coulomb 屈服准则的表达式为：

$$f = \frac{1}{3}I_1\sin\varphi - \left(\cos\theta + \frac{1}{\sqrt{3}}\sin\theta\sin\varphi\right)\sqrt{J_2} + C\cos\varphi = 0 \tag{5.1-17}$$

其中：
$$\theta = \frac{1}{3}\sin^{-1}\left[\frac{-3\sqrt{3}}{2}\frac{J_3}{(J_2)^{\frac{3}{2}}}\right], \quad -\frac{\pi}{6} \leqslant \theta \leqslant \frac{\pi}{6}$$

式中：$J_3$——应力偏量的第三不变量。

b. 弹塑性矩阵

材料进入塑性状态后，其弹塑性应力-应变关系的增量表达式为：

$$\{d\sigma\} = \left([D] - \frac{[D]\left\{\frac{\partial g}{\partial\sigma}\right\}\left\{\frac{\partial f}{\partial\sigma}\right\}^{T}[D]}{A + \left\{\frac{\partial f}{\partial\sigma}\right\}^{T}[D]\left\{\frac{\partial g}{\partial\sigma}\right\}}\right)\{d\varepsilon\} = ([D] - [D_p])\{d\varepsilon\} = [D_{ep}]\{d\varepsilon\} \tag{5.1-18}$$

式中：$[D]$，$[D_p]$，$[D_{ep}]$——分别为材料的弹性矩阵、塑性矩阵和弹塑性矩阵；

$A$——与材料硬化有关的参数，理想弹塑性情况下，$A=0$；

$f$——屈服面函数；

$g$——塑性势面函数，采用关联流动法则时，$g=f$。

c. 弹塑性分析的计算过程

增量时步加荷过程中，部分岩土体进入塑性状态后，由材料屈服引起的过量塑性应变以初应变的形式被转移，并由整个体系中的所有单元共同负担。每一时步中，各单元与过量塑性应变相应的初应变均以等效结点力的形式起作用，并处理为再次计算时的结点附加荷载，据以进行迭代运算，直至时步最终计算时间，并满足给定的精度要求。

③黏弹性模型

三元件广义 Kelvin 模型，由弹性元件和 Kelvin 模型串联组成，如图 5.1-2 所示。其应力应

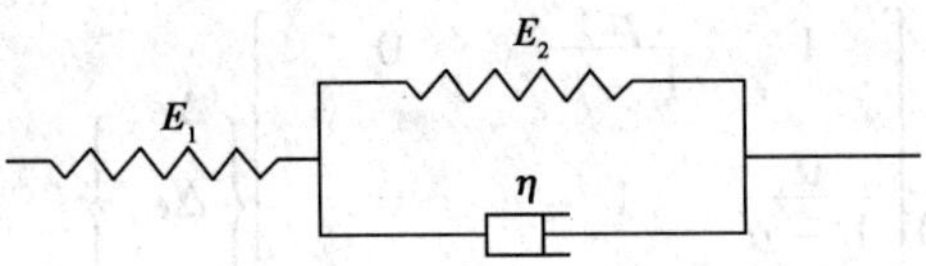


图 5.1-2　广义 Kelvin 模型

变关系式为：

$$\frac{\eta}{E_1+E_2}\dot{\sigma}+\sigma=\frac{\eta E_1}{E_1+E_2}\dot{\varepsilon}+\frac{E_1E_2}{E_1+E_2}\varepsilon \tag{5.1-19}$$

衬砌施作后的蠕变方程为：

$$\varepsilon(t)=\left[\frac{1}{E_1}+\frac{1}{E_2}(1-e^{-\frac{E_2}{\eta}t})\right]\sigma_0=\sigma_0 J(t) \tag{5.1-20}$$

式中：$J(t)$——蠕变柔量；

$\sigma$——应力；

$\dot{\sigma}$——应力变化率；

$\varepsilon$——应变；

$\dot{\varepsilon}$——应变变化率；

$\sigma_0$——常量应力。

(2)梁单元

梁单元刚度矩阵的计算式与式(5.1-3)、式(5.1-4)相同。

(3)杆单元

设杆单元在局部坐标系中的结点位移为$\{\bar{\delta}\}=[\bar{u_i},\bar{v_i},\bar{u_j},\bar{v_j}]^T$，对应的结点力为$\{\bar{f}\}=[\bar{X_i},\bar{Y_i},\bar{X_j},\bar{Y_j}]^T$，则有：

$$\{\bar{f}\}=[\bar{k}]\{\bar{\delta}\} \tag{5.1-21}$$

其中$[\bar{k}]$为杆单元在局部坐标系下的单元刚度矩阵，并有：

$$[\bar{k}]=\begin{bmatrix}\frac{EA}{l} & 0 & -\frac{EA}{l} & 0\\ 0 & 0 & 0 & 0\\ -\frac{EA}{l} & 0 & \frac{EA}{l} & 0\\ 0 & 0 & 0 & 0\end{bmatrix} \tag{5.1-22}$$

式中：$l$——杆单元的长度；

$A$——杆的截面积；

$E$——杆的弹性模量。

(4)接触面单元

接触面采用无厚度节理单元模拟，不考虑法向和切向的耦合作用时，有增量表达式：

$$\begin{Bmatrix}\Delta\tau_s\\ \Delta\sigma_n\end{Bmatrix}=\begin{bmatrix}K_s & 0\\ 0 & K_n\end{bmatrix}\begin{Bmatrix}\Delta u_s\\ \Delta u_n\end{Bmatrix}=[K^e]\begin{Bmatrix}\Delta u_s\\ \Delta u_n\end{Bmatrix} \tag{5.1-23}$$

式中：$K_s$——接触面的切向刚度；

$K_n$——接触面的法向刚度。

接触面材料的应力-应变关系一般为非线性关系，并常处于塑性受力状态。当屈服条件采用莫尔-库伦屈服条件，并假定节理材料为理想弹塑性材料及采用关联流动法则时，对平面应变问题，可导出接触面单元剪切滑移的塑性矩阵为：

$$[D_p]=\frac{1}{S_0}\begin{bmatrix}K_s^2 & K_sS_1\\ K_sS_1 & S_1^2\end{bmatrix} \tag{5.1-24}$$

式中：$S_0$——按 $S_0 = K_s + K_n \tan^2\varphi$ 计算；

$S_1$——按 $S_1 = K_n \tan\varphi$ 计算；

$\varphi$——接触面的内摩擦角。

对处于非线性状态的接触元单元，应力与相对位移间的关系式为：

$$\tau_s = K_s \cdot \Delta u_s \quad \sigma_n = K_n v_m \frac{\Delta u_n}{v_m - \Delta u_n} \quad (\Delta u_n < v_m) \tag{5.1-25}$$

式中：$v_m$——接触面单元的法向最大允许嵌入量。

3）单元模式

（1）一维单元

对两结点一维线性单元，设节点位移为 $\{\delta\} = \{u_i, v_i, u_j, v_j\}$ 时，单元上任意点的位移为：

$$u = \sum N_i u_i \tag{5.1-26}$$

式中：$N$——插值函数，并有：

$$\left.\begin{aligned} N_1 &= \frac{1-\xi}{2} \\ N_2 &= \frac{1+\xi}{2} \end{aligned}\right\} \tag{5.1-27}$$

（2）三角形单元

对三结点三角形单元，设节点坐标为 $\{x_i, y_i, x_j, y_j, x_m, y_m\}$，结点位移为 $\{\delta\} = \{u_i, v_i, u_j, v_j, u_m, v_m\}$，对应的结点力为 $\{F\} = \{X_i, Y_i, X_j, Y_j, X_m, Y_m\}$，则当取线性位移模式时，单元内任意点的位移为：

$$\begin{pmatrix} u \\ v \end{pmatrix} = [N]\{\delta\} \tag{5.1-28}$$

式中：$[N]$——形函数矩阵，即：

$$[N] = \begin{bmatrix} N_i & 0 & N_j & 0 & N_m & 0 \\ 0 & N_i & 0 & N_j & 0 & N_m \end{bmatrix} \tag{5.1-29}$$

其中：$N_i = \frac{1}{2\Delta}(a_i + b_i x + c_i y)$；$a_i = x_j y_m - x_m y_j$；$b_i = y_j - y_m$；$c_i = x_m - x_j$。

式中：$\Delta$——单元面积。

$N_j$、$N_m$ 的计算式可类推。

（3）四边形单元

采用四结点等参单元，并设结点位移为 $\{\delta\} = [u_1, v_1, u_2, v_2, u_3, v_3, u_4, v_4]^T$ 时，位移模式可由双线性插值函数给出，形式为：

$$\begin{aligned} u &= N_1 u_1 + N_2 u_2 + N_3 u_3 + N_4 u_4 \\ v &= N_1 v_1 + N_2 v_2 + N_3 v_3 + N_4 v_4 \end{aligned} \tag{5.1-30}$$

式中：$N$——插值函数，可按下式计算。

$$\begin{cases} N_1 = \frac{1}{4}(1-\xi)(1-\eta) \\ N_2 = \frac{1}{4}(1+\xi)(1-\eta) \\ N_3 = \frac{1}{4}(1+\xi)(1+\eta) \\ N_4 = \frac{1}{4}(1-\xi)(1+\eta) \end{cases} \tag{5.1-31}$$

4)施工过程的模拟

(1)一般表达式

开挖过程的模拟可通过在开挖边界上施加释放荷载实现。将一个相对完整的施工阶段称为施工步,并设每个施工步包含若干增量步,则与该施工步相应的开挖释放荷载可在所包含的增量步中逐步释放,以便较为真实地模拟施工过程。具体计算中,每个增量步的荷载释放量可由释放系数控制。对各施工阶段的状态,有限元分析的表达式为:

$$[K]_{i}\{\Delta\delta\}_{i} = \{\Delta F_{r}\}_{i} + \{\Delta F_{g}\}_{i} + \{\Delta F_{p}\}_{i} \quad (i = 1,\cdots,L) \tag{5.1-32}$$

$$[K]_{i} = [K]_{0} + \sum_{\lambda=1}^{i}[\Delta K]_{\lambda} \quad (i \geqslant 1) \tag{5.1-33}$$

式中:$L$——施工步总数;

$[K]_{i}$——第 $i$ 施工步岩土体和结构的总刚度矩阵;

$[K]_{0}$——岩土体和结构(施工开始前存在时)的初始总刚度矩阵;

$[\Delta K]_{\lambda}$——施工过程中,第 $\lambda$ 施工步的岩土体和结构刚度的增量或减量,用以体现岩土体单元的挖除、填筑及结构单元的施作或拆除;

$\{\Delta F_{r}\}_{i}$——第 $i$ 施工步开挖边界上的释放荷载的等效结点力;

$\{\Delta F_{g}\}_{i}$——第 $i$ 施工步新增自重等的等效结点力;

$\{\Delta F_{p}\}_{i}$——第 $i$ 施工步施加的增量荷载的等效结点力;

$\{\Delta\delta\}_{i}$——第 $i$ 施工步的结点位移增量。

对每个施工步,增量加载过程的有限元分析的表达式为:

$$[K]_{ij}\{\Delta\delta\}_{ij} = \{\Delta F_{r}\}_{i}\cdot\alpha_{ij} + \{\Delta F_{g}\}_{ij} + \{\Delta F_{p}\}_{ij} \quad (i = 1,\cdots,L;j = 1,\cdots,M) \tag{5.1-34}$$

$$[K]_{ij} = [K]_{i-1} + \sum_{\xi=1}^{j}[\Delta K]_{i\xi} \tag{5.1-35}$$

式中:$M$——各施工步增量加载的次数;

$[K]_{ij}$——第 $i$ 施工步中施加第 $j$ 荷载增量步时的刚度矩阵;

$\alpha_{ij}$——与第 $i$ 施工步第 $j$ 荷载增量步相应的开挖边界释放荷载系数,开挖边界荷载完全释放时有 $\sum_{j=1}^{M}\alpha_{ij}=1$;

$\{\Delta F_{g}\}_{ij}$——第 $i$ 施工步第 $j$ 增量步新增单元自重等的等效结点力;

$\{\Delta\delta\}_{ij}$——第 $i$ 施工步第 $j$ 增量步的结点位移增量;

$\{\Delta F_{p}\}_{ij}$——第 $i$ 施工步第 $j$ 增量步施加的增量荷载的等效结点力。

(2)开挖工序的模拟

开挖效应可通过在开挖边界上设置释放荷载,并将其转化为等效结点力模拟。表达式如下:

$$[K - \Delta K]\{\Delta\delta\} = \{\Delta P\} \tag{5.1-36}$$

式中:$[K]$——开挖前系统的刚度矩阵;

$[\Delta K]$——开挖工序中挖除部分刚度;

$\{\Delta P\}$——开挖工序中释放荷载的等效结点力。

(3)填筑工序的模拟

填筑效应包含两个部分,即整体刚度的改变和新增单元自重荷载的增加,其计算表达式为:

$$[K + \Delta K]\{\Delta\delta\} = \{\Delta F_g\} \tag{5.1-37}$$

式中：$[K]$——填筑前系统的刚度矩阵；

$[\Delta K]$——新增实体单元的刚度；

$\{\Delta F_g\}$——新增实体单元自重的等效结点荷载。

(4)结构的施作与拆除

结构施作的效应体现为整体刚度的增加及新增结构的自重对系统的影响，其计算式为：

$$[K + \Delta K]\{\Delta\delta\} = \{\Delta F_g^s\} \tag{5.1-38}$$

式中：$[K]$——结构施作前系统的刚度矩阵；

$[\Delta K]$——新增结构的刚度；

$\{\Delta F_g^s\}$——施作结构自重的等效结点荷载。

结构拆除的效应包含整体刚度的减小和支撑内力释放的影响，其中支撑内力的释放可通过施加一反向内力实现，其计算表达式为：

$$[K - \Delta K]\{\Delta\delta\} = -\{\Delta F\} \tag{5.1-39}$$

式中：$[K]$——结构拆除前系统的刚度矩阵；

$[\Delta K]$——拆除结构的刚度；

$\{\Delta F\}$——拆除结构内力的等效结点力。

(5)增量荷载的施加

在施工过程中施加的外荷载，可在相应的增量步中通过施加增量荷载表示，计算式如下：

$$[K]\{\Delta\delta\} = \{\Delta F\} \tag{5.1-40}$$

式中：$[K]$——增量荷载施加前系统的刚度矩阵；

$\{\Delta F\}$——施加的增量荷载的等效结点力。

## 第二节　矿山法隧道的设计与计算

### 一、支护结构的选型

设计隧道时，支护结构可主要根据地质勘察报告提供的围岩级别和工程设计要求初步选型。施工中发生异常情况时，可再根据现场勘察或监测资料进行调整。

对各级围岩中的隧道，初期支护均宜采用锚喷支护。其中位于Ⅰ～Ⅲ级围岩中的隧道，支护参数可仅根据经验确定，无需进行计算；位于Ⅳ～Ⅴ围岩中的隧道，支护参数需通过计算确定；位于Ⅵ级围岩中的隧道，围岩的自支承能力在计算中常略去不计，初期支护只起临时支护的作用，因而支护参数应主要根据施工经验确定，必要时并应增设超前锚杆或超前大管棚，或采用超前小导管注浆等工程措施加固地层。

二次衬砌在隧道较短时可为喷射混凝土衬砌或混凝土衬砌，隧道较长时宜为混凝土衬砌。对位于Ⅰ～Ⅲ级围岩中的隧道，二次衬砌的厚度可按构造要求确定；位于Ⅳ～Ⅵ级围岩中的隧道，支护参数需通过计算确定。二次衬砌常为整体式素混凝土衬砌或钢筋混凝土衬砌。完建后的公路隧道常为宽体扁担形结构，围岩条件较差时常带有仰拱(图5.2-1)。

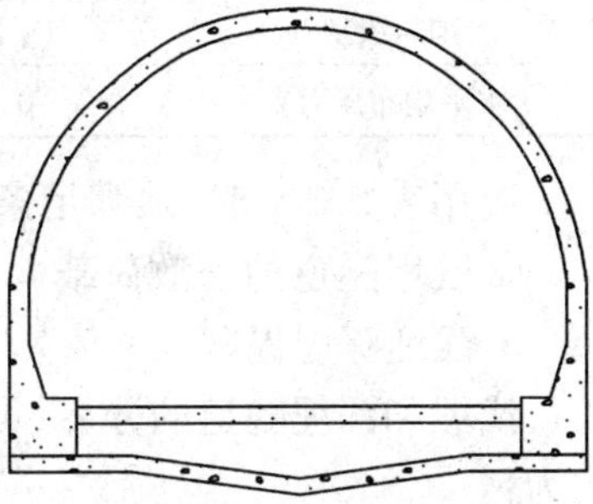

图5.2-1　公路隧道断面图

## 二、荷载确定方法

1)荷载种类与组合

作用在隧道结构上的荷载可分为永久荷载、可变荷载和偶然荷载三类。其中永久荷载主要包括围岩压力(或土压力)、水压力、结构自重及混凝土收缩和徐变的影响力,可变荷载主要包括车辆荷载、温度变化的影响力、冻胀力和施工荷载,偶然荷载则主要是地震力和落石冲击力,具体见《公路隧道设计规范》(JTG D70—2004)。

作用在隧道结构上的荷载,应按同时出现的可能性进行组合,并按最不利组合设计。

2)围岩压力的计算方法

按工程地质条件的不同,围岩压力可分为松散荷载和形变压力两类。前者由隧道开挖导致洞周岩体松动引起,计算方法可按隧道埋深分为深埋和浅埋两类,与之相应的结构内力计算方法为荷载结构法。形变压力是衬砌结构在与围岩地层共同变形的过程中经受的荷载,与之相应的结构内力计算方法为地层结构法。有限元分析中,形变压力常在计算过程中同时确定,而作为开挖效应的模拟,直接施加的荷载则是在开挖边界上施加的释放荷载。

(1)松散荷载的确定方法

①深埋隧道的松散荷载

深埋隧道的围岩压力为松散荷载时,其垂直及水平压力均可简化为均布压力,并可按铁路、公路隧道设计规范给出的公式计算。

a. 垂直均布压力

对不产生显著偏压及膨胀力的一般围岩,垂直均布压力的计算式为:

$$q = \gamma h \qquad h = 0.45 \times 2^{s-1}\omega \tag{5.2-1}$$

式中:$q$——垂直均布压力($kN/m^2$);

$\gamma$——围岩重度($kN/m^3$);

$s$——围岩级别;

$\omega$——宽度影响系数,$\omega = 1 + i(B-5)$;

$B$——隧道开挖宽度(m);

$i$——$B$ 每增减 1m 时围岩压力的增减率,以 $B = 5m$ 时的围岩垂直均布压力为准。当 $B < 5m$ 时,取 $i = 0.2$;$B > 5m$ 时,取 $i = 0.1$。

b. 水平均布压力

水平均布压力可按表 5.2-1 的规定确定。

围岩水平均布压力　　表 5.2-1

| 围岩级别 | Ⅰ、Ⅱ | Ⅲ | Ⅳ | Ⅴ | Ⅵ |
|---|---|---|---|---|---|
| 水平均布压力 $e$ | 0 | $<0.15q$ | $(0.15 \sim 0.3)q$ | $(0.3 \sim 0.5)q$ | $(0.5 \sim 1.0)q$ |

应用表 5.2-1 时,须满足条件 $H/B < 1.7$,其中 $H$ 为隧道开挖高度,$B$ 为隧道开挖宽度。

②浅埋隧道的松散荷载

a. 浅埋深埋界限

浅埋和深埋隧道的分界,可结合地质条件、施工方法等因素按荷载等效高度值判定,表达式为:

$$H_p = (2 \sim 2.5)h_q \tag{5.2-2}$$

$$h_q = \frac{q}{\gamma} \tag{5.2-3}$$

式中：$H_p$——浅埋隧道分界深度(m)；

$h_q$——荷载等效高度值(m)；

$q$——由式(5.2-1)算出的深埋隧道垂直均布压力(kN/m²)；

$\gamma$——围岩重度(kN/m³)。

在矿山法施工的条件下，Ⅳ～Ⅵ级围岩取：

$$H_p = 2.5h_q \tag{5.2-4}$$

Ⅰ～Ⅲ级围岩取：

$$H_p = 2h_q \tag{5.2-5}$$

b. 埋深小于或等于 $h_q$ 时的算法

埋深 $H$ 小于或等于等效荷载高度 $h_q$ 时，竖向荷载视为均布垂直压力，并有：

$$q = \gamma \cdot H \tag{5.2-6}$$

式中：$q$——垂直均布压力(kN/m²)；

$\gamma$——隧道上覆围岩重度(kN/m³)；

$H$——隧道埋深，指毛洞顶至地面的距离(m)。

侧向压力 $e$ 按均布考虑时，其值为：

$$e = \gamma\left(H + \frac{1}{2}H_t\right)\tan^2\left(45° - \frac{\varphi}{2}\right) \tag{5.2-7}$$

式中：$e$——侧向均布压力(kN/m²)；

$H_t$——坑道高度(m)；

$\varphi$——围岩计算摩擦角(°)，其值可参见《公路隧道设计规范》(JTG D70—2004)表 A.0.4-1。

③埋深大于 $h_q$ 并小于等于 $H_p$ 时的算法

埋深大于 $h_q$ 并小于等于 $H_p$ 时，可假定土体中形成的破裂面是与水平面成 $\beta$ 角的斜直线 AC 和 BD，如图 5.2-2 所示。图中 EFHG 岩土体下沉时，带动两侧三棱土体(图中 FDB 和 ECA)下沉，整个土体 ABDC 下沉时，又受到未扰动岩土体的阻力；斜直线 AC 或 BD 是假定的破裂面，分析时考虑黏聚力 $c$，并采用了计算摩擦角 $\varphi$；滑面 FH 或 EG 并非破裂面，因此，其上阻力小于破裂面的阻力，若其摩擦角为 $\theta$，则 $\theta$ 值应小于 $\varphi$ 值。无实测资料时，$\theta$ 可按表 5.2-2 采用。

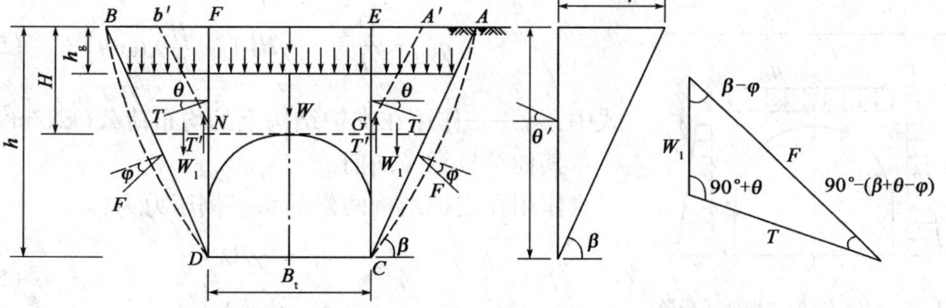


图 5.2-2 $h_q < H \leq H_p$ 时浅埋隧道松散荷载计算示意图

各级围岩的 **θ** 值　　　　表 5.2-2

| 围岩级别(级) | Ⅰ、Ⅱ、Ⅲ | Ⅳ | Ⅴ | Ⅵ |
|---|---|---|---|---|
| $\theta$ 值 | $0.9\varphi$ | $(0.7\sim0.9)\varphi$ | $(0.5\sim0.7)\varphi$ | $(0.3\sim0.5)\varphi$ |

由图 5.2-2,若隧道上覆岩体 EFHG 的重力为 $W$,两侧三棱岩体 FDB 或 ECA 的重力为 $W_1$,未扰动岩体对整个滑动土体的阻力为 $F$,EFHG 下沉时,两侧受到的阻力为 $T$ 或 $T'$,则作用于 HG 面上的垂直压力的总值 $Q_浅$ 为:

$$Q_{浅} = W - 2T' = W - 2T\sin\theta \tag{5.2-8}$$

三棱体 ECA 的自重为:

$$W_1 = \frac{1}{2}\gamma h\frac{h}{\tan\beta} \tag{5.2-9}$$

式中:$h$——隧道底部到地面的距离(m);

$\beta$——破裂面与水平面间的夹角(°)。

由图 5.2-2 据正弦定理可得:

$$T = \frac{\sin(\beta-\varphi)}{\sin[90^0-(\beta-\varphi+\theta)]}W_1 \tag{5.2-10}$$

将式(5.2-9)代入可得:

$$T = \frac{1}{2}\gamma h^2\frac{\lambda}{\cos\theta} \tag{5.2-11}$$

$$\lambda = \frac{\tan\beta-\tan\varphi}{\tan\beta[1+\tan\beta(\tan\varphi-\tan\theta)+\tan\varphi\tan\theta]} \tag{5.2-12}$$

$$\tan\beta = \tan\varphi+\sqrt{\frac{(\tan^2\varphi+1)\tan\varphi}{\tan\varphi-\tan\theta}} \tag{5.2-13}$$

式中:$\lambda$——侧压力系数;

其他符号意义与前相同。

得到 $T$ 值后,代入式(5.2-8),即可求得作用在 $HG$ 面上的总垂直压力 $Q_浅$:

$$Q_{浅} = W - \gamma h^2\lambda\tan\theta \tag{5.2-14}$$

由于 $GC$、$HD$ 与 $EG$、$EF$ 相比往往较小,因此摩阻力可不计隧道部分而只计洞顶部分,并因 $W = B_t H\gamma$,故有:

$$Q_{浅} = \gamma H(B_t - H\lambda\tan\theta) \tag{5.2-15}$$

式中:$B_t$——坑道宽度(m)。

换算为作用在支护结构上的均布荷载(图 5.2-3),可得:

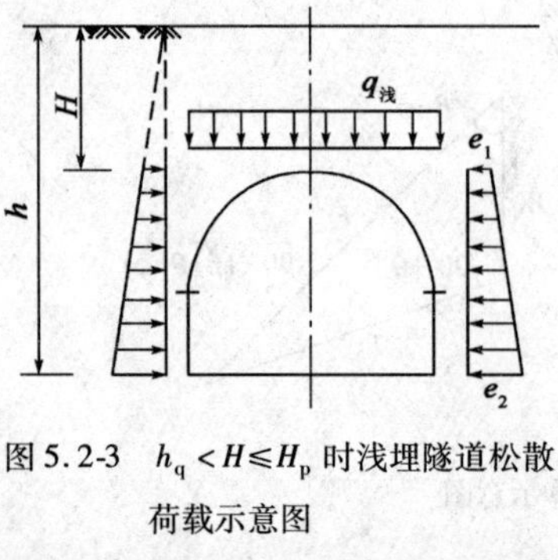


图 5.2-3　$h_q < H \leqslant H_p$ 时浅埋隧道松散荷载示意图

$$q_{浅} = \frac{Q_{浅}}{B_t} = \gamma H\left(1-\frac{H}{B_t}\lambda\tan\theta\right) \tag{5.2-16}$$

式中:$q_浅$——作用在支护结构上的均布荷载(kN/m²);

其他符号意义同前。

作用在支护结构两侧的水平侧压力为:

$$\left.\begin{aligned} e_1 &= \gamma H\lambda \\ e_2 &= \gamma h\lambda \end{aligned}\right\} \tag{5.2-17}$$

侧压力简化为均布压力 $e$ 时,有:

$$e = \frac{1}{2}(e_1 + e_2) \tag{5.2-18}$$

(2)释放荷载的计算方法

释放荷载可由已知初始地应力或与前一步开挖相应的地层应力场确定。先求得预计开挖边界上各结点的地应力，并假定各结点间应力呈线性分布，然后反转开挖边界上应力的作用方向(即改变其符号)，即可求得释放荷载。初始地应力的确定方法见第四章第一节。

采用地层结构法计算时，可通过对释放荷载设置释放系数控制初期支护的受力，以使初期支护和二次衬砌能按较为合理的分担比例共同承受释放荷载的作用。具体分担比例可参考表5.2-3说明选定。

**释放荷载分担比例表** 表5.2-3

| 围岩级别 | 分担比例 | |
|---|---|---|
| | 围岩+初期支护 | 二次衬砌 |
| Ⅳ | 60%~80% | 20%~40% |
| Ⅴ | 20%~40% | 60%~80% |

注：围岩工程地质条件较好时，初期支护取大值，二次衬砌取小值。围岩工程地质条件较差时，则相反。

## 第三节　盾构法隧道的设计与计算

### 一、钢筋混凝土管片的设计要求和方法

(1)按照强度、变形、裂缝限制等需要分别进行验算。

(2)确定衬砌结构的几个工作阶段——施工荷载阶段，基本使用荷载阶段和特殊荷载阶段，提出各个工作阶段的荷载和安全质量指标要求(衬砌裂缝宽度，接缝变形和直径变形的允许量，隧道抗渗防漏指标，结构安全度，衬砌内表面平整度要求等)进行各个工作阶段和组合工作阶段的结构验算。

### 二、荷载的确定

衬砌的设计不仅应满足隧道使用阶段的承载及使用功能要求，而且还必须满足施工过程中的安全性要求。表5.3-1和表5.3-2列举了设计时应考虑的荷载种类。基本荷载是设计时所必须考虑的荷载。附加荷载是在施工中或竣工后作用的荷载，是根据隧道的使用目的，施工条件以及周围环境进行考虑的荷载。另外，特殊荷载是根据围岩条件、隧道的使用条件所必须特殊考虑的荷载。

**荷载分类** 表5.3-1

| 基本荷载 | 附加荷载 | 特殊荷载 |
|---|---|---|
| 地层压力；<br>水压力；<br>自重；<br>上覆荷载的影响；<br>地基抗力 | 内部荷载；<br>施工荷载；<br>地震的影响 | 平行配置隧道的影响；<br>接近施工的影响；<br>其他 |

**计算工况荷载组合表** 表 5.3-2

| 荷载种类 \ 计算工况 | 第一组合<br>施工阶段 | 第二组合<br>运行阶段 | 第三组合<br>地震验算 |
|---|---|---|---|
| 地面超载 | ✓ | ✓ | ✓ |
| 结构自重 | ✓ | ✓ | ✓ |
| 地层垂直水土压力 | ✓ | ✓ | ✓ |
| 水平水土土压力 | ✓ | ✓ | ✓ |
| 外水压力 | ✓ | ✓ | ✓ |
| 道路设计荷载 | ✓ | ✓ | ✓ |
| 盾构千斤顶顶力 | ✓ | | |
| 不均匀注浆压力 | ✓ | | |
| 地震荷载 | | | ✓ |

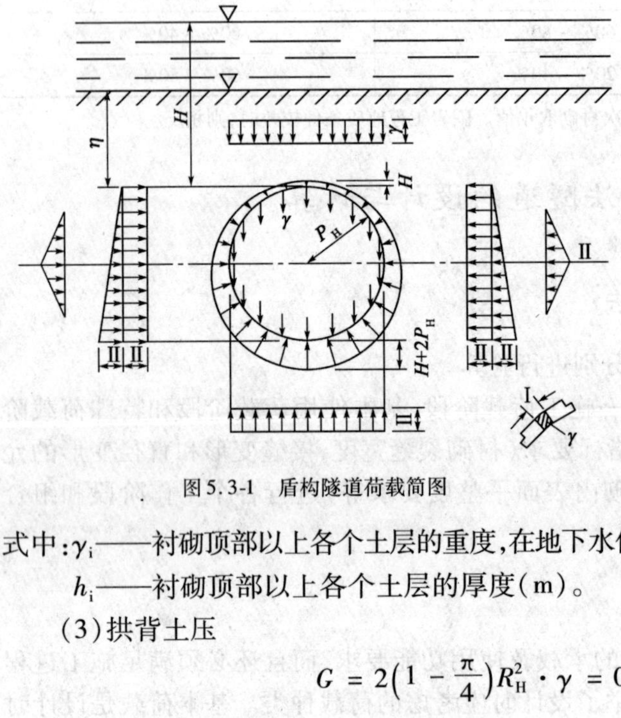


图 5.3-1 盾构隧道荷载简图

1)基本使用阶段(衬砌环宽按 1m 考虑)

荷载简图见图 5.3-1。

(1)自重

$$g = \gamma_h \cdot \delta \quad (kN/m) \tag{5.3-1}$$

式中：$\gamma_h$——钢筋混凝土重度($kN/m^3$)，一般 $\gamma_h$ 采用 $25kN/m^3$；

$\delta$——管片厚度(m)，当采用箱形管片时可考虑采用折算厚度。

(2)竖向土压

$$q = \sum_{i=1}^{n} \gamma_i \cdot h_i \quad (kN/m) \tag{5.3-2}$$

式中：$\gamma_i$——衬砌顶部以上各个土层的重度，在地下水位以下的土层重度取受浮土重度($kN/m^3$)；

$h_i$——衬砌顶部以上各个土层的厚度(m)。

(3)拱背土压

$$G = 2\left(1 - \frac{\pi}{4}\right)R_H^2 \cdot \gamma = 0.43R_H^2\gamma \quad (kN) \tag{5.3-3}$$

式中：$\gamma$——土重度($kN/m^3$)；

$R_H$——衬砌圆环计算半径(m)。

(4)地面超载

当隧道埋深较浅时，必须考虑地面荷载的影响，一般取 $20kN/m^2$。此项荷载可累加到竖向土压项去。

(5)侧向均匀主动土压

$$p_1 = q \cdot \tan^2\left(45° - \frac{\varphi}{2}\right) - 2c \cdot \tan\left(45° - \frac{\varphi}{2}\right) \quad (kN/m) \tag{5.3-4}$$

式中：$q$——竖向土压(t/m)；

$\varphi, c$——衬砌圆环侧向各个土层的土壤的内摩擦角，黏聚力的加权平均值。

$$\gamma = \frac{\gamma_1 h_1 + \gamma_2 h_2 + \cdots + \gamma_n h_n}{h_1 + h_2 + \cdots + h_n} \quad (kN/m^3) \tag{5.3-5}$$

$$\varphi = \frac{\varphi_1 h_1 + \varphi_2 h_2 + \cdots + \varphi_n h_n}{h_1 + h_2 + \cdots + h_n} \quad (°) \tag{5.3-6}$$

$$c = \frac{c_1 h_1 + c_2 h_2 + \cdots + c_n h_n}{h_1 + h_2 + \cdots + h_n} \quad (kN/m) \tag{5.3-7}$$

(6)侧向三角形主动土压

$$p_2 = 2R_H \cdot \gamma \cdot \tan^2\left(45° - \frac{\varphi}{2}\right) \quad (kN/m) \tag{5.3-8}$$

式中：$\gamma$——衬砌圆环侧向各个土层的土壤的重度。

(7)侧向土壤抗力

按文克列乐局部变形理论计算，抗力图形呈一等腰三角形，抗力范围按与水平直径上下呈45°考虑。

$$P_k = k \cdot y \quad (kN/m^2) \tag{5.3-9}$$

式中：$k$——衬砌圆环侧向地层（弹性）压缩（$kN/m^3$）；

$y$——衬砌圆环在水平直径处的变形量（m）。

$$y = \frac{(2q - p_1 - p_2 + \pi q) R_H^4}{24(\eta EJ + 0.045\,4kR_H^4)} \tag{5.3-10}$$

式中：$EJ$——衬砌圆环抗弯刚度（$kN \cdot m^2$）

$\eta$——衬砌圆环抗弯刚度的折减系数，$\eta = 0.25 \sim 0.8$。

(8)水压

按静水压考虑（kN/m）。

(9)拱底反力

$$p_R = q + \pi g + 0.214\,6R_H\gamma - \frac{\pi}{2}R_H \quad (kN/m^3) \tag{5.3-11}$$

2)施工阶段

衬砌结构在施工阶段有可能碰到比基本使用阶段更为不利的工作条件，产生极为不利的内力状态，导致出现衬砌结构的开裂、破碎、变形、沉陷和漏水等严重情况。

(1)管片拼装

钢筋混凝土管片拼装成环时，对纵向接缝拧紧螺栓，如果管片制作精度不高，环面接触不平，往往在拧紧螺栓时，使管片局部出现较大的集中应力，导致管片开裂和存在着局部内应力。

(2)盾构推进

由于制作和拼装的误差，管片的环缝面往往是参差不平的。当盾构千斤顶施加在环缝面上，特别是千斤顶顶力存在偏心状态情况下，极易使管片开裂和顶碎。这种现象在目前往往被看作为衬砌设计的一个重要的控制因素。由于管片在环缝面上的支承条件不够明确，在承受盾构千斤顶顶力时，衬砌环的受力难以确切计算，一般采用盾构总的推力除以衬砌环环缝面积计算。

$$\sigma = \frac{P}{F} \leqslant \frac{[\sigma]}{K} \tag{5.3-12}$$

式中：$P$——盾构总推力（kN）；

$F$——环缝面积（$m^2$）；

$[\sigma]$——混凝土容许抗压强度（$kN/m^2$）；

*K*——安全系数，一般取 $K \geqslant 3$。

对钢筋混凝土箱形管片进行顶力试验表明，千斤顶顶力在管片环面上的作用位置，大大影响管片的纵向承载力。当千斤顶顶力的作用中心点施加在管片板部位置上，承载力较大，当千斤顶顶力中心稍稍落在环肋面上，其承载力即明显的降低，而当顶力中心点较多地落在环肋面上，承载力将大大降低，管片极易顶碎和崩裂。目前在解决这一矛盾时，大都对合理选择管片形式，提高钢模制作精度和管片混凝土强度，改进管片拼装质量等方面予以高度的注意。

(3)衬砌背后压注

为了改善衬砌结构的工作条件和防止地面出现大量的沉降量，在衬砌背后的建筑空隙内注以水泥浆或水泥砂浆等材料。在软土地层中注浆材料常不是均匀分布在衬砌四周，而仅是局部聚集在注浆孔的一定范围内，过高的注浆压力常引起圆环变形和出现局部的集中应力，封顶楔形块管片也会向内滑移，为了控制这种不利工作条件的出现，必须对注浆压力进行一定的控制。

(4)衬砌环刚出盾尾的初期，衬砌顶部土压即迅速作用到衬砌上，而侧压却因某种原因未能及时作用，这时衬砌可能处于比基本使用阶段更为不利的工作条件。

衬砌结构在施工阶段引起的不利工作条件的因素很多，难以事先估计。目前一般的处理方法是从实地观测和提出相应改进措施外，还常采用一个笼统的附加安全系数，以保证衬砌结构的一定安全度。

3)特殊荷载阶段

衬砌结构除对上述两个工作阶段进行结构验算外，根据使用需要还得进行特殊荷载阶段的验算，这种特殊荷载往往属于瞬时性的荷载，但这个工作阶段的验算往往是控制衬砌结构设计的关键。在此阶段进行结构验算时，可妥善合理选择结构的附加安全系数和适当提高建筑材料的物理力学性能指标。

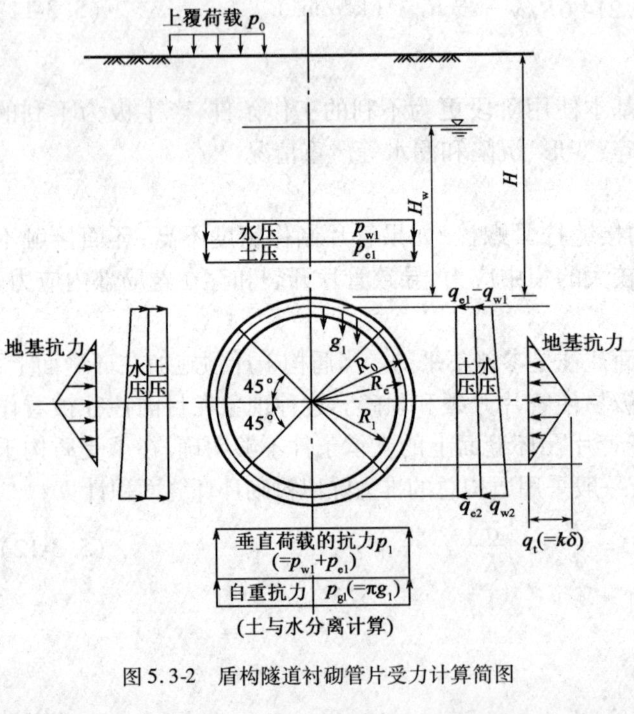


图 5.3-2　盾构隧道衬砌管片受力计算简图

## 三、衬砌内力计算

1)考虑土体介质侧向弹性抗力的圆环内力计算

在饱和含水软土地层中，由于工程上的防水要求，对由装配式衬砌组成的衬砌圆环，其接缝必须具有一定的刚度，以减小接缝变形量。相邻环间可通过错缝拼装、设置一定数量的纵向螺栓或在环缝上设有凹凸榫槽，从而提高纵缝刚度。计算时砌衬圆环可近似地认为是一均质刚度圆环。计算假定的荷载分布详见图 5.3-2。

采用均质圆环计算模型盾构隧道衬砌管片圆环所受的力分为上部水压 $p_{w1}$、上部土压 $p_{w2}$、管片自重 $g$、侧向的水压 $q_{e1}$、$q_{e2}$，以及侧向土压 $q_{w1}$、$q_{w2}$，侧向土体抗力 $q_t$，底部土体抗力 $p_t$。

在隧道埋深较浅时管片圆环上部土压力为土体重度乘以覆土厚度。当埋深增加时，需要根据覆土深度做不同考虑。在覆土深度 $H$ 大于隧道两倍直径 $2D$ 的情况下，由太沙基理论可知上部覆土不全部作为荷载作用在隧道顶部，而是形成一个松动拱圈，拱圈下的土体质量作用在隧道衬砌之上。由太沙基公理可以计算得到松动高度，利用松动高度乘以土重度便可以得到等效的覆土压力。松动高度可由按照太沙基公式算得，计算简图（图 5.3-3）及公式如下。

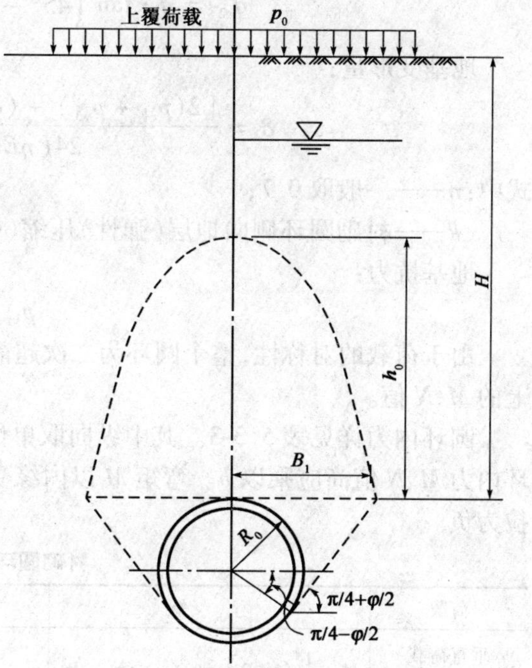


图 5.3-3　计算简图

$$h_0 = \frac{B_1\left(1 - \dfrac{c}{B_1\gamma}\right)}{K_0 \cdot \tan\varphi}\left(1 - e^{-k_0\tan\varphi\frac{H}{B_1}}\right) + \frac{p_0}{\gamma}\left(e^{-k_0\tan\varphi\frac{H}{B_1}}\right) \quad (5.3\text{-}13)$$

其中：

$$B_1 = R_0\cot\left(\frac{\dfrac{\pi}{4} + \dfrac{\varphi}{2}}{2}\right) \quad (5.3\text{-}14)$$

式中：$H$——隧道覆土厚度(m)；

$R_0$——衬砌圆环外圆半径(m)；

$\varphi$——隧道顶部至地面范围内土的内摩擦角加权平均值(°)；

$\gamma$——隧道上覆土层平均有效重度(kN/m³)；

$c$——隧道上覆土层平均黏聚力(kN/m²)；

$p_0$——地面超载(kN/m²)；

$K_0$——隧道顶部至地面范围内土的侧压力系数。

当松动高度 $h_0$ 小于两直径 $2D$ 时，则取 $h_0$ 等于两倍直径 $2D$。

图各荷载按下列计算公式计算。

自重：

$$g_1 = \gamma_c \cdot h \quad (5.3\text{-}15)$$

式中：$\gamma_c$——衬砌管片重度(kN/m³)；

$h$——衬砌管片厚度(m)。

竖向土压：

$$p_{e1} = \sum_{i=1}^{n}\gamma_i \cdot h_i \quad (5.3\text{-}16)$$

式中：$\gamma_i$——第 $i$ 层土的有效重度(kN/m³)；

$h_i$——第 $i$ 层土的厚度(m)。

水压按静水压考虑。

侧向均匀主动土压力：

$$q_{e1} = q \cdot \tan^2\left(45° - \frac{\varphi}{2}\right) - 2c \cdot \tan\left(45° - \frac{\varphi}{2}\right) \quad (5.3\text{-}17)$$

$$q_{e2} = q \cdot \tan^2\left(45° - \frac{\varphi}{2}\right) - 2c \cdot \tan\left(45° - \frac{\varphi}{2}\right) \tag{5.3-18}$$

地基变形量：

$$\delta = \frac{[2(p_{e1} + p_{w1}) - (q_{e1} + q_{w1}) - (q_{e2} + q_{w2})]R_c^4}{24(\eta EI + 0.0454kR_c^4)} \tag{5.3-19}$$

式中：$\eta$——一般取 0.7；

$k$——衬砌圆环侧向地层（弹性）压缩（$kN/m^3$）。

地基抗力：

$$p_{k1} = k \cdot \delta \tag{5.3-20}$$

由于荷载的对称性，整个圆环为二次超静定结构。按结构力学力法原理，可解出各个截面上的 $M$、$N$ 值。

圆环内力详见表 5.3-3。其中纵向取单位延米计算，若环宽为 $b$（一般 $b = 0.5 \sim 1m$），则每环内力 $M$、$N$ 值尚应乘以 $b$。弯矩 $M$ 以内缘受拉为正，外缘受拉为负。轴力 $N$ 以受压为正，受拉为负。

**衬砌圆环内力计算表格** 表 5.3-3

| 荷载 | 弯矩 | 轴力 | 剪力 |
|---|---|---|---|
| 垂直荷载 $p_{e1} + p_{w1}$ | $M = \frac{1}{4}(1 - 2\sin^2\theta)(p_{e1} + p_{w1})R_c^2$ | $N = (p_{e1} + p_{w1})R_c \cdot \sin^2\theta$ | $Q = -(p_{e1} + p_{w1})R_c \cdot \sin\theta \cdot \cos\theta$ |
| 水平荷载 $q_{e1} + q_{w1}$ | | $N = (q_{e1} + q_{w1})R_c \cdot \cos^2\theta$ | $Q = (q_{e1} + q_{w1})R_c \cdot \sin\theta \cdot \cos\theta$ |
| 水平三角形荷载 $q_{e2} + q_{w2} - q_{e1} - q_{w1}$ | $M = \frac{1}{48}(6 - 3\cos\theta - 12\cos^2\theta + 4\cos^3\theta)$ $(q_{e2} + q_{w2} - q_{e1} - q_{w1})R_c^2$ | $N = \frac{1}{16}(\cos\theta + 8\cos^2\theta - 4\cos^3\theta)$ $(q_{e2} + q_{w2} - q_{e1} - q_{w1})R_c$ | $Q = \frac{1}{16}(\sin\theta + 8\sin\theta \cdot \cos\theta - 4\sin\theta \cdot \cos^3\theta)$ $(q_{e2} + q_{w2} - q_{e1} - q_{w1})R_c$ |
| 地基抗力 $q_k = k\delta$ | $0 \leqslant \theta \leqslant \frac{\pi}{4}$<br>$M = (0.2346 - 0.3536\cos\theta)$ $k \cdot \delta \cdot R_c^2$<br>$\frac{\pi}{4} \leqslant \theta \leqslant \frac{\pi}{2}$<br>$M = (-0.3487 + 0.5\sin^2\theta + 0.2357\cos^2\theta)k \cdot \delta \cdot R_c^2$ | $0 \leqslant \theta \leqslant \frac{\pi}{4}$<br>$N = 0.3536\cos\theta \cdot k \cdot \delta \cdot R_c$<br>$\frac{\pi}{4} \leqslant \theta \leqslant \frac{\pi}{2}$<br>$N = (-0.7071\cos\theta + \cos^2\theta + 0.7071\sin^2\theta \cdot \cos\theta)k \cdot \delta \cdot R_c$ | $0 \leqslant \theta \leqslant \frac{\pi}{4}$<br>$Q = 0.3536\sin\theta \cdot k \cdot \delta \cdot R_c$<br>$\frac{\pi}{4} \leqslant \theta \leqslant \frac{\pi}{2}$<br>$Q = (\sin\theta \cdot \cos\theta - 0.7071\cos^2\theta\sin\theta)$ $k \cdot \delta \cdot R_c$ |
| 自重 $g$ | $0 \leqslant \theta \leqslant \frac{\pi}{2}$<br>$M = \left(\frac{3}{8}\pi - \theta \cdot \sin\theta - \frac{5}{6}\cos\theta\right)$ $g \cdot R_c^2$<br>$\frac{\pi}{2} \leqslant \theta \leqslant \pi$<br>$M = \left[-\frac{\pi}{8} + (\pi - \theta) \cdot \sin\theta - \frac{5}{6}\cos\theta - \frac{1}{2}\pi \cdot \sin^2\theta\right] \cdot g \cdot R_c^2$ | $0 \leqslant \theta \leqslant \frac{\pi}{2}$<br>$N = \left(\theta \cdot \sin\theta - \frac{1}{6}\cos\theta\right)g \cdot R_c$<br>$\frac{\pi}{2} \leqslant \theta \leqslant \pi$<br>$N = \left(-\pi \cdot \sin\theta + \theta \cdot \sin\theta + \pi \cdot \sin^2\theta - \frac{1}{6}\cos\theta\right)g \cdot R_c$ | $0 \leqslant \theta \leqslant \frac{\pi}{2}$<br>$Q = -\left(\theta \cdot \cos\theta + \frac{1}{6}\sin\theta\right)g \cdot R_c$<br>$\frac{\pi}{2} \leqslant \theta \leqslant \pi$<br>$Q = \left[(\pi - \theta)\cos\theta - \pi \cdot \sin\theta \cdot \cos\theta - \frac{1}{6}\sin\theta\right]g \cdot R_c$ |

注：1. $\theta$ 为管片断面内力计算位置的角度。中心角顺时针方向为正，隧道顶部为 0。

2. $R_c$ 为管片的轴线半径，即为衬砌圆环内圆半径与外圆半径之和的一半。

2)修正惯用法

错缝拼装的衬砌圆环,通过环间剪切键或凹凸榫等结构使接头部部分弯矩传递到相邻管片。对于错缝拼装的管片,挠曲刚度较小的接头承受的弯矩不同于与之邻接的挠曲刚度较大的管片承受的弯矩。事实上这种弯矩传递主要由环间剪切来完成。目前考虑接头的影响主要通过假定弯矩传递的比例来实现,并不是建立在对这种传递作用的机理之上,目前考虑隧道弯矩传递的计算方法中,国际隧协推荐两种估算方法,即 $\eta$-$\xi$ 法和旋转弹簧(半铰)($K$-$\xi$ 法)。

(1)$\eta$-$\xi$ 法

首先将衬砌环按均质圆环计算,但考虑纵缝接头的存在,导致整体抗弯刚度降低,取圆环抗弯刚度为 $\eta EI$($\eta$ 为抗弯刚性的有效率,$\eta \leqslant 1$),计及圆环水平直径处变位 $y$,两侧抗力 $p_k = ky$ 后,考虑错缝拼装管片接头部弯矩的传递,结构整体补强效果。错缝拼装弯矩重分配见图 5.3-4。

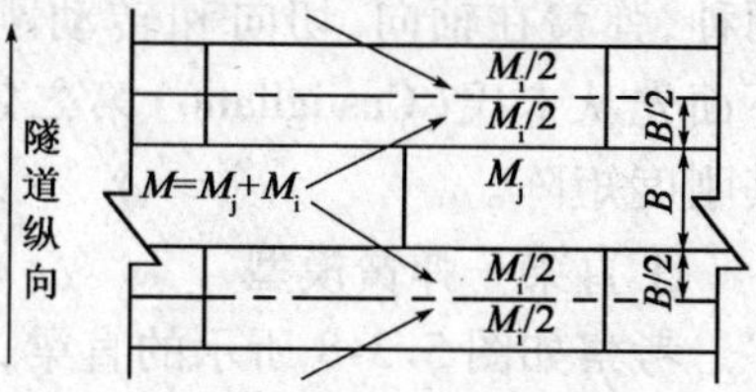

图 5.3-4 错缝拼装弯矩传递及分配示意图

接头处内力: $M_j = (1-\xi) \times M \qquad N_j = N$ (5.3-21)

管片: $M_s = (1+\xi) \times M \qquad N_s = N$ (5.3-22)

式中:$\xi$——弯矩调整系数;

$M$,$N$——分别为均质圆环计算弯矩和轴力;

$M_j$、$N_j$——分别为调整后的接头弯矩和轴力;

$M_s$、$N_s$——分别为调整后管片本体弯矩和轴力。

根据试验结果:$0.6 \leqslant \eta \leqslant 0.8$,$0.3 \leqslant \xi \leqslant 0.5$。如果管片环内没有接头,则 $\eta = 1$,$\xi = 0$。

(2)$K$-$\xi$ 法

在该法中用一个旋转弹簧(半铰)模拟接头,且假定弯矩与转角 $\theta$ 成正比,由此计算构件内力,如图 5.3-5 和式(5.3-23)所示。

$$M = K\theta \tag{5.3-23}$$

式中:$K$——旋转弹簧常数(kN·m/rad),通常根据试验来确定或根据以往设计计算的实践来确定。

如果管片环没有接头,则 $K = \infty$,$\xi = 0$。又若假定管片环的接头为铰接,则 $K = 0$,$\xi = 1$。

(3)梁—弹簧模型法(梁—接头连续变形法)

盾构隧道的衬砌结构通常由管片、管片间的连接螺栓及防水充填材料等组成,如图 5.3-6 所示。在隧道横断面上,管片常由螺栓连接成环;而在隧道纵向,则由纵向螺栓对缝或错缝拼接。结构设计中通常假设隧道管片材料处于弹性受力状态,并用梁—弹簧模型模拟构件系统

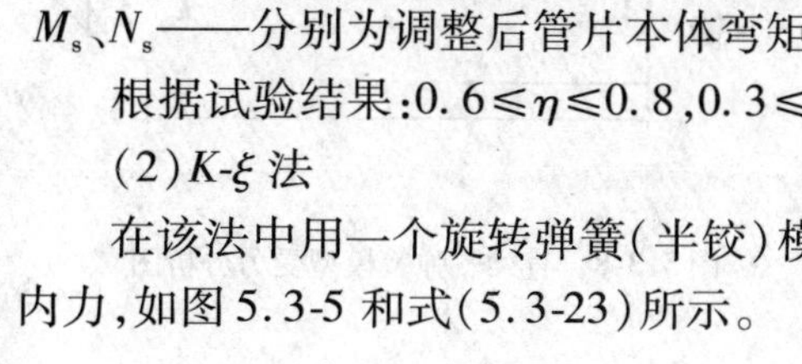

图 5.3-5 弹簧铰模型

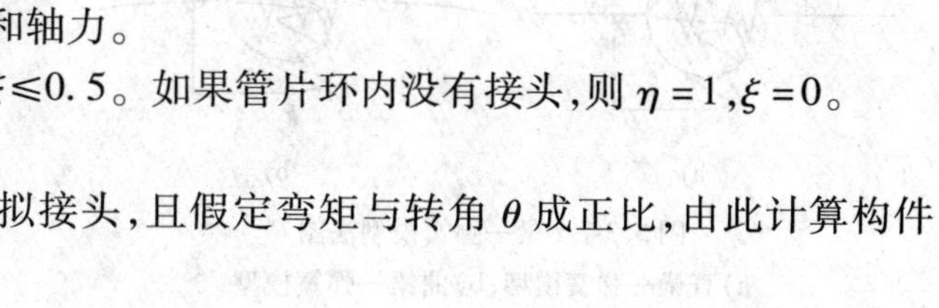

图 5.3-6 盾构隧道衬砌与管片图

的受力性态，即将管片视为梁，而将接头视为具有一定转动刚度的弹簧连接件，并以剪切弹簧评价错接头的拼接效应。其中梁可为直梁或曲梁，弹簧用于综合模拟管片接头的形式、螺栓和防水充填材料的性态。该方法称为梁—弹簧模型法。

应予指出，计算机分析中，如果将单元长度取得足够小，则用直梁单元取代曲梁单元时，两者计算结果仍非常接近。

梁—弹簧连续模型分为直梁—弹簧模型［图 5.3-7a)］和曲梁—弹簧模型［图 5.3-7b)］两种，弹簧在轴向、切向和转动刚度分别用轴向刚度 $k_n$、剪切刚度 $k_s$ 和转动刚度 $k_\theta$ 描述。下面先从卡氏（Castigliano）第二定理出发导出这两种模型的单元柔度，后由矩阵求逆得出其刚度矩阵。

①直梁—弹簧模型

考察如图 5.3-8 所示的直梁，两端附有弹簧系统。先假定结点 2 固定，结点 1 受到未知轴力 $N_1$、剪力 $Q_1$ 和弯矩 $M_1$ 的作用，两端在轴向、切向和转动方向的弹簧刚度参数为 $k_{ni}, k_{si}, k_{\vartheta i}$，$(i=1,2)$。线弹性条件下，系统的应变余能为：

$$U = \frac{1}{2}\int_0^l \frac{M^2}{EI}ds + \frac{1}{2}\int_0^l \frac{N^2}{EA}ds + \frac{1}{2}\int_0^l \frac{\mu Q^2}{GA}ds + \frac{1}{2}\sum_{i=1}^{2}\left(\frac{M^2}{k_{\vartheta i}} + \frac{N^2}{k_{ni}} + \frac{Q^2}{k_{si}}\right)\Bigg|_0^l \quad (5.3\text{-}24)$$

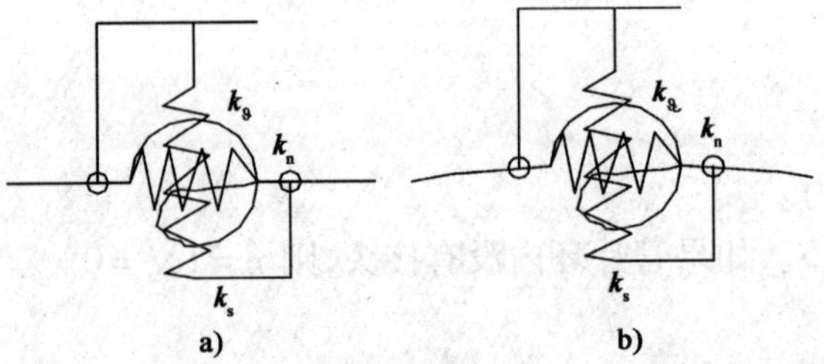


图 5.3-7　梁—弹簧模型法图

a) 直梁—弹簧模型；b) 曲梁—弹簧模型

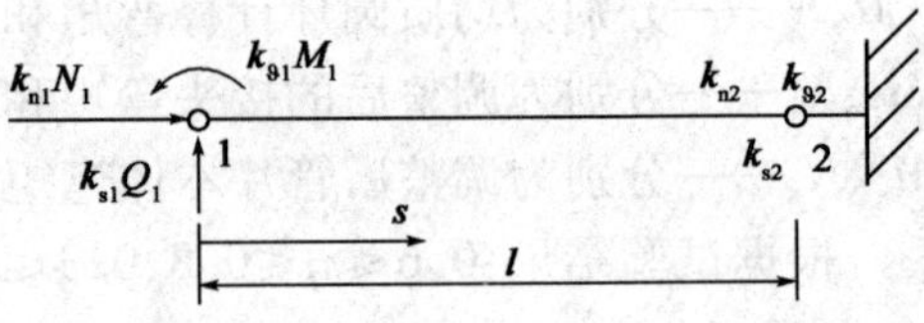


图 5.3-8　直梁—弹簧模型受力分析图

其中，$N = N_1$，$Q = Q_1$，$M = M_1 - Q_1 \cdot s$，$s$ 为计算点距结点 1 的距离；$E$，$G$ 分别为梁材料的弹性模量和剪切模量，$\mu$ 为其泊松比，$I$ 为惯性矩，$A$ 为截面积，$l$ 为单元的长度。

由卡氏第二定理，可知对结点 1 可在结点位移 $\{\delta_1\} = \{u_1 \quad v_1 \quad \theta_1\}^T$ 和结点力 $\{F_1\} = \{N_1 \quad Q_1 \quad M_1\}^T$ 之间建立矩阵关系式：

$$\{\delta_1\} = \begin{bmatrix} a_1 & 0 & 0 \\ 0 & b_1 & d_1 \\ 0 & d_1 & c_1 \end{bmatrix}\{F_1\} \quad (5.3\text{-}25)$$

式中：$a_1, b_1, c_1, d_1$——柔度矩阵的元素，有 $a_1 = \frac{l}{EA} + \frac{1}{k_{n1}} + \frac{1}{k_{n2}}$，$b_1 = \frac{l^3}{3EI} + \frac{1}{k_{s1}} + \frac{1}{k_{s2}} + \frac{l^2}{k_{\vartheta 2}}$，$c_1 = \frac{l}{EI} + \frac{1}{k_{\vartheta 1}} + \frac{1}{k_{\vartheta 2}}$，$d_1 = -\frac{l^2}{2EI} - \frac{l}{k_{\vartheta 2}}$。由于上式中的 $GA$ 项对变形影响较小，公式推导时已将其忽略。

对上式求逆，得：

$$\{F_1\} = [k_{11}]\{\delta_1\} \quad (5.3\text{-}26)$$

其中：

$$\{k_{11}\} = \begin{bmatrix} \frac{1}{a_1} & 0 & 0 \\ 0 & \frac{c_1}{g_1} & -\frac{d_1}{g_1} \\ 0 & -\frac{d_1}{g_1} & \frac{b_1}{g} \end{bmatrix}, g_1 = b_1c_1 - d_1^2 \tag{5.3-27}$$

对结点2,可利用静力平衡关系得出结点力$\{F_2\}$的表达式:

$$\{F_2\} = [A]\{F_1\}, [A] = \begin{bmatrix} -1 & 0 & 0 \\ 0 & -1 & 0 \\ 0 & l & -1 \end{bmatrix} \tag{5.3-28}$$

则有:

$$\{F_2\} = [k_{21}]\{\delta_1\} \tag{5.3-29}$$

其中:$[k_{21}] = [A][k_{11}]$,$\{F_2\} = \{N_2 \quad Q_2 \quad M_2\}^{\mathrm{T}}$。

同理由先固定结点1(即令该点位移$\{\delta_1\}$为零),可知对结点2可得力与位移之间的关系式:

$$\{F_2\} = [k_{22}]\{\delta_2\} \tag{5.3-30}$$

其中:$\{\delta_2\} = \{u_2 \quad v_2 \quad \theta_2\}^{\mathrm{T}}$

$$\{k_{22}\} = \begin{bmatrix} \frac{1}{a_2} & 0 & 0 \\ 0 & \frac{c_2}{g_2} & -\frac{d_2}{g_2} \\ 0 & -\frac{d_2}{g_2} & \frac{b_2}{g_2} \end{bmatrix} \tag{5.3-31}$$

式中:$a_2 = a_1$;$c_2 = c_1$;$b_2 = \frac{l^3}{3EI} + \frac{1}{k_{s1}} + \frac{1}{k_{s2}} + \frac{l^2}{k_{\vartheta 1}}$;$d_2 = \frac{l^2}{2EI} + \frac{l}{k_{\vartheta 1}}$;$g_2 = b_2c_2 - d_2^2 = g_1$。

由静力平衡关系,可知对结点1的结点力$\{F_1\}$,有:

$$\{F_1\} = [A]^{-1}\{F_2\} \tag{5.3-32}$$

可得:

$$\{F_1\} = [k_{12}]\{\delta_2\} \tag{5.3-33}$$

由对称性关系不难证明$[k_{12}] = [k_{21}]$。

将结点位移$\{\delta_1\}$、$\{\delta_2\}$视为基本未知量,则由将上述两种情形的结点力叠加,即可对直梁—弹簧单元得出结点力与结点位移之间的关系式:

$$\begin{Bmatrix} F_1 \\ F_2 \end{Bmatrix} = \begin{bmatrix} k_{11} & k_{12} \\ k_{21} & k_{22} \end{bmatrix} \begin{Bmatrix} \delta_1 \\ \delta_2 \end{Bmatrix} = \begin{bmatrix} k_{11} & Ak_{11} \\ Ak_{11} & k_{22} \end{bmatrix} \begin{Bmatrix} \delta_1 \\ \delta_2 \end{Bmatrix} = [K] \begin{Bmatrix} \delta_1 \\ \delta_2 \end{Bmatrix} \tag{5.3-34}$$

②曲梁—弹簧模型

对于如图5.3-9所示的曲梁—弹簧模型系统,结点2固定时,其上任意点$P$的内力的计算式可表示为:

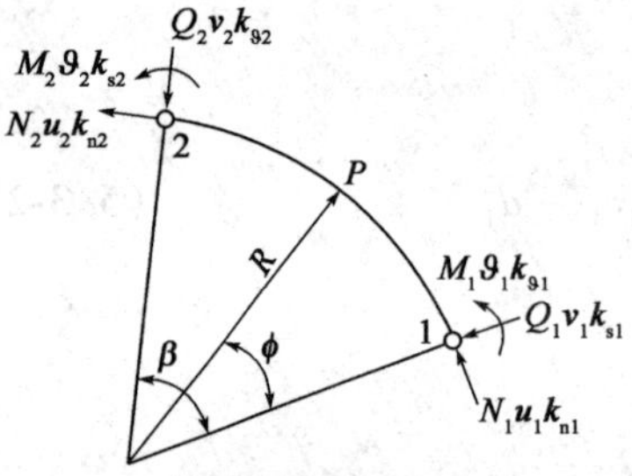

图 5.3-9　曲梁—弹簧模型受力分析图

β-曲梁元全长所对应的圆心角

$$\left.\begin{aligned} N &= N_1\cos\phi + Q_1\sin\phi \\ Q &= -N_1\sin\phi + Q_1\cos\phi \\ M &= M_1 + N_1R(1-\cos\phi) - Q_1R\sin\phi \end{aligned}\right\}\quad (0\leqslant\phi\leqslant\beta) \tag{5.3-35}$$

式中：$R$——圆曲线半径；

$\phi$——任意点 $P$ 与结点 1 间的圆弧所对的圆心角。

公式推导中，可利用上述同样的方法，首先建立结点力 $\{F_1\}$、$\{F_2\}$ 与结点位移 $\{\delta_1\}$ 间的关系式：

$$\{F_1\} = [K_{11}]\{\delta_1\},\{F_2\} = [K_{21}]\{\delta_1\} \tag{5.3-36}$$

对于结点 1 固定的情形，类似有：

$$\{F_2\} = [K_{22}]\{\delta_2\},\{F_1\} = [K_{12}]\{\delta_2\} \tag{5.3-37}$$

式中：$[K_{11}]=[C_{11}]^{-1}$；$[K_{22}]=[C_{22}]^{-1}$；$[K_{21}]=[A][K_{11}]$；$[K_{12}]=[A]^{-1}[K_{22}]$；$[C_{11}]$、$[C_{22}]$ 为柔度矩阵，并有 $[C_{11}]=[\delta_{kl}^1]_{3\times3}$、$[C_{22}]=[\delta_{kl}^2]_{3\times3}$。

$$[A] = \begin{bmatrix} -\cos\beta & -\sin\beta & 0 \\ \sin\beta & -\cos\beta & 0 \\ R(\cos\beta-1) & R\sin\beta & 1 \end{bmatrix} \tag{5.3-38}$$

式中：$R$、$\beta$——分别为曲梁的半径和圆心角。

③总体坐标系下（图 5.3-10）的刚度矩阵

得出局部坐标系下的刚度矩阵 $[K]$ 后，需将其转换为总体坐标系下的刚度矩阵 $[K_G]$，计算式为：

$$[K_G] = \begin{bmatrix} T_1 & \\ & T_2 \end{bmatrix}[K]\begin{bmatrix} T_1 & \\ & T_2 \end{bmatrix}^{T} \tag{5.3-39}$$

$$[T_i] = \begin{bmatrix} \cos\alpha_i & -\sin\alpha_i & 0 \\ \sin\alpha_i & \cos\alpha_i & 0 \\ 0 & 0 & 1 \end{bmatrix}\quad (i=1,2) \tag{5.3-40}$$

式中：$[T_i](i=1,2)$——坐标转换矩阵；

$\alpha_i(i=1,2)$——分别为结点 1、2 处曲梁的切线方向与 $x$ 轴间的夹角。对于直梁—弹簧模型，$\alpha_1=\alpha_2$。

(4)梁—接头不连续变形法

鉴于盾构隧道衬砌结构相邻管片间在构造上存在不连续面，模拟管片时，宜引入以考虑点与点接触为特征的接头单元模拟管片间接头的不连续性，如图 5.3-11 所示。梁单元的刚度矩阵仍与梁—弹簧连续模型相同，以下仅讨论接头单元刚度的建立与表述。

图 5.3-11 中接头元由两个结点组成，故相邻管片间变形的不连续性可由局部坐标系 $n$，$s$ 中结点 1、2 间的三个相对位移量表示，即：

$$\Delta u = u_1' - u_2' \quad \Delta v = v_1' - v_2' \quad \Delta\vartheta = \vartheta_1' - \vartheta_2' \tag{5.3-41}$$

对局部坐标系，将两根梁之间夹角的平分线方向定义为 $s$ 方向，并以指向洞内为正；垂直于 $s$ 的方向为 $n$ 方向，并以逆时针方向为正，如图 5.3-12 所示。相应地，$\Delta u$ 为接头沿 $n$ 方向的相对轴向位移，$\Delta v$ 为沿 $s$ 方向的相对切向位移，$\Delta\vartheta$ 为相对转角；$u_i'$，$v_i'$，$\vartheta_i'(i=1,2)$ 为局部坐标

系中结点 $i$ 的位移分量。

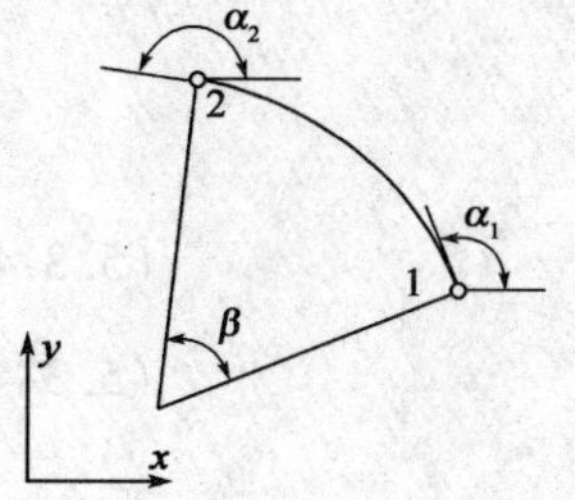


图 5.3-10　总体坐标系中结点方向角图

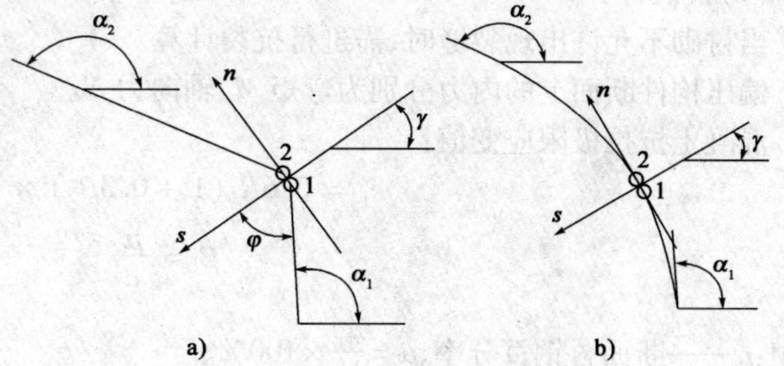


图 5.3-11　梁—接头不连续模型图

a) 直梁—接头元；b) 曲梁—接头元

与平面情况下考虑转动效应的线与线接触或三维情况下面与面接触的 Goodman 节理元类似，外力作用下接头元的力与变形的关系为：

$$\{F\} = [K]\{\Delta d\} \tag{5.3-42}$$

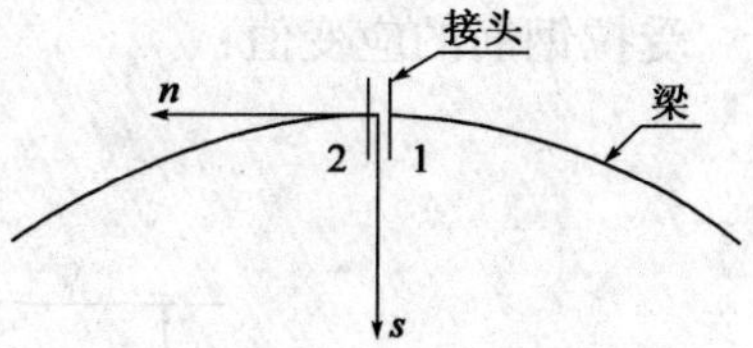


图 5.3-12　曲梁—接头关系图

式中，$\{F\} = \{N \quad Q \quad M\}^{\mathrm{T}}$，$N,Q,M$ 分别为接头元在 $n,s$ 方向上的力和弯矩；$\{\Delta d\} = \{\Delta u \quad \Delta v \quad \Delta\vartheta\}^{\mathrm{T}}$；$[K] = \mathrm{diag}[k_{\mathrm{n}} \quad k_{\mathrm{s}} \quad k_{\vartheta}]$。

将 $u_i', v_i', \vartheta_i'$ 转换为相关梁局部坐标系中的位移分量 $\{\delta\} = \{u_1 \quad v_1 \quad \vartheta_1 \quad u_2 \quad v_2 \quad \vartheta_2\}^{\mathrm{T}}$，则对 $\{\Delta d\}$ 有：

$$\{\Delta d\} = [A]\{\delta\} \tag{5.3-43}$$

式中：$[A]$——转换矩阵。

由此可得：

$$[K_{\mathrm{J}}] = [A]^{\mathrm{T}}[K][A] \tag{5.3-44}$$

式中：$[K_{\mathrm{J}}]$——接头元在局部坐标系下的刚度矩阵。

类似地，接头元在总体坐标系下的刚度矩阵为：

$$[K_{\mathrm{G}}] = [T][K_{\mathrm{J}}][T]^{\mathrm{T}} \tag{5.3-45}$$

有：

$$[K_{\mathrm{G}}] = \begin{bmatrix} A_1 & A_3 & 0 & -A_1 & -A_3 & 0 \\ & A_2 & 0 & -A_3 & -A_2 & 0 \\ & & k_{\vartheta} & 0 & 0 & -k_{\vartheta} \\ & & & A_1 & A_3 & 0 \\ & & & & A_2 & 0 \\ sym. & & & & & k_{\vartheta} \end{bmatrix} \tag{5.3-46}$$

式中，$A_1 = k_{\mathrm{n}}\sin^2\gamma + k_{\mathrm{s}}\cos^2\gamma$；$A_2 = k_{\mathrm{n}}\cos^2\gamma + k_{\mathrm{s}}\sin^2\gamma$；$A_3 = (k_{\mathrm{s}} - k_{\mathrm{n}})\cos\gamma\sin\gamma$；$\gamma = \alpha_1 - \varphi$；$\alpha_1$ 为梁单元 1 起点切线的方向角（逆时针转）；$\varphi$ 为两相邻梁单元夹角的一半。

## 四、抗裂及裂缝限制的计算

对一些使用要求较高的隧道工程，衬砌必须进行抗裂或裂缝宽度限制的计算，以防止钢筋锈蚀而影响工程使用寿命。

(1)抗裂计算

当衬砌不允许出现裂缝时,需进行抗裂计算。

偏压构件断面上的内力分别为弯矩 $M$、轴向力 $N$。

混凝土抗拉极限应变值:

$$\varepsilon_1 = 0.6R_1(1 + 0.3\beta^2) \times 10^{-5} \tag{5.3-47}$$

$$\beta = \frac{\mu}{d} \tag{5.3-48}$$

式中:$\mu$——断面含钢百分率,$\mu = \frac{A_g}{bh} \times 100\%$;

$d$——钢筋平均直径(cm);

$\varepsilon_1$——$\varepsilon_1$ 的取值为 $\varepsilon_1 \approx 1.5 \sim 2.5 \times 10^{-4}$。

受拉钢筋的应变值:

$$\varepsilon_g = \frac{h_0 - x}{h - x}\varepsilon_1 \tag{5.3-49}$$

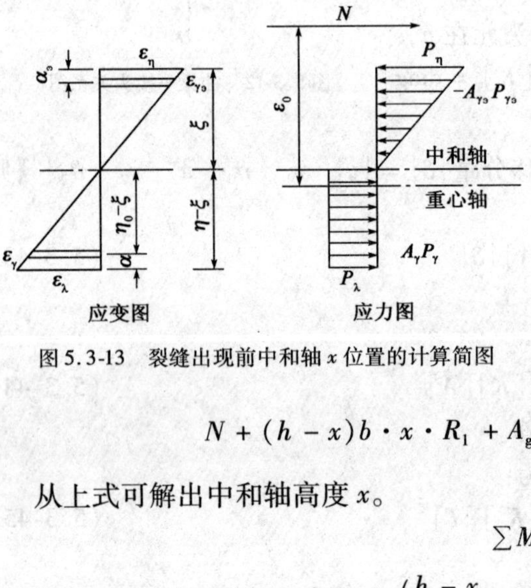


图 5.3-13 裂缝出现前中和轴 $x$ 位置的计算简图

混凝土最大压应变:

$$\varepsilon_h = \frac{x}{h - x_1}\varepsilon_1 \tag{5.3-50}$$

受压钢筋的应变值:

$$\varepsilon'_g = \frac{x - a'}{x}\varepsilon_h = \frac{x - a'}{h - x}\varepsilon_1 \tag{5.3-51}$$

求出裂缝出现前的中和轴 $x$ 的位置(图5.3-13)。

$$\sum X = 0$$

$$N + (h - x)b \cdot x \cdot R_1 + A_g\varepsilon_g E_g = A'_g\varepsilon'_g E_g + \frac{1}{2}R_h \cdot x \cdot b \tag{5.3-52}$$

从上式可解出中和轴高度 $x$。

$$\sum M_{A_g} = 0$$

$$KN(e_0 + h_0 - x) + (h - x)b \cdot R_1\left(\frac{h - x}{2} - a\right) = \frac{1}{2}R_h \cdot x \cdot b\left(\frac{2}{3}x + h_0 - x\right) + A'_g R'_g(h_0 - a') \tag{5.3-53}$$

由上式可解出 $K$。

如对偏心距 $e_0$ 取矩:

$$N(K_{e_0}e_0 + h_0 - x) + (h - x)b \cdot R_1\left(\frac{h - x}{2} - a\right) = \frac{1}{2}R_h \cdot x \cdot b\left(\frac{2}{3}x + h_0 - x\right) + A'_g R'_g(h_0 - a') \tag{5.3-54}$$

式中:$A'_g$、$A_g$——受压、受拉钢筋面积($mm^2$);

$R_h$——裂缝出现前混凝土压应力(MPa);

$b$、$h$——衬砌断面的宽度、高度(mm);

$\varepsilon_1$、$\varepsilon_g$——混凝土截面纤维最大拉应变和受拉钢筋应变值;

$\varepsilon_h$、$\varepsilon'_g$——混凝土截面纤维最大压应变和受压钢筋应变值；

$E_h$、$E_g$——混凝土构件和钢筋的弹性模量(MPa)。

由上式可求出 $K_{e_0}$

$K$ 或 $K_{e_0}$ 都要求大于或等于1.3。

一般隧道衬砌结构常处于偏心受压状态，由于衬砌结构受荷情况常常是不够明确，从实际的大偏心受压状态下，结构的承载能力往往是由受拉情况下特别是弯矩 $M$ 值控制，故为偏于安全计，常按 $K_{e_0}$ 验算($K_{e_0}$ 为对偏心距 $e_0$ 取 $K_{e_0}$)。

(2)裂缝宽度验算

对于裂缝宽度限制的计算可参阅混凝土结构设计规范、水工结构设计规范等。

## 五、衬砌断面强度计算

衬砌结构根据不同工作阶段的最不利内力，分别进行正负弯矩的偏压构件强度计算和截面选择。

基本使用荷载阶段隧道衬砌构件的强度计算，可按《混凝土结构设计规范》(GB 50010—2010)进行。

基本使用荷载和特殊荷载组合阶段的强度安全系数可按特殊规定进行。

由于隧道衬砌结构的接缝部分刚度较为薄弱，通过相邻环间采用错缝拼装以及利用纵向螺栓或环缝面上的凹凸榫槽加强接缝刚度。这样，接缝部位上的部分弯矩 $M$ 值可通过纵向构造设置，传递到相邻环的截面上去(环缝面上的纵向传递能力必须事先估算并于事后通过结构试验予以检定)。从国外的一些资料来看，这种纵向传递能力大致为(20%～40%)$M$。这样，断面强度计算时，其弯矩 $M$ 值应乘以传递系数1.3，而接缝部位则乘以折减系数0.7。

## 六、衬砌圆环的直径变形计算

为满足隧道使用和结构计算的需要，必须对衬砌圆环的直径变形量计算和控制，直径变形的计算可采用一般结构力学方法求得。由于变形计算与衬砌圆环刚度 $EI$ 值有关，装配式衬砌组成正圆环 $EI$ 值很难用计算方法表达出来，必须通过衬砌结构整环试验测得，从国外的一些有关资料知道衬砌实测的刚度 $EI$ 值远比理论计算的 $EI$ 值为小，其比例可称为刚度效率 $\eta$，$\eta$ 值与隧道衬砌直径，断面厚度、接缝构造，位置及其数量等均有密切关系，大致 $\eta$ 为0.25～0.8。

衬砌圆环的水平直径变形计算(图5.3-14)。

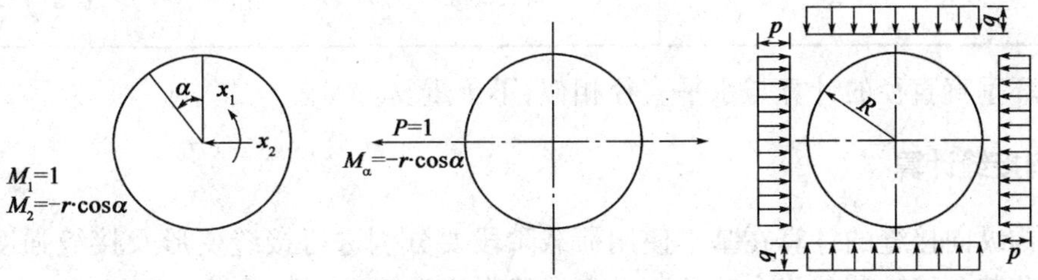


图5.3-14　衬砌圆环水平直径变形计算简图

$$M_1 = 1$$

$$M_2 = -r\cos\alpha$$

$$\delta_{11} = \int \frac{M_1^2 \mathrm{d}s}{EI}$$

$$\delta_{22} = \int \frac{M_2^2 \mathrm{d}s}{EI}$$

$$M_a = -r\cos\alpha$$

$$\delta_{1a} = \int \frac{M_1 \cdot M_a \mathrm{d}s}{EI}$$

$$\delta_{2a} = \int \frac{M_2 \cdot M_a \mathrm{d}s}{EI}$$

$$M_q = -\frac{1}{2}q \cdot (r\sin\alpha)^2$$

$$M_P = -\frac{1}{2}Pr^2(1 - r\cos\alpha)^2$$

$$\delta_{aq} = \int \frac{M_a \cdot M_q \mathrm{d}s}{EI}$$

$$\delta_{aP} = \int \frac{M_a \cdot M_P \mathrm{d}s}{EI}$$

$$y_{水平} = x_1 \cdot \delta_{1a} + x_2 \cdot \delta_{2a} + \delta_{aP} + \delta_{aq}$$

式中：$x_1$、$x_2$——已解出的圆环超静定内力。

下面列出各种荷载条件下的圆环水平直径变形系数（表5.3-4）。

**各种荷载条件下的圆环水平直径变形系数** 表5.3-4

| 编号 | 荷重形式 | 水平直径处（半径方向） | 图示 |
|---|---|---|---|
| 1 | 铅直分布荷重 $q$ | $\frac{1}{12}q \cdot r^4/EI$ | 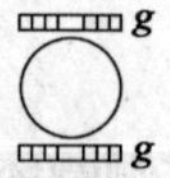 |
| 2 | 水平均布荷重 $p$ | $-\frac{1}{12}p \cdot r^4/EI$ |  |
| 3 | 等边分布荷重 | 0 |  |
| 4 | 等腰三角形分布荷重 | $-0.0454p_k r^4/EI$ | 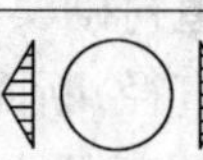 |
| 5 | 自重 | $0.1304g \cdot r^4/EI$ |  |

衬砌圆环垂直直径的计算与水平直径相似，不予重复。

## 七、纵向接缝计算

衬砌结构纵向接缝的计算在基本使用荷载阶段要分别进行接缝变形及接缝强度的计算。在基本使用荷载和特殊荷载组合阶段要进行接缝强度计算。

（1）接缝张开的验算

管片拼装之际由于受到螺栓预应力 $\sigma_1$ 的作用，在接缝上产生预压应力 $\sigma_{c1}$、$\sigma_{c2}$（图5.3-15）。

接缝上的预压应力 $\sigma_{c1}$、$\sigma_{c2}$：

$$\frac{\sigma_{c1}}{\sigma_{c2}} = \frac{N}{F} \pm \frac{Ne_0}{W} \tag{5.3-55}$$

$$N = \sigma_1 \cdot A_g \tag{5.3-56}$$

式中：$N$——螺栓预应力 $\sigma_1$ 引起的轴向力；

$e_0$——螺栓与重心轴偏心距；

$F$、$W$——衬砌截面面积（$m^2$）和截面距（$m^3$）。

当接缝受到外荷后的应力状态（图 5.3-16）：

$$\frac{\sigma_{c1}}{\sigma_{c2}} = \frac{N}{F} \pm \frac{Ne_0}{W} \tag{5.3-57}$$

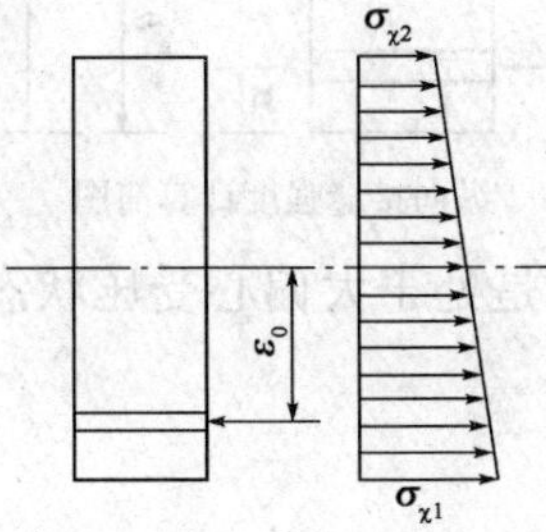

图 5.3-15　接缝预压应力

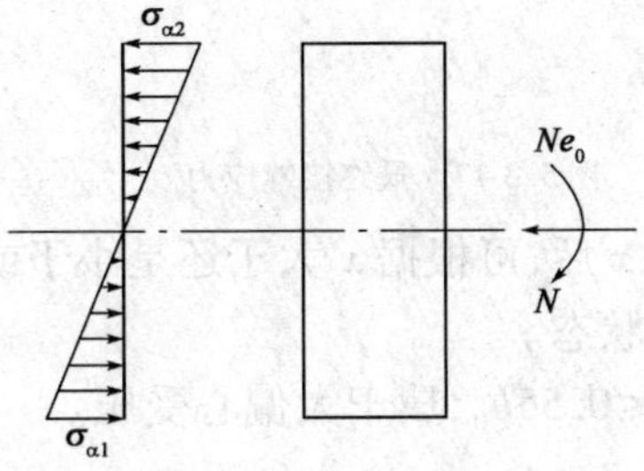

图 5.3-16　外力作用下的接缝受力状态

最终接缝应力（图 5.3-17）：

$$\sigma_p = \sigma_{a2} - \sigma_{c2}, \sigma_c = \sigma_{c1} + \sigma_{a1} \tag{5.3-58}$$

接缝变形量：

$$\Delta l = \frac{\sigma_p}{E} l \tag{5.3-59}$$

式中：$E$——防水涂料抗拉弹性模量（MPa）；

$l$——涂料厚度（m）。

当 $\sigma_p$ 出现拉应力，而 $\sigma_p$ 又小于接缝涂料与接缝面的黏结力或其变形量在涂料的弹性变形范围内，则接缝不会张开或接缝虽有一定张开而不影响接缝防水使用要求。

（2）纵向接缝强度计算

由装配式衬砌结构组成的隧道衬砌，接缝是结构最关键的部位，从实际的一些试验来看，装配式衬砌结构破坏大都开始于薄弱的接缝处，因此接缝构造设计及其强度计算在整个结构设计中尤其重要。而接缝的强度计算方法目前大都很不完善，都采用一种近似的计算方法，实际的接缝承载能力必须通过接头试验和整环试验求得，所以目前对装配式钢筋混凝土管片结构的接头试验进行得较为广泛和普遍。接缝强度的安全系数可以根据工程实际的使用要求进行确定，一般接缝强度的安全系数应大于断面强度安全系数。

接缝强度计算方法中，近似地把螺栓看作受拉钢筋按钢筋混凝土截面进行。

接缝计算时，一般先假定螺栓直径，数量和位置，然后对接缝强度的安全度进行验算。

计算中和轴 $x$（图 5.3-18）：

$$\sum M_N = 0$$

$$b \cdot x \cdot R_W \left(e - h_0 + \frac{x}{2}\right) - A_g R_g e = 0 \tag{5.3-60}$$

$$x = h_0 - e + \sqrt{(h_0 - e)^2 - \frac{2A_g R_g e}{bR_W}} \tag{5.3-61}$$

式中：$e = e_0 + \frac{h}{2} - a$。

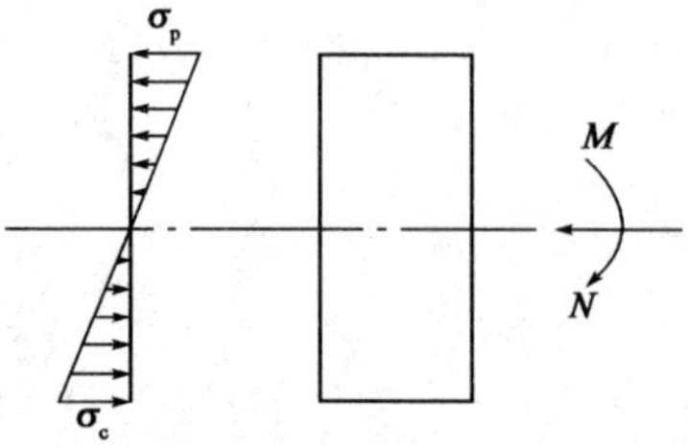


图 5.3-17　最终接缝应力

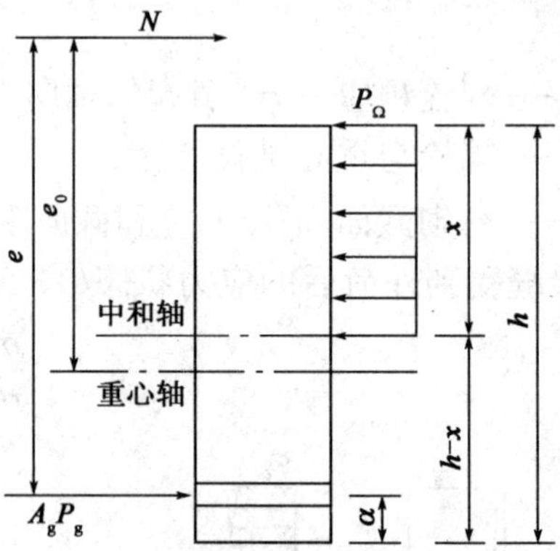


图 5.3-18　纵向接缝强度计算简图

解出 $x$ 后，可根据 $x$ 大于还是小于或等于 $0.55h_0$ 决定断面是处于大偏心受压状态还是小偏心受压状态。

当 $x \leqslant 0.55h_0$，属于大偏心受压。

$$\sum M_{R_W} = 0$$

$$N\left(K_{e_0}e_0 - \frac{h}{2} + \frac{x}{2}\right) = A_gR_g\left(h_0 - \frac{x}{2}\right) \tag{5.3-62}$$

$$K_{e_0} = \frac{A_gR_g\left(h_0 - \frac{x}{2}\right) + N\left(\frac{h}{2} - \frac{x}{2}\right)}{Ne_0} \tag{5.3-63}$$

当 $x > 0.55h_0$ 时属于小偏心受压。

$$\sum M_{A_g} = 0$$

$$K = \frac{0.55bh_0^2R_a}{Ne} \tag{5.3-64}$$

计算出来的 $K$ 或 $K_{e_0}$ 在基本使用荷载阶段要满足≥1.55 的要求，在基本使用荷载和特殊荷载组台阶段则必须满足特殊规定的需要。纵向接缝中环向螺栓位置 $a$（高度）的设置（图 5.3-19）。在设有双排螺栓时（管片厚度大于 400mm），内外排螺栓孔的位置离管片内外两侧不小于 100mm，而当仅设有单排螺栓时，则螺栓孔位置大致为管片厚度的 1/3 处。

对箱形管片的端肋厚度也需要进行必要的验算。验算时可近似地接三边固定，一边自由的钢筋混凝土板进行计算，一般箱形管片端肋厚度大致等于或略大于环肋的宽度。

由于端肋厚度的确定关联着接缝的承载能力和成千上万只螺栓的长度，对衬砌造价具有一定影响，必须慎重对待。

曾对箱形管片的端肋结果进行了观测试验。试验说明，由于环向螺栓集中分布在端肋沿宽度方向的中间，端肋具有一定的柔性，中间部位变形小，而两侧则变形大，由于接缝柔性的存在使接缝上的几个螺栓表现出不同的工作效能，两旁侧螺栓的工作效能为 100%，则中间螺栓约为 90%。端肋在承受正弯矩时破坏的迹象是先在端肋与环肋交界处出现裂缝，随着荷载的增加，在螺栓附近出现八字裂缝，荷载继续增加，交界处裂缝和八字裂缝宽度增加，到接近破坏荷载时，新的裂缝不断增加，交界处裂缝和八字裂缝宽度大致达到 1mm 左右（图 5.3-20），端肋构造钢筋可见图 5.3-21。

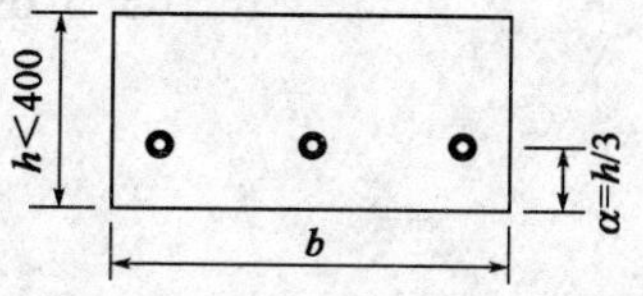


图 5.3-19　环向接缝强度计算简图

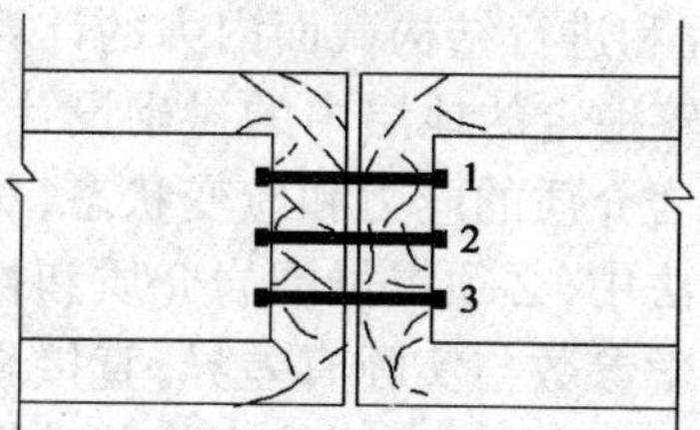


图 5.3-20　八字裂缝

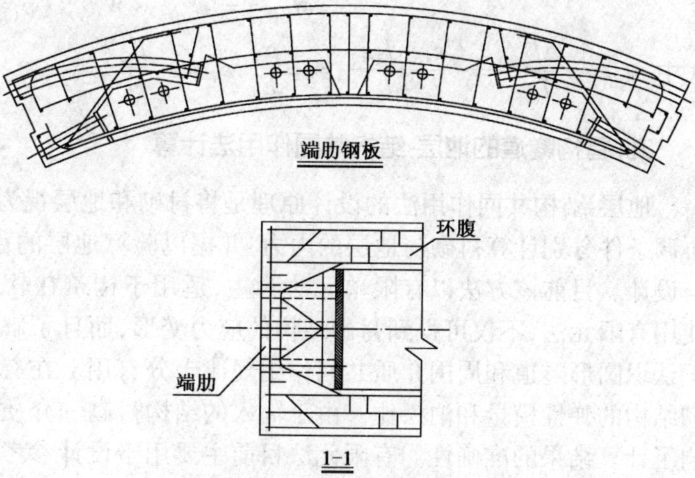


图 5.3-21　端肋构造钢筋配置图

平板形管片纵缝上的螺栓钢盒是接缝上的主要受力构件，螺栓在受力后通过螺栓钢盒传到管片上去，螺栓钢盒，特别是端板的选择的设计原则，应与螺栓等强。螺栓钢盒的端板也可近似地按三边固定，一边自由的双向板进行计算。从试验资料及已有使用资料来看，钢盒端板厚度大致为螺栓直径的 0.65 ~0.75 倍。

螺栓钢盒耗钢量较多，约占整个衬砌用钢量的 20% ~25%，若应用在大直径的隧道衬砌中，则所占比例更大，不太经济。

## 八、环缝的近似计算

盾构在地层中推进，由于施工工艺的复杂多变，其影响和扰动地层的程度在沿隧道纵向长度范围内也有所不同。装配式隧道衬砌建造在这种地层内，就会引起隧道纵向变形，由于装配式隧道衬砌接缝密封情况不好，引起隧道底部漏水漏泥，从而产生隧道不均匀沉降和环面的相互错动。此外，隧道穿越建筑物，隧道的立体交叉(盾构推进时千斤顶顶力引起的大偏心荷重，瞬时局部动荷重的作用，都会引起隧道纵向变形。衬砌的环缝构造必须满足上述的各种因素，而在环缝构造的设计中对纵向螺栓的选择是最重要的。

环缝是由钢筋混凝土管片和纵向螺栓两部分组成。环缝的合成纵向强度可按以下公式进行计算。

环缝的综合伸长量：

$$\Delta l = \Delta l_1 + \Delta l_2 \tag{5.3-65}$$

管片伸长量：

$$\Delta l_1 = \frac{Ml_1}{E_1 W_1} \tag{5.3-66}$$

纵向螺栓伸长量：

$$\Delta l_2 = \frac{Ml_2}{E_2 W_2} \tag{5.3-67}$$

式中：$l_1, E_1, W_1$——分别为衬砌环宽(m)，弹性模量(MPa)，截面模量($m^3$)；

$l_2, E_2, W_2$——分别为纵向螺栓的长度(m)，弹性模量(MPa)，截面模量($m^3$)。

环缝的合成刚度：

$$EW_{合} = \frac{M(l_1 + l_2)}{\Delta l} = \frac{M(l_1 + l_2)}{\dfrac{Ml_1}{E_1 W_1} + \dfrac{Ml_2}{E_2 W_2}} = \frac{l_1 + l_2}{\dfrac{l_1}{E_1 W_1} + \dfrac{l_2}{E_2 W_2}} l \tag{5.3-68}$$

环缝的合成抗弯强度：

$$M_{(合)} = E_{(合)} \cdot W_{(合)} \cdot \varepsilon_{(合)} \tag{5.3-69}$$

式中：$\varepsilon_{(合)} = \dfrac{\Delta l_{(合)}}{l_{(合)}} = \dfrac{l_1\varepsilon_1 + l_2\varepsilon_2}{l_1 + l_2}$；$\varepsilon_2 = \dfrac{\sigma_2}{E_2}$，$\varepsilon_1 = \varepsilon_2 \dfrac{E_2 W_2}{E_1 W_1}$。

## 九、盾构隧道的地层-结构共同作用法计算

地层-结构共同作用法的设计原理是将衬砌和地层视为整体共同受力的统一体系，按变形协调条件分别计算衬砌与地层的内力，并据以验算地层的稳定性和进行结构截面内力的计算与设计。目前该方法以有限单元法为主，适用于构筑在软岩或较稳定的地层内的衬砌设计。使用有限元法，不仅可得到衬砌结构的应力变形，而且了解周围岩介质的应力和应变状态，对于认识圆形隧道和周围介质共同作用规律十分有用。在有限元法中，必须提供围岩介质和衬砌结构的弹性模量和泊松比。由于输入的结构衬砌和介质的力学参数与实际有差异，直接影响了计算结果的准确性。有限元法目前主要用于设计参考或科学研究，国内还较少将其计算结果直接用于设计。

1)施工工况的模拟(图 5.3-22)

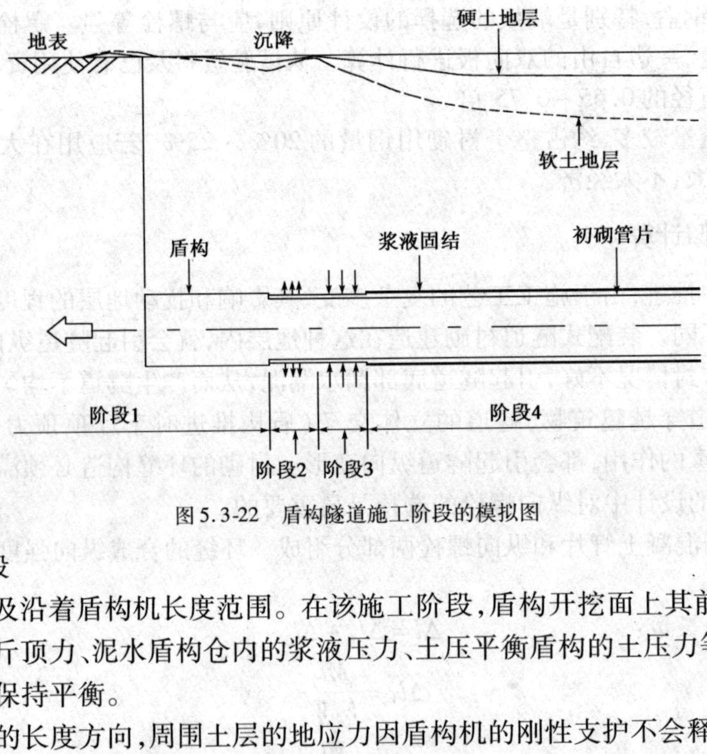


图 5.3-22　盾构隧道施工阶段的模拟图

(1)挖土阶段

包括开挖面及沿着盾构机长度范围。在该施工阶段，盾构开挖面上其前方的土压与后方的支护压力如千斤顶力、泥水盾构仓内的浆液压力、土压平衡盾构的土压力等以及盾构机与土层之间的摩擦力保持平衡。

沿着盾构机的长度方向，周围土层的地应力因盾构机的刚性支护不会释放，但需要考虑盾构推进时盾构机与土层间摩擦力引起的对周围土层的扰动。根据量测变形，泥水盾构在硬土地层中由于较易形成泥水环，不会引起变形，但在软土地层中会引起小的变形。

(2)盾尾注浆阶段

盾构外径与衬砌外径间一般存在 7cm 的建筑空隙，每推进一环的空隙量约为 $1m^3$ 以上。为减少因空隙引起的土体变形，在盾尾脱离前，随着盾构机推进，从盾尾向衬砌环外围进行注浆。浆液由粉煤灰、石灰、膨润土和水等配制而成。考虑到浆液固结收缩、浆液流失和土层扰动后的固结沉降等因素，注入率(注入量/盾尾空隙量)一般为 120% ~130%。对泥水盾构，硬土地层中，盾尾的内部压力取决于盾构机外围比注浆压力大的泥浆压力；在软土地层中，盾尾

的内部压力取决于注浆压力；对土压平衡盾构，盾尾内部压力等于注浆压力。

另外，注浆压力也与衬砌管片强度、盾构机的形式以及浆液材料等有关。注浆压力一般为0.2～0.4MPa。

(3)盾尾脱开阶段

因盾尾脱开，衬砌与土层间的空隙将闭合，故最易发生突沉。该施工阶段的沉降大小依赖于注浆技术。可采用的注浆技术有四种：同步注浆、半同步注浆、瞬时注浆和后注浆。在盾尾脱开的同时进行注浆的，称为同步注浆；注浆迟于盾尾脱开的，称为半同步注浆。注浆技术的选择还与地层条件、注浆设备、隧道横断面要求以及盾尾结构形式等有关。

(4)固结沉降阶段

注浆材料随时间的凝固以及土体的固结将引起衬砌与地层之间的相互作用。一方面，随着浆液材料的凝固，地层的变形渐渐受到约束而将外荷载传递至衬砌结构上；另一方面，地层变形也会因土体的固结而随着时间增长。因此在该施工阶段，外荷载如水土压力和注浆压力等能传递至并且大多数作用在衬砌结构上。为了解这种衬砌结构的力学行为，需研究注浆材料的凝固和注浆压力的作用方式。

2)施工阶段的有限元模拟

对于上述四个施工阶段，采用有限元方法按二维问题进行模拟计算时，可依据经验或由现场量测得到的位移分别选定不同的初始地应力释放系数，据以反映不同施工阶段的变化。

在第一施工阶段，初始地应力释放系数可取为0～0.1。在第二施工阶段，衬砌管片已经拼装，注浆压力也已施加，故应考虑注浆压力与初始地应力释放的综合作用，释放系数将与注浆压力的大小有关。在第三施工阶段，应力释放主要由盾尾空隙引起，故初始地应力释放系数与空隙体积有关。在最后施工阶段，所有剩余的地应力都将释放。

各施工阶段的状态变化可由下式表示：

$$([K_0] + [\Delta K]_i)\{\Delta\delta\}_i = \{\Delta F_r\}_i + \{\Delta F_a\}_i \quad (i = 1,\cdots,L) \tag{5.3-70}$$

式中：$L$——施工阶段数；

$[K_0]$——土体和结构(如施工前存在)的初始刚度矩阵；

$[\Delta K]_i$——施工过程中土体和结构刚度的增量或减量，用以体现土体单元的开挖、填筑及结构单元的新增或减少；

$\{\Delta F_r\}_i$——第 $i$ 施工阶段开挖边界上的等效释放力；

$\{\Delta F_a\}_i$——第 $i$ 施工阶段新增自重等的等效结点力。

对位移、应变和应力的计算，迭代公式为：

$$\begin{cases} \{\delta\}_i = \{\delta\}_{i-1} + \{\Delta\delta\}_i = \sum\limits_{\lambda=1}^{i}\{\Delta\delta\}_\lambda \\ \{\varepsilon\}_i = \{\varepsilon\}_{i-1} + \{\Delta\varepsilon\}_i = \sum\limits_{\lambda=1}^{i}\{\Delta\varepsilon\}_\lambda \quad (i = 1,\cdots,L) \\ \{\sigma\}_i = \{\sigma\}_{i-1} + \{\Delta\sigma\}_i = \{\sigma_0\} + \sum\limits_{\lambda=1}^{i}\{\Delta\sigma\}_\lambda \end{cases} \tag{5.3-71}$$

式中：$\{\delta\}$、$\{\varepsilon\}$、$\{\sigma\}$——分别为位移、应变和应力向量；

$\{\sigma_0\}$——初始应力；

$\{\Delta\sigma\}_\lambda$——任意施工阶段的应力增量。

土体和接触面单元处于非线性弹性和弹塑性受力状态时，拟采用常刚度增量迭代法计算，对每个计算步计算方程可表示为：

$$[K]_{i0}\{\Delta\delta\}_i^k = \{\Delta F\}_i^k \quad (i = 1,\cdots,L;k = 1,\cdots,N) \tag{5.3-72}$$

$$\begin{cases}\{\delta\}_i = \{\delta\}_{i-1} + \{\Delta\delta\}_i = \sum_{\lambda=1}^{i}\sum_{k=1}^{N}\{\Delta\delta\}_\lambda^k \quad (i = 1,\cdots,L;k = 1,\cdots,N) \\ \{\varepsilon\}_i = \{\varepsilon\}_{i-1} + \{\Delta\varepsilon\}_i = \sum_{\lambda=1}^{i}\sum_{k=1}^{N}\{\Delta\varepsilon\}_\lambda^k \\ \{\sigma\}_i = \{\sigma\}_{i-1} + \{\Delta\sigma\}_i = \{\sigma_0\} + \sum_{\lambda=1}^{i}\sum_{k=1}^{N}\{\Delta\sigma\}_\lambda^k\end{cases} \tag{5.3-73}$$

式中：$L$、$N$——分别为计算施工阶段总数和非线性迭代步数。

最后得到的位移、应变和应力即为弹塑性应力分析的结果。

## 第四节 沉管结构的设计

### 一、沉管结构的类型

沉管结构有两种基本类型：钢壳沉管和钢筋混凝土沉管。

钢壳沉管为外壁或内外壁均为钢壳，中间为钢筋混凝土或混凝土，钢壳和混凝土共同受力的复杂结构。它的特点是钢壳在船坞内预制，下水后浮在水面浇灌钢壳内的大部分混凝土，钢壳既是浇灌混凝土的外模板又是隧道的防水层，省去了钢筋混凝土管段预制所需的干坞工程。但是隧道耗钢量大，钢壳制作的焊接工作量大，防水质量难以保证；钢壳的防腐蚀、钢壳与混凝土组合结构受力等问题不易得到较好解决，而且施工工序复杂；钢壳沉管由于制造工艺及结构受力等原因，断面一般为圆形，每孔一般只能容纳两车道，断面利用率很低，不经济。

钢筋混凝土沉管主要由钢筋混凝土组成，外涂防水涂料。沉管预制一般在干坞内进行，临时干坞工程量较大；管段预制时须采取严格的施工措施防止混凝土产生裂缝。但与钢壳管段相比，钢筋混凝土沉管用钢量少，造价相对较低。钢筋混凝土管段一般采用矩形断面，因而断面利用率高，多管孔可随意组合。

### 二、沉管结构的荷载

作用在沉管结构上的荷载计有：结构自重，水压力，土压力，浮力，施工荷载，预应力，波浪和水流压力，沉降摩擦力，车辆活载，沉船荷载，地基反力，混凝土收缩影响，变温影响，不均匀沉陷影响，地震荷载等。见表5.4-1。

沉管荷载表 表5.4-1

| 序号 | 荷载类型 | 横向 | 纵向 |
|---|---|---|---|
| 1 | 水土压力、结构自重、管段内外压载重 | ★ | ★ |
| 2 | 管内建筑及车辆荷载 | ★ | ★ |
| 3 | 混凝土收缩应力 | ★ | |
| 4 | 浮力、地基反力 | ★ | ★ |
| 5 | 施工荷载 | ★ | ★ |
| 6 | 温差应力 | ★ | ★ |
| 7 | 不均匀沉降产生的应力 | | ★ |
| 8 | 沉船抛锚及河道疏浚产生的特殊荷载 | ★ | ★ |
| 9 | 地震荷载 | ★ | ★ |

注：1. 表中"★"标记表示作用有该种荷载。

2. 表中1、2、3、4项为基本荷载，5、6、7项为附加荷载，8、9项为偶然荷载。

在上述荷载中，只有结构自重及其相应的地基反力是恒载。钢筋混凝土的重度可分别按 $24.6kN/m^2$（浮运阶段）及 $24.2kN/m^3$（使用阶段）计算。至于路面下的压载混凝土的重度，则由于密实度稍差，一般可按 $22.5kN/m^2$ 计算。

作用在管段结构上的水压力，是主要荷载之一。在覆土较小的区段中，水压力常是作用在管段上的最大荷载。设计时要按各种荷载组合情况分别计算正常的高、低潮水位的水压力，以及台风时或若干年一遇（如 100 年一遇）的特大洪水位的水压力。

土压力是作用在管段结构上的另一主要荷载，而且常不是恒载。例如，作用在管段顶面上的垂直土压力（土荷载），一般为河床底面到管段顶面之间的土体质量。但是在河床不稳定的场合下，还要考虑河床变迁所产生的附加土荷载。作用在管段侧边上的水平土压力，也不是一个常量。在隧道刚建成时，侧向土压力往往较小，以后逐渐增加，最终可达静止土压力。设计时应按不利组合分别取用其最小值与最大值。

作用在管段上的浮力，也不是个常量。一般来说，浮力应等于排水量，但作用于沉设在黏性土层中的管段上的浮力，有时也会由于“滞后现象”的作用而大于排水量。

施工荷载主要是端封墙、定位塔、压载等质量。在进行浮力设计时，应考虑施工荷载。在计算浮运阶段的纵向弯矩时，施工荷载将是主要荷载。如果施工荷载所引起的纵向负弯矩过大，则可调整压载水罐（或水柜）的位置来抵消一部分弯矩。

波浪力一般不大，不致影响配筋。水流压力对结构设计影响亦不大，但是必须进行水工模拟试验予以确定，以便据以设计沉设工艺及设备。

沉降摩擦力是在覆土回填之后，沟槽底部受荷不均，沉降亦不均的情况下发生的。沉管底下的荷载比较小，沉降亦小，而其两侧荷载较大，沉降亦大；因而，在沉管的侧壁外侧就受到这种沉降摩擦力的作用（图 5.4-1）。如在沉管侧壁防水层之外再喷涂一层软沥青，则可使此项沉降摩擦力大为减小。

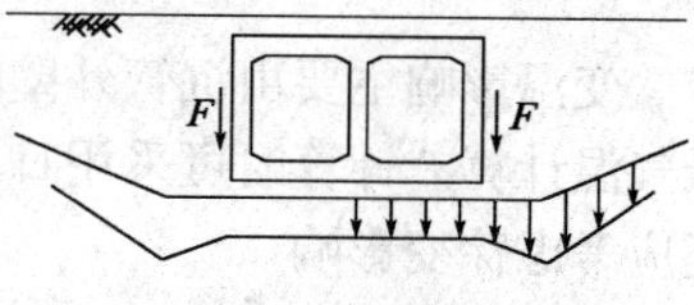

图 5.4-1　沉降摩擦力

车辆活载在进行横断面结构分析时，一般是略去不计的。在进行道路隧道的纵断面结构分析时，亦常略去不计。

沉船荷载是船只失事后恰巧沉在隧道顶上时，所产生的特殊荷载。这种荷载究竟有多大，应视船只的类型、吨位、装载情况、沉设方式、覆土厚度、隧顶土面是否突出于两侧河床底面等许多因素而定，因而在设计时只能作假设的估定，而不能统一规定。在以往的沉管设计中，常假定为 $50 \sim 130kN/m^2$ 左右。近年来对计算这项荷载的必要性，已有不同的看法，因其发生的几率实在太小，犹如设计地上建筑时没有必要考虑飞机的失事荷载一样。

地基反力的分布规律，有不同的假定：

（1）反力按直线分布。

（2）反力强度与各点地基沉降量成正比（文克尔氏假定）。

（3）假定地基为半无限弹性体，按弹性理论计算反力。

在按文克尔氏假定设计时，有采用单一地基系数的，亦有采用多种地基系数的。日本东京港第一航道水底道路隧道，在设计时考虑到沉管底宽较大（37.4m），基础处理会有不匀之处，因而既采用了单一地基系数计算，亦采用了不同组合的多地基系数计算，然后作出内力包络图（图 5.4-2）。

混凝土收缩影响系由施工缝两侧不同龄期混凝土的（剩余）收缩差所引起，因此应按初步的施工计划，规定龄期差并设定收缩差。

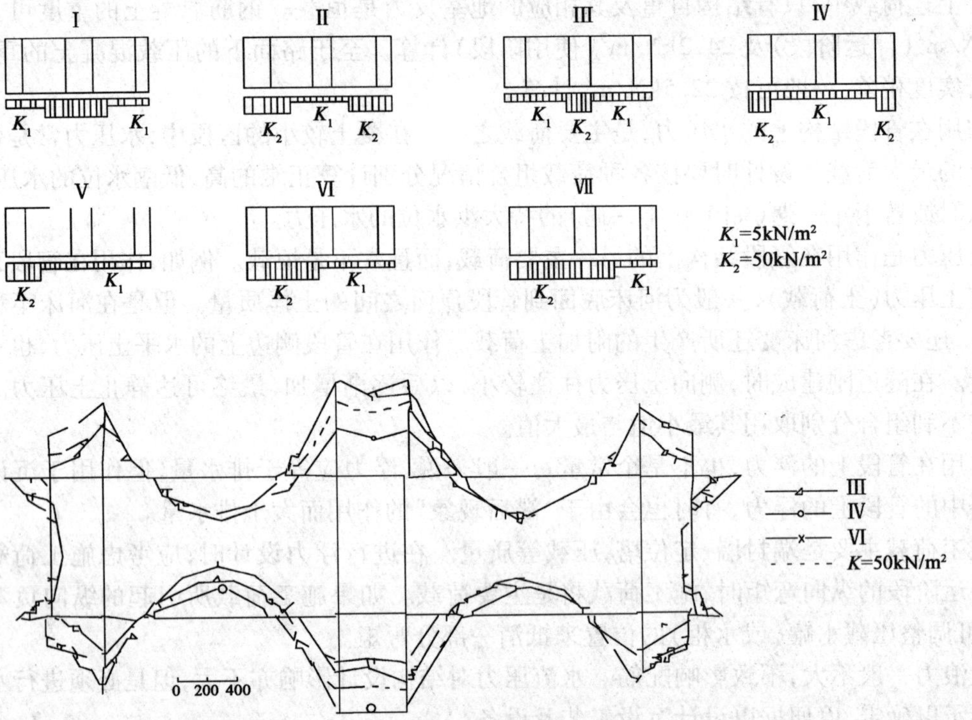


图 5.4-2 地基反力假设的一例

变温影响主要由沉管外壁的内外侧温差所引起。设计时可按持续 5 ~ 7d 的最高气温或最低气温计算。计算时可采用日平均气温，不必按昼夜最高或最低气温计算。计算变温应力时，还应考虑徐变影响。

管段计算应根据管段在预制、浮运、沉设和运营等各不同阶段进行荷载组合，荷载组合一般考虑以下三种：

(1)基本荷载。

(2)基本荷载 + 附加荷载。

(3)基本荷载 + 偶然荷载。

## 三、沉管结构的浮力设计

在沉管结构设计中，有一个与其他地下建筑迥然不同的特点，就是必须处理好浮力与质量间的关系，这就是所谓的浮力设计。浮力设计的内容包括干舷的选定和抗浮安全系数的验算，其目的是最终确定沉管结构的高度和外廓尺寸。

(1)干舷

管段在浮运时，为了保持稳定，必须使其管顶露出水面，露出的高度就称作为干舷。具有一定干舷的管段，遇到风浪而发生倾侧后，它就会自动产生一个反倾力矩 $M$(图 5.4-3)，使管段恢复平衡。

一般矩形断面的管段，干舷多为 10 ~ 15cm，而圆形、八角形或花篮形断面的管段(图 5.4-4)，则因顶宽较小，故干舷高度多采用 40 ~ 50cm。干舷高度不宜过小，否则稳定性差。但也不宜过大，因为管段沉设时，首先要灌注一定数量的压载水，以消除上述干舷所代表的浮力而下沉。干舷越大，所需压载水罐(或水柜)的容量就越大。因此，干舷过大就不经济。

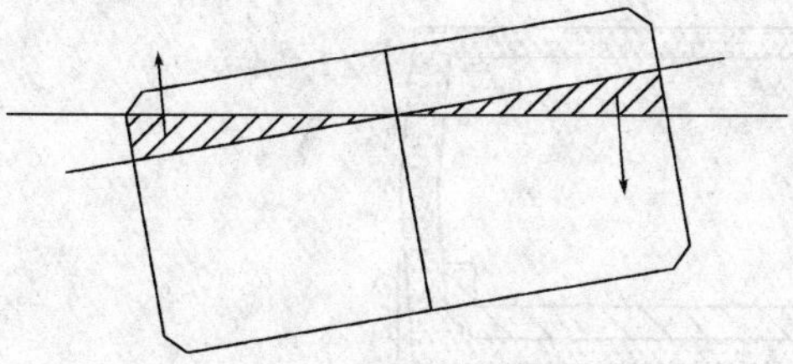

图 5.4-3　管段的干弦与反倾力矩

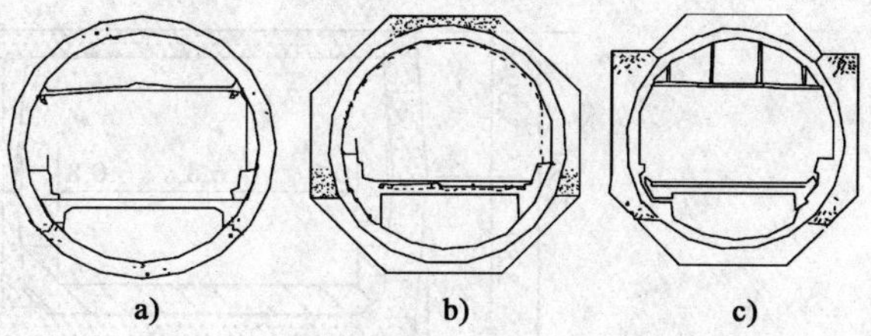


图 5.4-4　圆形、八角形和花篮形断面

在极个别的情况下，由于沉管的结构厚度较大，无法自浮（即没有干舷），则须于顶部设置浮筒助浮，或在管段顶上设置钢围堰，以产生必要的干舷。

在制作管段时，混凝土的重度和模板尺寸，总不免有一定幅度的变动和误差，同时，在涨潮、落潮以及各不同施工阶段中，河水密度也会有一定幅度的变动。所以，在进行浮力设计时，应按最大的混凝土重度，最大的混凝土体积和最小的河水密度来计算干舷。

(2)抗浮安全系数

在管段沉设施工阶段，应采用 1.05 ~ 1.10 的抗浮安全系数。由于在管段沉设完毕，进行抛土回填时，周围的河水会一时混浊起来，其密度将大于原来的河水密度，浮力亦即相应增加。因此，施工阶段的抗浮安全系数，务必确保在 1.05 以上，否则很易导致"复浮"、使施工遭受麻烦。施工阶段的抗浮安全系数，应针对覆土回填开始前的情况进行计算。因此，临时安设在管段上的施工设备（如索具，定位塔，出入筒，端封墙等）的质量，均应不计。

在覆土完毕后的使用阶段，应采用 1.2 ~ 1.5 的抗浮安全系数。计算使用阶段的抗浮安全系数时，可考虑两侧填土的部分负摩擦力作用。

进行浮力设计时，应按最小的混凝土重度和体积，最大的河水密度来计算各个阶段的抗浮安全系数。

(3)沉管结构的外轮廓尺寸

根据沉管隧道使用阶段的通风要求及行车限界等确定隧孔的内净宽度，以及车行道净空高度。而沉管结构的全高以及其他外廓尺寸的确定必须满足沉管的抗浮设计要求，因此这些尺寸都必须经过浮力计算和结构分析的多次试算与复算，才能予以确定。

## 四、沉管结构计算与配筋

1)横向结构计算

沉管的横截面结构形式多是多孔（单孔的极少）箱形框架（图 5.4-5），管段横断面内力一般按弹性支承箱形框架结构计算。由于荷载组合的种类较多，而箱形框架的结构分析必须经过"假定构件尺寸—分析内力—修正尺寸—复算内力"的几次循环，而且即使在同一节管段（一般为 100m 长）中，因隧道纵坡和河底高程变化的关系，各处断面所受水、土压力不同（尤其是接近岸边时，荷载常急剧地变化），不能仅按一个横断面的结构分析结果来进行整节管段的横向配筋。因此计算工作量一般都非常大。自从计算机普及之后，这已不成问题，利用一般平面杆系结构分析的通用程序，就可迅速地得到解决。

2)纵向结构计算

施工阶段的沉管纵向受力分析，主要是计算浮运、沉设时施工荷载（定位塔、端封墙等）所引起的内力。使用阶段的纵向受力分析，一般按弹性地基梁理论进行计算。沉管隧道纵断面设计需要考虑温度荷载和地基不均匀沉降以及其他各种荷载，根据隧道性能要求进行合理组合。

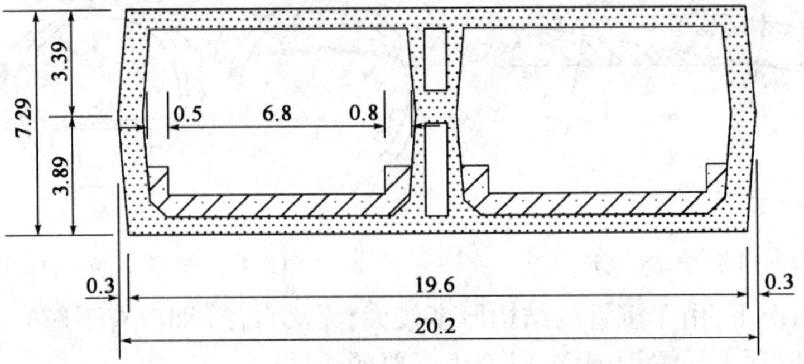


图 5.4-5 沉管的结构(尺寸单位:m)

3)结构验算及配筋

沉管结构的截面和配筋设计,应遵照《公路桥涵设计通用规范》(JTG D60—2004)进行。

沉管结构的混凝土 28d 强度等级宜采用 C30 ~ C45。采用较高的强度等级,主要是为了抗剪的需要。设计时可根据施工进度计划的安排,尽量充分利用后期强度。在干坞规模较小,需分批浇筑时,尤可按更长的龄期计算。沉管结构在外防水层保护下的最大容许裂缝宽度为 0.15 ~ 0.2mm,因此不宜采用Ⅲ级或Ⅲ级以上的钢筋。钢筋的容许应力一般限于 135 ~ 160MPa,设计时采用的容许应力可按不同的荷载组合条件,分别加以相应的提高率。

(1)结构自重 + 保护层、路面、压载质量 + 覆土荷载 + 土压力 + 高潮水压力(0)。

(2)结构自重 + 保护层、路面、压载质量 + 覆土荷载 + 土压力 + 低潮水压力(0)。

(3)结构自重 + 保护层、路面、压载质量 + 覆土荷载 + 土压力 + 台风时或特大洪水位水压力(30%)。

(4)$A$ + 变温影响(15%)。

(5)$A$ + 特殊荷载(如沉船、地震等)混凝土的主拉应力(30%)。

(6)其他应力(50%)。

沉管结构的纵向钢筋,一般不应少于 0.25%。

## 五、预应力的应用

在一般情况下,沉管隧道多采用普通钢筋混凝土结构,这是因为沉管的结构厚度往往不是由强度决定,而是由抗浮安全系数决定,预应力的优点未能充分发挥。预应力混凝土亦有提高抗渗性的长处,但由于结构厚度大,所施预加应力不高,单纯为了防水而采用预应力混凝土结构,也不经济。

然而当隧孔跨度较大(例如车道数较多,达三车道以上),而且水、土压力又较大(例如达到 300 ~ 400kN/$m^2$)时,沉管结构的顶、底板受到的剪力相当可观,这时如不采用预应力,就必须放大支托。但放大后的支托是不容许侵入车边净空限界的,因此只能相应地增加沉管结构的全高度(常需为此而增加土 1 ~ 1.5m)。而增加沉管高度的结果,必然导致。

(1)增加沉管的排水量。但为保证规定的抗浮安全系数,又要相应地增加压载混凝土的数量。

(2)增加水底沟槽的开挖深度,亦即增加浚挖土方量。

(3)增加引道深度。不但使引道的支挡结构受到更大的土压力,从而增加这部分结构的工程量,有时更会遇到其他水文地质上的困难。

(4)增加隧道全长、总工程量和总造价。

在这种情况下,采用预应力混凝土结构就可得到较经济的解决。在有的沉管隧道中,仅在河中水深最大处的部分管段中采用了预应力混凝土结构,其余的管段仍用普通钢筋混凝土结构,这样可以更经济地发挥预应力的优点。荷兰鹿特丹市的培纳勒克斯(Benelux)水底道路隧道就是一特例。

在沉管结构的横断面上采用预应力时,有两种做法:一种是全预应力,一种是部分预应力。

哈瓦那市的阿尔曼德斯(Almendares)河下的水底道路隧道(建成于1953年)是世界上第一条采用预应力混凝土的沉管隧道。该隧道是在顶、底板的上、下两侧对称地布置直索(图5.4-6)。这种布索方式在荷载较大时便不经济,所以其后所有采用预应力的沉管隧道都改用了弯索。

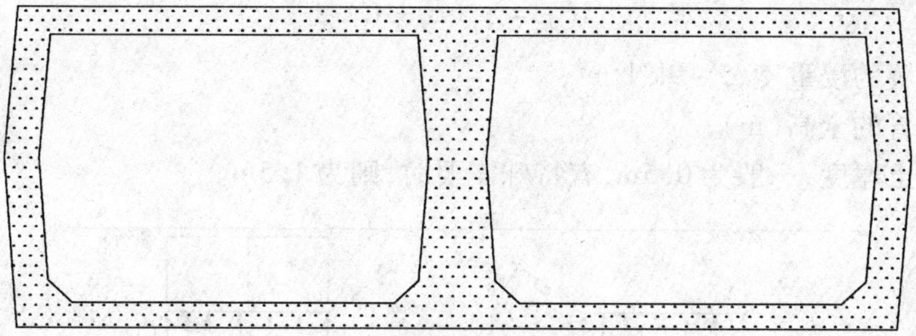

图5.4-6　阿尔曼德斯隧道断面

然而,采用弯索后,又遇到另外的问题。因为沉管隧道所受的水、土压力要到沉设开始之后才陆续作用到沉管结构上去。这些水、土荷载远比沉管结构的自重大得多,有时大到十多倍以上。在实践中,难以做到配合管段的沉设,回填等工作的进展,随着外荷的增加而逐步施加预应力。全部预应力索都必须在制作干坞中张拉完毕,并做好压浆和锚具的防水处理。因此,就得在预应力素的对侧配置大量的普通非预应力钢筋,做临时抗衡之用,以防结构开裂过限。但是这些普通非预应力钢筋在管段沉设和回填完毕之后,便不起永久性的作用,这就造成了浪费。

为了避免这种浪费,亦可在隧孔跨中,于顶、底板之间设置临时性的对拉预应力筋。在干坞中进行预应力生索的张拉时,同时张拉这些临时性的对拉预应力筋,使起等代沉设和回填完毕后的水、土压力的作用。待沉设施工开始后,随着水、土压力的增加,逐步卸去这些临时拉筋中的应力,这样就可省去大量不起永久作用的普通钢筋。1967年建成的加拿大勒方汀(Lafontaine)水底道路沉管隧道,就是用此解决这一问题的(图5.4-7)。

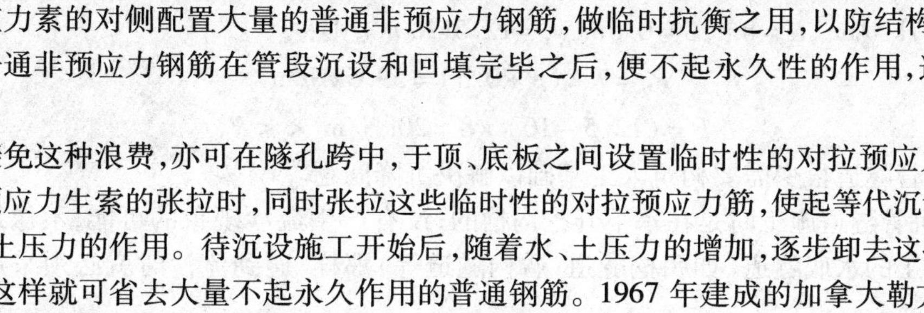


图5.4-7　勒方汀隧道断面

*L*-临时预应力拉筋

在已建成的顶应力混凝土沉管隧道中，比较多的是采用部分预应力的。但一般仍配置一定数量的普通非预应力钢筋，以做临时抗衡之用，只是数量可少些。

## 六、沉管基础设计

在一般地面建筑中，如果建筑物基底下的地质条件差，就得做适当的基础，否则就会发生有害的沉降，甚至有发生坍塌的危险。如有流沙层，施工时还会碰到麻烦或困难，非采取特殊措施（如疏干等）不可。

在水底沉管隧道中，情况就完全不同。首先，不会产生由于土壤固结或剪切破坏所引起的沉降。因作用在沟槽底面的荷载，在设置沉管后非但未增加，倒反减小了。在开槽前，作用在槽底 $A-A$ 面（图 5.4-8）上的压力是：

$$P_0 = \gamma_s(H + C) \tag{5.4-1}$$

式中：$\gamma_s$——土壤的浸重度，5～9kN/m$^3$；

$H$——沉管的全高（m）；

$C$——覆土厚度，一般为 0.5m，有特殊需要时，则为 1.5m。

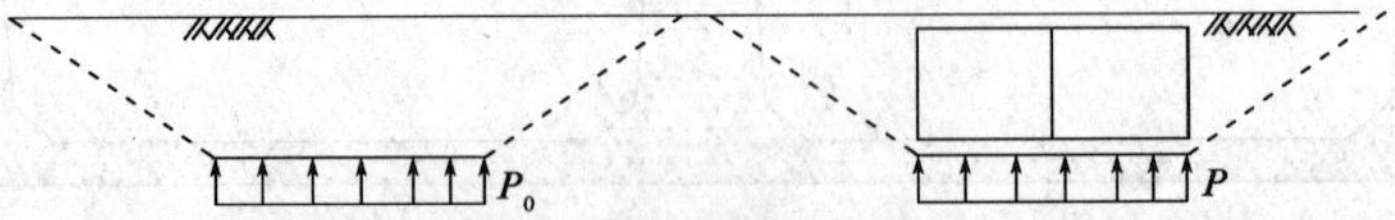


图 5.4-8　管段底面上的压力变化

在管段沉设，覆土回填完毕之后，作用在槽底 $A-A$ 面上的压力为：

$$P = (\gamma_t - 10)H \tag{5.4-2}$$

式中：$\gamma_t$——竣工后，管段的重度（包括覆土质量在内）（kN/m$^3$）。

设 $\gamma_s = 7\text{kN/m}^3$，$H = 8\text{m}$，$C = 0.5\text{m}$，$\gamma_t = 12.5\text{kN/m}^3$，则：

$$P_0 = 7 \times (8 + 0.5) = 59.5\text{kN/m}^3$$

$$P = (12.5 - 10) \times 8 = 20\text{kN/m}^2 << P_0$$

所以沉管隧道很少需要构筑人工基础以解决沉降问题。

此外，沉管隧道施工时是在水下开挖沟槽的，没有产生流沙现象的可能，不像地面建筑或其他方法施工的水底隧道（如明挖隧道，盾构隧道等）那样，遇到流沙时就必须采用费用较高的疏干措施。

所以，沉管隧道对各种地质条件的适应性很强，几乎没有什么复杂的地质条件能把沉管施工难倒。正因如此，一般水底沉管隧道施工时不必像其他水底隧道施工法那样，须在施工前进行大量的水上钻探工作。

## 本章参考文献


[1] 中华人民共和国行业标准. JTG D70—2004　公路隧道设计规范[S]. 北京：人民交通出版社，2004.

[2] 中华人民共和国行业标准. JTG/T D71—2004　公路隧道交通工程设计规范[S]. 北京：

人民交通出版社,2004.
[3] 孙钧,侯学渊. 地下结构[M]. 北京:科学出版社,1991.
[4] 李世辉,等. 隧道支护设计新论[M]. 北京:科学出版社,1999.
[5] 徐干成,等. 地下工程支护结构[M]. 北京:中国水利水电出版社,2002.
[6] 铁道部第二勘察设计院. 隧道(修订版)[M]. 北京:中国铁道出版社,1999.
[7] 铁道部第二工程局. 隧道(上,下册)(第二版)[M]. 中国铁道出版社,1999.
[8] 铁道部第二设计院. 隧道(铁路工程设计技术手册)[M]. 北京:人民铁道出版社,1978.
[9] 铁道部第一设计院. 铁路隧道设计基础手册[M]. 北京:人民铁道出版社,1981.
[10] 张凤祥,朱合华. 盾构隧道[M]. 北京:人民交通出版社,2004.
[11] 王毅才. 隧道工程(上册)[M]. 北京:人民交通出版社,2007.
[12] 中华人民共和国行业标准. JTG/T D70—2010 公路隧道设计细则[M]. 北京:人民交通出版社,2010.
[13] 同济大学,等. 土层地下建筑结构[M]. 北京:中国建筑工业出版社,1982.
[14] 张庆贺. 地下工程[M]. 上海:同济大学出版社,2005.
[15] 陈韶章. 沉管隧道设计与施工[M]. 北京:科学出版社,2002.
[16] 孙钧. 隧道力学问题的若干进展[C]//隧道及地下工程学会第七届年会暨北京西单地铁车站工程学术讨论会论文集. 1992.
[17] 杨林德,等. 岩土工程问题的反演理论与工程实践[M]. 科学出版社,1999.
[18] 易萍丽. 现代隧道设计与施工[M]. 中国铁道出版社,1997.
[19] 孙钧. 地下工程设计理论与实践[M]. 上海:上海科学技术出版社,1996.
[20] 杨林德,丁文其,张新江. 复合支护计算方法的研究[J]. 同济大学学报,1998,26(2):139-143.
[21] 杨林德. 地下工程设计计算方法的进展[J]. 2004.
[22] 曾小清,孙钧,曹志远. 隧道工程施工过程中的力学分析[J]. 同济大学学报,Vol. 26,No. 5,1998.
[23] 朱合华,杨林德. 考虑隧洞掘进面空间效应的弹-黏塑性边界元法的工程应用[C]//第四届全国岩土力学数值分析与解析方法讨论会论文集. 1991.
[24] 沈明荣. 岩体力学[M]. 同济大学出版社,1999.
[25] 杨林德,丁文其,朱合华. 新奥法技术与隧道结构的计算[J],公路隧道,1998 年第 2 期.
[26] 朱合华,杨林德,丁文其. 盾构隧道衬砌的梁—接头模型与水土压力的反演推定[C]//中国土木工程学会隧道与地下工程学会地铁专业委员会,第十二届学术交流会论文集. 1998. 5.
[27] 朱合华,丁文其,杨林德. 盾构衬砌受力设计的现状与再认识[J]. 铁道工程学报增刊,1998. 10,355-360.
[28] 杨林德,丁文其. 新奥法施工与复合支护的计算[J]. 岩石力学与工程学报,1998. 11,17(增),840-845.
[29] Linde Yang, Hehua Zhu, Wenqi Ding. The Evaluation of the Segment Internal Forces in the Construction Process of Shield Tunnel[C]//Proceedings of the World Tunnel Congress' 99,

Challenges for the 21st Century, Rotterdam: A. A. Balkema Publishers. 187-193, May 1999, Oslo, Norway.

[30] H. Zhu, W. Ding, T. Hashimoto, et al. Construction simulation for the interaction between shield segments and ground[C]//Proceeds of the Int. Sym. On Geotech. Aspetcs of Underground Const. In Soft Ground-IS-Tokyo' 99, Aspects of Underground Construction in Soft Ground, Rooterdam: A. A. Balkema, 2000, Tokyo, Japan, 331-336.

# 第六章　隧道施工方法

## 第一节　矿山法隧道施工

### 一、概述

矿山法(亦称钻爆法)施工有着悠久的历史,我国20世纪60~70年代的隧道施工大多数采用这类方法。

矿山法施工有钻孔爆破、出渣运输、施作衬砌和通风照明等基本作业。其中破碎岩石主要靠钻孔中的炸药爆炸产生的冲击波。炸药爆炸后,可在极短的时间内产生高温高压的气体,体积急剧扩大,由此产生能量巨大的冲击波。岩石受到冲击波的巨大压力后,孔周岩体被压碎。压碎区以外的岩体经受量值较大的切向应力,形成辐射状开裂的径向裂缝。压碎区范围大约达到炮孔半径的1倍,而压碎区以外的径向裂缝却能达到约20倍炮孔的直径。由爆破形成的裂缝可使岩体切割为碎块,在爆破气体巨大压力的作用下,沿临空面抛散。

矿山法施工的优点主要包括以下几点:

(1)适用于各种地质条件和几何形状的隧道。

(2)可多掌子面同时操作,设备和工艺简单,便于工人掌握。

(3)造价较低。

矿山法施工的缺点包括以下几点:

(1)开挖的隧道洞壁不平整,超挖、欠挖量大,容易由此导致增加混凝土的用量和投资。

(2)施工作业区工作环境恶劣,有较大的安全危险性。

(3)施工中围岩破坏扰动的范围及程度较大,一方面增加了工作面的危险性,另一方面需相应地加强支护。

(4)施工作业速度较慢。

(5)对周围环境影响较大。

根据岩体稳定程度和隧道尺寸等的不同,采用矿山法施作山岭隧道时,可由分块不同而形成不同的施工方法,如表6.1-1所示。

由表6.1-1可见矿山法可分为传统的矿山法和新奥法两大类。

传统的矿山法可分为上下导坑法、漏斗棚架法和蘑菇形开挖法。其中上下导坑法适用于围岩稳定性较差的松软岩层,漏斗棚架法和蘑菇形开挖法适用于较坚硬稳定的岩层。传统的矿山法因导坑和分部开挖施工中支撑系统复杂及木料用量较大,并由此影响施工速度而已被新奥法取代。我国目前公路隧道的施工方法以采用新奥法为主。从发展趋势来看,在今后很长的一段时间内,公路隧道的施工方法仍将以新奥法为主。

**矿山法施工方法分类** 表 6.1-1

| | | | |
|---|---|---|---|
| 矿山法 | 传统的矿山法 | 上下导坑法 | — |
| | | 漏斗棚架法 | — |
| | | 蘑菇形开挖法 | — |
| | 新奥法 | 全断面法 | — |
| | | 台阶法 | 长台阶法 |
| | | | 短台阶法 |
| | | | 超短台阶法 |
| | | 分部开挖法 | 台阶分部开挖法 |
| | | | 单侧壁导坑法 |
| | | | 双侧壁导坑法 |
| | | | CRD 开挖法 |

新奥法设计施工的基本要点可归纳为以下几点：

(1)因为岩体是隧道结构体系中的主要承载单元，所以在施工中必须充分保护岩体，尽量减少对它的扰动，避免因过度破坏而损害岩体的强度。为此，施工中开挖断面分块不宜过多，并应当采用光面爆破、预裂爆破或机械掘进。

(2)为了充分发挥岩体的承载能力，应允许并控制岩体的变形。即一方面应允许围岩变形，使洞周围岩能起承载环的作用；另一方面又必须限制围岩变形，使岩体不致因过度松弛而丧失或大大降低承载能力。为此，在施工中应采用能与围岩密贴，能及时砌筑又能随时加强的柔性支护结构，例如锚喷支护等，以便能通过调整支护结构的强度、刚度和它参加工作的时间(包括底拱闭合时间)，来控制岩体的变形。

(3)在施工的各个阶段，都应进行现场量测监控，及时提出可靠的、数量足够的量测信息(如坑道周边的位移或收敛、接触应力等)，并通过及时反馈用于指导施工和修改设计。

(4)为了改善支护结构的受力性能，施工中应尽快使其闭合，从而成为封闭的筒形结构。此外，隧道断面形状应尽可能圆顺，以避免拐角处出现应力集中。

(5)为了敷设防水层，或为了承受由于锚杆锈蚀，围岩性质恶化、流变和膨胀所引起的后续荷载，宜采用复合式衬砌。

上述新奥法的基本原则可扼要地概括为“少扰动、早喷锚、勤量测、紧封闭”。

按其开挖断面的大小及位置，新奥法施工可大改分为全断面法、台阶法和分部开挖法三大类，后两类方法并可有若干变化方案。以下分别做简要介绍。

## 二、开挖方法

采用矿山法修建隧道的开挖方法可分为全断面法和分部开挖法，后者又有台阶法、台阶分部法、上导坑法、上下导坑法、单侧壁导坑法和双侧壁导坑法等种类。其中台阶法按台阶长度可分为长台阶法、短台阶法和微台阶法，按台阶数目可分为两步台阶法、三步台阶法、四步台阶法，按台阶高度可分为上下半断面两步台阶法、小上半断面两步台阶法、大上半断面两步台阶法，按台阶施工顺序又可分为正台阶法、反台阶法。分部开挖法按分部部位和开挖顺序又包含小上半断环形开挖法、蘑菇形开挖法(中槽法)、左右错进法、马口井法、中隔墙法(CD 法)、交叉中隔墙法(CRD 法)等。

1)全断面法

按照隧道设计轮廓线一次爆破完成开挖的施工方法称全断面法，适用于自稳性好，无地下水出露或出露量不大的围岩地层。

全断面法的施工顺序是：

(1)借助钻孔台车钻眼，然后装药，以及连接导火线。

(2)退出钻孔台车，引爆炸药，开挖出整个隧道断面。

(3)排除危石，安设拱部锚杆和喷第一层拱部混凝土。

(4)用装渣机将石渣装入矿车，运出洞外。

(5)安设边墙锚杆和喷边墙混凝土。

(6)必要时可喷拱部第二层混凝土和隧道底部混凝土。

(7)开始下一轮循环。

(8)在初次支护变形稳定后，或按施工组织中规定的日期灌注内层衬砌。

全断面法适用于岩质较均匀的Ⅰ～Ⅲ级硬岩中，并宜具备大型施工机械配套作业。隧道长度或施工区段长度不宜太短，否则采用大型机械化施工的经济性差。根据经验，隧道长度不应小于1km。根据围岩稳定程度，可以不设锚杆，或设短锚杆。也可先出渣，然后再施作初次支护。超前开挖导洞时，应控制开挖距离。

全断面法的优点是工序少，相互干扰少，便于组织施工和管理；工作空间大，便于组织大型机械化施工，速度快。目前，我国双线铁路隧道一般都保持月进成洞平均150m左右，高者已接近月平均成洞300m。

采用全断面法施工应注意下列问题：需摸清开挖面前方的地质情况，并随时准备好应急措施(包括改变施工方法等)，以确保安全施工；各种施工机械设备务求配套，以充分发挥机械设备的效率；注意加强各项辅助作业，尤其是施工通风，以保证工作面有足够新鲜空气；同时注意加强对施工人员的技术培训。实践证明，施工人员对新奥法基本原理的了解程度和技术熟练状况，直接关系到施工的成效。

2)台阶法

台阶法是整个断面分几层自上而下地进行开挖的施工方法，因纵向断面成台阶状而得名。早年按台阶倾斜方向将其分为正台阶法和反台阶法，后因反台阶法需设漏斗棚架等复杂支架系统而已被淘汰。目前采用的台阶法均为正台阶法，并可按台阶长度将其分为长台阶法、短台阶法和超短台阶法等三种。

(1)长台阶法

这种方法将断面分成上半断面和下半断面两部分进行开挖，两者的掌子面相距较远。一般上台阶超前50m以上，或大于5倍洞跨。施工时上、下半断面都可配属同类机械进行平行作业。机械不足时，也可用同一套机械设备交替作业，即在上半断面开挖一个进尺，然后再到下断面开挖一个进尺。当隧道长度较短时，亦可先将上半断面全部挖通后，再进行下半断面施工，成为半断面法。

长台阶法的作业顺序为：

①上半断面

上半断面可用两臂钻孔台车钻眼后装药爆破，地层较软时亦可用挖掘机开挖，安设锚杆和钢筋网，必要时加设钢支撑，然后施作喷射混凝土。铲斗一般用1.6$m^3$的推铲机，将石渣推运到台阶下，再由装载机装入车内运至洞外。

根据支护结构形成闭合断面的时间要求，必要时在上半断面开挖后，可修筑临时仰拱，形成上半断面的临时闭合结构，后在开挖下半断面时，再将临时仰拱挖掉。但因经济性较差，这时宜改用短台阶法。

②下半断面

对于下半断面，可用两臂钻孔台车钻眼，装药爆破后直接装渣运至洞外。然后安设边墙锚杆(必要时)和喷边墙混凝土，以及用反铲挖掘机开挖水沟和喷底部混凝土。

开挖下半断面时，其炮眼布置方式有两种：平行隧道轴线的水平眼；由上台阶向下钻进的竖直眼，亦称插眼。前一种方式的炮眼主要布置在设计断面轮廓线上，能有效地控制开挖断面；后一种方式的炮眼爆破效果较好，但爆破时石渣飞出较远，容易砸坏机械设备。

③防水层和建造内层衬砌

待初次支护的变形稳定后敷设防水层和建造内层衬砌。

与全断面法相比较，长台阶法一次开挖的断面和高度的尺度都较小，只需配备中型钻孔台车即可施工，而且对维持开挖面的稳定也十分有利。所以，它的适用范围较全断面法广泛。一般来说，凡是在全断面法中开挖面不能自稳，但围岩坚硬而不需要用仰拱封闭断面的情况，都可采用长台阶法开挖。

(2)短台阶法

这种方法也是分成上半断面和下半断面两部分进行开挖，只是两个断面相距较近。一般上台阶长度小于5倍洞跨，但都大于1~1.5倍洞跨。上下断面采用平行作业，作业顺序和长台阶法相同。

由于短台阶法可缩短支护结构闭合的时间，改善初次支护的受力条件，有利于控制隧道收敛变形的速度和量值，所以适用范围很广，Ⅴ~Ⅲ级围岩都能采用，尤其适用于Ⅴ、Ⅳ级围岩，是新奥法施工中主要采用的方法。

短台阶法的缺点是上台阶出渣对下半断面施工的干扰较大，不能完全平行作业。为解决这种干扰问题，可采用长皮带运输机运输上台阶的石渣，或设置由上半断面过渡到下半断面的坡道，将上台阶的石渣直接装车运出。过渡坡道的位置可设在隧道中间，亦可交替地设在两侧。其中过渡坡道法适用于断面较大的双线隧道。

采用短台阶法时应予注意的是，初次支护全断面闭合需在距开挖面30m以内完成，或在距上半断面开挖开始的30d内完成。初次支护变形、下沉量显著增大时，应提前闭合，并需研究在保证施工机械正常工作的前提下台阶的最小长度。

(3)超短台阶法

这种方法也是分成上半断面和下半断面两个部分进行开挖，只是上台阶仅超前3~5m，只能采用交替作业。

超短台阶法的作业顺序为：

①用一台停在台阶下的长臂挖掘机或单臂掘进机开挖上半断面，至一个进尺后安设拱部锚杆、钢筋网或钢支撑，接着喷射拱部混凝土。

②用同一台机械开挖下半断面至一个进尺，然后安设边墙锚杆、钢筋网或接长钢支撑，接着喷边墙混凝土(必要时加喷拱部混凝土)。

③开挖水沟、安设底部钢支撑，喷仰拱混凝土，灌注内层衬砌。

如无大型机械，也可采用小型机具在上下部交替地进行开挖。由于上半断面施工作业场地狭小，常常需要配置移动式施工台架，以解决上半断面施工机具的布置问题。

超短台阶法由于初次支护全断面闭合时间更短,更有利于控制围岩变形,以及在城市隧道施工中能更有效地控制地表沉陷,所以适用于膨胀性围岩和土质围岩,以及要求初次支护及早全断面闭合的场合。当然,也适用于在机械化程度不高的情况下,在各类围岩地段中的隧道的掘进。

超短台阶法的缺点是上下断面相距较近,机械设备集中,作业时相互干扰较大,生产效率较低,施工速度较慢。

采用超短台阶法施工时应予注意的是,在软弱围岩中施工时,应特别注意开挖掌子面的稳定性,必要时需采用辅助施工措施加固掌子面,如向围岩中注浆或打入超前水平小钢管,对开挖面进行预加固或预支护等。

应予指出,采用台阶法施工时,下半断面的开挖都应做到以下几点:

①下半断面的开挖(又称落底)和初次支护封闭应在上半断面初次支护基本稳定后进行,使上部初次支护与围岩能形成完整体系。也可采取其他有效措施加强上半断面的初次支护。例如可扩大拱脚,打拱脚锚杆及加强纵向连接;又如可采用单侧落底或双侧交错落底,避免上部初次支护两侧拱脚同时悬空,以及视围岩状况严格控制落底长度(一般采用1~3m,并不得大于6m),以确保初次支护体系的稳定性,使上部初次支护与围岩形成完整体系。

②下部边墙开挖后必须立即喷射混凝土,并按规定施作初次支护。

③量测工作必须及时,以便观察拱顶、拱脚和边墙中部发生的位移值。当发现位移速率增大时,应立即进行仰拱封闭。

至于施工中究竟应采用何种台阶法,主要应根据以下两个条件决定:

①初次支护形成闭合断面的时间要求,围岩越差,闭合时间要求越短。

②上半断面施工所用的开挖、支护、出渣等的机械设备对施工场地大小的要求。

在较弱围岩中应以前一条件为主,兼顾后者,以确保施工安全;在围岩条件较好时,主要考虑应是如何更好地发挥机械效率,加快进度和保证施工的经济性,故主要应考虑后一条件。

采用台阶法施工时尚应注意:

①台阶不宜多分层。

②上台阶钢架施工时,应采取有效措施控制其下沉和变形。

③下台阶应在上台阶喷射混凝土强度达到设计强度的70%后开挖。

3)分部开挖法

矿山法施工中,将整个横断面分几次完成开挖作业的掘进方法称分部开挖法。有台阶分部开挖法、单侧壁导坑法和双侧壁导坑法和CRD开挖法等四种主要变化方案(表6.1-2)。分部数量与工程地质条件,断面尺寸,拟采用的施工机具及临时支护形式等有关。最先开挖并形成单向巷道的部分称导坑,其余部分的开挖称为扩大开挖。以下分别作介绍。

(1)台阶分部开挖法

台阶分部开挖法又称环形开挖留核心土法(表6.1-2)。一般将断面分为环形拱部、上部核心土和下部台阶等三部分。根据断面的大小,环形拱部又可分成几块交替开挖。环形开挖进尺不宜过长,一般为0.5~1.0m;核心土面积应达到一定规模,一般不小于整个断面面积的50%;上部核心土和下台阶的距离,一般为1倍隧道洞跨。

台阶分部开挖法的施工作业顺序为:

①用人工或单臂掘进机开挖环形拱部,架立钢支撑和喷拱部混凝土。

②在拱部初次支护保护下,用挖掘机或单臂掘进机开挖核心土和下台阶随时接长钢支撑

和以喷射混凝土封底。

③根据初次支护变形情况或施工进度要求建造内层衬砌。

隧道主要开挖方法及开挖、支护顺序图　　表6.1-2

| 开挖方法名称 | 横断面图示 | 纵断面图示 | 开挖及支护顺序 |
|---|---|---|---|
| 全断面法 | 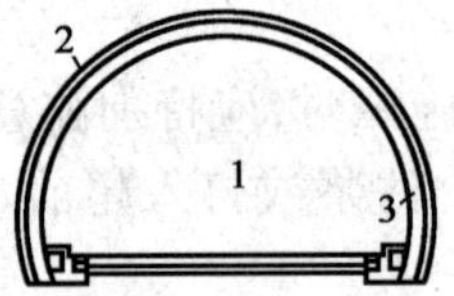 |  | 1. 全断面开挖；<br>2. 锚喷支护；<br>3. 模筑衬砌 |
| 台阶法 | 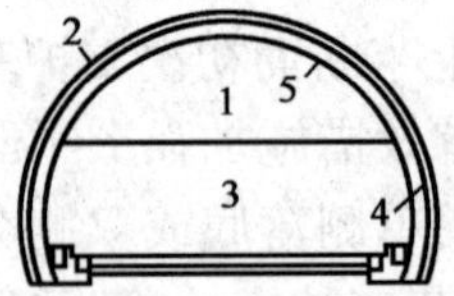 | 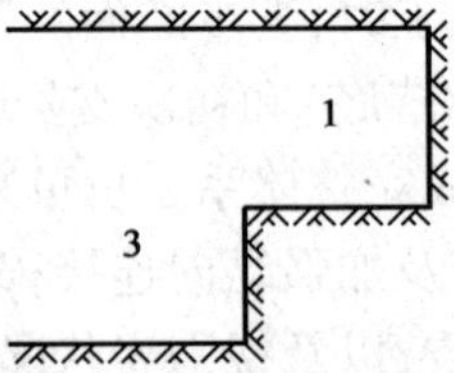 | 1. 上半部开挖；<br>2. 拱部锚喷支护；<br>3. 下半部开挖；<br>4. 边墙锚喷支护；<br>5. 模筑二次衬砌 |
| 环形开挖留核心土法 | 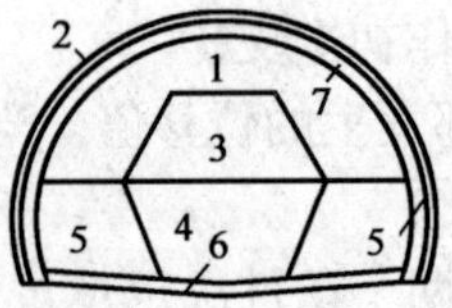 | 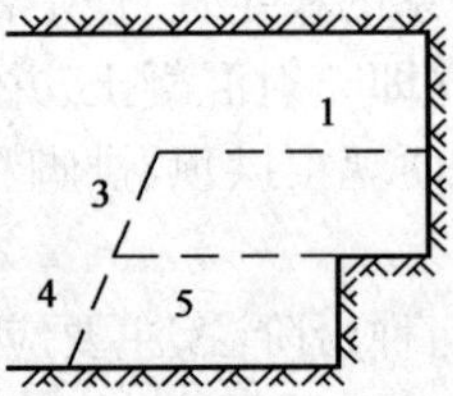 | 1. 上弧形导坑开挖；<br>2. 拱部初期支护；<br>3. 预留核心土开挖；<br>4. 下台阶中部开挖；<br>5. 下台阶侧壁部开挖；<br>6. 仰拱超前浇筑；<br>7. 全断面二次衬砌 |
| 单侧壁导坑法 | 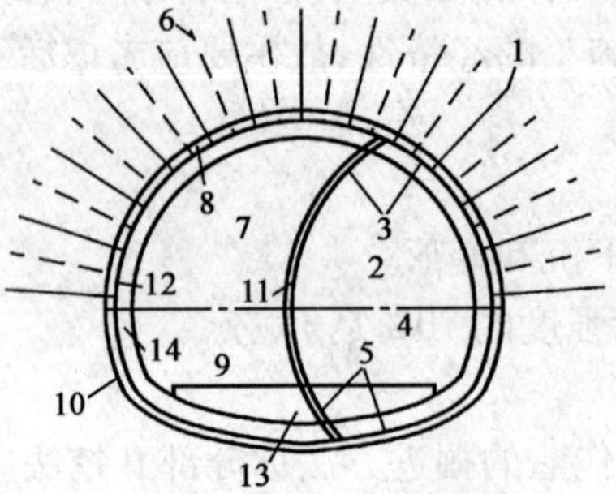 | 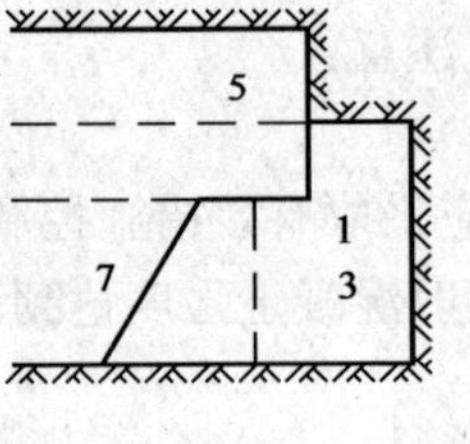 | 1. 导坑上台阶超前支护；<br>2. 导坑上台阶开挖；<br>3. 导坑上台阶初次支护；<br>4. 导坑下台阶开挖；<br>5. 导坑下台阶初次支护；<br>6. 正洞超前支护；<br>7. 正洞上台阶开挖；<br>8. 正洞上台阶初次支护；<br>9. 正洞下台阶开挖；<br>10. 正洞下台阶初次支护；<br>11. 拆除侧壁临时支护；<br>12. 环向盲沟及防水板铺设；<br>13. 仰拱及回填混凝土施工；<br>14. 二次衬砌混凝土施作 |
| 双侧壁导坑法 | 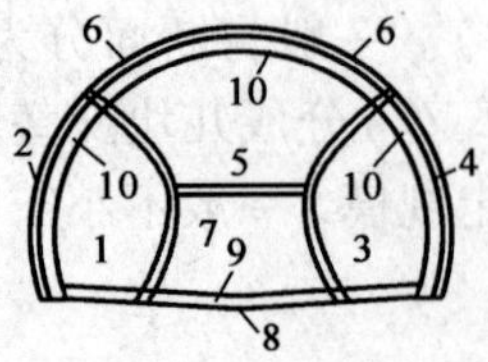 | 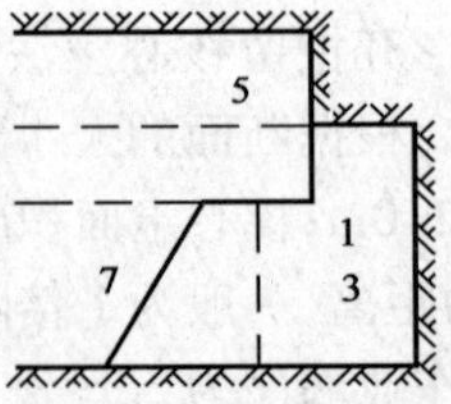 | 1. 左(右)导坑开挖；<br>2. 左(右)导坑初期支护；<br>3. 右(左)导坑开挖；<br>4. 右(左)导坑初期支护；<br>5. 上台阶开挖；<br>6. 上台阶初期支护、导坑隔壁拆除；<br>7. 下台阶开挖；<br>8. 仰拱初期支护；<br>9. 仰拱超前浇筑；<br>10. 全断面二次衬砌 |

<table>
<tr><th>开挖方法名称</th><th>横断面图示</th><th>纵断面图示</th><th>开挖及支护顺序</th></tr>
<tr><td>中隔壁法<br>（CD 法）</td><td>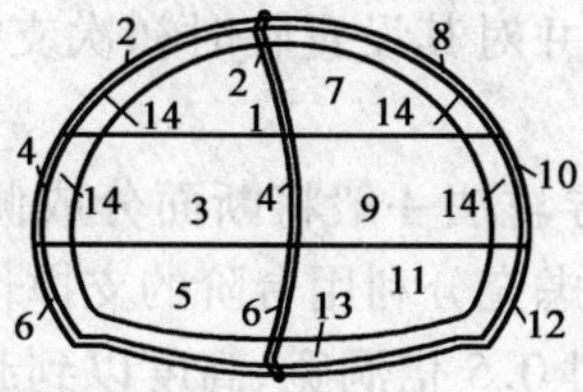
</td><td>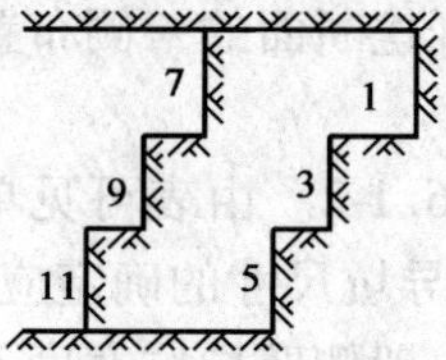
</td><td>1. 先行导坑上部开挖；<br>2. 先行导坑上部初期支护；<br>3. 先行导坑中部开挖；<br>4. 先行导坑中部初期支护；<br>5. 先行导坑下部开挖；<br>6. 先行导坑下部初期支护；<br>7. 后行导坑上部开挖；<br>8. 后行导坑上部初期支护；<br>9. 后行导坑中部开挖；<br>10. 后行导坑中部初期支护；<br>11. 后行导坑下部开挖；<br>12. 后行导坑下部初期支护；<br>13. 仰拱超前浇筑；<br>14. 全断面二次衬砌</td></tr>
<tr><td>交叉中隔壁法<br>（CRD 法）</td><td>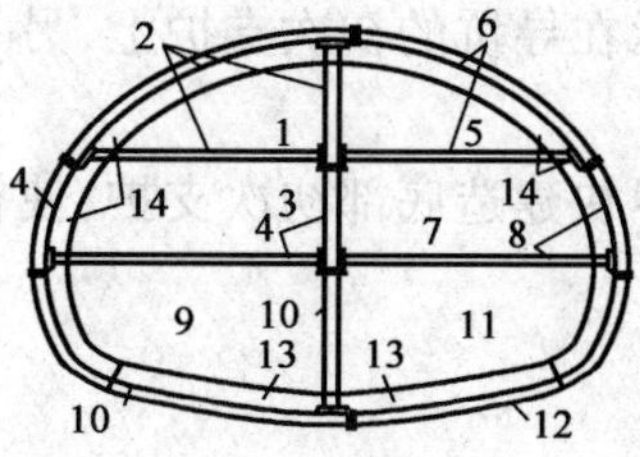
</td><td>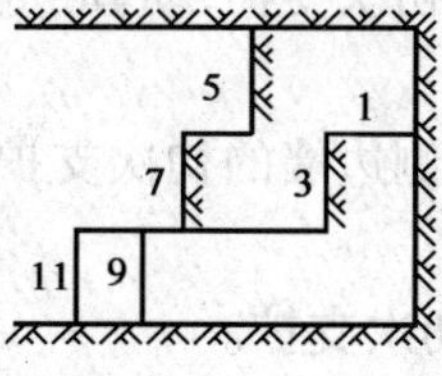
</td><td>1. 左侧上部开挖；<br>2. 左侧上部初期支护；<br>3. 左侧中部开挖；<br>4. 左侧中部初期支护；<br>5. 右侧上部开挖；<br>6. 右侧上部初期支护；<br>7. 右侧中部开挖；<br>8. 右侧中部初期支护；<br>9. 左侧下部开挖；<br>10. 左侧下部初期支护；<br>11. 右侧下部开挖；<br>12. 右侧下部初期支护；<br>13. 仰拱超前浇筑；<br>14. 全断面二次衬砌</td></tr>
</table>

由于环形拱部开挖高度较小，或地层松软锚杆不易成型，所以施工中一般不设或少设锚杆。

在台阶分部开挖法施工中，因为上部留有核心土支挡着开挖面，而且能迅速及时地建造拱部初次支护，所以开挖面稳定性较好。和台阶法相同，核心土和下部开挖都是在拱部初次支护的保护下进行，施工安全性好。这种方法适用于在一般土质或易坍塌的软弱围岩中建造的隧道。

台阶分部开挖法的主要优点是与超短台阶法相比较，台阶长度可以加长，从而减少上下台阶施工的干扰；而与下述的侧壁导坑法相比，施工机械化程度较高，施工速度可加快。

采用台阶分部开挖法时应予注意的是，虽然核心土增强了开挖面的稳定性，但开挖中围岩需经受多次扰动，而且断面分块多，支护结构形成全断面封闭的时间长，这些都有可能使围岩变形增大。因此，在地质条件差，自稳时间短的围岩地层中采用这类开挖方法时，常需按设计要求采取辅助施工措施,对开挖工作面及其前方岩体进行预支护或预加固。

此外尚应注意的有以下几点:

①开挖后应及时施作喷锚支护和安设钢架支撑,相邻钢架必须用钢筋连接,并应按设计要求施作锁脚锚杆。

②核心土与下台阶开挖应在上台阶支护完成后、喷射混凝土强度达到设计强度的70%后进行。

(2)单侧壁导坑法

单侧壁导坑法是在隧道开挖断面的一侧布置导坑,并对其设置临时初次支护侧壁构件的分部开挖法。

这类方法的示意图见表6.1-2。由表可见单侧壁导坑法一般将断面分成侧壁导坑、上台阶、右下台阶三块。其中侧壁导坑尺寸的确定应主要考虑充分利用台阶的支撑作用,并考虑可能的机械设备和施工条件。一般侧壁导坑宽度不宜超过0.5倍洞宽,高度以到起拱线为宜,以便导坑可分次开挖和支护,不需要架设工作平台,人工架立钢支撑也较方便。

导坑与台阶的距离没有硬性规定,但一般应以导坑施工和台阶施工不发生互相干扰为原则,故在短隧道中可先挖通导坑,而后再开挖台阶。上、下台阶的距离可视围岩情况参照短台阶法或超短台阶法拟定。

单侧壁导坑法适用于Ⅵ、Ⅴ级围岩,其施工作业顺序为:

①开挖侧壁导坑,并进行初次支护(锚杆加钢筋网后喷射混凝土、或锚杆加钢支撑后喷射混凝土、或仅钢支撑加喷射混凝土),以及应尽快使导坑的初次支护闭合。

②开挖上台阶,进行拱部初次支护,使其一侧支承在导坑的初次支护上,另一侧支承在下台阶上。

③开挖下台阶,进行另一侧边墙的初次支护,并尽快建造底部初次支护,使初次支护全断面闭合。

④拆除导坑临空部分的初次支护。

⑤建造内层衬砌。

单侧壁导坑法将断面横向分成3块或4块进行开挖,每步开挖的宽度都较小,而且封闭型的导坑初次支护的承载能力大,所以适用于断面跨度大,地表沉陷难于控制的软弱松散围岩。

(3)双侧壁导坑法

双侧壁导坑法是在隧道开挖断面的两侧都布置导坑,并都对其设置临时初次支护侧壁构件的分部开挖法,如表6.1-2所示。

双侧壁导坑法又称眼镜工法,适用于Ⅵ级、Ⅴ级围岩。当隧道跨度很大,地表沉陷要求严格,围岩条件特别差,单侧壁导坑法难以控制围岩变形时,可采用双侧壁导坑法。现场实测表明,双侧壁导坑法所引起的地表沉降仅约为短台阶法的1/2。

这种方法一般将断面分成左、右侧壁导坑、上部核心土和下台阶四块。导坑尺寸的确定原则与单侧壁导坑法相同,但宽度不宜超过断面最大跨度的1/3,形状应近于椭圆形断面。左、右侧导坑错开的距离,应根据开挖一侧导坑所引起的围岩应力重新分布的影响不致波及另一侧已成导坑的原则确定。

双侧壁导坑法的施工作业顺序为:

①开挖一侧导坑,并及时地将其初次支护闭合。

②相隔适当距离后开挖另一侧导坑，并建造初次支护。

③开挖上部核心土，建造拱部初次支护，拱脚支承在两侧壁导坑的初次支护上。

④开挖下台阶，建造底部的初次支护，使初次支护全断面闭合。

⑤拆除导坑临空部分的初次支护，建造内层衬砌。

采用双侧壁导坑法施工时，尚需注意的事项有：

①侧壁导坑开挖后，应及时施作初期支护，并尽早形成封闭环。

②左右导坑施工时，前后拉开距离不宜小于15m。

③导坑与中间土体同时施工时，导坑应超前30~50m。

④仰拱部位开挖时，应采取措施保证施工交通安全，并应注意：

a. 挖至设计高程时，底面应圆顺，渣物应清除。

b. 做好排水设施，并清除积水。

c. 隧道底两隅与侧墙连接处应圆顺。

双侧壁导坑法虽然开挖断面分块多，扰动次数多，初次支护断面闭合的时间长，但因每个分块的初次支护都在开挖后立即各自进行闭合，所以在施工中间变形不大。

双侧壁导坑法施工安全，但速度较慢，成本较高。

(4)CD开挖法及CRD开挖法

CD开挖法是在隧道开挖过程中，在断面中间施作竖向支撑，并将整个隧道断面在竖向支撑两侧分割成若干个台阶单元后分部开挖施工的施工方法。因中间竖向支撑类似中间隔壁而俗称中隔壁法。

其支护形式及主要作业顺序见表6.1-2。由表可见CD工法通过采用分部施工，将地质软硬不均匀的大断面隧道在中隔壁两侧各分为上、中、下三个部分后分别进行开挖，并在开挖后立即施作初期支护及临时支护，从而使每一个开挖单元的支护都能快速封闭成环。由于围岩可及时地获得有效的柔性支撑，每一开挖部完成后均都能形成一个整体结构，这种施工方法可有效地限制围岩发生较大的变形，因而是一种适用于大跨度或特大跨度隧道的施工，尤其是软弱围岩中和受力不均匀的隧道的施工的方法。与此同时，CD开挖法具有台阶法及侧壁导坑法的优点，同时又具有施工进度快，工序转换灵活的特点。

对围岩工程地质条件更差的大跨度隧道，开挖施工可采用CRD开挖法。其支护形式及主要作业顺序见表6.1-2，由表可见其开挖分部方法与CD工法一致，区别是其中隔壁构件与底板垂直，而且刚度更大，加上有水平支撑构件对其提供支承，地层开挖中可望围岩变形更小，更能使其保持稳定。

采用中隔壁法或交叉中隔壁法施工时，尚需注意的事项有：

①初期支护完成后，方可进行下一分部开挖。地质条件较差时，每个台阶的底部均应按设计要求设临时钢架或临时仰拱。

②各部开挖时，周边轮廓应尽量圆顺。

③应在先开挖侧喷混凝土的强度达到设计要求后，再进行另一侧开挖。

④左右两侧导坑开挖工作面的纵向间距不宜小于15m。

⑤当开挖形成全断面时，应及时完成全断面初期支护闭合。

⑥中隔壁及临时支撑应在浇筑二次衬砌时逐段拆除。

## 三、主要施工步骤和方法

矿山法施工的基本作业可分为开挖出渣和支撑衬砌两类。前者针对地层开挖,后者面向支护围岩。以下分别作介绍。

1)矿山法隧道的开挖出渣作业

矿山法隧道的开挖出渣作业有钻眼爆破和出渣运输两类工艺。其中前者有布眼、钻孔、装药、填塞和起爆等工序,后者有通风排烟、处理险石、装渣运输和弃渣等作业。以下分别叙述其基本要求。

(1)布眼

采用钻爆法开挖地层时,需先根据围岩工程地质条件及预期循环进尺确定炮眼数量、位置、深度、倾斜度及装药量。

炮眼按功能可分为掏槽眼、辅助眼和周边眼。其中掏槽眼是开挖断面中第一排起爆的炮眼,用于在开挖断面的中央部位形成槽口,由此为以后爆破的岩石提供临空面。掏槽眼通常布置在断面的中部或中下部,掏槽形式分为楔形掏槽和直眼掏槽两种。辅助眼用于破碎岩石,通常围绕掏槽眼分层布置。周边眼用于在破碎岩石的同时形成洞周轮廓线,通常在距设计开挖断面轮廓线0.2m左右处布眼,眼底离设计边缘的距离视岩石的性质而定,松软岩石可钻直眼,次坚石距边界约0.1m,坚石可达到边界或深入边界。炮眼方向应尽可能垂直于岩层的层理,数量视断面大小而定。掏槽方式为楔形掏槽时,典型炮眼布置方式见图6.1-1。

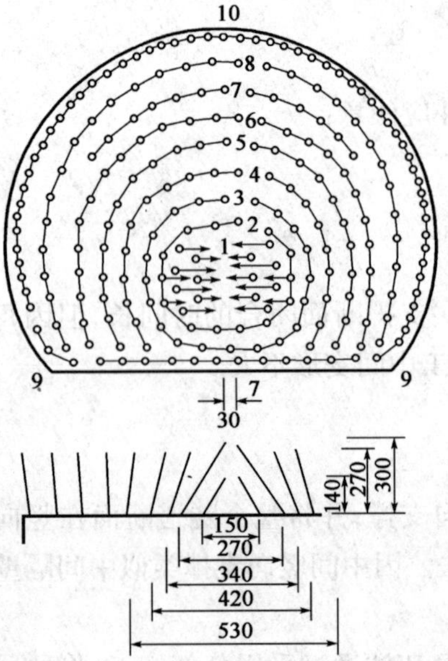


图6.1-1 采用掏槽时的典型炮眼布置图

(尺寸单位:cm)

1-掏槽眼;2~8-辅助眼及其起爆顺序;9~10-周边眼及其起爆顺序

工程施工中,应通过测量在开挖断面上先标出中线和轮廓线,然后标出炮眼的位置。

(2)钻孔

钻孔是在开挖断面上按标志的布眼位置进行钻眼的作业。钻孔时一般先采用长度不大于80cm的短钻杆,待钻入一定深度后再更换适应炮眼深度的长钻杆,最经济的钻机是凿岩机。由于手持钻机在作水平钻孔时很费力,所以钻机常由千斤顶或压气支架支持在可伸缩的风腿支架上,后者则放置在隧洞底板上,或支持在钻孔台车的平台上。钻孔台车有三种形式:①在主线轨道上安装,靠运输线行驶的钻孔台车,适用于小型隧洞;②门架式轨行钻孔台车,适用于大隧洞;③轮胎式或履带式钻孔台车,适用于采用无轨运输的隧洞。

(3)装药和填塞

炮眼装药前应先用扫眼器将炮孔吹扫干净,同时使用扫眼漏斗,使吹扫、装药能平行作业,以缩短时间。一般爆破作业需连续装药,药卷直径应与孔径吻合。如采用36mm的大直径药卷或32mm直径的药卷,需先将包封划破,再用炮泥捣实,以增加密实度,提高爆破威力。孔口应填塞,通常可用砂和黏土的混合物堵塞。

(4)起爆

钻爆法施工的起爆方法有火花起爆、电力起爆和导爆管起爆法三种。

①火花起爆法

火花起爆法采用火雷管(铜雷管或纸雷管)和导火索起爆,通过点燃导火索引爆雷管并起爆药卷。该法操作简单,但是点燃导火索必须在工作面上进行,不安全因素多。原因主要是导火索燃烧速度不均匀,不能精确地控制起爆时间。尤其是长隧道和全断面一次开挖炮眼数量较多时,点炮时容易发生安全问题,采用时应采取相应的安全措施。

②电力起爆法

电力起爆法由电雷管和导线连成网络,通过接通电源起爆。电力起爆可预先检测,安全性好,是目前普遍采用的方法。采用时应特别注意对洞内电源的管制,防止由杂散电流、感应电流和高压静电等引起意外早爆现象。

③导爆管起爆法

导爆管是一种非电起爆器材,通常由激光枪或导爆索引爆。引爆后的导爆管以2 000m/s的速度传递冲击波,从而引爆与其相连的雷管(普通瞬发雷管和非电延时雷管)和起爆。这种方法有抗静电杂电、抗水、抗击、耐火和传爆长度大等优点。

(5)通风排烟

通风作业用于排除由炸药爆炸产生的有害气体,以及降低由凿岩产生的粉尘的含量,同时补充新鲜空气。通风方式可分为压入式、吸出式及混合式三种。

(6)处理哑炮和险石

放炮、通风并接通照明线路后,作业人员需先处理哑炮和通过挑顶排除险石,以及修复和设置必要的临时支撑。确认工作面无危险隐患后,方可进行排渣和测量布眼等后续工序的作业。

(7)装渣运输和弃渣

排渣是隧道施工的关键工序之一,并因工作量大而常直接关系到工程施工的进度。

排渣有装渣、运输和弃渣等主要工序。其中装渣方式可分为人工装渣和机械装渣两类,常用机械为装渣机和皮带运输机。渣料装入矿车后由窄轨蓄电瓶机车等牵引运至洞外或直接装入自卸式载重汽车运至洞外。弃渣场地应事先选定,尤应注意少占农田和保护生态环境。

2)支撑与衬砌的施工

(1)支撑的施工

隧道开挖后,为防止因围岩松动而引起坍塌,以往常通过及时架设临时支护,即支撑加固围岩。

支撑材料有木材、废弃钢轨(15kg/m)、锚杆和混凝土等,形成的支撑分别称为木支撑、钢支撑、锚杆支撑和喷射混凝土支撑等。

支撑时机可分为先挖后支(适用于Ⅰ~Ⅲ级围岩)、随挖随支(适用于Ⅳ级、Ⅴ级围岩)及先支后挖(适用于Ⅴ级、Ⅵ级围岩)。各类支撑均要求能及时架设,适用可靠,构造简单,便于拆装和修筑永久支护及经济安全。

鉴于木支撑和锚杆、喷射混凝土支护是最基本的支撑形式,以下分别对其作介绍。

①木支撑

木支撑有便于加工、结构简单、便于装拆和破坏前有声音预兆等优点,但因有木料损耗较多、受载时变形较大及承载能力较小等缺点,目前已较少采用。

②喷射混凝土及锚杆支撑

喷射混凝土支撑和锚杆支撑能方便地用于及时支护险石和加固围岩,但因目前隧道设计中这两类支撑均已兼作永久支护的初期支护,因而其支护参数应主要由结构设计的需要确定。

(2)衬砌的施工

隧道衬砌属于永久支护,按材料可分为:石砌衬砌、模筑混凝土衬砌、喷射混凝土衬砌和锚喷衬砌等。本节主要叙述模筑混凝土衬砌的施工方法。

模筑混凝土衬砌施工的主要工序有:模筑前的准备工作、架设拱(墙)架与模板、混凝土制备与运输、混凝土灌注、混凝土养护与拆模等。

①模筑前的准备工作

在模筑衬砌施工开始前,应先清理场地,进行中线和水平测量,检查开挖面是否符合设计要求,然后放线定位,同时准备衬砌材料、机具和提出劳动力计划安排等。

②架设拱(墙)架与模板

模筑衬砌所采用的拱架、墙架和模板,宜采用金属制作或直接采用新型模板结构,如衬砌模板台车、移动式整体模架等。中、小长度隧道可使用普通钢模板,或钢木混合模板。

模筑衬砌拱(墙)架的间距,应根据围岩性质、隧道宽度、衬砌厚度及模板长度等确定,一般可取1m,最大不应超过1.5m。采用钢拱架时,可参照表6.1-3确定。

**钢拱架间距表** 表6.1-3

| 围岩分级 | Ⅰ~Ⅱ | Ⅲ~Ⅳ | Ⅴ~Ⅵ |
|---|---|---|---|
| 钢拱架间距(m) | 1.0~1.5 | 0.8~1.2 | 0.6~0.8 |

架设拱架、墙架和模板应位置准确,连接牢固,严防走动。其中拱架、曲墙架使用前应先在样台上试拼装,重复使用时应注意检查变形是否超限。

拱架应在垂直于隧道中线方向的断面上架设。其高程应预留沉落量,其数值可按表6.1-4采用。

**拱架(包括模板)预留沉落量** 表6.1-4

| 围岩分级 | Ⅰ~Ⅲ | Ⅳ | Ⅴ | Ⅵ |
|---|---|---|---|---|
| 预留沉落量(cm) | ≤5 | 5~10 | 10~15 | 15~20 |

注:1. 上表数值适用于先拱后墙法,当采用先墙后拱法时不宜大于5cm。

2. 表中数值不包括施工误差。

另外,考虑到测量和施工都有误差,以及灌注混凝土时拱脚内挤,为保证设计净空,拱架(包括模板)的拱脚每侧应加宽5~10cm,拱顶应加高5cm。

③混凝土制备与运送

混凝土制备中应严格按照质量配合比供料,尤应重视掌握加水量,控制水灰比和坍落度。在边墙处混凝土坍落度为1~4cm,在拱圈及其他不便施工处为2~5cm。

混凝土拌和后,应尽快浇筑。混凝土若来自搅拌站,应采用混凝土搅拌运输车运送,时间一般不得超过45min,以防止产生离析和初凝。

④混凝土浇筑的工艺要求

模筑混凝土衬砌应分段浇筑,节段长度应根据围岩状况、施工方法和机具设备能力等确定。松软地层中每节段长度一般不得超过6m。

为保证整体性,每节段拱圈或边墙的混凝土衬砌均应连续灌注,以免产生施工缝。

浇筑拱圈应从两侧拱脚向拱顶对称进行,间歇及封顶的层面应成辐射状,分段施工的拱圈宜在围岩较好处合龙。

采用先拱后墙法施工时,边墙混凝土应尽快浇筑,以避免对拱圈产生不良影响。

拱圈封顶应随拱圈的浇筑及时进行。墙顶封口应留 7~10cm,在完成边墙灌注 24h 后进行。用于封顶、封口的混凝土均应适当降低水灰比,并捣固密实,以免漏水。

仰拱施工应结合拱圈和边墙施工抓紧进行,使结构尽快封闭。

拱墙背后的空隙必须回填密实。1m 范围以内的超挖,应用与衬砌相同强度等级混凝土浇筑;超挖大于规定时,宜用片石混凝土或 10 号砂浆砌片石回填。当围岩稳定并干燥无水时,可先用干砌片石回填,再在衬砌背面压浆。隧道通过含有侵蚀性地下水时,衬砌应采用抗侵蚀性混凝土。

⑤衬砌混凝土养护和拆模

衬砌混凝土灌注 10~12h 后应开始洒水养护,使混凝土有良好的硬化条件。养护时间应根据衬砌施工地段的气温、空气相对湿度和使用的水泥品种确定,使用硅酸盐水泥时,养护时间一般为 7~14d。寒冷地区应做好衬砌混凝土的防寒保温工作。

拱架、边墙支架和模板的拆除时间,应满足下列要求:

a. 不承受荷载的拱、墙、混凝土强度达到 5.0MPa,或拆模时混凝土表面及棱角不致损坏,并能承受自重。

b. 承受较大围岩压力的拱、墙,应当封口或封顶混凝土达到设计强度 100% 时。

c. 承受围岩压力较小的拱和墙,一般当封口或封顶混凝土达到设计强度的 70% 时。

d. 围岩较稳定,地压很小的拱圈,一般当封口或封顶混凝土达到设计强度的 40% 时。

3)新奥法施工的要点

与传统矿山法相比新奥法有多方面的优越性,因此正越来越多地取代矿山法。

光面爆破、喷锚支护和现场量测是新奥法施工的三大支柱,以下分别作介绍。

(1)光面爆破

光面爆破是利用岩石的抗拉强度远小于其抗压强度(约为 1/20~1/10)的特性,通过采用微差爆破使相邻的多个周边炮眼同时起爆,由此使相邻周边炮眼之间能形成较为平坦的拉断裂缝,并对炮孔岩壁产生的破坏程度最小,从而形成大致完整的轮廓面。为此,炮眼中的装药量不宜过大,并应力求使最后一响的周边孔取得比较一致的抵抗线。周边炮眼的距离需合理加密,并应保证其同时起爆。

实测资料表明,光面爆破所引起的围岩松动圈的深度仅为普通爆破法的 1/3~1/2,对维护围岩的稳定性和原有的围岩抗力具有显著的作用,并为喷锚支护创造了良好的条件。光面爆破和喷锚支护配合使用,会取得更加明显的技术经济效果。

(2)锚喷支护

对围岩采用柔性喷射混凝土层和锚杆支护,可及时有效地控制围岩变形,维护和调动围岩的自支承能力。

实测资料表明,隧道开挖后围岩内存在应力降低区、应力增高区和原始应力区。应力降低区中岩体的应力已基本释放,处于松散状态,并主要靠裂隙间的摩阻力、黏聚力及岩块间相互镶嵌和夹持作用,以及形成压力拱暂时保持稳定。这时围岩的失稳通常从出露在开挖面(临空面)上的某些不稳定块体(即危石)坍滑开始。因此只要及时用适当的支护手段(如喷、锚等)有效地防止"危石"坍滑,就能使围岩保持稳定。

喷锚支护可使喷混凝土、锚杆和被支护的岩体形成联合支护结构,改变应力降低区内岩体的松散状态，使其转化为可承担荷载的结构。

锚杆一般应穿过松动区，深入稳定区内一定深度。其长度一般控制在 2 ~ 5m。喷混凝土和锚杆的施作，应紧跟开挖面，以防止岩体变形增大。根据需要可在喷混凝土内设置金属网，以增加其强度和整体性。

①锚杆支护

常用的锚杆是全长黏结式普通水泥砂浆锚杆和早强水泥砂浆锚杆，按功能可分为系统锚杆和局部锚杆。系统锚杆应在隧道横断面上与岩体主结构面呈较大角度布置，也可与隧道周边轮廓垂直布置，在岩面上呈梅花形排列。局部锚杆在拱腰以上用于悬吊上方破碎岩块，拱腰以下及边墙部位用于阻止不稳定块体滑动。局部锚杆应锚入稳定岩体。

水泥砂浆锚杆钻孔直径应比锚杆直径大 15mm，孔内积水和岩粉需先吹洗干净。V ~ VI 级围岩及特殊地质围岩，应先喷混凝土（或先喷一层）再安装锚杆。为防止塌孔，钻孔后应及时安装杆体。杆体插入孔内的长度应不小于设计长度的 95%，露出岩面的长度应不大于喷混凝土层的厚度。注浆（包括快硬水泥卷的使用）应遵守规范规定。带端头时垫板应紧贴岩面，未接触部位必须楔紧，并用螺帽拧紧。图 6.1-2 为楔缝式内锚头锚杆安装示意图。

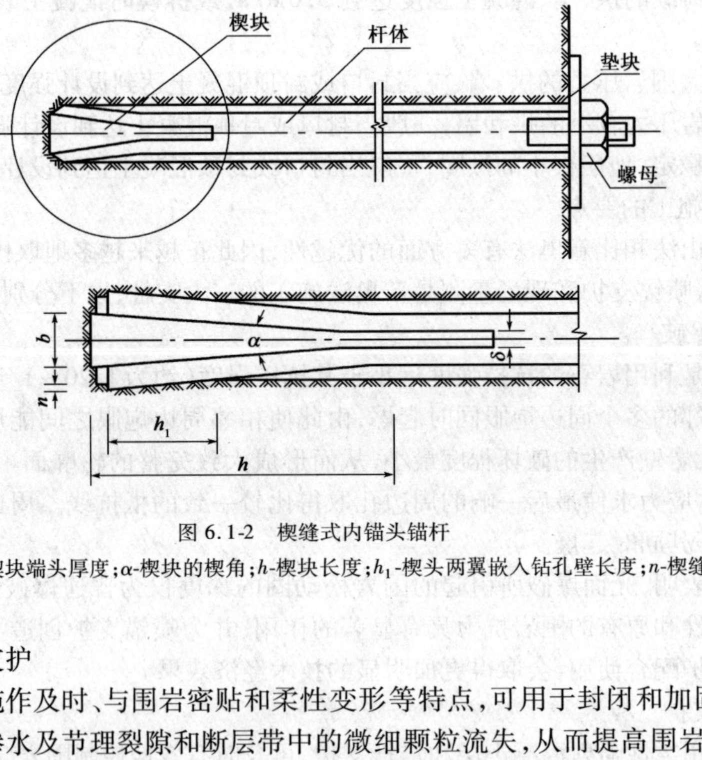


图 6.1-2　楔缝式内锚头锚杆

$\delta$-锚杆杆体楔缝宽度；$b$-楔块端头厚度；$\alpha$-楔块的楔角；$h$-楔块长度；$h_1$-楔头两翼嵌入钻孔壁长度；$n$-楔缝两翼嵌入钻孔壁深度

②喷射混凝土支护

喷射混凝土有施作及时、与围岩密贴和柔性变形等特点，可用于封闭和加固围岩，防止软弱围岩风化、崩解、渗水及节理裂隙和断层带中的微细颗粒流失，从而提高围岩自支承能力和稳定性。

喷射混凝土常选用普通硅酸盐水泥为胶结材料，喷射方式有干式喷射和湿式喷射两种。干式喷射将混合料（含速凝剂）用压缩空气通过料管送至喷嘴，在喷嘴处由专设的水管加水混合后喷出，喷射质量易受喷射手熟练程度的影响。湿式喷射将搅拌好的混凝土用混凝土泵或压缩空气与管道压送，经喷嘴喷出，喷射质量较易保证，但不适用于长距离压送。作业需分片分段自下而上依次进行。宜采用机械手旋喷，施工速度快，作业范围大，并可避免粉尘对身体危害，如图 6.1-3 所示。

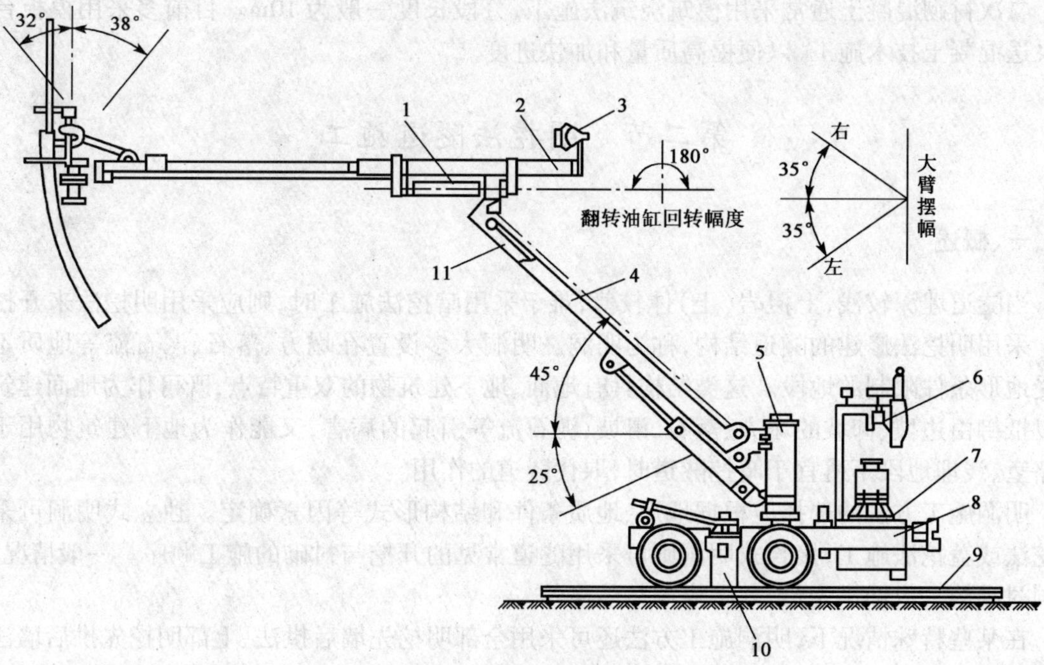


图 6.1-3 喷射机械手

1-翻转油缸；2-伸缩油缸；3-探照灯；4-大臂；5-转筒；6-风水系统；7-液压系统；8-车架；9-钢轨；10-卡轨器；11-拉杆

喷射混凝土中常设钢筋网。钢筋网宜在岩面喷射一层混凝土后铺设，围岩自稳性很差时也可先挂网后喷混凝土。钢筋网需以锚杆或专用栓钉固定在围岩上，喷射时钢筋不得晃动，以确保钢筋网正确就位及其与岩壁面之间混凝土的密实性。

松软、破碎围岩自稳时间很短，甚至掌子面不能自立时，需增设钢架支撑，由其与喷混凝土、锚杆及钢筋网组成联合支护，以提高支护的强度和刚度。对于掌子面自稳性差的围岩，钢架可兼作超前锚杆和管棚支护的撑支点。

锚喷支护是一种主动加固围岩的工程措施，喷混凝土、锚杆和钢拱架等可单独或组合使用。它们的作用不是互相排斥，而是相辅相成。对于整体产状及层间结合良好的厚层状围岩（Ⅰ级、Ⅱ级围岩），只需采用薄层喷混凝土、局部锚杆加固不稳定块体，并防止围岩风化；对于散体状、碎裂状不稳定围岩或极软岩（Ⅴ级、Ⅵ级围岩），喷混凝土应与系统锚杆联合使用，并配置钢筋网，及在必要时加设钢架。

（3）现场量测

现场量测是新奥法的重要内容之一。新奥法的安全性和经济性需通过把量测结果及时反馈到下一阶段的设计和施工中实现，因而快速、准确地进行现场量测和数据处理，是成功地应用新奥法的关键。

新奥法施工的设计包括量测布置，以便系统地控制围岩和衬砌的变形和应力。围岩变形和应力的量测采用的仪器和方法本章将另节介绍，这里不再赘述。

4）防水层和二次衬砌混凝土浇筑

采用新奥法施工的永久支护常为复合式衬砌，在初期支护变形稳定后需施作防水层及二次支护。

隧道防水层采用的材料有高密度 PVC 防水板和 PE 卷材等，关键技术是防水板的焊接或黏结工艺。防水层外设泡沫塑料缓冲板，用以防止防水层被初次支护粗糙面划破。

二次衬砌混凝土通常采用模筑浇筑法施工,分段长度一般为10m。目前多采用模板台车和泵送混凝土技术施工,以便提高质量和加快进度。

## 第二节　明挖法隧道施工

### 一、概述

当隧道埋深较浅,上覆岩(土)体较薄,难于采用暗挖法施工时,则应采用明挖法来开挖隧道。采用明挖法修建的隧道结构,称为明洞。明洞大多设置在塌方、落石、泥石流等地质不良或受地形条件限制的地段。这类结构具有地面、地下建筑物的双重特点,既可作为地面建筑物用以抵御由边坡、仰坡的塌方、落石、滑坡、泥石流等引起的病害,又能作为地下建筑物用于在深路堑、浅埋地段不适宜于暗挖隧道时,取代隧道的作用。

明洞施工方法的选择应根据地形、地质条件和结构形式等因素确定。独立式明洞可采用明挖法或盖挖法施工,接长式明洞则可采用隧道常见的开挖与衬砌的施工顺序。一般情况下,明洞衬砌施工应仰拱先行,并将拱墙整体浇筑。

在某些特殊情况下,明洞施工方法还可采用全部明挖先墙后拱法、上部明挖先拱后墙法及部分明挖墙拱交错法,以下对其分别作简要介绍。

(1)全部明挖先墙后拱法

适用于埋置深度较浅,边仰坡开挖后能暂时稳定,或属于在已成路堑中增建明洞的地段。施工步骤为先从上向下分台阶开挖,完成后先施作两侧边墙,再作拱圈,最后施作防水层及洞顶回填。

(2)上部明挖先拱后墙法

适用于明洞位于岩层破碎,路堑边坡较高,全部明挖可能引起坍塌,但拱脚岩层承载力较好,能够保证拱圈稳定的地段。开挖程序为先开挖起拱线以上部分,采用拉槽法,开挖临时边坡、仰坡。当临时边坡、仰坡不够稳定时,采用喷锚网加固坡面。完成后先施作拱圈,然后在拱圈保护下开挖下部断面,再做边墙,并使混凝土与两侧岩石密贴。必要时,拱脚应设连续的纵向钢筋混凝土托梁。

(3)墙拱交错法

适用于半路堑、原地面边坡陡峻的地段,或由于地形限制而不能先做拱圈,或因外侧地层松软,先做拱圈可能发生较大沉陷,先墙后拱亦有困难时。根据边墙施工方法的不同,又可分为先做外侧边墙法和挖开灌注边墙法。前者先挖出外侧墙基坑,再砌筑外边墙,接着开挖内侧起拱线以上部分,然后施工拱圈,最后开挖内边墙马口、逐段施作内边墙;后者则一般开挖至起拱线后,先间隔挖开或横向与中线垂直间隔拉槽,灌注部分边墙,再施作拱圈,拱脚应加纵向钢筋以形成钢筋混凝土托梁。最后挖马口方面施作其余边墙。

### 二、施工要求

1)明洞土石方开挖施工的要求

(1)明洞边坡开挖时,应先根据设计要求对岩土体采取加固措施。明洞地段的开挖方式、边坡和仰坡的坡度以及支护施工方法,均应符合设计规定。

(2)地形、地质条件、边仰坡稳定程度等与设计有差异时,应提出变更。

(3)宜边支护边开挖。

(4)若明洞较长,宜分段施工,开挖一段做一段。

(5)石质地段开挖时,应放小炮。必要时可用预裂爆破,以防止爆破影响边仰坡的稳定性。

(6)随时监测和检查山坡的稳定情况,尤其是裂隙和凹地应设置标志随时检查或观测有无移动及变化趋势。

(7)必须在雨季施工时,应先对边仰坡施作排水系统。

2)明洞基础的施工

(1)明洞边墙基础和棚式明洞支柱基础均应设置在稳固的地基上。

(2)偏压和单压明洞外边墙的基底,应考虑其抗滑力。在垂直路线方向应按设计要求挖成一定坡度的斜坡,以提高边墙抗滑力。

(3)当基础开挖至设计高程后,如地基承载力不满足设计要求,应及时上报监理、设计单位,并按设计单位提供的处理方案加固地基。一般可采取夯填一定厚度的碎石,或加深,或扩大基础等措施。

(4)基础混凝土灌注前必须排除坑内积水,边墙基础完成后应及时回填。

3)明洞衬砌的施工

(1)浇筑混凝土前应对明洞复测中线、高程和模板的外轮廓尺寸,确保衬砌不侵入设计轮廓线。

(2)明洞混凝土的灌注应设挡头板、外模和骨架,特别是在衬砌端部与拱、墙首轮环节处都要设置挡头板,并应采取措施防止走模。

(3)为控制拱圈厚度,应在拱部加设外模,并架立骨肋连接固定。

(4)明洞拱圈和边墙混凝土应整体浇筑。

(5)当先做一侧边墙随即灌注拱圈时,如另侧拱脚基岩松软,可在拱脚下横铺木垫板加大承载面积,或夯填碎石以增加拱脚承载力;采取跳槽边墙浇筑拱圈时,应加强对拱脚的基底的处理,保证拱脚稳定;拱脚基底过深时应先浇筑基础托梁,必要时加设锚杆使拱脚混凝土与岩壁连接牢固,防止拱脚基底松动沉落。

(6)拱圈混凝土强度达到混凝土设计强度等级的100%,而且拱顶回填土厚度达到0.7m时,方可拆除明洞拱架。

(7)明洞衬砌与暗洞衬砌,应按设计要求采取连接措施加强,确保与已成衬砌的拱墙连接良好。

(8)各类棚洞的钢筋混凝土盖板梁宜采用预制构件,并用吊装法架设,以便既可缩短工期,又能尽早回填,有利于承受落石、坍塌的冲击,保证安全。

(9)各类棚洞的墙顶支座槽应用水泥砂浆填塞紧密,以使盖板安装平稳。

其他施工要求可参照隧道衬砌的相关内容。

4)明洞回填的施工要求

(1)墙背回填的作用主要是使边墙与围岩密贴。围岩较稳定时,一般自墙顶起坡开挖,墙背可挖垂直或较陡的坡度;当围岩稳定性较差时,需采用先拱后墙法施工,边墙通过开挖马口灌注。两者的墙背空隙都不大,故可用与边墙相同的材料同时灌注,或用浆砌片石回填。

(2)拱背回填主要用于缓和边坡落石和坍塌对明洞结构的冲击以及排除坡面雨水,其回填应符合设计规定。

(3)墙背回填应两侧对称进行。底部应铺填0.5～1.0m厚的碎石并夯实,然后向上回填。石质地层中墙背与岩壁空隙不大时,可采用与墙身同级的混凝土回填;空隙较大时,可采用片石混凝土或浆砌片石回填密实。土质地层中,应将墙背坡面开凿成台阶状,用干砌片石分层码砌,缝隙用碎石填塞紧密,不得任意抛填土石。

(4)拱背回填应对称分层夯实,每层厚度不得大于0.3m,两侧回填的土面高差不得大于0.5m。回填至拱顶齐平后,应立即分层满铺填筑至要求高度。

(5)明洞拱圈混凝土达到设计强度,并且由人工夯实回填至拱顶以上1m后,方可采用机械回填。

5)明洞防排水系统施工的要求

(1)防水层所使用的材料、敷设层数和厚度等均应符合设计要求。

(2)防水层施工前应用水泥砂浆将衬砌外表涂抹平顺。

(3)防水卷材应与拱背粘贴紧密,接头搭接长度不小于10cm,铺设应自下而上进行,上下层接缝宜错开,不得有通缝。

(4)回填拱背的黏土隔水层应与边坡、仰坡搭接良好,封闭严密,防止地表水下渗。

(5)靠山侧边墙顶或边墙墙后,应设置纵向和竖向盲管(沟),将水引至边墙泄水孔排除。

(6)墙后的排水设施应与填土同时完成,并保证出水口通畅。

(7)明洞拱圈外模拆除后,应及时按设计做好防水层及拱脚处的纵向盲沟,保证排水通畅。

(8)明洞施工应和隧道的排水侧沟、中心水沟的出水口及洞顶的截、排水设施等统筹考虑。即在明洞施工完成后,洞内的排水应形成顺畅的出水口,洞顶排水系统达到完善、畅通。

## 第三节　TBM　法

在岩石隧道中,采用隧道掘进机施作隧道的方法称为TBM法。

隧道掘进机是一种用于开挖地下通道工程的大型高科技专用施工装备,具有快速、优质、安全、经济、有利于环境保护和降低劳动强度等优点。其最大特点是广泛运用遥测、遥控、电子、信息技术对作业全过程进行制导和监控,通过采用机械、电气、液压和自动控制一体化、智能化设备使掘进过程始终处于最佳状态。

### 一、隧道掘进机的类型

隧道掘进机用于全断面隧道开挖,主要有开式掘进机和闭式掘进机两大类型。

开式隧道掘进机切削岩层时不控制工作面的地压,掘进机速度按出渣系统的运渣能力确定,一般适用于在硬地层中快速掘进。闭式隧道掘进机又称地压平衡式掘进机,特点是通过控制螺旋运输机卸料门的开启速度,使切削刀盘前腔的压力与地压平衡,使可不扰动或少扰动地层,避免或减小地表的沉降。地压平衡式掘进机又称为盾构(shield),通常用于软地层或是流动性地层。

目前,TBM的典型形式有支撑式TBM、扩孔式TBM、护盾式TBM、双护筒TBM和支撑盾壳TBM。

1)支撑式TBM

支撑式TBM属于敞开式全断面支撑型机器,图6.3-1为Robbins$\phi$6.5m开式掘进机的示意图。

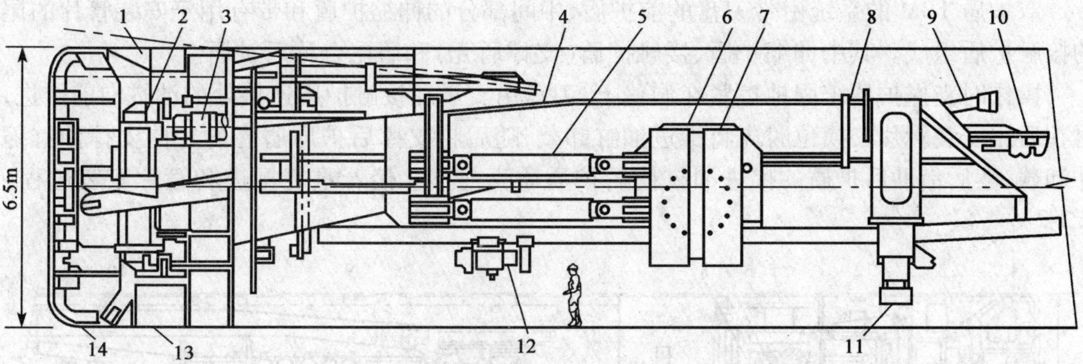

图 6.3-1　Robbins$\phi$6.5m 开式掘进机

1-顶部支撑;2-主轴承与密封部件;3-刀盘主驱动;4-主机架;5-推进油缸;6-主支撑架;7-主支靴;8-TBM 后部;9-通风管;10-皮带输送机;11-后支撑靴;12-起重葫芦;13-底部前支撑;14-切削盘

支撑式 TBM 的结构由开挖、支护和驱动组合体及运输装配设备组成。

刀盘属于掘进机的第一组合体,由液压起动机或电机驱动,通常成环形安装在机器的主轴上,并设带自防尘隔层的刀盘罩。岩渣通过刀盘上的铲斗和刀盘后的导向板运到刀盘中心,在那里落进漏斗和送到皮带运输机上。选用液压驱动起动机时,驱动液压泵站的电机安装在后配套上。掘进头的推进力由支撑推进系统提供。

第二组合体用于进行即时支护。初期支护措施为在刀盘罩后面架设支护拱架和在洞顶挂网、施作锚杆或喷浆。

运输设备用于将支护拱架从位于 TBM 后部的中继存储站运至安装地点。

2)扩孔式 TBM

扩孔 TBM 亦属于开敞式掘进机,适合于需要通过探测导洞确认特殊风险因素的地层。施工中先由 TBM 开挖直径为 4 ~ 4.5m 的导洞,再用扩孔 TBM 进行扩孔开挖。导洞直径和扩孔直径的最大比率约为 1:2.5。

与全断面掘进机相比较,扩孔 TBM 系统在运输和组装方面具有优点,因为开挖导洞的 TBM 质量较轻、尺寸较小,扩孔后易于拆成基本部件和盘辐等。隧道断面可在后配套系统上进行即时支护,但需在导洞和扩孔断面之间的结合部安装带有洞顶保护盾壳的稳固(支承)环,以防止岩屑掉进导洞内。

3)护盾式 TBM

(1)单护盾式 TBM

单护盾式 TBM 的整个机器都由护盾保护,适用于需在刀盘后采用较多支护措施的一般破碎甚至不稳定但无地下水的地层。

护盾式 TBM 的优点是支护工作可在护盾盾壳内完成,与洞壁没有接触。然而当遇到较大的断层或通过洞穴地层时会产生严重的问题,因此在断层地段掘进期间,进行系统的勘测钻探非常重要。对策措施可为通过灌浆稳固岩体,或借助用玻璃纤维强化的洞顶锚杆加强地层结构。另外,这类机器需以最佳的方式设计刀盘检修出口,以便在掌子面前方发生障碍时进行检查和处理。

(2)双护盾式 TBM

双护盾式 TBM 同样适用于无地下水的不能自立软弱破碎地层段,并可同时满足推进和管片安装的要求。

双护盾 TBM 的系统由带刀盘的前护盾、中间部分的伸缩护盾和带有用于安装管片的尾盾的接触护盾组成。其中伸缩护盾、接触护盾(支撑盾壳)和盾尾合称后护盾。

操作时支撑护盾牢固地撑紧在洞壁上,刀盘由支承在接触护盾连接处的油缸向前推进,同时在盾尾安装管片。换位时先将推进油缸卸载,随后将支撑后护盾盾壳的径向支撑油缸缩回并卸载,然后借助后护盾的推进油缸使后护盾盾壳前移。接着重复掘进和管片安装过程(图 6.3-2)。

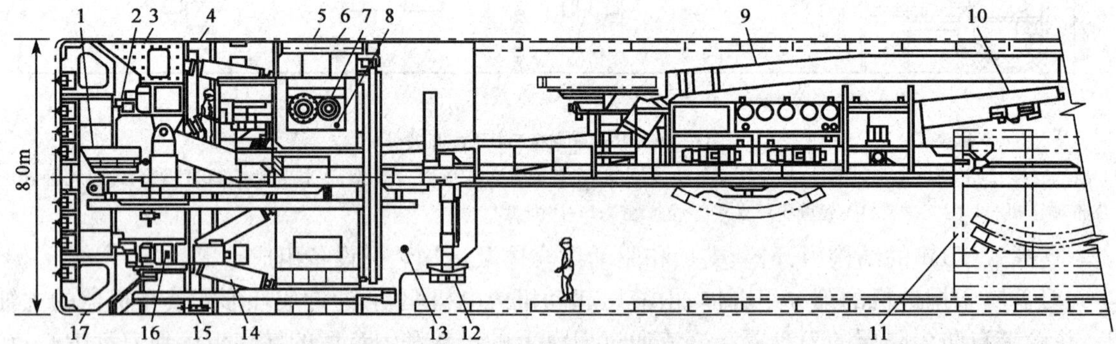


图 6.3-2 Robbins$\phi$8.0m 双护盾式掘进机

1-石渣漏斗;2-主轴承与密封;3-前护盾;4-可伸缩护盾;5-支撑部护盾;6-副推进油缸;7-支撑油缸 8-支撑靴;9-通风管;10-皮带输送机;11-TBM 后配套穿入式起重机;12-砌块安装器;13-尾护盾;14-主推进油缸;15-铰接油缸;16-刀盘主传动;17-刀盘

4)后配套系统

TBM 的后配套系统由后勤单元和功能区域组成。其中后勤单元包括围岩支护安装设备的承载器,所有电气和液压设备的承载器,操作人员控制室,辅助设备承载器,处理和储存开挖物料的承载器及除尘、通风承载器等;功能区域包括 TBM 推进和初期岩石支护区,基本支护设备区,二次岩石支护区,堵水区,底部拱块铺设区和物料处理区。

后配套的结构为特定的工程设计和使用服务,故应满足多种多样的要求。

后配套结构应设计成一个紧凑的支架,或一个铺有轨道入口的门架车。后配套及可移动入口门架结构一般由若干相连的车辆单元组成,并通常由 TBM 上的拉杆拖拉。

## 二、隧道掘进机的工作原理

以下以山西省万家寨引黄工程采用的直径为 6.125m 的美国罗宾斯(Robbins)双护盾全断面掘进机为例,介绍其工作原理。

1)掘进作业

TBM(以 Robbins180 型为例)通过机头刀盘上的 37 个球形滚刀旋转破岩,并由周边铲斗铲起弃渣,通过漏斗和溜槽卸到皮带输送机上,再转入出渣列车运出洞外。

掘进循环可分为两个阶段:

(1)掘进阶段。首先紧固装置,然后驱动电动机,在推进液压缸的作用下,带动刀头旋转破岩,切削前进 0.8m(进尺深)。此时后配套辅助设备均停在洞内,出渣列车在胶带机底部接渣。在后护盾的安装室内,同时进行调运和安装混凝土管片。

(2)后盾和尾部设施前移阶段。当刀头与前护盾前进 0.8m 后,暂停工作,前护盾借助夹紧装置固定在岩壁上,后盾通过收缩推力液压缸前移 0.8m。通过操纵相应的装置,前移后续车架并自动延伸风管、水管和轨道。

2)混凝土管片的安装工艺

对准备运至洞内的新管片应先进行严格的检查,合格的混凝土管片才能装运。就位后由机械手安装,管片固定后随即以高强专用水泥砂浆勾缝,凝固后涂上防水油膏。管片和围岩间空隙以豆粒石充填,饱满后用灰袋纸塞孔,并在TBM的尾部进行回填灌浆。

3)洞内运输及出渣

在TBM中,出渣设备是主机和后配套系统的组成部分,不再赘述。

## 第四节 盾构法隧道施工

盾构是在软岩和土体中进行隧道施工的专门机具。盾构隧道施工方法是使用盾构机在地下掘进,一边在盾壳的保护下防止开挖土体崩塌,一边在机内安全地进行衬砌安装作业,从而修筑隧道的方法。

盾构法隧道的前进是依靠设在盾尾的一组千斤顶克服盾构机重及周围土体产生的正面和侧面摩阻力,千斤顶支撑在已拼装好的环形隧道衬砌上,每拼装一环管片,千斤顶向前推进一个衬砌环宽度的距离,进行下一环衬砌管片的拼装。理论上,盾构法施工隧道过程中,前进阻力不受隧道长度增加而增加。

盾构法施工的主要优点有以下几点:

(1)除竖井外,地面作业很少,隐蔽性好,因噪声、振动引起的环境影响小。

(2)隧道及管道施工费用和技术难度基本上不受覆土深浅的影响,适合建造覆土深的隧道。

(3)穿越河底或湖、海底时,隧道施工不影响航道,完全不受气候的影响。

(4)穿越地面建筑群和地下管线密集的区域时,周围环境可不受施工影响。

(5)自动化程度高,劳动强度低,施工速度快、安全。

盾构法施工也存在一些缺点,例如施工设备费用较高;覆土较浅时,地表沉降较难控制;用于施作小曲率半径($R<20D$)隧道时掘进较困难等。

### 一、盾构施工准备工作

使用盾构法施工隧道,施工工艺流程见图6.4-1。

在盾构法隧道施工中,需遵循以下原则:

(1)隧道应根据设计高程及平面位置,在起始工作井内正确定位;设置盾构基座、导轨;按顶力大小、合力重心、隧道轴线方向等,在井内设置纵向传力的刚性后座。

(2)根据工程现场条件,正确选用降水、注浆或其他土体加固等盾构出洞的施工方案,减少对周围土体的扰动。

(3)施工中应采取灵活、合理的正面支护方法;控制出土量,防止超挖;纠偏中应尽量减少盾构轴线与隧道轴线的夹角,以减少对土层的扰动。

(4)选用高质量的盾尾密封装置和压浆设备,确保及时、适量、均匀地充填盾尾与衬砌环外建筑空隙。

(5)衬砌运至施工现场前,应按设计要求进行尺寸、外形、强度、抗渗等质量检验。搬运、堆放应严格按操作规程进行,防止破损。

(6)在盾构推进初始阶段,应设置确定合理施工参数的观测段,在施工过程中还应进行必要的施工监测,并随时分析各种施工因素的影响,借以调整和改进各项施工参数,以便把对邻近地面建筑及地下设施的影响控制在容许范围内。

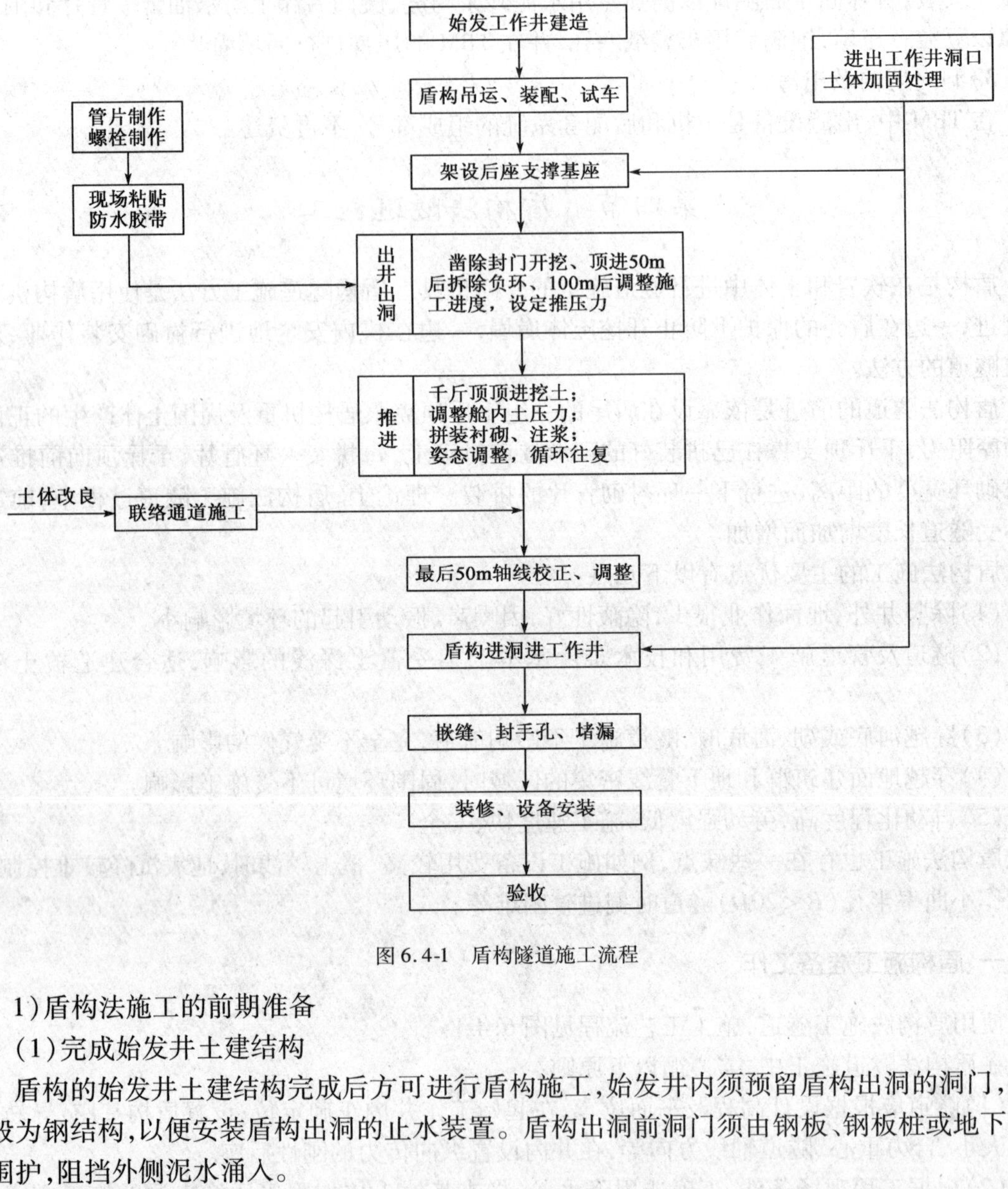


图6.4-1　盾构隧道施工流程

1)盾构法施工的前期准备

(1)完成始发井土建结构

盾构的始发井土建结构完成后方可进行盾构施工,始发井内须预留盾构出洞的洞门,洞圈一般为钢结构,以便安装盾构出洞的止水装置。盾构出洞前洞门须由钢板、钢板桩或地下连续墙围护,阻挡外侧泥水涌入。

(2)盾构选型

盾构机选型时,必须综合地考虑施工的安全、可靠、经济、快速、高质量等施工因素。盾构机选型成功是工程成败与否的关键,因此在选型时需要注意下列几点:

①盾构机类型必须适合于围岩条件。

②盾构机类型必须合理兼用辅助施工法。

③盾构机类型必须适合于施工长度、线形。

④后方设备、始发基地等施工设备必须要配备成符合盾构机类型的开挖能力。

⑤必须对劳动环境进行考虑。

盾构机的选型一般应根据拟建隧道的规模、特征、施工场地的工程地质及水文地质情况、施工人员的技术水平、隧道施工区域内的地面构筑物情况和环境保护要求、施工进度、经济性等因素，综合考虑选择盾构的类型。盾构选型的基本流程如图6.4-2所示。

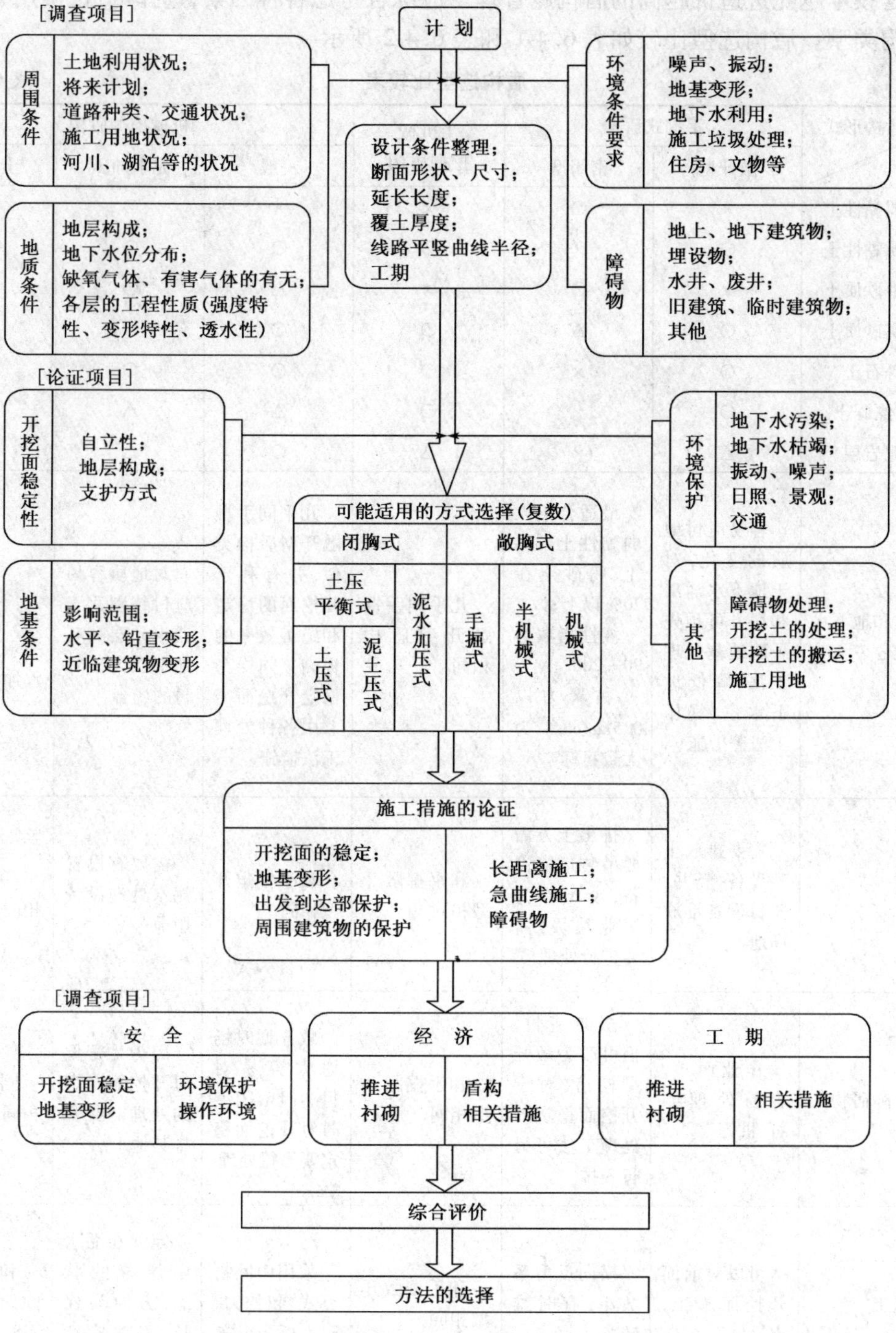

图6.4-2 盾构机选型流程图

注：选择开挖方式时请参照表6.4-1中盾构形式与土质。

通常当地下水位低于盾构下部的硬质地层时，应优先考虑选用半机械式盾构，因其设备较少、费用低，劳动强度也不高，易于上马。即使在固结条件并不理想的土层中，也能通过简单的工作面支撑，达到稳定工作面的要求。在地下水位高的沿海城市，大多数为软土地层，此时的盾构选型较为复杂，应通过可行性方案研究后决定。盾构选型相当程度上取决于盾构的造价，但并不是技术越先进造价越高的盾构越合理。应综合考虑各种因素，选择可行、实用、合理、经济的盾构类型。盾构选型比较如表 6.4-1 和表 6.4-2 所示。

**盾构选型比较表** 表 6.4-1

| 条件＼盾构形式 | | 手掘式盾构 | | 半机械挖掘盾构 | 机械挖掘盾构 | | |
|---|---|---|---|---|---|---|---|
| | | 敞开型 | 密闭型 | | 一般 | 泥水加压 | 土压系列 |
| 土质 | 软弱黏性土 | × | ○ | × | × | ○ | ○ |
| | 硬质黏性土 | ○ | × | ○ | ○ | ○ | △ |
| | 松弛砂质土 | × | ○ | × | △ | ○ | ○ |
| | 密实砂质土 | ○ | △ | ○ | ○ | ○ | △ |
| | 砾石土 | ○ | × | ○ | ○ | ○ | × |
| | 含漂砾土 | ○ | × | ○ | △ | △ | × |
| | 泥岩层 | △ | × | △ | ○ | △ | △ |
| 对地质和地下水的适应性 | | 容易应付地质的变化，对于地下水涌出和塌方可预先采取地基处理工法、降低地下水位、气压工法等措施 | 最适合于软弱黏性土。黏土、粉砂土在70%以上；液性指数为90～200；黏聚力以 $0.5kg/cm^2$ 为大致目标 | 几乎同手掘敞开型盾构相同 | 几乎同手掘敞开型盾构类似，并有利于开挖面的稳定和施工效率的提高。同样为稳定开挖面需兼用各种处理工法措施 | 对地质容易应付特别适于滞水砂层和其他工法无法对付的场合 | 很难处理砾石、漂石，在非滞水处需要加水加泥 |
| 基地 | | 需要排放土砂设备、竖井、器材设备堆放场地 | 排出土方需要吊装运输设备，废土作为工业垃圾，需要进行处理 | 和手掘敞开型相同 | 和手掘敞开型相同 | 需要有设置泥水处理设备用地 | 和密闭型相同 |
| 开挖面障碍物 | | 作业面多，容易处理卵石、桩等 | 极难应付，但可改为敞开型构造，对于开挖面稳定的处理工法可另行安排 | 和手掘敞开型相同 | 敞开型时场地太容易对付。但密闭型时对开挖面稳定要另行处理 | 因为是密型对开挖面稳定的处理需要安排其他工法 | 同泥水加压相同 |
| 曲线施工 | | 可以对前面开挖面施工，也易转弯 | 横向反力系数小，有时难转弯 | 和手掘敞开型相同 | 采用中间折叠式、超挖刀、阻力板等措施 | 宛如在泥水中浮游的状态，方向易保持，不需要特别措施 | 和密闭型相同，曲线段施工较难 |

续上表

| 盾构形式 / 条件 | 手掘式盾构 | | 半机械挖掘盾构 | 机械挖掘盾构 | | |
|---|---|---|---|---|---|---|
| | 敞开型 | 密闭型 | | 一般 | 泥水加压 | 土压系列 |
| 施工速度 | 由于是人力掘削，所以施工速度慢，并且受后方设备多的影响，必须进行充分探讨 | 不需要掘削，但工期长，由于呈泥土化，存在运输问题 | 掘削、堆放速度快，但受后方设备左右 | 因为是机械削，效率高，但和后方设备的平衡至关重要 | 掘削效率高，搬运快，但受处理设备左右 | 需要一般的机械掘削和密闭型两方面性能 |
| 作业环境 | 几乎都带有气压，为高压下作业，泥浆作业多，担心缺氧和高压障碍 | 兼用气压少环境好，但泥浆作业和手掘敞开式相同 | 和手掘敞开型相同 | 和手掘敞开型相同 | 不需要气压，弃土呈流体输送，所以场地大，安全性能高，作业环境好 | 不要气压但螺旋机大，泥浆多，场地狭。由于泥浆多存在安全问题 |
| 施工管理 | 将遮板贯入土体，在它下面安全掘削。用活动罩，半月形面板千斤顶进行挡土，盾构下部的部分土留下挡土、推进 | 适当地管理开口率和推力。谋求地基的隆起、沉降和推力、开口率的平衡。由于盾构周围的土被扰动，须要作再注浆等处理 | 和手掘敞开型无多大差异。由于推进快，所以开挖面敞开时间短 | 土量的检查是依照泥浆等 | 掘削土是由密度计、流量计进行自动检查。自动操作推力、扭矩。要进行泥水压力、密度等管理，以保证开挖面稳定。自动进行泥水管理 | 要检查土量，进行对土压和推力，掘削推力和排土量等的管理。检查扭矩 |
| 经济性 | 盾构价格较便宜，但推进慢，人工费高气压及其他费用大 | 盾构价格便宜，但需要作泥土处理、搬运、弃土，还需要处理周围扰动 | 掘削机装渣机部分比手掘式贵，但推进快，弃土同手掘敞开型一样 | 盾构价格是手掘敞开型2倍以上，但长距离时是有利的，作业人员也少 | 盾构价格是机械盾构的1.5倍以上。当距离有1km以上时，和其他工法无差异 | 盾构比泥水加压更贵，但处理设备少，掘削土为泥土化，所以需要处理费 |

注：○-原则上与地质条件合适。

△-基本上与地质条件合适，或需附加辅助工法。

×-原则上与地质条件不合适。

泥水加压盾构与土压平衡盾构是目前世界上最先进、最常用的盾构，它们各自代表了不同出土方式和不同工作面土体平衡的特点。泥水加压盾构适用于以砂性土为主的洪积地层，特别适用于含地下水较丰富的砂土和砾石层，也较适用于以黏性土为主的冲积地层，但泥水处理费用较高，施工时引起的地表沉降可控制在10mm以内；土压平衡盾构适用于软弱冲积土黏土和粉土层，也较适用于砂土及砾石土层，施工时引起的地表沉降可控制在20mm以内。

表 6.4-2

**盾构选型比较表**

| 机种项目 | 手掘盾构 | 挤压盾构 | 半机械盾构 | 机械盾构 | 泥水加压盾构 | 土压平衡盾构 | | | 备　注 |
|---|---|---|---|---|---|---|---|---|---|
| | | | | | | 削土加压式 | 加水式 | 加泥式 | |
| 工作面稳定 | 正面千斤顶与气压 | 胸板和气压 | 正面千斤顶、气压 | 大刀盘、气压 | 大刀盘、泥水压 | 大刀盘、切削土压 | 大刀盘、加水作用 | 加泥作用 | — |
| 工作面观察 | 目视 | 推力 | 目视 | 目视 | 大刀盘、泥水压 | 土压计、排土量 | 水压计、进土量 | 土压计、排土量 | — |
| 工作面防塌 | 胸板、正面千斤顶 | 调整开口率 | 胸板、正面千斤顶 | 大刀盘 | 泥水压、开闭板 | 大刀盘、土压 | 大刀盘、水土压 | 泥土压 | — |
| 工作面涌水 | 井点、化学注浆 | — | 井点、化学注浆 | 井点、化学注浆 | 水压 | 排土机构 | 排土机构 | 泥土止水性 | — |
| 障碍物处理 | 可能 | 非常困难 | 可能 | 困难 | 非常困难 | 非常困难 | 非常困难 | 非常困难 | 先导隧道排障碍 |
| 砾石处理 | 可能 | — | 可能 | 困难 | 砾石处理装置 | 困难 | 砾石取出装置 | 砾石取出装置 | 砾径 300mm 以上 |
| 适用土质 | 黏土、砂土 | 软黏土 | 黏土、砂土 | 均质土为宜 | 软黏土、含水砂土 | 软黏土、粉砂 | 含水粉质黏土 | 软黏土、含水砂土 | — |
| 机械变更 | 挤压 | 手掘式 | 手掘挤压式 | 困难 | 困难 | 困难 | 困难 | 困难 | — |

续上表

| 机种项目 | 手掘盾构 | 挤压盾构 | 半机械盾构 | 机械盾构 | 泥水加压盾构 | 土压平衡盾构 | | | 备　注 |
|---|---|---|---|---|---|---|---|---|---|
| | | | | | | 削土加压式 | 加水式 | 加泥式 | |
| 与地质适应性 | 能 | 调整开口率 | 能 | 刀盘 | 刀盘 | 排土机构 | 刀盘 | 刀头 | — |
| 问题 | 可能涌水 | 开口率不准确时地表沉降或隆起较大 | 可能涌水 | 黏土多易产生土体固结 | 黏土不易分离 | 砂土时排水困难，水压过高封水困难 | 细颗粒少施工困难，高水压需气压 | 取土量不足或超量地表隆起或沉降 | — |
| 工作环境 | 气压内施工 | 气压内施工 | 气压内施工 | 气压内施工 | 无气压 | 无气压 | 无气压 | 无气压 | — |
| 基地周围的环境 | 有噪声、振动 | 有噪声、振动 | 有噪声、振动 | 有噪声、振动 | 泥水设备噪声 | 有噪声 | 有噪声 | 有噪声 | — |
| 经济性 | 隧道长度短时较经济 | 较经济，但沉降或隆起较大 | 隧道长度长时，较手掘式经济 | 劳务管理费较低 | 泥水处理设备费昂贵 | 介于机械式和泥水式之间 | 比泥水式盾构经济 | 介于机械式和泥水式之间 | — |
| 制作费比例 | 1.00 | 1.07 | 1.19 | 2.26 | 2.52 | 2.70 | 2.78 | 2.96 | $\phi$7.350m 手掘式盾构为 1 |
| 其他 | — | — | — | — | 处理设备 0.44<br>输送设备 0.20 | — | — | — | — |

以下就稳定开挖面为主，根据盾构机在各种主要的土质中的适用性进行评述。

(3)管片生产

在盾构出洞之前，必须生产一定数量的管片，以满足施工需要。

根据管片设计图纸及技术要求，设计制造管片钢模的图纸，加工钢模，然后才能进行管片生产。由于管片钢模加工工艺复杂，故加工周期较长。钢模加工生产有专业厂家生产，钢模加工完毕后的管片制作流程如图6.4-3所示。

2)技术准备

(1)熟悉施工图纸和有关的设计资料

学习工程建设单位提供的工程设计图纸和有关的地质资料、施工验收规范及有关的技术规定，通过学习充分了解和掌握设计人员的设计意图、结构特点和技术要求，在开工前或分项功能实施前，应有设计单位人员进行设计交底。

(2)了解隧道沿线的地下管线、构筑物和地质情况

对地下管线及地下构筑物，需要了解管线种类、结构、类型、埋深等，与隧道的相互位置和相互关系等情况，对于地面建筑物，需要了解建筑物的种类、结构形式、基础埋深、使用年限、损坏程度及与隧道的相互关系等情况，然后采取相应的保护措施。

(3)熟悉施工用机械的特点

熟悉盾构机的主要施工参数及相应的盾构施工工艺，掌握施工要领。

(4)编制施工组织设计

编制施工组织设计是施工准备工作的重要组成部分，隧道的施工组织编写要求根据隧道施工的特点，确定各个关键工序的施工技术，合理地布置施工场地，科学地制订施工方案。在隧道的施工组织中，以下工序必须明确：

①施工现场总平面布置。

②盾构基座及后靠布置形式。

③盾构出洞时洞门密封的方式。

④盾构出洞地基加固方式。

⑤材料垂直、水平运输的方式及隧道断面布置。

⑥盾构推进的方案，不同土层、不同埋深设定工艺流程。

⑦隧道注浆方法及控制地面沉降的技术措施。

⑧经过特殊路段的施工技术措施。

⑨盾构进洞地基加固方案及盾构进洞方案。

⑩轴线贯通测量方法等。

编写规范的施工组织还应包括以下内容：

①组织管理体系。

②质量标准及质量保证措施。

③安全生产措施。

④文明施工措施。

⑤工程用料及施工用料使用计划。

⑥劳动力使用计划。

⑦施工进度计划。

盾构法隧道施工前应根据工程地质及水文地质条件、隧道功能、衬砌结构、盾构机械性能

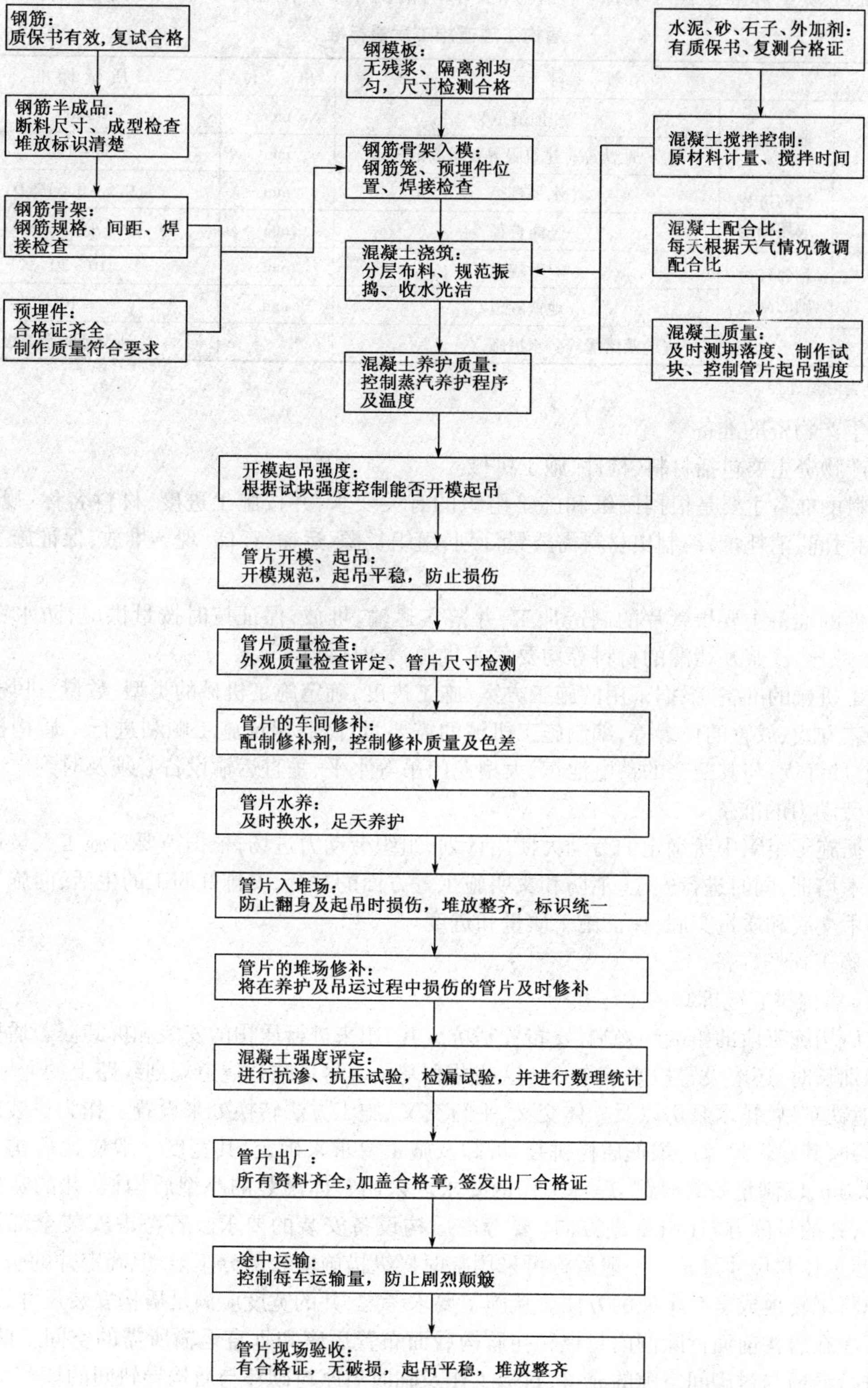


图6.4-3 管片制作的流程

等制定施工质量标准。在环境保护无特殊要求的情况下,可采用表6.4-3所规定的标准。

**盾构法隧道施工质量标准** 表6.4-3

| 项次 | 项目 | | 单位 | 质量标准 |
|---|---|---|---|---|
| 1 | 轴线偏差 | 一般隧道 | mm | ≤200 |
| | | 越江、地铁等对建筑限界要求高的隧道 | mm | 50~100 |
| 2 | 衬砌拼装成环偏差 | 水平直径 | mm | (0.5~0.6)%$D$ |
| | | 竖向直径 | mm | (0.5~0.6)%$D$ |
| 3 | 相邻环衬砌的高差 | 一般隧道 | mm | 10~20 |
| | | 地铁隧道 | mm | ≤10 |
| 4 | 嵌缝及堵漏等防水措施 | | | 达到设计防水等级 |

注:$D$为隧道外径。

3)生产物资的准备

生产物资主要包括材料、构件、施工机械。

材料的准备主要是根据图纸和施工组织的有关要求,并按施工进度、材料名称、规格、数量、使用时间、消耗量,编制出材料需要量计划,组织货源、运输、存储、现场堆放,保证施工顺利进行。

构件的准备主要指管片的制造加工,并落实运输、堆放,保证按时按量供应,防水密封胶条、连接螺栓、注浆及堵漏的材料等均要落实货源,及时供应。

施工机械的准备,根据采用的施工方案、施工进度,确定施工机械的类型、数量、进场时间、运输安装方式、放置的位置等,编制施工机械的需要量计划,保证施工顺利进行。盾构机要提前10个月订货,与其配套的蓄电池车,大型龙门吊等水平、垂直运输设备必须及时到位。

4)劳动力的准备

根据施工组织中所确定的劳动力使用计划,组织劳动力进场,根据需要对施工人员进行相关的技术培训,同时进行安全、消防和文明施工等方面的教育,安排好职工的生活,向施工人员进行技术交底和质量交底,保证施工质量和进度。

5)施工现场准备

(1)盾构拼装或拆卸的工作井

在盾构施工段的始端和终端,要布置基坑或井,用来进行盾构的安装和拆卸。若盾构推进线路特别长时,还应设置检修工作井。这些井和基坑应尽量结合隧道规划线路上的通风井、设备井、地铁车站、排水泵房以及立体交叉、平行交叉、施工方法转换处来设置。作为拼装或拆卸盾构的井,其建筑尺寸应根据盾构拼装、拆卸及施工要求来确定,其宽度一般应比盾构直径大1.6~2.0m,以满足安装时铆、焊等工作的要求。采用整体吊装的小型盾构机,井的宽度可酌情减小,井的长度方向(沿推进方向)要考虑盾构设备安装的要求。若考虑安装全部设备车架,会使工作井尺寸过长。一般盾构可采用临时操纵措施安装部分车架,但确定井的长度时也要考虑将来转换成全套车架的方便。从施工要求考虑,井的宽度应满足盾构安装尺寸,而长度则要考虑在盾构前面拆除洞门封板和在盾构后面布置后座和垂直运输所需的空间。此外,为方便进行洞门与衬砌间空隙的充填、封板工作及临时后座衬砌环与盾构导轨间的填实工作,在盾构下部至少应留有1m左右高度的空间。

盾构拆卸井要使起吊、拆卸工作方便,并要求一般比拼装井稍低,但应考虑进行洞门与隧

道外径间空隙充填工作的余地

盾构起始和终端工作井可以用沉井(箱)法施工，也可连续墙支护(桩排墙支护、SMW 围护墙)、锚喷支护明挖法施工，视工程地质和水文地质情况而定。在支护、内衬墙上留有盾构进出洞门。

(2)盾构基座

盾构基座置于工作井的底板上，用来安装及搁置盾构，最重要的是通过设在基座上的导轨，使盾构在出洞前就有正确的导向。因此导轨要根据隧道设计轴线及施工要求定出平面、高程、坡度来进行测量定位。

盾构基座可采用钢筋混凝土(现浇或预制)或钢结构。导轨一般布置在盾构下半部 90°范围内，由两根或多根钢轨组成。导轨夹角一般为 60°～90°，图 6.4-4 所示为常用的钢结构基座。盾构基座除承受盾构自重外，还应考虑盾构切入土层后，进行纠偏时产生的集中荷载。

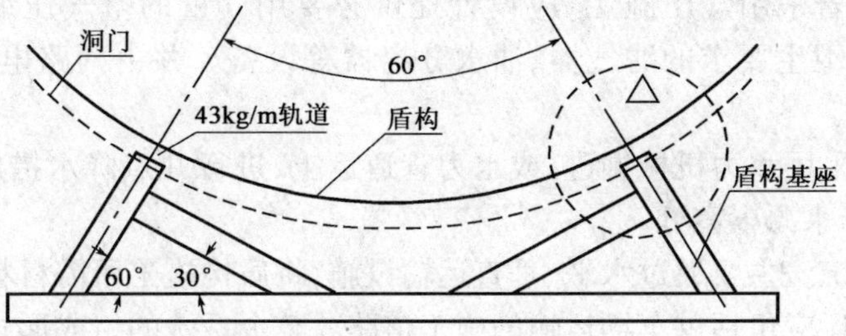


图 6.4-4　盾构基座示意图

(3)盾构后座(后盾)

盾构在工作井中向前推进，其推力要靠工作井后井壁来承担，因此在盾构与后井壁之间要有传力设施，此设施称为后座。通常由隧道衬砌管片、专用顶块、顶撑等组成。利用管片做后座有很多优点：可以利用管片拼装器，迅速安装后座，满足快速掘进要求；井内后座衬砌与隧道衬砌连接方便；井底车场与隧道内有轨运输连接方便等。

后座不仅要作为推进顶力的传递，还是垂直或水平运输的转折点。所以后座不能是整环，应有开口，以作为垂直运输出口，而开口尺寸需由盾构施工的进出设备材料尺寸决定，第一环(闭口环)在其上部要加有后盾支撑，以确保盾构顶力传至后井壁。为保证后座的刚度，环与环之间的纵向螺栓要全部拧紧，开口部分不影响垂直运输的区段增加支撑。采用无螺栓连接的砌块作为后座时，砌块要预埋铁件或凿出钢筋用电焊连接牢固，以保证施工安全。

由于工作井平面位置的施工误差，影响到隧道轴线与井壁的垂直度，为了调正洞口第一环管片与井壁洞口的相交尺寸，所以后盾管片与后井壁之间产生一定间隙，此间隙采用混凝土填充，可使盾构推力均匀地传给后井壁，也为拆除后盾管片提供方便。

当盾构向前掘进达到一定距离，盾构顶力可由隧道衬砌与地层间摩阻力来承担时，后座衬砌即可拆除。

(4)人行楼梯和井内工作平台搭设

在盾构出洞阶段，施工尚未形成长隧道，盾构设备无法正常布置，井内需设置施工平台以放置各种设备，并应在合理位置安装上下楼梯，以供施工人员到达作业面工作。

(5)盾构施工地面辅助设施

为了确保盾构正常施工，根据盾构的类型和具体施工方法，需配备必要的地面辅助设施。

①做好施工场地的控制网测量,保证施工精度。

②做好三通一平,根据施工组织设计中的平面布置,设计施工围墙、场区道路、管片堆场,铺设水管、电缆、排水设施,布置场地照明等。

③要有堆放一定数量管片的场地,场内应设置行车或其他起吊和运输设备,以便进行管片防水处理,并能安全迅速地运到工作面,还可根据工程或施工条件,搭设大型工棚或移动式遮雨棚,还应设置防水材料仓库和烘箱。

④拌浆间。拌制管片壁后注浆的浆液,并配有堆放原材料的仓库。

⑤配电间。应由两路电源的变电所供盾构施工用电,且两路电源能互相迅速切换,以免电源发生故障而造成工程的安全事故。

⑥充电间。负责井下电机车的蓄电池充电,要配有蓄电池箱吊装的设备,充电量要满足井下运输电箱更换所需,对充电间地坪等设置防硫酸处理。

⑦空压机房。若采用气压施工,应设置提供必要用气量的空气压缩机和储气筒,管路系统要安置有符合卫生要求的滤气器、油水分离器等设备。并由两路电源供电以保证工作面安全。

⑧水泵房。若采用水力机械掘进,或水力管道运土、进行井点降水措施施工的工程,应设水泵房,泵房应设于水源丰富处。

⑨地面运输系统。主要通过水平、垂直运输设施,将盾构施工所需材料、设备、器具运入工作井的井底车场。还应包括供车辆运输的施工道路。整个系统的组成形式较多,如:垂直运输可采用行车、大吊车、电动葫芦等起重设备,地面水平运输有铲车、汽车、蓄电池车等。

根据施工现场的实际条件,结合所配合的起吊机械、运输设备,组成合适的、较理想的盾构施工地面运输系统。将工作井、管片防水制作场地、拌浆间、充电间等布置连成一线,并合理确定行车的数量,实现水平和垂直运输互为一体的系统。

⑩盾构出土的配套。掘进和排出渣土是盾构法隧道施工主要工序之一,所以出土系统设施对盾构快速安全施工是至关重要的。

干出土可采用汽车运输,并配有集土坑来确保土体外运,不影响井下盾构施工;水力机械掘进运土,需要有合适排放容量的沉淀池。对泥水盾构还应考虑泥浆拌制及泥水分离等设施。

⑪其他生产设备。一般包括油库、危险品仓库、设备料具间、机械维修间等。

⑫通信设备。隧道施工特点为线路长,不能直视,为了确保盾构施工安全,所以各作业点之间通信必不可少。目前通信采用电话,井下使用的电话必须是防潮、防爆的,在气压施工闸墙内外还须有信号联系。

⑬隧道断面布置。隧道断面布置主要考虑隧道内的水平运输,水平运输包括车架的行走以及管片、土箱等的运输。隧道内通常采用轨道运输,在断面布置时要确定轨枕的高度、轨道的轨距等主要尺寸,轨道的安装必须规范,压板、夹板必须齐全,防止轨距变化引起车辆出轨。对于水力机械出土的盾构来说,隧道断面布置还必须考虑进出水管的布置及接力泵的安装部位,布置时要考虑管路接头方便,便于搬运和固定。上述装置不得侵入轨道运输的界限。人行通道所用的走道板宽度要大于50cm,与电机车的安全距离要大于30cm,净空高度要大于1.8m。隧道断面还要布置隧道的照明及其供电、盾构动力电缆、通风管路及接力风机、隧道内清洗及排污的管路等。

⑭车架转换。对于工作井空间较小,车架不能一次到位的环境,则需要采取车架转换措施。盾构在出洞阶段车架与盾构分离,通过转换油管、电缆等连接车架与盾构连接,待盾构推

进一段距离，隧道内能容纳车架长度时，再拆除转换管路，将车架吊入隧道与盾构主体相连，达到正常施工的状态。

⑮井底车场的布置。待盾构出洞推进一定距离后，管片与土体的摩擦力能平衡盾构的推进反作用力时，方可拆除后盾支撑和后盾管片。充分利用井内的空间，在井底形成一个井底车场，通过搭建平台、铺设双轨等措施来提高水平运输的能力，加快施工进度。

## 二、盾构进出洞

盾构进出洞是盾构法施工最重要的工序之一。在始发井内，盾构按设计高程以及方向推出预留孔洞，进入正常土层的过程称为盾构出洞；反之，盾构在地层中完成某一区间的隧道施工后，进入盾构接收井的过程称为盾构进洞。盾构进出工作井涉及到工作井洞门的形式，隧道出、进洞施工土体加固方法，防止及减少地面沉降等技术方案，所以，进出洞的施工技术、方法、措施合理，能减少许多“后患”，保证施工的速度和安全。

1）盾构进出洞方法

施工时，应根据施工条件、工程地质和水文地质状况，选择不同的出、进洞方案。

（1）临时基坑法

在采用板桩或大开挖施工建成的临时基坑内，将盾构安装、后座施工及垂直运输出入通道的构筑完成，然后把基坑全部回填，将盾构埋置回填土中仅留出垂直运输出入通道口，并拔除原基坑施工的板桩。这样盾构就在回填土中开始掘进。此种方法没有洞门拆除等问题，一般只适用于埋置较浅的盾构始发端。

（2）逐步掘进法

用盾构法进行纵坡较大的、与地面有直接连通的斜隧道（如越江隧道）施工时，其后座可依靠已建敞开式引道来承担，盾构由浅入深进行掘进，直至全断面进入土层而形成洞口。实际上这种方法并没有盾构进出洞的技术问题，使整个隧道施工单一化，关键是盾构在逐渐变化深度中施工的轴线控制问题。目前由于盾构法施工造价偏高，一般从洞口起的一段较浅的暗埋隧道采用明挖法施工，在较深处才开始采用盾构法施工。

（3）工作井进出洞法

在沉井或沉箱壁上预留洞及临时封门，盾构在井内安装就位。所有掘进准备工作结束后，即可拆除临时封门，使盾构进入地层。这是目前使用较多的方法，如图 6.4-5 所示。

2）封门形式及做法

盾构进出工作井前后 50m 是隧道用盾构法施工最困难的地段，经常因为地基处理不当引起洞口周围大面积土体的塌陷。预留封门在盾构出洞前必须抵挡洞外土体侧向压力和水压力，保证封门不断裂倒塌，同时不产生大量地下水渗漏。既保持井内施工场地干燥，又保证洞周土体不出现大的沉降变形。盾构出洞时封门材料应该易于拆除，最好能直接由盾构机刀盘切削，推出洞门。盾构工作井封门主要有以下几种形式。

（1）现浇钢筋混凝土封门及相应施工方法

盾构工作井的施工一般使用沉井或连续墙法，按照盾构外径尺寸在井壁（或连续墙钢筋笼上）预埋环形钢板，内浇混凝土，形成圆板形封门，可按四周弹性固定进行板的受力分析及断面设计。这种封门施工简单，结构安全，但是在盾构出洞之前，必须花费很多人力凿除钢筋混凝土封门。由于工作面狭窄，机械施展不开，工人劳动强度高。如果能将静态爆破和定向爆破技术引入封门拆除作业，将可加快施工进度，减小工人劳动强度。

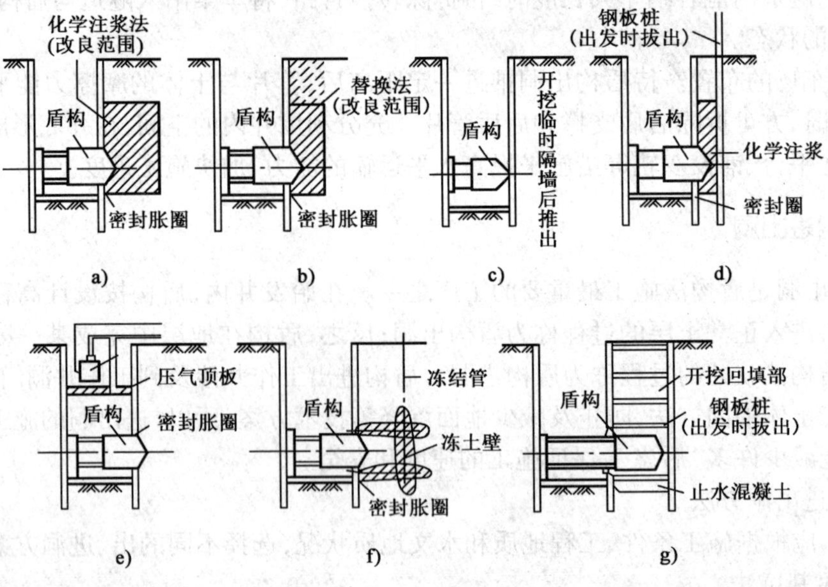


图 6.4-5　盾构出洞示意图

(2)钢板封门

在盾构工作沉井制作时,按照设计要求在井壁上预留圆形孔洞。沉井下沉前,井壁外侧密排钢板桩,密封预留孔洞。在沉井下沉后,以钢板桩抵挡住侧向水土压力。当盾构刀盘切入洞口抵近钢板桩时,用大型起重机将钢板桩逐根拔起,如图 6.4-6 所示。

当沉井下沉较深时,钢板桩可焊接加长。为了起吊方便,钢板桩上端安装起吊环。通常按简支梁计算板桩的弯矩和剪力,按容许应力方法选择板桩型号。对于上海地铁 1 号线上海体育馆北端头井受力情况,每米有 11 根 32 号热轧普通槽钢即可满足强度要求。钢板桩封门用过的钢板桩,经修理之后可以重复使用。因此,钢板桩封门施工方法是上海目前使用最多、最经济的施工方法。

(3)装配式楔体封门方案

这是一种较新颖的施工方法,按照设计尺寸,以泡沫(膨胀)混凝土、陶粒、蛭石珍珠岩轻集料制成圆形混凝土楔块,沉井下沉前将上述混凝土楔块嵌入井壁预留孔洞。如图 6.4-7 所示,沉井下沉之后,楔块承担侧向水土压力。盾构挤出洞时,依靠大刀盘扭转切削,将楔块破碎,并由螺旋出土器吸出。

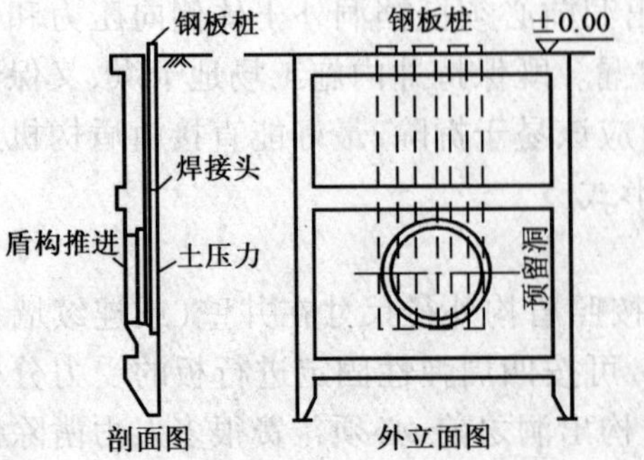


图 6.4-6　钢板封门

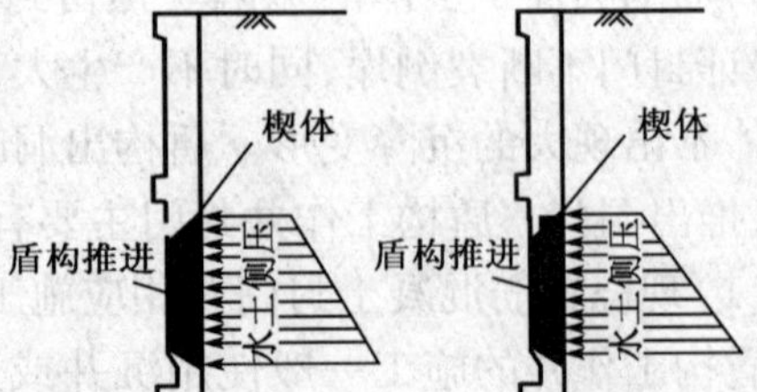


图 6.4-7　装配式楔体封门图

同济大学土木工程学院地下建筑与工程系和上海市基础工程公司试验研究用膨胀珍珠岩、砂和水泥制作封门填充材料，成功用于上海闸北电厂引水隧道东取水井盾构封门，该封门既能抵抗较大的侧向水土压力，又便于刀盘切削。上海延安东路南线 2 号井采用 C10 级素混凝土作为封门材料。泥水盾构大刀盘可以直接切削素混凝土进入检修井，代替了传统方法（人工凿除地下连续墙或低药量密孔松动爆破），不但节约了拆除封门钢筋混凝土结构的劳动力，而且盾构机直接进入土体，从而加快了施工进度。

3）洞周土体加固

不论是松散的砂土，还是饱和含水软黏土，自身都缺少自立性和防水性，一旦有临空面时，土体都将产生大量的滑坡坍塌或涌水。因此，对封门外土体进行加固处理是不可缺少的。洞周土体的加固方法主要有：注浆加固、深层搅拌桩、旋喷桩等化学加固方法，还有井点降水疏干土体、冻结等物理加固方法，以使洞周土体具有自立性、防水性（渗透系数 $K \leqslant 10^{-9}$m/s）和一定的强度。加固后土体也不能太硬，否则将造成盾构机大刀盘切土的困难，引发机器故障。土体改良的范围太大，会造成工程上的浪费，加固土体范围太小，则不能保证洞周土体的稳定。加固土体厚度和尺寸要通过力学分析确定。盾构机主体从工作井进出，远离或接近加固土体，容易引起轴线偏离、磕头。

4）盾构进洞

盾构进洞时需防止地下水和流沙等涌入接收井。当进洞区的土体为沙性土或有可能产生流沙的地层时，应按盾构进洞的要求对地层进行改良。考虑到壁后注浆区的封闭要求，改良土体范围的长度宜选为盾构长度的基础上加上管片的宽度尺寸，如图 6.4-8 所示。进洞区土体为黏性土，而且无产生流沙的条件时，可按盾构出洞时的情况进行计算，确定改良土体的范围。

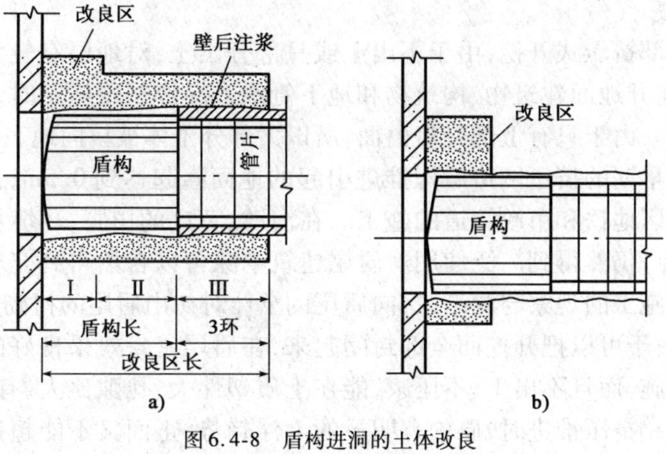


图 6.4-8　盾构进洞的土体改良

a）砂土条件；b）黏土条件

## 三、盾构推进及衬砌拼装

盾构隧道的推进施工主要包括盾构开挖、掘进、纠偏调整、衬砌拼装等步骤。

1）盾构开挖方法

盾构开挖方式可分为敞开式、机械切削式、网格式和挤压式等。为了减少盾构施工对地层的扰动，可先借助千斤顶驱动盾构使其切口贯入土层，然后在切口内进行土体开挖与运输，这是软土地层盾构掘进的基本过程。

(1)敞开式开挖

手掘式及半机械式盾构均为敞开式开挖。这种方式适用于地质条件好，开挖面在掘进中能维持稳定或在有辅助措施时能维持稳定的情况。其开挖程序一般是从顶部开始逐层向下挖掘。若土质较差，还可以借助千斤顶加撑板对开挖面进行临时支撑。根据其切口的长度，每环可分几次开挖和推进。支撑千斤顶常设计成差压式，即在保持支撑力的条件下可以缩回，以确保支撑效能。

采用敞开式开挖，处理孤石障碍物、纠偏、超挖均比其他方式容易。为尽量减少对地层的扰动，要适当控制超挖量与暴露时间，土质较差时尤其应重视。

(2)网格式开挖

网格式开挖由网格梁与隔板将开挖面分成许多格子，开挖面的支撑作用是由土的黏聚力和网格厚度范围内的阻力(与主动土压相等)产生的。当盾构推进时，克服这项阻力，土体就从格子里呈条状挤出来。要根据土的性质，调节网格的开孔面积。格子过大会丧失支撑作用，格子过小则会引起对地层的挤压扰动等不利影响。我国在使用大、中型盾构过程中，曾在网格后面布置提土转盘，把土提到盾构中心的刮板机头部，然后装车外运。实践证明，这种出土方式效率高、效果好。网格式开挖一般不能超前开挖，全靠调整千斤顶编组进行纠偏。

采用网格式开挖时，在所有千斤顶缩回之后，会产生较大的盾构后退现象，导致地表沉降。因此，施工时务必采取有效措施，防止盾构后退。根据施工经验，每环推进结束后应采取维持顶力(使盾构不进不退)屏压5~10min，可有效防止盾构后退。此外，拼装管片时，要使一定数量的千斤顶轴对称地轮流维持顶力，以防盾构后退。

在确定网格式盾构的推力时，还应计及开挖面土体主动土压力引起的阻力以及网格梁、隔板切入土层的阻力。

(3)挤压式开挖

全挤压式和局部挤压式开挖，由于不出土或只部分出土，对地层有较大的扰动，在考虑施工轴线时，应尽量避开地面建筑物、构筑物和地下管线。局部挤压施工时，盾构把四周一定范围内的土体挤密实。由于只有上部有自由面，所以大部分土体被挤向地表面，部分土体则挤向盾尾及盾构下部。早期的挤压网格盾构推进引起的地面隆起达到0.5m，甚至达到1.0m。这种盾构无法用在市区地铁和市政管道的施工。在海滩、宽广的田野，环境要求不严时，由于造价省，速度快等优点，仍然得到广泛使用。盾尾建筑空隙可以自然得到充填，不需要再进行衬砌壁后注浆。根据施工的观察与测量，挤向盾尾的土体对初出盾尾的衬砌产生较大的环荷载。

挤压施工时，由于可以把开挖面全部封闭起来，在盾尾密封效果良好的条件下，可以不采取其他辅助施工措施，而且不出土、不压浆，能在土质塑性大、孔隙比大、有流动性的地层中达到较高的施工速度。挤压推进时，盾构有明显的上浮趋势，正面又不能超挖，只能凭调整千斤顶编组来进行纠偏。遇到纠偏困难时，在正面阻力较大处，可以打开封板挤出部分土体来调整阻力。因此，常在正面封板的各个方位设置可启闭的出土闸门。

(4)机械切削开挖

在手掘式盾构的切口环部分，安装与盾构直径大小相同的旋转大刀盘，对土体进行全断面开挖的盾构，称为机械式盾构。它适用于各类土层，尤其适用于极易坍塌的砂性土层的长隧道，可连续掘进挖土。由旋转刀盘切削产生的渣土经过刀盘上的预留槽口进入土舱，提升和流入漏斗后，再通过传送带运入出土车。这类盾构有作业环境好、省力、省时、省工、效率高、后续设备多、发生偏差时纠偏难等特点。

这里主要是指与盾构直径相仿的全断面旋转切削刀盘(简称大刀盘)开挖方式。过去也使用过一些有多个小盘组成的所谓行星式刀盘,以及由千斤顶操纵的摆动式刀盘,但目前大都采用以液压或电动机作动力的可双向转动切削的大刀盘。根据地质条件的好坏,大刀盘可分为刀架间无封板及有封板两种。前者适用于土质较好的条件,如我国黄土高原使用的"DW2.52-2"黄土洞掘进机,即为无封板刀盘形式。大刀盘切削开挖配合运土机械(皮带机、刮板机、转盘、螺旋运输机等)可使土方从开挖到装车运输都实现机械化。主轴承、大刀盘和螺旋出土器是机械式开挖的关键设备,它们的效率影响盾构施工速度和开挖面的稳定。

这种开挖方式,在弯道施工或纠偏时不如敞开式便于超挖(有些刀盘装有周边超挖刀来弥补其不足)。此外,清除前方障碍物也较为困难,特别是装有封板的大刀盘更显不便。使用大刀盘的盾构,机械构造复杂,消耗动力也较大。但这种盾构实现了隧道施工由电脑自动控制的机械化,大大减轻了体力劳动的强度。目前采用的泥水加压盾构、土压平衡式盾构是这种开挖方式的典型例子。

除上述四种开挖方式外,若在水压充沛地区施工,还可采用水力机械开挖。以水枪代替人工或机械挖土,用水力扬水器或泥浆泵组成管道运输代替常规隧道的运输方法,可以加快施工速度。开挖土体时产生的泥浆可直接用作回填土。

2)掘进管理和施工管理

(1)土压平衡式盾构

对土压平衡盾构而言,当盾构正面压力与前方水、土压力平衡的时候,对周围环境扰动最小,如图6.4-9所示。

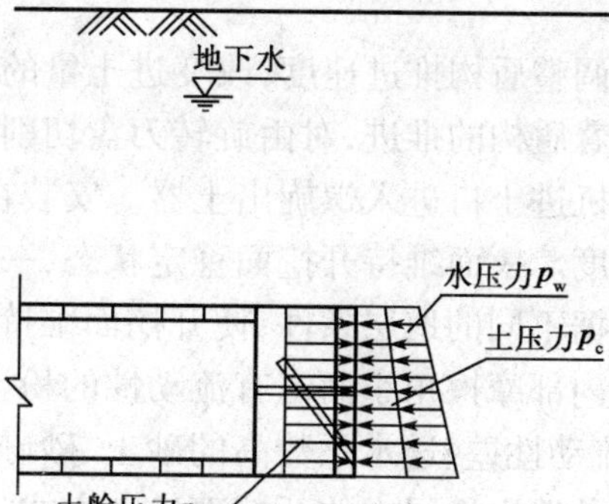


图6.4-9 土压平衡

据此可得:

$$p_0 = p_c + p_w = K_0 \cdot (\gamma \cdot h + q) + \gamma_w \cdot h \tag{6.4-1}$$

$$K_0 = 1 - \sin\varphi' \tag{6.4-2}$$

式中:$p_0$——盾构正面压力(MPa);

$p_c$——盾构前方土压力(MPa);

$p_w$——盾构前方水压力(MPa);

$h$——隧道轴线深度(m);

$\gamma$——土的重度(kN/m³);

$\gamma_w$——水的重度(kN/m³);

$q$——地面超载(kN/m);

$K_0$——静止土压力系数;

$\varphi'$——土的有效摩擦角(°)。

实际推进中考虑土体扰动后土性变化、盾构推进、超载状况等因素时,需对正面压力进行调整:

$$p'_0 = \alpha \cdot p_0 \tag{6.4-3}$$

式中:$\alpha$——调整系数。

$$\alpha = \begin{cases} 1.05 \sim 1.12 & (\text{黏性土}) \\ 1.13 \sim 1.15 & (\text{砂性土}) \end{cases} \tag{6.4-4}$$

土压平衡式盾构的施工管理是通过排土机构的机械控制方式进行的。这种排土机构可以调整排土量,使之与挖土量保持平衡,以避免地面沉降或对附近构筑物造成影响。

土压平衡式盾构的施工管理方法主要有以下几种:

①先设定盾构的推进速度,然后根据容积计算来控制螺旋输送机的转速。这种方法在松软黏土中使用得比较多。此时,还要将切削扭矩和盾构的推力值等作为管理数据。

②先设定盾构的推进速度,再根据切削密封舱内所设的土压计的数值和切削扭矩的数值来调整螺旋输送机的转速和螺旋式排土机的转速。

这种管理方法是将切削密封舱内的设定土压力 $p$ 和设定切削扭矩 $T$ 作为基准值,同盾构推进时发生的土压 $p'$、切削扭矩 $T'$的数值作比较。在 $p>p'$和 $T>T'$时降低螺旋输送机和螺旋式排土机的转速,减少排土量,而在 $p<p'$、$T<T'$时则提高转速,增加排土量,维持开挖面的动态平衡。

③调整盾构推进速度,改变进土量的方法仅适合于施工土质均匀的条件下。

随着盾构的推进,对由旋转刀盘切削下来进入密封舱内的土体,通过安装在密封舱内的螺旋输送机进土口进入螺旋出土器。安装在螺旋出土器另一端的滑动闸门或螺旋式漏斗等控制排土速度。一面维持开挖面稳定状态,一面将盾构向前推进。

根据不同的地层条件,使开挖面维持稳定的方式,基本上可以分为两种类型:一种是适用于土体内部摩擦角小而富有流动性的粉土、黏土等黏性土地层;另一种是适用于土体内部摩擦角大、流动性差、透水系数高的砂土、砂砾等砂质土地层。

a. 黏性土地层中的开挖面稳定方式

采用将旋转切削刀盘切削下来的土体导入切削密封舱内,一边顶住开挖面上的土压,一边用螺旋输送机运往后方并从出土口排土的方式。按开挖面稳定方式分为削土加压式盾构和中心螺旋钻型土压式盾构等。

在松软的黏性土地层中施工时,刀盘切削下来的土,其强度一般低于开挖面上土体的强度,并呈流动状。由于切削刀盘的搅拌和在螺旋输送机的搬运中,土体已被扰动,流动性有所提高,所以在切削密封舱和螺旋输送机内,切削下来的土会堆积密实,可以达到同开挖面上的压力大致相等的状态。

在黏性土地层中施工时,一般采用滑动闸门。对于土会从滑动闸门中流出的那种松软砂性土质,也可采用专用泵(容积泵)来代替滑动闸门。如果将若干台容积泵(能在保持压力的同时输送流动状黏性土的泵)组合起来,就可以在开挖面和地面之间进行管道输送。

当土体中的含砂量较多而超过一定限度时,将难以保证切削密封舱内切削土的流动性,一旦切削密封舱内的土充得过满,就会压密固化,生成泥饼和土塞,挖土和排土都会出现困难,盾构将不能推进。在这种情况下,就需要在切削密封舱内加入化学聚合物、泡沫、膨润土和黏土等添加剂作搅拌混合处理,或用高压喷气搅拌处理,以提高密封舱内切削土的流动性;也可以在排土机构方面采用提高切削土阻尼效应的方法来代替滑动闸门。

b. 砂性土地层中的开挖面稳定方式

在砂土和砂砾等砂质土地层中,由于砂土的摩擦阻力很大,地下水丰富,土的透水系数也较高。密封舱内的砂性土流塑性差,易离析,不能完全充满密封舱,开挖面容易产生崩塌。依靠保持切削土的土压力来抗衡开挖面上的压力(地下水压力和开挖面土压力)是很困难的。

另外,通过切削下来的泥土来保证出土的流动性也是不可能的。

稳定开挖面的方式大致可分为以下几种:

(a)向切削密封舱内喷水、喷气或注入泡沫等添加剂来保证密封舱内切削土的流动性。同时在螺旋输送机的出土口上安装旋转式排土机构,以保证排土系统的水密性,维持开挖面的稳定。

(b)向开挖面施加高压水来保证切削土的流动性,同时保持与地下水压力之间的平衡,用切削密封舱内留下的切削土来抵挡开挖面的土压力,并在螺旋输送机后部安装排土调节槽来保持舱内的压力,维持开挖面的稳定。

(c)向开挖面施加高浓度泥水,将泥水同切削下来的土体进行搅拌,由此来保证切削土的流动性。同时用施加高浓度泥水的压力来抵抗开挖面上的土压力和水压力,并在螺旋输送机出土口上安装旋转式排土机,用这样的措施来保持开挖面的稳定。

(d)向开挖面注入制泥材料或泥浆,用加筋辐条型的刀盘进行切削和搅拌,将切削下来的土转变成具有止水性和流动性的土,并用这种改性土的土压力来抵抗开挖面上的土压力和水压力,以此来维持开挖面的稳定。

(2)加泥式或加泥浆式盾构

①泥土、泥浆管理

进行泥土、泥浆管理的目的是为了通过向切削土内注入制泥材料,并进行搅拌,将切削土改变成与开挖面土质相适应的泥浆土。

制泥材料可使切削下来并吸入密封舱的切削土具有塑性流动和不透水的性能,一般采用黏土和膨润土等的浆液。在土体属于软质黏性土时,也可不使用制泥材料。国内外盾构隧道工程师越来越注重高品质泥浆的研制,采用高分子絮凝剂、正电胶等添加材料,进一步使泥浆重复使用,减量化、无容化。

同时,应根据切削扭矩、螺旋输送机的旋转扭矩、盾构的掘进速度,以及所观察到的从螺旋输送机内排出的泥土状态等,对制泥材料的使用量作相应的增减。

②掘进管理

推进速度与出土量共同构成了近距离施工过程中的一个间接的正面影响因素。土压平衡盾构其原理在于盾构前部压力舱内土体与作用在工作面上的水土压力平衡,这时引起的土体扰动最小。而掘进速度与出土速度分别控制着土压舱内的进土量与出土量,当进土量大于出土量,土体在土压舱内积聚,舱压增大,会加大盾构前方对土体的挤压,增大上方已建隧道隆起或下方已建隧道的沉降;若出土量大于进土量则相反。掘进速度与前方水土压力、千斤顶的顶推力以及土体性质有关,习惯上根据工程实际情况选定一恒定值。进土速率可用式(6.4-5)计算。

$$v_{JT} = \frac{\pi D_s^2}{4} \times v \tag{6.4-5}$$

式中:$v_{JT}$——进土速率($m^3/s$);

$D_s$——盾构机直径(m);

$v$——盾构推进速率(m/s)。

为了确保开挖面的稳定,进行盾构推进的掘进管理有排土量管理和土压管理两种方法。

a.排土量管理

以使掘进量和排土量之间取得平衡为目的的排土量管理方法,又可分为质量管理和按盾构掘进量与螺旋输送机转速之间的关系控制。

(a)质量管理。通过测定隧道出土车运出的挖掘土的质量来调节掘进量和排土量之间取得平衡的方法。这种方法不能准确掌握排土量,只可作下一步掘进的参考,不能直接反映出掘进情况。

(b)盾构掘进量和螺旋输送机转速之间的控制。螺旋输送机的转速和排土量之间的关系可用下式表示:

$$Q = \eta \cdot A \cdot N \cdot P \tag{6.4-6}$$

式中:$Q$——排土量($m^3$);

$\eta$——排土效率;

$A$——盾构断面面积($m^2$);

$N$——螺旋输送机的转速(r/min);

$P$——螺旋翼片的间距(m)。

由于排土效率 $\eta$ 是随螺旋输送机的进土压力和土质等的变化而变化,所以根据螺旋输送机的转速很难求出准确的排土量,掘进量和排土量之间也很难保持平衡。

b. 土压管理

通过设定密封舱内的泥土压力来保持与开挖面水土压力平衡为目的的土压管理方法。

泥土、泥浆加压盾构的基本特点是以通过土压管理来进行掘进管理的。这种盾构在切削刀盘部位没有面板,支撑开挖面的压力就是密封舱内的泥土压力,故可直接通过装在密封板上的土压计测出。

通常土压力 $p$ 的范围是:(主动土压力 + 地下水压力) $< p <$ (被动土压力 + 地下水压力)。

管理土压的方法是:根据土质调查中取得的结果,求出控制土压力的上、下限,再在这一范围内设定基准土压力。控制盾构千斤顶的推进速度和螺旋输送机的转速,使实际土压同基准土压取得一致。根据上述基准土压力,并参照施工情况以及中途地层水土压力的变化、排土状况等来设定管理用的土压力范围。

(3)加水式盾构

加水式盾构施工法的开挖面稳定管理有两种方式:一是不间断地掌握盾构掘进中的掘土量和排土量之间的关系,从而将密封舱内的切削土的积存量保持在最佳状态的排土率;二是维持同地下水压力取得平衡的附加水压力。

①排土率的管理

排土率的管理基本上是通过控制盾构的掘进速度和螺旋输送机的旋转速度进行的。排土率则是通过由盾构掘进速度和盾构断面面积算出的掘土量与安装在排泥管上的流量计和密度计测出的排土(干砂)量之比求得的。

为将密封舱内的切削土积存量保持在最佳状态,必须测定总推力、切削扭矩和螺旋输送机扭矩等参数,不断对参数反馈修正以达到最佳的管理。若切削扭矩留有余地,尽可能使密封舱内充满切削土。

②附加水压力的管理

附加水压力的管理是根据地下水位、切削密封舱内孔隙水压力的测定结果在排土调整槽内控制附加水压力的方法进行的。附加水压力是通过调节管道输送系统泵的排出量或阀门的开口率来控制的。附加水压力的管理标准是根据土体条件、掘进状况等因素,设定出能够保证在开挖面处于稳定状态下进行掘进的最佳附加水压力,通常以地下水压力为基准,在其上下设定容许变动值,将压力控制在这一范围内。

(4)泥水加压平衡式盾构

泥水加压平衡式盾构一方面要靠泥水压力来平衡作用于开挖面的外部压力,一方面又要向前推进,所以要对开挖面泥水压力、密封舱内的土压力,以及同掘土量平衡的出土量等进行必要的监测和动态管理。

开挖面上泥水压力的管理,是通过设定泥水压力和控制推进时的开挖面泥水压力变化等环节实施。

①计划泥水压力的设定

为保证开挖面的稳定所必须的泥水压力:舱内设定泥水压力 = 开挖面水压力 + 开挖面土压力 + 变动压力。

如果将开挖面泥水压力设定得过大,则它同地下水压力之间的压差就会增大,有出现漏泥和地面冒浆的危险。泥水加压平衡盾构一般将计划泥水压力的上限值设定为:埋深 × 泥水重度。

因此,泥水压力的范围可设定为:

$$p_j = p_d + 2H\gamma \tag{6.4-7}$$

式中:$p_j$——计划泥水压力(MPa);

$p_d$——地下水压力(MPa);

$H$——隧道埋深(m);

$\gamma$——泥水重度(kN/m$^3$)。

在设定时要考虑土质条件和施工环境等因素。

②盾构推进时的开挖面泥水压力控制

盾构推进时的开挖面泥水压力控制,通过设于挡土板上的开挖面水压力检测装置测出泥水压力,并通过自动控制回路将其控制在设定的泥水压力范围内。

3)盾构控制与纠偏

盾构脱离工作井导轨,进入地层后,主要依靠调整千斤顶编组及辅助措施来控制位置与方向。

(1)盾构偏向的原因

偏向是指平面、高程偏离设计轴线的数值超过允许范围。盾构在地层中推进时,导致偏离隧道设计轴线的因素很多,主要有以下几点:

①地质条件的因素。由于地层土质不均匀,以及地层有卵石或其他障碍物,造成正面及四周的阻力不一致,从而导致盾构在推进中偏向。

②机械设备的因素。各千斤顶工作不同步,由于加工精度误差造成伸出长度不一致。另外,盾构外壳形状误差、设备在盾构内安置偏重于某一侧,千斤顶安装后轴线不平行等,也会导致盾构推进偏离设计轴线方向。

③施工操作的因素。如部分千斤顶使用频率过高,导致衬砌环缝的防水材料压密量不一致,累积后使推进后座面不正,挤压式盾构推进时有明显上浮;盾构下部土体如有过量流失,引起盾构下沉;管片拼装质量不佳、环面不平整等都会导致盾构推进偏向。

(2)盾构纠偏的操作

盾构偏离设计轴线的数据具体记录在计算机信息系统内。根据施工要求,该信息系统主要反映盾构切口里程(以始发井中心为零);切口、举重臂中心、盾尾的各点高程及水平偏位值;盾构纵坡以及盾构的自转角。操纵盾构时,还可以随时通过连接管、千斤顶的伸出长度差来大致估计纠偏效果。用激光在靶板上的位置,能比较直观地反映纠偏效果(当然必须除去盾构自转的影响)。

盾构操纵主要包括调整千斤顶编组、调整开挖面阻力、控制盾构推进纵坡等几项。考虑施工后的沉降,盾构实际施工轴线一般略高于设计轴线。

①千斤顶编组的调整

盾构在土层中向前推进受到土的阻力,需借助布置在切口环四周的千斤顶顶力来克服。这两者的合力位置始终不在一条直线上,从而形成一力偶,也导致盾构偏向。

为使其千斤顶合力位置与外力合力位置组成一个有利于纠偏的力偶,故调整不同千斤顶的编组可调整盾构的纵坡,从而调整其高程位置及平面位置。

在用千斤顶编组施工时应注意:

a. 千斤顶的只数应尽量多,以减少对已完成隧道管片的施工应力。

b. 一定要用管片纵缝处的骑缝千斤顶,以保证成环管片的环面平整。

c. 纠偏数值不得超过操作规程的规定值。

②千斤顶区域油压调整

目前多数盾构将千斤顶分为上、下、左、右四个区域,每一区域为一个油压系统。通过区域油压调整,起到调整千斤顶合力位置的作用,使其合力与作用于盾构上阻力的合力形成一个有利于控制盾构轴线的力偶。

③盾构纵坡的控制

纵坡控制的目的,既调整盾构高程,还可调整盾构与已成环管片端面间的间隙,以减少下一环拼装施工的困难。控制纵坡的方法如下:

a. 变坡法。在每一环推进施工中,用不同的盾构推进坡度进行施工,最终达到预先指定的纵坡。在变坡法推进中,可根据管片与盾构相对位置(以盾尾不卡管片为原则),采用先抬后压或先压后抬的措施;也可用逐渐增坡或减坡的方法。

b. 稳坡法。盾构每推一环用一个纵坡,以符合纠坡要求。但要做到稳坡,具有相当高的技术难度,用此方法,盾构在推进中对地层扰动最小。

④调整开挖面阻力

当利用盾构千斤顶编组或区域油压调整无法达到纠偏目的时,可采用调整开挖面阻力,也就是人为地改变阻力的合力位置,以得到一个理想的纠偏力偶,达到控制盾构轴线的目的。

可采用不同方法达到纠偏效果,但对应不同的盾构形式,有不同的方法。敞开式挖土盾构可采用超挖方法;挤压式盾构可调整其进土孔位置和扩大进土孔。在盾壳内外伸出鳍板,也可达到一定的纠偏效果。

(3)盾构自转的纠正

盾构在推进施工中,除了偏离设计轴线外,还有盾构本身自转的现象。

①盾构自转后对施工带来的困难

a. 使盾构设备操作、液压系统的运转不正常。原来安置平整的设备自转后成歪斜,如不调整,可使操作不方便、运转使用功能失常。

b. 使隧道衬砌拼装困难。这是指在采用全纵向插入的成环形式,因位置转了一个角度,造成封顶块管片难以或根本无法拼装。

c. 给隧道测量带来不便。在盾构上安装有弧形测量尺,盾构自转后尺位偏移,要重新装尺，两次定位肯定要影响到测量精度。

②盾构产生自转的原因

a. 土质不均匀，盾构两侧的土体有明显差别，则土体对盾构的侧向阻力不一，从而引起旋转。

b. 在施工中为了纠正轴线，对某一处超挖过量，造成盾构两侧阻力不一而使盾构旋转。同样，安装在盾构轴承上大的旋转设备顺着一个方向使用过多，也会引起盾构自转。

c. 由于盾构制作误差、千斤顶位置与轴线不平行、盾壳不圆、盾壳的重心不在轴线上等，使盾构在施工中产生旋转。

③盾构自转后纠正的方法

a. 在盾构有少量自转时，可用盾构内的举重臂、转盘、大刀盘等大型旋转设备的使用方向来纠正。

b. 当自转量较大时，则采用压重的方法，使其形成一个纠正旋转力偶。

4）隧道衬砌的拼装

软土地层盾构法施工的隧道衬砌，通常采用预制拼装的形式。对于有特殊要求的隧道，也有采用整体浇筑混凝土的。整体浇筑衬砌施工采用钢纤维挤压混凝土一次成型，要有弧形可移动模板，可伸缩的端模板及混凝土供应系统。所形成隧道内表面光洁、无接缝，可以有效控制地表沉降变形。目前只有日本、法国具有挤压钢纤维整体浇筑的盾构配套设备。复合式衬砌在成洞阶段先采用较薄的预制衬砌，然后再浇筑混凝土内衬，以满足防护要求。

预制拼装隧道衬砌由称为“管片”的多块弧形预制构件拼装用螺栓连接而成。管片按其材料可分为铸铁管片、钢管片、钢筋混凝土管片、钢与钢筋混凝土复合型管片、砌块等，每环由数块组合而成。

（1）有关盾构隧道管片的技术名词

①纵向——隧道的轴线方向。

②径向——隧道圆环的直径方向。

③环向——隧道圆环的圆周方向。

④纵缝——同环管片块与块之间的接缝。

⑤环缝——管片环与环之间的缝。

⑥通缝——拼装时后一环管片纵缝与前一环管片纵缝对齐。

⑦错缝——拼装时前后环纵缝错开。

⑧环面——管片圆环的环向面。

⑨内弧面——圆环的环向内面。

⑩外弧面——圆环的环向外面。

⑪管片端头——每块管片的两个纵向端面。

⑫张角——两块管片端面接头缝在径向向外张开称外张角，反之称内张角。

⑬喇叭——两块管片端面接头缝在纵向向推进方向张开称为前喇叭，反之称为后喇叭。

⑭踏步——前后两环管片内弧面的不平整度。

⑮纵向螺栓——环与环之间的连接螺栓。

⑯环向螺栓——同一环管片块与块之间的连接螺栓。

⑰端肋——管片中每块管片两端头的肋板。

⑱环肋——管片环向的肋板。

⑲纵肋——管片在纵向的加强肋。

⑳椭圆度——圆环垂直、水平两直径之差值。

㉑超前——指圆环环面与推进设计轴线垂直度的误差，有上、下超前和左、右超前之分。

(2)装配式衬砌(管片)的类型与特点

管片形式可从结构层数、成环形式、制作材料、每环块数来分，这里主要介绍由三种不同材料制成的管片的特点。

①铸铁管片

铸铁管片强度高，易铸成薄壁结构，管片质量小，搬运安装方便，管片精度高，外形准确，防水性能好。但加工设备要求高、造价大。该管片需翻砂成型后用大型金属切削机械加工。

②钢管片

主要用型钢或钢板焊接加工而成，其强度高、延性好、运输安装方便，精度稍低于铸铁管片。在施工应力作用下易变形，在地层内也易锈蚀。

③钢筋混凝土管片

有一定强度，加工制作比较容易，安装后能立刻承受荷载，施工易于机械化，耐腐蚀，造价低，是最常用的管片形式。但较笨重，在运输、安装施工过程中易损坏，其接缝处的防水处理需要采取特别有效的措施。

除了上述三类管片外，近年来挤压混凝土衬砌也已开始采用。这是一类新工艺，盾尾后部设有相连接的滑模台车，盾构推进时混凝土泵同时向盾尾连续压注混凝土，形成衬砌，并兼作盾构推进的后座，如图6.4-10所示。由于不存在盾尾间隙，地表沉降可减少到零。这里衬砌的施工速度比拼装衬砌快，防水效果好，造价也低。德国豪赫帝夫国际建筑工程公司研制的掺钢纤维挤压混凝土衬砌已在汉堡、罗马、里昂等地的地铁工程中得到成功的应用，日本也在不少软土隧道的施工中采用了这种施工方法。

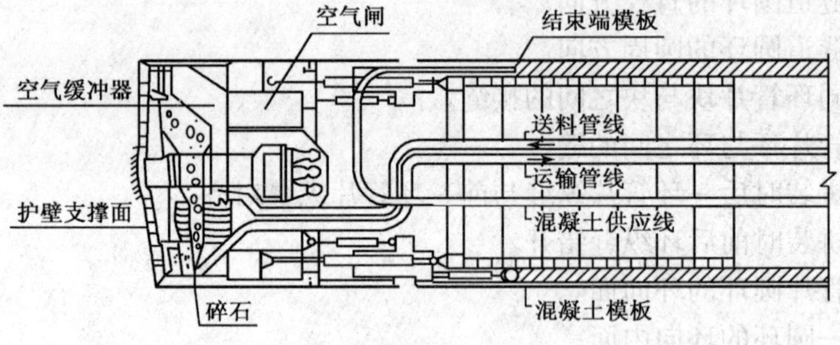


图6.4-10 挤压混凝土衬砌施工原理图

(3)管片的拼装

管片拼装是建造隧道重要工序之一，管片拼装后形成隧道，所以拼装质量直接影响隧道的质量。通常，盾构及衬砌结构确定之后，其拼装方法即大致确定。

管片拼装方法根据结构受力要求，分为通缝拼装和错缝拼装两种。通缝拼装时，管片的纵缝要环环对齐，拼装较为方便，易定位，纵向螺栓容易穿，衬砌环施工附加应力小，但环面不平整误差容易累积，从而导致环向螺栓难穿。环缝压密量不够，特别是采用较厚的现浇防水材料时，更是如此。若结构设计需要采用衬砌本身来传递圆环内力时，宜采用错缝拼装，即衬砌圆环的纵缝在相邻圆环环间错开1/3～1/2管片。这种管片环纵缝可设计成榫形连接，以利拼装。错缝拼装的隧道比通缝拼装的隧道整体性强，但由于环面不平整，常引起较大的施工应力，纵向穿螺栓困难，纵缝间防水材料也常因压密不够而渗漏水。但环面较平整，环向螺栓比较容易穿。

管片拼装方法按其程序，可分为“先纵后环”和“先环后纵”两种。先环后纵法是：拼装前将所有盾构千斤顶缩回，管片先拼装成圆环，拧好所有环向螺栓，穿进纵向螺栓，然后用千斤顶使拼好的圆环纵向靠拢，再拧紧纵向螺栓，与已成环连接成洞。这种方法拼装的环面较为平整，圆环的椭圆度易控制，纵缝拼装质量好，但如果前一环环面不平，则在纵向靠拢时，对新成环所产生的施工应力就大。对易产生后退现象的盾构，不宜采用。先纵后环的拼装方法可以有效地防止盾构后退，即拼装某一块管片时，只缩回该管片对应部分的千斤顶，其他千斤顶则轴对称地支撑或升压。这样逐块轮流缩回与伸出部分千斤顶，直至拼装成环。在整个拼装过程中，要求控制盾构位置不变。用这种方法拼装，其环缝压密好，纵缝压密差，圆环椭圆度较难控制，主要可防止盾构后退。这类拼装带来较多的重复动作，拼装也较困难。

管片拼装常用举重臂来进行。举重臂可以根据拼装要求完成旋转、径向伸缩、纵向移动等操作，有的还装有可以微动调节的装置。无论是采用“先纵后环”还是“先环后纵”的方法，举重臂均能迅速、方便地完成作业，其操作顺序是：先下后上，左右交叉，最后封顶成环。若采用将衬砌管片纵向插入拼装的方法，举重臂沿隧道轴向的移动距离要加长。

(4)管片拼装施工通病

①环面不平整

环面不平整是指两块管片环面不平，原因是环面(包括已成环及新拼块上)清理不彻底，有泥或杂物，或同一方向纠偏过多，造成环缝压密量(累积而成)不一，这在通缝拼装中更为明显。

②纵缝质量不符合要求

有前后喇叭、内外张角、内弧面平整度差、两管片相对旋转及纵缝过宽五类纵缝质量偏差现象。这是由于在拼装时管片位置安放不正，管片弧长上端头有杂物压于环面内。过多的单向纠偏，管片内挤压、外张开也导致纵缝不平直。

③圆环环面不正

整个环面与隧道轴线的垂直度有误差，上下超前或左右超前，环面不平整能直接影响盾构推进轴线的控制，反之为了纠正盾构轴线也能导致环面的不正。在施工中发现此类现象，可用丁腈胶木楔子来纠正环面。

④螺栓拧紧不足

整条隧道由成千上万块管片组合而成，其组合靠的是纵、环向螺栓，所以螺栓紧固的程度是隧道整体性优劣的衡量指标之一。由于螺栓拧紧不足，管片成环后在千斤顶顶力作用下易产生错位，降低了成环质量，从而影响下一环拼装。

⑤管片旋转

由于管片旋转，施工车架同时伴随倾斜，对管片成环带来不同程度的困难。

⑥管片的缺角、掉边及断裂

管片的缺角、掉边直接影响了隧道外观质量，导致渗漏水点增加。管片断裂则是隧道施工中不允许的质量事故，会导致隧道承载能力降低，必须采取补救加固措施。

发生上述质量偏差在施工方面的原因有：

a. 由于前一环的环面不平，在纵向靠拢拼装时，千斤顶选择位置不当或顶力过大。

b. 由于第一块管片落底不够,使封口尺寸较小,封顶块纵向插入时就需硬顶入,这使相邻管片容易产生缺角、掉边及断裂。

c. 盾构推进纠偏时没有考虑管片圆环与盾构的相对位置,使盾壳硬卡管片而造成管片碎裂。

⑦圆环内、外接缝张开

造成圆环接缝张开的原因如下:

a. 管片拼装时纵向靠拢千斤顶的位置不对。

b. 盾构与管片相对坡度过大,转弯半径偏小。

c. 前一环环面不正,拼装前环面清洗不净。

要解决这些问题,除拼装时要合理选择千斤顶位置外,还要经常测量已成隧道的环面,并按环面误差值及时做楔子,来控制已成隧道的环面质量。

⑧椭圆度的控制

一般为了封顶方便,管片预留封口缝隙稍大一些,结果封顶成环后,多为横鸭蛋形。隧道受载变形也是横向变形为主,前述横鸭蛋形对以后隧道变形发展带来不利影响。

5)衬砌壁后压浆

为防止地表沉降,必须将盾尾和衬砌之间的建筑空隙压浆充填。压浆还可以改善隧道衬砌的受力状态,增强衬砌的防水效能,也是盾构施工的关键工序。

(1)压浆方法

压浆有以下几种方法,主要应根据地层条件选用。

①二次压注

这种压注工艺是当盾构推进一环后,立即用风动压注机通过管片的压注孔,向衬砌壁后的建筑空隙注入豆粒砂,以防止地层坍塌。继续推进数环(5~8环)后,再用压浆泵将水泥类浆体灌入砂间空隙,使之固结。

二次压注法施工繁琐,压注豆粒砂不易保持密实,尤其是拱顶部分。此外,灌注水泥浆时也难填满。地表沉降量略大,后期常需进行补充压浆。这对保护盾尾密封装置有利。

②同步一次压注

若地层条件较差,管片从盾尾一脱出就会发生坍塌,所以希望盾尾空隙内始终保持一定的压力。在这种情况下宜采用一次同步压注法,即随着盾尾空隙的出现,立即压注拌好浆液,并保持一定压力。一旦压浆出现故障,盾构也要暂停推进。这种工艺对盾尾密封装置要求较高,易产生盾尾漏浆,必须准备采取有效的堵漏措施。好的同步注浆浆液应流动性、活易性好,不产生堵管现浆,注入后能达到一定的强度,放止地面沉降,保证隧道稳定。同时,浆液不能污染损伤盾尾的密封装置。

③三次注浆

同步压浆填充盾尾空隙,管片脱出盾尾过程中快速压浆;二次压浆在3d后,防止浆液失水、流失,土体压缩变形引起沉降;三次压浆发现明显的地表沉陷趋势或隧道严重渗漏时,可在相应区间进行补充压浆。

根据施工经验,压浆数量同注入压力及要求控制的地表沉降有关,一般为理论计算建筑空隙体积的110%~180%。

压浆要对称于衬砌环进行,尽量避免单点超压注浆,以减少衬砌环的不均匀施工荷载。注浆压力一般为0.5~1.0MPa。

(2)压浆材料

压浆材料的凝结时间应可以调节,材料应具有一定的触变性,在压注过程中和易性好,不离析,不堵塞管路。压浆材料的强度应相当或略高于土层的抗压强度,以利减小扰动土的固结变形。注浆后,要求浆体在盾构向前推进一段距离后才增长强度,这样既起到充填作用,又可保护盾尾密封装置。此外,还要求浆体的收缩量小,并具有一定的抗渗能力。

压注的豆粒砂材料,常采用粒径 3 ~ 5mm 的石英砂或卵石,形成的空隙率约为 69%。二次压注宜采用以水泥为主要胶结材料的浆体,其质量配合比为水泥: 黄泥 = 1: 1(水灰质量比为 0.40),或水泥: 黄泥: 细砂 = 1: 2: 2(水灰质量比为 0.45)。其延散度为 15 ~ 18cm。

一次同步压注可采用水泥、黏土砂浆为主的压浆材料,如表 6.4-4 所示。这种浆体的延散度为 80 ~ 120mm,初凝时间 4h,终凝时间 24h,终凝强度不低于 0.2MPa。研制造价低、适用于泥水平衡盾构的单液同步注浆材料是盾构施工技术研究的重点课题。

**压浆材料配合比** 表 6.4-4

| 材料名称 | 强度等级 42.5 的水泥 | 黏土 | 中砂 | 石灰浆 | 氯化钙 | 水 |
|---|---|---|---|---|---|---|
| 配合比(质量比) | 100 | 100 | 200 | 5 | 3 ~ 5 | 120 |

注:可以利用开挖出来的黏土。

目前通常采用无水泥的压浆材料,它是以石灰、膨润土(或黏土)、磨细粉煤灰和砂配制而成,如表 6.4-5 所示。这种无水泥、水玻璃胶结材料,以膨润土、黏土和粉煤灰为主的注浆材料称为惰性材料浆液,只是充填建筑间隙,凝结强度低。这类惰性浆液适用于土压平衡盾构的同步注浆。

**无水泥压浆材料配合比** 表 6.4-5

| 材料名称 | | 石灰 | 黏土 | 磨细粉煤灰 | 砂 | 水 | 水玻璃 |
|---|---|---|---|---|---|---|---|
| 配合比(质量比) | *A* | 100 | 100 ~ 200 | 300 ~ 400 | 400 ~ 500 | 适量 | 10 ~ 30 |
| | *B* | 100 | — | 400 ~ 500 | 400 ~ 500 | 适量 | 10 ~ 30 |

注:水玻璃起促凝及早强作用。

(3)压浆设备

隧道内的压浆设备由压浆泵、软管、连接管片压浆孔的旋塞注浆嘴组成。压浆泵要根据压浆材料来选择。一次压注方式可选用 HP-012 型活塞式注浆泵。使用时,在出料口与储料斗间要加接回浆管路,借人工操纵可达到变量压注的效果,也可以通过调节活塞行程来实现变量压注。

目前已出现装在平板车上的流动式压浆泵,其储料筒较大,并装有搅拌设备。该泵系以压缩空气为动力。

## 四、地面沉降的预测和控制

即使采用世界上最先进的盾构机,用盾构法修建隧道也要产生一定的沉降。盾构选型合理,施工工艺先进,不断地优化施工技术参数,可以将地面沉降控制在较小的范围(-3 ~ +1cm)。要减少盾构法施工对周围环境的影响,必须在施工中尽可能减少对隧道周围土体的扰动,其主要的技术关键是保持开挖面的稳定和管片脱出盾尾后及时注浆充填建筑间隙。

1)地面沉降的原因

盾构施工引起的地层损失和盾构隧道周围土体受扰动,或受剪切破坏的重塑土的再固结,是地面沉降的基本原因。

地层损失是由于盾构在开挖地层时,不可能在形成空隙的同时对其提供支护,土体因应力释放而发生位移。通常盾构施工中开挖土体体积和竣工隧道体积之差就是地层损失。引起地层损失的因素主要有开挖面地层损失、径向地层损失和施工地层损失等。

(1)开挖面地层损失

当盾构掘进时,如果开挖面水平支护力小于土体的原始侧向压力,那么开挖面土体向盾构内移动,引起周围土体损失,导致盾构上方土体沉降;反之,开挖面土体则向前、向上移动,引起负地层损失导致盾构前上方土体隆起。

(2)径向地层损失

在曲线推进、纠偏、抬头和磕头推进等特殊施工条件下,盾构产生一定的超挖,导致地层损失,土体发生指向盾壳方向的位移;由于衬砌直径小于盾构机直径,如果盾尾注浆不及时,注压浆量不足,注浆压力不适当或者注浆体不能快速凝固,都会导致周围土体进入盾尾空隙,引起地层损失。

(3)施工地层损失

由于盾构施工操作失误,如盾构后退、盾尾注浆不及时、开挖面不正常超挖、开挖面土体坍塌等引起的地层损失。这种损失在正常施工下是可以避免的。

地层损失是盾构施工中实际开挖土体体积和建成隧道体积之差。建成隧道体积包括隧道外围包裹的压入浆体体积,地层损失率以占盾构理论排土体积的百分比表示。上覆土体在隧道周围不断弥补地层损失,建立新的平衡,由此发生地层变形,引起地面沉降。由于决定地层损失大小的因素有很多,盾构施工造成的地层损失很难进行定量评估,目前借助于工程实例或根据实测得出的反分析结果显得更为可靠。

表6.4-6给出了在采用适当技术和良好操作的正常施工条件下地层损失的取值范围。建议在初始推进中通过施工监测,取得实际地层损失值,用前一步实测的地层损失值复算下一步地面沉降曲线。

**地层损失取值范围表** 表6.4-6

| 地层损失原因 | 隧道单位长度内最大地层损失计算值 | 地层损失率 $V_l$(%) | 参数说明 |
|---|---|---|---|
| 开挖面地层损失 | $\pi R^2 h$ | -2.0% ~2.0% | $R$——盾构外径;<br>$R_1$——隧道衬砌外径;<br>$t$——盾构切口边缘后面凸起高度;<br>$h$——开挖面土体在盾构推进单位长度中向后的水平位移;<br>$L$——盾构长度;<br>$R_c$——盾构推进曲线半径;<br>$A$——盾构正面障碍物凸出于盾构外周的面积 |
| 切口边缘后地层损失 | $2\pi Rt$ | 0.1% ~0.5% | |
| 沿着盾壳地层损失 | $0.1\pi R^2$ | 0.1% | |
| 盾尾后地层损失 | $2\pi R(R-R_1)$(地下水位以下)<br>$\pi R(R-R_1)$(地下水位以上) | 0 ~4%<br>0 ~2% | |
| 改变推进方向地层损失 | $d\% \times L \times \pi R/2$ | 0.2% ~2% | |
| 曲线推进地层损失 | $L^2 \pi R/8(R+R_c)$ | 0.5% ~1% | |
| 正面障碍地层损失 | $A$ | 0 ~0.5% | |

对于黏性土,可采用稳定系数 $N_t$ 及荷载系数的线性模型或指数模型来估计地层损失,常用指数关系模型如式(6.4-8)。

$$V_t = 2V_0S_u\frac{1+\mu}{E_0}\exp(N_t - 1) \tag{6.4-8}$$

式中：$V_0$——盾构理论排土体积；

$S_u$——土体的不排水抗剪强度；

$\mu$——土体的泊松比；

$N_t$——稳定系数；

$E_0$——土层弹性模量。

也可通过大量关于地层损失的实验数据绘制地层损失与稳定系数的关系曲线。实践表明，地层损失随着相对埋深的增加而减小。

以下讨论土体扰动。盾构施工对土体的扰动是不可避免的。以下6个主要的施工力学行为是引起施工扰动的原因：

①隧道作业面附近的应力变化。

②掘进时盾构与土体间的剪应力。

③隧道支护和注浆引起的土体的径向位移。

④隧道开挖引起的土体扰动的固结变形。

⑤衬砌层的收敛变形。

⑥上覆浅层土体的稳定流变。

而土层参数、空间参数（覆土厚度、隧道尺寸等）、机械参数（盾构类型等）、施工参数（正面压力、注浆量等）决定了盾构扰动的影响范围和程度。

盾构施工的力学行为对周围土体的扰动反映了土体应力、应变状态的改变。其中，应力状态的变化是指总应力和孔隙水压力的改变。开挖卸荷和土拱作用引起土体总应力变化，而土体受到的挤压作用和地下水位变化是引起孔隙水压力变化的原因。

超孔隙水压力在盾构隧道施工后的一段时间内消散复原，在此过程中地层发生排水固结变形，引起地面沉降。

盾构法施工引起土体初始应力状态发生变化，使得原状土经历挤压、剪切、扭曲等复杂应力路径，由于不同位置的土体经历应力路径不同，使得盾构周围受扰动土体具有明显分区特征（图6.4-11），可借助莫尔应力圆理论来说明（图6.4-12）。不同扰动分区中土体受扰动程度不同，可以用应力影响度予以区分。采用现场测试比贯入阻力和孔隙水压力作为土体扰动的评价指标，还可对软黏土的扰动程度与范围进行定量的分析。

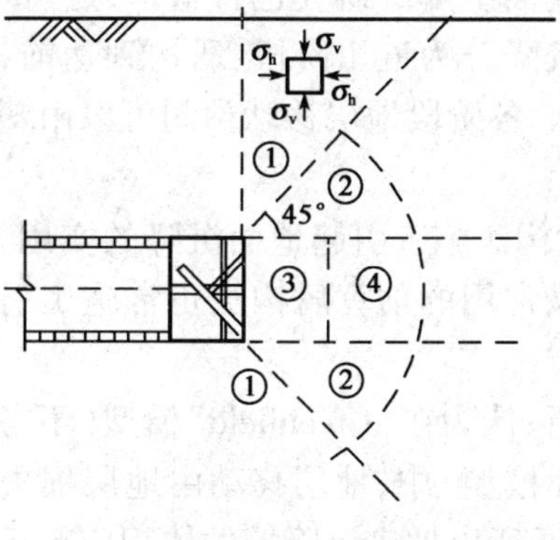


图6.4-11　盾构施工扰动前方土体分区

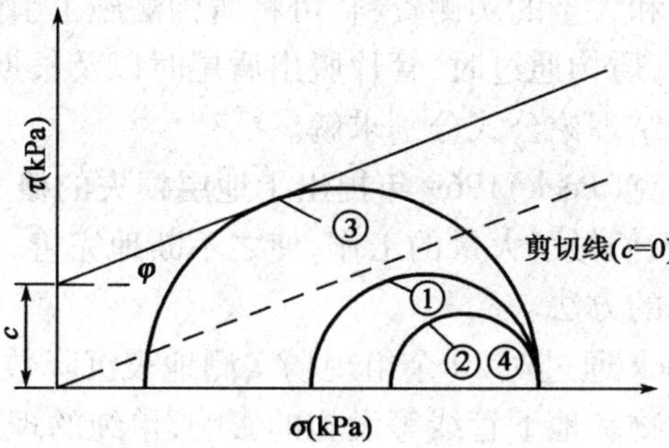


图6.4-12　土体扰动区对应的莫尔应力圆

盾构施工对土体的扰动是一个动态的过程，可将盾构推进导致土体位移划分为五个阶段，如图6.4-13及表6.4-7所示。

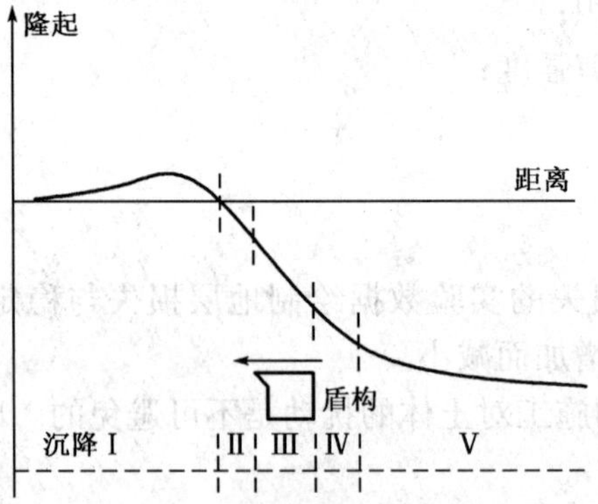


图6.4-13 盾构施工推进引起土体位移的阶段划分图

**盾构施工引起的土体位移发展阶段** 表6.4-7

| 阶段 | | 原因 | 百分比(%) | 扰动 | 变形机理 | 出现的时间及位置 |
|---|---|---|---|---|---|---|
| Ⅰ | 盾构到达前 | 密封舱内泥土压力，$P_i$；静止土压力和水压力，$P_z$ 和 $P_w$；当 $P_i > P_z + P_w$ 时，土体隆起；当 $P_i < P_z + P_w$ 时，土体沉降 | 0.0～4.5 | 孔压升高；总应力升高 | 弹塑性变形 | 刀盘切口前3～12m |
| Ⅱ | 开挖面到达时 | 开挖面土体受到挤压导致固结 | 0～44 | 孔压消散；有效应力增大 | 土体固结 | 切口前3m到切口后1m |
| Ⅲ | 盾构通过时 | 推进过程中的土体扰动；盾壳与周围土体的摩擦；土体超挖 | 0～38<br>(15～20) | 土体应力释放 | 弹塑性变形 | 切口后1m到盾尾脱出 |
| Ⅳ | 盾尾脱出时 | 土体失去盾构支护，盾尾空隙，注浆不及时 | 20.0～100<br>(20～30) | 土体应力释放 | 弹塑性变形 | 盾尾脱出后 |
| Ⅴ | 长期变形 | 土体的流变性：孔隙水压力消散引起的固结沉降；土体骨架蠕变导致的次固结沉降 | 4.0～32.0<br>(5～30)<br>(>50) | 土体应力松弛 | 蠕变固结 | 盾尾通过约100h以后 |

2）地面沉降的预测

盾构法施工日益广泛地被采用，对盾构法施工引起地面沉降的研究也日益深入。依据理论分析和大量的实测资料，可将盾构法施工引起的地面沉降分为五个阶段：盾构到达前，盾构到达时，盾构通过时，管片脱出盾尾时以及长期变形阶段。各阶段地层移动预测可以由塑性理论和固结理论公式分别求解。

派克（Peck）1969年提出了地层损失的概念和估计盾构法施工引起地面沉降的实用方法。此后，人们做了大量的工作，使之不断地完善，成为一种最常用的估算盾构法正常施工引起地面沉降的方法。

Peck通过对20余组现场实测地表沉降数据进行分析，认为在"Greenfield"模型（不考虑地面建筑物和地下管线等设施的影响，单纯的理想自由地面模型）中，地层移动由地层损失所引起，且盾构施工引起的地面沉降是在不排水条件下发生的，所以地表沉降槽的体积应等于地层损失的体积。假定地层损失在整个隧道长度上均匀分布，则地层损失的横向分布曲线符合正态分布(Guassian 分布)。Peck 描述的地表沉降体积损失曲线如图6.4-14 所示。

地表任何一点的沉降量可以下式计算：

$$S(x) = S_{max}\exp\left(-\frac{x^2}{2i^2}\right) \quad (6.4\text{-}9)$$

$$S_{max} = \frac{V_1}{\sqrt{2\pi}\cdot i} \quad (6.4\text{-}10)$$

式中：$S(x)$——地面沉降量(mm)；

$x$——距隧道轴线的距离(m)；

$S_{max}$——隧道轴线上方最大地面沉降量(mm)；

$V_1$——盾构隧道单位长度地层损失量($m^3/m$)；

$i$——沉降槽宽度系数(隧道轴线至沉降曲线反弯点的距离)。

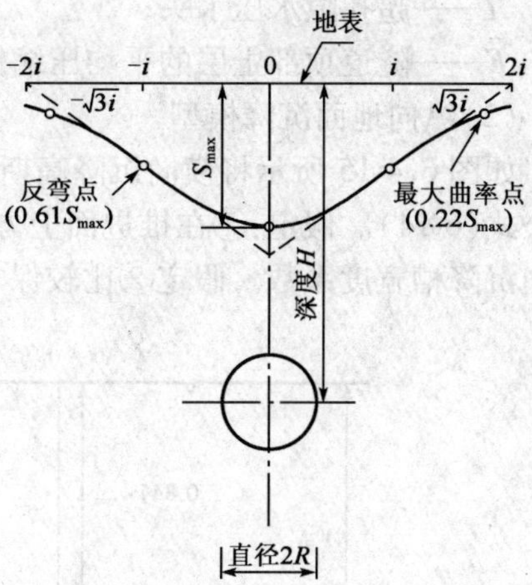

图6.4-14　Peck 描述的地表沉降槽

若定义地层损失率 $P_G(\%)$ 为沉槽体积与开挖体积之比，则有：

$$P_G(\%) = \frac{\sqrt{2\pi}iS_{max}}{\pi R^2} \quad (6.4\text{-}11)$$

运用 Peck 公式时，必须先获得 $V_1$、$i$ 两个主要参数。参数与隧道开挖深度、断面尺寸、地层条件和施工条件密切相关，国内外专家学者对这两个参数的取值进行了深入研究，总结了很多经验公式。

Peck 的沉降槽理论及公式提出于 20 世纪 60 年代末，泥水平衡盾构刚刚出现，而土压平衡盾构尚未发明，主要针对无平衡式或气压平衡式等旧式盾构，但对于今天的各种新型盾构依然适用，不过其预测结果将略大于实测值。

Peck 提出的地面沉降曲线与实际情况较吻合，但由于种种假定的存在，有以下不足之处：①只能计算横向地面沉降，不能计算纵向变形及土体深层沉降；②仅考虑了少数土体几何参数而未考虑施工参数的影响；③参数 $V_1$ 和 $i$ 对计算结果影响较大却难以准确确定；④只能计算瞬时沉降，不能考虑受扰动引起的再固结沉降。针对 Peck 公式的不足之处，不少专家学者提出了自己的修正模型。

(1)考虑再固结沉降的修正

国内在 20 世纪 70 年代先后对上海地铁试验段、打浦路及延安东路越江隧道进行了现场实测和监控，并把 Peck 公式应用于沉降估计，在总结经验和理论研究的基础上，把固结因素引起的附加沉降作为地层损失的一部分，提出了考虑时效(即土体扰动后固结沉降)的修正 Peck 公式。

$$S(x,t) = \left(\frac{V_1 + H\overline{K}_x t}{\sqrt{2\pi}i}\right)\cdot\exp\left(-\frac{x^2}{2i^2}\right) \quad (6.4\text{-}12)$$

$$T = \frac{\sqrt{2\pi}\cdot\overline{p}}{\overline{E}\cdot\overline{K}_x}\cdot i \quad (0 \leqslant t \leqslant T) \quad (6.4\text{-}13)$$

式中：$\overline{p}$——隧道顶部孔隙水压的平均值；

$T$——固结时间；

$\overline{K}_x$——隧道顶部土体渗透系数；

$H$——超孔隙水压水头；

$\overline{E}$——隧道顶部土层的平均压缩模量。

(2)纵向地面沉降模型

如图6.4-15所示将横向沉降高斯分布模型，采用积分方法，推广到求纵向沉降槽曲线，可得公式(6-14)。假定：①在推进面上方沉降值达到最大值的一半；②纵向沉降槽宽度系数等于横向沉降槽宽度系数。假定②比较保守，因为纵向沉降曲线更加扁平。

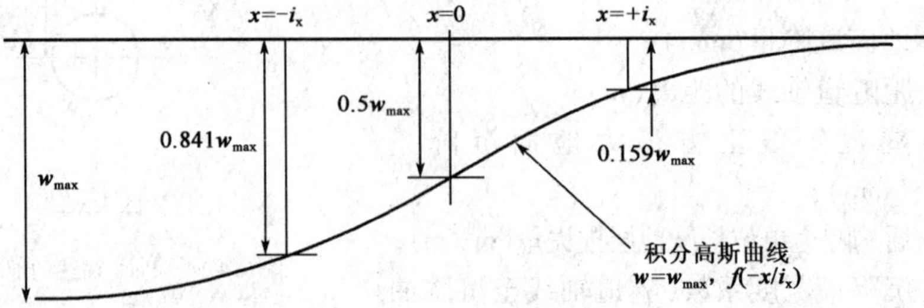


图6.4-15　基于高斯模型的纵向沉降槽经验模型

$$S(y)=S_{\max x}\left[\Phi\left(\frac{y-y_{\mathrm{i}}}{i}\right)-\Phi\left(\frac{y-y_{\mathrm{f}}}{i}\right)\right] \tag{6.4-14}$$

式中：$S(y)$——沿隧道掘进方向坐标为$y$处的纵向地面沉降量(m)；

$y$——地表面点沿隧道掘进方向的坐标(m)；

$y_{\mathrm{i}}$——隧道开挖面推进起始点(m)；

$y_{\mathrm{f}}$——当前隧道开挖面的位置(m)；

$\Phi$——函数，可由标准正态分布函数表查得。

(3)基于"负地层损失"的修正模型

负(欠)地层损失是指引起盾构正面土体向上向前移动的土层损失。基于此对Peck公式修正如下：

$$S(y)=\frac{V_{l1}}{\sqrt{2\pi}i}\left[\Phi\left(\frac{y-y_{\mathrm{i}}}{i}\right)-\Phi\left(\frac{y-y_{\mathrm{f}}}{i}\right)\right]+\frac{V_{l2}}{\sqrt{2\pi}i}\left[\Phi\left(\frac{y-y_{\mathrm{i}}'}{i}\right)-\Phi\left(\frac{y-y_{\mathrm{f}}'}{i}\right)\right] \tag{6.4-15}$$

其中：$y_{\mathrm{f}}'=y_{\mathrm{f}}-L(\mathrm{m})$，$y_{\mathrm{i}}'=y_{\mathrm{i}}-L(\mathrm{m})$。

式中：$L$——盾构长度(m)；

$V_{l1}$——盾构开挖面引起的地层损失(欠挖时为负，$\mathrm{m^3/m}$)；

$V_{l2}$——除$V_{l1}$外所有施工因素引起的地层损失($\mathrm{m^3/m}$)(总是正值)。

其他参数意义同上。

对于该公式：①适用于不排水条件；②$V_{l1}$和$V_{l2}$值较难准确确定，只能凭经验判断开挖面前是否出现"负地层损失"；③未考虑施工参数影响。

(4)深层土体沉降

深层土体沉降可以通过和地面沉降相同的Gauss分布形式来描述，在对伦敦硬黏土及软黏土中隧道施工引起的深层土体沉降的大量实测资料和离心模型试验资料分析后，得到地面下深度为$z$处沉降槽宽度系数$i_z$，如公式(6.4-16)、式(6.4-17)所示。

$$i_z=k(z_0-z) \tag{6.4-16}$$

$$k = \frac{0.175 + 0.325\left(1 - \frac{z}{z_0}\right)}{1 - \frac{z}{z_0}} \tag{6.4-17}$$

式中：$z_0$——隧道中心至地表深度。将 $i_z$，$k$ 带入 Peck 公式即可求得对应的深层土体沉降量。

（5）土体水平位移

对黏土将土体位移矢量指向隧道轴线，可得：

$$S_h = \frac{x}{z_0 - z} S_{xz} \tag{6.4-18}$$

$$\frac{S_h}{S_{hmax}} = 1.65\,\frac{x}{i}\exp\left(\frac{-x^2}{2i^2}\right) \tag{6.4-19}$$

式中：$S_{xz}$——地面下深度 $z$ 处距隧道轴线水平距离 $x$ 处的沉降值；

$S_h$——该点水平位移值。

理论上的最大水平位移 $S_{hmax}$ 出现在沉降槽的反弯点，等于 $0.61kS_{hmax}$，$k$ 为与土体性质和施工因素有关的系数。

经验公式的提出大多基于统计学的方法，缺乏相应的力学理论基础。土体损失是一个取决于开挖面稳定性、施工地质条件、管径、埋深以及施工工艺的经验参数，很难在施工前准确确定，只有通过反算和合理假设才能得到，这使经验公式的应用受到了限制。

应用数值分析方法，求解盾构法隧道引起的地面沉降为科学研究开辟了新途径。电子计算机的出现更为数值分析提供了强有力的工具。因为客观环境因素复杂，介质材料参数取值不准，计算结果仅能作为工程技术参考。

3）盾构施工保护周围环境的要点

盾构法引起周围环境影响的主导因素包括刀盘切削、掘进姿态、盾构和管片建筑间隙的填充造成的土体扰动和地层损失，以及后期受扰动土体的再固结等。

在采用盾构法施工时，应合理设置施工参数，严格控制盾构姿态，优选浆液配合比，并严格确保浆液质量和注浆效果。

同时应采取有效的监测措施，并及时获取周边环境和隧道变形的数据，及时、有效的对隧道周围环境实施保护提供依据。

当建（构）筑物和市政公用管线处于盾构掘进沉降槽的范围内时，应制订专项技术措施，减小盾构掘进施工对其造成的隆沉变形。

隧道轴线宜避让有特殊保护要求或已有损伤的建（构）筑物和市政公用管线，宜选择正交穿越方式，宜根据建（构）筑物和管线情况控制与其之间的覆土厚度。

采用盾构或顶管法穿越建（构）筑物和市政公用管线时，应严格控制平衡压力、掘进速度、出土量等施工参数，减少对地层的扰动和损失；盾构穿越后应及时填充空隙，弥补土体损失。

当沉降不稳定时，宜通过管片的注浆孔进行补压浆，进一步稳定隧道、建（构）筑物或市政公用管线的沉降变形。

对于有特殊保护要求的建（构）筑物和管线，除上述施工措施外，还应选取以下辅助保护措施：

（1）穿越范围内，宜将地层损失率控制在0.3%～0.5%。

（2）宜选用大密度、抗液化、早期强度高、收缩小的浆液。

（3）宜采取相应技术措施，提高被保护建（构）筑物的结构刚度。

（4）对管线宜采用临时运行等方式规避穿越风险，条件许可情况下，宜采取开挖悬吊的保护措施。

## 五、盾构法施工的运输、供电、通风和排水

（1）运输

隧道内需要运输的材料有开挖的土方、管片、压浆材料，以及隧道延伸所需的枕木、钢轨、走道板、管道等。运输方式分为水平运输和垂直运输。

水平运输大都采用在轻型窄轨（轨距600mm）上行驶，以蓄电池式电机车牵引多节平板车或戽车。在运距长、坡度陡的情况下，可采用内燃机车。

隧道内的垂直运输线，可通过竖井内的罐笼、货运电梯、大型龙门吊车等垂直运输工具与地面联系。

整个运输系统要根据施工现场的具体条件，进行合理的设计与布置。

（2）供电

盾构施工时，除了要重视盾构本身及井下设备的供电外，对地面降水用水泵、气压用空压机等的供电也务必充分保证，否则会因断电导致重大工程事故。供电系统要考虑足够的备用系数，还应采用多路电源供电的办法。供电线路及设备要有良好的安全措施，并经常维修检查。如果外电源供电参数不足时，工地上要采取补偿措施，必要时要布置临时发电站，其发电设备以保证工程及人身安全为主。例如，维持降水的水泵用电量，气压盾构维持工作面气压的空压机用电量，隧道内照明以及维持工程安全的设备用电量，以及保证撤出施工人员的电梯、罐笼、信号用电量等。

（3）通风

盾构施工均为独头巷道的形式。为此，应根据工作面实际操作人数，供给新鲜空气，并注意调节工作面的温度与湿度。隧道内使用电焊、气割、化学灌浆堵漏时应加大通风量。一般采用矿用通风机，考虑一定距离的接力送到开挖面。气压式盾构直接利用加压管路接往开挖面，以保证空气清新。大断面隧道的工作面还可以布置若干排风扇。气压盾构隧道的排气管宜布置在隧道后部，以利隧道内换气。地层中含有沼气、瓦斯等易燃、易爆气体时，除加强盾构机密封措施外，还应加强通风。对有害气体应进行监测，并降低到可能爆燃的浓度以下。

（4）排水

隧道施工用水、渗漏水以及工作面涌水应迅速排除，以保证盾构机械的安全操作。下坡推进时，盾尾积水如不及时排除，封底管片浸入水中，橡胶垫遇水先期膨胀，丧失后期防水效果。隧道内积水一般先排进工作井，再用专设的抽水系统排至地面。为减少隧道施工所需的排水设备，可将盾构推进的线路设计成上坡推进，使积水能自动流入工作井的集水坑。对于有上下纵坡转换的隧道，要在最低点布置临时水泵，通过管道将水排往工作井的集水坑。使用气压式盾构时，可利用压力差排除气压段积水。若闸墙处于隧道低端，要在常压段闸墙附近另设排水设施。汛期、暴雨季节，防止积水从工作井向隧道内灌入，一旦淹没隧道内盾构机，将会造成很大的损失。

盾构施工的排水，是保证工程质量和进度的重要环节，进行施工组织设计时，务必进行周密的筹划和安排。

## 六、盾构隧道的防水技术

盾构隧道的防水技术在隧道的施工和维修管理等方面都是重要的课题。

1）盾构隧道的防水标准与原则

我国《地下工程防水技术规范》（GB 50108—2008）中地下工程防水等级标准规定见表6.4-8。

地下工程防水等级标准　　　　表6.4-8

| 防水等级 | 渗漏标准 |
|---|---|
| 一级 | 不允许渗漏水，结构表面无湿渍 |
| 二级 | 不允许渗漏水，结构表面可有少量湿渍；<br>工业与民用建筑：总湿渍面积不应大于总防水面积（包括顶板、墙面、地面）的1/1 000；<br>任意100$m^2$ 防水面积上的湿渍不超过2处，单个湿渍的最大面积不超过0.1$m^2$；<br>其他地下工程：总湿渍面积不应大于总防水面积（包括顶板、墙面、地面）的2/1 000；<br>任意100$m^2$ 防水面积上的湿渍不超过3处，单个湿渍的最大面积不超过0.2$m^2$；其中隧道工程还要求平均渗水量不大于0.05L/（$m^2$·d），任意100$m^2$ 防水面积上渗水量不大于0.15L/（$m^2$·d） |
| 三级 | 有少量漏水点，不得有线流和漏泥沙；<br>任意100$m^2$ 防水面积上的漏水或湿渍点数不超过7处，单个漏水点的最大漏水量不大于2.5L/d，单个湿渍的最大面积不超过0.3$m^2$ |
| 四级 | 有漏水点，不得有线流和漏泥沙；整个工程平均漏水量不大于2L/d，任意100$m^2$ 防水面积上的平均漏水量不大于4L/（$m^2$·d） |

根据《地下工程防水技术规范》（GB 50108—2008），隧道的防水等级为二级，从实际情况来看，要使含水软土地层中盾构法隧道达到无任何渗漏有相当的难度和复杂性，因此盾构法隧道的防水必须采取"以防为主、多道防线、综合治理"的原则。

2）盾构隧道的防水方法

盾构隧道漏水的主要原因，涉及到如图6.4-16所示的环境条件、管片结构、止水材料、施工情况等因素。当采用装配式预制钢筋混凝土管片时，管片本身具有良好的不透水性，而管片之间的接缝成为隧道防水的薄弱环节，以隧道接头接缝处的漏水为主。

无论采用何种管片形式，其防水技术包括管片自身防水和管片接缝处的防水。管片接缝处的防水包括密封材料防水、螺栓孔防水、二次衬砌防水等。确保预制钢筋混凝土管片制作精度和抗渗指标、橡胶止水胶条的弹性和膨胀倍率等是防水工程的基础。

（1）管片自身防水

管片自身防水主要靠提高混凝土抗渗能力和管片制作精度实现。

钢筋混凝土管片的抗渗强度等级应根据隧道埋深及地下水压力确定，一般要求达到S4～S8，混凝土级配合理，选用干硬性密实混凝土，并且可掺入塑化剂，调整级配，增加混凝土的和易性，严格控制水灰比（质量比），一般不大于0.4。浇筑、养护、堆放和运输中应严格执行质量管理条例。单块管片主要尺寸制作误差应不超过±1.0mm。管片钢模制作精度要求达到±0.5mm。其管片的质量标准，如表6.4-9所示。

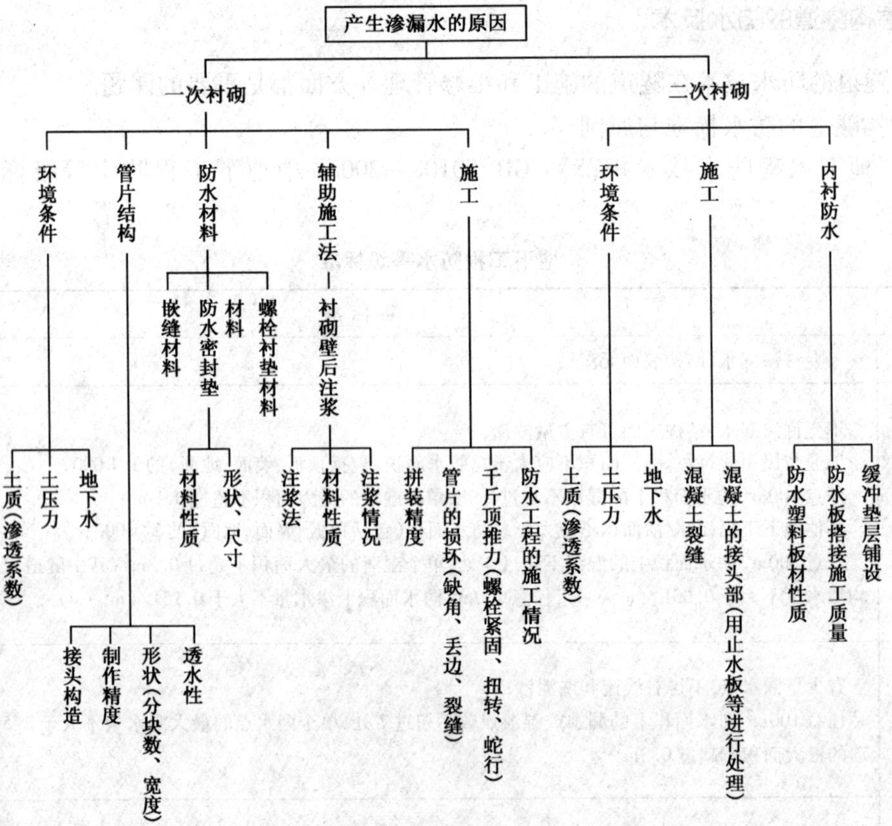


图 6.4-16 发生漏水的主要原因

**管片生产质量标准** 表 6.4-9

| 序号 | 项目主次 | 项目检验内容 | 单位 | 质量等级标准 一等 允许偏差 | 质量等级标准 二等 允许偏差 | 检查方法及要求 |
|---|---|---|---|---|---|---|
| 1 | 主 | 管片宽度 | mm | ±1.0 | | 浇捣混凝土前检查钢模,控制 ±0.5mm,每只钢模测三点。测量 50 块管片,做好数理统计工作 |
| 2 | 主 | 弧弦长(张角值) | mm | ±1.0 | | 每月水平拼装双层、单层管片各一环,实测纵缝缝隙 |
| 3 | 主 | 管片厚度 | mm | ±3 | ±3 | 逐块检查,每块测三点 |
| 4 | 主 | 管片强度 | — | 符合国家标准 | | — |
| 5 | 次 | 管片检漏 | — | 渗漏深度 <1/3 管片厚度 | | 每环检漏一块,$S_6$ 恒压 4h,如有对穿漏水,整环全部检漏 |
| 6 | 次 | 缺角掉边蜂窝麻面占总面积百分比 | % | <0.5 | | 逐块检查 |

除在管片生产前加强对钢模的检验,以保证管片的质量和出厂前进行单块抗渗检漏试验外,还需在管片吊运、堆放中采取保护措施,要求管片堆放、运输、拼装不能碰损边角,凡有缺损

者(尤其是密封垫沟槽,嵌缝槽处)均应修补,以确保管片的防水效果。接缝高差、宽度要达到设计规范要求。

对于埋深较大或有显著侵蚀性环境的地段,管片可采用增强防水、防腐蚀性的外防水涂料。近年来研制成功的渗透型防水涂料,可用于改善管片混凝土的抗渗性能。上海地铁1号线隧道穿越苏州河段,水压增高且河床下存在侵蚀性淤泥层,为此,在管片外弧面涂以911环氧-聚氨酯外防水涂层。刷抹工作在管片预制厂堆场进行,其特点是:

①涂层应能在盾尾密封用钢丝刷与钢板的挤压磨损条件下不损坏、不渗水。

②在管片外弧面的混凝土裂缝宽度达到0.3mm时,仍能抗0.6MPa水压,不渗漏。

③涂层的耐化学腐蚀性好,抗微生物侵蚀性好,耐久性好。

④涂层具有防迷流的功能,其体积电阻率、表面电阻率高。

⑤施工简便,对作业场地要求不严,可露天施工,冬天也能操作。

⑥成本较低,经济合理。

911环氧-聚氨酯的主要技术性能指标见表6.4-10。

**911环氧-聚氨酯的主要技术性能指标** 表6.4-10

| 项目 | 黏结强度(MPa) | 抗渗性①(MPa) | 抗渗系数(m/s) | 耐腐蚀性(地下水浸三个月) | 抗冲击(cm/kg) | 耐磨性② |
|---|---|---|---|---|---|---|
| 指标 | 71.0 | 70.8 | $<1\times10^{-13}$ | 无变化 | >20 | 无损 |

注:①指基面张开3mm时,不渗水所能承受的水压力。

②指0.3mm钢丝束,在0.5MPa水压力下的多次摩擦。

但由于施工受环境条件(场地、堆放方式)、气候条件(晴雨、温度、湿度)的影响,衬砌密封垫外沿环纵面的涂刷有一定困难,其防水、防腐蚀的实际效果尚待验证。

(2)管片接缝的防水

为了加强接缝防水效果,在管片接缝中设置了弹性密封垫和嵌缝等两道防水措施,并以弹性密封垫为接缝防水的主要措施。

①接缝防水密封垫

接缝防水措施过去一般是在管片之间的接触面上涂刷环氧树脂。由于这类材料对接缝变形的适应能力差,防水效果不理想,已普遍改用弹性密封橡胶条防水,并以黏结力强、延伸性好、耐久、能适应一定量变形的防水材料嵌缝。弹性密封防水条由天然橡胶、合成橡胶等制作,近年来又采用了防水性能好的遇水膨胀橡胶。膨胀橡胶止水胶条在完全拼装完成之前不能浸水。防水条在管片拼装前粘贴于接缝面的预留沟槽内,如图6.4-17、图6.4-18所示。

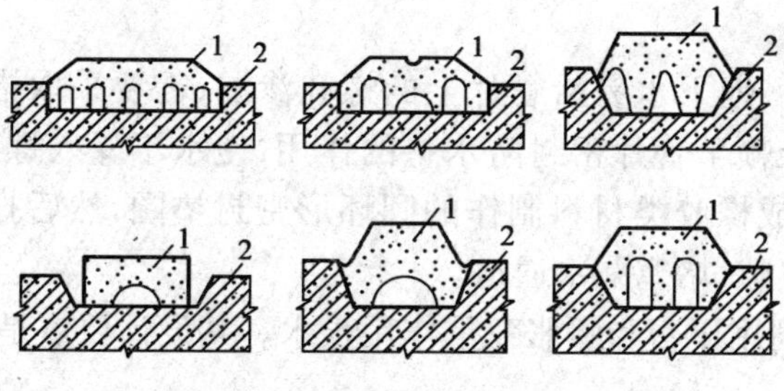

图6.4-17 硫化橡胶类弹性密封垫图

1-硫化橡胶类弹性密封垫;2-混凝土或钢筋混凝土衬砌

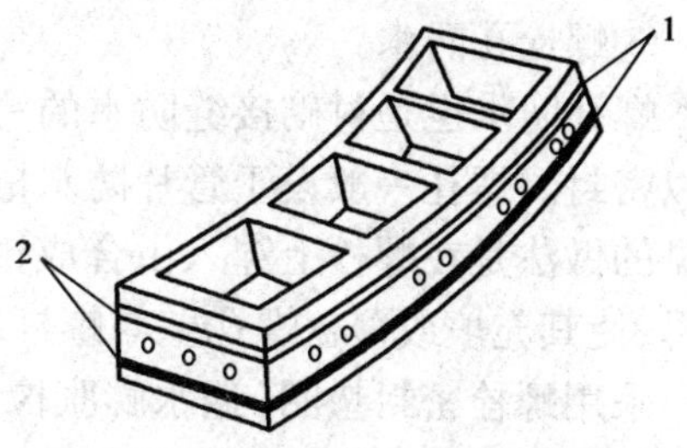

图6.4-18 衬砌管片防水构造示意图

1-环缝密封垫;2-纵缝密封垫

常用的管片防水密封垫包括：

a. 全断面浇涂环氧焦油砂浆。要求在施工现场配制，即在60～65℃温度下拌制，并在制作后12h内结束拼装。该砂浆3d的抗压强度为10～20MPa，最终可达30MPa，抗剪黏结强度为5MPa。

b. 焦油聚氨酯弹性体。这种密封垫与已成环管片接触面之间无黏结力，主要依靠压密防水。

c. 复合密封垫。单一材料的密封垫，压缩量受到限制，往往只有单面具有黏结力，主要依靠压密防水。所以在管片精度差、接缝变形大、水压较高的情况下易引起渗漏。

d. 齿槽形密封垫。在地面上将齿槽形氯丁橡胶密封垫粘贴到管片的防水槽内。当拼装时，在千斤顶顶力作用下，使其产生弹性变形填充管片的防水槽。这类密封垫有极高的弹性复原力，可完全充满防水槽发挥有效的防水作用。这种密封垫能承受0.2MPa的水压力，并允许接缝有一定的变形，在构造上也解决了管片角部的防水问题。

②嵌缝材料及施工

嵌缝材料是管片拼装完成之后，填嵌到管片内所设的嵌缝槽内的防水材料。它与密封垫配合使用，以增强接缝防水的效能。

嵌缝防水作业一般在管片拼装完成和变形已达到相对稳定时进行。管片内弧面边缘留有嵌缝槽，嵌缝材料在嵌缝槽内依靠填塞力和黏结力达到密封防水的作用。嵌缝材料可选用乳胶水泥、环氧树脂和焦油聚氨酯材料等。最近研制成功的遇水膨胀嵌缝膏是一种较好的嵌缝材料。

嵌缝材料应具备以下性能：

a. 材料与管片基面的黏结力要求大于衬砌外壁的静水压力。

b. 材质性能要保持长时间稳定，不随时间增长而发生变化。

c. 要求长期耐0.3MPa以上的水压力，且不产生蠕变。

d. 能适应施工条件，对干、湿基面同样具有良好的黏结能力。

e. 材料要富有弹性，能够适应隧道的变形，并不受隧道内空气的影响。

嵌缝材料施工中应注意以下几点：

a. 必须严格按产品说明书来使用。

b. 如在气压下施工隧道，则应在气压段内嵌缝，以提高填充力。

c. 嵌缝作业应在盾构千斤顶及盾构推进影响范围外的区域进行。

d. 在嵌缝施工前，必须清理嵌缝槽。

e. 在漏水部位施工时应先引流、封堵。

③螺栓孔防水

螺孔防水也是衬砌接缝防水的一项措施。地下水易沿管片上的螺孔渗漏，需要采取措施加以密封。螺孔一般设于管片防水槽内侧，依赖于管片密封防水垫的作用，使水不漏入螺孔。常见的做法是在螺栓上穿入由合成树脂或合成橡胶类材料制作的圆环形密封垫圈，然后拧紧螺母，使其充填或覆盖螺孔壁与螺杆之间的空隙，堵塞漏水通道。

采用螺栓密封垫圈（遇水膨胀橡胶类），利用压密和膨胀双重作用止水。其设计要点是：

a. 密封圈与沟槽外形应相匹配。

b. 要充分考虑密封圈在螺栓偏心位置下的抗水压密封性。

c. 密封圈断面尺寸应与螺栓尺寸相适应。

螺栓手孔防水还可采用混凝土填实保护法,或先刷涂有防锈蚀性的涂料,再外封微膨胀水泥,后加盖塑料罩的方法。该方法防腐蚀较简单、实用、有效。

④二次衬砌防水

二次衬砌的目的是解决管片的防水、防腐蚀和结构补强等问题。

单层预制钢筋混凝土管片衬砌接缝是防水薄弱环节,要达到管片接缝处的完全止水很困难。对于抗震及防水要求很高的隧道,加设二次现浇混凝土衬砌,形成所谓复合衬砌。为了止住从这些管片接缝处渗出的水,考虑把二次衬砌本身当做防水层,或在管片和二次衬砌之间设置内衬防水层的方法。

由于隧道内衬起主要的防水作用,因此对管片接缝防水材料的要求相应降低(只起临时止水作用)。

内衬防水层的几种制作方法如下:

a. 粘贴卷材防水层。将热沥青胶结料,用喷涂或辊涂的方法,涂敷在隧道内壁上,并立即粘贴沥青玻璃布油毡或聚异丁烯卷材或再生橡胶沥青油毡。

b. 喷涂或刷涂防水层。常用的材料有环氧沥青材料、环氧呋喃涂料、焦油聚氨酯涂料等。

c. 无论粘贴卷材还是喷刷防水涂料,都要求隧道内表面处于干燥状态时方可施工。对这一施工条件在隧道内较难实现,从而发展了在潮湿的内壁上喷涂聚合物水泥砂浆、可直接与潮湿面黏结的防水涂料。

d. 喷射混凝土防水层。内层衬砌当采用喷射混凝土时,可在混凝土拌和料中添加外掺剂,以提高其防水性能。

e. 钢筋混凝土内衬。全面现浇钢筋混凝土,以起到隧道防水与补强的功能。

(3)隧道的防水堵漏

对拼装完成的隧道,当发现有渗漏水量超过标准时,则应采取防水与堵漏措施。

①隧道防水堵漏的基本措施

管片接缝的渗漏水,主要表现为明显的滴漏。每个漏点每小时渗漏水量常在5~30mL,当大于30mL时,就呈现连续细流。针对这个特点,管片接缝防水堵漏主要是处理接缝的漏水。

防水堵漏的基本措施主要包括压注聚氨甲酸酯等防水材料封堵渗漏水点,再用膨胀水泥砂浆嵌缝。若缝槽过宽,应补充水膨胀腻子,表面加封氯丁胶乳水泥砂浆压缝,并做成“Ω”形。上部180°范围内手孔刷防锈漆,用快凝水泥密封,并套上塑料保护罩,隧道下半断面的手孔用掺有微膨胀剂的细石混凝土充填。

②管片的防水堵漏方法

管片可在两边密封槽之间,设计注浆堵漏的专用沟槽。若接缝出现渗漏,就可以从预留孔或螺栓孔注浆入槽,如图6.4-19所示。衬砌管片防水构造如图6.4-20所示。

灌浆堵漏施工方法包括:

a. 将裂缝两侧混凝土凿成槽并处理干净。

b. 布置灌浆孔。灌浆孔要布置在水源和纵横裂缝交叉处。

c. 封闭。用油毡做成凸形毡条沿缝通长设置,在外面封水泥砂浆形成封闭层。

d. 施作保护层。在封闭层外作环氧涂料或环氧玻璃布附加层,并在其上抹水泥砂浆保护层。

e. 压水试验。待水泥砂浆保护层有一定强度后,即可利用灌浆设备以颜色水进行压水试验。一般从下部的灌浆孔或接近水源的灌浆孔压入水。此时记下灌入时间和耗水量,以供配制浆液参考，并注意观察封闭层是否有漏水，如有漏水，在此部位作第二次封闭。

f. 灌浆。灌浆方法与压水相同。灌浆后关闭所用阀门，浆液固结后，拆除灌浆孔并用水泥砂浆封固。

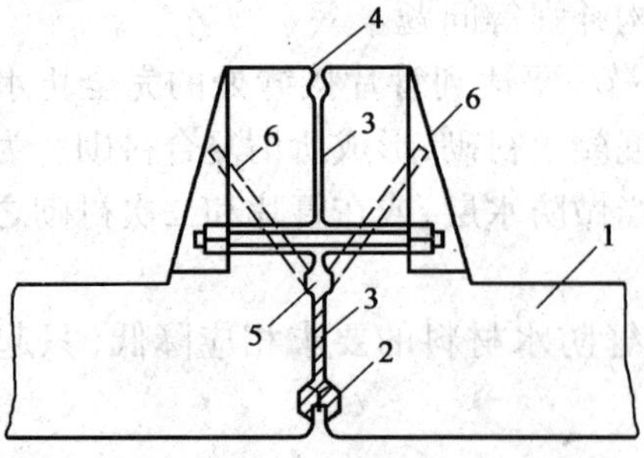


图 6.4-19　管片注浆沟槽示意图

1-钢筋混凝土管片；2-橡胶密封垫；3-承压垫板；4-嵌缝槽；5-预留注浆沟槽；6-预留注浆管

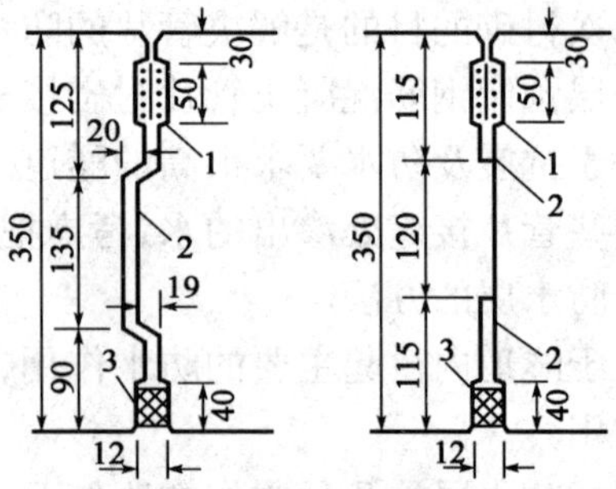


图 6.4-20　衬砌管片防水构造示意图(尺寸单位：mm)

1-可压缩的高弹性氯丁橡胶密封垫；2-可塑性涂料；3-嵌缝材料

## 七、盾构隧道掘进中的辅助施工法

在软弱地层，尤其是在饱和含水地层中采用盾构法施工时，常需要根据实际情况合理选择和实施必要的辅助工法。按适用范围可供采用的辅助施工方法分为三类：用于稳定开挖面的辅助施工方法，用于盾构进、出洞的辅助施工方法和遇有特殊状况时适用的辅助施工方法。

1）稳定开挖面的辅助施工方法

泥水加压盾构和土压平衡盾构自身有使开挖面保持稳定的功能，在高水压、超浅覆土、流沙地段常常出现开挖面塌陷，常需优化施工参数，向工作面压注优质泥浆等对策。采用开放型盾构、挤压网格盾构和半机械化盾构掘进隧道时，则更需采用气压法、降水法、化学注浆法或冰冻法等辅助施工方法，使开挖面保持稳定，防止涌水、涌沙和随之发生的土体塌落及地面沉降。

2）盾构进、出洞的辅助施工方法

一般采用高压旋喷法、深层搅拌法、化学注浆法或冰冻法等加固洞口周围的土体，或采用降水法提高进出洞段土体的强度，以免开启钢封门时发生涌水和土体倒塌，引起地表过量沉降和影响周围环境。

3）特殊情况下的辅助施工方法

盾构掘进穿越建筑物、街区、道路和地下市政管线，或遇到急曲线施工、双向盾构在地层中对接等情况时，需要采取以下几种辅助施工方法，以免影响周围环境。

(1)二次压浆法

这种方法是在盾尾同步注浆或及时注浆结束后，对衬砌环壁后进行补压浆，以充填第一次注浆后存在的空隙。其作用是加固周围地层，控制地表沉降。主要用于保护重要建筑物和地下管线。

(2)基础托换

盾构穿越建(构)筑物或遇到基础桩时，需切断桩体，并在周围打入托换桩基承受转嫁的荷载。

(3)承压板法

盾构穿越建(构)筑物前，先在构筑物下浇筑一层刚度较大的钢筋混凝土底板，在板上设置油压千斤顶支承构筑物。盾构通过时需要经常监测建(构)筑物发生的沉降，及时调整千斤顶高度。这类方法成本高、工期长,一般仅在遇到大型建(构)筑物并对沉降控制有较高要求时采用。

(4)地层加固

地层加固有化学注浆法、高压旋喷法和冻结法。一般在需要保护的建(构)筑物近旁作业,或用于加固盾构隧道急曲线施工段和盾构对接施工区周围的地层。

(5)管棚法

管棚法是在开挖断面上沿周边顶入钢管并对地层注浆,靠形成管棚防止地层塌落的一类施工技术。用于保障施工安全和减少建(构)筑物沉降。该施工方法难度较大,一般仅在施工条件受到限制时采用。

## 第五节　沉管法隧道施工

一般沉管隧道的施工程序见图6.5-1。由图可见管节制作与基槽开挖和临时支座及地垄设置可平行作业,管节浮运与管节沉放、水下对接、基础处理、回填等可平行、交叉作业,两岸洞口建筑、道路工程及洞内外机电设备安装及设施施工可平行作业。

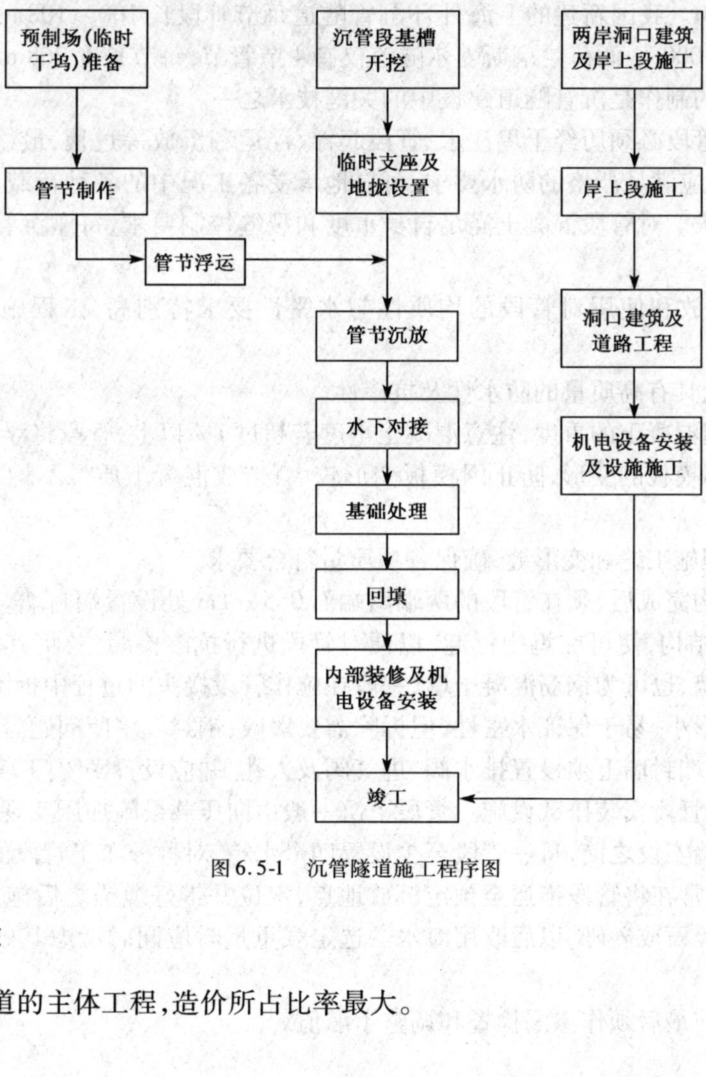


图6.5-1　沉管隧道施工程序图

### 一、管段制作

管段作为隧道的主体工程,造价所占比率最大。

对管段施工的基本要求是自身不漏水，即使承受最大水压时也不渗漏；管段本身材质均匀、质量对称、结构牢固，以免浮运时倾倒。

管段有钢壳型和钢筋混凝土型两种，构造各异，制造工艺和工序有很大的差别。

1）钢壳管段

钢壳管段的制作工序主要包括：

（1）建造钢壳制作场，一般利用船厂的设备。

（2）制作钢壳。

（3）拖运至驳装栈桥，并且固定。

（4）浇筑内部混凝土。

（5）安装顶板止水板并注入砂浆。

钢壳制作完成后，还需进行尺寸、材料、焊缝等项目的检查，以及进行漏水、漏气检查。

2）钢筋混凝土沉管管段

混凝土箱形管段结构通常在干船坞内制作，干船坞多为专门预先建造。有时也简单地将具有斜坡的围堰作为隧道管段的制作现场。随着沉管隧道的发展，每节沉管管段的长度越来越长，车道数越来越多。目前世界各国每节沉管隧道管段的长度一般为100～130m，质量一般为30 000～40 000t。我国新建的上海外环沉管隧道每节管段长100～108m，横截面为43m×9.55m，质量为45 000t。而荷兰京斯麦尔隧道仅有4节管节，每节长度268m，重达50 000t。可见大型沉管管段的制作是沉管隧道建设中的关键技术之一。

预制混凝土管段必须历经干坞注水、管段起浮、浮运和沉放等过程，最终沉埋于江底基槽中，所以管段结构应满足严格的防水要求、可靠地承受各工况中的各种荷载、并能平稳起浮和不倾斜等多项要求。对管段混凝土满足自身重度和裂缝控制要求，每座沉管隧道都必须制定相应的技术措施。

鉴于浮运、沉放和使用对管段的均质性与水密性要求特别高，工程施工中应注意以下几点：

（1）使混凝土具有高质量的防水性及抗渗性。

（2）严格控制混凝土的重度，注意混凝土重度若超过1%以上，管段将浮不起来。

（3）严格控制模板的变形，防止因模板变形较大，造成混凝土质量不均匀，管段在浮运中发生倾斜。

（4）慎重处理施工缝和变形缝，确保各项质量符合要求。

管段主体结构完成后，须在管段的两端离端面0.5～1m处设置端封墙。端封墙用于使沉管管段成为封闭结构，使可在坞中浮起，以便对管段进行抗渗检漏，及将其浮运到预定地点。端封墙多为钢板墙，也可为钢筋混凝土墙，一般在施作管段接头的过程中拆除。钢筋混凝土端封墙的优点是变形小，易于保证水密性，但拆除需要爆破；钢封墙密闭问题容易解决，拆除也不难，但用钢量大。端封墙上须设置排水阀、进气阀及人孔，并应设置密闭门等设施。

此外，还需对管段安装压载设施。管段下沉一般由向压载设施加压实现，压载设施一般采用水箱。在端封墙安设之前，每一管段至少设置四个水箱，对称分布于管段的四角位置。压载习称管段压舱，通常在将管段拖运至预定沉放地点，定位并带好缆锚之后施加，用于使其缓缓下沉。早年多用碎石或砂砾，以后改用海水。选定载重量时应同时考虑基础处理工序所需压重的大小。

管段在出坞前最后须作渗漏检查和调整干舷值。

管段制作的难点主要在于：

(1)管段制作精度高

主要体现在对管段总质量、总体积、干舷高度、沉放对接精度的要求上。比如，我国上海外环线沉管隧道施工中要求管段长度误差不超过3cm，管段横截面尺寸误差不超过1cm，断面平整度要求小于3mm，比较严格。

(2)管段防水要求高

主要体现在管段结构不允许出现贯穿裂缝，并尽量避免和控制表面裂缝。特别是目前沉管管段防水设计的趋势是以结构本体防水为主，在管段外侧均不再采用外部防水措施。上海外环沉管隧道施工中要求管段表面裂缝小于0.2mm，混凝土抗渗等级为S8，故在管段预制过程中，采用了多种控制混凝土裂缝的技术措施。主要有：降低混凝土水化热温升；降低混凝土出机及入模温度；采用施加纵向预应力，提高混凝土的抗拉能力；减少干坞基础对管段底板的约束作用；减少管段底板对侧墙的约束作用；冷却管工艺；管段分节浇筑；加强混凝土养护等。国外也有采用钢纤维或化学纤维混凝土提高其抗渗能力的做法，例如采用Dura纤维(美国Hill兄弟化工公司生产的高强聚丙烯单丝或网状纤维)，可以极为有效地控制管节混凝土发生塑性收缩及离析裂缝，大大改善钢筋混凝土管段的抗渗能力。

管段制作的流程一般是将一根管段分为若干节(如20m一节)，分节浇筑。每节浇筑时，先浇筑底板，其次是内隔墙，最后是侧墙和顶板。

国际上钢筋混凝土管节的预制，已由在传统干坞中预制发展到工厂化流水线生产。例如当今世界上最长的沉管隧道，连接丹麦Copenhagen和瑞典Malmo之间的Dragden海峡沉管隧道，1995年7月动工修建，2000年6月建成通车。沉管管段长3.5km，由20节钢筋混凝土管段组成，单管段尺寸为175m×42m×11m。预制场频临海边，东西向设置(东面临海)，西端设预制车间，内有两条平行的浇筑管段生产作业线。每一独立的管段分8节长22.5m的阶段浇筑，每一节段直接紧接着前一节段灌注。两个完整的单元并排地制作，而且作为成对的多节段逐渐地在工厂中完成。靠近哥本哈根的隧道管段预制场俯视图见图6.5-2。

图6.5-2　靠近哥本哈根的隧道管段预制场

## 二、管段浮运、沉放与水下对接

沉管隧道施工中，在干坞内预制的混凝土管段必须历经干坞注水、管段起浮、浮运和沉放以及通过水下对接和回填压重覆盖使其就位等过程，最终形成沉埋于江底基槽中的公路隧道。其中管段浮运、沉放与水下对接和基础处理技术常是技术关键，本节主要对管段浮运、沉放与水下对接技术进行简要介绍。

管段浮运是将在干坞中制作的沉管管段通过水路拖运至沉放地点的工序。管段起浮前应先在干坞中进行管段检漏。为保证浮运过程中管段稳定,要求管段有一定的干舷。干舷是指管段浮运时,管段顶部露出水面的部分。用于在管段遇风浪发生侧倾后,自动产生扶正力矩,使管段恢复至平衡位置。矩形断面管段的干舷通常高10~20cm,八角形、花篮形断面管段则为40~50cm。不能满足要求时,可借助浮筒等设施帮助浮运。

管段沉放是沉管隧道施工中用于使管段下沉就位的工序。按工艺特点可分为吊沉法和拉沉法。沉放管段着地前通常先搁置在鼻式托座或管段端头支托上,以利管段顺利就位。

水下对接是沉管管段下沉到位后,将其与先期沉设的管段在水下接合的工序。连接方法有水下混凝土连接法和水力压接法两种。前者为早期采用的方法,类属水下浇筑混凝土施工法,有潜水工作量大,工艺复杂且不易保证质量等缺点,20世纪50年代末起已被水力压接法替代。

1)干舷高度的确定

干舷高度是指在浮运过程中,管段露出水面的部分的高度(图6.5-3)。

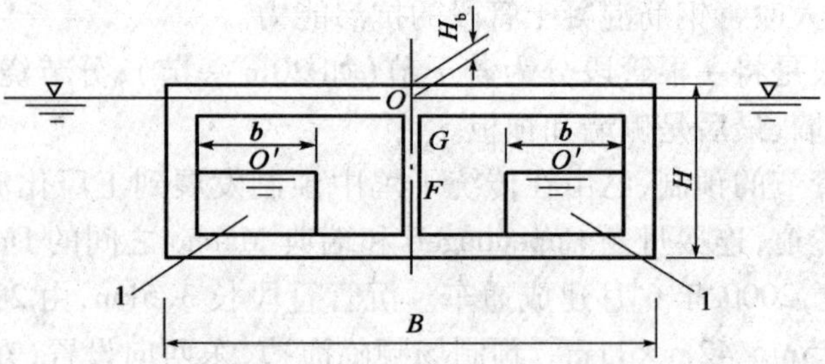


图6.5-3 管段浮运状态相对位置图

*G*-管段重心;*F*-管段浮心,即管段排水体积的重心;*B*-管段外包宽度(m);*b*-压舱水箱的宽度(m);*H*-管段外包高度(m);$H_b$-干舷高度(m);1-压舱水箱内的压舱水

浮运过程中管段因遇到风浪发生侧倾时,作用在干舷上的侧向水压力可自动产生反向力矩,从而帮助管段保持平衡。

在综合考虑管段外形尺寸、混凝土重度、结构含钢量、水体重度、施工荷载和制作误差等因素的情况下,矩形断面管段完成拼装后的干舷高度宜控制在100~200mm,其值可近似按式(6.5-1)计算:

$$H_b = H - \frac{W_s + W_a}{BL\gamma_w} \tag{6.5-1}$$

式中:$W_s$——管段自重(kN);

$W_a$——舾装质量(kN);

$L$——管段端封墙之间的外包长度(m);

$\gamma_w$——水体重度(kN/m$^3$);

其余符号含义见图6.5-3。

2)管段定倾高度的计算

人们常将浮体倾斜时,浮力作用线与原有重心、浮心连线的交点称为定倾中心,而将定倾中心与管段重心之间的距离称为定倾高度。定倾中心位于管段重心之上时,定倾高度为正,反之定倾高度为负。

为确保管段在系泊、浮运过程中能保持稳定，管段在漂浮状态下的定倾高度不宜小于 +300mm。

在施工过程中管段如因受到侧向牵引、锚拉、横向水流或风压作用而发生较大倾角时，必须按船舶工程的计算方法对管段进行稳定性分析；而在通常情况下，横向摆动倾角小于 10° 时，定倾高度可采用下面列出的方法进行计算。

（1）管段内有压舱水时的计算方法

在浮运阶段，管段内有压舱水时，定倾高度的计算式为：

$$\overline{MG}=\frac{J-\sum J_w}{V}-\overline{GF} \tag{6.5-2}$$

式中：$\overline{MG}$——定倾高度（m）；

$J$——管段沿水位线包围的平面绕 $O$ 轴［沿管段纵向（长度方向）的中心轴］的惯性矩（$m^4$）；

$\sum J_w$——管段各部分压舱水的液面对各自 $O'$轴［沿管段纵向（长度方向）的中心轴］的惯性矩之和（$m^4$）；

$V$——管段排水体积（$m^3$）；

$\overline{GF}$——管段浮心与管段重心之间的距离（m），管段重心位于浮心之上为正。

（2）管段内无压舱水时的计算方法

在浮运阶段，矩形断面管段内无压舱水时，定倾高度可按以下简化公式计算：

$$\overline{MG}=\frac{B^2}{12(H-H_b)}-\overline{GF} \tag{6.5-3}$$

式中符号含义与式（6.5-1）、式（6.5-2）相同。

（3）沉放阶段定倾高度的计算

在沉放阶段，矩形断面管段内部有压舱水时（压舱水箱对称布置），用于计算定倾高度的简化公式为：

$$\overline{MG}=\frac{LB^3-2L'b^3}{12B(H-H_b)L}-\overline{GF} \tag{6.5-4}$$

式中：$L'$——压舱水箱沿管段纵向的总长度（m）；

$b$——压舱水箱的宽度，其余符号含义与式（6.5-1）、式（6.5-2）相同。

3）管段抗浮验算

在施工和使用阶段，管段应按下列公式进行抗浮验算：

$$F_f\leqslant\frac{W_s}{\gamma_s}+\frac{W_a}{\gamma_f} \tag{6.5-5}$$

$$F_f=\gamma_b\gamma_w V \tag{6.5-6}$$

式中：$F_f$——浮力设计值（kN/m）；

$\gamma_b$——浮力作用分项系数，取 $\gamma_b=1.0$；

$\gamma_w$——水的重度（$kN/m^3$），可按 $\gamma_w=10kN/m^3$ 采用；

$V$——管段排开水的体积（$m^3/m$）；

$W_s$——管段自重标准值（kN/m）；

$\gamma_s$——自重抗浮分项系数，各阶段取值为：①沉放、对接阶段 $\gamma_s = 1.02$；②基础处理阶段 $\gamma_s = 1.04$；③压舱混凝土施工完成后 $\gamma_s = 1.10$；④回填覆盖完成后 $\gamma_s = 1.20$；

$W_a$——舾装、压舱及上覆土等有效压重标准值（kN/m）；

$\gamma_f$——有效压重抗浮分项系数，各阶段取值为：①沉放、对接阶段 $\gamma_f = 1.02$；②基础处理阶段 $\gamma_f = 1.04$；③压舱混凝土施工完成后 $\gamma_f = 1.10$；④回填覆盖完成后 $\gamma_f = 1.20$。

4）管段浮运技术

沉管隧道施工中，在干坞内完成混凝土管段的预制作业后，需先对其安装用于浮运、沉放及水下对接施工的全部附属设备及设施，然后向干坞内灌水，使混凝土管段在坞内起浮。坞内外水位达到平衡状态后，即可进行抗渗漏检验和开始浮运管段。

管段浮运作业开始前的准备工作主要包括选择浮运线路、制定浮运方案、安排浮运时间和确定浮运方法等。

开始浮运时先打开坞门（或破除坞堤），接着使管段出坞，然后将管段浮运至工程建设的施工地点，准备进入沉放定位工序。管段浮运一般采用拖轮拖运，条件许可时也可在岸上用绞车牵引浮运。一般来说，当浮运距离较长、水面较宽时，宜采用拖轮拖运；但当航运可利用空间较狭小时，需要由准确、快速运转的航行管理系统提供管段在可利用空间中的位置信息，以便实时纠正管段的位置。因为管段巨大的体积和质量会对任何校正措施造成严重的影响，所以必须慎重考虑拖轮的种类、数量、能力，及其合理的布置方式。

浮运沉管隧道管段时，应注意以下条件：

①在现场特定条件下隧道管段的特性。

②在航行水道中可以利用的空间。

③拖船的种类和能力。

④定位系统和将有关信息提交给作业指挥者的方式。

⑤可能遇到的其他情况。

浮运方式受航道条件、浮运距离、水文和气象条件等多种因素制约，主要方式有拖轮浮运和绞车拖航与拖轮顶推相结合的方式两种。

（1）拖轮浮运

采用拖轮浮运方式运输时，拖轮的布置形式有四船拖运和三船拖运管段两种。

①四船拖运管段

四船拖运管段可有两种方案。一种是将两艘拖轮并排排列在管段的前方领拖，另两艘拖轮并排排列在管段的后方反拖，并在必要时帮助实现制动转向［图6.5-4a)］；另一种形式是由前方一艘主拖轮领航，管段两边各有一艘拖轮帮助，后面一艘拖轮进行反拖，并制动管段转向，如图6.5-4b)所示。

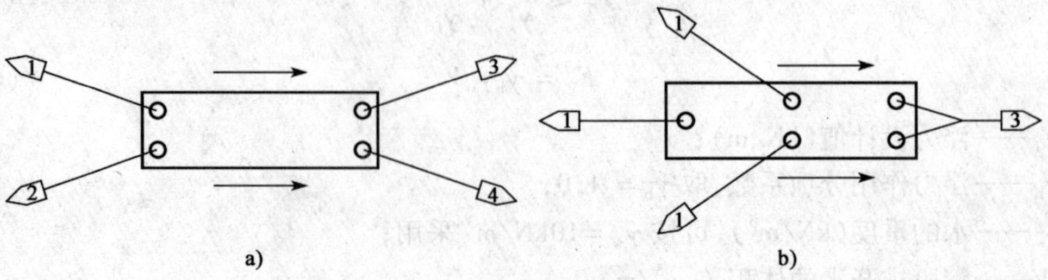


图6.5-4　四船拖运

②三船拖运管段

三船拖运管段也可有两种方案。一种是由两艘拖轮在前方牵引,另一艘拖轮在后反拖并制动转向,如图 6.5-5a)所示;另一种形式是用一艘主拖轮在前方拖拉管段,两艘动力较小的拖轮系靠在管段后方两侧控制导向[图 6.5-5b)]。

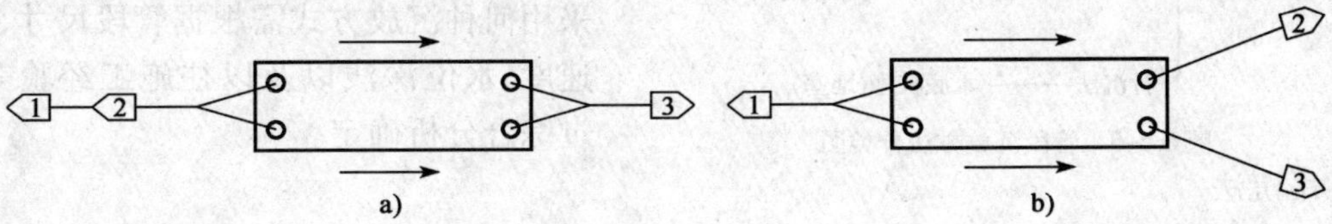


图 6.5-5　三船拖运

(2)岸上绞车拖运和拖轮顶推浮运

水面较窄时,可在岸上设置绞车拖运管段。例如浙江宁波的甬江水底沉管隧道,预制管段浮运过江时,根据江面窄、水流急并受潮汐影响的特点,采用了绞车拖运"骑吊组合体"将其浮运过江。又如广州黄沙至芳村的水下沉管隧道,由于干坞设在芳村岸上段,且江面宽度只有400m 左右,管段浮运距离很短,故管段浮运方案采用了绞车拖航与拖轮顶推相结合的方式。即在沉放管段接头位置的前方,先抛锚布置一艘方驳,在方驳上安置一台液压绞车作为管段出坞及浮运的主拖力,同时在干坞岸上设置两台液压绞车作为管段的制动力。浮运时三艘拖轮顶潮协助浮运,一艘拖轮在上游备用。施工实践证明这种方法方便可行,且施工中淤泥不会卷入已经开挖好的基槽。

大型管段在水中虽然质量较轻,但由于管段质量大,惯性力和水阻力也很大,因此在浮运时,通常要用很大的拖曳力才能使静止的管段起动或运动的管段停下。在拖航时,主拖轮与侧拖轮协同一起实现拖航,在管段后部并由制动拖轮协同曳缆。日本东京港沉管隧道管段浮运距离约 4km,浮运作业时间一天,包括拖、曳缆系缆的时间,实际浮运时间为两小时。根据上述要求确定浮运最大速度、拖曳力和拖轮马力,确定主拖轮 300hp(1hp = 745.7W)、最大拖力 400kN。考虑到浮运过程中拖力作用方向变化,对每个拖点都按承受400kN 设计。

拖轮的能力和数量取决于隧道管段在河流中、运河中或海洋中受到的阻力及航运条件(航道形状、水深、流速等)。其中管段受到的流体阻力与管段在浮运过程中的水动力特征相关,需要通过对管段进行浮运水力模型试验确定;管段拖曳力的确定,则需进行理论分析估算,并结合模型试验结果分析。

5)管段沉放技术

管段沉放是沉管隧道施工中技术难度最大的工序。由于是难度较大的水下施工,需要缩短作业时间,所以它不仅受到气候、河流等自然条件的直接影响,而且还受到航道、设备条件的制约。与此同时,沉放方法的选定与管段结构的计算、在施工状态下的受力情况、着力点的布置、干舷及抗浮系数等都有着密切的关系。

(1)管段沉放的方法

沉管隧道的管段沉放方法可分为吊沉法和拉沉法两类。吊沉法是采用方驳、浮吊或浮筒、浮箱提吊管段后使其逐渐下沉的管段沉放方法,按工艺特点可分为分吊法、扛吊法和骑吊法;拉沉法是将事先在基漕底面设置的水下桩墩作为地垄,依靠架设在管段顶面上的卷扬机和扣在地垄上的钢索,将管段缓缓地拉向水底的管段沉放方法。

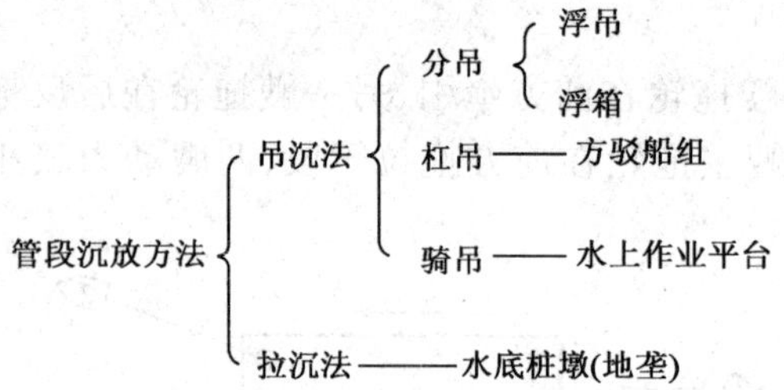


图 6.5-6　管段沉放方法分类图

管段沉放方法的分类如图 6.5-6 所示。

管段沉放的目标是需满足隧道设计对不同位置的管段提出的定位精度要求，采用何种沉放方式需根据管段尺寸、水流速度、水位深浅以及以往施工经验等，经过综合分析确定。

①吊沉法

a. 分吊法

分吊法是采用 2～4 艘起重船或浮箱，各自提吊管段吊点后使管段逐渐下沉的吊沉法。采用起重船提吊管段吊点时称浮吊法，采用浮箱提吊管段吊点时称浮箱吊沉法。

早年采用 4 艘起重船分吊一节管段，20 世纪 70 年代大型起重船发展后改为只需 2 艘。20 世纪 60 年代荷兰的柯恩和培纳勒克斯隧道首次以大型浮筒代替起重船分吊管段，此后不久比利时也相继采用。采用浮箱（或大型浮筒）沉放管段的主要特点是设备简单，并适用于沉放宽度特大的管段。

b. 浮吊法

制作管段时，需预先埋设 3～4 个吊点。采用分吊法沉放时，一般用 2～4 艘 100～200t 的浮吊（即起重船），分别与管段上的吊点连接起来，然后通过卷扬机使管段下沉，逐个将管段沉放到规定位置。

浮吊法适用于规模较小的管段。最初的沉管隧道的管段为钢壳管段，规模较小，多采用这种方式沉放。

c. 浮箱吊沉法

浮箱吊沉法是采用四只浮箱代替浮吊（即起重船）的分吊法。主要设备为四只 100～150t 的方形浮箱，分前后两组，分别直接与管段上的吊钩相连。浮箱很大，边长约 10m 左右，深约 4m。随着技术的发展，现在已由前后两只浮箱或改装的驳船代替、，并完全省掉了浮箱上的锚索，使水上作业大为简化。

浮箱吊沉法于 20 世纪 60 年代在荷兰建造柯恩隧道和陪纳勒克斯隧道时首创，迄今已是使用历史较长和使用频率较高的一种沉放方法。由于这种沉放方法设备简单、投资较省，适用于宽度较大的大型管段，并便于现场控制，所以大量用于各类不同尺度的管段的沉放。其缺陷，是不适用于沉放环境较恶劣的水域。浮箱吊沉法的示意图见图 6.5-7。

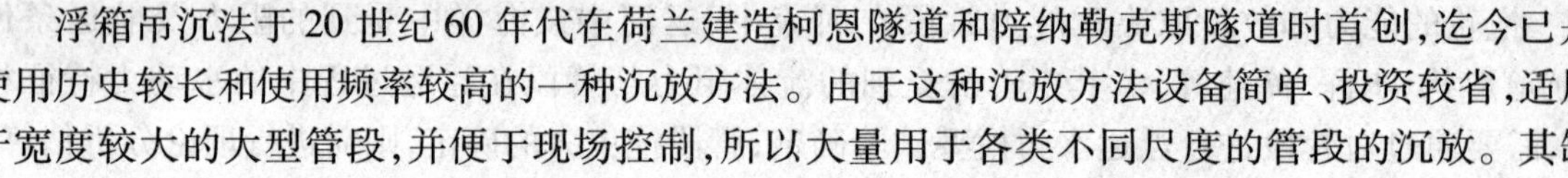


图 6.5-7　浮箱吊沉法示意图

d. 杠吊法

杠吊法亦称方驳杠吊法，因采用方驳作为提吊沉管管段的“扛棒”的组成部分而得名。可分为四驳杠吊法和双驳杠吊法两种，美国和日本的沉管隧道惯用的施工方法。

四驳杠吊法采用4艘100～200t的小型方驳组成“2付扛棒”提吊沉管管段。扛棒一般为型钢梁或钢板梁，在左右两艘方驳之间架设，组成“杠棒”承受吊索的吊力。前后两组方驳之间以钢桁架联系，用以构成整体式船组体系。驳船组及管段分别用6根锚索定位。

双驳杠吊法亦称双壳体船法，示意图见图6.5-8。特点是仅采用两艘船体尺度较大的方驳船，船组稳定性优于由4只小方驳船组成的船组。

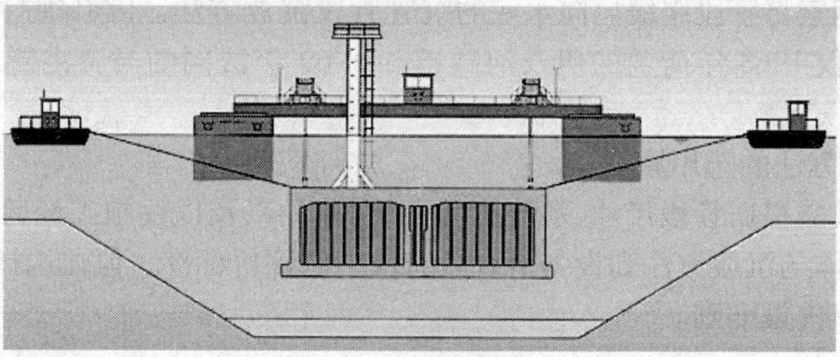

图6.5-8 双驳杠吊法

双驳杠吊法是近代大型管段沉放常用的方法。两艘驳船不仅在构造上通过设置各种不同的连接桥对称布置，而且在功能上也能对称发挥，以便在沉放过程中对管段在纵横两个方向上的位置同时进行调整。1995年日本的多摩川隧道（单管尺度128.6m×10.0m×39.7m，横截面积为目前世界之最）即采用这种沉放方法施工。该法的缺点在于当遇到较恶劣的施工环境（主要是风、浪、流）时，需要依靠锚泊设备对驳船定位，由此造成一定的航道堵塞。另一方面，驳船和管段在施工水域浪、流的共同作用下，可能出现不易控制的耦合运动。

e. 骑吊法

骑吊法（SEP吊沉法）是借助在水底隧道上方设置的水上作业平台，提吊沉管管段后使其逐渐沉设的吊沉法。其主要设备是水上作业平台（Self-Elevating Platform）。该作业平台原是海洋钻探和石油开采的专用设备，其实际结构常为由矩形钢浮箱组成的自升式作业平台。就位时注水入箱，使其在自重作用下下沉，同时4条钢腿插入水底地层；移位时由排出箱内储水使其上浮，将四条钢腿拔出；沉放时将水上作业平台“骑”在管段上方，管段被慢慢的吊放到位（图6.5-9）。

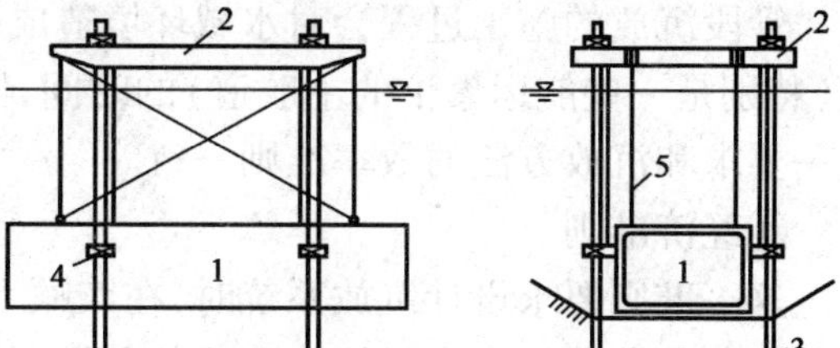


图6.5-9 骑吊法示意图

1-管段；2-作业台；3-钢腿；4-钢腿加固器；5-吊索

该法的优点为有良好的定位精度；可在流速大、风浪大的海面上作业，对不良施工环境适应性强；整个沉放系统不需抛锚，因而不需要占据大量水域空间的锚泊装备，作业对航道干扰较小。因此多用于穿越水上交通繁忙的港湾、河道的沉管隧道的施工。在宽阔的海湾地带沉放管段时，因海浪袭击而锚索难以固定时，可采用这一方法施工；内河水流速过大时，也需要用这种方法施工。其缺点是平台自身设备加工费大，而且平台自身的尺度也使其适用范围受到局限。所以该法多用于管段宽度不大的沉管隧道的建设。

工程案例不多,1969 年在阿根廷普拉那隧道中用过,近期建设的香港港湾公交隧道[单管尺度为 100m×6.6m×13.1m(宽)]和日本东京港大场隧道[96.6m×8.05m×12.68~17.53m(宽)]则都属于小宽度沉管隧道。

②拉沉法

拉沉法是将事先在基漕底面设置的水下桩墩作为地笼,依靠架设在管段顶面上的卷扬机和扣在地笼上的钢索将管段缓缓拉向水底的沉管管段沉放方法。因必须打设水底桩墩,费用较大。应用甚少,仅 1968 年荷兰的伊及河隧道和 1969 年法国的马赛港隧道用过,现已较少采用。

(2)管段沉放方法的选用原则

管段沉放方式需根据管段尺寸、水流速度、水位深浅以及以往施工经验等,经过综合分析确定,对每一个具体的沉放方法和设备组合没有统一的评价标准。但在选择管段沉放方法时,应该考虑以下几个决策准则。

①安全准则

历史资料表明隧道管段水上施工的成功率极高,但为使几万吨重的大型管段在负浮力下沉过程中完全受到控制,其施工可靠性要求应相当高。而要保证施工安全,必须充分考虑管段沉放施工的环境特征:水流速度、波浪大小、潮流周期以及可能出现的突发事件对管段沉放的影响等。沉放方法及设备必须对管段沉放的控制留有足够的控制能力余量,以保证即使管段姿态发生危险的改变,仍能使管段回复常态,继续沉放作业。

②效率准则

施工效率是评价沉放作业是否成功的必要指标。由于管段水上作业受到周期潮流的影响,因此沉放作业必须在有限的时间段内完成。尤其是大型管段尺度大,受水流作用后,纠偏缆绳需承受很大的作用力。因此,锚泊缆绳系统的布置和控制成为沉放设备布置的关键,而提高效率则更有利于安全。

③环境影响最小准则

管段沉放的施工过程会对水域环境造成影响。提高施工效率,减少管段沉放系统占据水域(特别是一些航运繁忙的主航道)的时间,则是减少管段沉放对水域环境造成影响的关键。这一要求和沉放方法的效率准则一致。

④经济准则

这一准则要求设计沉放系统时,在兼顾上述三项原则的同时,充分考虑和沉放方法配套的沉放设备的花费。在满足施工要求的前提下,最经济的决策应是最优的决策。

虽然上述各项设计准则没有可供参考的具体量化指标,但在每一次工程实践中,人们都会根据现实的施工能力和设备条件选择经济最佳的沉放方案。

表 6.5-1 列出的是国内外沉管隧道建设史上施工环境和隧道尺度具有代表性的一些隧道的沉放情况,可供参考。

6)管段的水下连接与沉管隧道的防水技术

(1)管段水下连接的类型

本节主要介绍沉管隧道相邻管段之间的连接结构,简称管段接头。接头设计和处理技术是沉管隧道的关键技术之一,管段接头应能承受温度变化、地震力及其他因素的作用,并保证具有良好的水密性。

**国内外有代表性的沉管隧道沉放情况表** 表6.5-1

| 编号 | 隧道名称 | 完工年份 | 国家 | 沉放方法 | 特点 |
|---|---|---|---|---|---|
| 1 | 底特律河隧道 | 1910 | 美国 | 浮筒控制沉放法 | 世界上第一条规范意义上的沉管隧道 |
| 2 | 利尔杰霍尔姆斯维肯隧道 | 1964 | 瑞典 | 起重船吊放,加压载水 | 隧道施工水域水深最大的沉管隧道,水深达50m |
| 3 | Bay Area Rapid Transit | 1970 | 美国 | 主辅双驳船自抬式沉放 | 世界上使用中最长的沉管隧道,全长5 825m,由58节管段组成 |
| 4 | 东63号街隧道 | 1973 | 美国 | 双驳船悬吊沉放法 | 隧道施工水域流速最大的隧道,流速最大达2.7m/s |
| 5 | 海姆斯普尔隧道 | 1980 | 荷兰 | 驳船沉放 | 单管长度最大的隧道(268m) |
| 6 | 大场隧道 | 1980 | 日本 | 顶升柱腿平台沉放法 | — |
| 7 | 亚珀尔隧道 | 1982 | 比利时 | 混凝土管段传统沉放法 | 管段单元最宽(53.1m) |
| 8 | 古尔堡海峡隧道 | 1988 | 丹麦 | 计算机控制压载水沉放 | — |
| 9 | 多摩川公路隧道 | 1993 | 日本 | 双驳船吊沉法 | 目前已建成隧道单管横截面积最大 |
| 10 | 广州珠江隧道 | 1993 | 中国 | 单起重船沉放法 | 中国内地首建的沉管隧道 |
| 11 | 宁波常洪隧道 | 2000 | 中国 | 双浮箱吊沉法 | — |
| 12 | 上海外环线隧道 | 2003 | 中国 | 双浮箱吊沉法 | 单管宽达43m |

管段接头按部位可分为中间接头和终端接头,按构造又可分为刚性沉管接头、柔性沉管接头和先柔后刚式沉管接头。位于隧道岸边段与陆地构筑物连接处的接头为终端接头,余均为中间接头。早期建造的沉管隧道都为刚性沉管接头,20世纪50年代末水力压接法问世以来相继采用柔性沉管接头,并进而发展为采用先柔后刚式沉管接头。

刚度较大,相邻管段间不允许发生相对位移的沉管管段接头为刚性沉管接头。这类接头结构通常是在水下连接完成后施作的钢筋混凝土封闭环,具有与由其连接的管段相似的断面刚度和强度。需立模浇筑,工序较繁复,且水下工作量大,质量不易控制,水密性不可靠,隧道通车后常因发生不均匀沉降而导致接头结构开裂渗漏。水力压接法问世以来,已逐渐被先柔后刚式沉管接头取代。

允许相邻管段发生微量相对位移的沉管管段接头为柔性沉管接头。通常采用水力压接法施作,管段沉放就位后先借助拉压千斤顶使待接管段相碰合,胶垫止水带紧贴对方管段的端头,然后抽去沉管管段端封墙之间的空气,使其形成真空,胶垫止水带可在待接管段后端的强大水压力的作用下进一步紧贴在被接管段的端部。接着可在管段内部打开端封墙,进行第二道止水带的安装和其他必要的操作。侧向水压力可使高16cm的胶垫缩短约5cm,从而允许接头在三个主轴方向上有一定的相对位移,使可吸收由地基不均匀沉降或地震引起的管段相对变形。性能优于刚性接头,并有工艺简单,设备单一和潜水作业量少等优点。

采用水力压接法使待接管段的端部相互顶紧后再施作刚性接头结构的沉管管段接头为先柔后刚式沉管接头。与刚性沉管接头的区别是，在水力压接时形成的胶垫止水带可有效地防止接头渗漏；与柔性沉管接头相比则刚度较大，且钢筋混凝土在沉降基本结束之后浇筑，易于保持稳定。

接头的位置、间距和形式应按土壤条件、基础形式、抗震要求以及可加工性确定，同时还应考虑接头的强度、变形特性、防水、材料以及细部构造的影响。

沉管隧道的接头结构多采用同一种形式，但也可采用不同的形式。

(2)管段接头的构成及工序

管段之间的刚性接头一般由在两层钢板之间充填混凝土形成。

构成柔性接头的构件有以下几种：

①GINA 橡胶止水带

一种既能防水，又能承受轴向拉伸及压缩作用的，采用橡胶制作的止水带。功用类似弹簧，如图 6.5-10 所示。

②二次防水橡胶

即图 6.5-10 中的 Ω 形橡胶止水带。一般用安全可靠的防水橡胶制作，用于进一步提高接头结构的防水性。

③水平和垂直抗剪键

水平和垂直抗剪键是一种夹入衔接的缓冲橡胶，可起到类似弹簧的作用，用于防止管段在水平及垂直方向相互错位。水平剪切键通常设在管段底板处，垂直剪切键在中隔墙处。

④接头连接钢缆或 W 形钢板

与 GINA 橡胶止水带一起形成组合弹簧系统的接头连接构件，用以阻止接头部位的开口发生位移。

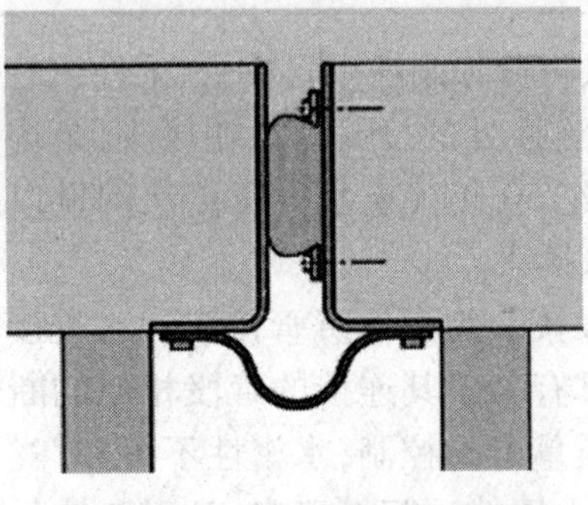

图 6.5-10　GINA 止水带与 Ω 形橡胶止水带图

⑤GINA 橡胶止水带闭锁装置

一种钢制闭锁装置，用于将 GINA 止水带的压缩位移量控制在容许范围内。

⑥端部钢壳

在管段端部设置的钢壳，如图 6.5-10 所示。端部钢壳既是管段的组成部分，又是安装、补强 GINA 止水带和使端面平坦的构件。

GINA 橡胶止水带一般在管段制作后期、坞内灌水前安装。安装前必须保证管段端部钢壳表面的不平整度小于 3mm，每米表面的不平整度小于 1mm，垂直和水平误差不超过 3mm。Ω 形橡胶止水带的安装通常在管段沉放后、管段接头处两道端封墙拆除前完成。Ω 形橡胶止水带安装完成后即连接接头钢拉索，并旋紧连接套筒使拉索预紧。之后对钢拉索进行外裹橡胶伸缩管和热缩管、内注油脂的防腐防锈处理，并在外侧设置厚 1.5cm 的防火板，以达到耐火温度 1 200℃，耐火持续时间达 1h 的防火要求。

最后进行管段底板处水平剪切键的制作。中隔墙处垂直剪切键的施工须待管段稳定后进行。

(3)最终接头的构造与工序

①最终接头构造的类型

最终接头的构造可按其所在位置分为两类:水中最终接头和岸上最终接头。

当在河(海)道中施作沉管隧道工期要求很紧,而其两岸的岸上段工程、沉管段基槽的开挖以及在干坞中预制管段可同时开工建设时,宜选择在水中进行最终接头处理的方案。因为两岸同时完工后,可分别从两岸岸上段开始沉放对接管段,而在所有管段沉放对接完成后,剩下 1m 左右的距离,用于施作水中最终接头。

当位于河道一侧的岸上段工程、基槽开挖和在干坞中制作预制管段同时进行,则可由完工后的该侧的岸上段开始,进行管段沉放对接作业,一节一节向另一侧河岸延伸,最后施工这一侧的岸上段,及其与管段的接头。

这种施工组织设计,一般在利用一侧岸上段基坑作为管段预制的干坞时采用。其最终接头处理必须在岸上进行,即必须采用岸上最终接头。

②水中初密封和最终接头的形成

水中初密封的结构一般由钢结构构件和橡胶止水带组成。橡胶止水带通常在向干坞灌水前安装,管段沉放对接后,把相邻管段端头封板间的水抽掉,即可由水压作用形成初密封。在抽掉端头封板间的水之前,必须先在接头中放置等间距布置的钢轴向支撑杆件。因为在抽掉端头封板间的水之后,隔舱内的水压将消失,这就意味着在最终接头两端的其余接头上,压紧 GINA 橡胶止水带的水压将消失。这时 GINA 橡胶止水带可像弹簧一样反弹,使接头失去水密性,因此需要等间距布置的钢轴向支撑杆件起代替水压的作用,使处于压缩状态的 GINA 橡胶止水带仍不松弛,从而使其满足水密性要求。

装上折叠式钢板或接头连接钢缆,可起到轴向弹簧的作用;接着安装双 OMEGA 橡胶止水带,作为永久性水密性构造;最后安装防水保护层,完成水中最终接头处理。

## 三、沉管隧道的基础处理

1)沉管隧道基础处理的特点

沉管隧道基础的设计与处理是沉管隧道,特别是矩形沉管隧道的关键技术之一。沉管隧道的地基、基础的沉降问题与一般地面建筑的情况截然不同。区别主要是沉管隧道在基槽开挖、管段沉放、基础处理和最后回填覆土后,抗浮系数仅 1.1~1.2,使作用在沟槽底面的荷载不会因设置沉管而增加,相反却有所减小。可见在沉管隧道的沉管段中构筑的人工基础,一般不会因荷载过大而发生沉降问题。有些国家(如日本)更是明确规定,当地基容许承载力 $[R]\geqslant 2\mathrm{t/m^2}$,标准贯入度 $N\geqslant 1$ 时,不必构筑人工沉管基础。但在对沉管段进行基槽开挖时,则无论采取何种挖泥设备,浚挖后的沟槽底面总留有 15~50cm 的不平整度。由此使沟槽底面与管段底部表面之间将存在众多不规则的空隙,从而导致地基土受力不均匀,并引起不均匀沉降。与此同时,地基受力不均也将使管段结构受到较高的局部应力,以至引起开裂,因此必须进行适当的基础处理,以消除这些有害空隙,避免发生不均匀沉降。

若沉管管段底面以下的地基土特别软弱,或在隧道轴线方向上基底土层的软硬度不均匀,则将造成管段产生不均匀沉降。发生地震或通过列车时,振动会使砂性基础发生液化,此时基础仅作"垫平"处理是不够的。一般解决方法是在水下做桩基,即沿沉管隧道纵向每隔一定距离打入若干排钢筋混凝土桩或钢桩。在沉管段中采用桩基时,首先要考虑如何使桩顶水平高程一致,使桩顶吻合在管段的底面,使各桩均匀受力。为此通常采用的方法有:水下混凝土传力法、砂浆囊袋传力法和可调桩顶法。

欧洲的传统习惯是采用喷砂和注砂法,美国大多采用刮铺法,而压浆法在日本采用最多。我国宁波甬江沉管隧道采用压浆基础,广州珠江隧道和上海外环线隧道采用注砂法加固基础,而宁波常洪隧道采用的则是桩基囊袋法。

以上情况表明沉管隧道的基础处理主要是解决:①基槽开挖作业所造成的槽底不平整问题;②由地基土特别软弱或软硬不均导致基础构件开裂;③施工期间由基槽回淤或流沙管涌引起的问题等。

2)沉管隧道基础处理的主要方法

(1)一般土层中的沉管隧道基础

一般土层中的沉管隧道的基础处理,是指管段沉放基槽开挖后在基槽底面上设置的垫层,可称为沉放基槽垫层,简称基槽垫层。用于使槽底表面保持平整,以免沉管管段结构因发生不均匀沉降而开裂。

基槽垫层的施工方法可分为先铺法和后填法两类。前者习称刮铺法,后者则有灌砂法、喷砂法、灌囊法、压浆法和压砂法等多种方法。采用后者时常在槽底预设沉管定位千斤顶。

在沉管隧道基础发展史上,早期采用的基槽垫层施工方法是先铺法。它是在疏浚地基沟槽后,先在沟槽两边打桩并设立导轨,然后在沟槽上投放砂石,并用刮铺机进行刮铺,适用于底宽较小的钢壳圆形、八角形或花篮形管段。美国早期沉管隧道的建设中常用的方法。该法有不少缺点,特别是因对矩形宽断面隧道不适用而被逐渐淘汰,代之以后填法。

后填法是将管段先沉放并支承于以钢筋混凝土制作的临时垫块上,再在管段底面与地基之间垫铺基础。采用后者时,常在槽底预设沉管定位千斤顶帮助定位。后填法克服了刮铺法在管段底宽较大时施工困难的缺点,并随着沉管隧道的广泛应用,不断得到改进和发展。目前现有的灌砂法、喷砂法、灌囊法和压注法都属于后填法,其中压注法又分为压浆法和压砂法两种。

对几种后填法的分析对比见表6.5-2。

**后填法分析对比表** 表6.5-2

| 方法 | 基本工艺原理 | 优 点 | 缺 点 | 适 用 性 | 应 用 举 例 |
|---|---|---|---|---|---|
| 灌砂法 | 即基础灌砂法。管段沉放完毕后,从工程船舶上通过导管在沉管管段侧面向管段底部灌填粗砂,构成纵向垫层的施作方法 | 不需专用设备,施工方便 | 不能使矩形断面管段底面中部充填密实,故对其并不适用 | 底宽较小的钢壳圆形、八角形或花篮形管段 | 美国早期的沉管隧道;阿根廷 Parana (Hernandias)隧道等 |
| 喷砂法 | 即基础喷砂法。从水面上的船只中,用砂泵将砂、水混合料通过伸入管段底面下的喷管喷注,以填满其空隙的沉放基槽垫层施作方法。可筑成厚度约1m的垫层 | 在喷砂开始前,可利用吸砂设备将基槽底面上的回淤土清除干净 | 喷砂台架影响通航,且设备费用昂贵;对砂子粒径要求较严,增加了费用 | 在欧洲用得较多,适用于宽度较大的沉管隧道 | 40年代初在建造荷兰 MASS 河隧道时,由丹麦的克里斯蒂-尼尔逊(Christiani-Nielsen)公司首创;<br>德国 Elba 河隧道(宽41.5m);比利时斯海尔德隧道(1969),宽47.85m;荷兰斯派克瑟地铁隧道(Spijkenisse Metro Tunnel,1984) |

续上表

| 方法 | 基本工艺原理 | 优 点 | 缺 点 | 适用性 | 应用举例 |
|---|---|---|---|---|---|
| 灌囊法 | 对由刮铺法施作的砂、石垫层,采用注入由黏土、水泥和黄砂配制成的混合砂浆的囊袋充填剩余空隙的沉放基槽垫层施作方法。砂、石垫层与管段底面之间需预留15~20cm的空间,管段沉放时带着预先系在管段底部的空囊一起下沉,管段沉放后,从工程船舶上向囊袋内灌注混合砂浆,直至管段底面以下的空隙全部充填满为止 | 混合砂浆的强度(强度等级)要求不高,浆液强度仅需略高于地基土强度,但应要求有一定的流动度。适合于宽度较大的隧道 | 囊袋较贵,安装工艺、水上作业和潜水作业复杂,现已基本上被压浆法取代 | 适用于宽度较大的沉管隧道 | 瑞典Tingstad隧道(1968)最初使用;日本的衣浦港水底隧道 |
| 压浆法 | 压浆法是由在管段内向管底与地层间的空隙压注混合砂浆施作沉放基槽垫层的施工方法。沉管基槽须超挖约1m,底部摊铺厚40~50cm的一层碎石,并堆设充当临时支座的道渣堆。管段沉设作业完成后,沿管段周边抛设砂、石混合料,封闭周边后在管段内部向管底与地层间的空隙压注混合砂浆 | 不干扰航道;不受水深、流速和潮汐等水文条件影响;施工设备易得,投资少;与管段的底部结合紧密,可防止沉降 | 对砂浆的强度、流动性、和易性及泌水性都有较高要求 | 注浆浆液凝固后不液化,在可能发生地震或有其他动载作用的情况尤为合适 | 日本东京港第一航道水底道路隧道(Tokyo Port Tunnel,1976);东京港Dainikoro隧道(1980);东京多摩川隧道(Tama River Tunnel);中国宁波甬江隧道 |
| 压砂法 | 压砂法是由在管段内向管底与地层间的空隙压注砂和水的混合料施作沉放基槽垫层的施工方法。工法原理与压浆法相同,区别仅为以压砂代替压注混合砂浆 | 对粒径的要求比喷砂法低;价格便宜;不干扰航道;不受水深、流速、潮汐等水文条件影响 | 对基槽中回淤的要求严格 | 较广泛。荷兰应用尤其多,是目前先进的施工方法之一 | 荷兰Vlake隧道(1975);中国珠江隧道(1993);澳大利亚悉尼港湾隧道(Sydney Harbour Tunnel),宽26.1m |

(2)软弱土层中的沉管隧道基础

若沉管管段底面以下的地基土特别软弱,或在隧道轴线方向上基底土层软硬程度不均匀时,易造成管段产生不均匀沉降,且地震或列车通过时的振动会使砂性地基产生液化等不良后果。此时基础仅作“垫平”处理是不够的。一般解决方法是在水下做桩基,即沿隧道纵向每隔一定距离打入若干排钢筋混凝土桩,或钢桩。

在沉管管段中采用桩基时,首先应考虑如何使桩的水平高程一致,使桩顶与管段底面很好吻合。因为水下桩群的桩顶高程在实际施工中不可能达到绝对的水平,而管段又是在干坞中预制,沉没后无法保证所有各桩均与管段底面接触,所以必须采取措施使各桩均匀受力。为此通常采用的方法有水下混凝土传力法、砂浆囊袋传力法和可调桩顶法等。

①水下混凝土传力法

桩基打好后,先浇一、二层水下混凝土将桩顶裹住,而后在其上铺一层碎石垫层,然后进行回填,使沉管荷载经由回填、砂石垫层和水下混凝土均匀传到桩基上。美国亚拉巴马州的班克赫德隧道(Bank Head Tunnel,Mobile,1940)曾采用该法取得成功。桩头构造形式见图 6.5-11。

②砂浆囊袋传力法

又称灌囊传力桩基。在管段底部和桩顶之间,用大型化纤囊袋灌注水泥砂浆垫实的桩基沉管基础。用于使基桩能同时受力,以免由管段底部与桩顶接触不均匀引起问题。瑞典延斯泰德隧道(Tingstand Tunnel,1968 年)最先采用此法。桩头构造形式见图 6.5-12。

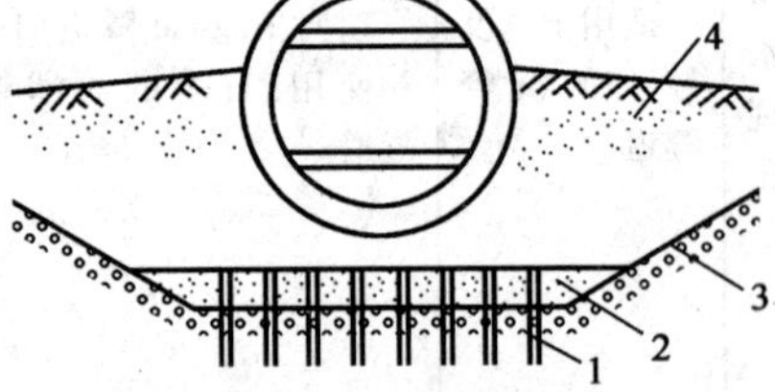


图 6.5-11 水下混凝土传力法

1-桩;2-水下混凝土;3-碎石;4-回填

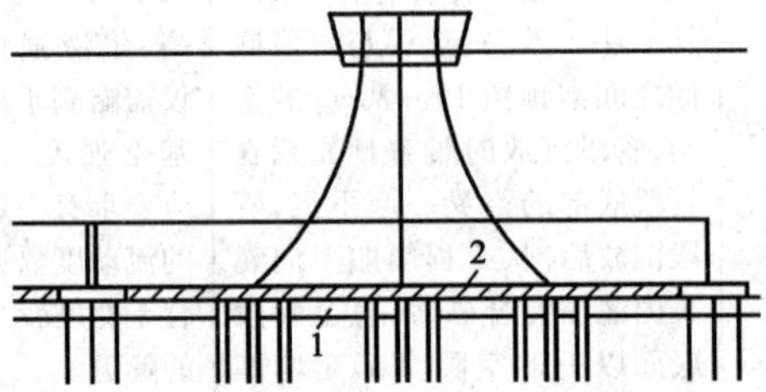


图 6.5-12 砂浆囊袋传力法

1-砂石垫层;2-砂浆囊袋

③可调桩顶法

亦称活动桩顶桩基。设有活动桩顶的桩基沉管基础。用于使基桩能同时受力,以免由管段底面与基桩接触不均匀引起问题。桩基顶端均设有长度很短的预制混凝土活动桩顶,活动桩顶与预制混凝土桩之间留有空腔,空腔周围用尼龙布封裹成囊袋,管段沉设完毕后向空腔囊袋内灌注水泥砂浆,使活动桩顶顶升,并与管底密贴接触。待砂浆强度达到要求后,卸除支承千斤顶,管段荷载便能均匀地传到桩群上。荷兰鹿特丹地铁隧道(Rotterdam Metro Tunnel,1986)、库赫文隧道(Coolhaven Tunnel,1989)、泽比格隧道(Zeeburger Tunnel,1989)均采用此法。

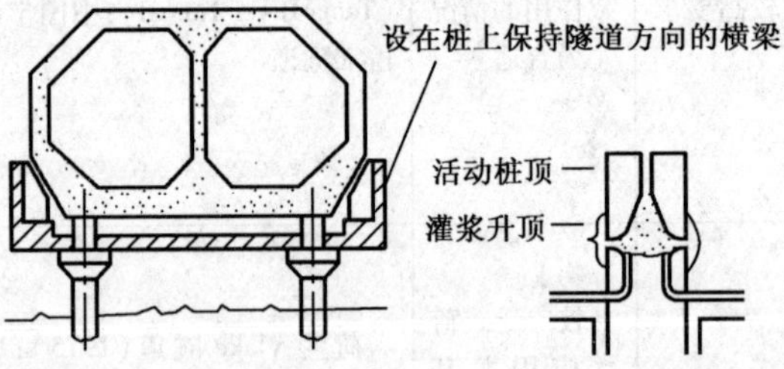


图 6.5-13 可调桩

桩头构造形式见图 6.5-13。

## 本章参考文献


[1] 中华人民共和国行业标准. JTG F60—2009 公路隧道施工技术规范[S]. 北京:人民交通出版社,2009.

[2] 中华人民共和国行业标准. JTG F60—2009 公路隧道施工技术规范[S]. 北京:人民交通出版社,2009.

[3] 中华人民共和国行业标准. JTG D81—2006 高速公路交通安全设施设计及施工技术规范[S]. 北京:人民交通出版社,2006.

[4] 孙钧,侯学渊. 地下结构[M]. 北京:科学出版社,1991.

[5] 徐干成,等. 地下工程支护结构[M]. 北京:中国水利水电出版社,2002.

[6] E. Hoek,等. 岩石边坡工程[M]. 北京:冶金工业出版社,1983.

[7] R. L. Schuster,等. 滑坡分析与防治[M]. 北京:中国铁道出版社,1987.

[8] 铁道部第二勘察设计院. 隧道(修订版)[M]. 北京:中国铁道出版社,1999.

[9] 铁道部第二工程局. 隧道(上,下册)(第二版)[M]. 中国铁道出版社,1999.
[10] 鞠建英. 实用地下工程防水手册[M]. 北京:中国计划出版社,2002.
[11] 张凤祥,朱合华. 盾构隧道[M]. 北京:人民交通出版社,2004.
[12] 中华人民共和国行业标准. JTG/T F60—2009 公路隧道施工技术细则[M]. 北京:人民交通出版社,2009.
[13] 铁道路第二工程局. 铁路工程施工技术手册(隧道)[M]. 北京:中国铁道出版社,1995.
[14] 于书翰, 杜谟远. 隧道施工[M]. 北京:人民交通出版社,2001.
[15] 黄成光. 公路隧道施工[M]. 人民交通出版社,2001.
[16] 杨林德. 软土工程施工技术与环境保护[M]. 北京:人民交通出版社,2000.
[17] 曾进伦,王聿,赖允瑾. 地下工程施工技术[M]. 北京:高等教育出版社,2001.
[18] 上海隧道工程股份有限公司. 软土地下工程施工技术[M]. 上海:华东理工大学出版社,2001.
[19] 刘建航,侯学渊. 盾构法隧道[M]. 北京:中国铁道出版社,1991.
[20] 项兆池,楼如岳,傅德明. 最新泥水大盾构技术[M]. 上海:上海隧道工程股份有限公司施工技术研究所科技情报室,2001.
[21] 同济大学,等. 土层地下建筑结构[M]. 北京:中国建筑工业出版社,1982.
[22] 张凤祥,傅德明,杨国祥,等. 盾构隧道施工手册[M]. 北京:人民交通出版社,2005.
[23] 张庆贺. 地下工程[M]. 上海:同济大学出版社,2005.
[24] 陈韶章. 沉管隧道设计与施工[M]. 北京:科学出版社,2002 .
[25] 易萍丽. 现代隧道设计与施工[M]. 北京:中国铁道出版社,1997.
[26] 王建宇. 喷锚支护原理和设计[M]. 北京:中国铁道出版社,1980.
[27] 程良奎. 喷射混凝土[M]. 北京:中国建筑工业出版社,1990.
[28] 孙钧. 地下工程设计理论与实践[M]. 上海:上海科学技术出版社,1996.
[29] 沈明荣. 岩体力学[M]. 上海:同济大学出版社,1999.
[30] 李国锋,丁文其,李志厚,等. 特殊地质公路隧道动态设计施工技术[M]. 北京:人民交通出版社,2005.
[31] Linde Yang, Hehua Zhu, Wenqi Ding. The Evaluation of the Segment Internal Forces in the Construction Process of Shield Tunnel[C]//. Proceedings of the World Tunnel Congress'99, Challenges for the 21st Century, Rotterdam: A. A. Balkema Publishers. 187-193, May 1999, Oslo, Norway.
[32] 杨林德,黄宏伟,朱合华,等. 南平市天台隧道的信息化施工[C]//国际隧道研讨会暨公路建设技术交流大会论文集. 北京:人民交通出版社,P225 ~ 230,2002.

[9] [illegible][M]. [illegible],1993.
[10] [illegible][M]. 北京:中国[illegible],2002.

[12] [illegible] JTG F80—2004 [illegible][M]. 北京:人民交通出版社,2005.
[13] [illegible][M]. [illegible],1993.

[15] [illegible][M]. 人民交通出版社,2001.

[17] [illegible][M]. 北京:[illegible].
[18] [illegible][M]. [illegible],2001.

[20] [illegible][M]. [illegible],2001.
[21] [illegible][M]. [illegible]出版社,1998.

[23] [illegible][M]. [illegible]:同济大学出版社,2005.
[24] [illegible][M]. 北京:科学出版社,2002.
[25] [illegible][M]. 北京:中国[illegible]出版社,1997.

[27] [illegible][M]. 北京:中国[illegible]出版社,1990.
[28] [illegible][M]. [illegible]出版社,1996.
[29] [illegible][M]. 上海:同济大学出版社,1996.

[32] [illegible][C]//[illegible],2002.

# 第七章　锚喷支护及其设计施工方法

## 第一节　引　　言

本章讨论隧道开挖过程中围岩地层的支护。

一般来说，在隧道开挖期间，周围地层的稳定状态与围岩的工程地质条件，隧道的洞形、尺寸及开挖施工方法等因素都有关，但对某种类型的隧道，工程地质条件常是关键因素。原因主要是在隧道开挖期间，通常不能立即施作永久结构，围岩需要依靠自身的支承能力保持稳定。而当自支承能力不足时，就需通过施作支护帮助围岩保持稳定。

围岩的工程地质特性主要取决于地层的岩性与构造。对于构造完整的硬岩地层，隧道开挖后常可依靠自支承能力保持稳定；裂隙比较发育时，周围地层有可能因存在构造裂隙的不利组合而发生局部掉块，继而引起局部破坏，甚至导致严重事故，故需通过及时施作支护对其进行局部加固；地层比较软弱时，则需通过施作支护及时支承或加固地层；而当围岩完全不能自稳，甚至随挖随塌时，则需先支护后开挖，称为超前支护。例如先通过注浆加固围岩和堵水（即先改良地层），然后进行开挖等。

20 世纪 60 年代以前，隧道开挖中采用的地层支护主要是利用木材制作的构件或钢木拱架、框架，开挖过程中随挖随撑，施作模筑整体式混凝土衬砌时需将其撤除，不能撤除时需对其进行顶替或托换。这些支护一般只在施工过程中临时起作用，故常称为临时支护。从 20 世纪 70 年代起，随着木料的逐渐匮乏及锚喷支护（即锚杆与喷射混凝土支护，下同）的问世和逐步推广采用，人们开始采用锚喷支护加固围岩，并常将其作为永久结构的组成部分，从而将其称为初期支护。

施作初期支护后围岩的承载能力将显著提高，并常可使其处于稳定状态。然而随着时间的推移和地层的继续开挖，初期支护仍有继续加强的必要。一般做法是在开挖过程中通过增设锚杆或加厚喷层随时加强初期支护，围岩变形基本稳定后（或趋于基本稳定后）施作内衬结构。后者称为二次支护，常为混凝土衬砌或钢筋混凝土衬砌。

鉴于投入使用后服务年限很长，设计隧道时一般都考虑对其设置混凝土或钢筋混凝土内衬结构，以保证隧道在服务过程中稳定、耐久、外形美观和通风阻力小。这类内衬结构形式上成为二次支护，作用则为安全储备。可见初期支护是用于确保在施工期间隧道围岩保持稳定和安全的工程措施，二次支护则既可用作受力结构，也可用作安全储备。

二次支护用作受力结构时，与初期支护一起构成复合式支护。

以上情况表明，目前隧道开挖过程中采用的围岩支护主要是复合式支护。其中初期支护主要采用锚杆和喷射混凝土支护，二次支护主要是模筑整体式混凝土衬砌或钢筋混凝土衬砌。

## 第二节 锚喷支护的特点

与传统的钢木构件、拱架、框架支撑相比较，锚喷支护在施工工艺和作用机理方面有以下特点。

(1)灵活性

锚喷支护是由锚杆、喷射混凝土和钢筋网等部件通过适当组合形成的支护形式。其中钢筋网需在喷射混凝土中设置，锚杆和喷射混凝土支护则既可单独使用，也可以组合使用。其组合形式和支护参数可根据围岩的稳定状态、开挖施工方法和进度以及隧道形状和尺寸等加以选择和调整。它们既可以用于局部加固，也易于实施整体加固；既可一次完成，也可以分次完成，以便充分体现“先柔后刚，按需提供”的原则。

(2)及时性

锚喷支护在施作后能迅速发挥其对围岩的支护作用，在时间和空间上都能体现其及时性。在时间上，喷射混凝土和锚杆都具有早强性能，需要时锚杆安装后能立即起支护作用，喷层施作后也很快就能起支护作用；在空间上，喷射混凝土和锚杆支护都可最大限度地紧跟开挖面施工，甚至可以利用锚杆进行超前支护。虽然构件支撑的最大优点是可即时承载，但锚喷支护同时具有可即时支护甚至超前支护的作用，且能容纳必要的支撑构件(如格栅钢架)参与工作。

(3)密贴性

喷射混凝土能与隧道周边的围岩全面、紧密地黏结，因而可以抵抗围岩中沿节理裂隙的剪切和张拉应力。

从整体结果来看，喷射混凝土填补了洞壁的凹穴，使洞壁变得圆顺，从而减少了应力集中。

喷射混凝土尚能使锚杆和钢筋网的点约束作用得以分配和改善，使其发挥协同作用，从而增强支护对围岩的约束效果，体现出“围岩—支护”一体化的力学分析和结构设计思想。

(4)深入性

锚杆能深入围岩体内部一定的深度，对围岩起约束作用。这种作用尤其是以适当密度的径向锚杆群(以下称为系统锚杆)的效果最为明显。系统锚杆在围岩中形成一定厚度的锚固区，锚固区内的岩体强度和整体性得以提高和加强，应力分布状态也得以改善，使其承载能力和稳定能力显著增强。这时，隧道的稳定性实际上就是锚固区的承载能力和稳定能力。

在围岩中加以锚杆，相当于在混凝土中加入钢筋形成钢筋混凝土，故可归类为加筋岩石或加筋土。

此外，沿隧道轴线方向施作的有一定外插角的超前锚杆或钢管，同样具有深入岩层内部的特点，对围岩可起预支护作用。它们也经常与系统锚杆、喷射混凝土一起发挥协同作用。这类措施对于处理一般的工作面不稳定问题颇有效果。

(5)柔性

锚喷支护属于柔性支护，它可用于调节围岩变形，并允许围岩作有限的变形。即允许围岩变形及塑性区有适度的发展，以发挥围岩的自支承能力。

前已述及，大量的工程实践和理论研究表明，对绝大多数的一般松散岩体，在隧道开挖后，适度的变形有利于发挥围岩的自支承能力，而过度的变形则会导致围岩坍塌。因此要求支护既能允许有限变形，又能限制过度变形且自身不被破坏。

锚喷支护能很好地满足这一要求。一方面是因为喷射混凝土的工艺特点，使得它能与岩体密贴黏结，且能喷得很薄，从而呈现柔性（尽管喷混凝土是一种脆性材料）。这类柔性还可通过分层分次喷射和加钢纤维或钢筋网来进一步发挥。另一方面，锚杆也有一定的延性，它可以允许岩体有较大的变形，甚至同被加固岩体一起作整体位移时，仍能继续工作和不失效。

（6）封闭性

喷射混凝土能全面及时地封闭围岩。这种封闭不仅可阻止洞内潮气和水对围岩的侵蚀作用，减少膨胀性岩体的潮解软化和膨胀量，而且能够及时有效地阻止围岩变形，使围岩变形较早地进入收敛状态。

## 第三节　锚喷支护的作用和效果

锚杆支护、喷射混凝土支护、钢筋网及钢纤维、钢拱架的作用和效果分别见表7.3-1～表7.3-4。

**锚杆支护的作用与效果**　　表7.3-1

| 锚杆的作用效果 | 概　念　图 |
|---|---|
| 1. 支承围岩<br>锚杆支护能限制、约束围岩变形，并向洞内施加压力，从而使处于二向应力状态的洞室内表面附近的围岩保持处于三轴应力状态，从而能制止围岩强度的恶化 | 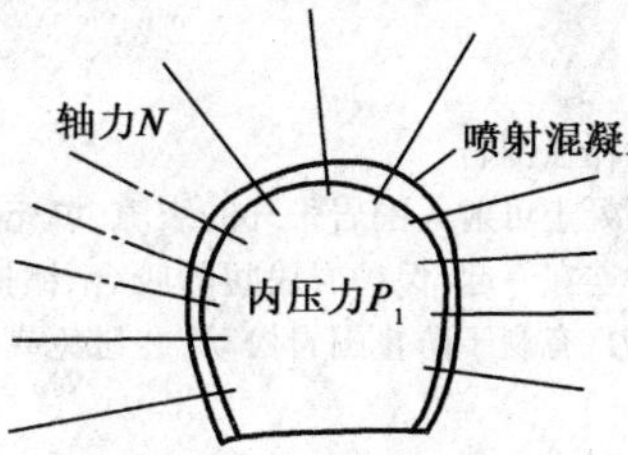 |
| 2. 加固围岩<br>由于系统锚杆的加固作用，使围岩中尤其是松动区中的节理裂隙、破裂面等得以连接，因而增大了锚固区围岩的强度（即抗拉、抗压、抗剪强度及 $C$、$\phi$ 值等）；锚杆对加固节理发育的岩土和松动区是十分有效的，有助于裂隙岩体和松动区形成整体，成为“加固带” | 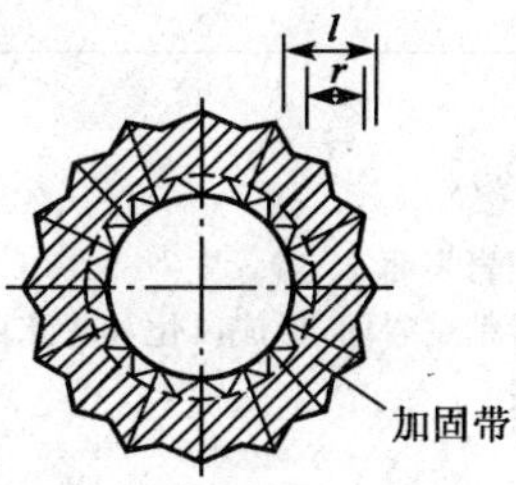 |
| 3. 提高层间摩阻力，形成“组合梁”<br>对于水平或缓倾斜的层状围岩，用锚杆群能把数层岩层连在一起，增大层理摩擦力，从结构力学观点来看就是形成“组合梁” | 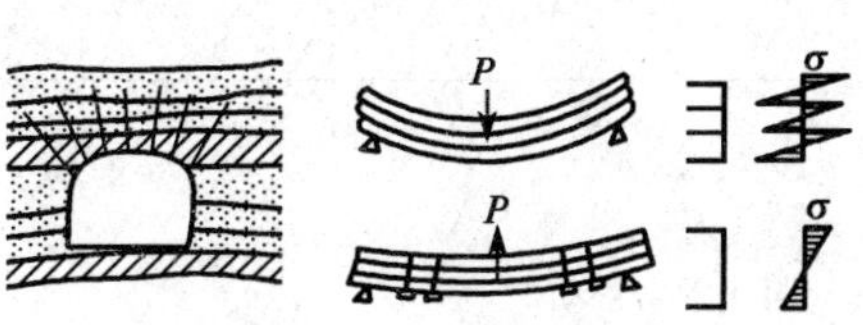 |
| 4. “悬吊”作用<br>所谓“悬吊”作用是指为防止个别围岩的掉落或滑落，用锚杆将其同稳定围岩连接起来，这种作用主要表现在加固局部失稳的岩体 | 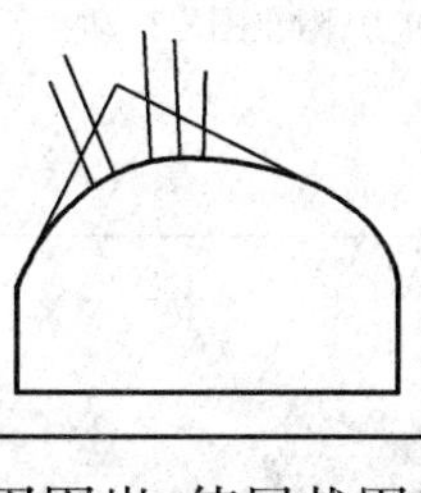 |

由表7.3-1及表7.3-2可见，锚杆支护的作用有支承围岩、加固围岩、使层状围岩形成“组合梁”和“悬吊”作用等，喷射混凝土的作用除支承围岩外，尚有“卸载”作用、填平补强围岩、覆盖围岩表面、阻止围岩松动和合理分配外力等。

**喷射混凝土支护的作用与效果** 表 7.3-2

| 喷射混凝土的作用与效果 | 概　念　图 |
|---|---|
| 1. 支承围岩<br>由于喷层能与围岩密贴和粘贴，并给围岩表面以抗力和剪力，从而使围岩处于三向受力的有利状态，防止围岩强度恶化；此外，喷层本身的抗冲切能力阻止不稳定块体的滑塌 |  |
| 2. "卸载"作用<br>由于喷层属柔性，能有控制使围岩在不出现有害变形的前提下，进行一定程度的变形，从而使围岩"卸载"，同时喷层中的弯曲应力减小，有利于混凝土承载力的发挥 | 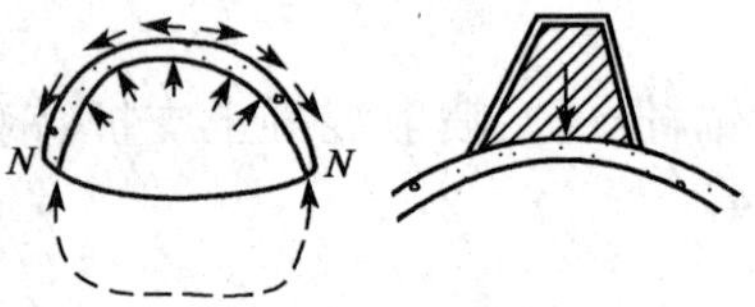 |
| 3. 填平补强围岩<br>喷射混凝土可射入围岩张开的裂隙，填充表面凹穴，使裂隙分割的岩层面粘连在一起，保护岩块间的咬合、镶嵌作用，提高其间的黏结力、摩阻力，有利于防止围岩松动，并避免或缓和围岩应力集中 | 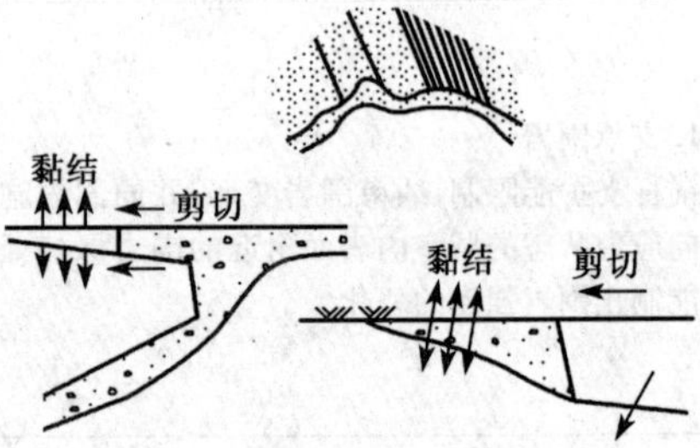 |
| 4. 覆盖围岩表面<br>喷层直接粘贴岩面，形成风化和止水的防护层，并阻止节理裂隙中充填物流失 | 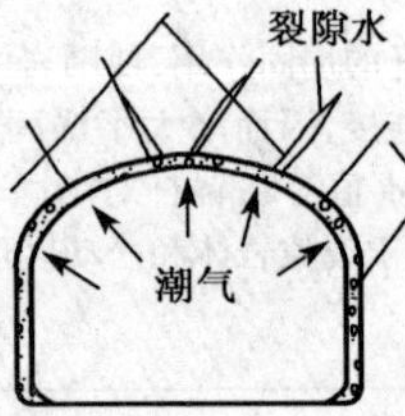 |
| 5. 阻止围岩松动<br>喷层能紧跟掘进进程后及时进行支护，早期强度较高，因而能及时向围岩提供抗力，阻止围岩松动 | 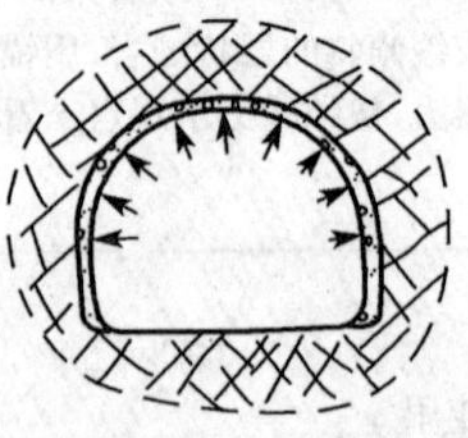 |
| 6. 分配外力<br>通过喷层把外力传给锚杆、钢拱架等，使支护结构受力均匀分担 | 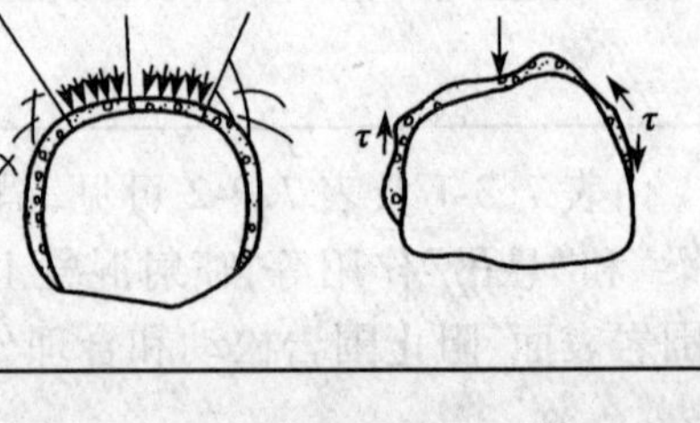 |

**钢筋网及钢纤维的作用与效果** 表 7.3-3

| 钢筋网及钢纤维的作用及效果 | 概　念　图 |
|---|---|
| 1. 防止收缩裂隙或减少裂隙数量和限制裂隙宽度 | 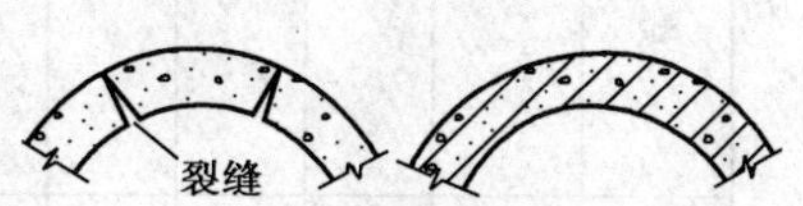  |
| 2. 提高支护的抗震能力 | |
| 3. 使喷层应力得到均匀分布，改善变形性能，增强锚喷支护的整体性 | |
| 4. 增强喷层的柔性 | |
| 5. 提高喷层承载力承受剪力和拉力 | |

**钢拱架的作用与效果** 表 7.3-4

| 钢拱架的作用及效果 | 概　念　图 |
|---|---|
| 1. 加强限制围岩变形<br>因钢拱架的刚度较大，它对围岩松弛变形的限制作用更强硬，可及时阻止有害松动 | 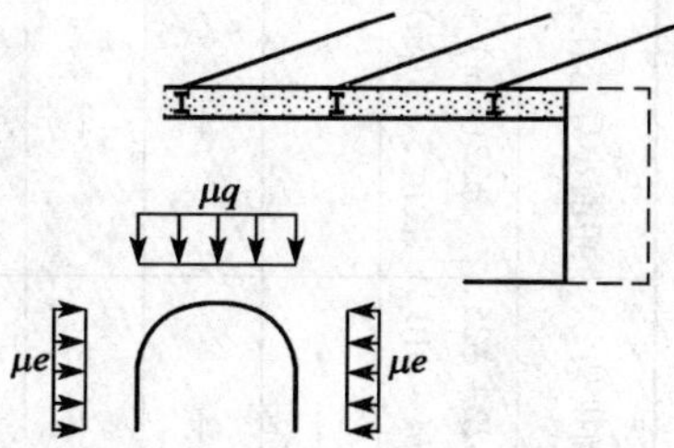  |
| 2. 作为超前支护的支点 | |
| 3. 承受部分松弛荷载<br>因钢拱架的强度较大，它可以承受已发生的松弛荷载，保证坑道稳定与安全，此时应按临时的支撑来设计 | |
| 4. 增强喷层的柔性 | |
| 5. 提高喷层承载力承受剪力和拉力 | |

其中"支承围岩"是指锚喷支护可约束围岩变形，改善受力状态；"加固围岩"是指锚杆支护可约束节理裂隙，提高材料强度；"组合梁"作用是指锚杆支护可使层状岩层加强联系，从而起"组合梁"的作用；"悬吊"作用是指锚杆可用于悬吊险石。"卸载"作用是指可发挥喷射混凝土层的柔性特征，通过使围岩发生一定程度的变形改善其受力状态，从而使围岩"卸载"；"填平补强围岩"是指喷射混凝土可填充围岩张开的裂隙和表面凹穴，从而提高其黏结力和摩阻力，避免或缓和洞周围岩的应力集中；"覆盖围岩表面"是指喷射混凝土层可起封闭围岩、阻止围岩风化的作用；"阻止围岩松动"是指喷射混凝土层可起的支承作用，"合理分配外力"是指通过喷层把外力传给锚杆、钢拱架等，使支护结构受力可均匀分担。

钢筋网、钢纤维及钢拱架的作用都是加强喷射混凝土，增强喷层的柔性，提高喷层承受剪力和拉力的承载力。其中钢拱架因刚度较大，尚可对围岩松弛变形起限制作用，承受已经发生的松弛荷载，及时阻止有害松动，并可作为超前支护的支点。

随着应用领域的不断扩大，对锚喷支护的作用机理和分析理论还有待进一步探索和完善。

## 第四节　支护类型及参数

根据围岩级别、开挖跨度和施工方法，正确、合理地从喷射混凝土、锚杆、钢筋网、格栅拱架、超前小导管注浆和长管棚中选用一种或多种支护组合的支护形式，对于加固围岩，控制围岩变形，防止围岩坍塌，充分发挥围岩的自支承能力，保证施工安全，加快施工进度，节约劳动力及原材料，降低工程造价至关重要。

表 7.4-1 和表 7.4-2 为根据多年设计施工经验，对不同围岩级别、不同跨度的隧道提出的初期支护类型与组合，可供参考使用。其中表 7.4-1 为公路隧道支护设计的经验，表 7.4-2 引自《岩土锚固 · 土钉 · 喷射混凝土——原理、设计与应用》(程良奎)。

表 7.4-1

**施工支护类型表**

| 围岩级别(级) \ 初期支护项目及组合 | | C20 喷射混凝土厚度(cm) | | 锚杆 $\phi22 \sim \phi25$ | | | 钢筋网 | 格栅拱架 | 超前小导管注浆 | 长管棚 | 说明 |
|---|---|---|---|---|---|---|---|---|---|---|---|
| | | 拱部边墙 | 仰拱 | 位置 | 长度(m) | 间距(m) | $\phi6.5$ | 主筋 $\phi22 \sim \phi25$<br>辅筋 $\phi4 \sim \phi10$ | $\phi32$(mm)<br>长度 3 ~ 5(m) | $\phi80 \sim \phi180$(mm)<br>间距 30 ~ 50(cm) | — |
| Ⅰ | 双车道 | 5 | — | 局部 | 2.0 | — | — | — | — | — | — |
| | 三车道 | 8 | — | 局部 | 2.5 | — | 局部 | — | — | — | — |
| Ⅱ | 双车道 | 5 ~ 8 | — | 局部 | 2.0 ~ 2.5 | — | — | — | — | — | — |
| | 三车道 | 8 ~ 10 | — | 局部 | 2.5 ~ 3.5 | — | 局部 | — | — | — | — |
| Ⅲ | 双车道 | 8 ~ 12 | — | 拱、墙 | 2.0 ~ 3.0 | 1.0 ~ 1.5 | 局部@25 × 25 | — | — | — | — |
| | 三车道 | 10 ~ 15 | — | 拱、墙 | 3.0 ~ 3.5 | 1.0 ~ 1.5 | 拱、墙@25 × 25 | 拱、墙 | — | — | — |
| Ⅳ | 双车道 | 12 ~ 15 | — | 拱、墙 | 2.5 ~ 3.0 | 1.0 ~ 1.2 | 拱、墙@25 × 25 | 拱、墙 | — | — | — |
| | 三车道 | 15 ~ 20 | — | 拱、墙 | 3 ~ 4.0 | 0.8 ~ 1.0 | 拱、墙@20 × 20 | 拱、墙、仰拱 | 必要时使用 | — | — |
| Ⅴ | 双车道 | 15 ~ 25 | — | 拱、墙 | 3.0 ~ 4.0 | 0.8 ~ 1.2 | 拱墙@20 × 20 | 拱、墙、仰拱 | 必要时使用 | — | 改开挖方式为中隔墙法 |
| | 三车道 | 20 ~ 30 | — | 拱、墙 | 3.5 ~ 5.0 | 0.5 ~ 1.0 | 拱、墙@20 × 20(双层) | 拱、墙、仰拱 | 采用 | 与小导管比较选择其一 | 改开挖方式为双侧壁导坑法 |
| Ⅵ | 双轨 | 25 ~ 30 | — | 拱、墙 | 3.5 ~ 4.0 | 1.0 ~ 1.2 | 拱墙@15 × 15 | 0.75m 一榀 | 采用 | 通过试验、计算确定 | 改开挖方式为环侧壁导坑法 |
| | 三轨 | 35 | — | 拱墙 | 3.5 ~ 4.0 | 0.8 ~ 1.0 | 拱墙@15 × 15 | 0.5 ~ 0.75 | 必要时使用 | 采用 | 改开挖方式为环侧壁导坑法 |

**隧洞的锚喷支护类型和设计参数**

表 7.4-2

| 围岩级别(级) \ 毛洞跨度(m) | $B \leqslant 5$ | $5 < B \leqslant 10$ | $10 < B \leqslant 15$ | $15 < B \leqslant 20$ | $20 < B \leqslant 25$ |
|---|---|---|---|---|---|
| Ⅰ | 不支护 | 50mm 厚喷射混凝土 | 1. 80 ~ 100mm 厚喷射混凝土;<br>2. 50mm 厚喷射混凝土,设置 2.0 ~ 2.5m 长的锚杆 | 100 ~ 150mm 厚喷射混凝土,设置 2.5 ~ 3.0m 长的锚杆,必要时配置钢筋网 | 120 ~ 150mm 厚钢筋网喷射混凝土,设置 3.0 ~ 4.0m 长的锚杆 |
| Ⅱ | 50mm 厚喷射混凝土 | 1. 80 ~ 100mm 厚喷射混凝土;<br>2. 50mm 厚喷射混凝土,设置 1.5 ~ 2.0m 长的锚杆 | 1. 120 ~ 150mm 厚喷射混凝土,必要时配置钢筋网;<br>2. 80 ~ 120mm 厚喷射混凝土,设置 2.0 ~ 3.0m 长的锚杆,必要时配置钢筋网 | 120 ~ 150mm 厚钢筋网喷射混凝土,设置 3.0 ~ 4.0m 长的锚杆 | 150 ~ 200mm 厚钢筋网喷射混凝土,设置 5.0 ~ 6.0m 长的锚杆,必要时设置长度大于 6.0m 的预应力或非预应力锚杆 |
| Ⅲ | 1. 80 ~ 100mm 厚喷射混凝土;<br>2. 50mm 厚喷射混凝土,设置 1.5 ~ 2.0m 长的锚杆 | 1. 120 ~ 150mm 厚喷射混凝土,必要时配置钢筋网;<br>2. 80 ~ 100mm 厚喷射混凝土,设置 2.0 ~ 2.5m 长的锚杆,必要时配置钢筋网 | 100 ~ 150mm 厚钢筋网喷射混凝土,设置 3.0 ~ 4.0m 长的锚杆 | 150 ~ 200mm 厚钢筋网喷射混凝土,设置 4.0 ~ 5.0m 长的锚杆,必要时设置大于 5.0m 的预应力或非预应力锚杆 | — |
| Ⅳ | 80 ~ 100mm 厚喷射混凝土,设置 1.5 ~ 2.0m 长锚杆 | 100 ~ 150mm 厚钢筋网喷射混凝土,设置 2.0 ~ 2.5m 长的锚杆,必要时采用仰拱 | 150 ~ 200mm 厚钢筋网喷射混凝土,设置 3.0 ~ 4.0m 长的锚杆,必要时采用仰拱并设置长度大于 4.0m 的锚杆 | — | — |
| Ⅴ | 120 ~ 150m 厚钢筋网喷射混凝土,设置 1.5 ~ 2.0m 长的锚杆,必要时采用仰拱 | 150 ~ 200mm 厚钢筋网喷射混凝土,设置 2.0 ~ 3.0m 长的锚杆,采用仰拱,必要时加设钢架 | — | — | — |

注:1. 表中的支护类型和参数,是指隧洞和倾角小于 30°的斜井的永久支护,包括初期支护与后期支护的类型和参数。
2. 服务年限小于 10 年及洞跨小于 3.5m 的隧洞和斜井,表中的支护参数可根据工程具体情况适当减小。
3. 复合衬砌的隧洞和斜井,初期支护采用表中的参数时,应根据工程的具体情况予以减小。
4. 陡倾斜岩层中的隧洞或斜井易失稳的一侧边墙和缓倾斜岩层中的隧洞或斜井顶部,应采用表中第 II 种支护类型和参数,其他情况下两种支护类型和参数均可采用。
5. 对高度大于 15.0m 的侧边墙,应进行稳定性验算,并根据验算结果确定锚喷支护参数。

# 第五节　锚杆安装

## 一、锚杆类型

锚杆是用金属或其他高抗拉性能的材料制作的一种杆状构件，锚入地层后可对围岩起加固和稳定作用。

按提供锚固力的方式可将锚杆分为机械型锚杆和胶结型锚杆，按分布方式可将其分为局部锚杆和系统锚杆，按特征又可将其分为全长黏结型锚杆、端头锚固锚杆、摩擦型锚杆、预应力锚杆和自钻式锚杆等。各类锚杆各有特点，分别适用于不同的场合。

作为一种新的支护手段，锚杆支护在技术、经济方面的优越性和能适应不同地质条件的性质，使其在建筑领域尤其是地下工程领域得到了迅速的发展和广泛的应用。

(1)全长黏结型锚杆

全长黏结型锚杆(表7.5-1)是沿锚杆全长采用黏结剂黏结固定的一类锚杆。按黏结剂种类可分为普通水泥砂浆锚杆、早强水泥砂浆锚杆、树脂卷锚杆和水泥卷锚杆。其杆体材料宜选用Ⅱ、Ⅲ级钢筋及HPB235、HRB335、HRB400，直径宜用$\phi22 \sim \phi32$mm，钻孔直径宜比锚杆直径大16～25mm，锚杆孔砂浆强度等级不低于M20。在适宜的地层情况下可用作永久支护，地层自稳定时间不足时，可用树脂锚杆或早强水泥泵浆锚杆。

(2)端头锚固式锚杆

端头锚固式锚杆是在钻孔底形成内锚头，而在孔口设置外锚头将其锁定的锚杆。按内锚头形成方式可分为机械锚固锚杆、树脂锚固锚杆和快硬水泥卷锚杆。其中机械锚固锚杆由内锚头与孔壁围岩间的摩擦力提供锚固力，其余分别由树脂胶和快硬水泥固化提供。

其基本类型及适用范围等情况如表7.5-1所示。

(3)摩擦型锚杆

摩擦型锚杆是由杆体与孔壁围岩间的摩擦力提供锚固力的一类锚杆。按杆体形状或特征可分为缝管锚杆、楔管锚杆和水胀锚杆。其中缝管锚杆开缝，可沿全长提供摩擦力；楔管锚杆仅在内锚头处楔紧，由其提供局部摩擦力；水胀锚杆则靠高压产生摩擦力。

主要用作临时支护，其基本类型见表7.5-1。

(4)预应力锚杆

即预应力锚索，是锚入地层后对围岩起加固、稳定作用的预应力钢绞线索。因作用原理与锚杆类同和安装时需对其施加预应力而得名。通常由内锚头、钢绞索和外锚头组成。可提供较高锚固力，对围岩可起的加固作用优于普通锚杆，但需用高强度钢丝束制作钢绞线，并需在施加预应力后用锚具将钢绞线可靠地锁定在锚座上，对钢绞线索和孔壁围岩间的空隙注入水泥砂浆。

可用作永久支护，其基本类型见表7.5-1。

(5)自钻式锚杆

自钻式锚杆是一种特殊类型的锚杆。用于在地形条件十分复杂，难于采用常规设备钻孔的情况下加固地层。其基本类型见表7.5-1。

## 二、锚杆安装工艺

锚杆安装的施工工艺与锚杆种类有关，各种锚杆的施工方法如表7.5-2所示。

锚 杆 类 型 表7.5-1

| 锚杆类型 \ 基本参数及适用范围 | | 基本类型 | 适用范围 |
|---|---|---|---|
| 全长黏结型锚杆 | 普通水泥砂浆锚杆 | 杆体材料宜选用Ⅱ、Ⅲ级钢筋及HPB235、HRB335、HRB400 | 1.在适宜的地层情况下可用作永久支护；<br>2.地层自稳定时间不足时，可用树脂锚杆或早强水泥泵浆锚杆 |
| | 早强水泥泵浆锚杆 | 杆体直径宜用$\phi22 \sim \phi32$mm | |
| | 树脂卷锚杆 | 钻孔直径宜比锚杆直径大16~25mm | |
| | 水泥卷锚杆 | 锚杆孔砂浆强度等级不低于M20 | |
| 端头锚固式锚杆 | 机械锚固锚杆<br>树脂锚固锚杆<br>快硬水泥卷锚杆 | 杆体材料宜选用Ⅱ、Ⅲ级钢筋及HPB235、HRB335、HRB400 | 1.机械锚固型锚杆可用于硬岩、中硬岩；<br>2.黏结型锚杆除硬、中硬岩外，也可用于软岩；<br>3.因杆体、端头常锈蚀，不宜用作永久支护 |
| | | 杆体直径宜用$\phi20 \sim \phi22$mm | |
| | | 树脂锚固固化时间$t \leqslant 10$min | |
| | | 锚固长度树脂胶为20~35mm，快硬水泥卷为10mm | |
| 摩擦型锚杆 | 缝管锚杆（全摩擦） | 杆体材料16mm，外径30~45mm，壁厚2~2.5mm | — |
| | 楔管锚杆（局部摩擦） | 杆体材料同上，外径40~45mm，壁厚2.75~3.25mm | — |
| | 水胀锚杆 | 直径48mm，壁厚2mm，无缝钢管 | — |
| 预应力锚杆 | — | 材料：宜选用钢绞线、高强钢丝或厚强精轧螺纹钢筋 | 预留力砂浆锚杆可用作永久支护 |
| | — | 长度小于20m时也可用Ⅱ级、Ⅲ级钢筋 | 围岩变形大，杆件深度大于5m时采用 |
| 自钻式锚杆 | — | 杆体直径一般为$\phi28 \sim \phi32$mm钢管 | 成孔困难的地形 |
| | — | — | 锚杆长度大于5m的地形 |

锚 杆 施 工 表7.5-2

| 锚杆类型 | 施工要求 |
|---|---|
| 全长黏结型锚杆 | 1.杆体应平直、除锈、除油；<br>2.应采用中细砂，粒径应小于2.5mm，过筛；<br>3.配合比：水泥比砂宜为1:1~1:2（质量比），水灰比为0.38~0.45；<br>4.砂浆材料拌和均匀，初凝前应用完；<br>5.注浆中途停止超过30min时，应用水或稀水泥浆润滑注浆罐及其管路；<br>6.注浆管应距孔底50~100mm，随砂浆的注入缓慢匀速拔出；杆体插入后看孔口砂浆溢出，否则应及时补注；<br>7.杆体插入孔内长度应不小于设计规定长度的95%，锚杆安装后不得随意敲击 |
| 端头锚固式锚杆 | 1.树脂锚杆<br>（1）树脂卷应存放在阴凉干燥和温度为15~25℃的防火仓库中；<br>（2）树脂应在规定的时间内使用，过期者应进行检测试验，合格后方可使用；<br>（3）锚杆安装前应先量测孔深，做出标记，然后用杆体将树脂卷送至孔底；<br>（4）搅拌树脂时应缓慢推进杆体；<br>（5）树脂搅拌完毕后，应立即在孔口处将锚杆杆体临时固定；<br>（6）安装托板应在搅拌完毕15min后进行。当温度低于5℃时，安装托板的时间可适当延长 |

| 锚杆类型 | 施工要求 |
| --- | --- |
| 端头锚固式锚杆 | 2. 快硬水泥锚杆<br>(1)快硬水泥卷需严防受潮结块;<br>(2)快硬水泥锚杆应遵守树脂锚杆(3)~(6)的规定;<br>(3)水泥卷浸水后,应立即用锚杆杆体送至孔底,并应在水泥初凝前搅拌完毕;<br>(4)连续搅拌水泥卷的时间宜为30~105min;<br>(5)安装托板和紧固螺母应在水泥砂浆的强度达到10MPa后进行;<br>(6)安装端头锚固型锚杆的托板时,螺母拧紧矩不应小于100N·m |
| 摩擦型锚杆 | 1. 缝管锚杆<br>(1)向钻孔推入杆体,使可拉动凿岩机和专用连接器;<br>(2)凿岩机的工作风压不应小于0.4MPa;<br>(3)推送杆件时,凿岩机、锚杆体和钻孔中心等应在同一轴线上;<br>(4)锚杆体应全部推入钻孔。当托板抵紧壁石时,应立即停止推压。<br>2. 楔管锚杆<br>(1)应遵守缝管(1)~(4)的规定;<br>(2)安装顶锚下楔块时,伸入圆管后内的铜钎直径不应大于26mm;<br>(3)下楔块应推至要求部位,并与上楔块完全楔紧。<br>3. 水胀锚杆<br>(1)锚杆应轻拿轻放,严禁损伤锚杆末端的注浆嘴;<br>(2)安装前,应对安装系统进行全面检查,确保其良好状态;<br>(3)高压泵试运转,压力宜为15~30MPa;<br>(4)锚杆体送入钻孔中,应使托板与岩石紧贴 |
| 预应力锚杆 | 1. 杆体制作<br>(1)杆体尺寸应满足设计要求,妥善保管,无锈蚀,无损伤;<br>(2)按规定安放套管隔离架、时形管、承载体、注浆管、排气管。<br>2. 钻孔<br>(1)孔深、孔径应符合设计要求,钻孔深度不宜比规定值大200mm以上。钻头直径不应比规定的钻孔直径小3mm以上;<br>(2)钻孔与锚杆预定方位的允许角偏差为1°~3°。<br>3. 孔口承压垫座<br>(1)钻孔孔口应设有平整、牢固的承压垫座;<br>(2)垫座尺寸、结构强度应满足设计要求,承压面应与锚孔轴线垂直。<br>4. 锚杆安装与注浆<br>(1)杆体在运输、安装过程中应防止弯曲、扭转,不得破坏隔离架、防腐套管、注浆管、排气导管及其他辅件;<br>(2)杆体放入钻孔前应清除孔内石屑、岩粉,检查注浆管、排气管是否畅通、止浆器是否完好;<br>(3)浆液采用水灰比为0.45~0.5的纯水泥浆或水灰比为0.45~0.5的水泥砂浆;<br>(4)当使用自由段带套管的预应力筋时,宜在锚固段长度和自由段长度内采取同步注浆;<br>(5)当采用自由段无套管的预应力筋时,应进行两次灌浆。第一次灌浆时向锚固段内注入浆液,但浆液不得流入自由段。预应力筋张拉锚固后,应对自由段进行第二次灌浆;<br>(6)永久性预应力锚杆应采用封孔灌浆,应用浆灌入自由段长度顶部的孔隙;<br>(7)灌浆后,浆液强度未达到设计要求前,预应力筋不得受扰动。<br>5. 锚杆张拉与锁定<br>(1)锚杆张拉前,设备应率定;<br>(2)张拉应接程序进行,在编排程序时应考虑相邻孔预应力筋张拉的相互影响;<br>(3)正式张拉前,应取20%的设计张拉荷载对其预拉1~2次,使其各部位接触紧密,钢丝或钢绞线完全平直 |

续上表

| 锚杆类型 | 施工要求 |
| --- | --- |
| 预应力锚杆 | (4)压力分散型或拉力分散型锚杆应按张拉设计要求先分别对单元锚杆进行张拉,当各单元锚杆在同等荷载条件下因自由段长度不等而引起的弹性伸长差得以补偿后,再同时张拉各单元锚杆;<br>(5)预应力锚杆正式张拉时,应张拉至设计荷载的105% ~110%,再按规定值进行锁定;<br>(6)预应力筋锁定后48h内,若发现预应力损失大于锚杆拉力设计值的10%时,应进行补偿张拉;<br>6. 灌浆材料达到设计强度时,方可切除外露的预应力筋,切口的位置至外锚具的距离不应小于100mm。<br>7. 在软弱破碎和渗水量大的围岩中施作永久性预应力锚杆,施工前应根据需要对围岩进行固结灌浆处理 |
| 自钻式锚杆 | 1. 锚杆安装前,应检查锚杆体中孔和钻头的水孔是否畅通,若有堵寒应及时清理;<br>2. 锚杆体钻进至设计深度后,应用水和空气洗孔,直至孔口返水或返气,方可将钻机和连接套卸下,并及时安装垫板及螺母,临时固定杆体;<br>3. 锚杆灌浆材料宜采用纯水泥浆或1∶1水泥砂浆,水灰比宜为0.4~0.5,采用水泥砂浆时,砂子粒径不应大于1.0mm;<br>4. 灌浆料应由杆体中孔灌入,水泥浆体强度达5MPa后可上紧螺母 |

1)全长黏结型锚杆

全长黏结型锚杆安装时,需先向钻孔内注入黏结剂,然后将杆体插入钻孔,黏结剂固化后即可发挥作用。其中包含的注意事项如下:

(1)杆体应平直,并预先除锈、除油;

(2)采用水泥砂浆作为黏结剂时,应采用粒径小于2.5mm的中细砂,并经过筛处理;配合比水泥:砂宜为1∶1~1∶2(质量比),水灰比为0.38~0.45;

(3)砂浆材料要求拌和均匀,初凝前应用完;中途停止施工时间超过30min后,应采用水或稀水泥浆润滑注浆罐及其管路;

(4)注浆管应距孔底50~100mm,随砂浆的注入缓慢匀速拔出;杆体插入后看孔口砂浆是否溢出,否则应及时补注;

(5)杆体插入孔内长度应不小于设计规定长度的95%,锚杆安装后不得随意敲击。

采用树脂胶作为黏结剂时,有关规定可参见表7.5-2关于树脂锚固锚杆的规定。

2)端头锚固式锚杆

端头锚固式锚杆有机械锚固锚杆、树脂锚固锚杆和快硬水泥卷锚杆三种。其中机械锚固锚杆的安装工艺与端头锚固的构造有关,一般可按厂商规定的程序和要求操作。树脂锚固锚杆和快硬水泥卷锚杆的安装工艺与全长黏结型锚杆相仿,区别为这二类锚杆并非全长黏结,而仅是在孔底端部黏结形成内锚头,同时需在孔口设置外锚头锁定杆体。其具体工艺要求可参见表7.5-2。

3)摩擦型锚杆

摩擦型锚杆可分为缝管锚杆、楔管锚杆和水胀锚杆,其安装工艺要求见表7.5-2。其中缝管锚杆和楔管锚杆的工艺要求基本相同,但后者更需注意楔块尺寸及其配合的正确性,以确保楔块就位后能完全楔紧。

4)预应力锚杆

预应力锚索通常由内锚头、钢绞索和外锚头组成,其施工工艺应对杆体制作、钻孔、孔口承压垫座设置、锚杆安装与注浆、锚杆张拉与锁定等分别提出要求,如表7.5-2所示。

由表可见除上述基本工序外,对外露预应力筋的切除和地层预加固也有具体要求。即规定:灌浆材料达到设计强度时,方可切除外露的预应力筋,切口位置至外锚具的距离不应小于100mm;在软弱破碎和渗水量大的围岩中施作永久性预应力锚杆时,施工前应根据需要对围岩进行固结灌浆处理。

5)自钻式锚杆

自钻式锚杆通常是在地形条件十分复杂的情况下采用的一种锚杆。特点为集钻孔和锚杆安装于一体,设备较复杂,工序多。其具体要求见表7.5-2,不再赘述。

## 第六节 喷射混凝土

喷射混凝土既是一种新的施工工艺,又是一种新型支护结构。新施工工艺方面,它是使用混凝土喷射机和压缩空气,按一定比例和混合程序,将掺有速凝剂的细石混凝土喷射到岩壁表面上,迅速凝结硬化为一层结构层的工法;该结构层与围岩密贴,可对围岩起支护作用。

喷射混凝土可作为Ⅱ～Ⅴ级围岩中隧道工程围岩的临时支护或永久支护,也可与各种形式的锚杆、钢筋网、钢纤维和钢拱架等构成复合式支护结构。特点为灵活性很大,可以根据需要随时喷射,或分次加厚喷层的厚度。

### 一、混凝土喷射方式

喷射混凝土喷射方式可分为干喷、潮喷、湿喷及混合式喷射等,区别主要是各工艺的投料程序不同,尤其是加水和加速凝剂的时机不同。

(1)干喷和潮喷

干喷是将集料、水泥、速凝剂按一定比例干拌均匀后装入喷射机,用压缩空气使干集料在软管内呈悬浮状态压送到喷枪,在喷嘴处与高压水混合后,以较高速度喷射到岩面上的喷射工艺。其工艺流程见图7.6-1。

干喷的缺点是产生的粉尘量大,回弹量大,加水由喷嘴处的阀门控制,使水灰比的控制取决于喷射手操作的熟练程度。但使用的机械较简单,机械清洗和故障处理容易。

潮喷是将集料预加少量水,使之呈潮湿状,再加水泥拌和,从而降低上料、拌和和喷射时的粉尘量。但大量的水仍是在喷头处加入和喷出,其喷射工艺流程和使用的机械与干喷工艺相同(图7.6-1)。目前施工现场较多采用的是潮喷工艺。

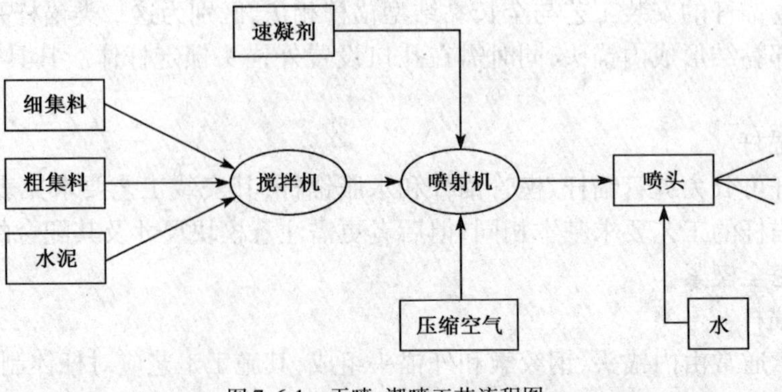


图7.6-1 干喷、潮喷工艺流程图

(2)湿喷

湿喷是将集料、水泥和水灰比按设计比例拌和均匀后，用湿式喷射机借助压缩空气将其压送到喷嘴处，再在喷头上添加速凝剂后喷向围岩表面的喷射工艺。其工艺流程见图7.6-2。

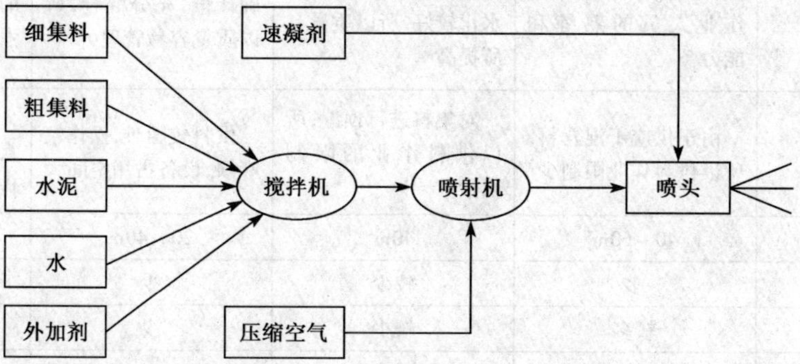


图7.6-2　湿喷工艺流程图

湿喷混凝土质量容易控制，喷射过程中的粉尘和回弹量很少，是应予发展、应用的喷射工艺。但其对喷射机械要求较高，机械清洗和故障处理较麻烦。对于喷层较厚的软岩和渗水隧道，则不宜使用湿喷。

(3)混合式喷射

混合式喷射又称水泥裹砂造壳喷射法。它是将一部分砂加一次水拌湿，再投入全部水泥强制搅拌造壳，然后加第二次水和减水剂拌和成SEC砂浆；再将一部分砂和石强制搅拌均匀，最后分别用砂浆泵和干式喷射机(加入速凝剂后)压送到混合管混合后喷出。其工艺流程见图7.6-3。

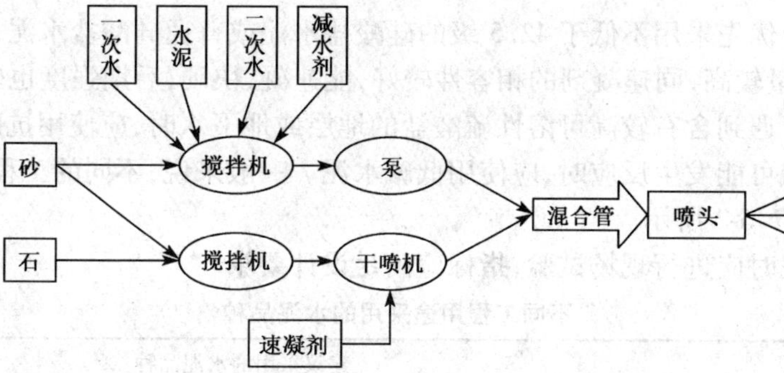


图7.6-3　混合喷射工艺流程图

混合喷射工艺是分次投料搅拌工艺与喷射工艺的结合，其关键是水泥裹砂(或砂、石)造壳技术。

混合喷射工艺使用的机械设备与干喷工艺基本相同，混凝土的质量则较干喷混凝土好，且粉尘和回弹率大幅度降低。但使用机械数量较多，工艺较复杂，机械清洗和故障处理很麻烦。因此混合喷射工艺一般只在喷射混凝土量大和大断面隧道工程中采用。

此外，由于喷射工艺不同，喷射混凝土强度也不同。干喷和潮喷混凝土强度较低，一般只能达到C20，而混合喷射和湿喷则可达到C30～C35。

表7.6-1为各种喷射方式主要特性的比较，可供参考。

**多种喷射方式比较**　　表 7.6-1

| 技术参数对比＼喷射方法 | 干　喷 | 潮　喷 | 湿　喷 | 混合式喷射 |
|---|---|---|---|---|
| 喷射混凝土质量 | 水与干料在喷嘴处混合，所以质量取决于作业人员的熟练和能力 | 砂、石料预湿后，再在喷头处第二次加水，水化较好，所以质量有所提高 | 水与其他材料能准确计量，充分混合，所以质量容易管理 | 由于集中干喷、湿喷的优点，所以质量好，强度大 |
| 作用条件 | 由于供应干混合料，所以供料作业限制少 | 对集料进行预湿，所以供料作业的限制很少 | 供料较困难，操作较麻烦，设备占用空间大 | 设备规模大、适用于大断石隧道施工。操作和工艺较复杂 |
| 水平轨道距离 | 40 ~ 60m | 40m | 20 ~ 40m | 40m |
| 粉尘 | 多 | 较少 | 少 | 少 |
| 回弹 | 较多 | 较少 | 少 | 少 |
| 故障处理 | 较容易 | 较容易 | 堵管后处理比较困难 | 困难 |
| 清洗养护 | 容易 | 较容易 | 麻烦 | 很麻烦 |

## 二、喷射混凝土的材料

喷射混凝土组成材料主要有水泥、石子、砂、减水剂、速凝剂、钢纤维和钢筋网等。其中水泥为胶结料，石子和砂为粗细集料，减水剂、速凝剂用于改善性能，钢纤维和钢筋网用于增强构件的刚度。以下分别作简要介绍。

(1)水泥

水泥品种和强度等级的选择主要应满足工程使用要求，掺入速凝剂时尚应考虑水泥与速凝剂的相容性。

喷射混凝土应优先采用不低于 42.5 级的硅酸盐水泥或普通硅酸盐水泥，因为这两种水泥的 C3S 和 C3A 含量较高，同速凝剂的相容性较好，能速凝、快硬，后期强度也较高。

当喷射混凝土遇到含有较高可溶性硫酸盐的地层或地下水时，应使用抗硫酸盐类水泥；当集料与水泥中的碱可能发生反应时，应使用低碱水泥。一般来说，不同的工程用途应采用不同品种的水泥，如表 7.6-2 所示。

采用特种水泥时应进行现场试验，指标应满足设计要求。

**不同工程用途采用的水泥品种**　　表 7.6-2

| 用　途 | 建议采用的水泥品种 |
|---|---|
| 一般工程 | 普通硅酸盐水泥、火山灰质硅酸盐水泥、矿渣硅酸盐水泥 |
| 水下工程 | 火山灰硅酸盐水泥、矿渣硅酸盐水泥、石灰矿渣水泥 |
| 紧急抢修工程 | 快硬硅酸盐水泥、高强水泥 |
| 抗冻工程 | 塑化硅酸盐水泥 |
| 耐腐蚀工程 | 普通耐酸水泥 |
| 防水工程 | 硅酸盐膨胀水泥、膨胀性不透水水泥 |

(2)砂

喷射混凝土用砂宜选择坚硬耐久的中砂(平均粒径为 0.35 ~ 0.5mm)或粗砂(平均粒径 > 0.5mm)，细度模量应大于 2.5，含水率宜控制在 5% ~ 7%。砂子过细会使干缩增大；砂子过粗则会增加回弹。砂子中小于0.075mm的颗粒含量不应超过20%，否则由于集料周围黏有灰尘，会妨碍集料与水泥的良好黏结。

砂料的技术要求见表7.6-3。

砂的技术要求　　表7.6-3

| 颗粒级配 | 筛孔尺寸(mm) | 0.15 | 0.30 | 1.20 | 5.0 |
|---|---|---|---|---|---|
| | 累计筛余以质量百分比计(%) | 90~98 | 70~90 | 15~50 | 0~5 |
| 泥土杂物含量(用冲洗法试验)按质量不大于3% | | | | | |
| 硫化物和硫酸盐含量(折量为$SO_3$)，按质量计不大于1% | | | | | |
| 有机物质含量(用比色法试验)，颜色不应深于标准色，如深于标准色，则应以混凝土进行强度对比试验加以复核 | | | | | |

(3)石子

采用坚硬耐久的卵石或碎石，粒径不大于15mm。以卵石为好，因为卵石对设备及管路磨蚀小，也不会因针片状含量多而引起管路堵塞。使用前应筛洗干净，含水率控制在2%左右为宜。此外需注意集料级配，因为集料级配对喷射混凝土拌和料的可泵性、通过管道的流动性、在喷嘴处的水化、对受喷面的黏附等都有重要影响。

石子的技术要求见表7.6-4，石子的级配(通过各筛孔的累计质量百分数)见表7.6-5。

石子的技术要求表　　表7.6-4

| 颗粒级配 | 筛孔尺寸(mm) | 5 | 10 | 20 |
|---|---|---|---|---|
| | 累计筛余以质量百分比计(%) | 90~100 | 30~60 | 0~5 |
| 强度以岩石试块(边长≥5cm的立方体)在水饱和状态下的抗压极限强度与混凝土设计强度等级之比，碎石不得小于200% | | | | |
| 卵石软弱颗粒含量，按质量百分比计，不得大于5% | | | | |
| 碎石、卵石中针状颗粒含量，按质量百分比计，不得大于15% | | | | |
| 卵石中泥土、杂物含量(用冲洗法试验)不大于1% | | | | |
| 硫化物和硫酸盐(折算为$SO_3$)，按质量百分比计，不大于1% | | | | |
| 石粉含量，按质量百分比计，不大于2% | | | | |
| 有机物质含量(用比色法试验)，颜色不深于标准色，如深于标准色，则应以混凝土进行强度对比试验加以复核 | | | | |

注：1. 有抗冻性要求的混凝土用碎石，除应符合上述要求外，并应有足够的坚实性；在硫酸盐溶液中浸泡至饱和，又使其干燥，循环5次后，其质量损失不得超过10%。
2. 碎石、卵石应保持洁净，不得含有黏土团块或有机杂质，更不得混进燃烧过的白云石或石灰石块等。

石子级配表　　表7.6-5

| 集料粒径(mm) | 0.15 | 0.30 | 0.60 | 1.20 | 2.5 | 5.0 | 10.0 | 15.0 |
|---|---|---|---|---|---|---|---|---|
| 优(%) | 5~7 | 10~15 | 17~22 | 23~31 | 35~43 | 50~60 | 62~73 | 100 |
| 良(%) | 4~8 | 5~22 | 13~31 | 18~41 | 26~54 | 40~70 | 62~90 | 100 |

(4)减水剂

喷射混凝土掺入减水剂后，可在保持流动性的条件下显著地减小水灰比，一般减水率为5%~15%。其原理为加入减水剂后，其憎水基团定向吸附于水泥质点表面，亲水基团指向水溶液，由此在带电颗粒间产生分散作用。

国内外的经验表明，在喷射混凝土中加入少量减水剂(一般占水泥质量的0.5%~1.0%)，可以提高其强度，减少回弹，并明显地改善其不透水性和抗冻性。

减水剂的种类见表7.6-6，减水剂对混凝土强度的影响见表7.6-7。

喷混凝土掺减水剂的种类及掺量表　　表7.6-6

| 名　称 | 形　状 | 掺量（占水泥质量的百分比）（%） | 附　注 |
|---|---|---|---|
| FDN | 固体 | 0.2～1.0 | — |
| SN-1 | 固体 | 0.5～1.0 | — |
| NF | 固体 | 0.5～0.7 | — |
| UNF-2 | 粉状 | 0.3～0.7 | — |
| AU | — | 0.5～1.0 | — |

减水剂对混凝土强度的影响　　表7.6-7

| 名　称 | 掺量（%） | 水　灰　比 | 坍落度（cm） | 减水率（%） | 不同龄期的抗压强度（MPa） | | |
|---|---|---|---|---|---|---|---|
| | | | | | 3d | 7d | 28d |
| SN-1 | 0.5 | 0.62 | 8.0 | 14 | 14.3 | 20.5 | 33.7 |
| | 0.75 | 0.608 | 7.4 | 17 | 16.7 | 23.8 | 38.5 |
| | 1.0 | 0.59 | 5.0 | 21 | 20.9 | 28.9 | 40.7 |
| UNF | 0.5 | 0.44 | 2.6 | 15.7 | 8.9 | 15.0 | 28.0 |
| AU | 1.0 | 0.52 | 5.1 | 20.0 | 14.8 | 20.3 | 31.1 |
| | 0.75 | 0.53 | 5.5 | 18.0 | 14.1 | 19.1 | 29.0 |
| | 0.5 | 0.58 | 5.4 | 15.0 | 14.3 | 18.6 | 30.1 |
| NF | 0.7 | — | — | — | 20.0 | 21.6 | 29.3 |

（5）速凝剂

速凝剂主要可以使喷射混凝土速凝快硬，减少回弹损失，防止喷射混凝土因重力作用脱落，提高其在潮湿或含水岩层中的适用性，以及可适当加大一次喷射的厚度及缩短喷射层间的间隔时间。

速凝剂用量与要求的凝结时间、水泥品种及其风化程度以及施工时的温度等有关。使用前应根据施工工艺要求的凝结时间，对所用水泥作不同掺量的凝结时间试验和强度试验，以确定最佳掺量。一般要求速凝剂掺量为水泥质量的2%～4%，初凝时间不大于5min，终凝时间不大于10min。速凝剂的运输、存放应保持干燥，防止受潮。

速凝剂需采用维卡仪测定凝结时间，经潮湿养护后测定其抗压强度，试验结果如表7.6-8所示。速凝剂对水泥强度影响的试验值见表7.6-9。

速凝剂用量和强度关系表　　表7.6-8

| 速凝剂掺量（%） | 凝结时间 | | 抗压强度（MPa） | | | | | 28d相对强度（%） |
|---|---|---|---|---|---|---|---|---|
| | 初凝 | 终凝 | 4h | 1d | 3d | 7d | 28d | |
| 0 | 6h45min | 9h | — | 2.5 | 11.7 | 18.2 | 34.2 | 100 |
| 1.5 | >45min | — | — | — | — | — | — | — |
| 2 | 4min | 7.5min | — | — | — | — | — | — |
| 2.5 | 2.83min | 6.5min | 5 | 8.0 | 14.4 | 18.8 | 25.4 | 74 |
| 3 | 2.25min | 5.92min | 5 | 7.3 | 15.9 | 18.6 | 24.4 | 71 |
| 4 | 4min | 12.5min | 5 | 5.8 | 14.5 | 16.2 | 22.6 | 66 |
| 6 | 6.83min | 27min | 3 | 7.7 | 13.7 | 14.5 | 20.2 | 59 |

注：本表采用哈尔滨水泥厂强度等级42.5的硅酸盐水泥、红星一型速凝剂。

**速凝剂对水泥强度影响试验值** 表 7.6-9

| 速凝剂品种 | 掺量(%) | 水泥抗压强度(MPa) | | | 备注 |
|---|---|---|---|---|---|
| | | 1d | 7d | 28d | |
| 无 | 0 | 3.0 | 16.0 | 43.2 | 水灰比 0.4 |
| 711 型 | 2.5 | 8.0 | 22.6 | 32.8 | 搅拌 30s |
| 红星一型 | 4.0 | 7.0 | 20.0 | 30.5 | 试模尺寸(cm):4×4×4 |

(6)钢纤维

钢纤维材料的特点是抗裂性大、弹性模量高,可显著提高混凝土基材的抗拉强度,阻止微裂隙发展和出现新裂隙,提高喷射混凝土的抗变形能力。

钢纤维的种类有普通圆钢丝、纹钢丝、刻槽钢丝、变形钢丝及矩形断面钢纤维等,抗拉强度均不应低于 380MPa。常用钢纤维的直径为 0.25~0.4mm,长度为 20~30mm,长径比一般为 60~100。

(7)钢筋网

钢筋网是在喷射混凝土层中呈网格状布置的钢筋。用于增强喷射混凝土的强度及抗变形能力。

一般采用 $\phi4 \sim \phi12$mm 的 I 级钢筋作为筋材。钢筋网尺寸应根据围岩情况决定,一般为 150mm×150mm~300mm×300mm。钢筋保护层的厚度不应小于 20mm。

(8)配合比、水灰比

选择喷射混凝土拌和料的配合比时,应注意满足的要求为:必须能向上喷射到指定厚度,并且回弹少;4~8h 强度应具有控制变形的能力;在速凝剂满足可喷性和早期强度条件下,能达到设计 28d 的强度;有良好的耐久性和不发生堵管。可见既要考虑混凝土强度和其他物理力学性能的要求,又要考虑施工工艺的要求。

喷射混凝土拌和料的配合比应通过试验确定。一般如下。

胶骨比: 1:4~1:4.5

含砂率: 45%~55%

速凝剂掺量(普通硅酸盐水泥): 2.5%~4%

水灰比: 0.4~0.5

水泥用量不宜超过 450kg/$m^3$。

喷射混凝土的配合比和水灰比可参见表 7.6-10。

**喷混凝土的配合比和水灰比** 表 7.6-10

| 喷射部位 | 水灰比 | 配合比(水泥:砂:石子) | | 附注 |
|---|---|---|---|---|
| | | 喷射第一层 | 喷射非第一层 | |
| 拱部 | 0.4~0.45 | 1:2:1.5 | 1:2:2 | 拱部比墙部要少用石子,岩面光滑时,为了减少首层粗集料的回弹量,必要时可先喷一薄层水泥砂浆,再喷混凝土 |
| 墙部 | 0.45~0.5 | 1:2:2 | 1:2:2.5 | |

## 三、喷射混凝土的性能

(1)喷射混凝土的抗压强度

素喷混凝土的抗压强度见表 7.6-11,钢纤维喷射混凝土的抗压强度见表 7.6-12。

素喷混凝土抗压强度表　　表 7.6-11

| 水　　泥 | 配合比水泥：砂：石 | 速凝剂掺量（%） | 抗压强度（MPa） | | |
|---|---|---|---|---|---|
| | | | 28d | 60d | 150d |
| 普硅强度等级 42.5 | 1：(2～2.5)：(2.5～2.0) | 0 | 30～40 | 35～45 | 40～50 |
| 普硅强度等级 42.5 | 1：2：1.5 | 0 | 35～43 | 40～48 | 45～53 |
| 矿渣强度等级 32.5 | 1：(2～2.5)：2 | 0 | 25～30 | 30～35 | 35～40 |
| 普硅强度等级 42.5 | 1：2：2 | 2.5～4 | 20～25 | 22～28 | — |

钢纤维喷射混凝土的抗压强表　　表 7.6-12

| 序号 | 钢纤维规格及掺量 | | | | 抗压强度（MPa） |
|---|---|---|---|---|---|
| | 直径 $d$（mm） | 长度 $L$（mm） | 长细比 $L/d$ | 掺量（体积百分比）（%） | |
| 1 | 0.3 | 20 | 67 | 1.0 | 38.4 |
| 2 | 0.3 | 25 | 83 | 1.0 | 36.0 |
| 3 | 0.3 | 25 | 83 | 1.5 | 46.8 |
| 4 | 0.4 | 20 | 50 | 1.0 | 44.6 |
| 5 | 0.4 | 25 | 63 | 1.5 | 46.0 |

注：混凝土配合比为 1：2：2，不加速凝剂。

（2）喷射混凝土的抗拉强度

素喷混凝土的抗拉强度见表 7.6-13，钢纤维喷射混凝土的抗拉强度见表 7.6-14。

素喷混凝土抗拉强度表　　表 7.6-13

| 水　　泥 | 配合比水泥：砂：石 | 速凝剂掺量（%） | 抗拉强度（MPa） | | |
|---|---|---|---|---|---|
| | | | 28d | 60d | 150d |
| 普硅强度等级 42.5 | 1：(2～2.5)：(2.5～2) | 0 | 2.0～3.0 | 2.5～3.5 | 3.0～4.0 |
| 矿渣强度等级 32.5 | 1：2.5：2 | 0 | 1.8～2.5 | 2.2～2.6 | 2.4～2.8 |
| 普硅强度等级 42.5 | 1：(2～2.5)：(2.5～2) | 2.5～4.0 | 1.4～2.0 | 1.6～2.2 | 2.0～2.5 |
| 普硅强度等级 42.5 | 1：2.5：2 | 2.5～4.0 | 1.4～1.8 | 1.5～2.0 | 1.8～2.2 |

钢纤维喷射混凝土的抗拉强度表　　表 7.6-14

| 序号 | 钢纤维规格及掺量 | | | | 抗拉强度（MPa） |
|---|---|---|---|---|---|
| | 直径 $d$（mm） | 长度 $L$（mm） | 长细比 $L/d$ | 掺量（体积百分比）（%） | |
| 1 | 0.3 | 25 | 83 | 1.0 | 4.1 |
| 2 | 0.3 | 25 | 83 | 1.5 | 4.3 |
| 3 | 0.3 | 25 | 63 | 1.0 | 3.5 |
| 4 | 0.4 | 25 | 63 | 1.5 | 4.0 |
| 5 | 0.4 | 25 | 63 | 1.0 | 4.4 |

（3）钢纤维喷射混凝土的抗弯强度

钢纤维喷射混凝土的抗弯强度见表 7.6-15。

**钢纤维喷射混凝土的抗弯强度表** 表 7.6-15

| 序号 | 钢纤维规格及掺量 | | | | 抗弯强度(MPa) |
|---|---|---|---|---|---|
| | 直径 $d$(mm) | 长度 $L$(mm) | 长细比 $L/d$ | 掺量(体积百分比)(%) | |
| 1 | 0.3 | 25 | 83 | 1.0 | 9.0 |
| 2 | 0.3 | 25 | 83 | 1.5 | 9.5 |
| 3 | 0.3 | 25 | 63 | 2.0 | 10.8 |
| 4 | 0.4 | 25 | 63 | 1.0 | 8.6 |
| 5 | 0.4 | 25 | 63 | 1.5 | 9.0 |
| 6 | 0.4 | 25 | 63 | 2.5 | 9.5 |

注:混凝土配合比为 1 : 2 : 2。

(4)喷射混凝土的抗剪强度

喷射混凝土的抗剪强度见表 7.6-16。

**喷射混凝土的抗剪强度表** 表 7.6-16

| 水　泥 | 配合比水泥 : 砂 : 石子 | 速凝剂掺量(%) | 抗剪强度(MPa) |
|---|---|---|---|
| 普硅强度等级 42.5 | 1 : 2.5 : 1.5 | 2 | 3.68 |
| | 1 : 2 : 2 | 3 | 3.67 |
| | 1 : 2 : 2 | 2.5 ~ 4.0 | 3.0 ~ 4.0 |

(5)喷射混凝土的黏结强度

喷射混凝土的黏结强度见表 7.6-17。

**喷射混凝土的黏结强度表** 表 7.6-17

| 黏 结 类 型 | 配合比水泥 : 砂 : 石子 | 速凝剂掺量(占水泥质量)(%) | 黏结强度(MPa) |
|---|---|---|---|
| 与岩石黏结 | 1 : 2 : 2 | 0 | 1.5 ~ 2.0 |
| 与岩石黏结 | 1 : 2 : 2 | 2.5 ~ 4.0 | 1.0 ~ 1.5 |
| 与旧混凝土黏结 | 1 : 2 : 2 | 0 | 1.5 ~ 2.0 |
| 与钢筋黏结 | 1 : 2 : 2 | 0 | 3.5 ~ 4.5 |
| 与钢筋黏结 | 1 : 2 : 2 | 4.0 | 2.5 ~ 3.5 |

(6)喷射混凝土的弹性模量

喷射混凝土的弹性模量见表 7.6-18。

**喷射混凝土弹性模量表** 表 7.6-18

| 抗压强度等级 | 弹性模量(MPa) | 抗压强度等级 | 弹性模量(MPa) |
|---|---|---|---|
| C20 | $(2.0 \sim 2.3) \times 10^4$ | C30 | $(2.5 \sim 2.7) \times 10^4$ |
| C25 | $(2.3 \sim 2.5) \times 10^4$ | C35 | $(2.7 \sim 3.0) \times 10^4$ |

(7)喷射混凝土的抗冻性

喷射混凝土的抗冻性见表 7.6-19。

**喷射混凝土的抗冻验参考资料表** 表 7.6-19

| 冻融循环次数(F) | 冻融状态 | 速凝剂 | 冻融后试件强度(MPa) | 检验试件强度(MPa) | 冻融后强度变化率(%) |
|---|---|---|---|---|---|
| 150 | 饱和吸水 | 无 | 29.4 | 27.1 | +8 |
| | | 有 | 23.5 | 24.0 | -2 |
| | 半浸水 | 无 | 32.4 | 33.3 | -3 |
| | | 有 | 18.9 | 19.4 | -3 |
| 200 | 饱和吸水 | 无 | 28.8 | 32.2 | -11 |
| | | 有 | 22.2 | 21.0 | +6 |
| | 半浸水 | 无 | 30.2 | 33.5 | -10 |
| | | 有 | 20.8 | 19.0 | +9 |

(8)喷射混凝土的耐蚀试验结果

喷射混凝土的耐蚀试验结果见表 7.6-20。

**喷射混凝土耐蚀试验结果表** 表 7.6-20

| 硫酸盐浓度($SO_4$ 浓度)(%) | 浸泡时间 | 速凝剂 | 浸泡试件强度(MPa) | 标准试件强度(MPa) | 浸泡后强度变化率(%) |
|---|---|---|---|---|---|
| 2 | 一年 | 加 | 18.2 | 27.8 | -34 |
| | | 不加 | 23.6 | 33.4 | -30 |
| 3 | 一年 | 加 | 20.8 | 27.4 | -24 |
| | | 不加 | 38.0 | 46.9 | -19 |
| 4 | 一年 | 加 | 36.7 | 37.5 | -2 |
| | | 不加 | 30.9 | 40.9 | -24 |

(9)喷射混凝土支护抗爆性

表 7.6-21 为对喷射混凝土支护进行抗爆性试验的结果。可见喷射混凝土支护的抗爆性较好,但当不能保证喷射混凝土与岩层间的黏结强度时,其抗爆性能会大大削弱。

**喷射混凝土支护抗爆性试验结果** 表 7.6-21

| 支护类型 | 爆破类型 | 爆破点距支护处间距(m) | 爆破与支护时间间隔(d) | 爆破后支护情况 |
|---|---|---|---|---|
| 15cm 厚喷射混凝土 | 普通掘进爆破 | 4~5 | 2 | 良好 |
| | 光面爆破 | 1.2~2.0 | 1~2 | 无裂纹 |
| 5~8cm 喷射混凝土、局部有锚杆 | 普通掘进爆破 | 1.0~1.5 | 1 | 良好 |
| 10cm 厚喷射混凝土 | 掘进爆破、大块二次爆破 | 10 | 1 | 良好 |
| 5~10cm 喷射混凝土、锚杆、钢筋网 | 普通掘进爆破 | 1.0 | 4 | 良好 |

(10)喷射混凝土的预水化

采用干拌法喷射混凝土情况下,集料中的砂子含有一定的水分,与水泥拌和后如不立即喷射使用,水泥会产生预先水化,从而影响集料与水泥颗料间的紧密黏结,延缓凝结时间和降低强度。拌和料停放时间在 2h 以内时,喷射混凝土的抗压强度约降低 10%;停放时间超过 8h,

则强度降低35%以上,故拌和料一般应在30min内用完。

## 四、喷射混凝土的施工工艺

1)施工准备工作

混凝土喷射作业施工准备工作的内容及要求见表7.6-22。由表可见施工准备的工作内容可归类为材料准备,机械及管路的准备以及待喷面的准备。材料准备除检查备料数量是否足够外,主要是检查水泥、砂、石、速凝剂、水等的质量。砂、石应过筛、洗净,含水率应符合要求,否则应翻晒或洒水。

机械及管路准备主要是检查喷射机、混凝土搅拌机、皮带运输机等是否完好,并应进行试运转。同时应检查管路及接头是否保持状态良好,风管是否漏风,水管是否漏水。

表7.6-22对待喷面的准备工作列有许多细目,不再重复列举。其要点主要是撬落危石和喷水冲洗岩面。喷射混凝土失败的一个最普通的原因是因受喷面冲洗不当而黏结不良,冲洗受喷面的最普通的方法是利用水、气射流。撬落危石是为了提高靠近喷层的岩石的坚固性,但在剥落地层中,只应迅速撬掉最松动的石板或石片,并随即尽早对其提供初期支护,否则可能反而增加超挖。

**喷射作业施工准备工作内容**　　表7.6-22

| 项　目 | 内容及要求 |
|---|---|
| 材料方面 | 对水泥、砂、石、速凝剂、水等的质量要进行检验。砂、石均应过筛,并应事先清洗干净。砂、石含水率应符合要求,为控制砂、石含水率,一般应设置防雨棚,干燥的砂子应适当洒水 |
| 机械及管路方面 | 喷射机、混凝土搅拌机、皮带运输机等使用前均应检修完好,就位前要进行试运转;<br>管路及接头要保持良好,要求风管不漏风,水管不漏水,沿风、水管路每隔40~50m装一阀门接头,以便当喷射机移动时,连接风、水管 |
| 其他方面 | 检查开挖断面,欠挖处要补凿够。敲帮找顶、清除浮石,用高压水冲洗岩面,附着于岩面的泥污应冲洗干净,每次冲洗长度以10~20m为宜。对裂隙水要进行处理;<br>不良地质处应事行进行加固(如采用锚杆、钢筋网或金属支架等),对设计要求或施工使用的预埋件要安装准确。备好脚手架或喷射台车,以便于喷射边墙上部或拱部,埋设测量喷混凝土厚度的标志,如利用锚杆留一定长度作标记时,应及时将多余长度锯掉,以免喷射后露在外面;<br>喷射作业面须有充足的照明,照明灯上应罩上铁丝网,以免回弹物打坏照明灯;<br>当喷头作业与喷射机间的距离超过30m时,宜设置电铃或信号灯作为联络信号。作好回弹物的回收和使用的准备,喷射前先在喷混凝土地段铺设薄铁板或其他易于回收回弹物的设备 |

2)喷射作业的基本要求

(1)风压及水压

喷射作业所需的风压与输送距离、高程、管道的弯曲半径及数量、干拌和料配合比、砂石的种类、级配、含水率等有关。为了确保喷射混凝土的质量,降低回弹率,减少粉尘,喷射作业时要求风压稳定,压力大小调整适当。当输料距离不大时,双罐式混凝土喷射机的风压和水平输送距离间的关系为:

$$空载压力(100kPa)=0.01\times 输料管长度(m) \tag{7.6-1}$$

$$工作压力(100kPa)=1+0.013\times 输料管长度(m) \tag{7.6-2}$$

但当向上垂直输送时,风压比水平输送约每10m增高20~30kPa。

水压一般要比风压高50~100kPa,要求在喷头水环处形成水雾,使干拌和料充分湿润,喷射作业区的系统水压应大于400kPa,系统水压不足时,需采用压力水箱提高水压。

(2)水灰比的控制

合理的给水量是保证喷混凝土质量、降低回弹率和减少粉尘的重要因素。由于喷射混凝土施工工艺的特点,水灰比的控制目前只能凭借喷射手的经验目测掌握。如喷射的混凝土易黏着,回弹小,表面湿润光泽,说明水量合适,这时的水灰比一般为0.4~0.5。如果表面无光泽或出现干斑,回弹物增加,灰尘飞扬,混凝土不密实,则说明水量小;如果表面塑性大或出现流淌、滑动现象,说明水量大。喷射手应根据这些现象,及时调整水量。

(3)喷射角度与喷射距离

喷嘴与岩面的角度,一般应垂直于岩面。但在喷边墙时,宜将喷嘴略向下俯10°左右,使混凝土束喷射在较厚的混凝土顶端,如图7.6-4所示。由于混凝土束喷射在呈黏塑性状态的混凝土上,可避免料束中的粗集料直接与岩面撞击,减少回弹量。

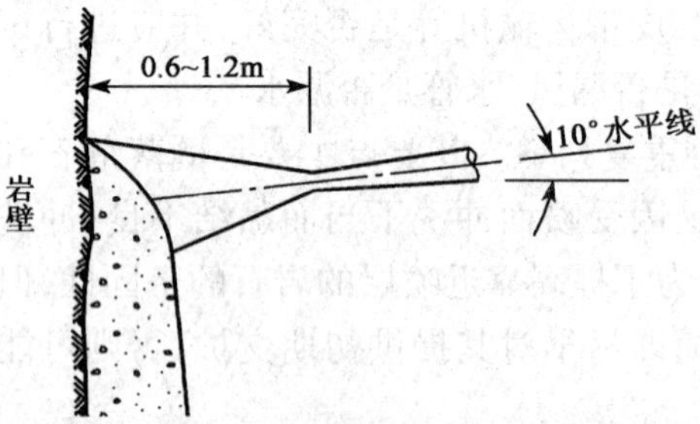

图7.6-4 喷射角度和喷射距离示意图

喷射距离应由喷混凝土最小的回弹和最高的强度确定。原则上以能看清喷射情况,使料束集中,回弹量小为宜;同时也取决于喷头出口压力的大小。一般以0.6~1.2m较好,最佳为0.8~1.0m。喷射手应视具体情况,选用适当的喷射距离。

(4)一次喷射厚度

一次喷射厚度,主要由喷射混凝土颗粒之间的凝聚力和喷射层与受喷岩面之间的黏结力确定。厚度太薄会增大回弹率;厚度太大会使混凝土颗粒间的凝聚力减弱,同时会引起大片坍落或导致混凝土与岩面脱离。适宜的一次喷射厚度就是混凝土层在不错裂、不脱落的情况下达到的最大厚度。

分层喷射厚度主要和喷射部位有关,可参照表7.6-23选用。

**喷射厚度和喷射部位表** 表7.6-23

| 项目 | 一次喷射厚度(cm) | |
|---|---|---|
| | 掺速凝剂 | 不掺速凝剂 |
| 拱部 | 5~6 | 3~4 |
| 边墙 | 7~10 | 5~7 |

分层喷射厚度一般为粗集料最大粒径的两倍,如一次喷射厚度小于5cm,使用石子的最大粒径也需相应减小。

(5)分层喷射的间隔时间

分层喷射的合理间隔时间不仅与水泥品种及速凝剂掺量有关,而且与施工温度、速凝剂种类和水灰比大小等有关。间隔时间不宜过短,当掺入(红星一型)速凝剂达2.5%~4%时,分层喷射的间隔时间宜为15~20min。

(6)喷射顺序

喷射顺序应先墙后拱,自下而上。如岩面凹凸不平,应先喷凹处找平,然后向上喷射。喷射时喷嘴料束应呈旋转轨迹运动,一圈压半圈,纵向按蛇形进行。转动半径一般在15cm左右,每次蛇行长度3~4m或根据速凝效果而定。喷射纵向第二行时,要依顺序从第一行的起点处开始,行与行间搭接2~3cm。料束旋转速度,原则上要均匀,不宜太慢或太快。喷射区段划分和喷头活动顺序如图7.6-5所示。

如工程需要适当美观，可在喷射混凝土表面再喷射一层同强度等级的水泥砂浆。注意这时喷射顺序应自上而下，喷头料束呈横扫方式运动，不能旋转或停留，以使表面平整、光滑。

(7)喷射厚度控制

控制喷射混凝土厚度的方法有标桩法、针控法或凿孔法及摄影法三种。

①标桩法

通过设置标桩对喷射混凝土厚度进行计量和控制的方法。

如安设锚杆，可利用锚杆外露长度作为标桩，如不安设锚杆，则可在较平整的岩面上，用速凝砂浆固定一些铁钉(或用$\phi$2mm 的铁丝制成的"U"形钉)，其长度比要求的喷射厚度长 1cm，每平方米约埋 1～2 根。

②针探法及凿孔法

针探法是在喷射混凝土表面，每隔一定距离将针插入新喷而尚未凝固的混凝土中，以探查和测定喷射混凝土层的厚度。采用该法得知正确厚度势必多插多探，导致出现很多人为孔眼，有损混凝土的密实性。

凿孔法系在混凝土喷射后 2～4h，钻凿直径 20mm 的检查孔，探测喷射混凝土层的厚度，孔距约 5m。

③摄影法

借助摄影技术测定喷射混凝土层的厚度的方法。操作时采用一个"缝隙光源"照射隧道围岩的表面，形成显示某横断面围岩轮廓的"光带"。拍摄此光带即得到坑道围岩轮廓的图像。在混凝土喷射后，于同一位置第二次拍摄光带，得到喷射混凝土轮廓的图像。

中线水平和比例尺，可由安设在遮光板上的四个亮点(2.5V 电珠)控制。将这两次拍摄的胶片重叠洗印，即得有两条光带的照片(图 7.6-6)，两光带间显示的即是喷射混凝土的厚度。用此法时，可每 20m 测一个断面。

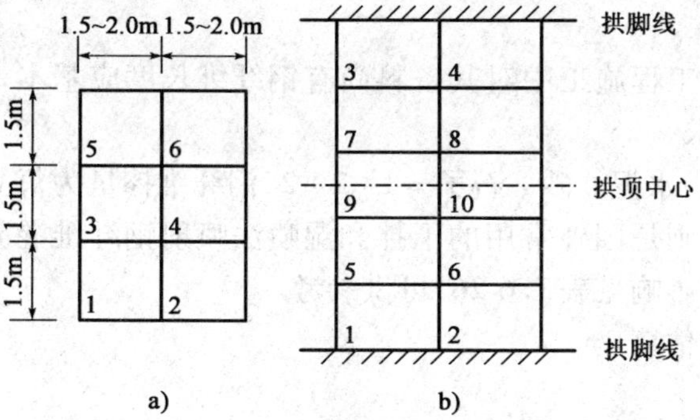


图 7.6-5 喷射区段划分和喷头活动顺序示意图

a)边墙；b)拱部

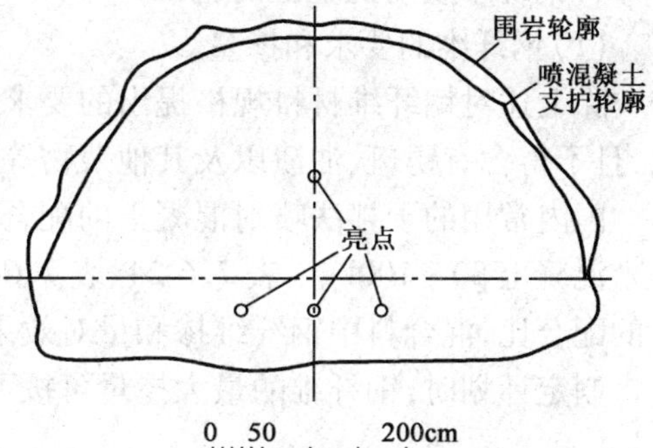


图 7.6-6 摄影法控制喷射厚度示意图

3)喷射作业的主要技术参数

以下叙述喷射作业采用的主要技术参数。

(1)水灰比

一般为 0.25～0.35。

(2)工作风压

经验数值为 0.17～0.4MPa。

喷射时应遵循的原则主要如下：

①应根据当时喷混凝土混合料的具体含水率大小予以调节。

②应根据喷射机生产率及输料距离的不同情况，合理布置施工现场。

③应根据喷射部位的变化（如水平喷射，垂直向上或向下喷射，临时垂直上升喷头喷射等）及混合料石子的粒径、工作水压的大小等及时调整工作风压。一般经验公式为：

水平向上喷射：　$P=1+(0.035-0.04)\times$输料距离　(7.6-3)

垂直向上喷射：　$P=1+(0.04-0.045)\times$输料距离　(7.6-4)

喷头垂直向上提升时，每提升5m一般应加大风压0.02~0.03MPa。

(3)加水量

应在使预加水通过双水环的加水量稳定在最大加水量40%~60%左右的情况下，通过调整喷头水环水阀的开度加入一定水量，达到水泥充分水化所需的最大加水量。但由于在喷射施工中，经常会发生输料不均匀、不稳定和不连续，使混合料拌和不匀，水泥与砂、石分离，工作水压及水量突然变化，水环孔眼部分堵塞等情况，从而引起水灰比变化，对这些短时变化应及时判断予以调节。

(4)喷射路线和一次喷射厚度

喷射路线一般是自下往上喷，喷射范围每次长1.5~2.0m，高1~1.5m，复喷划分区段每段长约6m，先喷平凹面，后喷凸面。

喷层厚度拱部为5~7cm。边墙未加速凝剂时，每层喷厚可为5~7cm；加速凝剂时可为7~10cm。

(5)喷射距离与喷射角度

喷射距离一般可保持在60~100cm左右。在喷射顶部时，可适当增加到100~140cm。基本上可凭经验，从观察回弹物的多少加以调整和控制。

4)钢纤维喷射混凝土的施工

(1)钢纤维的要求和掺量

除上述对钢纤维材料规格提出的要求外，工程施工中对其备料尚有钢纤维长度应基本一致，且不得含有锈斑、油渍以及其他杂物等要求。

国内常用的干拌法喷射混凝土的配合比为水泥∶砂∶石子=1∶2∶2，钢纤维掺量为每立方米混凝土80~100kg。表7.6-24、表7.6-25则是国外常用的干拌和湿喷法喷射钢纤维混凝土的配合比，混合料中钢纤维掺和量对效果的影响见表7.6-26，可供参考。

制定计划时，钢纤维的最大掺量可按下式估算：

$$P=75\times\frac{\pi S_e}{S_w}\times\frac{d}{L}\times\frac{W_m}{W_m+W_d} \tag{7.6-5}$$

式中：$P$——钢纤维最大掺量(%)；

$S_e$——钢纤维相对密度；

$S_w$——混凝土相对密度；

$\frac{d}{L}$——钢纤维的细长比；

$W_m$——砂浆部分的质量(kg)；

$W_d$——集科部分的质量(kg)。

**干拌法喷射钢纤维混凝土施工配合比** 表 7.6-24

| 粗集料最大粒径（mm） | 细集料比率（%） | 水灰比 | 单位水泥用水量（$kg/m^3$） | 钢纤维掺入量（%） | 钢纤维的形状尺寸（mm） |
|---|---|---|---|---|---|
| 15 | 70 | 0.5 | 350 | 1.5 | 0.5×0.5×20 |
| 10 | 70 | 0.48 | 380 | 1.0 | 0.5×0.5×20 |
| 5 | 100 | 0.48 | 380 | 1.0 | 0.3×0.3×25 |

**湿喷法喷射钢纤维混凝土施工配合比** 表 7.6-25

| 粗集料最大粒径（mm） | 细集料比率（%） | 水灰比 | 单位水泥用水量（$kg/m^3$） | 钢纤维掺入量（%） | 钢纤维的形状尺寸（mm） |
|---|---|---|---|---|---|
| 15 | 70 | 0.42 | 510 | 0.9 | 0.25×0.25×30 |
| 5 | 100 | 0.54~0.61 | 448~500 | 1.0 | 0.25×0.25×25 |
| 10 | 70 | 0.50 | 380 | 1.5 | 0.5×0.5×30 |
| 10 | 70 | 0.55 | 350 | 1.0 | 0.5×0.5×20 |

**钢纤维混合料中掺和量效果表** 表 7.6-26

| 施喷方式 | | 混合料中钢纤维掺入量（%） | | |
|---|---|---|---|---|
| | | 2.3 | 4.5 | 7 |
| | | 5.0MPa | 10.0MPa | 15.0MPa |
| 干法 | | 好 | 稍好 | 不可能施喷 |
| 湿法 | Ⅰ | 好 | 稍好 | 不可能施喷 |
| | Ⅱ | 很好 | 好 | 稍好 |

注：1. 输料管长 40m。

2. 湿法Ⅰ为压缩空气输送，湿法Ⅱ为挤压软管式泵送。

(2)搅拌

搅拌混合料时，宜采用钢纤维拌料机往混合料中添加钢纤维，并使用强式搅拌机。

钢纤维在混合料中应分布均匀，不得有成团，否则应将物料再次过筛，打散之后再投入搅拌。

(3)施喷

①喷射钢纤维混凝土时，技术要求原则上与喷射一般混凝土相同。

②喷射机以湿法喷射机为宜，配以挤压软管式泵。干法配制喷射混凝土宜采用双罐式喷射机，输料管内径一般大于 50mm。

③为避免钢纤维回弹伤人，应严格遵守喷头操作安全事项，绝对不可以将喷头对着人。

5)钢筋网喷射混凝土

钢筋网喷射混凝土是在喷射混凝土之前，先在岩面上挂设钢筋网，然后再喷射混凝土。其物理力学性能与钢纤维喷射混凝土基本相同，只是其配筋均匀性较钢纤维喷射混凝土差。目前，我国在各类隧道工程中应用钢筋网喷射混凝土支护的比较多，主要用于支护软弱破碎围岩，但更多的是与锚杆或者钢拱架构成联合支护。

(1)构造组成

钢筋网通常同时沿环向和纵向布置。环向筋一般为受力筋，直径 12mm 左右，参数由设计确定；纵向筋一般为构造筋，直径 6~10mm，网格尺寸一般为 20cm×20cm、20cm×25cm、

25cm×25cm、25cm×30cm 或 30cm×30cm,围岩松散破碎严重,或为土质和砂土质隧道时,可采用细钢丝,直径一般小于 6mm。网格尺寸亦应适当减小,一般为 10cm×10cm、10cm×15cm、15cm×15cm、15cm×20cm 或 20cm×20cm。

(2)施工要点

钢筋网应根据被支护围岩表面的实际起伏形状铺设,且应在喷射一层混凝土后再行铺设。钢筋与岩面或初喷混凝土面之间的间隙应不小于 3~5cm,钢筋保护层厚度不小于 3cm,地下水富集时应不小于 4cm。

为便于挂网安装,常将钢筋网先加工成网片,长宽可为 100~200cm。

钢筋网应与锚杆或锚钉头连接牢固,并应尽可能多点连接,以减少混凝土喷射时使钢筋发生"弦振"。锚钉的锚固深度不得小于 20cm。

开始喷射时,应缩短喷头至受喷面之间的距离,并适当调整喷射角度,使钢筋网背面混凝土密实。对于干燥的土质隧道,第一次喷射不能太厚,以防喷射混凝土层起鼓剥落。

## 五、锚喷支护的设备

混凝土喷射的主要设备是喷射机和喷射混凝土机械手。其中喷射机国内已有多种鉴定定型产品,各有特点,可以根据施工的具体情况选用。但以保证喷射混凝土的质量,减少回弹和粉尘,控制施工成本和提高工作效率为前提。

干式喷射机在国内外应用最为广泛。它的主要优点是设备简单,机型小巧,运输与移动方便,混合料输送距离长,粉状喷射剂可在喷射机前加入。

常用的干式喷射机种类为双罐式喷射机、转体式喷射机和转盘式喷射机,表 7.6-27 为一些常用潮喷采用机组类型。

**潮喷机组类型表** 表 7.6-27

<table>
<tr><th>技术性能</th><th>HPJ-I 型机组</th><th>HPJ-II 型机组</th><th>PZ-5(B)型喷机</th><th>JP-I 配料搅拌机</th></tr>
<tr><td>生产能力($m^3/h$)</td><td>5</td><td>5</td><td>5</td><td>5~6</td></tr>
<tr><td>混凝土料配合比</td><td>1:4~5</td><td>1:4~5</td><td>1:4~5</td><td>1:4~5</td></tr>
<tr><td>适用材料水灰比</td><td>≤0.4</td><td>≤0.4</td><td>≤0.4</td><td>≤0.5</td></tr>
<tr><td>最大集料粒径(mm)</td><td>$\phi$20</td><td>$\phi$20</td><td>$\phi$20</td><td>$\phi$30</td></tr>
<tr><td>输料管内径(mm)</td><td>$\phi$50</td><td>$\phi$50</td><td>$\phi$50</td><td>—</td></tr>
<tr><td>最大输送距离(m)</td><td colspan="3">潮喷 200,湿喷 50</td><td></td></tr>
<tr><td>工作风压(MPa)</td><td>0.2~0.4</td><td>0.2~0.4</td><td>0.2~0.4</td><td>—</td></tr>
<tr><td>耗风量($m^3/min$)</td><td>7~8</td><td>7~8</td><td>7~8</td><td>—</td></tr>
<tr><td>速凝剂添加量(占水泥质量)</td><td>4%~10%</td><td>3%~8%</td><td>—</td><td>3%~8%</td></tr>
<tr><td>供水量(L/min)</td><td colspan="2">0~12</td><td>—</td><td>0~12</td></tr>
<tr><td>电动机功率(kW)</td><td colspan="2">喷射机 5.5,搅拌机 3</td><td>5.5</td><td>3</td></tr>
<tr><td>上料高度(m)</td><td>1.0</td><td>1.1</td><td>1.1</td><td>1.1</td></tr>
<tr><td>外形尺寸(m)</td><td>2.1×0.96×1.56</td><td>2.2×0.78×1.6</td><td>1.25×0.78×1.2</td><td>2.2×0.78×1.6</td></tr>
<tr><td>整机质量(kg)</td><td>1 000</td><td>1 100</td><td>700</td><td>500</td></tr>
<tr><td>粉尘浓度($mg/m^3$)</td><td colspan="3">≤20</td><td rowspan="3">注:可与各种型号的喷射机配套使用</td></tr>
<tr><td>平均回弹率(%)</td><td colspan="3">≤15</td></tr>
<tr><td>喷层强度(MPa)</td><td colspan="3">≥20~30</td></tr>
</table>

新研制的湿式喷射机有挤压泵式、转体活塞泵式和螺杆泵式喷射机等种类。这些泵式喷射机均要求混凝土具有较大的流动性(水灰比大于0.5,含砂率大于70%),其机械构造较为复杂,易损使用寿命短,机械使用费较高,机械清洗和故障处理较麻烦。

国内目前已有多家公司生产湿式喷射机,均属风动型稀薄流输送的湿式混凝土喷射机。对国内外的喷射机,《岩土锚固 · 土钉 · 喷射混凝土——原理、设计与应用》列有一些资料,可供参考。

喷射混凝土机械手用于对喷嘴实现远距离控制,以明显改善作业条件。机械手的结构一般由臂的伸缩机构、起落机构、回转机构及喷嘴组成,功能应具有能使喷嘴前后俯仰、左右摆动,并能有作圆圈轨道运动的能力。

采用机械手旋喷有施工速度快,作业范围大,可避免粉尘对身体的危害,防止由突发性坍塌危及施工人员安全等优点。

## 第七节　构 件 支 护

### 一、概述

松软、破碎围岩自稳时间短,甚至掌子面不能自立,故在喷撑或锚喷支护作用发挥前,需采取措施保持掌子面稳定。

塑性流变岩体常有地压大、变形量大的特点,特别是在有地下水干扰或对浅埋隧道需减小地表下沉量的情况下,为抑制围岩发生大变形,需增设钢架支撑,并与喷混凝土、锚杆、钢筋网组成联合支护,以提高支护的强度和刚度。此外对于掌子面自稳性差的围岩,钢架可作为超前锚杆和管棚注浆(需穿孔)的支撑点。

钢架支撑的作用主要是加强锚喷支护中喷射混凝土层的刚度和强度,并立即发挥支护作用,以支承浅埋偏压段及Ⅳ~Ⅵ级围岩中开挖后早期产生的松散岩土柱荷载。这类措施通常是控制围岩变形与松弛所必须采取的措施。与此同时,在设置超前支护的地段,必须设钢架作为超前锚杆、超前小导管和超前大管棚的尾端支点,超前支护的构件才有可靠的支撑,才能发挥作用。

隧道施工中作用在支护构件上的荷载大小及其作用状态极其复杂,尤其是采用背板法施工时,土压会因开挖后历时的长短、打楔块衬垫的情况或回填状况等而变化。因此确定作用在支护构件上的荷载时,应综合考虑地形、地质、隧道断面尺寸、埋深大小、渗漏情况、施工方式、施工方法、构件支护的施工时间、施工中围岩特性等具体条件的影响。

支护类型的选择应根据施工要求、施工条件及其经济性综合考虑。构件支护的结构应符合下列要求。

(1)便于装拆

采用分部开挖法施工时,自导坑开挖至开挖作业全部完成,支护构件需多次周转使用,故应要求其结构接头简单,便于装拆,能多次使用。如用钢支护,因不易随意改变其尺寸,为便于安装,以产品定型化为宜。条件可能时,尽量采用预应力钢筋混凝土,以节约材料,减轻质量。支撑的接头除连接牢固外,还应在构造上考虑易于连接作业。

(2)纵向联系较强

纵向联系是为了使各支护构架相互连接成整体,共同抵抗隧道轴向外力的作用。要求纵撑在架设初期(架设支撑区段前后两端),应能承受隧道轴向外力和由爆破引起的振动作用。

(3)支护构架连续架设排数不多或因在洞口附近地质条件恶劣而产生偏压,使支护构件受到沿隧道轴向的荷载时,必须设置纵向斜撑、撑杆及基脚混凝土等。

## 二、构件组成

钢架支护作为衬砌混凝土骨架时,可采用焊接连接。为了使衬砌混凝土内不遗留木料,其背板、垫块和楔块等应采用混凝土预制构件、衬砌时将其直接浇筑在混凝土内。

钢架支护的种类有钢筋格栅钢架、工字钢拱架、U 型钢钢架等。选用钢架支护时,应优先选用钢筋格栅钢架支护。

(1)钢筋格栅钢架

可按对刚度实际需要的不同,制成矩形、梯形、三角形等几种截面,如图 7.7-1d)所示。格栅主钢筋直径一般宜用 $\phi22 \sim \phi25mm$,联系钢筋可用 $\phi8 \sim \phi14mm$,分节段焊接,用拼接板及螺栓连接而成[图 7.7-1a)]。格栅钢架可现场加工制作,不需要特殊设备,安装方便,且能与喷射混凝土紧密结合,形成有一定刚度与强度的钢拱肋支护,用钢量比型钢钢架省,是值得优先使用的钢架形式。

(2)工字钢钢架

常用的有 116、118、120、122 几种工字钢,可根据对刚度的要求选用。

通常使用冷弯机加工。缺点为与喷混凝土黏结不良,拱架背面空隙不易被喷混凝土填充密实,容易沿边开裂,影响整体受力性能发挥。

(3)U 型钢钢架

可不采用连接钢板直接焊接,或用螺栓连接,并可进行小范围拱幅调节,有一定的灵活性。

钢架支护必须有足够的强度和一定的刚度,应能够承受 2 ~ 4m 高的松动岩柱荷载,同时应保证自身的稳定性。

钢架的纵向间距可根据围岩级别、毛洞跨度和开挖进尺选用,并通过施工监控量测调整。钢架支护的纵向间距与系统锚杆的纵向间距相同,一般为 0.5 ~ 1.2m。间距太小混凝土喷射回弹量大,且难以保证钢架背后的喷混凝土密实;间距太大两榀之间的岩块容易坍塌,失去支护作用。与系统锚杆的纵向间距相同是为了保证锚杆和钢架不重叠(钢架与锚杆相间布置),可各自发挥作用。每支护段的钢架支护数量不少于 3 榀,并要求相邻两榀钢架之间用 $\phi20 \sim \phi22mm$ 连接钢筋连接,以保证钢架横向稳定。

为架立方便,每榀钢架可分为 3 ~ 6 个节段制作,就位安装时使用等强度的拼接板及螺栓连接。分节段的长度应与分部开挖方法相适应。钢架安装前应初喷 40mm 左右厚混凝土作保护层。采用工字钢拱架时,安装后应采用侧喷法专门对工字钢拱架背后喷射填实,以保证钢架被混凝土完全包裹。临空一侧保护层厚度以取 20mm 为宜,大于 20mm 时将增加工程量,也没有必要。在日本,钢架支护临空一侧不要求有保护层。

钢架的几何形状应与隧道开挖断面的形状相适应。常用钢架为刚性(接头)钢架,且一般只对变形量特大的特殊围岩采用可伸缩性钢架。这时喷混凝土层应在节点处设置伸缩缝。钢架应紧靠掌子面及时架设,并尽可能与围岩贴紧,必要时用楔块(铸铁)楔紧,相邻钢架之间用粗钢筋连接,立柱埋入底板基面以下的地基以保证稳定。

钢架的喷射混凝土保护层厚度同钢筋网。钢拱架与壁面之间的间隙必须用喷混凝土充填密实，先喷射钢拱架背后及附近的混凝土，后喷射钢架之间部位。对变形量大的围岩，钢架架设需预留洞周收敛量，以确保所需二次衬砌混凝土厚度。

组合钢拱架及钢格栅见图7.7-1、图7.7-2。

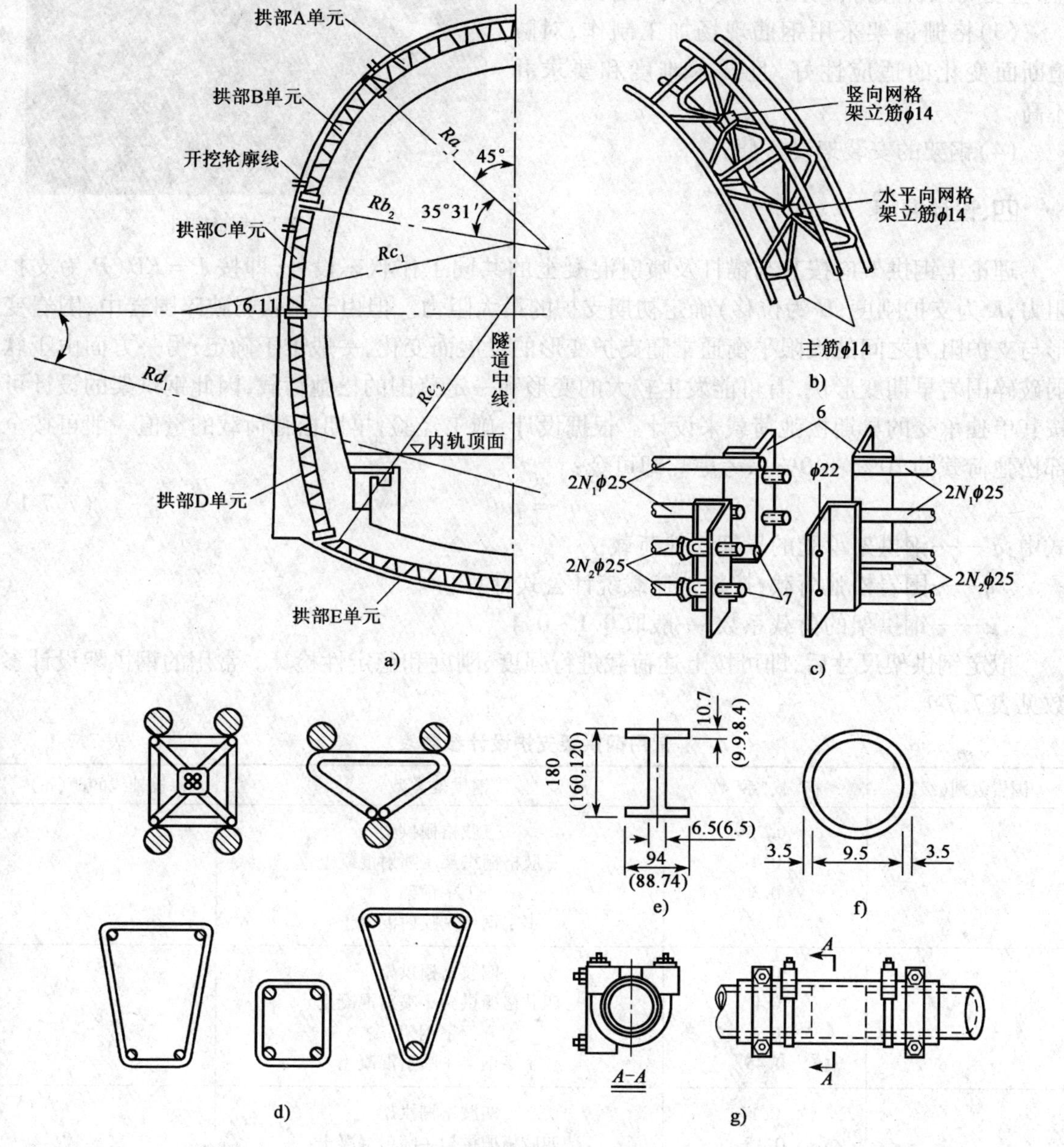

图7.7-1　钢拱架构造图

a)格栅钢拱架组合示意图；b)格栅钢架细部；c)接头示意图；d)格栅钢架断面；e)工字钢钢架；f)钢管钢架；g)钢管钢架可缩接头

## 三、性能特点

松软、破碎围岩采用钢架支撑加固围岩有以下优点。

(1)钢拱架的整体刚度较大，可以提供较大的早期支护刚度。尤其是型钢拱架，能较格栅钢架更早承载。

(2)钢拱架可以很好地与锚杆、钢筋网和喷射混凝土相结合,构成联合支护,增强支护的有效性,且受力条件较好。尤以格栅钢架结合最好。

(3)格栅钢架采用钢筋现场加工制作,对隧道断面变化的适应性好,且技术难度和要求并不高。

(4)钢架的安装架设方便。

图 7.7-2　钢格栅图

## 四、设计要点

理论上钢拱架应按其与锚杆及喷射混凝土的共同工作状态设计,即按 $P=KU$($P$ 为支护阻力;$K$ 为支护刚度;$U$ 为位移)确定初期支护的最大阻力。但由于在软弱破碎围岩中,围岩变形与支护阻力之间的极限平衡通常随支护变形的发展而变化,一般难于确定;另一方面由于软弱破碎围岩早期变形快,有可能发生较大的变形和一定范围的松弛荷载,因此钢拱架的设计可按其单独承受的早期松弛荷载来设计。根据设计、施工经验,早期松弛荷载的量值一般可按全部松弛荷载的 10% ~40% 来考虑。即可令:

$$q' = \mu q \tag{7.7-1}$$

式中:$q'$——钢拱架承受的早期松弛荷载;

$q$——围岩松弛荷载,按松弛荷载统计公式计算;

$\mu$——钢拱架的荷载系数,一般取 0.1 ~0.4。

拟定钢拱架尺寸后,即可按上述荷载进行强度、刚度和稳定性检算。常用的钢拱架设计参数见表 7.7-1。

**常用钢拱架支护设计参数表**　　表 7.7-1

| 围岩级别(级) | 荷载系数 | 钢拱架类型 | 每榀轴线间距(m) |
|---|---|---|---|
| Ⅳ | 0.25<br>0.4<br>0.3<br>0.35 | 三肢格栅拱架<br>三肢格栅拱架 + 喷射混凝土<br>工字钢架<br>工字钢架 + 喷射混凝土 | 1.0 |
| Ⅴ | 0.2<br>0.6<br>0.4<br>0.45 | 四肢格栅拱架<br>四肢格栅拱架 + 喷射混凝土<br>工字钢架<br>工字钢架 + 喷射混凝土 | 0.8 |
| Ⅵ | 0.1<br>0.15<br>0.1<br>0.1 | 四肢格栅拱架<br>四肢格栅拱架 + 喷射混凝土<br>工字钢架<br>工字钢架 + 喷射混凝土 | 0.6 |

钢拱架的截面高度应与喷射混凝土的厚度相适应,且应有一定厚度的保护层。一般为 10 ~18cm,最大不超过 20cm。

钢拱架通常是在初喷混凝土后架设,初喷混凝土厚度约 4cm。为架设方便,每榀钢拱架一般分为 2 ~6 节。节数应与断面大小及开挖方法相适应,并需保证接头刚度。每榀钢拱架之间应设置不小于 $\phi$22mm 的钢拉杆。

当围岩变形量较小或允许围岩有小量变形时，钢拱架可以设计为固定型。当围岩流动性强、变形量大且允许围岩有较大变形时，宜将钢拱架设计为可缩性钢拱架，其可缩节点位置宜设在拱顶节点处。

## 五、构件支护的架设

构件支护的架设应符合下列要求：

(1)架设的支护不应超出设计考虑的施工误差范围。为了能够充分适应承受外力的需要，一排支护构架应架设在同一平面内，而且注意不使其扭曲、倾倒，并用纵撑连接牢固。

(2)构件支护是靠其上部拱架(特别是钢支护)支承围岩，所以必须使支护贴紧围岩，为此可使用背板和楔块等。构件支护架设时，需在支护和围岩间打入楔块，可以使土压传递给支护，防止围岩松动，从而防止荷载增大。此外，楔块也是确保支护发挥拱架作用所不可缺少的部件。除了在拱顶及拱脚必须打楔块外，还需沿支护拱架弧线按 120cm 以下间距打设，而在圆形拱架上，标准做法是至少每 30°中心角范围内打设一个楔块。所有楔块都应打设牢靠，尤应注意楔块的布置，需使其间距小于设计规定值，同时也应注意不使楔块因爆破振动或其他原因而松弛、脱落。

(3)支护发生不均匀下沉会使个别支架破坏，并导致荷载增大。因此，构件支护的底部通常需设垫板；地质条件差时，也可采用混凝土加固基脚。基脚混凝土能防止因荷载增大而产生的支护下沉，各支护构架结成一体也是防止支护不均匀下沉和增大支护支承力的非常有效的方法。然而由于设计中没有把基脚加固混凝土计算到衬砌厚度内，因此不能把基脚混凝土看作是衬砌混凝土的一部分。

(4)通过增设底梁形成框架式支撑时，应注意接头部分的牢固性。若围岩松散随挖随坍，应采用篾席或禾麻等物将暴露面封闭，防止因漏空致使支撑失去作用。导坑支撑在洞口应伸出洞外 3 ~ 5m，主要是为了防止边坡落石，影响进洞作业安全。

(5)构件支护构架的架设间距宜取 80 ~ 120cm，松软破碎地段可适当加密。在分部开挖中，支撑架设间距过小将导致施工困难，因此应酌情适当掌握。

(6)设置开挖漏斗孔时，应对该处的下导坑支护进行临时加固。松软地层中的漏斗孔采用框架支护，并需将框架外四周的空隙填塞紧密。

(7)一般在围岩破碎、稳定性差的拱部进行扩大开挖时才采用扇形支撑。扩大开挖可分一部或多部，故架设扇形支撑需与开挖分部配合进行。

在施工中一般不容许木材侵入衬砌设计厚度线以内。因此当没有危险时，必须将木材在浇注混凝土之前撤除；而在有危险时，应先采用钢材或混凝土预制件进行支撑托换后再将木材取出。混凝土预制件高与衬砌混凝土材料级配相同，使可埋入衬砌内不予拆除。

仰拱开挖前，应架设横撑顶紧两侧墙脚，以防止连墙内挤。横护间距可采用 1.0 ~ 1.2m。横撑应待仰拱混凝土达到设计强度的 70% 时才能拆除。

采用先拱后墙法施工时，尚应符合下列要求：

(1)在洞口地段和松软地层中开挖中层或落底前，必须用卡口梁加木楔顶紧拱脚，其间距一般为 120cm。也可在拱脚加设锚杆，防止拱脚内移。

(2)在松软破碎的围岩中开挖马口时，应设置斜撑、立柱等支顶拱脚。马口岩壁临空面均应撑稳。当岩层层理向隧道内倾斜时，应采取措施防止岩层顺层滑坍。

构件支护的加强及抽换应满足下列要求：

(1)支护应有专人经常进行检查,特别是在每次放炮以后。发现杆件有破裂、倾斜、弯扭、变形以及接头松脱、填塞漏空等异常现象时,应立即用安全、可靠的方法进行加固处理。

(2)支护因变形非常明显必须抽换时,应从末端起逐排抽换。应本着“先顶后拆”的原则进行抽换,防止围岩松动坍塌。

(3)施工中如需短期停止工作时,应将各部支护架设至开挖面。

(4)开挖中层或落底前需拆除下导坑支护时,应由里向外倒退拆除。

各部分支护的架设、修复和拆除,均应由专人及时进行检查和验收。

## 本章参考文献

[1] 中华人民共和国国家标准. GB 50086—2001　锚杆喷射混凝土技术规范[S]. 北京:中国计划出版社,2001.

[2] 中华人民共和国行业标准. SL 212—98　水工预应力锚固设计规范[S]. 北京:中国水利水电出版社,1998.

[3] 中华人民共和国行业标准. SL 46—94　水工预应力锚固施工规范[S]. 北京:中国水利水电出版社,1994.

[4] 孙钧,侯学渊. 地下结构[M]. 北京:科学出版社,1991.

[5] 李世辉,等. 隧道支护设计新论[M]. 北京:科学出版社,1999.

[6] 徐干成,等. 地下工程支护结构[M]. 北京:中国水利水电出版社,2002.

[7] 铁道部第二工程局. 隧道(上,下册)(第二版)[M]. 北京:中国铁道出版社,1999.

[8] 铁道部第二设计院. 隧道(铁路工程设计技术手册)[M]. 北京:人民铁道出版社,1978.

[9] 铁道部第一设计院. 铁路隧道设计基础手册[M]. 北京:人民铁道出版社,1981.

[10] 杨林德,耿大新,丁文其. 复杂地质条件下地下洞室围岩支护优化选型的研究[C]//中国岩石力学与工程学会第七次学术大会论文集. 2002,525-529.

[11] 程良奎,李象范. 岩土锚固·土钉·喷射混凝土——原理、设计与应用[M]. 北京:中国建筑工业出版社,2008.

[12] 王毅才. 隧道工程(上册)[M]. 北京:人民交通出版社,2007.

[13] 曾进伦,王聿,赖允瑾. 地下工程施工技术[M]. 北京:高等教育出版社,2001.

[14] 上海隧道工程股份有限公司. 软土地下工程施工技术[M]. 上海:华东理工大学出版社,2001.

[15] 王建宇. 喷锚支护原理和设计[M]. 北京:中国铁道出版社,1980.

[16] 郑颖人,董云飞,徐振远,等. 地下工程锚喷支护设计指南[M]. 北京:中国铁道出版社,1988.

[17] 程良奎. 喷射混凝土[M]. 北京:中国建筑工业出版社,1990.

[18] 孙钧. 地下工程设计理论与实践[M]. 上海:上海科学技术出版社,1996.

[19] 蒋树屏,孙钧. 隧道围岩非确定性动态分析及其工程应用[C]//中国公路学会 1993 年年会论文集. 1993.

[20] 沈明荣. 岩体力学[M]. 上海:同济大学出版社,1999.

# 第八章　小净距隧道和连拱隧道

## 第一节　定　义

小净距隧道也称近接隧道、近间距隧道、小净距隧道，是指隧道间的中间岩柱厚度小于下表8.1-1建议值的特殊隧道布置形式。

**分离式独立双洞间的最小净距**　　表8.1-1

| 围岩级别（级） | Ⅰ | Ⅱ | Ⅲ | Ⅳ | Ⅴ | Ⅵ |
|---|---|---|---|---|---|---|
| 最小净距（m） | $1.0\times B$ | $1.5\times B$ | $2.0\times B$ | $2.5\times B$ | $3.5\times B$ | $4.0\times B$ |

注：$B$为隧道开挖断面的宽度。

连拱隧道严格地说是两隧道侧墙相连形成一个中墙的"m"形隧道结构形式。

## 第二节　适 用 场 合

由于小净距隧道双洞净距小，施工相互影响大，对于长、特长的隧道不宜采用，但需要洞口局部压缩净距时，也是十分有效的一种技术手段。

连拱隧道主要适用于洞口地形狭窄或对两洞间距有特殊要求的中、短隧道。一般在以下情形中采用：

(1)地形复杂、线路布设极为困难。

(2)占地面积尤其耕地面积严格受限。

(3)较深挖高边坡稳定，同时可减少营运中的安全隐患。

(4)较分线布置隧道的施工工程量减少。

(5)较分线布置隧道的造价相对较低。

(6)可保持路线线形流畅，且断面造型美观。

(7)城市中连拱隧道可以大大减少拆迁，降低工程费用。

(8)便于公路桥隧和铁路桥隧相连。

(9)在短隧道中避免洞口分幅。

## 第三节　连拱隧道的设计与施工方法

### 一、连拱隧道的设计方法

1. 连拱隧道结构形式与选型

连拱隧道发展大体经历了两个阶段，第一阶段主要采用整体式中墙的结构形式。与单洞隧道主要区别在于中墙一次施作和排水系统不同，其中墙在中导洞贯通后即浇筑，它既是初期支护和二次衬砌的支撑点，又是防水层的支撑结构。洞室开挖后初期支护支撑于中墙，而防水层则绕过初期支护与中墙的结合部越过中墙顶与洞室内其他防排水设施形成完整的防排水系统。中墙的中央纵向每隔一定间距埋设竖向排水管，以排除中墙顶凹部的积水。中墙与中导洞之间的空洞待初期支护和中墙防水层施工完成后回填，其优点是双洞净距最小。但有三个较为明显的缺点：其一，由于中墙与中导洞之间的空洞得不到及时的回填造成开挖时毛洞跨度增大，$B/H$ 值较大（其中 $B$ 为毛洞跨度，$H$ 为毛洞高度），使洞周围岩体处于较为不利的受力状态，从而影响施工安全和进度。在回填空洞时，由于受支护等因素干扰，往往没办法回填密实，给营运安全留下隐患。其二，由于部分围岩裂隙水经中墙顶凹部通过排水管排入排水沟，容易造成凹部积水，并且该部防排水系统施工难度大，质量难以控制，造成隧道中墙渗漏水，影响结构耐久性和营运安全。其三，由于行车单洞两侧不对称，结构不美观。

第二阶段主要采用三层中墙连拱隧道的结构形式。它与整体式中墙连拱隧道的主要区别在于中墙和中墙处的防排水处理。在中导洞贯通后随即修建中墙的中间墙，要求中间墙顶部与中导洞顶紧密接触，就克服了中墙与围岩间存在空洞的缺点，使主洞开挖时毛洞跨度相对减小，有利于洞周围岩的稳定，从而减少了施工时的辅助措施，加快了施工进度，节省了工程投资，并可大大提高结构的可靠性，使施工与营运安全得到进一步的保证。由于中墙分次施作，两侧外轮廓与双洞隧道初期支护轮廓一致，有利于防水板的全断面铺设，从而使连拱隧道中间部分的防排水结构与独立的单洞隧道相同。其施工工艺相对较为简单，质量容易控制，隧道建成后防排水系统运行可靠，且较美观。

由于连拱隧道受地形、地质和施工条件影响较大，且较普通双洞隧道技术更复杂，简单的工程类比不能解决其设计与施工安全问题，因此进行特殊设计是很必要的。连拱隧道建议优先采用三层中墙，主要是基于这种隧道工序较多，分部施工的各部分必须进行及时的支护，而二次衬砌要求尽量用整体式模板台车一次完成，复合式衬砌最适合连拱隧道的工艺特点。

2. 连拱隧道的结构形式及比较分析

连拱隧道结构形式的差别主要是中墙的形式。连拱隧道按中墙形状的不同可分为直中墙连拱隧道和曲中墙连拱隧道；而根据中墙结构形式的不同可分为整体中墙和三层中墙连拱隧道。

（1）整体中墙连拱隧道结构形式

整体中墙连拱隧道结构形式主要有整体直中墙、整体曲中墙、中空直中墙、中空曲中墙连拱隧道。隧道断面形式见图 8.3-1 ~ 图 8.3-4。

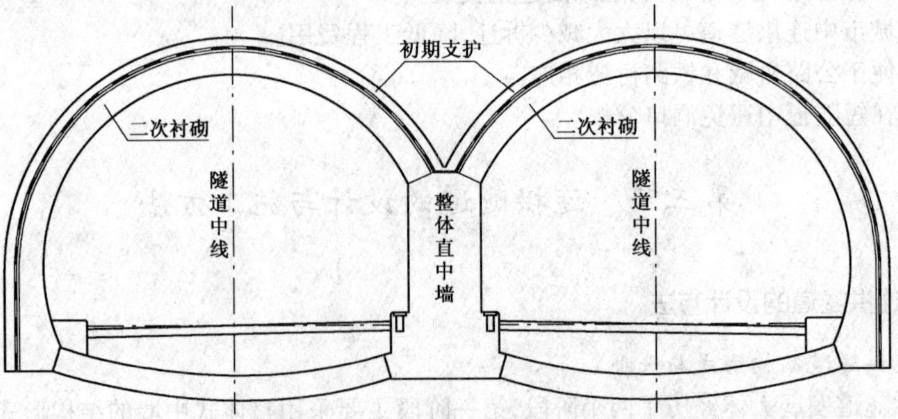


图 8.3-1　整体直中墙连拱隧道断面

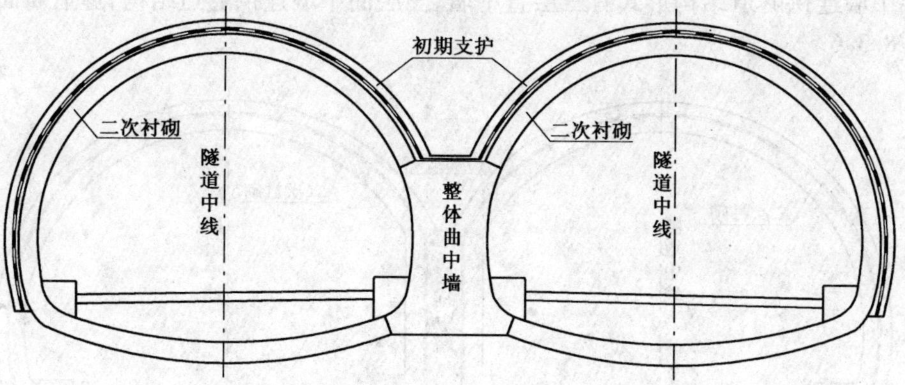


图 8.3-2 整体曲中墙连拱隧道断面

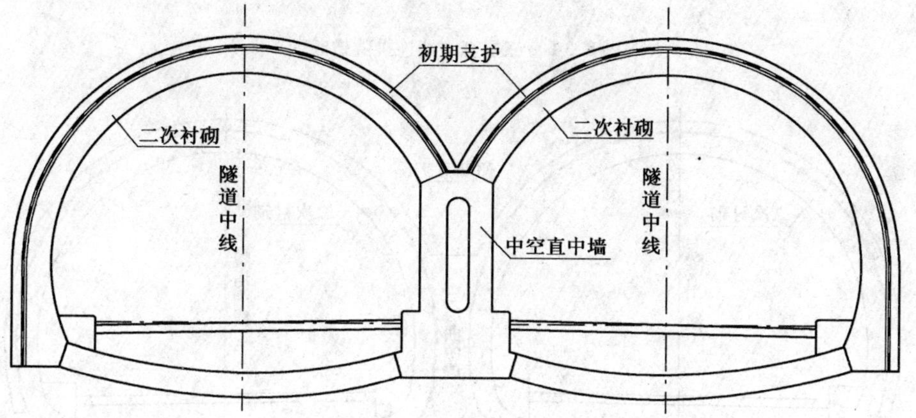


图 8.3-3 中空直中墙连拱隧道断面

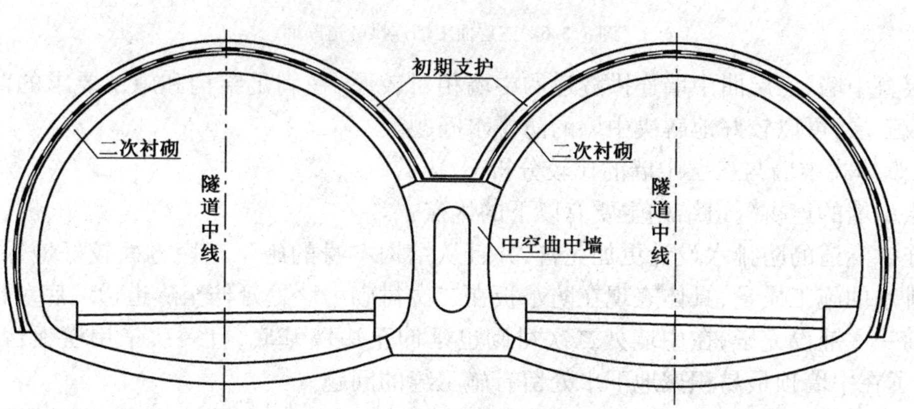


图 8.3-4 中空曲中墙连拱隧道断面

整体直中墙、整体曲中墙连拱隧道的中墙相对较薄，适用于由于洞外条件限制或构造和施工上不允许设计成其他形式的情况。

中空直中墙、中空曲中墙连拱隧道的中墙较厚，为减小中墙工程量，在满足结构和施工要求的前提下，把中墙做成空心结构。

(2)三层中墙连拱隧道结构形式

三层中墙连拱隧道结构形式有三层直中墙、三层曲中墙连拱隧道结构，隧道断面形式见图8.3-5、图8.3-6。

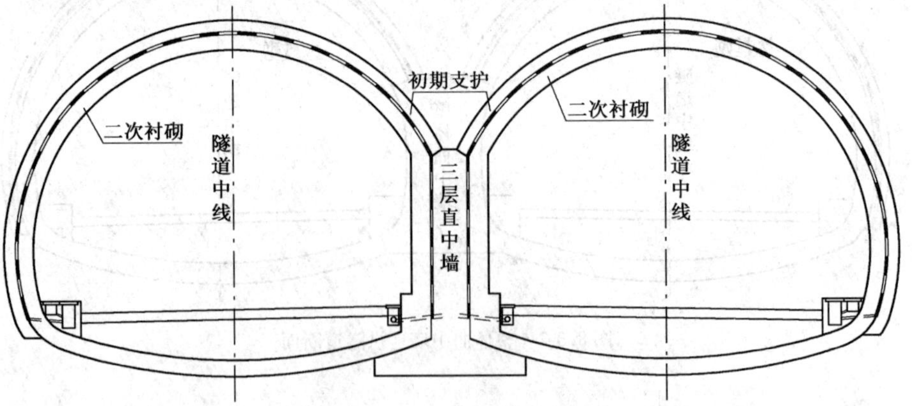


图 8.3-5　三层直中墙连拱隧道断面

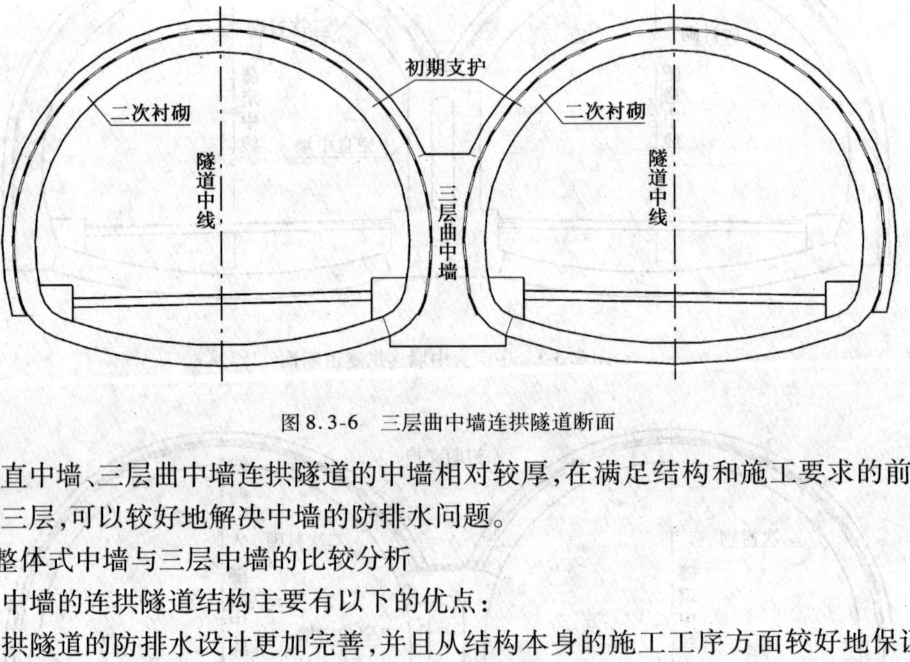


图 8.3-6　三层曲中墙连拱隧道断面

三层直中墙、三层曲中墙连拱隧道的中墙相对较厚，在满足结构和施工要求的前提下，将中墙分成三层，可以较好地解决中墙的防排水问题。

(3)整体式中墙与三层中墙的比较分析

三层中墙的连拱隧道结构主要有以下的优点：

①连拱隧道的防排水设计更加完善，并且从结构本身的施工工序方面较好地保证了连拱隧道防排水的施工质量，具体表现在防水板在二次衬砌中墙处延伸至隧道边墙底，且在二次衬砌施工前一次铺设完毕，在中墙处二次衬砌也延伸至边墙基底，且一次采用模板台车施工成形，避免了在中墙顶最易积聚地下水处留有施工缝的问题。

②三层中墙连拱隧道的中间墙，只相当于分离式隧道初期支护，而不像原连拱隧道中墙为二次衬砌的组成部分，降低了对中间墙的施工精度和施工平整度的要求，使得在狭窄的中导洞内施工更容易达到中间墙的设计要求。

③三层中墙结构的中墙顶回填密实度更易保证，且顶部支撑范围远宽于整体直墙的连拱隧道，使得在隧道主洞开挖前，三层中墙的中间墙就给予了围岩足够的支撑，从而有效地控制了隧道中墙顶围岩变形及松动区的发展。

④三层中墙结构在隧道的整个建设过程中所反映的结构稳定性更好。由于单层中墙连拱

隧道的中墙在施工过程中承受了顶部支护的不平衡压力以及二次衬砌所带来的不平衡推力,容易引发中墙的偏移和开裂;而三层中墙结构的中间墙只承受初期支护的不平衡压力,作用点集中在中墙中部附近,二次衬砌所传递的力有限。

三层中墙结构也存在以下缺点,主要为:

①三层中墙的总厚度一般要大于单层直中墙的结构形式。

②单层直中墙的抗弯刚度一般大于三层直中墙的刚度,就中墙的承载能力而言,单层直中墙的墙体承载力更好。

3. 计算方法与模型

连拱隧道相对于分离隧道,在施工中存在着对围岩的更多次扰动,因此连拱隧道施工有相当大的难度。中墙部位受力十分复杂,应力也在此集中,因而中墙部位是重要结构,也是结构计算的重点。

目前公路隧道的结构设计计算方法,按衬砌与地层相互作用考虑方式的不同,主要分为荷载结构法和地层结构法。荷载结构法认为地层对结构的作用只是作用在地下结构上的荷载(包括主动地层压力和被动地层抗力),结构在荷载作用下产生内力和变形。荷载结构法计算过程中需先确定地层压力的分布与量值,然后计算衬砌结构在地层压力及其他荷载作用下的内力与变形。地层结构法认为衬砌与地层一起构成受力变形的整体,并可以按连续介质力学原理计算衬砌和周边地层的受力和变形。

(1)荷载-结构法

①基本未知量与基本方程

取衬砌结构结点的位移为基本未知量。由最小势能原理或变分原理可得系统整体求解时的平衡方程为:

$$[K]\{\delta\} = \{P\} \tag{8.3-1}$$

式中:$\{\delta\}$——由衬砌结构结点位移组成的列向量,即$\{\delta\} = [\delta_1,\delta_2,\cdots,\delta_m]^{\mathrm{T}}$;

$\{P\}$——由衬砌结构结点荷载组成的列向量,即$\{P\} = [P_1,P_2,\cdots,P_m]^{\mathrm{T}}$;

$[K]$——衬砌结构的整体刚度矩阵,为$m \times m$阶方阵,$m$为体系接点自由度的总个数。

矩阵$\{P\}$、$[K]$和$\{\delta\}$可由单元的荷载矩阵$\{P\}^e$、单元的刚度矩阵$[k]^e$和单元的位移向量矩阵$\{\delta\}^e$组装而成,故在采用有限元方法进行分析时,需先划分单元,建立单元刚度矩阵$[k]^e$和单元荷载矩阵$\{P\}^e$。

隧道承重结构轴线的形状为弧形时,需用折线单元模拟曲线。划分单元时,只需确定杆件单元的长度。杆件厚度$d$即为承重结构的厚度,杆件宽度取为1m。相应的杆件横截面积为$A = d \times 1(\mathrm{m}^2)$,抗弯惯性矩为$I = \dfrac{1}{12} \times 1 \times d^3(\mathrm{m}^4)$,弹性模量$E(\mathrm{kN/m}^2)$取为混凝土的弹性模量。

②单元刚度矩阵

设梁单元在局部坐标系下的结点位移为$\{\bar{\delta}\} = [\bar{u}_i,\bar{v}_i,\bar{\theta}_i,\bar{u}_j,\bar{v}_j,\bar{\theta}_j]^{\mathrm{T}}$,对应的结点力为$\{\bar{f}\} = [\bar{X}_i,\bar{Y}_i,\bar{M}_i,\bar{X}_j,\bar{Y}_j,\bar{M}_j]^{\mathrm{T}}$,则有:

$$\{\bar{f}\} = [\bar{k}]^e\{\bar{\delta}\} \tag{8.3-2}$$

其中,$[\bar{k}]^e$为梁单元在局部坐标系下的刚度矩阵,并有:

$$
[\bar{k}]^e = \begin{bmatrix} \frac{EA}{l} & 0 & 0 & -\frac{EA}{l} & 0 & 0 \\ 0 & \frac{12EI}{l^3} & \frac{6EI}{l^2} & 0 & -\frac{12EI}{l^3} & \frac{6EI}{l^2} \\ 0 & \frac{6EI}{l^2} & \frac{4EI}{l} & 0 & -\frac{6EI}{l^2} & \frac{2EI}{l} \\ -\frac{EA}{l} & 0 & 0 & \frac{EA}{l} & 0 & 0 \\ 0 & -\frac{12EI}{l^3} & -\frac{6EI}{l^2} & 0 & \frac{12EI}{l^3} & -\frac{6EI}{l^2} \\ 0 & \frac{6EI}{l^2} & \frac{2EI}{l} & 0 & -\frac{6EI}{l^2} & \frac{4EI}{l} \end{bmatrix} \tag{8.3-3}
$$

式中：$l$——梁单元的长度；

$A$——梁的截面积；

$I$——梁的惯性矩；

$E$——梁的弹性模量。

对于整体结构而言，各单元采用的局部坐标系均不相同，故在建立整体矩阵时，需将按局部坐标系建立的单元刚度矩阵$[\bar{k}]^e$转换成结构整体坐标系中的单元刚度矩阵$[k]^e$。

③地层抗力的作用模式

地层弹性抗力由下式给出：

$$F_n = K_n \cdot U_n \tag{8.3-4}$$

$$F_s = K_s \cdot U_s \tag{8.3-5}$$

其中：

$$K_n = \begin{cases} K_n^+ & U_n \geq 0 \\ K_n^- & U_n < 0 \end{cases} \tag{8.3-6}$$

$$K_s = \begin{cases} K_s^+ & U_s \geq 0 \\ K_s^- & U_s < 0 \end{cases} \tag{8.3-7}$$

式中：$F_n$、$F_s$——分别为法向和切向弹性抗力；

$K_n$、$K_s$——相应的围岩弹性抗力系数；

$K^+$、$K^-$——分别为压缩区和拉伸区的抗力系数，通常令$K_n^- = K_s^- = 0$。

杆件单元确定后，即可确定地层弹簧单元，它只设置在杆件单元的结点上。地层弹簧单元可沿整个截面设置，也可只在部分结点上设置。沿整个截面设置地层弹簧单元时，计算过程中需用迭代法作变形控制分析，以判断出抗力区的确切位置。

(2)地层—结构法

①基本方程

令施工步表示一个相对完整的施工阶段，并设每个施工步包含若干个增量步。各施工步产生的开挖释放荷载在所包含的增量步中逐步释放，每个增量步荷载释放量由释放系数控制。

对各施工步，采用地层—结构法计算时有限元分析的表达式为：

$$[K]_i\{\Delta\delta\}_i = \{\Delta F_r\}_i + \{\Delta F_g\}_i + \{\Delta F_p\}_i \quad (i = 1, L) \tag{8.3-8}$$

$$[K]_i = [K]_0 + \sum_{\lambda=1}^{i} [\Delta K]_\lambda \quad (i \geq 1) \tag{8.3-9}$$

式中：$L$——施工步数；

$[K]_i$——第 $i$ 施工步岩土体和结构总刚度矩阵；

$[K]_0$——岩土体和结构(施工开始前存在时)的初始总刚度矩阵；

$[\Delta K]_\lambda$——施工过程中,第 $\lambda$ 施工步的岩土体和结构刚度的增量或减量,用以体现岩土体单元的挖除、填筑及结构单元的施作或拆除；

$\{\Delta F_r\}_i$——第 $i$ 施工步开挖边界上的释放荷载的等效结点力；

$\{\Delta F_g\}_i$——第 $i$ 施工步新增自重等的等效结点力；

$\{\Delta F_p\}_i$——第 $i$ 施工步增量荷载的等效结点力；

$\{\Delta\delta\}_i$——第 $i$ 施工步的结点位移增量。

对每个施工步,增量加载过程的有限元分析表达式为:

$$[K]_{ij}\{\Delta\delta\}_{ij} = \{\Delta F_r\}_i \cdot \alpha_{ij} + \{\Delta F_g\}_{ij} + \{\Delta F_p\}_{ij} \quad (i = 1, L; j = 1, M) \tag{8.3-10}$$

$$[K]_{ij} = [K]_{i-1} + \sum_{\xi=1}^{j} [\Delta K]_{i\xi} \tag{8.3-11}$$

式中:$M$——各施工步增量加载的次数；

$[K]_{ij}$——第 $i$ 施工步中施加第 j 增量步时的刚度矩阵；

$\alpha_{ij}$——第 $i$ 施工步第 $j$ 增量步的开挖边界释放荷载系数,开挖边界荷载完全释放时有 $\sum_{j=1}^{M} \alpha_{ij} = 1$；

$\{\Delta F_g\}_{ij}$——第 $i$ 施工步第 $j$ 增量步新增单元自重等的等效结点力；

$\{\Delta\delta\}_{ij}$——第 $i$ 施工步第 $j$ 增量步的结点位移增量；

$\{\Delta F_p\}_{ij}$——第 $i$ 施工步第 $j$ 增量步增量荷载的等效结点力。

②开挖效应与释放荷载

开挖效应通过在开挖边界上设置释放荷载进行计算,表达式为:

$$[K - \Delta K]\{\Delta\delta\} = \{\Delta P\} \tag{8.3-12}$$

式中:$[K]$——开挖前的系统刚度；

$[\Delta K]$——开挖部分的刚度；

$\{\Delta P\}$——开挖释放荷载的等效结点力。

释放荷载可采用单元应力法或 Mana 法转换为结点力。

4. 连拱隧道设计荷载

在进行隧道计算时,一般采用荷载结构法,采用围岩的松动压力作为计算荷载。松动压力的确定方法有:

①现场实地测量法。

②理论公式计算法。

③统计法确定的公式计算法。

应当说,实地测量法应是今后的努力方向,但是按目前的量测手段和技术水平来看,量测的结果尚不能充分反映真实情况。由于围岩地质条件千变万化,理论计算所引用的计算参数难以确切取值,因此目前还没有一种能适合于各种客观实际情况的统一理论。在大量施工塌方事件统计基础上建立起来的统计方法,在一定程度上能反映围岩压力的真实情况。

(1)深埋连拱隧道围岩压力

人们认为在具有一定黏结力的松散介质中开挖坑道后,其上方会形成一个抛物线形的塌落拱,作用在支护结构上的围岩压力就是塌落拱内松散岩体的重力。根据松散体理论,洞室开挖以后,岩层将产生如图 8.3-7 的破裂面,在毛洞顶部形成跨度为 $2a_1$ 和高度为 $h_1$ 的拱形破裂面，而侧面岩体的破裂面与毛洞竖直侧面的夹角为$45°-\varphi/2$，其中$\varphi$为围岩计算摩擦角。

按照《公路隧道设计规范》(JTG D70—2004)规定，塌落拱高度$h_1$为：

$$h_1 = 0.45 \times 2^{S-1}\omega \tag{8.3-13}$$

式中：$S$——围岩级别；

$\omega$——宽度影响系数，$\omega = 1 + i(B-5)$；

$B$——隧道跨度(m)；

$i$——$B$每增减1m时的围岩压力增减率，以$B=5$m的围岩垂直压力为准，当$B<5$m时，取$i=0.2$；$B>5$m时，取$i=0.1$。

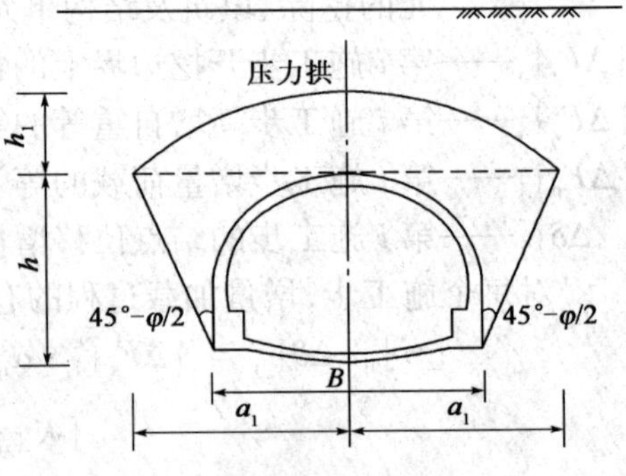


图8.3-7 塌落拱高度计算简图

对于连拱隧道而言，中导洞开挖后，施工中墙对中间围岩进行了加固。显然，若按整个开挖跨度计算的垂直压力应该小于实际的垂直压力；理论上分析，若中墙在其顶未发生变形前就进行支护且和围岩密贴，那么隧道计算松动压力的宽度应选择一般的连拱隧道宽度的一半；但是实际施工时，首先中墙顶部的围岩在支护时已经发生了一定的变形，其次中墙施工也不可能做到和围岩完全密贴，所以连拱隧道松动压力计算值，应该在半结构宽度与整个开挖宽度之间取值。

丁文其、王晓彤等(2007年)给出了各种情况下的塌落拱曲线(图8.3-8)：

情况一：不考虑中墙支护作用，以整个连拱隧道开挖宽度作为毛洞跨度的塌落拱曲线是最不利情形，此时的塌落高度为：

$$h_1^{w} = 0.45 \times 2^{S-1}[1 + i(B-5)] \tag{8.3-14}$$

情况二：取连拱隧道半跨结构计算的塌落拱曲线是最理想情形，其塌落高度为：

$$h_1^{h} = 0.45 \times 2^{S-1}[1 + i(0.5B-5)] \tag{8.3-15}$$

情况三：连拱隧道假定压力拱曲线，与中墙顶部回填的及时性以及密实度等有关。

从图8.3-8可以看出，连拱隧道左、右洞中线之间顶部塌落面积有较大提高(图8.3-8阴影部分)，两侧拱部塌落面积增加不大，则认为中墙顶部荷载有较大增加，其分布范围为左右洞隧道中线之间，垂直压力按半结构计算。

深埋连拱隧道荷载分布如图8.3-9所示。其隧道顶部垂直压力及其附加压力为：

$$q = \gamma h_1^{h} = 0.45 \times 2^{S-1}\gamma[1 + i_1(0.5B-5)] \tag{8.3-16}$$

$$q' = \xi\gamma(h_1^{w} - h_1^{h}) = \xi\gamma \times 0.45 \times 2^{S-1} \times B(i_2 - 0.5i_1) \tag{8.3-17}$$

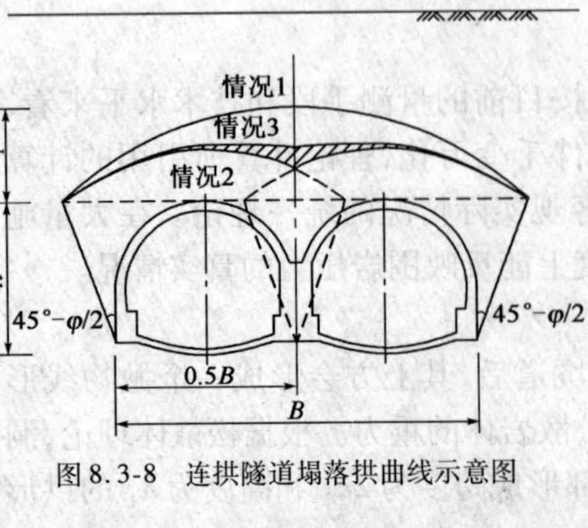


图8.3-8 连拱隧道塌落拱曲线示意图

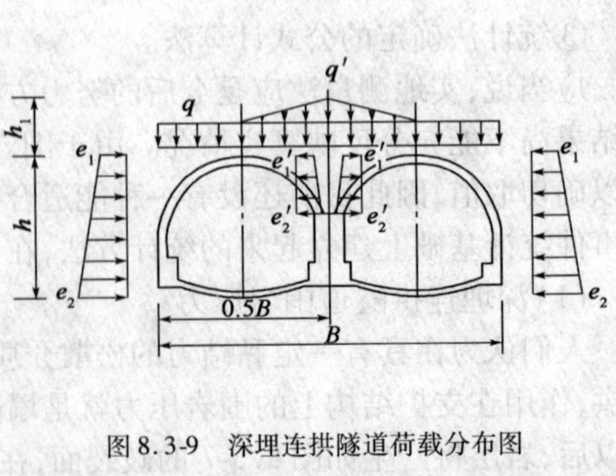


图8.3-9 深埋连拱隧道荷载分布图

式中：$q$——隧道垂直均布压力($kN/m^2$)；

$q'$——隧道中墙顶部附加压力($kN/m^2$)；

$\gamma$——围岩重度($kN/m^3$)；

$h_1^h$、$h_1^w$——分别以 0.5$B$、$B$ 为计算宽度时的塌落拱高度(m)；

$i_1$、$i_2$——分别以 0.5$B$、$B$ 为计算宽度时的围岩压力增减率；

$B$——连拱隧道总宽度(m)；

$\xi$——附加荷载修正系数，中墙顶部回填及时，且中墙顶部围岩与中墙密切接触取 $\xi=0.2\sim0.4$，反之取 $\xi=1$，一般情况取 $\xi=0.5\sim0.7$。

于是，作用在衬砌上的隧道两侧水平围岩压力为：

$$\left.\begin{aligned}e_1&=\gamma h_1^h\tan^2\left(45°-\frac{\varphi}{2}\right)\\e_2&=\gamma(h_1^h+h)\tan^2\left(45°-\frac{\varphi}{2}\right)\end{aligned}\right\}\tag{8.3-18}$$

式中：$e_1$、$e_2$——隧道拱顶与底部的水平围岩压力($kN/m^2$)；

$\gamma$——围岩重度($kN/m^3$)；

$h_1^h$、$h_1^w$——以 0.5$B$ 为计算宽度时的塌落拱高度(m)；

$h$——隧道开挖高度(m)；

$\varphi$——围岩计算摩擦角(°)。

作用在衬砌上的中墙两侧水平围岩压力为：

$$\left.\begin{aligned}e_1'&=(q+q')\tan^2\left(45°-\frac{\varphi}{2}\right)\\e_2'&=(q+q')\tan^2\left(45°-\frac{\varphi}{2}\right)\end{aligned}\right\}\tag{8.3-19}$$

(2)连拱隧道深浅埋分界值

连拱隧道浅埋和深埋隧道分界线，主要参照公路隧道设计规范的方法，按荷载等效高度值，并结合地质条件、施工方法等因素综合确定。按荷载等效高度的判定公式为：

$$H_p=(2\sim2.5)h_q\tag{8.3-20}$$

式中：$H_p$——深浅埋隧道分界深度(m)；

$h_q$——荷载等效高度($kN/m^2$)，可按下式计算。

$$h_q=\frac{q_0}{\gamma}\tag{8.3-21}$$

式中：$q_0$——连拱隧道等效垂直均布压力($kN/m^2$)，按式(8.3-16)和式(8.3-17)确定，取 $q_0=q+q'$；

$\gamma$——围岩重度($kN/m^3$)。

Ⅳ～Ⅵ级围岩取 $H_p=2.5h_q$；

Ⅰ～Ⅲ级围岩取 $H_p=2.0h_q$。

(3)浅埋连拱隧道围岩压力

①埋深 $H\leqslant$ 等效荷载高度 $h_q$ 的连拱隧道围岩压力

隧道顶部垂直压力：

$$\left.\begin{aligned}q&=\gamma H\\q_z&=\gamma(H_1-H)\end{aligned}\right\}\tag{8.3-22}$$

式中：$q$——隧道垂直均布压力($kN/m^2$)；

$q_z$——中墙与两侧拱肩所夹三角形块体自重($kN/m^2$)，如图8.3-10阴影部分所示；

$\gamma$——围岩重度($kN/m^3$)；

$h$——隧道开挖高度(m)；

$H$——隧道埋深(m)，指隧道顶部至地面的距离，作用在衬砌上的隧道两侧水平围岩压力按下式计算。

$$\left.\begin{aligned} e_1 &= \gamma H \tan^2\left(45° - \frac{\varphi}{2}\right) \\ e_2 &= \gamma (H + h) \tan^2\left(45° - \frac{\varphi}{2}\right) \end{aligned}\right\} \tag{8.3-23}$$

式中：$e_1$、$e_2$——隧道拱顶与底部的水平围岩压力($kN/m^2$)；

$\gamma$——围岩重度($kN/m^3$)；

$H$——隧道埋深(m)，指隧道顶部至地面的距离；

$h$——隧道开挖高度(m)；

$\varphi$——围岩计算摩擦角(°)。

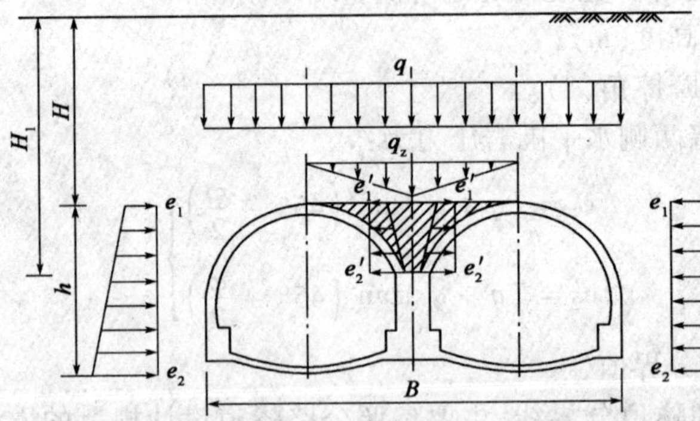


图8.3-10 埋深 $< h_q$ 连拱隧道荷载分布图

作用在衬砌中墙上的两侧水平围岩压力为：

$$\left.\begin{aligned} e_1' &= q \tan^2\left(45° - \frac{\varphi}{2}\right) \\ e_2' &= (q + q_z) \tan^2\left(45° - \frac{\varphi}{2}\right) \end{aligned}\right\} \tag{8.3-24}$$

②埋深 $h_q < h \leqslant H_p$ 的连拱隧道围岩压力

埋深大于 $h_q$ 小于等于 $H_p$(深浅埋隧道分界深度)时，为便于计算，假定岩体中的破裂面是一条与水平面成 $\beta$ 角的斜直线，如图8.3-11、图8.3-12所示。$EFGH$ 岩体下沉，带动两侧三棱岩体(如图中 $FDB$ 和 $ECA$)下沉时，又要受到未扰动岩体的阻力；斜直线 $AC$ 或 $BD$ 是假定破裂面，分析时考虑内聚力 $c$，并采用了计算摩擦角 $\varphi$，另一滑面 $FH$ 或 $EG$ 则并非破裂面，因此滑面阻力小于破裂面的阻力。若该滑面的摩擦角为 $\theta$，则 $\theta$ 值应小于 $\varphi$ 值，无实测资料时 $\theta$ 可按表8.3-1采用。

**各级围岩的 $\theta$ 值** 表8.3-1

| 围岩级别(级) | Ⅰ、Ⅱ、Ⅲ | Ⅳ | Ⅴ | Ⅵ |
|---|---|---|---|---|
| $\theta$ 值 | $0.9\varphi$ | $(0.7 \sim 0.9)\varphi$ | $(0.5 \sim 0.7)\varphi$ | $(0.3 \sim 0.5)\varphi$ |

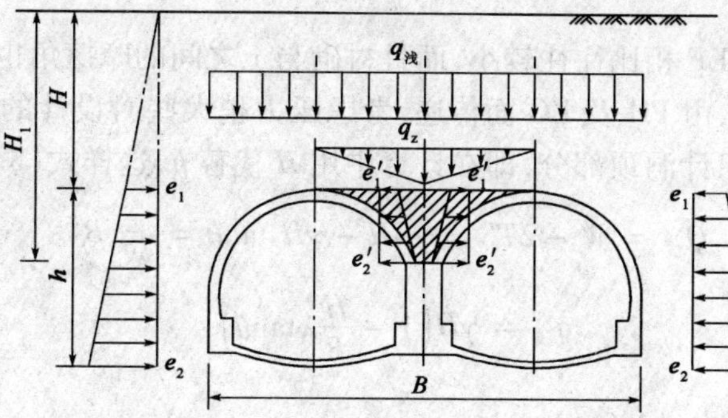


图 8.3-11　$h_q < h \leqslant H_p$ 连拱隧道荷载分布示意图

由图 8.3-12 可见，隧道上覆岩体 EFGH 的重力为 $W$，两侧三棱体 FDB 和 ECA 的重力为 $W_1$，未扰动岩体对整个滑动岩体的阻力为 $F$。当 EFGH 下沉时，两侧受到阻力 $T$ 或 $T'$，作用于 HG 面上的垂直压力总值 $Q_浅$ 为：

$$Q_{浅} = W - 2T' = W - 2T\sin\theta \tag{8.3-25}$$

三棱体自重为：

$$W_1 = \frac{1}{2}\gamma h \frac{h}{\tan\beta} \tag{8.3-26}$$

式中：$h$——隧道底部到地面的距离(m)；

$\beta$——破裂面与水平面的夹角(°)。

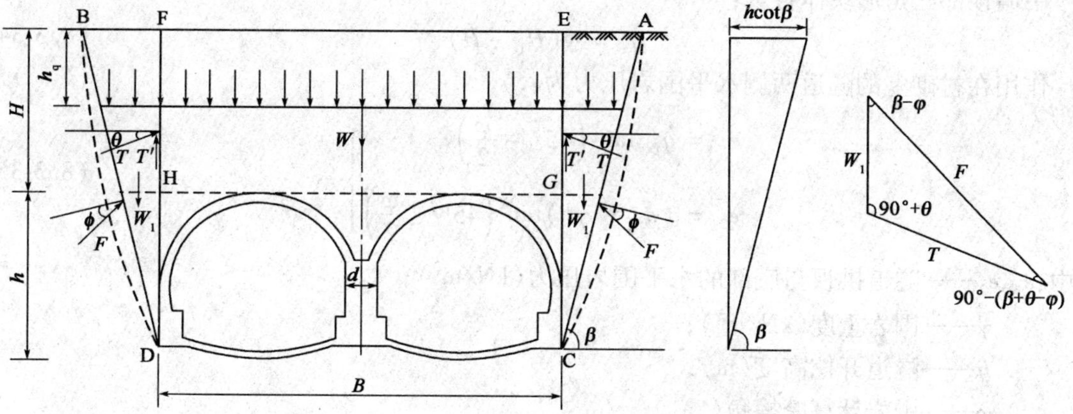


图 8.3-12　埋深大于 $h_q$、小于 $H_p$ 连拱隧道分析示意图

根据正弦定理可得：

$$T = \frac{\sin(\beta - \varphi)}{\sin[90° - (\beta - \varphi + \theta)]}W_1 \tag{8.3-27}$$

则有：

$$T = \frac{1}{2}\gamma h^2 \frac{\lambda}{\cos\theta} \tag{8.3-28}$$

式(8.3-28)代入式(8.3-25)，得：

$$Q_{浅} = W - 2T' = W - \gamma h^2 \tan\theta \tag{8.3-29}$$

由于GC、HD与EG、EF相比往往较小，而且衬砌与土之间的摩擦角也不同，前面分析时均按$\theta$计，当中间土体下滑，由FH及EG面传递，考虑压力稍大些对设计的结构偏于安全，因此摩阻力不计隧道部分而只计洞顶部分，即在计算中用$H$代替$h$，这样式(8.3-29)为：

$$Q_{浅} = W - 2T' = \gamma BH - \gamma H^2 \tan\theta = q_{浅} B \tag{8.3-30}$$

$$q_{浅} = \gamma H\left(1 - \frac{H}{B}\lambda\tan\theta\right) \tag{8.3-31}$$

式中：$q_{浅}$——隧道垂直压力(kN/m²)；

$\gamma$——隧道上覆围岩重度(kN/m³)；

$H$——隧道埋深，指隧顶至地面的距离(m)；

$B$——连拱隧道总宽度(m)；

$\lambda$——侧压力系数。

$$\lambda = \frac{\tan\beta - \tan\varphi}{\tan\beta[1 + \tan\beta(\tan\varphi - \tan\theta) + \tan\varphi\tan\theta]} \tag{8.3-32}$$

$$\tan\beta = \tan\varphi + \sqrt{\frac{(\tan^2\varphi + 1)\tan\varphi}{\tan\varphi - \tan\theta}} \tag{8.3-33}$$

式中：$\varphi$——围岩计算摩擦角(°)；

$\theta$——滑面的摩擦角(°)，按表8.3-1确定。

中墙顶部三角形块体自重：

$$q_z = \gamma(H_1 - H) \tag{8.3-34}$$

作用在衬砌上的隧道两侧水平围岩压力为：

$$\left.\begin{aligned} e_1 &= q_{浅} \tan^2\left(45° - \frac{\varphi}{2}\right) \\ e_2 &= (q_{浅} + \gamma h)\tan^2\left(45° - \frac{\varphi}{2}\right) \end{aligned}\right\} \tag{8.3-35}$$

式中：$e_1$、$e_2$——隧道拱顶与底部的水平围岩压力(kN/m²)；

$\gamma$——围岩重度(kN/m³)；

$h$——隧道开挖高度(m)；

$\varphi$——围岩计算摩擦角(°)。

作用在衬砌上的中墙两侧水平围岩压力为：

$$\left.\begin{aligned} e'_1 &= q_{浅} \tan^2\left(45° - \frac{\varphi}{2}\right) \\ e'_2 &= (q_{浅} + q_z)\tan^2\left(45° - \frac{\varphi}{2}\right) \end{aligned}\right\} \tag{8.3-36}$$

(4)偏压连拱隧道围岩压力

隧道开挖后边坡仍基本稳定，无下滑力情形；对不稳定情形则应按隧道与边坡共同作用考虑(图8.3-13)，假定偏压分布图形与地面坡度一致，则：

$$Q = \frac{\gamma}{2}[(h + h')B - (\lambda h^2 + \lambda' h'^2)\tan\theta] \tag{8.3-37}$$

式中：$h$、$h'$——内外侧由拱顶水平至地面的高度(m)；

$B$——连拱隧道整体宽度(m)；

$\gamma$——隧道上覆围岩重度(kN/m$^3$)；

$\theta$——顶板土柱两侧摩擦角(°)，可按表 8.3-1 确定；

$\lambda$、$\lambda'$——内外侧的侧压力系数，按下式计算。

$$\lambda = \frac{1}{\tan\beta - \tan\alpha} \times \frac{\tan\beta - \tan\varphi}{1 + \tan\beta(\tan\varphi - \tan\theta) + \tan\varphi\tan\theta} \tag{8.3-38}$$

$$\lambda' = \frac{1}{\tan\beta + \tan\alpha} \times \frac{\tan\beta' - \tan\varphi}{1 + \tan\beta'(\tan\varphi - \tan\theta) + \tan\varphi\tan\theta} \tag{8.3-39}$$

$$\tan\beta = \tan\varphi + \sqrt{\frac{(\tan^2\varphi + 1)(\tan\varphi - \tan\alpha)}{\tan\varphi - \tan\theta}} \tag{8.3-40}$$

$$\tan\beta' = \tan\varphi + \sqrt{\frac{(\tan^2\varphi + 1)(\tan\varphi + \tan\alpha)}{\tan\varphi - \tan\theta}} \tag{8.3-41}$$

式中：$\alpha$——地面坡坡角(°)；

$\varphi$——围岩计算摩擦角(°)；

$\beta$、$\beta'$——内、外侧产生最大推力时破裂角(°)。

偏压隧道水平侧压力：

内侧：
$$e_i = \gamma h_i \lambda \tag{8.3-42}$$

外侧：
$$e_i = \gamma h'_i \lambda' \tag{8.3-43}$$

式中：$h_i$、$h'_i$——内外侧任一点 $i$ 至地面的距离(m)。

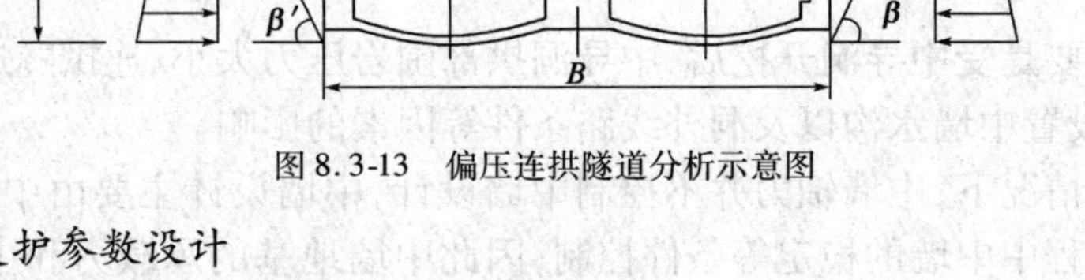


图 8.3-13　偏压连拱隧道分析示意图

5. 连拱隧道支护参数设计

(1)影响连拱隧道中墙结构形式的主要因素

连拱隧道结构形式的设计主要在于中墙的设计，包括中墙的结构形式、厚度、高度等，其余同分离式隧道。影响连拱隧道中墙设计的主要因素有：

①隧道的建筑限界。

②中墙电缆沟或排水沟的大小。

③隧道的地形、地质条件及埋深。

④隧道的施工方案。

⑤洞外路基中央分隔带的宽度。

⑥洞外线形及过渡方式。

(2)连拱隧道中墙的结构形式

对应于连拱隧道的六种断面形式,六种中墙结构形式分别是整体直中墙、中空直中墙、三层直中墙、整体曲中墙、中空曲中墙和三层曲中墙,基本断面形式见图8.3-14。

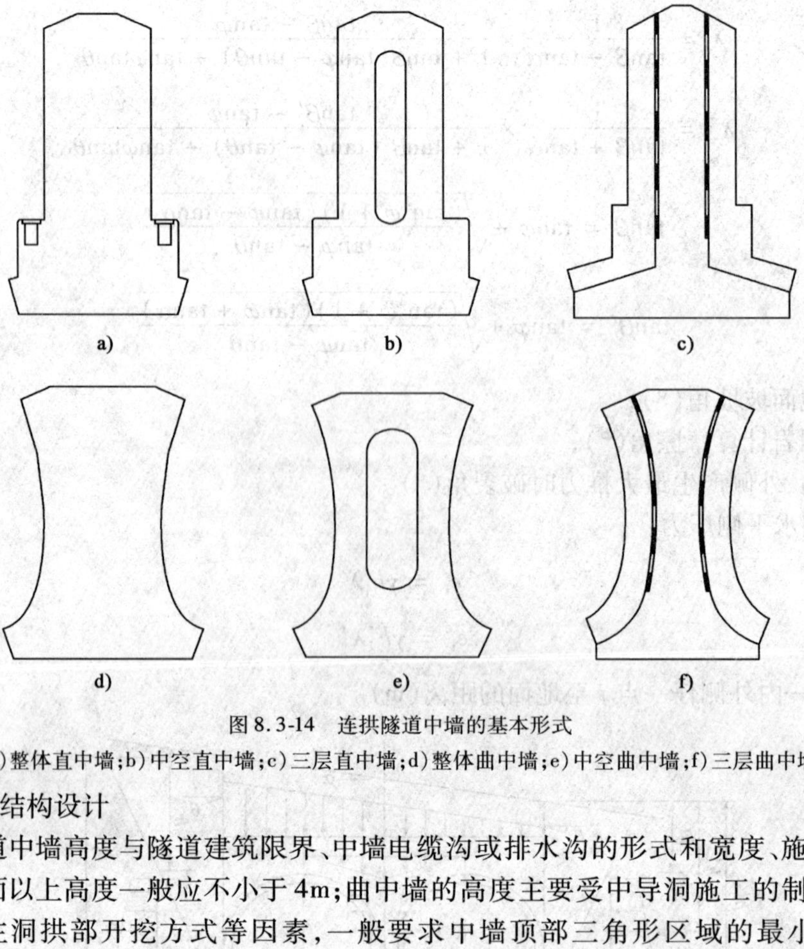

图8.3-14　连拱隧道中墙的基本形式

a)整体直中墙;b)中空直中墙;c)三层直中墙;d)整体曲中墙;e)中空曲中墙;f)三层曲中墙

(3)中墙结构设计

连拱隧道中墙高度与隧道建筑限界、中墙电缆沟或排水沟的形式和宽度、施工方案有关。直中墙的路面以上高度一般应不小于4m;曲中墙的高度主要受中导洞施工的制约,同时设计高度应考虑主洞拱部开挖方式等因素,一般要求中墙顶部三角形区域的最小宽度不小于1.5m。

中墙的厚度主要是受中导洞开挖后,中导洞拱部围岩压力大小、连拱隧道不对称施工产生的侧向推力、是否设置中墙水沟以及洞外线路条件等因素的影响。

在埋深不大的情况下,中墙轴力并不控制中墙设计,中墙设计主要由中墙底的应力、中墙底的宽度和施工过程中中墙的稳定等条件控制,因此中墙地基的承载力和中墙底的宽度设计是中墙厚度设计的关键和控制点。

整体直中墙厚度一般不小于1.5m,不大于2.0m。整体直中墙厚度小于1.5m时,对中墙的受力及施工过程中的稳定性不利;厚度大于2.0m时,工程量增大较多,造成浪费。

中空直中墙设计一般为对称结构,左右壁厚应相等,中墙宽度不宜小于2.5m。一般要求中墙中空部分宽度不小于1.0m,否则中墙施工很困难;从中墙结构受力及施工过程中的稳定性看，中墙单侧壁厚应不小于0.75m。

当直中墙厚度超过2.0m时，可设计成三层中墙形式，三层中墙能较好地解决中墙防排水的问题。三层直中墙中间夹层的厚度根据结构受力和施工过程中稳定性的需要，应不小于1.0m。

整体曲中墙的最小厚度基于中墙的受力及施工过程中的稳定性要求，应不小于1.5m。

中空曲中墙一般也为对称结构，中墙最小宽度不宜小于2.5m。要求中墙中空部分宽度不小于1.0m，否则中墙施工很困难；从中墙结构受力及施工过程中的稳定性看，中墙单侧壁最小厚度应不小于0.75m。

三层曲中墙夹层的最小厚度应不小于1.0m，也是基于中墙的受力及施工过程中的稳定性要求确定的。

6. 连拱隧道的防排水设计

隧道应采取可靠的防水和排水措施，保证使用期内行车安全和设备正常使用。洞内应有一个完整的、畅通的防排水系统。

一般公路隧道应做到：

①拱部不滴水、边墙不滴水。

②路面不冒水、不积水、设备箱洞处不渗水。

③冻害地区隧道衬砌背后不积水，排水沟不冻结。

汽车专用公路隧道则应达到拱部、墙部及设备箱洞处均不渗水。

连拱隧道的结构复杂，施工困难，为达到以上目的，连拱隧道的防排水更显得尤为重要。

(1)连拱隧道防排水设计原则

隧道防排水应视水文地质条件，因地制宜地采取“以排为主，防、排、截、堵相结合”的综合治理原则，达到排水畅通、防水可靠、经济合理、不留后患的目的。

(2)连拱隧道防排水形式

连拱隧道的防排水系统具有分离式隧道防排水系统相同的特点，即：防水系统通常由防水层和防水混凝土组成，施工缝、沉降缝采用止水条(带)止水；极少数只采用防水混凝土自防水。排水系统是由排水盲沟、纵横向排水管和纵向排水沟组成的立体排水网络，即地下水通过横向排水盲沟、边墙底部的有孔塑料管将水汇集，通过墙底横向无孔塑料管将水引至排水沟中，排出洞外。

除此之外，由于连拱隧道自身独特的中墙结构，使得连拱隧道中墙部位的防排水又有别于一般隧道，不同的中墙结构有不同的防排水设计思想、方法和施工工艺，下面分别介绍几种常用的中墙防排水方式。

①方式一：中墙顶部左右洞防水层不连通，中墙顶部左右洞各设一道纵向有孔排水管，将水汇集，通过中墙横向和竖向排水管将水排至中墙边排水管(沟)内(图8.3-15)。

②方式二：中墙顶部左右洞防水层连通，中墙顶部左右洞各设(或共设)一道纵向有孔排水管，将水汇集，通过中墙横向和竖向排水管将水排至中墙边排水管(沟)内(图8.3-16)。

③方式三：中墙顶部左右洞防水层不连通，中墙顶部左右洞各设一道有孔排水管，将水汇集，通过中墙横向排水管将水排至中墙空心部分的排水沟中，沿纵向排出洞外(图8.3-17)。

④方式四：仅适用于三层中墙，类似于单洞防排水系统，左右洞排水系统相互独立(图8.3-18)。

连拱隧道各种防排水方式的比较见表8.3-2。

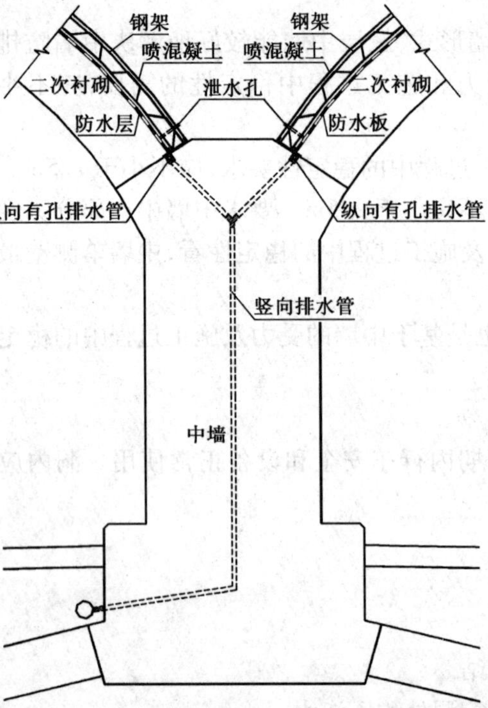


图 8.3-15　中墙防排水方式一

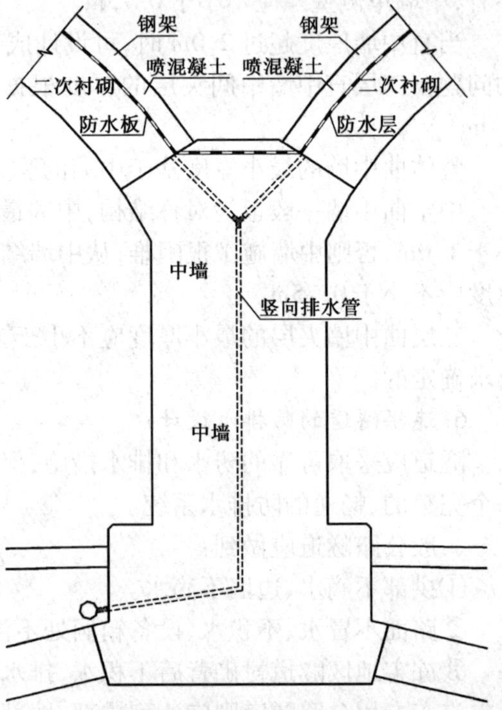


图 8.3-16　中墙防排水方式二

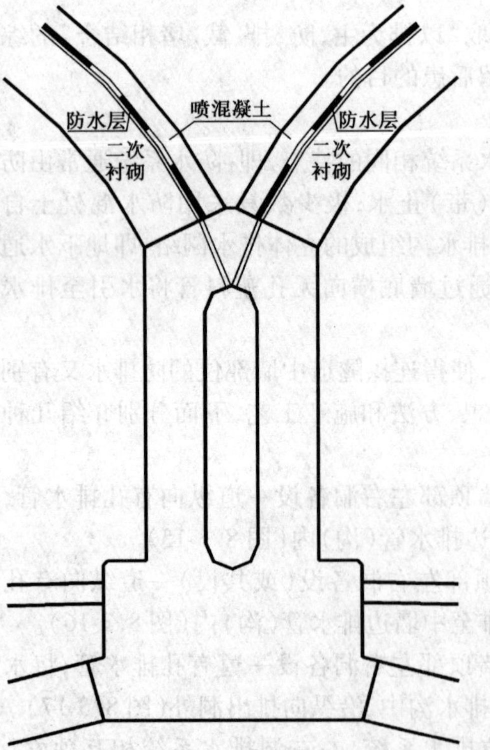


图 8.3-17　中墙防排水方式三

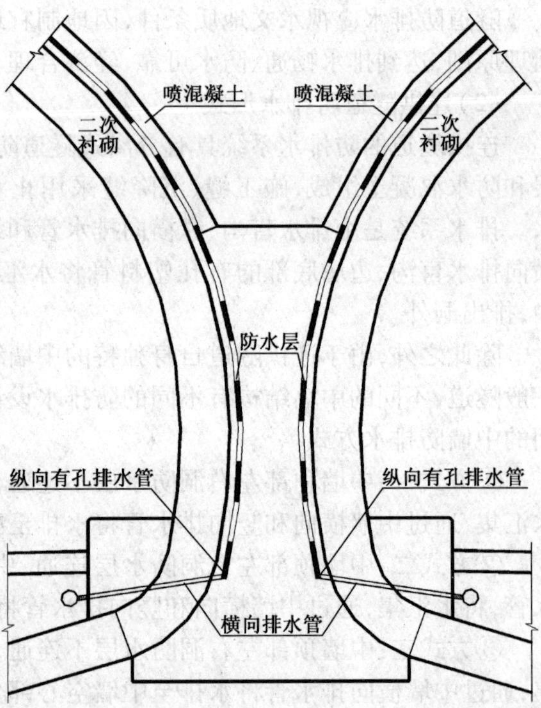


图 8.3-18　中墙防排水方式四

**连拱隧道各种防排水方式比较表** 表 8.3-2

| 项目 | 方式一 | 方式二 | 方式三 | 方式四 |
|---|---|---|---|---|
| 适应的中墙形式 | 整体实心中墙 | 整体实心中墙(无钢架) | 中空中墙 | 三层式中墙 |
| 防水系统施工 | 中墙防水系统复杂,施工困难,钢架预埋件或钢筋易穿透防水层,施工质量难以保证 | 中墙防水系统复杂,施工困难,钢筋易穿透防水层,施工质量难以保证 | 中墙防水系统复杂,施工困难,钢架预埋件或钢筋易穿透防水层,施工质量难以保证 | 防水系统与分离式隧道相同,施工相对方便,能够保证施工质量 |
| 排水系统施工 | 中墙排水系统复杂,排水管之间的连接多,施工困难,施工质量难以保证 | 中墙排水系统复杂,排水管之间的连接多,施工困难,施工质量难以保证 | 中墙排水系统较方式一、方式二简单,施工较困难,施工质量不易保证 | 排水系统与分离式隧道相同,施工相对方便,能够保证施工质量 |
| 防水效果 | 中墙防水系统不可靠,防水效果难以保证 | 中墙防水系统不可靠,防水效果难以保证 | 中墙防水系统不可靠,防水效果难以保证 | 防水系统可靠,防水效果理想 |
| 排水效果 | 施工情况复杂,易引起排水管堵塞,造成排水不畅 | 施工情况复杂,易引起排水管堵塞,造成排水不畅 | 排水系统相对简单,排水通畅,但中空中墙内的排水沟维护困难 | 排水系统可靠,排水效果理想 |
| 综合评价 | 中墙防排水效果较差 | 中墙防排水效果较差 | 中墙防水效果较差,排水效果较好 | 防排水效果较好 |

## 二、连拱隧道的施工方法

隧道施工要求对隧道的开挖工序、防排水问题、施工要点以及施工组织给予极大关注。作为安全可靠的开挖方法,要很好地处理左右拱部施工由不对称性到左右洞拱部施工完毕后的对称结构体系的转换,减少由于工序多而造成的施工缝明显以及防水板接头质量和中墙质量问题,解决连拱隧道的防排水问题。

### 1. 连拱隧道中墙施工

连拱隧道的施工往往从中墙开始,中导洞施工高度以及施工方法的不同,中墙顶部和墙脚的处理也不尽相同。

对整体式中墙,中导洞高度较高,超过中墙顶时,一般采用图 8.3-19 中的方式 a、方式 b 处理中墙顶部的超挖部分。方式 a 是回填部分采用与中墙同级混凝土,且与部分衬砌及中墙一起浇筑,这种施工方式的中墙回填较密实,但顶部的防排水施工较困难。方式 b 是中墙顶部矩形回填部分采用混凝土或浆砌片石,三角形回填部分采用与衬砌同级混凝土,中墙施工完毕

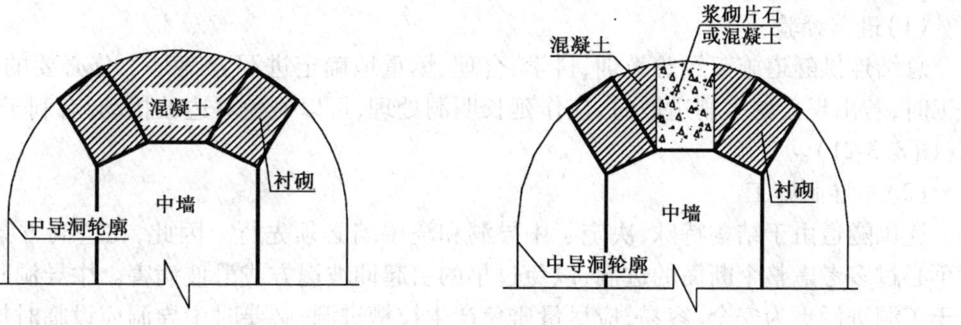


图 8.3-19 整体中墙顶部处理方式

a)方式 a;b)方式 b

后,回填矩形部分,三角形回填部分与衬砌一起浇筑。方式b的防排水施工相对容易,但顶部回填不易密实。

整体直中墙和中空直中墙导洞开挖轮廓线一般高于中墙,中墙顶部回填一般按方式b处理,较少按方式a处理。

三层中墙一般按图8.3-20进行施工,三层中墙施工也有按图8.3-19方式b进行设计的,但中墙回填(包括矩形和三角形部分)在中墙夹层施工完毕后即回填,二次衬砌最后施工。

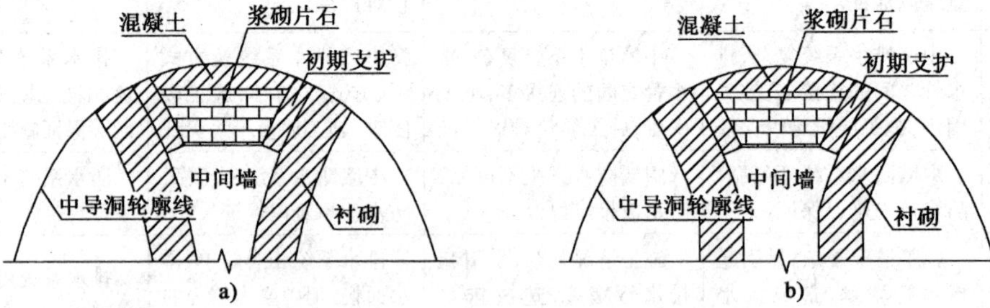


图8.3-20　三层中墙顶部处理方式

a)三层曲中墙;b)三层直中墙

2. 连拱隧道进洞施工

1)进洞施工原则

连拱隧道进洞施工同一般隧道一样,应遵循"早进洞、晚出洞、正洞(中导洞)仰坡开挖进洞,与自然环境相和谐"的原则。在具体施工时,应特别注意以下事项:

(1)应科学地合理地安排左右拱部施工,妥善处理由左右洞拱部不对称性施工转换为对称结构体系。

(2)连拱隧道由于工序多,应尽力减少施工缝,妥善处理各类缝隙处的防水板接头质量和中墙施工质量问题,这是连拱隧道施工质量关键问题之一。

2)进洞施工经验

一般情况下,洞口段的地质条件较差,覆盖层厚,围岩较破碎,地表水及地下水较丰富,最易发生塌方病害,且难以成洞,无论是连拱隧道还是分离式隧道,这是施工首先遇到的第一个困难。

为了保证连拱隧道顺利进洞,在施工前应做充分调查,认真仔细核对设计文件,验证设计地面线的准确性;核对洞口地质纵横剖面,明了洞口的地层情况,必要时应进行补充勘查、补测纵横断面。

(1)进洞经验

总结连拱隧道施工经验教训,科学、合理、慎重地确定进洞方案是十分必要的。例如进洞施工时,若出现大挖大刷边坡时,应作延长明洞处理,可以避免对边坡扰动,有利于隧道进洞开挖(图8.3-21)。

(2)中导洞施工

连拱隧道由于结构特殊,决定了中导洞和浇中墙必须先行。因此,在进洞方案选择上,可暂不必过多考虑整个断面的进洞,以免过早的引起仰坡塌方或滑坡病害。中导洞断面狭小,相对于正洞进洞更为安全、容易,应尽量避免产生拉槽进洞,必要时中导洞应设临时护拱,对两侧边坡设置临时防护设施,两侧正洞挖方暂不施作,使其产生支撑作用。

图8.3-22是连拱隧道中导洞进洞施工实例。为防止连拱洞口仰、边坡发生病害,在中导

洞施工之前,先行用锚喷混凝土进行加固,确保了施工安全。中导洞开挖后,对两侧正洞拱部实施超前支护,以便于浅埋洞段顺利成拱。

a)　　　　b)

图 8.3-21　隧道进洞施工

a)边坡受到扰动而出现裂缝;b)连拱隧道提前进洞实例

a)　　　　b)

图 8.3-22　连拱隧道中导洞施工实例

a)中导洞进洞施工;b)正洞超前支护

(3)零开挖进洞

在满足施工要求的前提下,洞口的施工应尽量减少挖方。若在雨季时进洞,应在计划工期允许的情况下(如短隧道),先集中力量施工洞口路基工程,旱季再行进洞。在条件允许的情况下,应采用"无清场进洞",即为零进洞施工,尽量减少开挖扰动,努力减少对原自然植被的破坏,以实现公路建设与自然和谐的施工理念。

图 8.3-23 是实现零进洞的工程实例,两座隧道洞口的原有植被最大限度的得到保护,是实现公路建设与环境保护相结合的范例工程。

a)　　　　b)

图 8.3-23　连拱隧道零进洞工程实例

(4)洞口施工防排水

连拱隧道进洞施工之前,妥善处理洞口防排水施工是确保进洞安全施工不可忽视的环节。否则,一旦遇到地下水或受到大暴雨袭击,隧道安全进洞施工将会受到极大的威胁。

隧道进洞施工时,应视洞口水文地质条件,根据边仰坡外洞顶的渗水情况和洞口段排水系统,确定边仰坡外截水沟的断面尺寸及流向。如果洞顶有坑洼积水,应修筑简易临时排水沟与截水沟连接,使积水流入截水沟。图 8.3-24a)未采取妥善的防排水措施,导致洞口边坡滑塌而堵塞了洞口,图 8.3-24b)在洞口仰坡上修建截水沟,防止洞口边仰坡发生病害。

a)

b)

图 8.3-24　连拱隧道洞口施工时防水处理

a)未进行防排水治理的洞口病害;b)妥善处理洞口防排水实例

(5)洞口土石方工程

洞口段土石方应自上而下开挖,一边开挖一边防护,随时进行监测、检查山体稳定状况。有辅助施工措施时,开挖到一定高程应停止施工,施作辅助施工平台,待辅助施工完毕以后继续开挖。仰坡上的浮石、危石、可能滑塌的表土应及时清除干净;坡面凹凸不平处要修整平顺。

(6)洞门施工

洞门是隧道的唯一外在表现,其施工质量关系整座隧道的形象。为保证工程施工质量,洞门施工时应特别注意以下事项。

①土质地基要整平夯实,将基础置于稳固的地基上;基础处的风化软层、积水等要清理干净。

②洞门施工的拱墙要与洞内相连的拱墙同时施工,并连成一个整体。如有明洞,亦要与拱墙连接良好。

③洞门端墙的砌筑与墙背的回填,两侧要同时进行,防止对衬砌边墙产生偏压。

④洞门衬砌完成后,要及时处理洞门上方仰拱脚的破坏处;洞门的排水、截水设施要与洞门工程配合施工,并与路堑排水系统连通,以保证隧道日后安全运营。

3. 连拱隧道明洞施工

总结连拱隧道适宜的地形条件,多数的洞口时常处于偏压状态,坡体开挖后地层极易产生滑动病害,对洞口施工及正常进洞极为不利。如果上、下行两洞洞口段全部开挖后再施作明洞洞段,不仅显著地加大开挖量,边仰坡的防护也变得十分困难,而且对环境造成较大的破坏,影响经济效益。针对上述情况,可以选用"半明半暗"的结构形式,或者"明洞暗挖"的施工方法(图 8.3-25)。

在工作条件比洞内好的情况下,可先施工仰拱及中墙基础,然后再尽可能两侧对称整体浇筑衬砌混凝土。也可先完成中墙结构后,再施工两侧明洞的衬砌。在施工中还须注意:要认真做好明洞外贴防水层与排水管路,回填时应对称施工。

傍山明洞与地面线一般成斜交,此时的洞口往往处于偏压状态,极易发生顺层滑坡。对于这种偏压洞口,应采取"一明一暗"施工法。视连拱隧道洞口段的地形条件,可采用以下三种施工方法。

图 8.3-25　明洞暗挖法施工

1)一明一暗连拱隧道施工方法一

如图 8.3-26 所示的一明一暗连拱隧道,其施工顺序如下。

(1)先开挖中导洞①,浇筑中隔墙Ⅰ。

(2)分段开挖外侧边墙②,浇筑外侧边墙混凝土Ⅱ,回填夯实外侧边墙外侧碎石土,对中隔墙内侧设置横向支撑。

(3)开挖外侧拱部③,浇筑外侧拱圈混凝土Ⅲ,夯实外侧明洞拱顶回填碎石土。

(4)施作上行隧道超前管棚并注浆,开挖隧道内侧边导洞④,施作初期支护,浇筑内侧边墙混凝土Ⅳ。

(5)开挖内侧拱部⑤,施作初期支护,浇筑内侧拱部混凝土Ⅴ。

(6)开挖内侧隧道核心土⑥,浇筑内侧仰拱Ⅵ。

(7)开挖外侧隧道核心土⑦,浇筑外侧仰拱Ⅶ。通过上述结构及施工顺序后,隧道洞口段施工及路基开挖中,未产生任何坍塌及顺层滑坡病害,实现了顺利进洞。

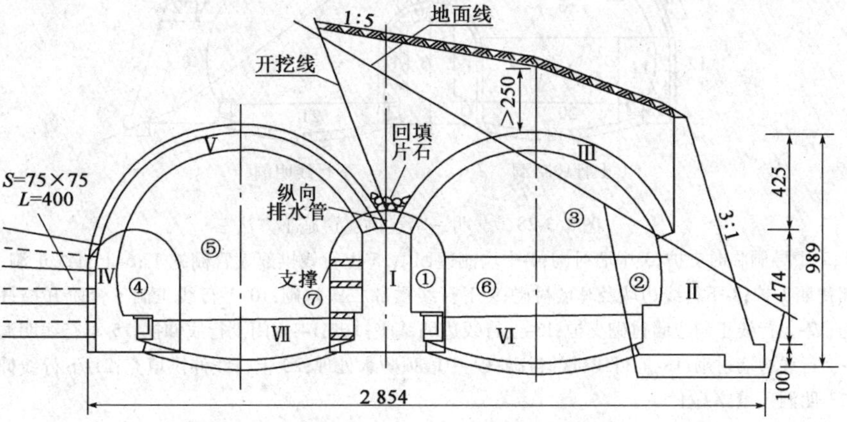


图 8.3-26　一明一暗连拱隧道施工方法一(尺寸单位:cm)

2)一明一暗连拱隧道施工方法二

图 8.3-27 所示的连拱隧道位于陡峭的斜坡上。为防止仰坡滑塌,需要先对仰边坡进行加固,然后再进行开挖。其施工顺序如下。

(1)从右洞拱顶以上,对右洞上断面临时边坡进行刷坡①。

(2)在右洞上断面临时边坡上,施工锚索、小导管注浆及边坡挂网、喷射混凝土支护②。挖右明洞下断面③。

(3)右洞下断面临时边坡支护。

(4)施工右明洞仰拱⑤。

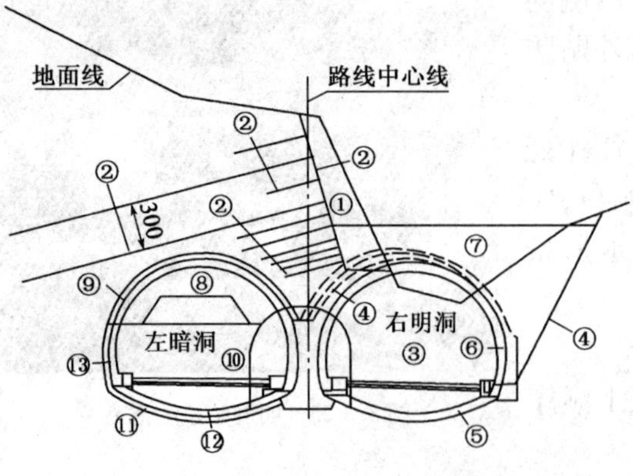

图 8.3-27　位于陡坡上的一明一暗连拱隧道施工方法二(尺寸单位:cm)

(5)全断面衬砌右明洞。

(6)右明洞顶回填⑦,左暗洞小导管注浆超前预支护。

(7)开挖左暗洞上半断面⑧。

(8)进行左暗洞上半断面初期支护⑨。

(9)开挖左暗洞下半断面⑩。

(10)进行左暗洞下半断面初期支护⑬。

(11)施工左暗洞仰拱⑫。

(12)全断面衬砌左暗洞。

按照上述施工顺序,在施工过程中,严格控制隧道开挖、支护的施工顺序,做到开挖后及时对边坡进行支护、加固。右明洞施工完成后,再开始左暗洞的开挖。左暗洞施工过程中,真正做到“短进尺、强支护”,加强监控量测,及时反馈信息,确保隧道施工的安全。

3)一明一暗连拱隧道施工方法三

第三种连拱隧道洞口施工顺序如图 8.3-28 所示。

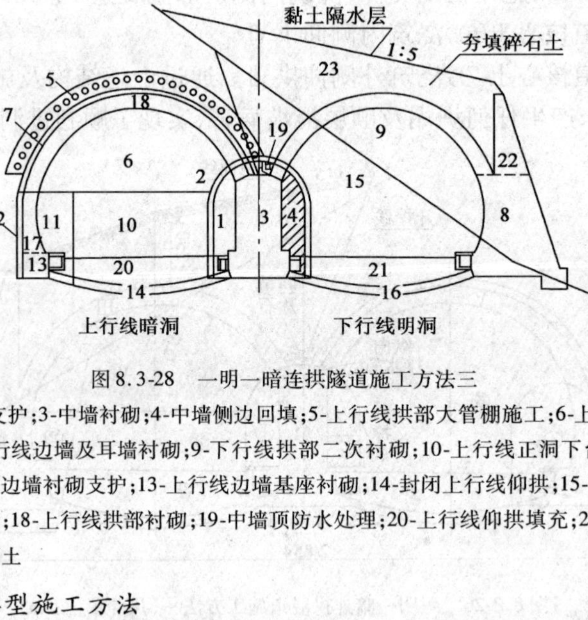

图 8.3-28　一明一暗连拱隧道施工方法三

1-中导洞开挖;2-中导洞临时支护;3-中墙衬砌;4-中墙侧边回填;5-上行线拱部大管棚施工;6-上行线正洞上台阶开挖;7-上行线正洞拱部初期支护;8-下行线边墙及耳墙衬砌;9-下行线拱部二次衬砌;10-上行线正洞下台阶开挖;11-上行线正洞下台阶马口开挖;12-上行线正洞边墙衬砌支护;13-上行线边墙基座衬砌;14-封闭上行线仰拱;15-下行线明洞开挖;16-封闭下行线仰拱;17-上行线边墙衬砌;18-上行线拱部衬砌;19-中墙顶防水处理;20-上行线仰拱填充;21-下行线仰拱填充;22-下行线耳墙衬砌;23-明洞顶填碎石土

4. 连拱隧道主洞典型施工方法

由于受结构形式所限,连拱隧道施工步序较难简化,导致施工工期较长。就目前已用工法而言,一般不少于五步,从而使结构受力状态频繁变化,质量控制点多同时由于工序及施工空间等的限制,质量难以保证,导致隧道出现衬砌开裂、中墙漏水等问题。

连拱隧道的施工方法与连拱隧道的结构以及地质条件密切相关。在不同的结构形式和工程地质、水文地质条件下,不同围岩级别将采用不同的开挖方法,以做到技术可行和经济合理。

连拱隧道施工方法主要有以下四种:①三导洞施工法;②中导洞施工法;③单洞施工法;④双洞全断面平行施工法。

1)三导洞工法

(1)工法简介

三导洞工法又可分为"中导洞－双侧导洞法"和"中导洞－双下导洞法"两种。

①"中导洞-双侧导洞工法"

中导洞-双侧导洞工法又随二次衬砌施工工艺(二次衬砌小模板或模板台车)的不同而不同。

"中导洞-双侧导洞工法"二次衬砌小模板法是指:中导洞超前开挖,两侧壁导洞跟进,中导洞贯通后浇筑中墙混凝土,两侧导洞贯通后浇筑边墙混凝土,拱部采用保留核心土的方法,开挖正洞并进行初期支护,最后浇筑拱部二次衬砌和仰拱。其核心在于"先墙后拱法"施工(图8.3-29)。

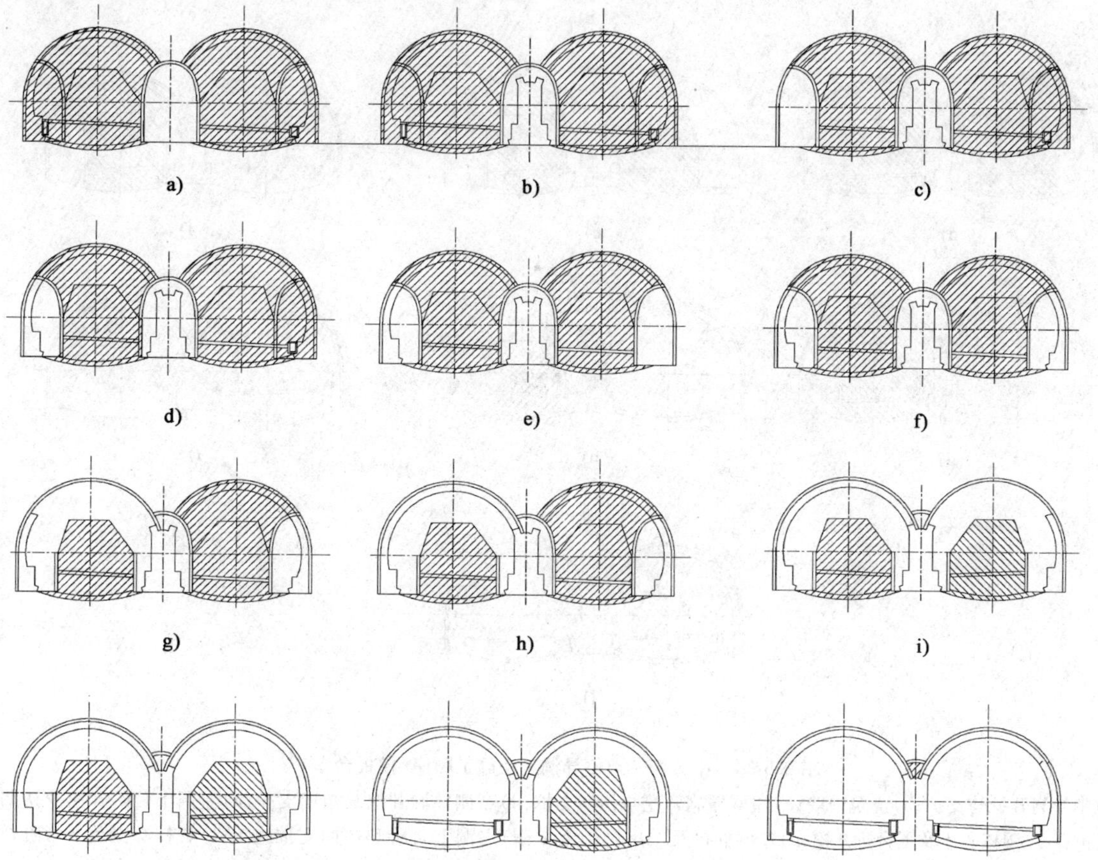

a) b) c) d) e) f) g) h) i) j) k) l)

图8.3-29 中导洞－双侧导洞工法施工顺序(二次衬砌小模板)

a)中导洞开挖与支护;b)浇筑中墙;c)左侧导洞开挖与初期支护;d)左边墙施作;e)右侧导洞开挖与初期支护;f)右侧边墙施作;g)左洞上半断面开挖与初期支护;h)左洞上半断面二次衬砌;i)右洞上半断面开挖与初期支护;j)右洞上半断面二次衬砌;k)左洞下半断面开挖与仰拱浇筑;l)右洞下半断面开挖与仰拱浇筑

"中导洞-双侧导洞工法"模板台车法是指:中导洞超前开挖,两侧壁导洞跟进,中导洞贯通后浇筑中墙混凝土,开挖正洞,进行初期支护,施工仰拱,模板台车施工二次衬砌(图8.3-30)。

如果围岩(Ⅴ级、Ⅵ级)破碎或在洞口浅埋段,中导洞及侧壁还可采用短台阶法施工并加强支护,确保导洞开挖的稳定性。根据现场施工情况看,合理的施工布局应当控制在:正洞开挖采用短台阶法,忌长台阶施工;Ⅵ级围岩的开挖进尺控制在0.5~0.8m,Ⅲ级围岩的开挖进尺控制在0.8~1.5m;上下行隧道应交错开挖,左右两洞开挖掌子面相距不宜太远,交错长度控制在30m左右;二次衬砌浇筑的交错长度不得大于一个衬砌循环的长度;根据现场施工情况施作仰拱回填,仰拱铺底混凝土应适当超前,一般与二次衬砌面保持15m以上的间距,同时,仰拱施工距下半断面开挖面不大于10m。此外,在中墙顶回填不密实时,应注浆保证密实,减少中墙顶的围岩扰动。

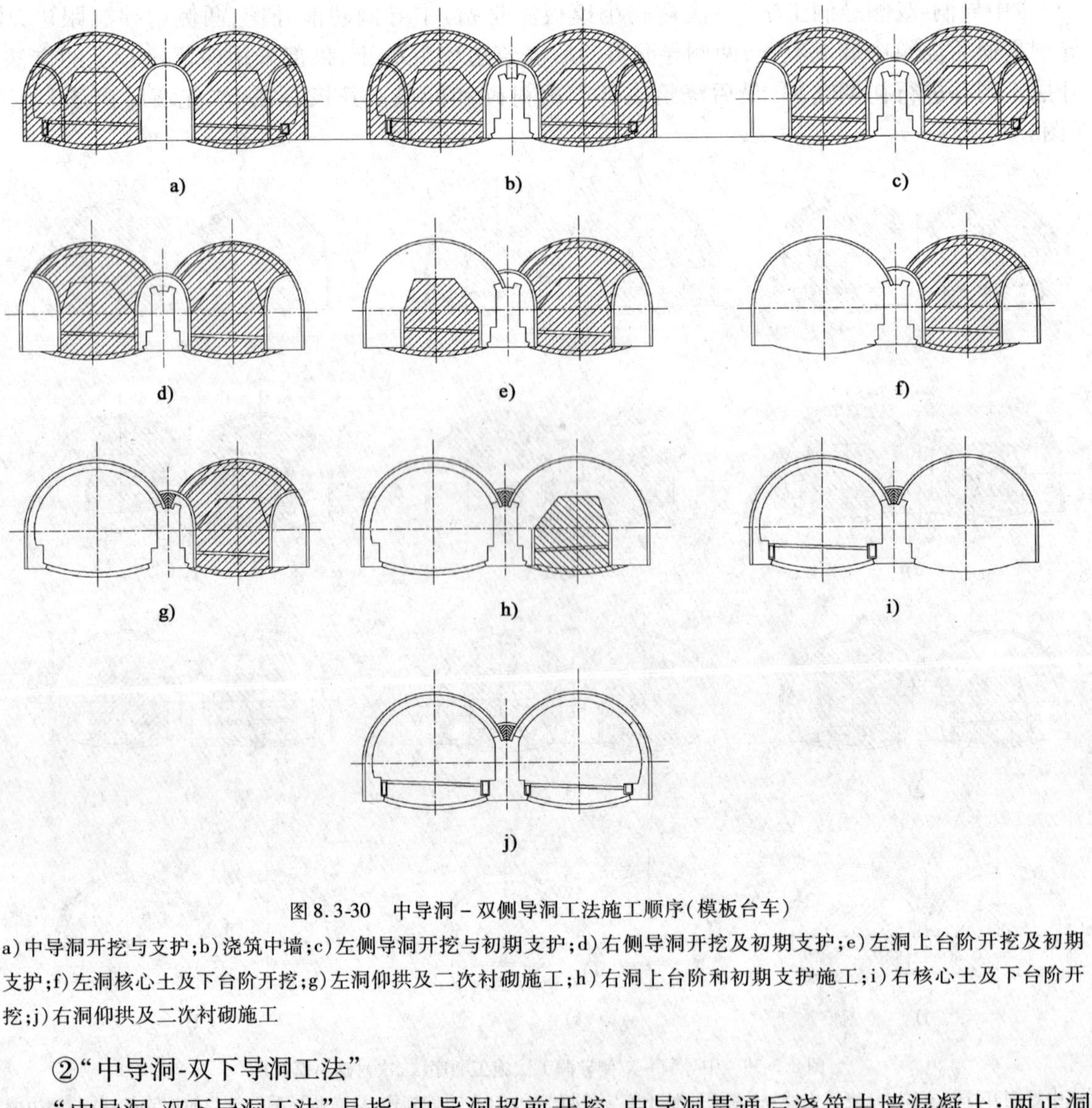


图8.3-30　中导洞－双侧导洞工法施工顺序(模板台车)

a)中导洞开挖与支护;b)浇筑中墙;c)左侧导洞开挖与初期支护;d)右侧导洞开挖及初期支护;e)左洞上台阶开挖及初期支护;f)左洞核心土及下台阶开挖;g)左洞仰拱及二次衬砌施工;h)右洞上台阶和初期支护施工;i)右核心土及下台阶开挖;j)右洞仰拱及二次衬砌施工

②"中导洞-双下导洞工法"

"中导洞-双下导洞工法"是指:中导洞超前开挖,中导洞贯通后浇筑中墙混凝土;两正洞双下导洞交错跟进,适度超前全断面;在下导洞内对正洞围岩进行注浆加固;全断面开挖注浆加固后的正洞并施工衬砌。左右正洞掌子面距离为30m左右。

(2)施工顺序

①"中导洞-双侧导洞工法"施工顺序

采用"中导洞-双侧导洞工法"二次衬砌小模板法的施工工序流程(图8.3-29)为:a)中导洞开挖及支护;b)中墙施工;c)左(右)导洞开挖及支护;d)左(右)侧边墙衬砌;e)右(左)导洞

开挖及支护;f)右(左)侧边墙衬砌;g)左(右)洞上半断面开挖及支护,左(右)导洞部分支护拆除;h)左(右)洞拱部衬砌;i)右(左)洞上半断面开挖及支护,右(左)导洞部分支护拆除,中墙顶混凝土块支顶或喷射混凝土回填;j)右(左)洞拱部衬砌;k)左(右)洞下半断面开挖、左(右)导洞部分支护拆除及仰拱衬砌;l)右(左)洞下半断面开挖、右(左)导洞部分支护拆除及仰拱施工。

采用"中导洞-双侧导洞工法"模板台车法的施工工序流程(图 8.3-30)为:a)中导洞开挖及支护;b)中墙施工;c)左(右)导洞开挖及支护;d)右(左)导洞开挖及支护;e)左(右)洞上台阶开挖及初期支护;f)左(右)洞核心土和下半断面开挖;g)左(右)洞仰拱和二次衬砌;h)右(左)洞上台阶开挖及初期支护;i)左(右)洞核心土和下半断面开挖;j)左(右)洞仰拱和二次衬砌。

②"中导洞-双下导洞工法"施工顺序

"中导洞-双下导洞工法"的施工工序流程(图 8.3-31)为:a)中导洞开挖及支护;b)中墙浇筑;c)左(右)洞下导洞开挖及支护;d)左(右)洞下导洞内注浆加固围岩;e)左(右)洞全断面开挖及初期支护;f)左(右)洞二次衬砌及仰拱施工;g)右(左)洞下导洞开挖及支护;h)右(左)洞下导洞内注浆加固围岩;i)右(左)洞全断面开挖及初期支护;j)右(左)洞二次衬砌及仰拱施工。

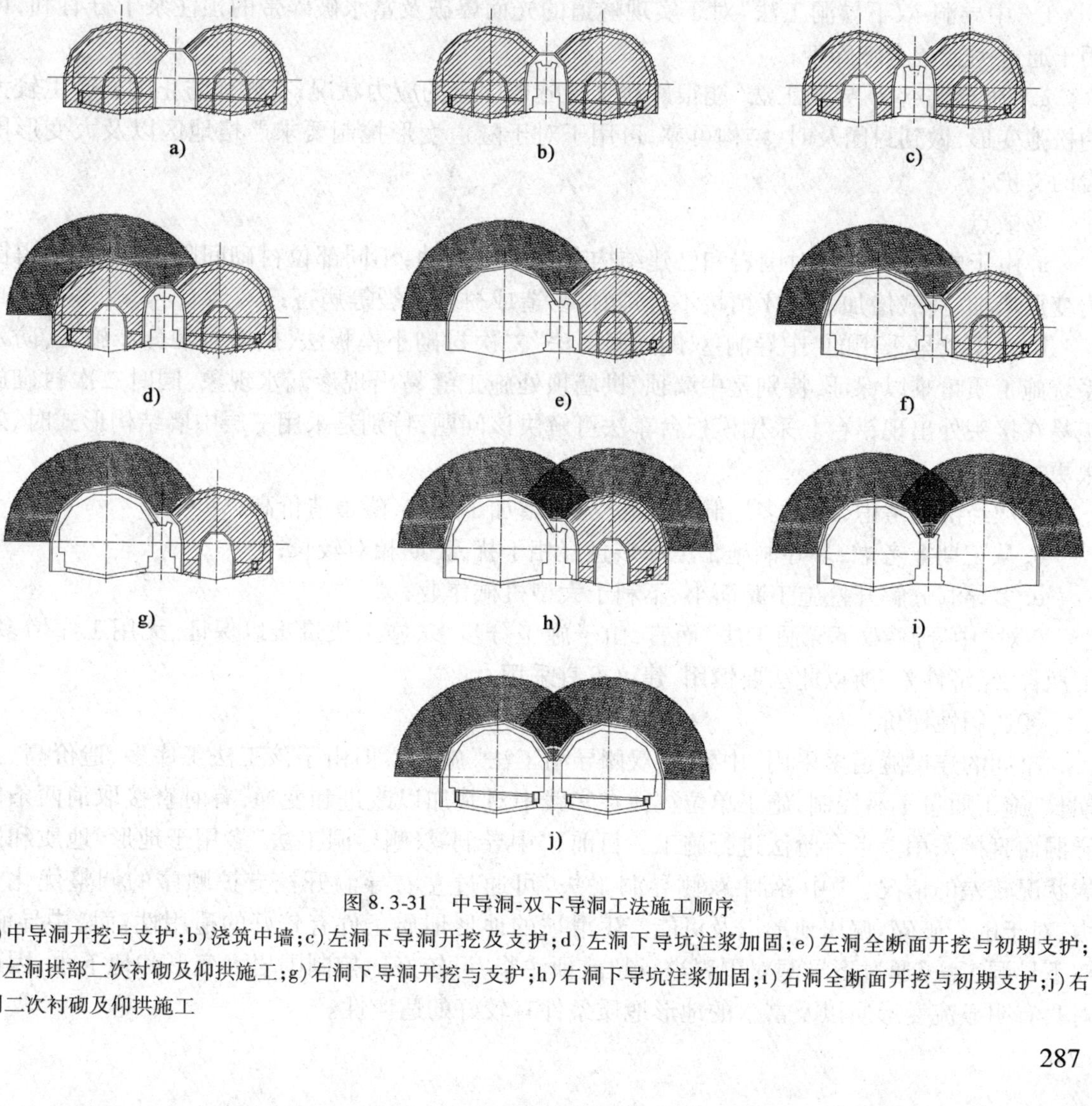

图 8.3-31　中导洞-双下导洞工法施工顺序

a)中导洞开挖与支护;b)浇筑中墙;c)左洞下导洞开挖及支护;d)左洞下导坑注浆加固;e)左洞全断面开挖与初期支护;f)左洞拱部二次衬砌及仰拱施工;g)右洞下导洞开挖与支护;h)右洞下导坑注浆加固;i)右洞全断面开挖与初期支护;j)右洞二次衬砌及仰拱施工

(3)适用性评价

①适用条件

采用模板台车的“中导洞-双侧导洞工法”适用于地质情况差、偏压或埋深较浅的软弱围岩(Ⅵ级、Ⅴ级)。“中导洞-双下导洞工法”和“中导洞-双侧导洞工法”适用于Ⅴ～Ⅵ级围岩富水破碎带。

②工法优点

a. 三导洞工法中三条导洞可同时用作探洞,可超前探明隧道正洞地质情况,为左右正洞安全施工创造条件;

b. “中导洞-双侧导洞工法”确保了隧道施工中采用“整体式衬砌”或“先墙后拱”的形式;

c. 采用“中导洞-双侧导洞工法”小模板法,小断面多次支护,在地质条件较差的情况下,可确保施工安全可靠;

d. “中导洞-双侧导洞工法”较好地处理了左右拱部在施工初期的不对称性到施工完毕后的对称结构体系转换,确保了结构在施工过程中的安全;

e. “中导洞-双侧导洞工法”通过左右导洞开挖顺序和进尺的调整,对于偏压地形具有一定的适应性,可有效地防止偏压裂缝和隧道滑坡的出现;

f. “中导洞-双下导洞工法”对于实现隧道的光面爆破及富水破碎带的预注浆十分有利,可用于通过围岩富水破碎带;

g. “中导洞-双下导洞工法”能很好地维持隧道围岩的应力状况,有效地防止围岩产生较大的松弛变形,做到封闭及时、结构可靠,可用于对于隧道变形控制要求严格地区以及大变形围岩的支护。

③缺点

a. 由于施工工序多,对围岩和已建结构存在多次扰动,不同部位衬砌间隔时间长,使得围岩变形增加、荷载增加。工序衔接不合理时,易造成衬砌开裂等病害;

b. 对于较早采用的“中导洞-双侧导洞工法”二次衬砌小模板法,拱墙衬砌分步施工,防水系统施工质量难以保证,特别是中墙顶、拱墙顶处施工缝易出现渗漏水现象,同时二次衬砌施工易在接头处出现错台。采用模板台车法可解决该问题,特别是采用三层中墙结构形式时,效果更加显著。

c. 从经济上考虑,由于多导洞开挖和支护,增加了成本,隧道造价高;

d. 从工期上考虑,多导洞施工工序多且互相干扰,工期相对较长;

e. 多导洞分解开挖施工断面小,不利于大型机械作业;

f. 对“中导洞-双下导洞工法”而言,由于施工分步多、施工质量难以保证、无用工序增多、工期长、经济性差,所以此法要慎用,建议不宜采用。

④适用性评价

早期的连拱隧道多采用“中导洞-双侧导洞工法”施工。但由于该工法工序多、造价高、工期长、施工质量不易控制,施工单位往往在实践中对其加以改进和变通,有时直接取消两条侧导洞而直接采用上下台阶法进行施工。目前,“中导洞-双侧导洞工法”多用于地形、地质和围岩状况较差的情况。“中导洞-双侧导洞工法”可通过左右导洞开挖支护顺序的调整优化受力,对于围岩破碎、偏压地形以及可能产生滑坡的地形地质条件有较好的适用性;而“中导洞-双下导洞工法”通过下导洞对围岩进行超前预注浆,可较好地控制围岩大变形和地下水,因而对具有明显流变形质以及富水的地形地质条件有较好的适应性。

2)中导洞工法

(1)工法简介

中导洞工法又可分为“中导洞-正洞台阶工法”、“中导洞-全断面工法”和“中导洞-先拱后墙工法”三种。

①“中导洞-正洞台阶工法”又可称为“中导洞-上下台阶工法”,它是指:先贯通中导洞并浇筑中墙混凝土,然后采用上下台阶法开挖左右正洞,最后进行全断面二次衬砌。正台阶包括长台阶、短台阶和微台阶。“中导洞-微台阶工法”是指在正台阶开挖中,保持上台阶长度在2~5m,初期支护紧跟并快速成环,是目前施工中应用较多的工法。

②“中导洞-全断面工法”是指:先贯通中导洞并浇筑中墙混凝土,然后采用全断面开挖左右正洞,最后进行全断面二次衬砌。本法较明显的优点是工序简单、施工干扰少、临时支护量小,因而节约成本,质量易于保证。

③“中导洞-先拱后墙法”是指:先开挖中导洞、衬砌中墙,再进行主洞上拱部开挖,浇筑主洞拱部衬砌后,交错开挖主洞中槽,跳槽开挖侧墙,最后完成仰拱,目前该工法基本不采用。

(2)施工顺序

①“中导洞-正洞台阶工法”

“中导洞-正洞台阶工法”的施工工序流程(图8.3-32)为:a)中导洞开挖及支护;b)中墙浇筑;c)左(右)洞上台阶开挖及初期支护;d)右(左)洞上台阶开挖及初期支护;e)左(右)洞下台阶开挖及初期支护;f)左(右)洞二次衬砌;g)右(左)洞下台阶开挖及初期支护;h)右(左)洞二次衬砌。

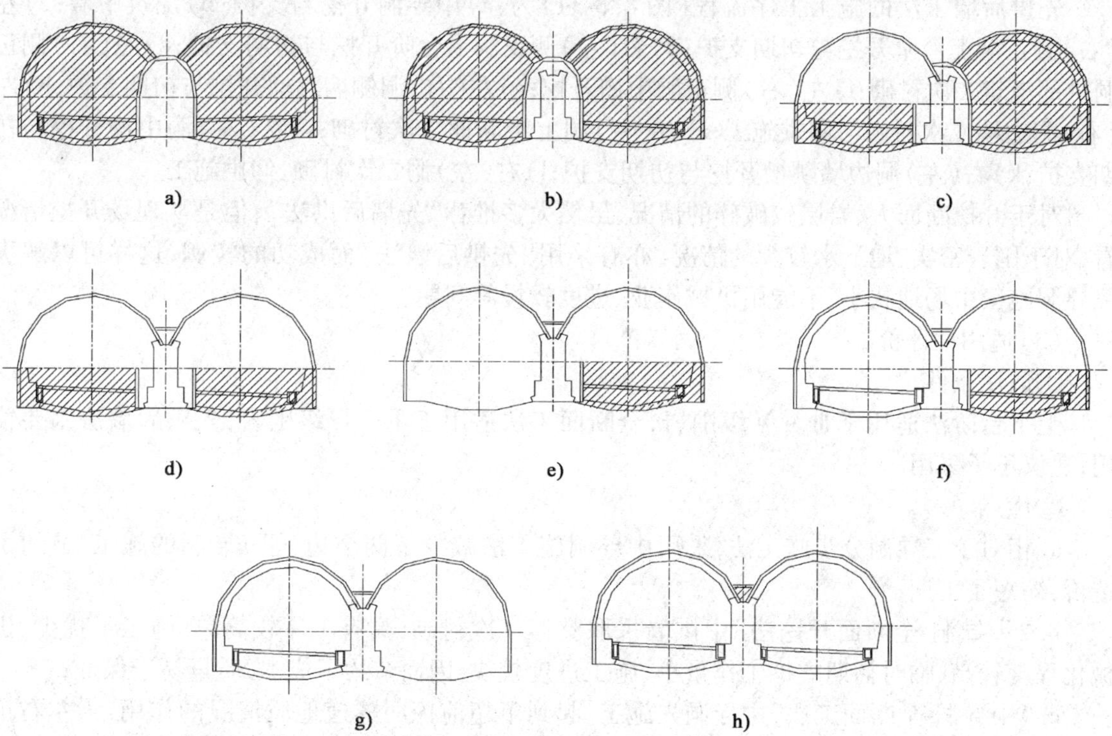

图8.3-32 中导洞-上下台阶工法施工顺序

a)中导洞开挖与支护;b)浇筑中墙;c)左侧正洞上台阶开挖和初期支护;d)右侧正洞上台阶开挖和初期支护;e)左侧正洞下台阶开挖和初期支护;f)左侧正洞浇注仰拱和二次衬砌;g)右侧正洞下台阶开挖和初期支护;h)右侧正洞施工仰拱和二次衬砌

②“中导洞-全断面工法”

“中导洞-全断面工法”的施工工序流程(图8.3-33)为:a)中导洞开挖及支护;b)中墙浇筑;c)左(右)洞开挖及初期支护;d)左(右)洞二次衬砌、仰拱;e)右(左)洞开挖及初期支护;f)右(左)洞二次衬砌、仰拱。

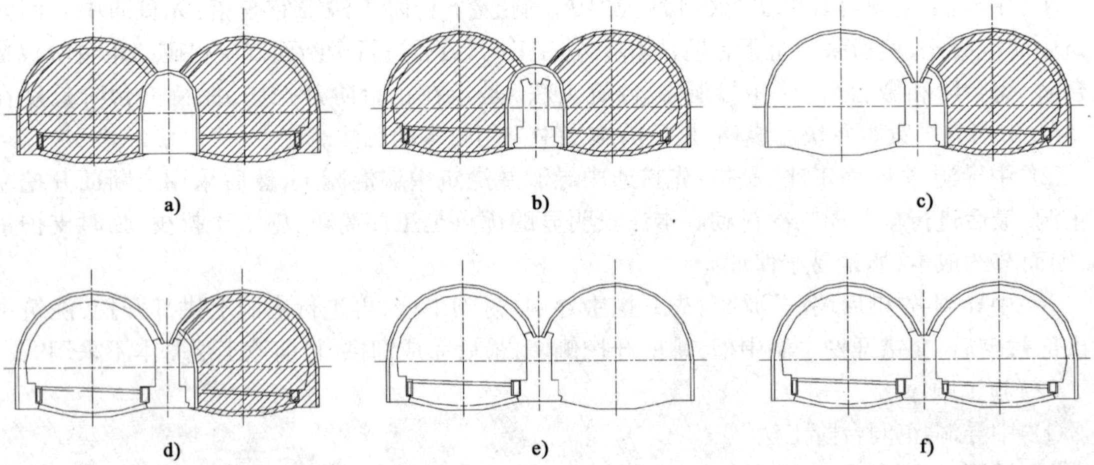

图8.3-33 中导洞-全断面工法施工顺序

a)中导洞开挖及支护;b)中隔墙浇筑;c)左洞开挖及初期支护;d)左洞二次衬砌;e)右洞开挖及初期支护;f)右洞二次衬砌

③“中导洞-先拱后墙工法”

先拱后墙工法的施工工序流程(图8.3-34)为:a)中导洞开挖与支护;b)浇筑中墙;c)左(右)侧正洞上台阶开挖与初期支护;d)右(左)侧正洞上台阶开挖与初期支护;e)左(右)侧正洞拱部浇筑二次衬砌;f)左(右)侧正洞中槽开挖;g)左(右)洞侧墙跳槽开挖与初期支护;h)左(右)洞边墙二次衬砌与仰拱施工;i)右(左)洞上半断面二次衬砌;j)右(左)洞中槽开挖与初期支护;k)右(左)洞边墙跳槽开挖与初期支护;l)右(左)洞二次衬砌、仰拱施工。

对于开挖断面大、岩层较破碎的情况,虽然大多推荐“先墙后拱法”,但是从现场开挖情况看,对于围岩密实、地下水较少的情况,亦有采用“先拱后墙法”而成功的实例,这样可以解决侧导洞施工中场地狭小、不能用机械作业、进度较慢等问题。

(3)适用性评价

①适用条件

上下台阶法适用于Ⅲ~Ⅴ级围岩,全断面工法适用于Ⅰ~Ⅳ级围岩,先拱后墙法则要慎用,建议不予采用。

②优点

a.相对于三导洞分步施工法,采用中导洞施工法减少了两个边(下)导洞的施工,节约了造价,缩短了工期;

b.“中导洞-全断面开挖法”中拱墙采取整体一次衬砌,具有工序较简单、施工干扰少、机械化程度较高、临时初期支护工作量小、施工进度较快,因而节约了成本,质量易于保证;

c.“中导洞-全断面工法”中导洞先施工,起到了超前探明隧道地质情况的作用,为左右正洞施工创造了条件。

③缺点

a.在围岩条件较差、遭遇断层破碎带、隧道浅埋、偏压或者地表对变形控制要求较严格的情况下，采用中导洞台阶或全断面开挖可能产生大变形、连通地表的塌方和边坡滑移等地质灾害；

b.“中导洞-先拱后墙工法”在侧墙开挖过程中，控制不严易引起上拱部产生大的沉降，导致上拱部开裂、拱顶形成空洞、坍陷等不良情况，甚至出现掉拱。

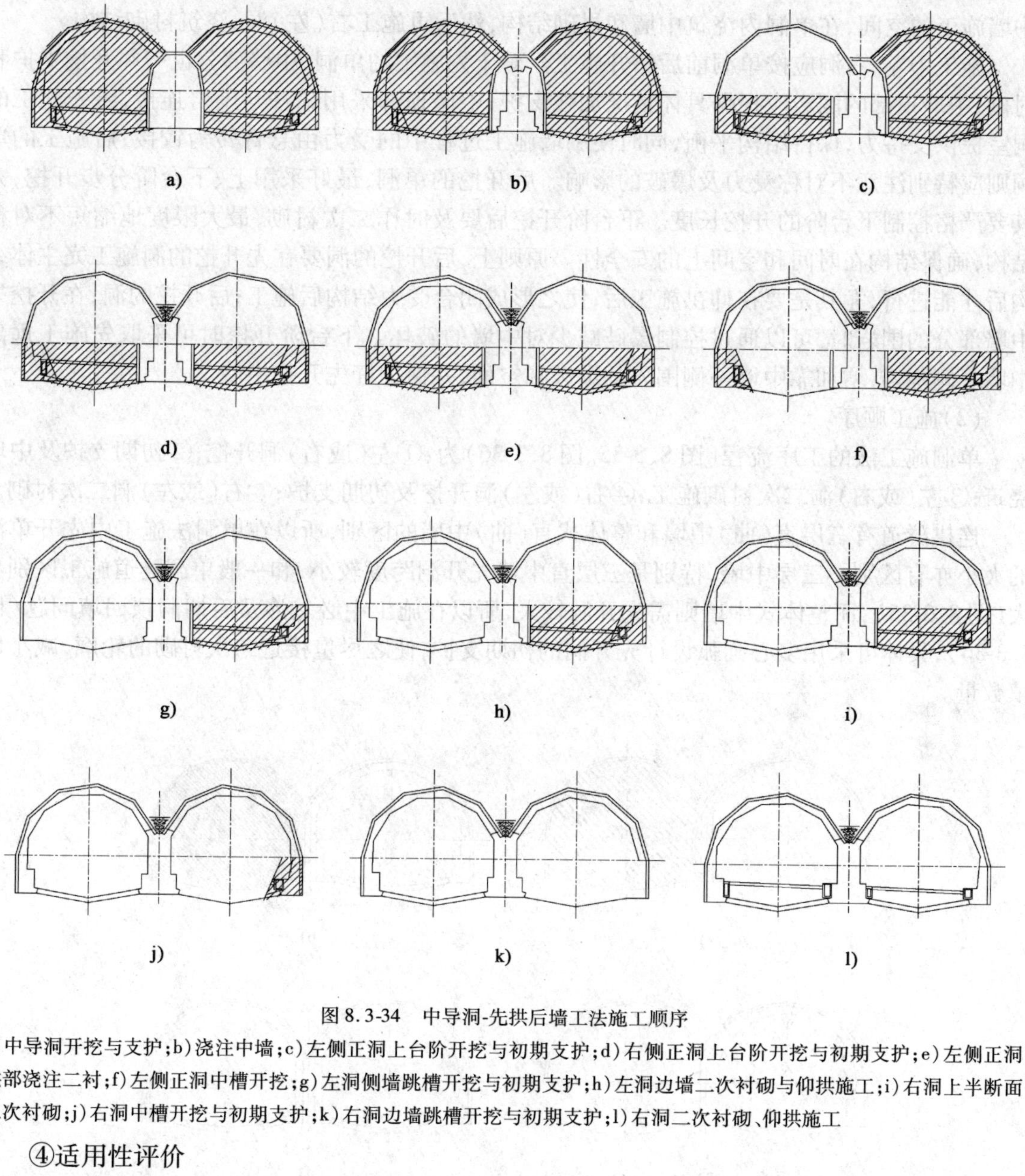

图 8.3-34　中导洞-先拱后墙工法施工顺序

a)中导洞开挖与支护；b)浇注中墙；c)左侧正洞上台阶开挖与初期支护；d)右侧正洞上台阶开挖与初期支护；e)左侧正洞拱部浇注二衬；f)左侧正洞中槽开挖；g)左洞侧墙跳槽开挖与初期支护；h)左洞边墙二次衬砌与仰拱施工；i)右洞上半断面二次衬砌；j)右洞中槽开挖与初期支护；k)右洞边墙跳槽开挖与初期支护；l)右洞二次衬砌、仰拱施工

④适用性评价

由于中导洞工法省略了两条侧(下)导洞，直接对围岩进行大断面开挖，工期短、造价低，较受业主和施工单位欢迎。但应特别注意其适用条件，在隧道施工中需加强中导洞地质编录预报、现场监测工作，并在以上工作指导下采取有效的超前支护措施，确保施工安全。在不利条件下采用本工法一定要在现场试验段成果和监控量测工作的指导下进行。

目前，除围岩条件较好或者特殊情况下采用“中导洞-全断面开挖法”和“中导洞-先拱后墙法”外，推荐采用“中导洞-正洞台阶工法”中的微台阶法，以使初期支护尽早成环，确保施工安全。

3）单洞工法

（1）工法简介

“单洞工法”是指：在连拱隧道施工中取消了中导洞，而在隧道左（右）侧单洞开挖时，留出中墙施工的空间，在单洞内浇筑中墙和衬砌结构，然后再施工右（左）洞，浇筑衬砌结构。

施工中左、右洞应按单洞前后错开施工。对于先施工的单洞，中墙部分也一并开挖支护和衬砌，中墙顶部的围岩应根据具体情况加强支护；中墙顶部采用锚杆与围岩连接，给先施工的洞室提供支持力，保持结构平衡，同时使中墙施工过程中的受力由悬臂转为铰接；后施工的单洞则应特别注意不对称受力及爆破的影响。后开挖的单洞，最好采用上、下台阶分步开挖，尤其要严格控制下台阶的开挖长度。下台阶开挖后要及时作二次衬砌，最大限度地缩短不对称结构，确保结构在时间和空间上的安全性。原则上，后开挖的洞要在先开挖的洞施工完主体结构后才能进行，尤其是要在仰拱施工后，使之形成闭合受力结构后施工；后开挖的洞，在开挖靠中墙部分的围岩时，可以通过控制爆破减少对中墙的破坏。下台阶开挖时可采取先施工远离中墙一侧围岩，增加靠中墙一侧围岩的爆破临空面，并保护好先开挖中墙。

（2）施工顺序

单洞施工法的工序流程（图8.3-35、图8.3-36）为：①左（或右）洞开挖；②初期支护及中墙浇筑；③左（或右）洞二次衬砌施工；④右（或左）洞开挖及初期支护；⑤右（或左）洞二次衬砌。

连拱隧道有三层直（曲）中墙和整体式直（曲）中墙的区别，所以在单洞法施工中先开单洞的大小亦有区别。三层中墙，特别是三层直中墙先开洞跨度较小，和一般单洞隧道施工区别不大（图8.3-35）；而整体式中墙则需先开洞较大，所以在施工中必然涉及后期洞顶回填问题（图8.3-36），具体可采用多心圆弧设计先开洞的初期支护，使之尽量接近二次衬砌的轮廓，减小回填数量。

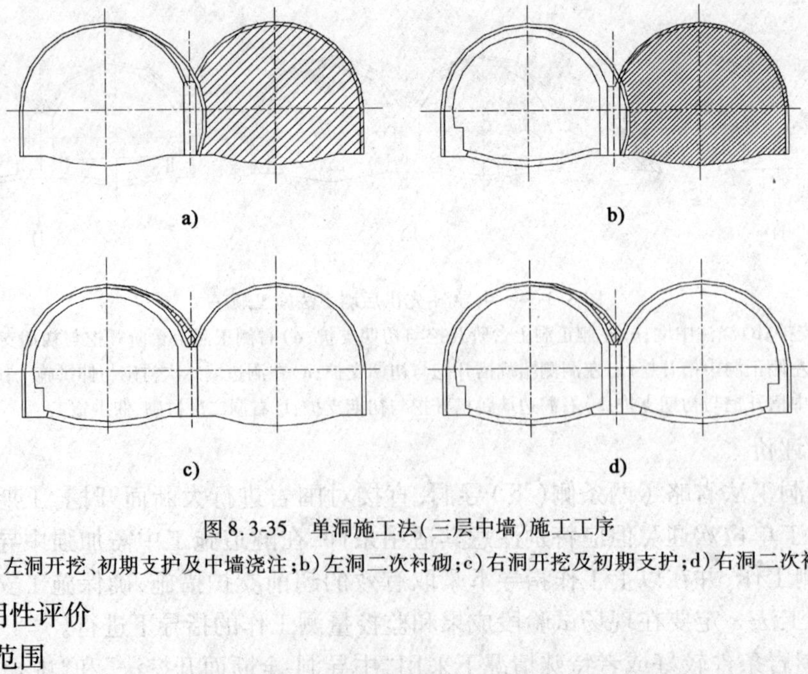

图8.3-35　单洞施工法（三层中墙）施工工序

a）左洞开挖、初期支护及中墙浇注；b）左洞二次衬砌；c）右洞开挖及初期支护；d）右洞二次衬砌

（3）适用性评价

①适用范围

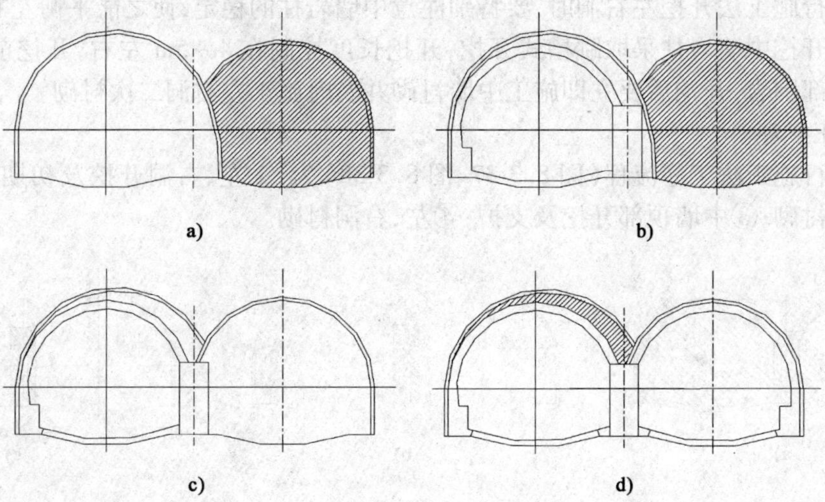


图 8.3-36　单洞施工法(整体中墙)施工工序

a)左洞开挖及初期支护;b)左洞二次衬砌及回填;c)右洞开挖及初期支护;d)右洞二次衬砌

主要适用于Ⅰ~Ⅱ级围岩的两车道连拱隧道,同时应改善单洞工法,并应注意施工中左右洞的相互影响。

②优点

a. 减少了工序,降低了对围岩的扰动,缩短了开挖及支护时间;

b. 减少了导洞开挖支护,降低了工程造价;

c. 工程进度快,工期较短。

③缺点

a. 单洞施工中需留出中墙的空间,跨度较大,在围岩条件较差、浅埋或偏压情况下,不易控制变形和塌方;

b. 中墙顶部的围岩需根据具体情况加强支护,中墙顶部采用锚杆与围岩连接,给先施工的洞室提供支持力,保持结构平衡,在围岩破碎、自稳能力较差且不易加固时,施工质量不易控制;

c. 后期需要对洞顶进行回填,回填质量不易保证;

d. 需要加强先开洞初期支护,中墙顶采用锚杆加固围岩,将预留的钢筋与中墙主筋连接;中墙底采用锚杆加固地基并将预留钢筋与中墙主筋连接。使整体式中墙由原来的单悬臂改为铰接,以有效地改善受力,成本相对较高。

④适用性

由于单洞隧道施工技术已很成熟,根据围岩情况可采用全断面法、正台阶法和其他分步施工方法(如 CRD 法、眼镜法等),因此单洞施工法适用范围比较大。而且一般用于双洞各自独立成洞的三层曲中墙和三层直中墙更好,目前该方法尚未见采用,在围岩条件较好和施工工期紧时,可考虑采用本方法。

4)双洞平行工法

(1)工法简介

“双洞平行工法”是指:在隧道施工中先平行施工正洞,在两洞之间的中墙位置预留岩柱,采用锚杆加固中墙顶部围岩,跳槽开挖岩柱,浇筑中墙,施作二次衬砌。

双洞平行施工法开挖左右洞时，要特别注意中墙岩柱的稳定，使之能平衡左右洞围岩传递来的应力。开挖中墙岩柱采取跳槽式开挖，开挖长度控制在4～5m左右，开挖前采用长锚杆加固中墙顶部围岩，开挖后要立即施工中墙衬砌并及时施工左右洞二次衬砌。

(2)施工顺序

双洞平行施工法工序流程(图8.3-37、图8.3-38)为：①左、右洞开挖及初期支护；②中墙开挖及中墙衬砌；③中墙顶部开挖及支护；④左、右洞衬砌。

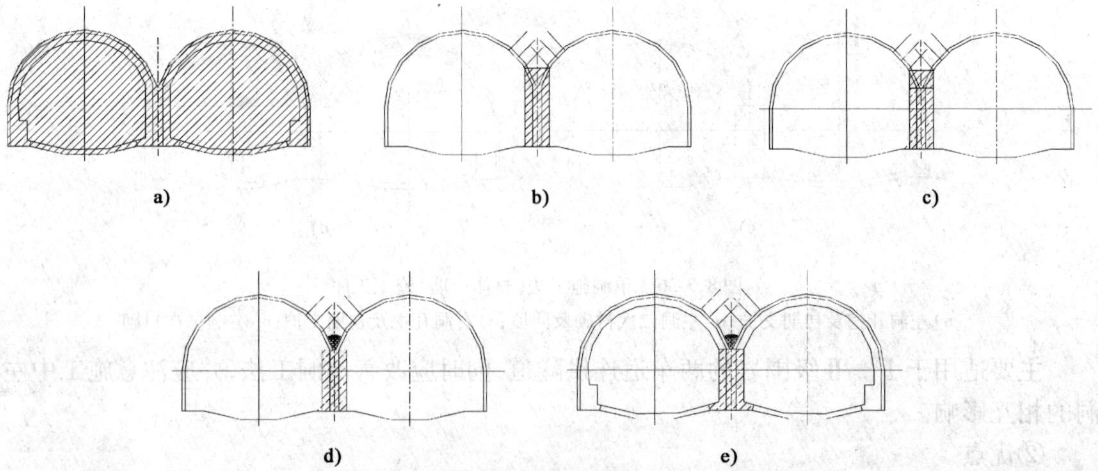

图8.3-37 双洞平行施工法工序

a)隧道初始状态；b)左、右洞开挖及初期支护；c)中隔墙跳挖及中墙初砌；d)中墙顶部开挖及支护；e)左、右洞二次衬砌

(3)适用性评价

①适用范围

“双洞平行工法”适用于Ⅰ～Ⅱ级围岩的硬岩隧道。

②优点

保留中墙岩柱，左、右正洞同步掘进，节约工期和造价。

③缺点

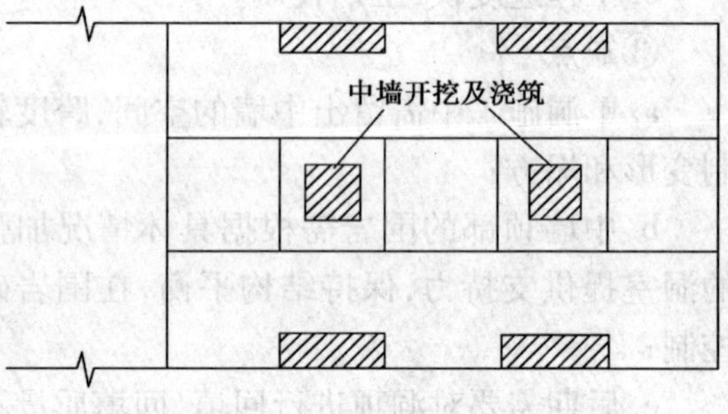


图8.3-38 中墙岩柱跳槽开挖示意图

a.“双洞平行工法”开挖左右洞时，需要中墙岩柱保持稳定，使之能平衡左右洞围岩传递来的应力，只有围岩条件较好时才能满足条件；

b.开挖中墙岩柱采取跳槽式开挖，工法类似于先拱后墙工法，尽管采用长锚杆加固中墙顶部围岩，但初次衬砌在中墙顶的悬空和应力复杂转换可能导致整体结构受力不利。

④适应性评价

“双洞平行工法”方法和小净距隧道有类似之处，适用于围岩质量较好的硬岩隧道。

5.连拱隧道特殊地段的施工

所谓特殊地段，系指在连拱隧道施工时，遇到滑坡、崩塌、泥石流、偏压等地质情况，需要及时采取必要安全措施的地段。

当遇到滑坡病害时，应采用地表锚杆、深基桩、挡土墙、土工袋、石龙等进行加固。

当遇到崩塌病害时，应采取喷射混凝土、地表锚杆、锚索、防落石棚、化学药液注浆等措施；

当遇到偏压发生时，可以采取平衡压重填土、护坡挡土墙或对偏压上方地层挖切等措施来减轻偏压。

1)特殊地段连拱隧道施工

在特殊地段的连拱隧道施工,除大面积淋水、流沙地段外,均可采取锚喷支护施工。施工时应符合下列要求:

(1)当开挖面自稳性很差,难以开挖成形时,应在清除危石后尽快在开挖面上喷射厚度不小于5cm的混凝土护面,必要时,在开挖轮廓线处和开挖面上,打设超前锚杆进行加固,超前锚杆长度宜大于开挖进尺的3倍。

(2)锚喷支护完成之后,若仍不能提供足够的支护能力,应及时设置钢架支撑加强支护。

不宜采用锚喷支护的地段,应采用构件支撑。构件应有足够的强度和刚度;当围岩底部压力过大时应加设底梁;根据现场条件,可结合管棚或超前锚杆等支护,形成联合支撑。

2)偏压地段连拱隧道施工

在偏压状态下,应避免左右洞同时开挖,此时应先开挖压力小的主洞一侧,则对围岩受力更为合理。

洞口浅埋偏压段一般岩层风化严重,围岩稳定性差,极易发生坍塌,同时也易出现偏压现象。由于连拱洞身跨度大、洞顶覆盖层薄,故仅依靠洞身的初期支护很难使围岩达到稳定,因此主洞施工已不能单纯按新奥法原理进行,而是采取以下措施:

(1)对出口处主洞偏压浅埋段洞顶地层进行预加固,其加固方案为:采用直径50mm导管打入洞顶地层,间距1.5m×1.5m,长度通过隧道埋深确定,以不侵入隧道轮廓线为准,并对导管进行注浆处理,以提高围岩自承能力,阻止岩体沿隧道纵、横方向的变形。

(2)在出口浅埋地段施工过程中,应更加严格细致地组织监控量测工作,并能根据量测数据的变化情况及时有效地调整支护参数。

(3)在主洞出口地段,洞身开挖始终以"短进尺、弱爆破、强支护和及时喷混凝土封闭工作面"为原则,可采用正台阶法进行施工。上台阶采用环形开挖,留有核心土,初期支护紧跟掌子面。在施工顺序安排上,待主洞出口浅埋偏压段上台阶开挖和初期支护完成后,及时对其进行拱部的二次衬砌,以加强隧道的强度和刚度,然后进行下台阶开挖,仰拱衬砌紧跟。待该地段压力较小的主洞封闭成环,形成卵形受压态势后,再对压力较大的主洞出口段进行开挖。

3)浅埋地段连拱隧道施工

浅埋地段连拱隧道施工,需采取控制变形的措施:在进口浅埋地段,可采用大管棚超前支护,以有效地控制可能连通地表塌方的出现;对于全浅埋连拱隧道,可采用洞门双向对打大管棚加超前小导管,并进行超前注浆加固来控制大变形;在初期柔性支护难以控制大变形时,可采用刚性二次衬砌紧跟来防止塌方。需要注意的是,此时二次衬砌不但要承受一般所说的长期形变荷载,还要承受较大的塌落荷载和开挖期的形变荷载,所以在需要的情况下,要对二次衬砌予以适当加强,以保证隧道施工的安全和隧道衬砌结构的耐久性。

4)隧道遇到溶洞处理措施

山区里喀斯特地貌是一种常见地貌。某隧道内遇到一个特大溶洞群,于是出现隧道里面架设桥梁的奇观(图8.3-39)。

在连拱隧道建设中,遇到一般性溶洞,可采取以下措施进行处理:

(1)引排水

当遇到暗河和溶洞有水流时,采取排而不堵的方法处理。查明水源流向及其与隧道位置的关系后,用暗管、涵洞、小桥等设施排泄水流或开凿泄水洞,将水排出洞外。

当水流位置在隧道的上部或高于隧道时，应在适当距离外，开凿引水斜洞（或引水槽）将水位降低到隧道底部位置以下，再进行引排。

（2）堵填处理

对已停止发育、洞径比较小、无水的溶洞，可根据与隧道相交的位置及其填充情况，采用混凝土、浆砌片石或干砌石予以回填封闭，根据地质情况决定是否需要加深边墙基础。拱以上空溶洞，可视溶洞的岩石破碎程度采用喷锚支护加固或加设护拱及拱顶回填的办法处理。

（3）跨越

当溶洞较大较深，可采用梁、拱跨越。但梁端或拱座应置于稳固可靠的基岩上，必要时用圬工加固。当溶洞很大，地质情况复杂时，隧道衬砌可采用拉杆拱、边墙梁结构；有条件时，可采用锚索对溶洞与隧道连接处进行加固，锚索应为全长未铰接的自由受力锚索。

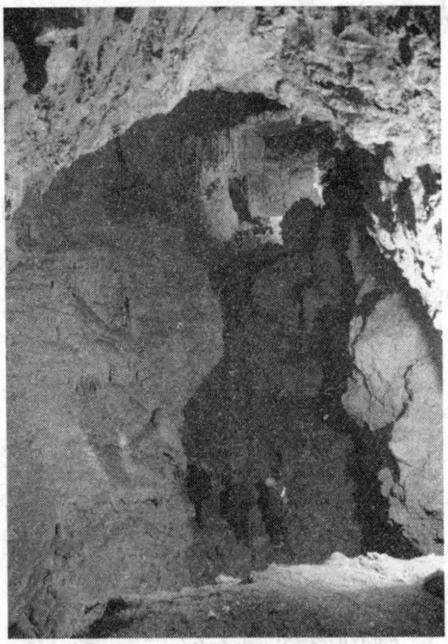

图 8.3-39　隧道内的溶洞

（4）绕行

施工中遇到一时难以处理的溶洞时，可采用迂回导坑绕过溶洞区，继续进行隧道施工，再行处理溶洞。

5）膨胀性围岩地段连拱施工要点

洞身岩土开挖可采用分部法：一般可选用上导坑或弧形导坑先拱后墙法，分部工序距离应尽量短，以尽可能地减少围岩暴露时间，其施工顺序为：先机械开挖上半部，开挖后即进行第一次喷射混凝土（一般厚度为 5cm）、挂钢筋网、立钢架支撑、打锚杆，然后再进行第二次喷射混凝土（一般厚度为 15cm），必要时还可加设锚杆、做临时仰拱。当上半部工序引进适当距离后，再用机械开挖下半部，也是随挖、随喷、随支护（包括仰拱），并预留有 20～30cm 的变形量，待初期支护变形值符合技术要求后，施作二次衬砌混凝土。

图 8.3-40 为初期支护施作完毕后，正在利用挖掘机开挖拱部围岩，开挖后立即施作初期支护，如此循环。

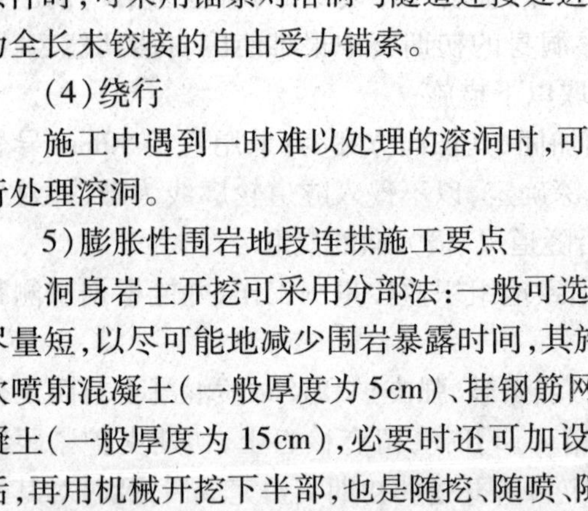


图 8.3-40　初期支护前机械正挖拱部围岩

开挖出膨胀土后，除立即喷射混凝土外，还应及早进行支护。如果膨胀压力较大时，还可采用不同类型的金属支撑。钢管金属环箍支撑，系用 200mm 左右直径的钢管弯制成环箍，钢管内填满砂浆，以增强其刚度。

如果压力继续增大，还可用 $\phi$16mm 钢筋以 32mm 的节距卷成螺旋状，放入钢管再灌砂浆，能在很大变形时仍保持较高强度。

如压力特别大，用 150 号工字钢制成的钢架支撑，其间距一般为 0.7m。

在膨胀性岩层中施工时，应特别注意设置排水设施，避免渗水漫流；在拱脚及墙脚处还应采取措施，绝不允许发生积水现象；凡渗流水通过的土、石暴露地段应设置管道、木槽或浆砌片石水沟。初期支护喷射的混凝土，应全部灌抵岩壁，对拱顶部应特别注意捣固密实。不要向开挖面洒水，以保持围岩干燥。要加强通风，以降低洞内湿度和温度。

6）塌方地段

围岩的变形破坏和失稳塌方，是一个从量变到质变的过程。在量变过程中，围岩、水文地质、岩体等会有一些异常征兆，根据这些征兆，可以对围岩的稳定性进行预报，以便于采取应对措施，预防发生塌方地质病害，以保证施工安全。

（1）不良征兆

一些特殊和不良地质，如断层及破碎带、富含地下水地层、稳定性差的围岩，常发生以下异常征兆。

①水文地质条件的变化，如干燥的围岩突然出水、地下水突然增多、水质由清变浊（地下水将断层泥带走）等，都是即将发生塌方的前兆。

②拱顶不断地掉下小石块，甚至较大的石块相继掉落，预示着围岩即将发生塌方。

③围岩节理面裂缝逐步扩大。

④支护状态变形，例如拱架接头挤偏或压劈、喷射混凝土出现大量的明显裂纹或剥落、敲击后发声清脆、有力，甚至发出声响等。

⑤围岩或初期支护，拱脚附近的水平收敛率大于0.2mm/d、拱顶下沉量大于0.1mm/d并继续增大时，说明围岩仍在发生变形，处于不稳定的状态，有可能出现失稳塌方。

（2）隧道塌方预防措施

①做好超前地质预报工作。尤其是开挖接近设计探明的富水及断层破碎带时，要认真及时地分析和观察开挖工作面岩性变化，遇有探孔突水、渗水增大和整体性变差等现象，及时改变施工方案。

②加强围岩量测工作。通过对量测数据的分析处理，按照时间—位移曲线规律，及时调整和加强初期支护，同时重视混凝土衬砌及时施作。

③严格控制爆破装药量，尽量减小对软弱破碎围岩的扰动。

④保证施工质量，超前预注浆固结止水，钢拱架制作、初期支护和二次衬砌混凝土质量必须符合设计及验收要求。

⑤严格控制开挖工序，尤其是一次开挖进尺，杜绝各种违章施工。

⑥施工期间，洞口应常备一定数量的塌方抢险材料，如方木、型钢钢架等，以备急用。

（3）紧急处理措施

有下述现象发生时，应先撤出工作面上的施工人员和机械设备，指定专人观察和进行加固处理：

①围岩量测所反映的围岩变形速度急剧加快。

②围岩面不断掉块剥落。

③初期支护喷混凝土表面龟裂、裂缝或脱皮掉块，钢拱架严重变形。

## 三、连拱隧道防排水

### 1. 连拱隧道防排水中存在的问题

由于连拱隧道长期受地下水位变化影响，如果防水措施不当出现渗漏，不但不易修善，影响工程正常使用，而且会使主体结构产生腐蚀，危及工程安全。

对于过去修建的整体中墙连拱隧道而言，中墙是防排水问题的关键，二次衬砌和中墙连接处是整体式中墙连拱隧道防治渗漏的难点：

(1)该处为衬背渗水的汇集点，同时又是施工接缝，在防水设计上存在着缺陷。

(2)中墙顶防水板预置，要经过正洞开挖、中导洞支护拆除等工序，才能与拱部防水板焊接成整体。多道工序后，防水板极易产生破损、开裂，影响其防水效果。

(3)中墙混凝土浇筑时预留有二次衬砌的钢筋接头，二次衬砌施工时，钢筋接头的连接、安装极易破坏预设的防水板。

(4)中墙与中导洞顶部围岩之间的空洞要最后回填，此时渗出的地下水容易造成凹部积水，使得该部防排水系统施工质量难以控制，影响结构的耐久性和安全运营。

(5)连拱隧道通常采用盲沟、暗沟和暗管等进行排水，安装不便，材料成本较高，排水效果不理想，甚至堵塞而导致防水失败。

2. 连拱隧道防排水技术

整体式中墙连拱隧道施工工序较多，对围岩和已建结构多次扰动，中墙和边墙的施工及拱部衬砌施工间隔时间较长，使得施工缝更加明显化；边墙处和拱部防水板施工不同时进行，在隧道洞内较为恶劣的施工环境中，使得在实际施工中很难保证防水板的接头质量和中墙顶的排水系统的质量；加之施工缝的客观存在，导致国内已建连拱隧道渗漏水特别是中墙顶处的渗漏水较为普遍。只有让地下水"聚得拢，排得走"，才能保证中墙附近的防排水的效果。

对于三层中墙连拱隧道而言，需要在防水板和中间墙间安装环向盲沟和纵向盲沟。由于中间墙采用的是模筑混凝土，并且在二次衬砌和中间墙间无任何预留变形量，所以在该处防排水的设计和施工与分幅隧道有一些差异，解决措施为：

(1)隧道的环向盲沟和中墙间的纵向盲沟应选取扁状的塑料盲沟，以减小对中间墙或二次衬砌空间的侵入。

(2)由于二次衬砌是连拱隧道的主要承载结构，在高围岩级别中均采用钢筋混凝土结构，盲沟不能侵入二次衬砌，所以在中间墙的施工过程中应预留盲沟的位置，如图 8.3-41 所示。

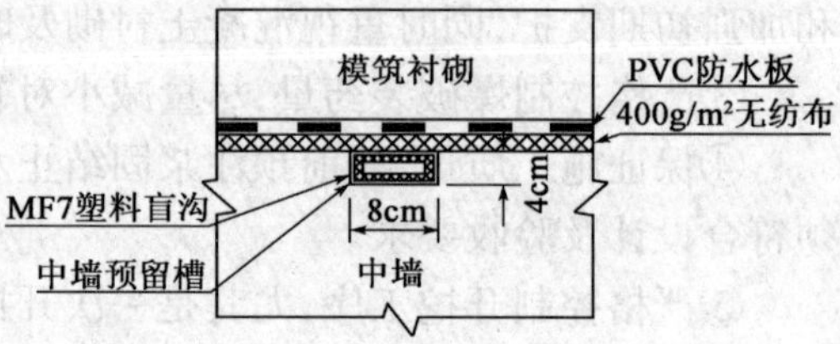

图 8.3-41　中间墙处环向盲沟布置横断面图

(3)建议中间墙的钢筋布置时适当增加一定的保护层厚度。

三层曲中墙的施工和三层直中墙有所区别：在中导洞贯通后随即修建中墙，而且要求中墙顶部与中导洞紧密接触，这样克服了直中墙结构的缺点，而且减少了施工时的辅助措施，大大提高了结构的可靠性。由于曲中墙两侧外轮廓与双洞隧道初期支护一致，有利于防水板的全段面铺设，从而曲中墙连拱隧道的中间部分防排水系统与单洞隧道相同，使得建成后的防排水系统运作可靠。

3. 截排水措施

连拱隧道常采用的截排水方法是通过设置环向、纵向、横向的透水管，形成完整的排水系统：

(1)衬背排水

在初期支护和二次衬砌之间布设软式透水管。当开挖过程中掌子面渗水、滴水严重或出现涌水现象时，直接在岩面铺设一层无纺土工布及三根 $\phi$50mm 软式透水管(直径可根据渗水、涌水情况适当增加或减少)，其间距根据水量布设。而在其他普通地段，则在喷射混凝土表面以 5m 等间距布设铺设一根 $\phi$50mm 软式透水管，软式透水管要直接深入初期支护和二次衬砌之间的纵向排水管。

(2)路基、路面排水

①路面下两侧横向设置排水管，采用 HDPE 波纹网管等材料的排水管，每隔 25m 左右把纵向排水管与中心排水沟相连，横向排水管顶部钻眼，并用无纺布包裹，可有效排除路面渗水。

②设置中心排水沟。在冬季严寒地带，由于冻土深度超过 1m，因此设中心保暖沟，利用地温达到沟内水流不致冻结的排水措施。为了清淤要求以及把基底水从路面下迅速排出隧道洞外，每隔 50m 设一检查井，检查井用铸铁盖板和木盖板形成夹层(保温)。

③根据路面形式，在一侧或两侧设排水边沟，排水边沟的主要作用是排泄路面积水及清洗内装后的废水。边沟采用内直径为 30cm 的 45cm × 45cm 正方形预制件。

(3)洞外排水

根据地形情况，在洞口上边、仰坡设置与地形相应的截水沟，将边沟坡水引出隧道区。

4. 结构自防水

1)混凝土自防水

(1)普通防水混凝土

普通防水混凝土是通过调整配合比和施工工艺，抑制和减少混凝土内部孔隙的生成或改变混凝土内部空隙的特征，提高自身的密实度，以截断水的通路以达到防水目的的一种混凝土。通常在混凝土材料选择和配合比设计中采取如下措施：

①优先采用硅酸盐水泥，水泥强度等级不得低于 42.5 级。采用致密坚硬，形状规则的小粒径石子，优先采用卵石，一般选用细度模数在 2.8 左右的中粗砂。

②适当增加水泥用量，加大砂率，调整合理的灰砂比。水泥用量不少于 300kg/m$^3$，常用砂率为 38% ~42%、细度模数在 2.8 左右的中粗砂，粉细料掺量为总集粒的 5% ~15% 为宜，灰砂比控制在 1∶2.0 ~1∶2.5。

③控制水灰比。水灰比大小应根据结构条件(截面大小、钢筋布置疏密)、施工方法(运输距离、浇筑、振捣方法)和强度标准等综合考虑，具体可参见表 8.3-3。

④在施工条件允许下，防水混凝土应标养或设专人养护不少于 14 昼夜。

**水灰比的确定**　　表 8.3-3

| 抗压强度及混凝土类别 | | 抗渗等级 | | | | | 水泥用量 (kg/m$^3$) |
|---|---|---|---|---|---|---|---|
| | | P6 | P8 | P10 | P12 | P12 以上 | |
| 抗压强度 (MPa) | ≤20 | 0.6 ~0.65 | 0.55 ~0.6 | | | 0.5 ~0.55 | ≥300 |
| | ≤30 | 0.55 ~0.6 | 0.5 ~0.55 | | | 0.45 ~0.5 | ≥300 |

(2)外加剂防水混凝土

在混凝土中加入少量有机或无机化合物，可改善和赋予混凝土某些性能，这些外掺物称为外加剂。在防水混凝土中应用的有减水剂、早强剂、防水剂等。外加剂主要有木质素硫酸钙，木质素硫酸钙系(木钙)表面活性剂，对混凝土起减水、发泡的作用，改变了混凝土的孔状结构，从而提高其抗渗性能。木钙的掺入可以提高混凝土强度，改善混凝土的各项性能指标，并能推迟和降低水泥水化热峰值，但木钙的正常掺量应在 0.4% 以下。

三乙醇胺可以增强混凝土的密实度，减少混凝土内部的毛细管通路和孔隙，从而提高混凝土的早期抗渗强度。三乙醇胺单独使用的早强效果不明显，所以常与氯化钠复合使用，三乙醇胺的掺量一般为水泥质量的0.03%～0.05%。

氯化铁是在混凝土中靠反应产物氢氧化铁起密实填充作用的，新生态的氧化钙通过对水化熟料矿物的激发作用及降低泌水率来综合提高混凝土的抗渗性能。氯化铁防水剂多用于无筋或少筋的大体积混凝土或砂浆抹面防渗工程。氯化铁掺量过多会导致混凝土开裂，这是由于氯化铁将加大混凝土的干缩，因此在制备氯化铁防水剂时，一般控制氯化铁与氯化亚铁的比例为1∶1，同时应加入能减少干缩的硫酸铝和明矾。氯化铁防水剂使用于素混凝土和抹面防漏工程中，一般掺量为水泥重量的3%（液态）或1%（固态）。氯化铁防水混凝土水泥用量不应少于310kg/m$^3$，水灰比应控制在0.55以下，坍落度应以3～5cm为宜。

（3）特种混凝土

采用微膨胀混凝土和抗裂能力强的新型混凝土，各种纤维混凝土、钢丝网混凝土等也可减少混凝土裂缝。

2）裂缝控制

很多连拱隧道渗漏水是由于自防水结构本身产生了贯穿性裂缝以及防水板被戳破。因此，在结构自防水中，衬砌裂缝成因分析及控制是需要解决的重要问题。具体参见相关章节。

5.材料外防水

结构自防水要和材料外防水结合起来，才能有效控制渗漏。材料外防水主要有抹面防水、涂层防水以及卷材防水，在连拱隧道中用的较多的是卷材防水，通过土工布和防水板的布设防止隧道外的水渗漏进来。

目前，国内外复合防水板的材料主要有PE防水板、LDPE防水板、PVC防水板、EVA合成树脂防水板等。施工时，在隧道初期支护表面，纵向、环向按一定间距打入锚钉，将防水板的土工布贴靠初期支护表面，并把表面的吊带逐个挂到锚钉上，然后焊接所铺设防水板间的所有接头。这样代替了土工布和橡胶防水板双层重叠的施工工艺，属无钉固定方式。具体施工包括以下几个方面：

1）土工布的铺设

施工前先对初期支护表面进行检查，将锚杆露头、钢筋、喷混凝土尖锐突起除去，用M7.5号砂浆抹平。用铺挂台车将土工布由拱顶向两侧对称铺设，采用$\phi$80mm专用塑料垫圈作固定点，使用射钉枪或铁锤将水泥钉通过垫圈中央打入喷射混凝土中，用以固定土工布；固定点一般采用梅花型布置，间距为拱部0.5～0.7m，边墙壁1.0～1.2m，在凹凸不平处适当加密，应尽量钉在凹处；施工时应注意将水泥钉垂直于混凝土面，并不得超出垫片平面，以防刺破防水板（图8.3-42、图8.3-43）。

2）防水板的铺设

防水板的铺设有两种方法：

（1）施工前将防水板横向中线与隧道中线对齐，由拱顶向两侧铺设，用压焊器（焊枪）将防水板热合于塑料垫片上；施工时应注意防水板松弛度，留出足够的空余量，以免灌混凝土绷得太紧，拉裂防水层；防水板幅宽一般为3.0m，两幅间环向连接采用自动爬焊机进行热合焊接；爬焊机热合焊接前必须检查两幅防水板搭接宽度不得小于5cm；此外，应将搭接部分的水泥等清理干净，以防发生虚焊、漏焊。将爬焊机安装好后，打开电源开关，待温度指示灯闪亮后方可打开行走开关，在焊接过程中应随时检查两条焊缝的焊接情况，如有虚焊地方必须及时用焊枪补焊；热合机焊接为双焊缝，每条焊接宽度为1cm。

（2）将防水板（长度20m）沿隧道长度方向铺开，由隧道侧墙墙角向拱顶环向瓦叠；防水板宽度搭接时，下面的防水板要放在隧道内侧，而上面的防水板要放在隧道外侧（与初期支护相贴），这样才能较好起到防排水效果。防水板的铺设应采用纵向瓦叠（防水板的长度方向沿隧道的环向铺设），防水板在宽度方向的搭接要保持和隧道纵坡一致，高处的防水板在隧道外侧（与初期支护相贴），低处的防水板在隧道内侧。在防水板之间采用专用黏结剂或者热熔黏结，结合部位大于100mm，在铺土工布和防水板之前要整平初期支护，在钢筋等突出部分，先切断后用锤铆平，抹砂浆素灰，锚杆有突出部分时，螺头顶预留5mm，切断后用塑料帽处理，补喷混凝土使其表面平整圆顺，凹凸量不超过±5cm。

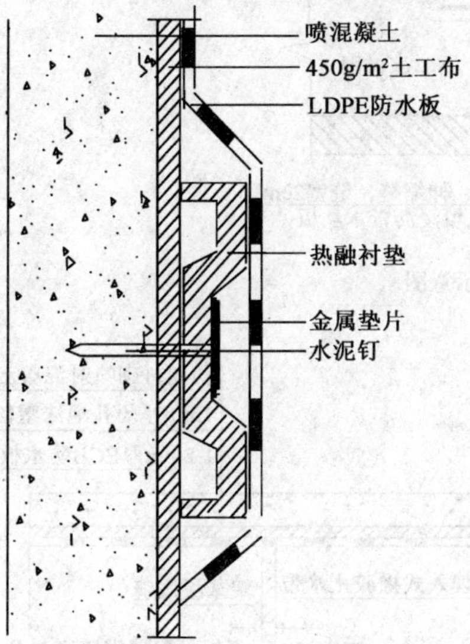


图8.3-42 防水板无钉铺设示意工艺图

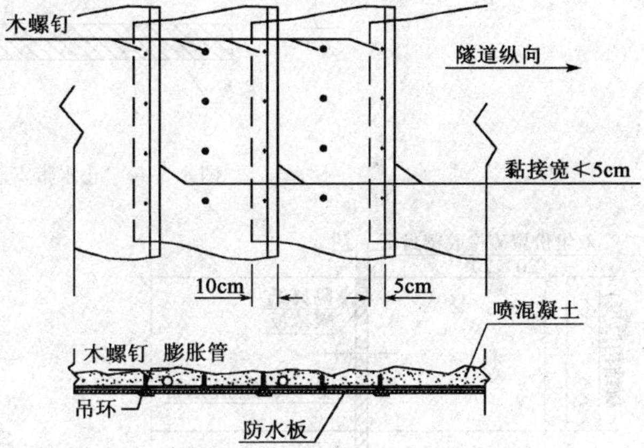


图8.3-43 复合型防水板铺设示意工艺图

6. 三缝防水

连拱隧道衬砌的三缝即：施工缝（也称工作缝）、沉降缝及伸缩缝（温度缝或明洞与隧道衬砌接缝），这些缝是隧道防水的薄弱环节。通常隧道衬砌本身不渗水，而各种缝隙的渗漏水出现的几率很高。

为简化防水施工处理和减少渗漏水的机会，沉降缝和伸缩缝最好合在一起设置。合理地设置变形缝（沉降缝、伸缩缝），在结构变化处、外荷载明显处、地基软硬变化处和温差变化显著处一般考虑设置变形缝。

在隧道工程中，变形缝通常用橡胶止水带，而施工缝处通常采用橡胶止水条。

1）橡胶止水带的施工工艺

橡胶止水带有高弹性和压缩变形的特点，在荷载作用下产生弹性变形，故能起到紧固、密封、有效地防止接缝渗漏水的作用。

橡胶止水带安装一般采用预埋式，因为它具有构造简单、施工简便及质量可靠的优点。顺序如下：

（1）衬砌轴线每隔不大于50cm钻一个$\phi$12mm的钢筋孔。

（2）现成的钢筋卡由待灌混凝土一侧穿入另一侧，内侧钢筋卡卡紧止水带一半，另一半止水带紧贴在挡头板上（见图8.3-44～图8.3-46）。

（3）止水带现场接头一般采用搭接，通过胶黏剂进行黏合。

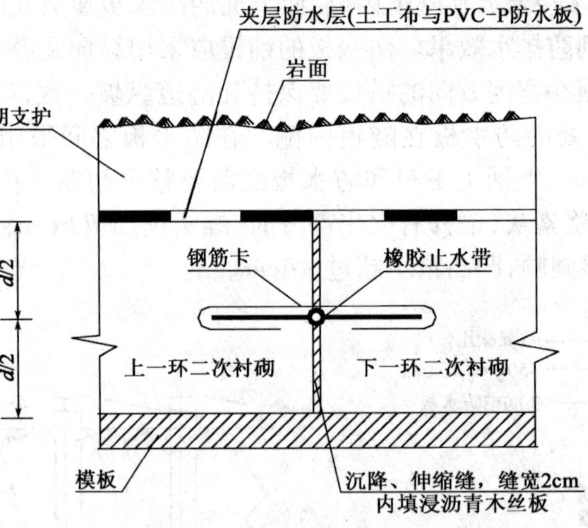


图 8.3-44　止水带安装位置示意图

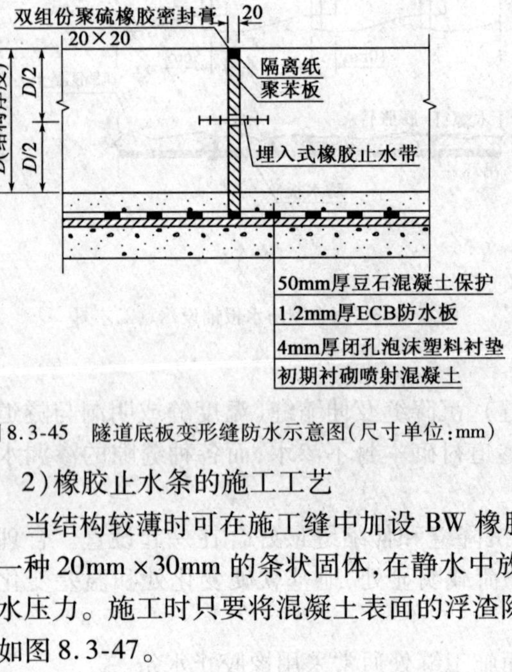


图 8.3-45　隧道底板变形缝防水示意图(尺寸单位:mm)

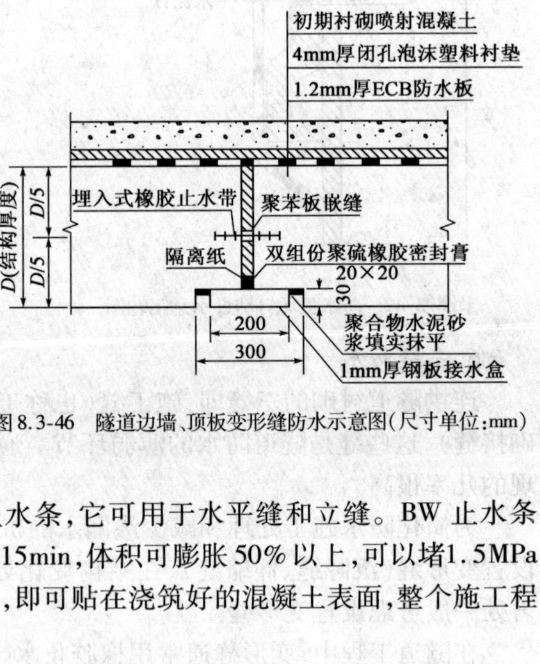


图 8.3-46　隧道边墙、顶板变形缝防水示意图(尺寸单位:mm)

2)橡胶止水条的施工工艺

当结构较薄时可在施工缝中加设 BW 橡胶止水条,它可用于水平缝和立缝。BW 止水条是一种 20mm×30mm 的条状固体,在静水中放置 15min,体积可膨胀 50% 以上,可以堵1.5MPa的水压力。施工时只要将混凝土表面的浮渣除去,即可贴在浇筑好的混凝土表面,整个施工程序如图 8.3-47。

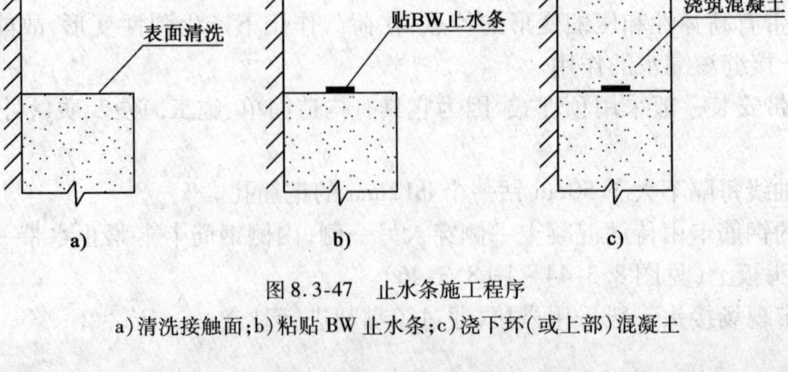


图 8.3-47　止水条施工程序

a)清洗接触面;b)粘贴 BW 止水条;c)浇下环(或上部)混凝土

7. 连拱隧道中隔墙防排水技术措施

连拱隧道中隔墙防排水是隧道防排水的重点和难点，为防止中隔墙漏水，主要采取了以下技术措施：

(1) 中隔墙及二次衬砌混凝土采用拌和站集中拌制，严格按抗渗混凝土配合比施工，保证混凝土达到抗渗要求是防止隧道漏水的基础和关键；

(2) 防水层及排水系统严格按设计施工，特别要保证防水板之间连接的质量，该道工序也是防止隧道漏水的关键；

(3) 中隔墙顶部混凝土尺寸必须按图纸施工，特别是两个"耳朵"的尺寸必须保证，使混凝土纵向施工缝与初期支护底部有一定的高差；

(4) 施工正洞初期支护时在中隔墙"耳朵"背后预埋一块5cm 厚木板，在初期支护施工完后将木板取出，使中隔墙"耳朵"与初期支护之间形成一个5cm 宽的缝，如图 8.3-48 所示。

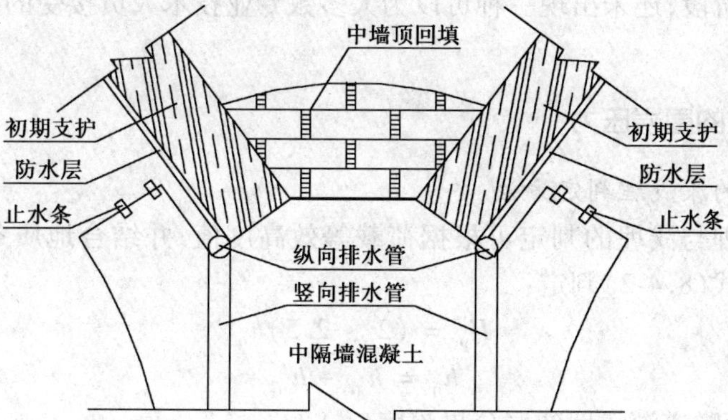


图 8.3-48　中隔墙防排水施工示意图

(5) 将纵向排水管埋设在预留缝的底部，使其高程在混凝土施工缝之下，并与竖向排水管相通，保证排水畅通；

(6) 防水层要插入预留缝的底部，保证其与纵向排水管相连，防水层插入后用砂浆将预缝填塞满；

(7) 施工缝处采用两道纵向止水条止水，防止围岩水从施工缝漏出。

## 第四节　小净距隧道的设计与施工方法

国内外双洞高速公路、一级公路隧道一般设计为上、下行分离的两座独立隧道。双洞隧道的最小净距宜不小于(1.5 ~5)$D$，两车道隧道间距均大于 15m，各国已建公路隧道的实际间距多为 35 ~50m。从理论上讲，隧道周边塑性形态与范围取决于围岩类别、断面形状与大小、施工方法、支护形式与支护时机等众多因素，只有两洞间距超过其各自的扰动影响宽度之和，两隧道施工才相互独立、互不影响、塑性区不连通。因此，采用合理的双洞净距对于降低工程造价与施工难度是有益的。随着高速公路进入山区或洞口地形狭窄地带，为了满足两相邻隧道最小净距要求，往往强行拉开隧道间距，导致与隧道相连路段平面线型不顺适、展线不灵活、桥隧相连地段不能有效兼顾桥梁布置的要求、工程占地较宽、洞口挖方量大、边仰坡高等突出问题，目前山区高速公路造价居高不下也与此相关。

正是在高等级公路隧道段布线与洞外接线受到地形、地物严格限制的情况下，连拱隧道结构形式应运而生。无可否认连拱隧道在一些特殊地形条件下是一种很有效的结构形式，但从已建连拱隧道的情况看，由于结构形式所限，施工步序较难简化，工期较长，是一般独立双洞工期的2～3倍，造价则是一般独立双洞的1.5～3倍，结构受力状态在施工过程中频繁变化，其质量控制点较多，这种结构形式出现了较多的渗水和中墙开裂等问题。另外，连拱隧道通风的交叉污染也较为突出。

小净距隧道是空间近距离双洞隧道在同一参考平面的布置方式之一，其结构介于双孔分离式隧道和连拱隧道之间，双洞中间岩柱距离较小，一般小于1.5倍洞径。

虽然小净距隧道仅仅是距离缩小了的分离式隧道，其一般的设计施工方法与分离式隧道相近，但随着间距的缩小，带来了各种各样的问题，如隧道最小净距问题、施工方法的适应性问题以及辅助施工措施等。以下章节将分别对其进行讨论。同时小净距隧道在围岩压力确定方面目前仍处于研究阶段，还未出现一种可以为大多数专业技术人员接受的确定方法，因此本节不再进行探讨。

## 一、小净距隧道的围岩压力

### 1. 小净距隧道的深浅埋判定方法

小净距隧道深埋与浅埋的判定可根据荷载等效高度值，并结合地质条件、施工方法等因素，按式(8.4-1)及式(8.4-2)判定：

$$H_p = (2 \sim 2.5) h_q \tag{8.4-1}$$

$$h_q = h_{q1} + h'_{q2} \tag{8.4-2}$$

式中：$H_p$——小净距隧道深浅埋隧洞分界深度(m)；

$h_q$——深埋小净距隧道拱部内侧围岩垂直压力的荷载等效高度(m)；

$h_{q1}$——深埋小净距隧道基本围岩垂直压力的荷载等效高度(m)，按式(8.4-4)计算；

$h'_{q2}$——深埋小净距隧道内侧附加围岩垂直压力的荷载等效高度(m)，按式(8.4-4)计算。

对双向四车道高速公路小净距隧道，深浅埋分界深度也可参照表8.4-1～表8.4-3确定。

**中岩墙厚5m时深浅埋分界深度(m)** 表8.4-1

| 围岩级别 | Ⅱ | Ⅲ | Ⅳ | Ⅴ |
|---|---|---|---|---|
| 坚硬岩 | 9 | 15 | 25 | — |
| 较坚硬岩 | 12 | 18 | 30 | 50 |
| 较软岩 | — | 21 | 35 | 60 |
| 软岩 | — | — | 45 | 70 |

**中岩墙厚10m时深浅埋分界深度(m)** 表8.4-2

| 围岩级别 | Ⅱ | Ⅲ | Ⅳ | Ⅴ |
|---|---|---|---|---|
| 坚硬岩 | 5 | 8 | 25 | — |
| 较坚硬岩 | 6 | 9 | 30 | 50 |
| 较软岩 | — | 12 | 35 | 60 |
| 软岩 | — | — | 45 | 70 |

中岩墙厚 15m 时深浅埋分界深度(m)　　表 8.4-3

| 围岩级别 | Ⅱ | Ⅲ | Ⅳ | Ⅴ |
|---|---|---|---|---|
| 坚硬岩 | 5 | 8 | 14 | — |
| 较坚硬岩 | 6 | 9 | 16 | 45 |
| 较软岩 | — | 10 | 25 | 60 |
| 软岩 | — | — | 35 | 70 |

注:不包含表层比洞身围岩级别低的岩体。

2. 深埋小净距隧道围岩压力的确定

深埋小净距隧道的围岩压力由以下几部分组成:

①基本松散压力 $q_1$:单侧洞室形成的稳定平衡拱下部的围岩压力,假定其为均布荷载。

②附加松散压力 $q_2$:左右洞室共同形成的极限平衡拱下部围岩松散压力减去基本松散压力及中岩墙体承担的上部围岩压力后的荷载,假定其为梯形分布荷载。

小净距隧道荷载分布示意图如图 8.4-1 所示。

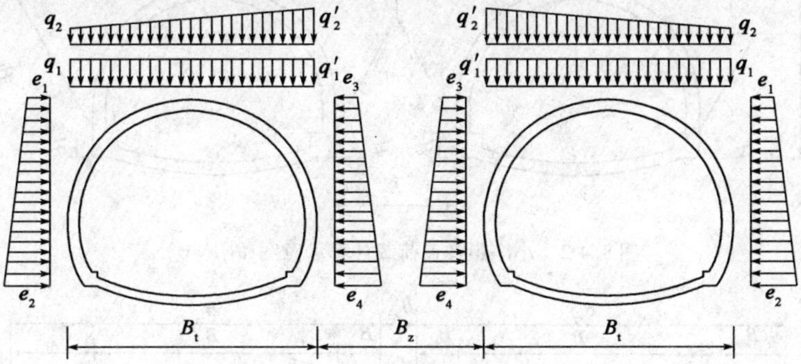


图 8.4-1　小净距隧道荷载分布示意图

1)垂直压力

垂直压力由基本松散压力 $q_1$ 和附加松散压力 $q_2$ 组成。小净距隧道荷载计算示意图见图 8.4-2、图 8.4-3。

$$\left.\begin{aligned}&\text{外侧:}\quad q_{外} = q_1 + q_2 = \gamma(h_{q1} + h_{q2})\\&\text{内侧:}\quad q_{内} = q_1 + q'_2 = \gamma(h_{q1} + h'_{q2})\end{aligned}\right\}\qquad(8.4\text{-}3)$$

式中:$q_1$——小净距隧道的基本垂直压力荷载(kPa);

$q_2$——小净距隧道的附加垂直压力荷载(kPa)。

$$\left.\begin{aligned}h_{q1} &= \frac{1}{2}\frac{B_m}{f_{kp}}\\h_{q2} &= \left(\frac{2}{3}\frac{B_m}{f_{kp}} - \frac{P_z}{\gamma B_m}\right)\frac{B_{wp}}{B_m}\\h'_{q2} &= \left(\frac{2}{3}\frac{B_m}{f_{kp}} - \frac{P_z}{\gamma B_m}\right)\frac{B_{wp} + B_t}{B_m}\end{aligned}\right\}\qquad(8.4\text{-}4)$$

当 $h_{q2} \leqslant 0$ 时,则 $h_{q2} = 0$;当 $h'_{q2} \leqslant 0$ 时,则 $h'_{q2} = 0$。

$$B_{wp} = (H_t - H_w)\tan\left(45 - \frac{1}{2}\varphi_c\right)\qquad(8.4\text{-}5)$$

$$B_{np} = \min\left[\frac{1}{2}B_z, (H_t - H_n)\tan\left(45° - \frac{\varphi_c}{2}\right)\right]\qquad(8.4\text{-}6)$$

$$B_m = B_t + B_{wp} + B_{np} \tag{8.4-7}$$

式中：$B_{wp}$——外侧边破裂面在水平方向的投影长度(m)，可按式(8.4-5)计算；

$B_{np}$——内侧边破裂面在水平方向的投影长度(m)；

$\gamma$——围岩重度($kN/m^3$)；

$\varphi_c$——岩体内摩擦角(°)；

$f_{kp}$——普氏围岩坚固系数；

$B_m$——小净距隧道单侧洞室可能坍塌的宽度，按式(8.4-7)计算；

$B_t$——单侧隧道的开挖宽度(m)；

$H_w$——洞室外侧破裂面与侧边开挖轮廓线交点的高度(m)；

$H_n$——洞室内侧破裂面在边墙上起始的高度(m)，可取预应力加固区顶点；

$P_z$——中夹岩柱对上部岩体的支撑力。

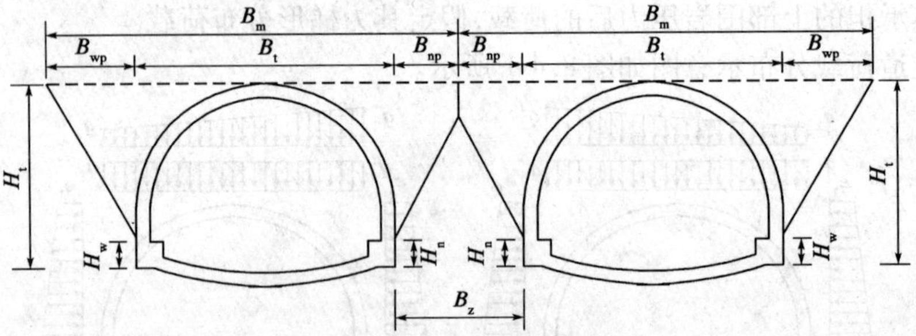

图 8.4-2　小净距隧道荷载计算示意图($B_{zp}=0$)

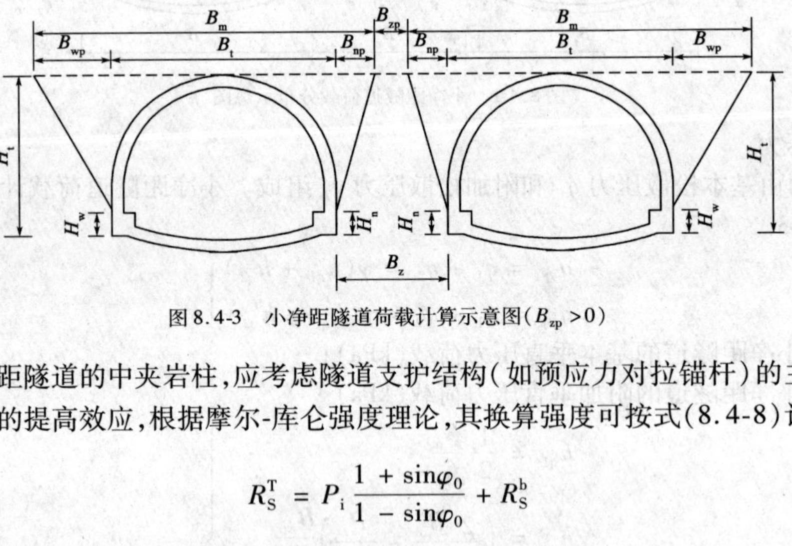

图 8.4-3　小净距隧道荷载计算示意图($B_{zp}>0$)

对于小净距隧道的中夹岩柱，应考虑隧道支护结构(如预应力对拉锚杆)的主动支护力对岩体抗压强度的提高效应，根据摩尔-库仑强度理论，其换算强度可按式(8.4-8)计算。

$$R_S^T = P_i \frac{1+\sin\varphi_0}{1-\sin\varphi_0} + R_S^b \tag{8.4-8}$$

式中：$R_S^T$——中夹岩柱岩体的换算强度(kPa)；

$R_S^b$——岩体单轴抗压设计强度(kPa)；

$P_i$——支护结构对中夹岩柱的主动支护抗力(kPa)；

$\varphi_0$——岩体内摩擦角(°)。

因此，中夹岩柱对上部岩体的支撑力可按式(8.4-9)计算。

$$P_z = \frac{R_S^T B_{zp}}{K_z} \tag{8.4-9}$$

式中：$K_z$——中夹岩柱的支撑能力的安全系数，一般取 $K_z=2$；

$B_{zp}$——中夹岩柱有效承载宽度(m)，按式(8.4-10)计算。

$$B_{zp} = B_z - 2B_{np} \tag{8.4-10}$$

2）水平侧压力

当围岩质量较好（Ⅰ～Ⅲ级）时：

$$\left.\begin{aligned} &\text{外侧：} & e_{1\sim2}^{i} &= \lambda_w(q_1 + q_2) \\ &\text{内侧：} & e_{3\sim4}^{i} &= \lambda_n(q_1 + q_2') \end{aligned}\right\} \tag{8.4-11}$$

当围岩质量较差（Ⅳ～Ⅵ级）时：

$$\left.\begin{aligned} &\text{外侧：} & e_{1\sim2}^{i} &= \lambda_w(q_1 + q_2 + \gamma h_i) \\ &\text{内侧：} & e_{3\sim4}^{i} &= \lambda_n(q_1 + q_2' + \gamma h_i) \end{aligned}\right\} \tag{8.4-12}$$

式中：$e_{1\sim2}^{i}$——外侧拱部及边墙任意点水平方向土压力(kPa)；

$e_{3\sim4}^{i}$——内侧拱部及边墙任意点水平方向土压力(kPa)；

$h_i$——计算点到拱顶的距离(m)；

$\lambda_n, \lambda_w$——内、外侧压力系数。

3）浅埋小净距隧道围岩压力的确定

(1)当小净距处于以下两种状态时，作用于隧道均布垂直压力及侧向围岩压力与单洞隧道计算方法一致：

①隧道埋深小于 $h_q$；

②隧道埋深大于 $h_q$、小于或等于 $H_p$ 时，但破裂面交点位于地表及以上。

(2)当小净距隧道埋深 $H$ 大于 $h_q$、小于或等于 $H_p$，且地表面接近水平时，破裂面交点位于地表以下。

①垂直压力

外侧：
$$q_1 = \gamma H\left(1 - \frac{\lambda_1 H\tan\theta}{B_t}\right) \tag{8.4-13}$$

内侧：
$$q_2 = \gamma H\left(1 - \frac{\lambda_2 H\tan\theta}{B_t}\right) \tag{8.4-14}$$

$$\lambda_1 = \frac{\tan\beta - \tan\varphi_c}{\tan\beta[1 + \tan\beta(\tan\varphi_c - \tan\theta) + \tan\varphi_c\tan\theta]} \tag{8.4-15}$$

$$\lambda_2 = \frac{B_z}{2}\,\frac{(2H - 0.5B_z\tan\beta)\sin(\beta - \varphi_c)\cos\theta}{H^2\cos(\theta + \beta - \varphi_c)} \tag{8.4-16}$$

$$\tan\beta = \tan\varphi_c + \sqrt{\frac{(\tan^2\varphi_c + 1)\tan\varphi_c}{\tan\varphi_c - \tan\theta}} \tag{8.4-17}$$

②水平压力

当围岩质量较好（Ⅰ～Ⅲ级）时：

外侧：
$$e_{1i} = \lambda_1 q_1 \tag{8.4-18}$$

内侧：
$$e_{2i} = \lambda_2 q_2 \tag{8.4-19}$$

当围岩质量较差（Ⅳ～Ⅵ级）时：

外侧：$$e_{1i} = \lambda_1(q_1 + \gamma h_i) \quad (8.4\text{-}20)$$

内侧：$$e_{2i} = \lambda_2(q_2 + \gamma h_i) \quad (8.4\text{-}21)$$

式中：$B_t$——隧道宽度（m）；

$h_i$——计算点到拱顶的垂直距离（m）；

$\theta$——顶板土柱两侧摩擦角（°），无资料时可按表 8.4-4 取用；

$\lambda_1$、$\lambda_2$——外、内侧压力系数；

$\beta$——侧边产生最大推力时的破裂角（°）；

$\varphi_c$——围岩计算摩擦角（°）；

其他符号如图 8.4-4 所示。

**各级围岩的 $\theta$ 值** 表 8.4-4

| 围岩级别（级） | Ⅰ、Ⅱ、Ⅲ | Ⅳ | Ⅴ | Ⅵ |
|---|---|---|---|---|
| $\theta$ 值 | $0.9\varphi_c$ | $(0.7\sim0.9)\varphi_c$ | $(0.5\sim0.7)\varphi_c$ | $(0.3\sim0.5)\varphi_c$ |

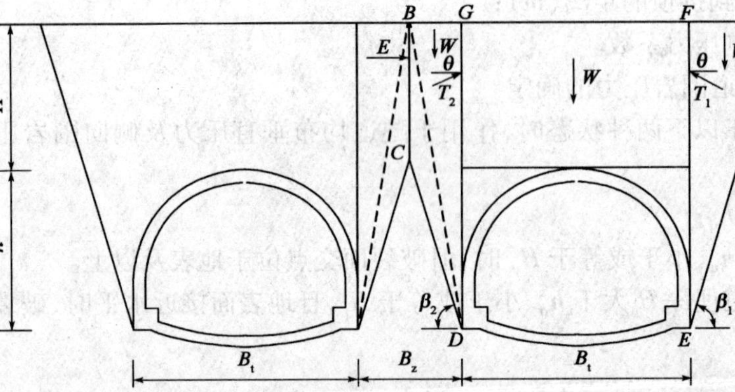


图 8.4-4 假定滑动面示意图

3. 偏压小净距隧道围岩压力的确定

浅埋偏压小净距隧道围岩压力可按以下方法计算：

（1）地面横坡偏斜，当隧道埋深小于 $h_q$，或隧道埋深大于 $h_q$、小于或等于 $H_p$，且破裂面交点位于地表及以上时，其垂直压力及两侧水平压力同单洞隧道一致。

（2）地面横坡偏斜，当隧道埋深 $H$ 大于 $h_q$、小于或等于 $H_p$，且破裂面交点位于地表以下时有：

①垂直压力

$$q_i = \gamma h_i - \frac{\gamma(\lambda_1 h_1^2 + \lambda_2 h_2^2)\tan\theta}{2B_t} \quad (i = 1、2) \quad (8.4\text{-}22)$$

$$q_i = \gamma h_i - \frac{\gamma(\lambda_3 h_3^2 + \lambda_4 h_4^2)\tan\theta}{2B_t} \quad (i = 3、4) \quad (8.4\text{-}23)$$

其中：

$$\lambda_1 = \frac{1}{\tan\beta_1 + \tan\alpha} \times \frac{\tan\beta_1 - \tan\varphi_c}{1 + \tan\beta_1(\tan\varphi_c - \tan\theta) + \tan\varphi_c\tan\theta} \quad (8.4\text{-}24)$$

$$\lambda_2 = \frac{1}{\tan\beta_2 - \tan\alpha} \times \frac{\tan\beta_2 - \tan\varphi_c}{1 + \tan\beta_2(\tan\varphi_c - \tan\theta) + \tan\varphi_c\tan\theta} \tag{8.4-25}$$

$$\lambda_3 = \frac{1}{\tan\beta_3 + \tan\alpha} \times \frac{\tan\beta_3 - \tan\varphi_c}{1 + \tan\beta_3(\tan\varphi_c - \tan\theta) + \tan\varphi_c\tan\theta} \tag{8.4-26}$$

$$\lambda_4 = \frac{1}{\tan\beta_4 - \tan\alpha} \times \frac{\tan\beta_4 - \tan\varphi_c}{1 + \tan\beta_4(\tan\varphi_c - \tan\theta) + \tan\varphi_c\tan\theta} \tag{8.4-27}$$

$$\tan\beta_1 = \tan\varphi_c + \sqrt{\frac{(\tan^2\varphi_c + 1)(\tan\varphi_c + \tan\alpha)}{\tan\varphi_c - \tan\theta}} \tag{8.4-28}$$

$$\tan\beta_4 = \tan\varphi_c + \sqrt{\frac{(\tan^2\varphi_c + 1)(\tan\varphi_c - \tan\alpha)}{\tan\varphi_c - \tan\theta}} \tag{8.4-29}$$

$$\tan\beta_2 = \tan\beta_3 = \frac{h'_2 + h'_3}{B_z} \tag{8.4-30}$$

式中：$q_1$、$q_2$、$q_3$、$q_4$——左洞左侧、左洞右侧、右洞左侧、右洞右侧垂直压力(kPa)；

$\lambda_1$、$\lambda_2$、$\lambda_3$、$\lambda_4$——左洞左侧、左洞右侧、右洞左侧、右洞右侧土压力系数；

$\beta_1$、$\beta_2$、$\beta_3$、$\beta_4$——左洞左侧、左洞右侧、右洞左侧、右洞右侧破裂面与水平面夹角(°)；

$\alpha$——地面横坡倾斜角度(°)；

其余符号如图 8.4-5 所示。

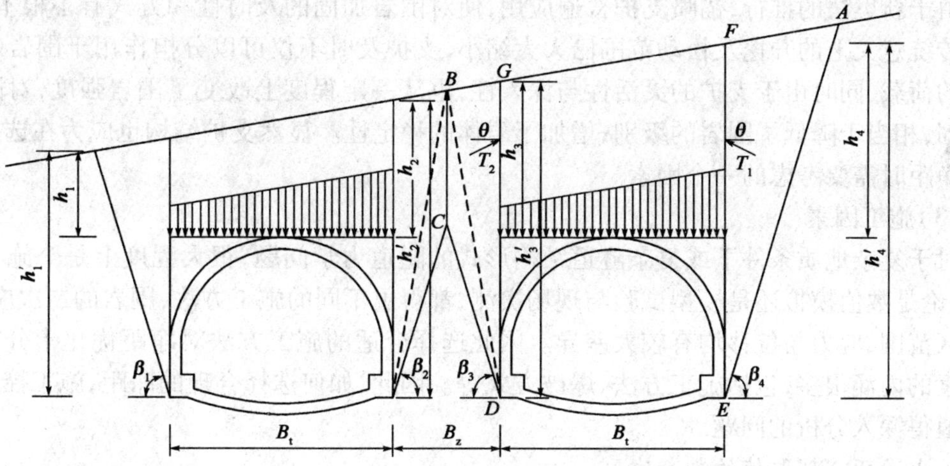


图 8.4-5　偏压小净距隧道荷载计算简图

②水平分布压力

$$e_i = \lambda_i \gamma h_i \quad (i = 1,2,3,4) \tag{8.4-31}$$

$$e'_i = \lambda_i \gamma h'_i \quad (i = 1,2,3,4) \tag{8.4-32}$$

式中：$e_i$——洞左侧、左洞右侧、右洞左侧、右洞右侧顶围岩水平压力(kPa)；

$e'_i$——左洞左侧、左洞右侧、右洞左侧、右洞右侧底部围岩水平压力(kPa)；

$h_i$、$h'_i$——如图 8.4-5 所示；

$\lambda_i$——同式(8.4-22)、式(8.4-23)。

## 二、小净距隧道的合理净距

1. 小净距隧道净距合理取值的影响因素

影响小净距隧道双洞净距的因素很多，讨论双洞净距的优化问题，实际上是讨论两个相近洞室的相互影响程度问题。从岩体力学的角度看，在隧道开挖以前，岩体存在初始应力状态，由于开挖使岩体的应力状态发生了变化，从而产生了二次应力，在应力的作用下围岩的弹塑性区域就会发生变化。随着双洞空间距离缩小，相互间的影响范围就可能相接、重叠，影响围岩与结构安全问题。为此，有必要对净距优化的影响因素作简要分析。小净距隧道净距优化的主要影响因素有地质因素、支护因素和施工因素。

(1)地质因素

关于平行隧道双洞净距国内外的研究，都从围岩分级的角度对不同围岩提出了不同的双洞间距值。比如日本铁道技术学会于20世纪70年代初就提出，平行隧道的中心距在可以把地层看作完全弹性体时，约为开挖宽度的两倍，而在黏土等软地层中，则为开挖宽度的五倍。这从围岩的应力、位移弹塑性分析很容易得到解释。隧道开挖后围岩应力重分布，如果围岩应力处处小于岩体强度，围岩仍处于弹性状态。反之，当围岩局部区域的应力超过岩体强度时，则岩体的物性状态发生改变，围岩进入塑性或破坏状态。这里所说的应力和岩体强度与地质因素密切相关，而决定岩体强度的基本参数包括 $c$、$\varphi$、$E$、$\mu$ 等。显然，不同的岩体强度能够承受的二次应力是不同的，可以采用的净距也是不同的。

(2)支护因素

由于新奥法的推行，锚喷支护普遍应用，使对围岩加固的及时性和方式有了根本的改变。过去传统意义上的开挖及松动范围已大大缩小，支护及时不仅可以分担作用于围岩的应力所产生的荷载，同时由于支护的灵活性与深入性，也从一定程度上改变了围岩强度，对围岩进行了加固，相当于降低了围岩的级别，增加了岩体的稳定性。显然支护结构也应为在选择小净距隧道净距时需要考虑的一个因素。

(3)施工因素

对于复杂地质条件下或复杂隧道结构形式的隧道力学问题，很大程度上是个施工力学问题，无论是数值模拟还是模型试验与现场实测，都得出不同的施工方法，围岩的二次应力分布、塑性区范围、应力与位移均有较大差异。因此选择合适的施工方法对净距优化十分重要。施工因素的内涵很多，包括施工方法、爆破方式等。因此，如何选择合理的净距，施工控制是一个非常值得深入分析的问题。

2. 小净距合理取值的判断准则

关于小净距隧道净距的合理取值其影响因素较多，如何把握合理取值，其实质就是选择采用何种判断准则作为判据。由小净距隧道的特点可知，其与独立双洞最大的不同是距离近，中间岩柱稳定受隧道施工影响很大，其设计与施工过程中的稳定性关系到隧道方案的成败。小净距隧道合理取值应当遵守以下四条基本准则。

(1)洞周塑性区不重叠

隧道开挖后围岩应力重分布，如果围岩应力处处小于岩体强度，围岩仍处于弹性状态。反之，当围岩局部区域的应力超过岩体强度时，则岩体的物性状态得到改变，围岩进入塑性或破坏状态。根据 J. Talober、H. Kastner 等给出的弹塑性围岩单一圆形洞室开挖分区，考虑双洞位置关系，可将隧道空间位置关系表达为以下四种(表 8.4-5，图 8.4-6)。

弹塑性围岩隧道净距位置关系　　表 8.4-5

| 净距关系分区 | 特　征 | 相互影响程度 | 选用准则 | 特殊措施 |
| --- | --- | --- | --- | --- |
| 无影响区 | 弹性区外圈（初始地应力区）相连 | 无影响 | 应力准则 | 无需采取特殊措施 |
| 弱影响区 | 弹性区内圈相连 | 轻微影响 | 应力准则 | 需要采取措施 |
| 强影响区 | 塑性区外圈相连 | 较大影响 | 塑性区准则 | 需要采取特殊措施 |
| 有危害区 | 塑性区内圈（松动区）相连 | 重大影响 | 松动区准则 | 需要采取特殊措施，尽量避免 |

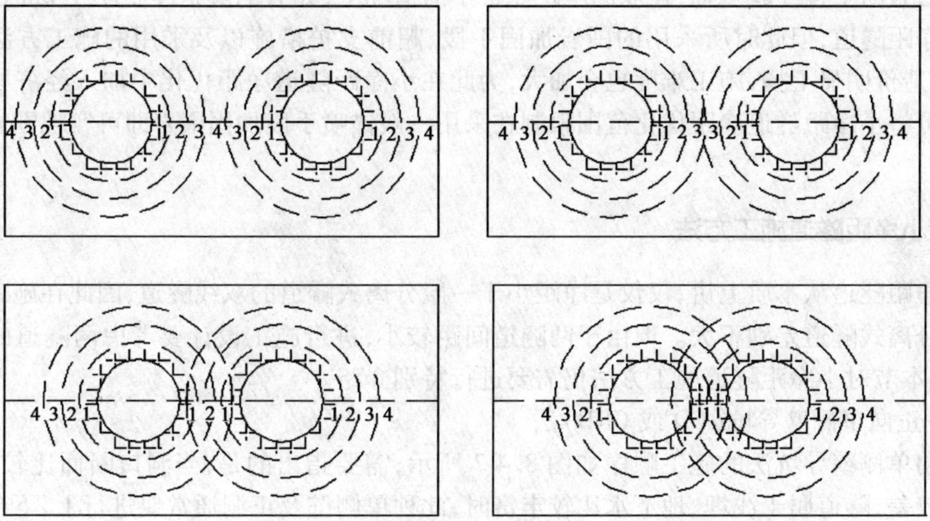


图 8.4-6　弹塑性围岩隧道净距位置关系图

1-塑性区内圈（松动区）；2-塑性区外圈；3-弹性区内圈；4-弹性区外圈（初始地应力区）

①无影响区：两隧道一般净距较大，相互都处于开挖的影响范围之外，以弹性区外圈即初始地应力未改变的区域相连，这一范围可通过计算了解其应力分布得出，设计与施工均不需要采取特殊措施。

②弱影响区：两隧道处于开挖的影响范围之内，以弹性区内圈初始地应力升高的区域相连，这一范围可通过计算了解其应力局部升高得出，设计中一般不需要特殊处理，但施工中需注意相互影响。

③强影响区：隧道进入开挖的强烈影响范围之内，两隧道以剪应力达到剪切强度进入塑性状态的围岩即塑性区外圈相连，这一范围可通过岩土工程弹塑性力学的基本准则加以判断塑性区的范围得出，设计中需要特殊处理，施工中也需采取专门措施。由于其措施费较高，安全性也会降低，因而一般宜避免隧道净距进入这一区域。

④有危害区：隧道进入开挖的异常强烈影响范围，两隧道以应力和强度明显下降的松动圈相连，该区域裂隙扩张增多，容积扩大，出现明显塑性滑移，无及时足够的支护抗力围岩难以自稳。如果松动区相连，采用小净距隧道必须对中间岩柱进行较强的加固。

（2）洞周围岩位移量不超过容许值

地下工程围岩稳定最为直观与有效的反映是围岩位移量，把握与控制围岩的位移量使其不超过容许值是保持围岩稳定的重要条件之一。小净距隧道的位移要求应当比一般隧道更严格。小净距隧道除一般位移要求外，应当考察其中间岩柱的位移规律和要求。

(3)洞周不出现张应力破坏区

在用数值方法分析洞室围岩的稳定性时，通常的做法是先按线弹性、弹塑性或弹黏塑性模型进行应力分析，然后用屈服准则判断进入塑性状态的围岩部位和范围大小。目前最常采用的屈服准则是德鲁克—普拉格准则和莫尔—库仑准则。这两个准则有普遍适用性。但是，在坚硬围岩中出现的破坏常是表面附近的张性破坏，而对剪切破坏则有较大的承受能力。由此可见对于这类岩石的稳定性分析，有必要增补用于检验围岩抗张拉承载能力的判据。

(4)隧道造价不显著增加

从已有的工程经验可知，在双洞净距非常小的情况下，如有的隧道净距小于2m也同样建成了小净距隧道，但此时所采用的围岩加固手段、超前支护措施以及采用的施工方法均较特殊，工程造价明显上扬，施工难度也会加大，为此在小净距隧道净距优化中加入经济原则十分必要。可将小净距隧道净距优化范围限制在采用一般锚喷手段加固围岩即可实现围岩稳定的范围。

## 三、小净距隧道施工方法

小净距隧道从本质上讲，仅仅是净距小于一般分离式隧道的双线隧道，因此在施工方法上与一般分离式隧道差别不大。但由于两隧道间距较小，进行施工设计要考虑两隧道的相互影响，因此本节对小净距隧道施工方法仍需要进行特别介绍。

(1)正向单侧壁导坑(CD或CRD)法

正向单侧壁导坑法的施工顺序如图8.4-7所示，需要指出的是，当洞口断面比较大、围岩条件比较差、隧道属于浅埋、地下水比较丰富时，此种单侧壁及正洞通常要进行上、下台阶的分步开挖，或采用微台阶法开挖。此时，开挖方法实质上是CD(Center Diaphragm)工法，如果图8.4-7所示的开挖顺序再做一定的交叉调整，即为CRD(Cross Diaphragm)工法。

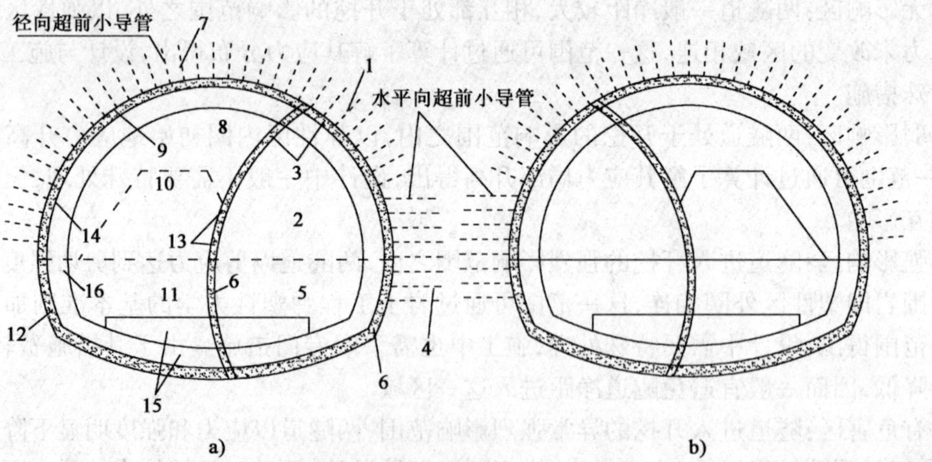


图8.4-7 正向单侧壁导坑法施工步骤图

a)先掘进洞；b)后掘进洞

1-内侧导坑上部超前支护；2-内侧导坑上台阶开挖；3-内侧导坑上部初期支护；4-内侧导坑下部超前支护；5-内侧导坑下台阶开挖；6-内侧导坑下部初期支护；7-正洞超前支护；8-正洞拱部弧形开挖；9-正洞拱部初期支护；10-正洞中部核心土开挖；11-正洞下部开挖；12-正洞下部初期支护；13-拆除侧壁临时支护；14-环向盲沟及防水板铺设；15-仰拱及回填混凝土施工；16-二次衬砌混凝土施作

一般情况下，Ⅳ、Ⅴ级围岩多采用正向单侧壁导坑法。其优点是：有利于对中间岩柱的及早加固处理和及时监控，可为断面扩挖提供超前预报和预案，为开挖后的隧道可能存在的风险进行超前预报，进而防止围岩变形过大而发生失稳；便于尽早封闭仰拱，形成封闭环结构，利于围岩稳定；对抑制中夹岩处拱脚至拱腰范围处变形有较大的作用，有利于尽快取得中间岩柱初期支护后的变形量测结果。

(2)反向单侧壁导坑(CD或CRD)法

反向单侧壁导坑法的施工顺序如图8.4-8所示。与正向单侧壁导坑法类似，需要指出的是，若单侧壁及正洞分上、下台阶分步开挖，或采用微台阶法开挖，此时的开挖方法实质上是CD工法。同样，如果将图8.4-8所示的开挖顺序再做一定的交叉调整，即为CRD工法。

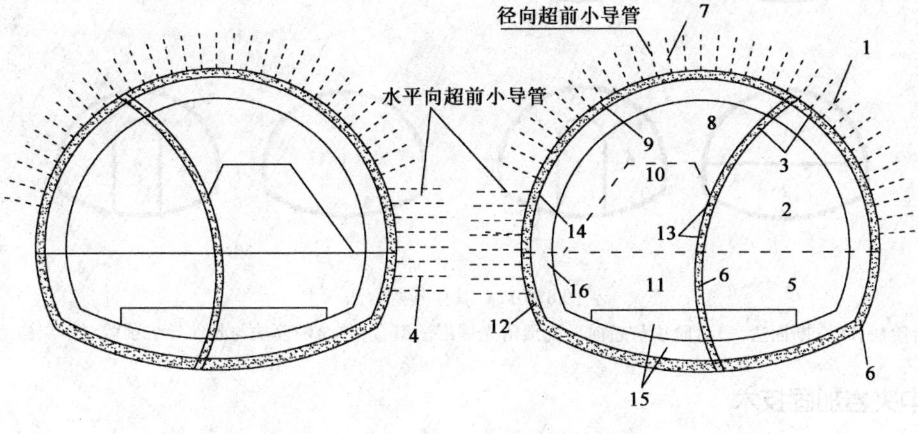


图8.4-8　反向单侧壁导坑法施工步骤图

a)后掘进洞；b)先掘进洞

注：序号含义同图8.4-7。

一般来说，Ⅳ级围岩条件下主要采用反向单侧壁导坑开挖，该方法有利于减少爆破对中夹岩柱的影响。其优点是振动最大的爆破远离中间岩柱进行，减少了爆破振动对相邻隧道的影响。

(3)上下台阶与单侧壁导坑组合法

在Ⅳ级围岩条件下，通常采用上下台阶与正向单侧壁导坑组合法，见图8.4-9a)；或采用上下台阶与反向单侧壁导坑组合法，见图8.4-9b)。

(4)超前导坑预留光爆层法

在Ⅰ、Ⅱ、Ⅲ级围岩条件下，可以采用超前导坑预留光爆层的开挖方法，即采用中导坑超前，随后二次扩挖、光面爆破的施工方案，如图8.4-10所示。这样既可以拉开初次爆破点至中间岩柱的距离、减少爆破对中间岩柱的振动，又能增大剩余大断面开挖的临空面。爆破方式由全断面的抛掷式爆破改变为崩解式爆破，可大大减少炸药用量，提高爆破效率。

(5)其他方法

在Ⅰ、Ⅱ、Ⅲ级围岩条件下，当岩柱比较厚时，可以适当降低要求，一般可采用上下台阶法、全断面法、台阶法与超前导坑预留光爆层法的组合法以及全断面法与超前导坑预留光爆层法的组合法等方法，如图8.4-11所示。

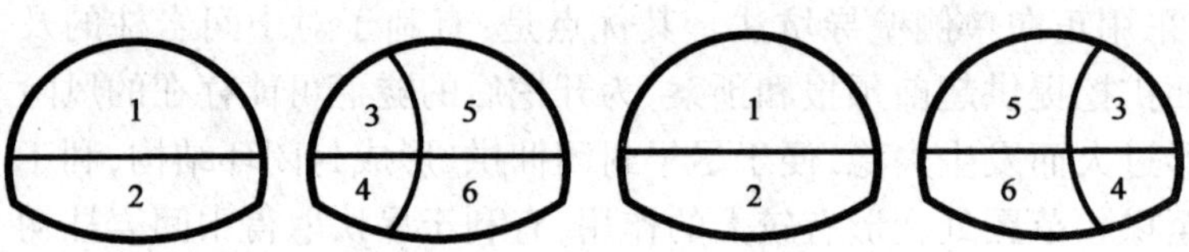


a)　　　　　　　　b)

图 8.4-9　台阶法与侧壁导坑组合法施工步骤图

a）台阶法与正向侧壁导坑组合法；b）台阶法与反向侧壁导坑组合法

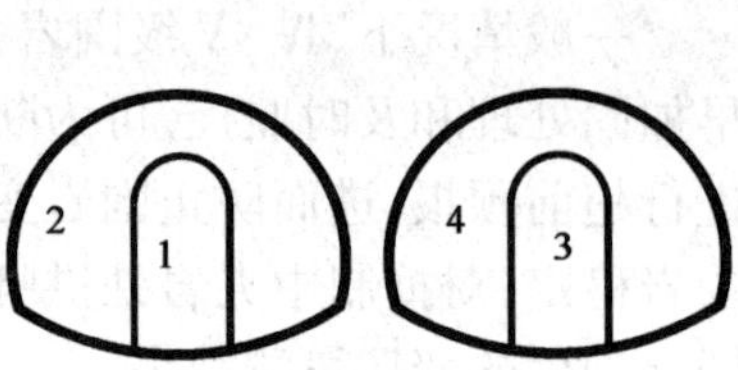


图 8.4-10　导坑超前、二次扩挖法施工步骤图

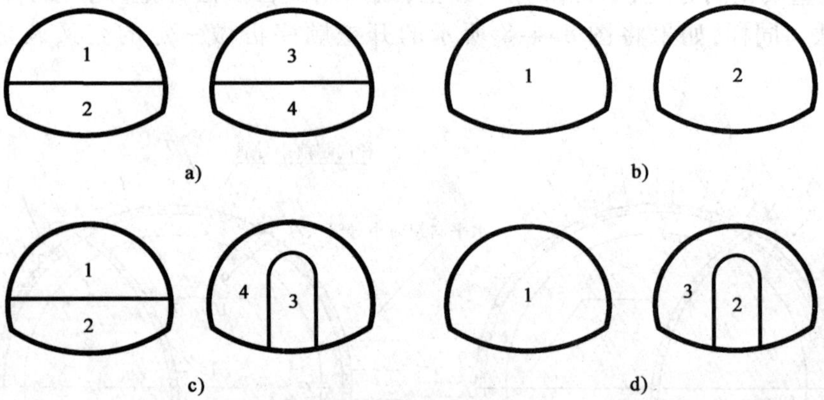


图 8.4-11　其他开挖方法

a）台阶法；b）全断面法；c）台阶法与超前导坑预留光爆层法组合；d）全断面法与超前导坑预留光爆层法组合

## 四、中夹岩加固技术

中夹岩的稳定对保证小净距隧道施工、运营安全至关重要，应是设计施工的重点；隧道先、后行洞围岩受净距的影响明显；中夹岩处存在应力集中的现象，易发生开裂和掉块；中间岩柱体受双向爆破的振动影响，受力复杂，且岩柱体在相邻隧道的开挖中，对掌子面和围岩的稳定性起着重要的作用；隧道开挖支护后，围岩蠕变变形时间较长；在施工过程中如何确保中间岩柱的稳定，是小净距隧道建设成败的关键。

小导管注浆、系统锚杆及水平贯通预应力锚杆是应用最为广泛的三种中夹岩加固技术，三种加固技术比较见表 8.4-6。中夹岩加固技术主要通过提高围岩力学参数与改变力学状态等发挥加固作用。

三种加固技术初步比较　　　　表 8.4-6

| 加固方案 | 简　图 | 特　点 |
|---|---|---|
| 小导管注浆 | 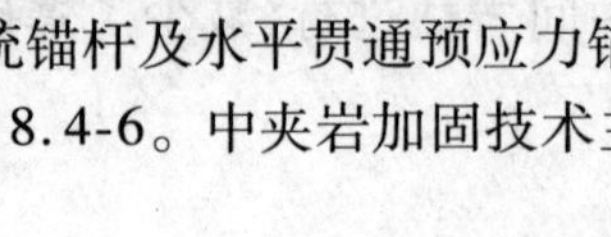 | 提高围岩力学参数，改善力学性能；<br>小导管与注浆起双层加固作用；<br>操作技术成熟简单 |
| 系统锚杆 | | 改变围岩受力状态，限制一定围岩变形；<br>锚杆轴力分布不均匀，材料利用有限；<br>依赖围岩变形，属被动支护；<br>中夹岩中间部位易形成受力薄弱区 |

续上表

| 加固方案 | 简图 | 特点 |
|---|---|---|
| 水平贯通<br>预应力锚杆 | 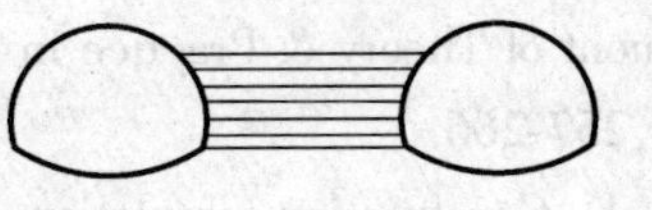 | 改善围岩应力场,提高围岩力学参数;<br>锚杆轴力分布较均匀,材料利用充分;<br>初始锚固力来自于张拉荷载,属主动支护;<br>中夹岩整体受力均匀,利于围岩稳定 |

## 本章参考文献


[1] 中华人民共和国行业标准. JTG D70—2004 公路隧道设计规范[S]. 北京:人民交通出版社,2004.

[2] 中华人民共和国行业标准. JTG F60—2009 公路隧道施工技术规范[S]. 北京:人民交通出版社,2009.

[3] 中华人民共和国行业标准. JTG/T D71—2004 公路隧道交通工程设计规范[S]. 北京:人民交通出版社,2004.

[4] 孙钧,侯学渊. 地下结构[M]. 北京:科学出版社,1991.

[5] 铁道部第二勘察设计院. 隧道(修订版)[M]. 北京:中国铁道出版社,1999.

[6] 铁道部第二工程局. 隧道(上,下册)(第二版)[M]. 北京:中国铁道出版社,1999.

[7] 铁道部第二设计院. 隧道(铁路工程设计技术手册)[M]. 北京:人民铁道出版社,1978.

[8] 同济大学,等. 土层地下建筑结构[M]. 北京:中国建筑工业出版社,1982.

[9] 张庆贺,朱合华,庄荣,等. 地铁与轻轨(第二版)[M]. 北京:人民交通出版社,2006.

[10] 张庆贺. 地下工程[M]. 上海:同济大学出版社,2005.

[11] 易萍丽. 现代隧道设计与施工[M]. 北京:中国铁道出版社,1997.

[12] 沈明荣. 岩体力学[M]. 上海:同济大学出版社,1999.

[13] 丁文其,王晓彤,李志刚,等. 龙山浅埋大跨度连拱隧道施工方案优化分析[J]. 岩石力学与工程学报,2005. 11,24(22):4042-4047.

[14] 丁文其,王晓彤,李志刚,等. 连拱隧道动态有限元正反分析[C]//2005 年全国公路隧道学术会议论文集. 北京:人民交通出版社,2005. 11,26-31.

[15] 朱合华,张晨明,王建秀,等. 龙山双连拱隧道动态位移反分析与预测[J]. 岩石力学与工程学报,2006,25(1):67-73.

[16] DING Wenqi, WANG Xiaoxing, CHENG Yi et al. Optimal analysis of construction schemes for twin tunnel based on back analysis, ASCE Geotechnical Special Publication (GSP), "Tunneling and underground construction" GeoShanghai2006, June 6-8, 2006.

[17] 丁文其,王晓彤,朱合华,等. 连拱隧道设计荷载的确定方法[J]. 中国公路学报,2007. 9, 20(5),78-82.

[18] Yan XU, Wen-qi DING. Optimization Design Research of the Cross Section form and Structure for Shanghai Yangtze River Tunnel, The Shanghai Yangtze River Tunnel-Theory, Design and Construction-Huang(ed), 2008 Taylor & Francis Group, London, 247-252.

[19] Wen-qi DING, Yan XU. The research and its application of road tunnel structural optimization, TC28, 2008.

[20] H. H. Zhu, W. Q. Ding. The analysis of the segment internal forces in the construction process of shield tunnel, Recent Development of Theory & Practice in Geotechnology, China-Japan Joint Symposium, Oct. 29-30, 1997, 257-266.

[21] T. Hashimoto, J. Nagaya, H. H. Zhu, et al. Construction simulation for The interaction between shield segments and ground, Recent Development of Theory & Practice in Geotechnology, China-Japan Joint Symposium, Oct. 29-30, 1997, 247-256.

[22] 李志厚,朱合华,丁文其.公路连拱隧道设计与施工关键技术[M].北京:人民交通出版社,2010.

# 第九章　隧道排水和防水

## 第一节　引　言

铁路、公路隧道都是处于岩石和土层中的建筑物，大气降雨和地层含水都可对其构成含水环境，影响建筑结构的安全施工、正常使用及其耐久性。因此，隧道工程的防排水历来受到重视。

隧道防排水措施的合理性与周围地层的工程地质和水文地质条件关系密切。地下水水头较高时，采取以堵为主的方针防水，这将给隧道结构带来水压升高或作用位置转移等问题，故有必要使隧道防排水遵循“防、排、截、堵结合，因地制宜，综合治理”的原则，保证隧道结构物和营运设备的正常使用和行车安全，达到防水可靠、排水通畅、经济合理、不留后患的目的。在寒冷、严寒地区，应防止冬季水流冻结造成地层冻胀，并由此对隧道衬砌造成的冻害及洞口出现悬挂冰凌等情况。在地下水有侵蚀性时，应有可靠的抗侵蚀措施，防止侵蚀性地下水腐蚀衬砌。

隧道防排水应积极采用可靠的新技术、新材料、新工艺和新方法。隧道设计应重视初期支护的防水性能。防水应以混凝土结构自防水为主体，并以施工缝、变形缝防水为重点，辅以注浆防水和设置防水层加强防水，从而满足结构使用功能。具体设计时，应注意截排地表水，防止积水下渗，同时应设置对隧道洞身衬砌内外的渗水和废水都能排除的排水系统，采取提高衬砌材料的密实性和抗渗等级等其他必要的封闭防渗措施，使洞内、洞外形成一个完整、通畅、便于维修的防排水网络系统。

当采取防排水工程措施时，尤应注意保护自然环境。当隧道内的渗漏水可能引起地表水显著减少，影响居民生产、生活用水时，应对围岩采取堵水措施，减少地下水的渗漏量。在施工阶段，应重视做好水文地质观测记录，详细了解地下水的动向及其与地表水的联系，以便及时完善防排水设计和便于运营养护管理。

隧道施工期间和运营期间的防排水应统筹考虑。即在隧道施工期间，应尽量发挥已经建成的运营期间的防排水措施的作用。

## 第二节　隧道防水系统

隧道防水通常包括隧道洞身衬砌的防水和注浆防水。其中注浆防水对洞周围岩是通过注浆充填裂隙，对软土则是通过注浆加固地层，作用都是通过注浆改良洞周地层，使其渗透特性降低，从而达到隧道防水目的。隧道洞身衬砌防水可分为衬砌自身防水和接缝防水，其中衬砌自身防水一般可通过采用防水混凝土实现，洞内环境防潮要求较高时可另设置衬砌防水层加强防水；接缝（施工缝、沉降缝、伸缩缝）易于成为渗水通道，对其一般都应采取可靠措施防水。

## 一、隧道洞身衬砌防水

1. 防水混凝土

衬砌自身防水一般可通过对其采用防水混凝土实现。

公路隧道工程的混凝土结构应符合《地下工程防水技术规范》(GB 50108—2001)中对防水混凝土的有关规定。

当采用复合式衬砌时,二次衬砌应满足抗渗要求。混凝土的抗渗等级,寒冷地区有冻害地段和最冷月份平均气温低于 -15℃的地区不低于 S8,其余地区不宜低于 S6。

2. 衬砌防水层

(1)防水层构造

地下水非常丰富、水压较大的地段及不适宜采用排水措施的隧道,或投入使用后洞内防潮要求较高的隧道(如高速公路隧道),应采用全封闭的防水衬砌结构,另设置衬砌防水层增强防水效果。

防水层可为涂料防水层或卷材防水层。其中涂料防水层通常刷于衬砌结构的内表面;卷材防水层一般用于复合式衬砌,设置在初期支护与二次衬砌之间,材料为土工布及防水板,要求同时设系统盲管(沟)。卷材防水层应在拱部和边墙全断面铺设,并须选用耐老化、耐细菌腐蚀、易操作及焊接时无毒气的高分子柔性防水卷材,且其特性必须符合《聚氯乙烯防水卷材》(GB 12952—2003)中各项指标的要求。系统盲管(沟)按规范每隔一定距离设置,并互相连通,泄水可沿连通道流入隧道内的排水沟中。

初期支护表面的各种突出物和二次衬砌中预埋的各种构件不能凿穿防水层,并应采用"无钉铺设"工艺铺设。

土工布在施工中不仅能保护防水板,而且能起到毛细渗水作用,故广为采用。

(2)防水层铺设工艺

防水层的铺设固定应遵循以下工艺(图 9.2-1):

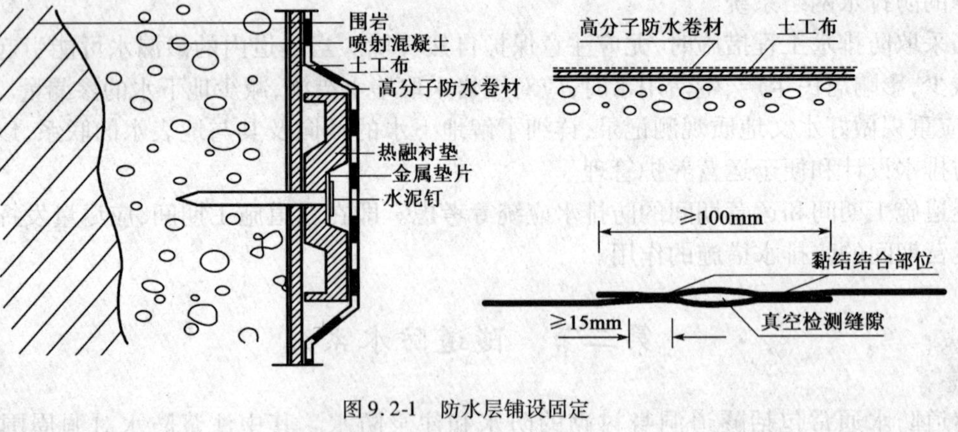


图 9.2-1　防水层铺设固定

①钢筋等凸出部分,先切断后用锤铆平,抹砂浆素灰。

②锚杆有凸出部分时,螺头顶预留 5mm,切断后用塑料帽处理。

③补充喷射混凝土,使其表面平整圆顺,凹凸量不超过 ±5cm。

④支护表面先把土工布用热融衬垫贴上,有排水板时同时贴,然后用射钉锚固,射钉长度大于 50mm,拱顶平均 3 ~ 4 点/m$^2$,边墙平均 2 ~ 3 点/m$^2$。

⑤铺设防水层时，采用手动专用熔结器热熔在衬垫上，两者黏结剥离强度不得小于防水层的抗拉强度。

⑥防水层之间采用双焊缝热熔黏结工艺黏结，双焊缝结合部位宽度≥15mm。

3. 接缝防水

隧道二次衬砌的施工缝、沉降缝和伸缩缝也应采取可靠的防水措施。

对于地下水丰富、水压较大的地段，隧道衬砌结构施工缝宜选用外贴式止水带与中埋式缓膨胀性橡胶止水条组合形式的防水构造，沉降缝宜选用外贴式止水带与中埋式橡胶止水带组合形式的防水构造，示意图如图9.2-2a)所示；对于地下水量小、水压不大的地段，隧道衬砌结构的施工缝可选用中埋式缓膨胀性橡胶止水条形式的防水构造，沉降缝宜选用中埋式橡胶止水带形式的防水构造，见图9.2-2b)。

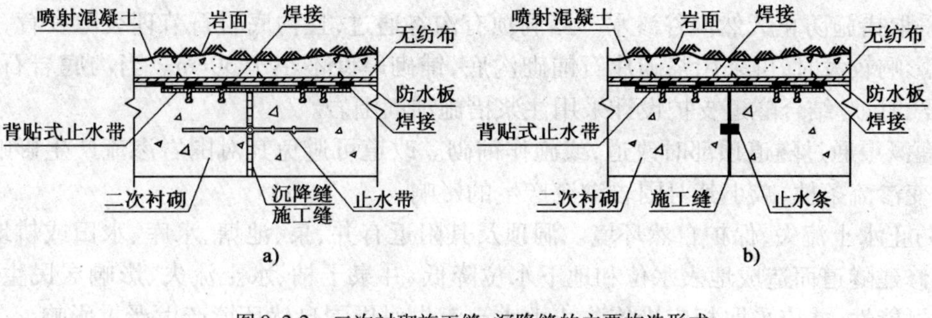


图9.2-2　二次衬砌施工缝、沉降缝的主要构造形式

a)富水高压地段；b)水压不大的地段

## 二、注浆防水

当隧道施工可能造成水土流失，影响当地居民生产生活环境时，应在查明地下水流性质的基础上，有针对性地采取注浆堵水措施，达到“以堵为主，限量排放”的目的，以便最大限度地保证当地居民生产生活用水不受影响。

在地下水丰富但无排水条件，或者排水设施造价太高以及不允许排水的情况下，可采用注浆堵水。当隧道埋深在50m以内时，可考虑在地表进行预注浆；当隧道埋深超过50m以上时，应改为在开挖掌子面上进行预注浆。

在围岩破碎地段、断层破碎带、裂隙较多且易发生涌水和易坍塌的地段，可压注水泥砂浆或单液水泥浆防止渗漏和加固围岩，但宜结合建选集排水设施进行施工，防止因压浆而堵塞衬砌背后的排水管道，以达到预期效果；而当局部地段水量较大时，可采用双液(水泥和水玻璃)注浆或灌注化学浆液，加快凝胶时间，防止浆液流散。但对于粉砂、细砂地层，则不宜采用水泥系浆液防水。

当隧道施工遇到发生高压涌水危及施工安全时，应先采用排水方法尽量降低地下水的压力，然后采用高压注浆进行封堵。

有侵蚀性地下水时，应针对侵蚀类型采用抗侵蚀混凝土、压注抗侵蚀浆液或铺设抗侵蚀防水层。

当隧道位于常水位以下又不宜大量排泄地下水时，隧道衬砌应采用抗水压衬砌结构。

## 三、地表及洞口段防水

1. 地表及洞口防水

隧道洞口是隧道通向外界的出入口，大气降雨有可能通过地表流向洞内，故应设置排水系统排除雨水。一般做法为在洞门上方设置截水天沟截水，并将其引向隧道或道路排水系统排除。其他应注意的事项及相关措施有：

(1)填平地表。对洞顶存在易于积水的坑洼、洞穴的地段应填平地表，以防止积水和下渗。

(2)采取措施防止地表水下渗。隧道施工中，对滞水洼地和渗水通道应采取填充、铺砌、勾补、抹面等措施处理。对洞顶钻孔等均应采用防水材料充填密实、封闭；同时注意在隧道进、出口段一定范围内，必要时应对地表采用注浆措施加固围岩地层。

(3)采取措施防止天然沟谷渗水。当洞顶有沟谷通过，且沟底岩石节理裂隙发育，使地表水对隧道影响较大时，可采用浆砌片石铺砌沟底，铺砌厚度不小于30cm。当沟底岩石破碎和隧道埋深浅时，应结合隧道支护设计采用注浆措施加固围岩。

(4)灌溉渠通过隧道顶部时改道，或施作铺砌。改道可避免其对围岩渗流产生影响，施作铺砌可改变渗流条件，减小其对围岩渗流产生的影响。

(5)防止水土流失，保护自然环境。洞顶及其附近有井、泉、池塘、水库、水田或耕地等时，应考虑因修建隧道而造成地表水位和地下水位降低、井泉干枯、水土流失、影响居民生活和农田灌溉的可能性，并应采取相应措施防止由水土流失对周围自然环境产生严重影响。

2. 明洞防水

明洞一般采用明挖回填法施工，洞顶覆盖层普遍存在渗水通道，故明洞防水构造的特点为：

(1)明洞外缘防水应采用全断面铺设宽幅高分子柔性防水卷材防水。

(2)洞顶回填土石表面一般应铺设黏土隔水层，且应与边坡地表搭接良好，以利泄水和防止地表水渗入地层。

(3)黏土隔水层表面宜种植草皮保护，防止雨水冲刷。

3. 洞门防水

洞门防水方案与洞门形式有关。

削竹式洞门应沿洞脸环向设置高度不小于30cm的钢筋混凝土帽石，以防雨水漫流，影响美观和降低结构的耐久性。

对于带有翼墙的各类隧道洞门及明洞洞门，洞口仰坡坡脚至洞门墙背的水平距离应不小于150cm，洞门墙顶应高出仰坡坡脚0.5m以上，洞门翼墙与仰坡之间水沟的沟底至衬砌拱顶外缘的高度应不小于100cm。

# 第三节 注浆工艺

1. 隧道注浆方法的分类与特征

隧道注浆的方法可根据使用功能分为周边注浆、超前预注浆、超前帷幕注浆及地表注浆。根据使用效果分为止水注浆与加固注浆，根据注浆机理分为填充注浆、渗透注浆、劈裂注浆、压密注浆、化学注浆和高压喷射注浆。

(1)周边注浆

周边注浆是指对开挖面前后的周边围岩进行注浆的工艺。

按其作用特征又可分为周边加固注浆和周边回填注浆。周边加固注浆一般应采用水泥浆液,需要达到具有部分止水功能时则可采用水泥-水玻璃双组分浆液,需要回填部分较大空隙时也可采用水泥砂浆作为注浆材料。周边加固注浆主要用于Ⅴ～Ⅵ级围岩地段,一般采用钢花管或中空锚杆实现,用于通过注浆提高围岩自身的承载能力,提高岩体对结构的弹性抗力,以改善结构的受力条件。回填注浆则通过预埋或后期安装的注浆短管进行注浆,主要用于回填初期支护与围岩之间、二次衬砌与初期支护之间的空隙。

(2)超前预注浆

超前预注浆是指通过超前小导管对开挖面前方的岩体进行注浆。可与超前自进式锚杆及超前长管棚等联合起作用,对开挖面前方岩体进行加固,从而形成一种支护围岩的辅助施工方法。在Ⅴ、Ⅵ级围岩地段,特别是地下水较丰富的地段,一般应考虑通过采用超前预注浆加固开挖面前方的周边岩体。超前预注浆一般应优先采用单组分的水泥注浆,不仅可简化工艺和降低造价,而且固结强度较高。如单液注浆效果差,可再试用水泥-水玻璃双液注浆。

(3)超前帷幕注浆

超前帷幕注浆是指通过对开挖面前方岩体的影响区范围采取全断面深孔预注浆,对孔隙进行填充、堵塞,从而对隧道形成止水帷幕的注浆工艺。主要适用于穿越断层破碎带、裂隙密集带或其他软弱透水地层时的施工。在洞身周围地下水补给充足的地段,这类注浆工艺可减少或隔断地下水渗流途径,减少施工中突水、涌水的危险,以保证施工掘进作业安全。

超前帷幕注浆施工有速度慢、造价高等缺点,应慎重使用。

(4)地表注浆

地表注浆是指在地表钻孔后向隧道围岩进行的注浆,作用为通过注浆使洞室周边或洞顶松散土体固结,以提高其强度。一般适用于埋深小于30m的浅埋隧道或浅层塌方地段的隧道。当隧道埋置深度较大时,地表注浆的钻孔费用将大幅度上升。

(5)渗透注浆

渗透注浆是指在压力作用下,使浆液克服各种阻力渗入地层中的孔隙或裂缝中,达到加固土体和控制渗水目的的一类注浆工艺。

这类注浆一般只适用于中砂以上的砂性土和有裂隙的岩石,所用注浆压力相对较小。

(6)劈裂注浆

劈裂注浆是指在压力作用下,通过向钻孔中压送不同类型的流体,克服地层的初始应力和抗拉强度,引起岩石和土体结构的破坏和扰动,使其在沿垂直于最小主应力的平面上发生劈裂,并使地层中原有的裂隙或孔隙张开,从而形成新的裂隙或孔隙,以增大浆液的可灌性和扩散距离的注浆工艺。

这类注浆所用的注浆压力相对较高。

(7)压密注浆

压密注浆是指通过钻孔向土中灌入极浓的浆液,在注浆点使土体压密,并在注浆管端部附近形成"浆泡"。当浆泡的直径较小时,注浆压力基本上沿钻孔的径向扩展;随着浆泡尺寸逐渐增大,产生较大的上抬力,使地面抬动。

研究证明,向外扩张的浆泡将在土体中引起复杂的径向和切向应力体系。紧靠浆泡的土体将遭受严重破坏和剪切,并形成塑性变形区,其中土体的密度可能因为扰动而减小;离浆泡较远的土则基本发生弹性变形，因而土的密度有明显的增加。

压密注浆常用于中砂地基，黏土地基中若有适宜的排水条件也可采用。如遇排水困难而可能在土体中引起高孔隙水压力时，就必须采用很低的注浆速率。

压密注浆可用于非饱和的土体，以调整不均匀沉降和帮助进行托换技术，以及在大开挖或隧道开挖时对邻近土体进行加固。

(8)化学注浆

又称电动化学注浆。是指在施工时将带孔的注浆管作为阳极，同时用滤水管作为阴极，将溶液由阳极压入土中，并通以直流电（两电极间电压梯度一般采用0.3～1.0V/cm）。在电渗作用下，孔隙水由阳极流向阴极，促使通电区域中土体的含水率降低，并形成渗浆通路，化学浆液随之流入土体的孔隙中，并在土体中硬结。因而电动化学注浆是在电渗排水和注浆法的基础上发展起来的一种注浆加固方法。如地基土的渗透系数 $k<10^{-4}$ cm/s，只靠一般静压力难于使浆液注入土体孔隙中时，可借助电渗的作用使浆液进入土中。

电动化学注浆的加固机理可归纳为化学胶结作用、惰性填充作用和离子交换作用。

由于电渗排水作用可能引起邻近既有建筑物基础发生附加下沉，如何采用应予慎重注意。

2. 注浆方法和注浆材料的选择

注浆方法的合理选择应综合考虑注浆目的和地层条件。一般说来，对孔隙较大的砂砾层或裂隙岩层，应采用渗入性注浆法；在砂层中灌注粒状浆材时，宜采用水力劈裂法；在黏性土层中注浆应采用水力劈裂法或电动硅化法；矫正建筑物的不均匀沉降时则应采用压密注浆法。

注浆材料的选择一般应遵循下述原则：

(1)注浆目的如果是为了提高土体的强度和变形模量，一般可选用以水泥为基本材料的水泥浆、水泥砂浆和水泥水玻璃浆等，或采用高强度化学浆材，如环氧树脂、聚氨酯以及以有机物为固化剂的硅酸盐浆材等。

(2)注浆目的如果是为了防渗堵漏，可采用黏土水泥浆、黏土水玻璃浆、水泥粉煤灰混合物、丙凝、Ac-Ms、铬木素以及以无机试剂为固化剂的硅酸盐浆液等。

(3)在裂隙岩层中注浆，一般采用纯水泥浆，或在水泥浆和水泥砂浆中掺入少量膨润土。在砂砾石层中或在溶洞中，应采用黏土水泥浆；在砂层中一般只采用化学浆液；而在黄土中需采用单液硅化法或碱液法。

在考虑浆材选用上，还需要考虑浆材对人体的危害或对环境的污染问题。在选择注浆方案时，必须把技术上的可行性和经济上的合理性综合起来考虑。

根据土质和注浆目的不同，对注浆材料的选择列于表9.3-1和表9.3-2，根据土的渗透系数和不同注浆目的而制定的优选浆材经验法则列于表9.3-3。

**按土质不同对注浆材料的选择** 表9.3-1

| 土质名称 | | 注浆材料 |
|---|---|---|
| 黏性土和粉土 | 粉土、黏土黏质粉土 | 水泥类注浆材料及水玻璃悬浊型浆液 |
| 砂质土 | 砂粉砂 | 渗透性溶液型浆液<br>（但在预处理时，使用水玻璃悬浊液） |
| 砂砾 | | 水玻璃悬浊液（大孔隙）<br>渗透性溶液型浆液 |
| 层界面 | | 水泥类及水玻璃悬浊型浆液 |

**按注浆目的不同对注浆材料的选择**　　表 9.3-2

| 项目 | | | 基本条件 |
| --- | --- | --- | --- |
| 改良目的 | 堵水注浆 | | 渗透好黏度低的浆液(作为预注浆使用悬浊液) |
| | 加固地基 | 渗透注浆 | 渗透性好的有一定强度即黏度低的溶液型浆液 |
| | | 胶状注浆 | 凝胶时间短的均质凝胶,强度大的悬浊型浆液 |
| | | 渗透脉状注浆并用 | 均质凝胶强度大且渗透性好的浆液 |
| | 防止涌水注浆 | | 凝胶时间不受地下水稀释而延缓的浆液<br>瞬时凝固的浆液(溶液或悬浊型的)(使用双层管) |
| 综合注浆 | 预处理注浆 | | 凝胶时间短,均质凝胶强度比较大的悬浊型浆液 |
| | 正式注浆 | | 和预处理材料性质相似的渗透性好的浆液 |
| 特殊地基处理注浆 | | | 对酸性、碱性地基,泥炭应事前进行试验校核后选择注浆材料 |
| 其他注浆 | | | 研究环境保护(毒性、地下水污染、水质污染) |

**各种浆材的适用范围**　　表 9.3-3

| 浆液 | | | 加固或(C)防渗(I) |
| --- | --- | --- | --- |
| 水泥 | | | C |
| 膨润土—水泥 | | | I |
| 反絮凝膨润土 | | | I |
| 铬木素凝胶 | | | C |
| 硅胶 | 加固 | 浓液 | C |
| | | 低黏度 | C |
| | 防渗 | 浓浆 | I |
| | | 极稀 | I |
| 树脂 | 丙凝 | | I |
| | 苯酚 | | C |
| 土的特性 | | | 起始渗透性　1　$10^{-1}$　$10^{-2}$　$10^{-3}$　$10^{-4}$　$10^{-5}$　$10^{-6}$　$k$(m/s) |

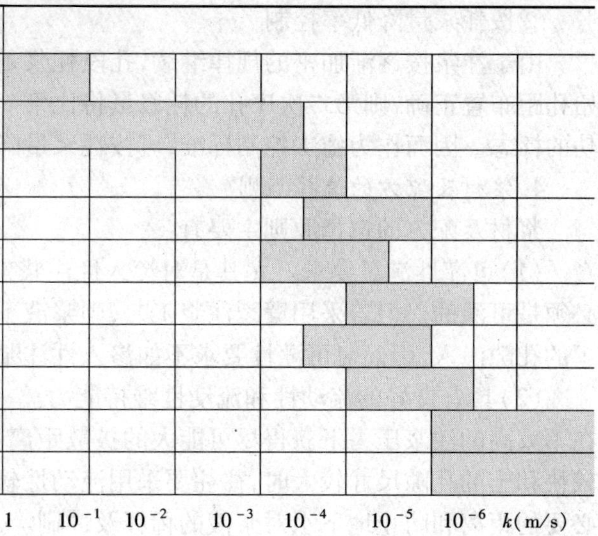

3. 注浆标准

注浆标准是指设计者对注浆后的地基提出的质量指标要求。其量化指标有防渗标准、强度和变形标准以及施工控制标准等。

(1)防渗标准

防渗标准越高,注浆难度就越大,一般注浆工程量也越大,造价则越高。每个注浆工程都应根据自己的特点,通过技术经济比较确定一个相对合理的指标要求。对重要的防渗工程,常要求将地基土的渗透系数降低至 $10^{-5}$ ~ $10^{-4}$ cm/s 以下;而对临时性工程或允许出现较大渗漏量而又不致发生渗透破坏的地层,也可采用不大于 $10^{-3}$ cm/s 进行控制。

(2)强度和变形标准

强度和变形标准与注浆目的及工程的具体要求有关。需要注意的事项如下:

①防渗注浆浆材的强度

当注浆目的是为防渗时,所需浆材的强度可仅按以能防止水压把结石从孔隙中挤出为原则确定。这种情况下起控制作用的因素是结石的抗剪强度，而其值很容易为低强度黏土水泥浆所满足，故无需采用较高强度的浆材。

②浆材蠕变效应影响的预防

有些浆材尤其是化学浆材具有明显的蠕变特性，在恒定荷载的长期作用下，注浆体将随时间而产生较大的附加变形。在工程实践中，如果注浆体变形没有受到限制，则注浆体的蠕变性可能使地基变形增大和强度降低，并导致建筑物破坏。因而在进行试验研究和现场施工时，都应充分考虑注浆体的蠕变效应影响及其后果。

③尺寸效应的利用

浆材强度可予发挥作用的程度取决于多种因素，尺寸效应是其中之一。经验表明通过合理布置注浆孔，可使某些低强度浆材帮助围岩获得很高的稳定性。

(3)施工控制标准

注浆作业的质量可在施工结束后通过现场检测确定。其规则为：

①按注浆总量控制

即检查注浆作业实际采用的浆液总量是否符合设计要求。

②按耗浆量降低率控制

由于注浆按逐渐加密的规律继续，孔段耗浆量应随加密次数的增加而逐渐减少。即若起始孔距布置正确，则第二次序孔的耗浆量将比第一次序孔大为减少，并可将其视为注浆取得成功的标志。因而作为施工控制标准，可按耗浆量降低率进行控制。

4.浆材及配方的选择原则

浆材及配方的选择原则主要有：

(1)可灌性满足要求。尤其是对渗入性注浆工艺，浆液必须能渗入土的孔隙，即所用浆液必须是可灌的。但若采用劈裂注浆工艺，则浆液不是向天然孔隙，而是向被较高注浆压力扩大了的孔隙渗入，因而对可灌性要求不如渗入性注浆严格。

(2)具有良好的流动性和流动性维持能力。一般情况下，浆液应具有良好的流动性，以便在不太高的注浆压力下获得尽可能大的扩散距离。但在某些地质条件下，例如地下水的流速较快和土的孔隙尺寸较大时，往往要采用流动性较小和触变性较大的浆液，以免浆液扩散至不必要的距离和防止地下水对浆液的稀释及冲刷。

(3)浆液的析水性应小，稳定性应高。浆液的析水性小，有利于防止在注浆过程中或注浆结束后浆液发生颗粒沉淀和分离，并导致浆液的可泵性、可灌性和注浆体的均匀性大大降低。

(4)浆液结石程度应满足要求。对防渗注浆而言，要求浆液结石具有较高的不透水性和抗渗稳定性。若注浆目的是加固地基，则结石应具有较高的力学强度和较小的变形性。与永久性注浆工程相比，临时性工程所需要求较低。

(5)尽量避免污染环境。制备浆液所用的原材料及凝固体都不应具有毒性，或毒性应尽可能小，以免伤害皮肤，刺激神经和污染环境。某些碱性物质虽然没有毒性，但若流失在地下水中，也会造成环境污染，故也应尽量避免采用这些物质。

(6)必要时能满足对特殊性质的需要。有时浆液尚应具有某些特殊的性质，以适应特殊环境和专门工程的需要。如膨胀性、高亲水性、高抗冻性和低温固化性等，浆材及配方选择时应注意使浆液能满足这些要求。

(7)就近取材，价格低廉。不论何种注浆工程，所用原材料都应能就近取材，价格不高，以降低工程造价。

5. 浆液凝结时间

对浆液凝结时间有以下要求：

(1)凝结时间的变幅

浆液凝结时间的变幅较大，如水泥浆一般为3~4h，黏土水泥浆更长，化学浆液的凝结时间则可在几秒到几小时之间调节。工程实践中，可根据注浆土层的体积、渗透性、孔隙尺寸和孔隙率、浆液的流变性和地下水流速等方面的实际情况确定。

总的来说，浆液凝结时间应足够长，以使计划注浆量均能渗入预定的影响半径范围内。当在地下水中注浆时，除应控制注浆速率以防浆液被过分稀释或被冲走外，还应设法使浆液能在灌注过程中凝结。

(2)浆液的初凝和终凝

混凝土与水泥灰浆均有初凝和终凝之分，但浆液的凝结时间并无严格的定义。许多试验室都仅根据自己拟定的方法研究浆液的凝结时间，导致标准不一，所获结论难于进行比较。

在进行浆液配方研究和注浆设计时，可根据注浆的特点和需要，把浆液的凝结时间细分为以下四种：

①极限注浆时间。到达这一时间后，浆液已具有相当的结构强度，其阻力已达到使注浆速率极慢或等于零的程度。

②零变位时间。到达这一时间后，浆液已具有足够的结构强度，以便在停止注浆后能有效地抵抗地下水的冲蚀和移动作用。

③初凝时间。通过规定适用于不同浆液的标准试验方法后，测出初凝时间，供研究配方时参考。

④终凝时间。到达这一时间后，材料的化学反应已实际终止。它代表浆液的最终强度性质，但仍需用标准方法测定。

在一般防渗注浆工程中，前两种凝结时间具有特别重要的意义。但在某些特殊条件下，例如在粉细砂层中开挖隧道或基坑时，为了缩短工期和确保安全，终凝时间就成为重要的控制指标。

6. 扩散半径

浆液扩散半径$r$是一个重要参数，因为它对注浆工程量及造价具有重要的影响。如果选用的扩散半径不符合实际情况，将降低注浆效果，甚至导致注浆失败。

扩散半径可按有关理论公式估算。当地质条件较复杂或计算参数不易选准时，应通过现场注浆试验确定。

由于地基土的构造和渗透性多数不均匀，尤其是在深度方向上，必将导致无论是理论计算或现场注浆试验都难求得整个地层具有代表性的浆液扩散半径值，而实际工程中又往往只能是采用均匀布孔的方法，为此，设计时应注意以下几点：

(1)在现场进行试验时，应选择不同特点的地基，用不同的注浆方法，以求得不同条件下的浆液扩散半径。

(2)所谓扩散半径并非最远距离，而应理解为能符合设计要求的浆液扩散距离。

(3)在确定扩散半径时，应选择多数条件下可达到的数值，而不是取为平均值。

(4)当有些地层因渗透性较小而不能达到要求值时，可提高注浆压力或浆液的流动性，必要时还可采用在局部地区增加钻孔，以缩小孔距。

7. 注浆孔的布置

注浆孔应根据注浆浆液的有效范围布置，且应相互重叠，使被加固土体在平面和深度范围内连成一个整体。

当单排孔不能满足注浆体的设计厚度要求时，应采用两排以上的多排孔。多排孔布置的基本原则，是需充分发挥注浆孔的潜力，以获得最大的注浆体厚度，不允许出现两排孔间搭接不紧密的"窗口"，也不要求搭接过多出现浪费。

8. 注浆压力

注浆压力是指在不使地表面产生变化和邻近建筑物受到影响的前提下，注浆作业中可能采用的最大压力。

由于浆液的扩散能力与注浆压力的大小密切相关，有不少人倾向于采用较高的注浆压力，以便在保证注浆质量的前提下，使钻孔数尽可能减少。高注浆压力还能使一些微细孔隙张开，有助于提高可灌性。当孔隙被某种软弱材料填充时，高注浆压力能对充填物起劈裂注浆的作用，使软弱材料的密实度、强度和不透水性等得到改善。此外，高注浆压力还有助于挤出浆液中的多余水分，使浆液结石的强度提高。

但当注浆压力超过地层压重和强度时，将有可能导致地基及其上部结构发生破坏。因此，一般都以不使地层结构破坏或仅发生局部和少量的破坏，作为确定地基允许注浆压力的基本原则。

容许注浆压力值与一系列因素有关，如地层土的密度、强度和初始应力，钻孔位置、深度及注浆次序等。这些因素一般难以正确地预知，因而容许注浆压力值宜通过进行现场注浆试验确定。

进行注浆试验时，一般采用逐步提高压力的方法，得到注浆压力与注浆量之间的关系曲线。当压力升至某一数值，而注浆量突然增大时，可视为地层结构已发生破坏，或孔隙尺寸已被扩大，因而可把这时的注浆压力值作为确定容许注浆压力的依据。

当缺乏试验资料，或在进行现场注浆试验前需预定一个试验压力值时，可用理论公式或经验数值得到容许压力的估计值，然后在注浆过程或现场注浆试验中，根据具体情况再作适当调整。

在土质地段，注浆压力的选用应根据土层的性质及其埋深确定。在砂土中的经验数值是0.2～0.5MPa，在黏性土中的经验数值是0.2～0.3MPa。注浆压力因地基条件、环境条件和注浆目的等的不同而不能确定时，可参考类似条件下的成功工程实例决定。

一般情况下，当埋深小于10m时，可取较小的注浆压力值。对压密注浆，注浆压力主要取决于浆液材料的坍落度。如采用水泥—砂浆的浆液，坍落度一般在25～75mm，注浆压力应选定在1～7MPa范围内。坍落度较小时，注浆压力可取上限值。如采用水泥—水玻璃双液快凝浆液，则注浆压力应小于1MPa。

9. 注浆量

注浆量的体积应为土的孔隙体积。但在注浆过程中，浆液不可能完全充满土的孔隙，而土中水分亦需占据孔隙的部分体积，故在计算浆液用量时，通常应将其乘以小于1的灌注系数。但考虑到浆液容易流到设计范围以外，所以对灌注所需的浆液总用量 $Q$ 的计算式宜引入经验系数，即令：

$$Q = K \cdot V \cdot n \cdot 1\,000 \tag{9.3-1}$$

式中：$Q$——浆液总用量(L)；

$V$——注浆对象的土量($m^3$)；

$n$——土的孔隙率(%)；

$K$——经验系数，取值为：

| | |
|---|---|
| 软土、黏性土、细砂 | $K=0.3\sim0.5$ |
| 中砂、粗砂 | $K=0.5\sim0.7$ |
| 砾砂 | $K=0.7\sim1.0$ |
| 湿陷性黄土 | $K=0.5\sim0.8$ |

一般情况下，黏性土地基中的浆液注入率为15%~20%。

10. 注浆顺序

工程施工采用的注浆顺序必须与地层条件、现场环境及注浆目的相适应。一般不宜采用自注浆地带某一端单向推进的方式压注，而应按跳孔间隔的方式进行注浆，以防止串浆，提高注浆孔内浆液强度与时俱增的特性。对有地下动水流的情况，应考虑浆液在动水流下的迁移效应，从水头高的一端开始注浆。

加固渗透系数相同的地基土层时，首先应完成最上层的封顶注浆，然后再按由上而下的顺序进行注浆，以防浆液上冒。如土层的渗透系数随深度而增大，则应自下而上进行注浆。

注浆时应遵循先外围后内部的顺序。若注浆范围以外有边界约束条件(能阻挡浆液流动的障碍物)时，也可采用自内侧开始顺次往外侧的顺序注浆。

11. 注浆材料

1)注浆材料的功用与要求

注浆材料是指在地层注浆中采用的浆液，是注浆技术不可缺少的一个组成部分。注浆之所以能对地层起到堵水和加固的作用，主要是由于注浆材料在注浆过程中可发生由液相到固相再转变成结石体的变化过程。因此，凡是在一定条件下可以变成固体物质的液体，一般都可以用作注浆材料。

注浆材料一般应该满足以下要求：

(1)浆液黏度低、流动性好、可注性好，能够进入细小隙缝和粉细砂层。

(2)浆液凝固时间能够在几秒至几小时内任意调节，并能予以控制。

(3)浆液稳定性好，常温、常压下较长时间存放可不改变其基本性质，不发生强烈的化学反应。

(4)浆液无毒、无臭，不污染环境，对人体无害，属非易燃、易爆物品。

(5)浆液对注浆设备、管路、混凝土建筑物及橡胶制品无腐蚀性，并且容易清洗。

(6)浆液固化时无收缩现象，固化后有一定黏结性，能牢固地与岩石、混凝土及砂子等黏结。

(7)浆液结石率高，结石体有一定的抗压强度和抗拉强度，不龟裂，抗渗性好。

(8)结石体耐老化性能好，能长期耐酸、碱、盐、生物细菌等腐蚀，且不受温度、湿度的影响。

(9)注浆材料的粒度越细，注浆效果越好，但浆液成本将越高。

(10)浆液配制方便，操作容易掌握，原材料来源丰富，价格便宜，能够大规模使用。

同一种注浆材料很难同时满足上述要求，因而只能要求一种浆液符合其中几项要求。

在施工中可根据具体情况和要求，选择最合适的一种或几种浆液配合使用，以达到预期的效果。

2)浆液种类

注浆工程所用的浆液一般由主剂(原材料)、溶剂(水或其他溶剂)及各种外加剂混合而成。通常所说的注浆材料，是指浆液中所用的主剂。外加剂根据在浆液中所起的作用，分为固化剂、催化剂、速凝剂、缓凝剂和悬浮剂等。

- 注浆材料
  - 无机系列
    - 单液水泥类浆液
    - 水泥黏土类浆液
    - 可控域黏土固化浆液
    - 水泥-水玻璃类浆液
    - 水玻璃类浆液
  - 有机系列
    - 丙烯酰胺类浆液
    - 木质素类浆液
    - 脲醛树酯类浆液
    - 聚氨酯类浆液
    - 其他有机类浆液

图 9.3-1　注浆材料分类图

按主剂性质可将浆液分为无机系列和有机系列两大类。其中属于无机系列的浆液有单液水泥类浆液、水泥黏土类浆液、可控域黏土固化浆液、水泥-水玻璃类浆液和水玻璃类浆液等亚类，有机系列的亚类有丙烯酰胺类浆液、木质素类浆液、脲醛树脂类浆液、聚氨酯类浆液和其他有机类浆液等。注浆材料的分类如图 9.3-1 所示。

本节以下仅介绍常用浆液的特征。

3)单液水泥类浆液

(1)普通单液水泥浆

普通单液水泥浆具有如下特点：

①水泥作为注浆材料，来源丰富，价格低廉。

②浆液结石体强度高，抗渗性能好。

③采用单液方式注入，工艺及设备简单，操作方便。

④由于水泥是颗粒材料，可注性差，难以注入中细粉砂层及裂隙岩层。

⑤水泥浆液初、终凝时间长，不能准确控制，容易流失，结石率低。

在一般情况下，单液水泥浆的配比仍是在水泥浆中加入占水泥质量 5% 以下的氯化钙，或占水泥质量 3% 以下的水玻璃。其基本性能如表 9.3-4 所示。

**单液水泥浆的基本性能**　　表 9.3-4

| 水灰比 | 附加剂 | | 初凝时间 | 终凝时间 | 抗压强度(0.1MPa) | | | |
|---|---|---|---|---|---|---|---|---|
| | 名称 | 用量(%) | | | 1d | 2d | 7d | 28d |
| 1:1 | 0 | 0 | 14h15min | 25h00min | 8 | 16 | 59 | 92 |
| 1:1 | 水玻璃 | 3 | 7h20min | 14h30min | 10 | 18 | 55 | — |
| 1:1 | 氯化钙 | 2 | 7h10min | 15h04min | 10 | 19 | 61 | 95 |
| 1:1 | 氯化钙 | 3 | 6h50min | 13h08min | 11 | 20 | 65 | 98 |

(2)水泥的速凝早强剂

速凝早强剂主要用于控制水泥浆的扩散范围，缩短注浆工程的时间和提高注浆堵水的效果。实际加入速凝早强剂通常可起到很好的效果。一般水泥的速凝早强剂是复合附加剂，品种有水玻璃、三乙醇胺加氯化钠及二水石膏加氯化钙等。其对浆液的影响见表 9.3-5。

**速凝早强剂对水泥初、终凝时间及抗压强度的影响**　　表 9.3-5

| 水灰比 | 附加剂 | | 初凝时间 | 终凝时间 | 抗压强度(0.1MPa) | | | | |
|---|---|---|---|---|---|---|---|---|---|
| | 名称 | 用量(%) | | | 1d | 2d | 7d | 14d | 28d |
| 1:1 | — | — | 14h15min | 25h00min | 8 | 16 | 59 | — | 92 |
| 1:1 | 水玻璃 | 3 | 7h20min | 14h30min | 10 | 18 | 55 | — | — |

续上表

| 水灰比 | 附加剂 | | 初凝时间 | 终凝时间 | 抗压强度(0.1MPa) | | | | |
|---|---|---|---|---|---|---|---|---|---|
| | 名称 | 用量(%) | | | 1d | 2d | 7d | 14d | 28d |
| 1:1 | 三乙醇胺<br>氯化钠 | 0.05<br>0.5 | 6h45min | 12h35min | 24 | 39 | 72 | 130 | 143 |
| 1:1 | 三乙醇胺<br>氯化钠 | 0.1<br>1.0 | 7h23min | 12h58min | 23 | 46 | 98 | 126 | 152 |
| 1:1 | 三异丙醇胺<br>氯化钠 | 0.05<br>0.5 | 11h3min | 18h22min | 14 | 27 | 74 | 77 | 120 |
| 1:1 | 三异丙醇胺<br>氯化钠 | 0.1<br>1.0 | 9h36min | 14h12min | 18 | 35 | 82 | 75 | 131 |
| 1:1 | 二水石膏<br>氯化钙 | 1.0<br>2.0 | 7h15min | 14h15min | 18 | 28 | 56 | — | 89 |

(3)水泥的分散剂和悬浮剂

因单液水泥浆易于沉淀析水，为了使水泥颗粒能较长时间悬浮于水中，需对其加入悬浮剂。同时为了降低水泥浆的黏度，提高浆液的流动性，增加浆液的可注性，往往对其加入分散剂。实际上，分散剂跟悬浮剂很难严格区别开来，因为有些药剂加入水泥浆之后，既能起到分散作用，又能起到悬浮作用。

分散剂、悬浮剂对水泥浆的影响见表9.3-6。

**分散剂、悬浮剂对水泥浆的影响** 表9.3-6

| 附加剂 | | 水灰比 | 最终析水率(%) | 全析水时间(min) | 备注 |
|---|---|---|---|---|---|
| 名称 | 用量(%) | | | | |
| — | — | 1:1 | 42.8 | 60 | 水泥强度等级为42.5级矿渣硅酸盐水泥，加水搅拌5min后，置于250mL量筒中，每隔10min观测1次析水率，稳定为止 |
| $FeSO_4$ | 1 | | 23.5 | 50 | |
| $FeSO_4$ | 3 | | 15.1 | 50 | |
| $FeSO_4$ | 5 | | 12.6 | 30 | |
| 膨润土 | 3 | | 27.05 | 50 | |
| 膨润土 | 5 | | 24.58 | 70 | |
| 膨润土 | 8 | | 20.4 | 50 | |
| 纸浆废液 | 1 | | 34.41 | 120 | |
| 纸浆废液 | 5 | | 32.58 | 120 | |
| $Na_3PO_4$ | 1 | | 31.55 | 70 | |
| $Na_3PO_4$ | 3 | | 28.2 | 70 | |

(4)水泥的其他附加剂

根据工程需要，往往在水泥浆中加入一些其他的附加剂，如缓凝剂、流动剂、加气剂、膨胀剂、防析水剂等，以满足工程注浆的特殊需要。其他试剂种类、掺加量如表9.3-7所示。

**其他附加剂掺量表** 表 9.3-7

| 名　称 | 试　剂 | 掺量占水泥质量(%) | 说　明 |
|---|---|---|---|
| 缓凝剂 | 木质磺酸钙 | 0.2～0.5 | 也增加流动性 |
| | 酒石酸 | 0.1～0.5 | |
| | 糖 | 0.1～0.5 | |
| 流动剂 | 木质磺酸钙 | 0.2～0.3 | — |
| | 去垢剂 | 0.05 | 产生空气 |
| 加气剂 | 松香树脂 | 0.1～0.2 | 产生约10%的空气 |
| 膨胀剂 | 铝粉 | 0.005～0.02 | 膨胀约15% |
| | 饱和盐水 | 30～60 | 膨胀约1% |
| 防析水剂 | 纤维素 | 0.2～0.3 | — |
| | 硫酸铝 | 约20 | 产生空气 |

(5)单液水泥浆的配制

配制水泥浆时,应力求加料严格准确,尤其是加料顺序。通常要求必须在加完水后,在搅拌的情况下加入水泥,以免搅拌机卡住;同时要求待搅拌均匀后,再加入附加剂。

表9.3-8～表9.3-11 为一定体积浆液量中各物料的用量,可供现场配制单液水泥浆浆液参考。

**纯水泥浆(不加附加剂)现场配制配料表** 表 9.3-8

| 水 灰 比 | 水泥(袋) | 水(L) | 浆液量($m^3$) | 备　注 |
|---|---|---|---|---|
| 0.5:1 | 24 | 600 | 1.000 | 每袋水泥 50kg |
| 0.6:1 | 22 | 660 | 1.026 | |
| 0.75:1 | 19 | 712 | 1.029 | |
| 1:1 | 15 | 750 | 1.000 | |
| 1.25:1 | 13 | 812 | 1.029 | |
| 1.5:1 | 11 | 825 | 1.008 | |
| 2:1 | 9 | 900 | 1.050 | |

**水泥浆(加3%氯化钙)现场配制配料表** 表 9.3-9

| 水 灰 比 | 水泥(袋) | 50%氯化钙(桶) | 水(L) | 浆液量($m^3$) | 备　注 |
|---|---|---|---|---|---|
| 0.5:1 | 25 | 5 | 525 | 1.000 | 每袋水泥 50kg,50%氯化钙每桶 15L |
| 0.6:1 | 22 | 4.5 | 593 | 1.026 | |
| 0.75:1 | 19 | 4 | 652 | 1.029 | |
| 1:1 | 15 | 3 | 705 | 1.000 | |
| 1.25:1 | 13 | 2.5 | 774 | 1.029 | |
| 1.5:1 | 11 | 2 | 795 | 1.008 | |
| 2:1 | 9 | 2 | 870 | 1.050 | |

**水泥浆(加4.5%水玻璃)现场配制配料表** 表9.3-10

| 水灰比 | 水泥(袋) | 40°Be′水玻璃(桶) | 水(L) | 浆液量($m^3$) | 备　注 |
|---|---|---|---|---|---|
| 0.5:1 | 25 | 2.5 | 563 | 1.000 | 每袋水泥50kg,水玻璃每桶15L |
| 0.6:1 | 22 | 2 | 630 | 1.026 | |
| 0.75:1 | 19 | 2 | 682 | 1.029 | |
| 1:1 | 15 | 1.5 | 727 | 1.000 | |
| 1.25:1 | 13 | 1.5 | 790 | 1.029 | |
| 1.5:1 | 11 | 1 | 810 | 1.008 | |
| 2:1 | 9 | 1 | 885 | 1.050 | |

**水泥浆(加三乙醇胺与氯化钠混合溶液)现场配制配料表** 表9.3-11

| 水灰比 | 水泥(袋) | 三乙醇胺与氯化钠混合溶液(L) | 水(L) | 浆液量($m^3$) | 备　注 |
|---|---|---|---|---|---|
| 0.5:1 | 24 | 30 | 570 | 1.000 | 每袋水泥50kg,混合液为20%氯化钠与2%三乙醇胺 |
| 0.6:1 | 22 | 28 | 632 | 1.026 | |
| 0.75:1 | 19 | 24 | 688 | 1.029 | |
| 1:1 | 15 | 19 | 731 | 1.000 | |
| 1.25:1 | 13 | 16 | 796 | 1.029 | |
| 1.5:1 | 11 | 14 | 811 | 1.008 | |
| 2:1 | 9 | 11 | 889 | 1.050 | |

4)超细水泥浆液

目前常用的单液水泥浆液和水泥-水玻璃浆液,均不能注入孔隙较小的地层。因为这些浆液均属颗粒型注浆材料,水泥颗粒的直径一般在40~100μm,比表面积在3 170$cm^2$/g左右,所以难以注入渗透系数小于$5\times10^{-4}$cm/s的中砂及裂隙小于0.6mm的围岩。超细水泥则是平均粒径为4μm,最大粒径为10μm的水泥,比表面积为8 000$cm^2$/g,可以灌入渗透系数为$1\times10^{-3}\sim1\times10^{-4}$cm/s的细砂,可灌性与化学浆液相近,结石强度还大于化学浆液。此外,超细水泥对地下水及环境无污染,从而称为绿色注浆材料。可见超细水泥浆液有许多特点。

不同水灰比的水泥浆黏度如表9.3-12所示。超细水泥的主要技术指标示于表9.3-13,超细水泥-水玻璃双液浆结石体的抗压强度见表9.3-14。

**不同水灰比的水泥浆黏度** 表9.3-12

| 水灰比 | 0.6:1 | 1:1 | 1.5:1 | 2:1 | 2.5:1 | 3:1 |
|---|---|---|---|---|---|---|
| 超细水泥 | 45 | 30 | 15 | 8 | 7.5 | 7 |
| 普通水泥 | 90 | 50 | 35 | 20 | 15 | 805 |

**超细水泥主要技术指标参考表** 表9.3-13

| 型号 | | MC-20 | MC-18 | MC-15 | MC-12 | MC-10 |
|---|---|---|---|---|---|---|
| 比表面积($cm^2$/g) | ≥ | 8 500 | 8 600 | 9 000 | 9 200 | 9 500 |
| 平均粒径(μm) | ≤ | 4.0 | 3.8 | 3.5 | 3.2 | 3.0 |
| 最大粒径(μm) | ≤ | 20 | 18 | 15 | 12 | 10 |

续上表

| 型　　号 | | | MC-20 | MC-18 | MC-15 | MC-12 | MC-10 |
|---|---|---|---|---|---|---|---|
| 凝胶时间(h) | 初凝 | | ≥4 | | | | |
| | 终凝 | | ≤10 | | | | |
| 强度(MPa) | 抗折≥ | 3d | 4.9 | 5.0 | 5.5 | 6.0 | 6.2 |
| | | 28d | 7.1 | 7.2 | 8.0 | 8.5 | 9.0 |
| | 抗压≥ | 3d | 32.0 | 33.0 | 35.0 | 38.0 | 40.0 |
| | | 28d | 55.0 | 58.0 | 64.0 | 73.0 | 83.0 |

**超细水泥-水玻璃双液浆结石体抗压强度(MPa)**　　表9.3-14

| 缓凝剂掺量 | W:MC | 时间 | MC:S | | | | |
|---|---|---|---|---|---|---|---|
| | | | 1:1 | 1:0.8 | 1:0.7 | 1:0.5 | 1:0.3 |
| 1% | 1:1 | 1d | 6.30 | 5.33 | 2.88 | — | — |
| | | 3d | 7.05 | 5.81 | 3.25 | — | — |
| | 2:1 | 1d | 0.27 | 0.16 | 0.14 | — | — |
| | | 3d | 0.28 | 0.19 | 0.18 | — | — |
| | 3:1 | 1d | 0.19 | 0.12 | 0.09 | — | — |
| | | 3d | 0.20 | 0.14 | 0.11 | — | — |
| 2% | 1:1 | 1d | 0.50 | 0.30 | 0.19 | 0.11 | — |
| | | 3d | 0.58 | 0.40 | 0.43 | 0.40 | — |
| | 2:1 | 1d | 0.35 | 0.16 | 0.13 | 0.06 | — |
| | | 3d | 0.35 | 0.25 | 0.20 | 0.06 | 0.02 |
| | 3:1 | 1d | 0.32 | 0.13 | 0.08 | — | 0.03 |
| | | 3d | 0.32 | 0.16 | 0.11 | — | — |

注:水玻璃浓度为35°Be′,试验温度为20℃。

超细水泥浆液的特点如下。

(1)同期结石强度比普通水泥浆液高

由于超细水泥比表面积大,有较高的化学活性,能较快地凝结固化,故可获得较高的早期和后期强度。3d结石强度可达25MPa,3个月强度可达62MPa。同期相比,比普通水泥浆液结石强度高20%左右。

(2)凝胶时间可调

在30s~7min范围内,可根据不同配比,采用添加剂进行调节。

(3)压注方式灵活

超细水泥浆液可单液压注,也可与水玻璃配合进行双液压注。由于比表面积大,为了使其在水中分散均匀,应采用高速搅拌机拌和。

美国、日本等国家都大量用于封堵地下工程。

5)改性水玻璃浆液

改性水玻璃浆液由普通碱性水玻璃加硫酸配制,又称酸性水玻璃浆液。

该浆液在加硫酸酸化过程中产生多聚硅酸,固结后呈胶状体,能阻止$Na^+$溶脱,从而增加固结体的耐久性,性能优于固结体易崩解的碱性水玻璃固化剂浆液。当地层不是碱性地层时,可把水玻璃先制成 pH 值为 2 的酸性水玻璃,再配弱碱溶液,双液注入地层。该方法要求在施工中使用耐腐蚀的设备。

改性水玻璃浆液料源广,价格适中,无毒、无污染,勃度低、可注性好,可作为粉细砂或砂砾地层的注浆加固和堵水材料。

6)丙烯酸盐浆液

丙烯酸盐种类很多,可作为注浆材料的有钠、锌、铝、镁等盐类。

丙烯酸盐浆液可注性好,凝胶、化学稳定性好,且有较好的防渗性能,因而在地下工程防污和堵漏施工中广为采用。目前生产的丙烯酸盐多为复合盐类,其基本组成见表 9.3-15。

**丙烯酸盐浆液的基本组成** 表 9.3-15

| 材料名称 | 作用 | 配方 | | |
|---|---|---|---|---|
| | | Ⅰ | Ⅱ | Ⅲ |
| 丙烯酸盐 | 主剂 | 10 | 12 | 15 |
| 甲撑双丙烯酰胺 | 交联剂 | 1 | 1 | 2 |
| 三乙醇胺 | 促进剂 | 1 | 1 | 1 |
| 过硫酸铵 | 引发剂 | 1 | 1 | 1 |
| 水 | 溶剂 | 87 | 85 | 81 |

按表 9.3-15 配制的浆液,在常温下的凝胶时间为 3～5min。若需延长凝胶时间,则应加入铁氰化钾。若需快凝,可加硫酸亚铁。

该浆液有微毒,但凝胶体基本无毒。价格较高,作为堵缝材料已广泛应用于地下工程,堵水率达 90% 以上。

7)水溶性聚氨酯浆液

水溶性聚氨酯浆液由 TD 和水溶性聚醚树脂发生化学反应生成。与一般聚氨酯材料相似,它具有二次渗透的特点,可注性好,固化速度可调。固结体具有弹性,强度高,且强度增长速度快。施工时以水为固化剂,可单液注浆,施工方便;不含有胺和重金属盐类,毒性小;固结体不收缩,止水耐久性好,具有高效防水堵漏、结构补强的功能。

该浆液价格较高,但由于它具有发泡功能,遇水发泡体积增大 4～6 倍,可减小用量,故造价适中。其性能见表 9.3-16。

**水溶性聚氨酯注浆材料性能** 表 9.3-16

| 项目 | 指标 |
|---|---|
| 外观 | 黄色到淡棕色透明状 |
| 黏度(20℃时) | 100～300cp |
| 密度 | 1.05～1.12g/cm³ |
| 结石体抗压强度 | <1.5MPa |
| 与混凝土黏结强度 | >1.1MPa |
| 抗渗指标 | >90N/cm² |
| 凝胶时间 | 10～1 800s |
| 最大含水率 | >15 倍 |

8)木质素浆液

木质素浆液是以纸浆废液为主剂,通过对其加入一定量的固化剂形成的浆液。这类浆液属于“三废利用”，料源广价格廉，是一种很有发展前途的注浆材料。

木质素浆液目前仅有铬木素浆液和硫木素浆液两种，原因主要是迄今仅有重铬酸钠和过硫酸铵两种固化剂能使纸浆废液固化。

铬木素浆液出现较早，其固化剂是重铬酸钠。该浆液包含的6价铬离子属于剧毒物质，有可能造成地下水污染，因此这种浆液难以大规模使用。国内有关部门对其进行了研究，使其逐步从有毒到低毒，从低毒到无毒，最后研制成硫木素浆液。

9）黏土固化剂浆材

黏土固化剂浆材以黏土为主要成分（占80% ~85%），加上水泥（占10%左右）和结构剂配制而成。这类浆材具有以下特点：

（1）有较好的吸水性和抗水稀释性能，因而能在地下水流动状态下，甚至在地下水流速较大的情况下，以及大溶洞条件下进行注浆并获得成功。

（2）有良好的流变性能及可泵性，并可根据注浆施工的不同设计要求，调整其流变性能。

（3）对裂隙有良好的自我封闭作用，固化后所形成的结石体塑性大，因而具有良好的抗振性能，特别适用于露天矿、地下矿井、地铁等需要进行爆破工程的防水帷幕的施工。

（4）流动性较好，易于渗入岩层的微细裂隙，从而提高其堵水效果。

（5）形成的结石体密封较好，渗透系数小，注浆帷幕的整体堵水效果好。

（6）结石体塑性强度一般能达0.1 ~2MPa，个别可达3MPa，并可根据注浆堵水的目的与要求，通过改变浆液配方调整结石体的强度，以满足注浆堵水的强度要求。

（7）初凝时间较长，早期强度较低，因而能进行间歇式重复注浆。例如由于某种原因一次注浆不能满足要求时，可钻孔后重复灌注浆液. 因为结石体早期强度低，注浆泵用稍高的初压力即能使浆液填充于裂隙中，把处于半凝固状态的结石体挤开，从而打通裂隙通道重复注浆，提高注浆效果。

（8）有良好的抗地下水、各种矿化水、温泉水和硫酸根离子的侵蚀作用，从而大大扩大了黏土浆液的使用范围和注浆帷幕的使用周期。

（9）可以就地取材，成本非常低，每立方米浆液的成本为水泥浆液的1/4 ~1/3。

## 第四节　隧道排水系统

隧道排水系统宜按地下水和运营清洗污水、消防污水分开排放的原则进行设计，设置完善的纵横向排水沟管。可根据公路等级并结合路面横坡的变化情况，在隧道内行车道边缘设置双侧或单侧排水沟，路面结构下设置中心排水沟。水沟的侧面应留有足够的泄水孔，同时排水系统应具有方便的维修疏通设施。

隧道内纵向排水沟管的坡度应与路线纵坡一致，一般不小于0.5%，困难地段不小于0.3%。路面排水横坡不应小于1%，横向排水暗（盲）沟、管的坡度不应小于2%。隧道内排水沟管过水断面的面积应根据水力计算确定。排水沟管应设置沉砂井、检查井，并铺设盖板，其位置、结构构造应考虑便于检查、维修和疏通。

寒冷和严寒地区的隧道，最冷月平均温度在 -15 ~ -10℃时，应采用双侧保温水沟；最冷月平均温度在 -25 ~ -15℃时，应采用中心深埋保温水沟；最冷月平均温度低于 -25℃时，在主洞隧道以下应采用防寒泄水洞，其埋深以从行车道边缘算起大于隧道所在地区的冻结深度为宜。隧道内应根据实际情况设置防寒环向、纵向盲沟，洞外应设暗沟、保温出水口等排水设施，使隧道内外形成一个通畅、便于维修的防寒排水系统。

## 一、洞口段排水系统

(1)洞口地表排水

隧道洞口应根据地形、地质、气象等情况，结合环境保护进行全面规划和综合治理，因地制宜地设置疏水、截水和引水设施。

洞顶天沟应设于边仰坡坡顶以外，一般沿等高线走向在路线一侧或两侧排水。距离坡顶一般不应小于5m，黄土地区不应小于10m。坡度应根据地形设置，但不应小于0.5%，以免淤积。当纵坡过陡时，应设置急流槽或跌水连接。一般地面自然坡度大于1:1时，水沟应做成阶梯式，以减少冲刷。土质地段水沟纵坡大于20%或石质地段水沟纵坡大于40%时，应设置抗滑基座，以确保其纵向稳定。断面尺寸应根据流入截水沟的汇水区流量确定，水沟深度应高出计算水位20cm。一般底宽和深度均应不小于60cm。水沟一般采用浆砌片石铺砌，厚度不小于30cm，断面形式以梯形为主，石质地段可采用矩形。长度应以满足使边仰坡坡面不受冲刷为宜，下游应将水引至适当地点排泄，避免冲刷山体。流量较大时，不宜将水引入路基排水边沟排泄，而应根据地形将水引至附近沟谷或涵洞排除。

(2)明洞排水

明洞应在开挖边坡以外设置天沟。路堑对称型、路堑偏压型均应于洞顶设置纵向排水沟，其沟底坡度与路线一致，且不小于5%。条件允许时，可在山坡较低一侧拉槽排水。洞顶排水沟一般采用梯形断面，浆砌片石厚度不小于30cm，以防冲刷。明洞防水层外侧应间隔2~3m环向设置干砌片石排水盲沟，盲沟用土工布包裹，直接将水引入设置在墙脚外侧的纵向排水花管。

## 二、洞内排水系统

隧道洞内排水系统应能保证排水畅通，避免洞内积水。当隧道左右洞涌水量差异较大时，左右洞的排水设施宜统一进行设计。

围岩裂隙水宜采用盲沟引排，通过盲沟将水直接排入二次衬砌边墙墙脚外侧的纵向排水花管。排水盲沟管材有波纹塑料半圆管、软式透水管及各种新型排水管材等，可因地制宜选用。一般每隔3~5m设一道，突出遵循“有水则设，无水则防”的动态设计原则。二次衬砌环向施工缝、沉降缝、变形缝处均宜加设排水盲沟。

分离式隧道可沿全长在二次衬砌两侧边墙墙脚的外侧设置PVC纵向排水半花管，上半断面眼孔直径6~8mm，间距10cm。对其需采用PVC排水管横向连通至中心排水沟或排水边沟，PVC排水管的管径需根据水力计算确定。

连拱隧道需沿全长在中隔墙顶部两侧拱脚和边墙墙脚附近各设一道PVC纵向排水半花管，并对其采用PVC排水管横向、竖向连通至中心排水沟或排水边沟。PVC管径需根据水力计算确定。连拱隧道应尽可能采用夹心式中隔墙的形式，以便能有效地解决中隔墙的防排水问题。

隧道内宜根据公路等级在行车道边缘设置双侧或单侧排水边沟，用于排放清洗和消防用水；同时设置中心排水沟，用于排放地下水。边沟一般采用钢筋混凝土结构，中心排水沟通常采用上半断面打孔的双壁波纹塑料管或钢筋混凝土管，水沟的侧面应留有足够的泄水孔。

隧道内的路面基层可采用厚15~20cm的水泥处治碎石，其配合比按《公路水泥混凝土路面设计规范》(JTG D40—2002)规定,以达到减少路面冒水和排泄地下水的目的;也可采用12～20cm素混凝土,并在基层顶部或底部设置横向排水盲管。

为了便于对排水管定期采用管道疏通机及时疏通,通常在二次衬砌的墙脚纵向间隔50～100m对称布设检查维修孔。排水管流出的水经检查孔由横向PVC排水管与中心排水沟管连通,由其排出洞外。隧道内行车道边缘排水沟每50m设一处铁箅子泄水检查孔,中心排水沟每200～250m设一处沉砂检查井,并铺设钢筋混凝土盖板。由此使排水系统形成便于维修、疏通、检查且"始终通畅无阻"的网络系统,确保隧道正常运营。

排水系统布设示例可参见图9.4-1和图9.4-2。其中前者为典型的排水管铺设图,后者为隧道内纵横向排水系统的示意图。

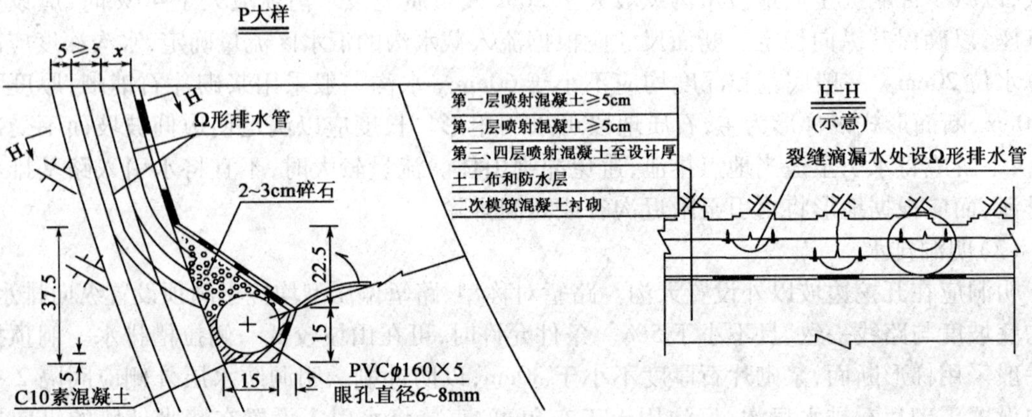


图9.4-1　Ω形排水管铺设图(尺寸单位:cm)

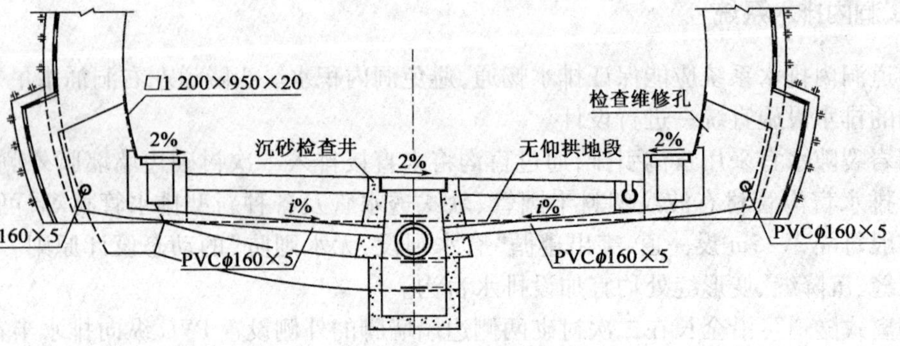


图9.4-2　隧道内纵横向排水系统

## 三、洞内外排水衔接

洞外路基排水边沟以外不小于2m的范围内,除石质坚硬、不易风化者外,均应采用浆砌片石铺砌。当隧道洞口为反坡排水时,应结合实际地形等情况,采用可靠的截水措施,以免路面水流进入隧道影响行车安全。

在寒冷或严寒地区应设置保温水沟,出水口应采用保温出水口。洞口检查井与洞外暗沟连接时,其连接暗沟应采用内径不小于40cm的预制钢筋混凝土圆管。为加大水流速度并防止水流冻结,暗沟坡度不小于1%,沟身应设置在当地冻结线以下。

## 第五节 施工期间的排水措施

隧道开挖过程中,地层渗水和施工用水常通过在导坑中设置的临时排水沟流向洞外,或由使地面具有朝向洞外的坡度排出。但当地下水水位较高,水量较丰富,其连续渗流可危及隧道施工安全时,可以考虑采用适当的排水措施排除地下水,使隧道施工在无水或少水的环境下安全地进行作业。

隧道施工中常用的排水方法有超前钻孔排水、超前辅助坑道排水及井点降水等。

### 一、超前钻孔排水和超前辅助导坑排水

超前钻孔排水和超前辅助导坑排水适用于地下水来源于隧道前方或位于设计标高以上的情况,如遭遇断层破碎带中的滞水等。

超前钻孔和超前辅助导坑一般设置在隧道主洞的两侧,位置略低于隧道开挖底面的高程,以有效地降低隧道前方渗水量,有利于开挖面稳定和方便施工。该方法适用的土层为自土质粉砂至砂砾层,渗透系数在 $10^{-4} \sim 10^{-1}$cm/s 范围内。

超前钻孔排水的设计应遵循下列原则:

(1)钻孔的孔底应低于开挖面底面高程,且超前开挖面 10~15m。

(2)需采用适当的排水措施,使排水孔内的渗水可迅速排出洞外。

(3)钻孔方向可以向上倾斜,也可以向下倾斜。前者采用自排方式排水,后者采用水泵排水。

(4)当水量较小时,排水孔可仅在开挖面下部两侧设置;当水量较大时,也可以在开挖面上多点设置。

超前导洞排水设计应遵循的原则为:

(1)排水导洞一般应设置在正洞开挖轮廓线内,确有需要时也可在正洞开挖轮廓线外一侧或两侧另外设置排水导洞。

(2)排水导洞应和正洞平行或接近平行。

(3)当导洞设置在正洞内时,导洞底面高程可略低于正洞底面高程;当导洞设置于正洞外时,导洞底面高程可比正洞底面高程低 1~2.0m。

(4)导洞至少应超前正洞开挖面 10~20m,必要时排水导洞可贯通含水层。

### 二、井点降水

井点降水就是在需要降低地下水位的区域及其周围施作达到预定深度的渗水井,通过抽水泵把渗水井内的水强制排除的降水方法。一般适用于含水量较丰富的土质浅埋隧道。井点降水不仅对透水性较强的地层适用,透水性较差的地层(透水系数在 $10^{-5} \sim 10^{-2}$cm/s 的砂质地层)也可采用。

井点降水分降水槽(坑)、轻型井点降水和深井井点降水三种。

轻型井点降水用于为隧道开挖降水时,可在隧道的一侧或两侧埋设井点管深入含水层,井点管的下端设有滤水管,上端通过连接弯管与集水总管连接,集水总管再与真空泵和离心水泵相连。启动抽水设备,地下水便在真空泵吸力的作用下,经滤水管进入井点管和集水总管,排出空气后,由离心水泵的排水管排出,使地下水位降低到隧道底面以下或预定的位置。本法具

有机具设备简单、使用灵活、装拆方便、降水费用较低、降水效果较好等特点，可显著提高洞室的稳定性，有效地防止发生流沙现象。本工艺适用于渗透系数为0.1～5.0m/d的土以及土层中含有大量细砂和粉砂的土。

采用轻型井点降水时，井点布置方案一般根据隧道跨度的大小、地质和水文情况、工程性质、降水深度等确定。当隧道宽度小于6m，且降水深度不超过6m时可采用单排井点，设在隧道的一侧；当隧道跨度较大时，宜采用双排井点，井间距约4m。井点管距边墙的距离约1.2～2.0m，埋深根据降水深度及含水层位置决定，但必须埋入含水层内。

深井井点降水一般用于地下水较丰富的浅埋隧道地段，通过在地表设置的深于隧道底面的井管，及设置在井管内的潜水电泵将地下水抽出地表，使地下水位低于隧道底面。

深井井点降水有如下优点：

(1)排水量大，降水深(＞15m)不受吸程限制，排水效果好。

(2)井距大，对平面布置的干扰小；可用于各种情况，不受土层限制。

(3)成孔(打井)用人工或机械均可，较易于解决。

(4)井点制作、降水设备操作工艺及维修均较简单，施工速度快。

(5)如井点管采用钢管、塑料管，可以整根拔出重复使用。

(6)单位降水费用较轻型井点低。

但一次性投资大，成孔质量要求严格。

这类工法适用于渗透系数较大(10～250m/d)、土质为砂类土(或有流沙和重复挖填土)、地下水丰富、水深(15～50m)、时间长的降水工程。

深井降水的井点一般沿隧道周边呈环形布置；当隧道宽度较窄时，亦可在一侧呈直线形布置。井点宜深入透水层6～9m，通常还应比所需降水的深度深6～8m；间距一般与埋深一致。

## 第六节　隧道涌水量的估算与涌水段的防排水设计

### 一、隧道涌水量的估算

根据地下水的类型，隧道涌水可分为潜水渗流涌水、承压水渗流涌水、降水渗流涌水和集中涌水四类。

(1)潜水渗流涌水量的预测

潜水渗流是指隧道穿越潜水层时，由地层渗流引起的渗入隧道排水系统的水流，如图9.6-1所示。潜水渗流是公路隧道修建中最常见的一种渗流。其特点是地下水位相对比较稳定，且水位面高于隧道纵向排水管的高程。

潜水渗流涌水量的计算方法与集水廊道的渗流计算类似，单位长度隧道的涌水量 $q$ 的计算式为：

$$q = \frac{k(H^2 - h^2)}{R} \tag{9.6-1}$$

式中：$k$——地层的渗透系数；

$H$——自然水位高度(m)；

$h$——衬砌后水深(m)；

$R$——隧道渗流的影响范围(水平距离)(m)。

隧道衬砌后的水深(即 $h$),一般远小于含水层的厚度 $H$(从隧道纵向排水管标高算起)。若略去 $h$ 不计,式(9.6-1)可简化为:

$$q = \frac{kH^2}{R} \tag{9.6-2}$$

式中 $R$ 与地质条件有关,应由抽水试验确定,或近似地根据浸润曲线的平均坡度进行估算。

对于长隧道及特长隧道,沿隧道纵向地下水位将有一定的坡度,这时可将隧道沿纵向分段(图 9.6-2)后确定各段的平均水位 $H_i$,然后分段计算 $q_i$。各段的涌水量 $Q_i$ 的计算式为:

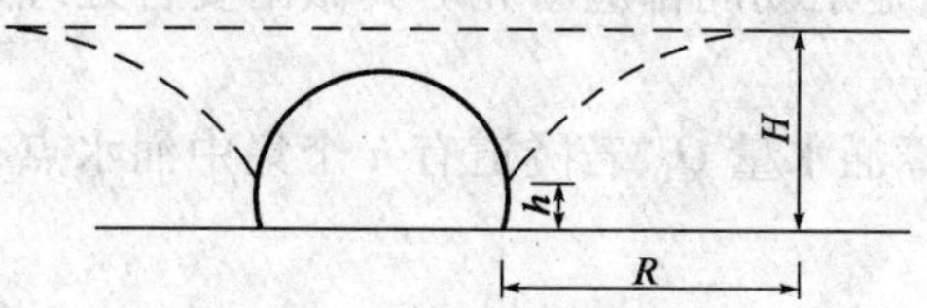


图 9.6-1　潜水渗流涌水量计算模型

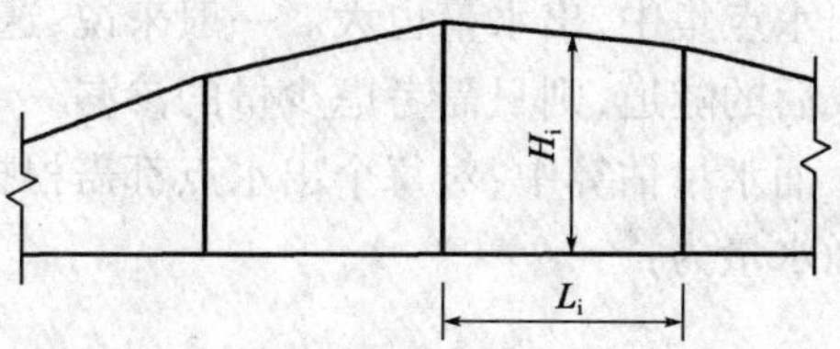


图 9.6-2　渗流区段划分示意图

$$Q_i = q_i L_i \tag{9.6-3}$$

若隧道渗水区有 $n$ 段,则总涌水量 $Q$ 为:

$$Q = \sum_{i=1}^{n} Q_i \tag{9.6-4}$$

(2)承压水渗流涌水量的预测

承压水渗流是指隧道穿越承压水层时,由地层渗流引起的渗入隧道排水系统的水流。其特点是地下水承压,压力较大并且较为稳定。这类地下水容易造成隧道路面溢水。

承压水渗流涌水量的计算与普通完全井类似。假设隧道建成后衬砌壁后渗流水压为 0(即水从围岩渗出后便被排走),并用隧道衬砌的外接圆代替隧道衬砌的边界进行计算。将隧道衬砌外接圆半径记为 $r_0$,围岩渗透系数记为 $k$,则沿纵向轴线单位长度隧道的涌水量 $q$ 的计算式可写为:

$$q = \frac{2\pi kH}{\ln R - \ln r_0} \tag{9.6-5}$$

采用上式估算时,隧道渗流影响范围 $R$ 可按经验酌情选用,$H$ 可取隧道形心处的初始水头值,$r_0$ 为隧道洞身横断面的等价圆半径。若承压水区段长度为 $L$,则该段隧道的总渗水量 $Q$ 为:

$$Q = qL \tag{9.6-6}$$

(3)降水下渗涌水量的预测

降水下渗涌水量是指由地表降水下渗流向隧道形成的渗流量。隧道设置在地下水位之上,但地表降水在下渗过程中遇到隧道时,仍可对隧道形成需从排水系统排出的水流,其值即为降水下渗涌水量。这类渗流的特点,是渗流流向铅垂向下或沿岩层主导裂隙方向向下渗流,渗流线被隧道所截者从隧道排出,未截者则不受隧道影响。

降水下渗速度的计算式可表示为:

$$v = kJ \tag{9.6-7}$$

式中:$k$——渗透系数;

$J$——水力坡度。

若隧道衬砌宽度为 $W$,隧道单位长度涌水量 $q$ 的计算式为:

$$q = Wv = WkJ \tag{9.6-8}$$

需要说明的是,如果隧道围岩裂隙发育,地表降水量较大,隧道又较长时,应考虑由降水下渗引起的涌水量。估算中,水力坡度 $J$ 和渗透系数 $k$ 可通过试验或用经验方法选取。考虑到隧道开挖会使围岩出现一定松动范围,$W$ 的计算值可在衬砌宽度基础上适当加大。

(4)集中涌水处涌水量的预测

集中涌水是指隧道因穿越地下暗河,或与地表河流、水库等有水力联系的断层破碎带等时,地下暗河、地表河流中的河水通过涌水处快速流入隧道排水系统的水量。这类涌水的特点是出水点集中,出水量也大。一般来说,这类涌水在施工期间都应事先对其做出妥善处理;对建成后的隧道,则只需考虑少量的渗漏。

涌水量估算中,对每个出水点都需根据经验估算涌水量 $Q_i$,若隧道有 $n$ 个集中涌水点,则总涌水量为:

$$Q = \sum_{i=1}^{n} Q_i \tag{9.6-9}$$

## 二、隧道涌水段的防排水设计

隧道涌水段的防排水设计,需根据隧道涌水量大小及其水力关系,采取"以防为主,以排为辅,防、排、截、堵相结合"的原则进行综合治理,详见本章第二节的有关内容。

# 第七节　寒冷和严寒地区隧道的排水设计

## 一、保温水沟

保温水沟一般适用于寒冷地区,最冷月平均气温为 -15 ~ -10℃,冻结深度在 1 ~ 1.5m 范围内,且冬季有水或可能有水的隧道。

保温水沟采用浅埋形式,也就是其覆盖层即为隧道内的最大冻结深度。在水沟内采取保温措施,达到冬季水流不冻结的目的。保温材料一般采用 PU 泡沫塑料、沥青玻璃棉、矿渣棉等,并带有防水、防潮措施。常规做法是将保温材料四周用塑料薄膜或沥青玻璃布包裹封闭,其长度以可方便经常维修为度。

保温水沟一般采用侧沟,其结构形式应结合隧道衬砌断面进行设计。水沟上部设双层盖板,在上下两层盖板之间充填保温材料,厚度不小于 35cm。下部为排水沟。水沟断面要求不小于 30cm × 30cm,沟底纵坡应与隧道纵坡一致。

保温水沟的设置长度应根据隧道的长度、地下水量的大小、水温、隧道所处地区寒冷季节的主导风向及水沟坡度等因素综合确定。隧道长度小于 1 000m 时全洞设置;大于 1 000m 时,进出口地段 300 ~ 400m 范围内均设置保温水沟。

保温水沟一般每隔 50m 设置检查井,并在检查井内设置沉淀池,以方便检查和清淤。

## 二、中心深埋水沟

中心深埋水沟是在洞内相应部位的冻结深度以下埋置的水沟。通常埋置深度较深,作用原理为充分利用地温达到使水沟内的水流不冻结,以便顺利排除的目的。中心深埋水沟按常规适用于严寒地区,冻结深度在1.5～2.5m范围内,且冬季有水的隧道。

中心深埋水沟断面型式的选择,应主要根据隧道地质条件确定;其断面尺寸,则应根据水力计算确定。一般情况下,可采用内径不小于40cm的预制钢筋混凝土圆管。

中心深埋水沟的回填将直接影响水沟的使用功能。水沟一般采用素混凝土基座固定,回填材料除需满足保温要求和方便施工外,施工中先回填厚50cm左右的尺度3～5cm的碎石,然后至路面面层底面以下均采用水泥处置碎石排水基层材料或素混凝土回填。

为了便于检查维修,中心深埋水沟应设置沉淀检查井。其间距为200～250m,断面形状一般为圆形,但也可采用矩形。为防止水流冻结,检查井下应设双层盖板,在两层盖板之间填塞泡沫塑料或其他保温材料,厚度不得小于100cm。

## 三、防寒泄水洞

防寒泄水洞一般适用于严寒地区,最冷月平均气温低于-25℃,当地黏性土的冻结深度大于2.5m,且冬季有水的隧道。这时采用深埋水沟埋深较大,明挖施工可能影响边墙的稳定性。

防寒泄水洞一般设置于隧道中心线底部。衬砌结构尺寸应根据工程地质、水文地质条件、埋置深度和公路等级等,主要通过结构计算确定,工程类比仅作为参考。计算时可参照隧道的计算方法,尤应注意需考虑洞内活荷载和冻胀力等的作用。

防寒泄水洞的埋置深度指行车道边缘最低点至泄水洞顶面的高度,确定其值时应以使其沟内水流不冻结为目标。青海省高寒区大坂山隧道防寒泄水洞的成功实践表明,防寒泄水洞的埋置深度应不小于隧址区当地围岩的最大冻结深度;其次,应满足暗挖施工时不致引起隧底坍塌;此外,应特别注意不能埋置太深,以免造成不必要地延长防寒泄水洞的长度和增加工程造价。

防寒泄水洞的断面尺寸应根据实际泄水量及施工条件等综合确定,一般不小于1.8m×1.8m,防寒泄水洞的纵坡应与隧道纵坡一致。一般情况下应作模筑混凝土衬砌或混凝土预制块衬砌,Ⅰ～Ⅲ级围岩可采用锚喷混凝土作为永久衬砌。

防寒泄水洞衬砌上应设置数量足够的泄水孔或深度较深的泄水钻孔,以充分排除地下水。如果围岩中有细小颗粒可能流失,则衬砌背面应设置反滤层。一般泄水孔直径为$\phi$100mm,环向间距50～80cm,梅花状布置。泄水钻孔的深度、角度、位置应根据地下水量的大小及围岩的具体情况确定。一般应沿隧道中心线纵向,每隔间距8～10m左右设$\phi$100mm的钻孔,将隧道仰拱底部的排水盲沟与泄水洞连通。

一般情况下,隧道进出口各300m范围内的防寒泄水洞应设置横导洞。横导洞纵向间距30～50m,衬砌背面盲沟与横导洞以$\phi$100mm的钻孔连通。

为了便于检查维修,防寒泄水洞应设置检查井,其间距为150～200m。断面形状一般为圆形,也可采用矩形。为防止水流冻结,检查井下应设双层盖板,并在两层盖板之间填塞泡沫塑料或其他保温材料,厚度不得小于150cm。

寒冷和严寒地区的隧道,其中心深埋水沟、防寒泄水洞和洞外暗沟均应设置保温出水口。出水口处地形较陡且地质条件较好时,出水口构造采用端墙式;地形平坦时,应采用圆端掩埋保温包头式。寒区隧道内纵横向排水系统示例图见图9.7-1。

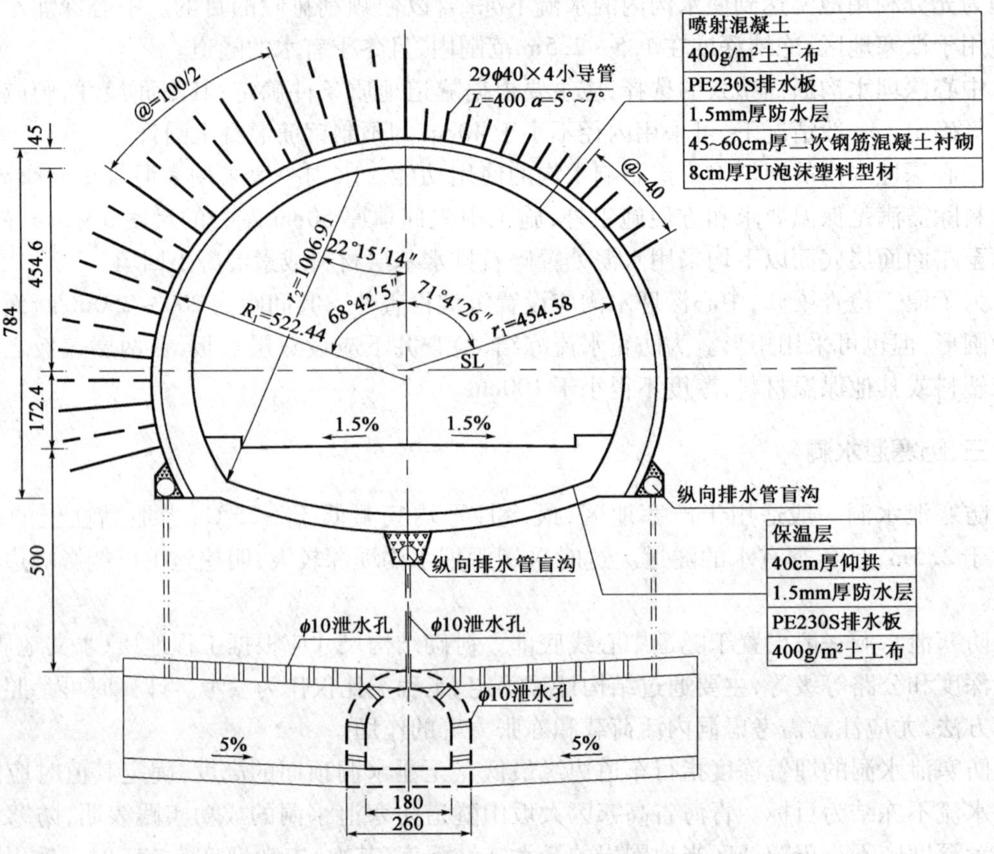


图9.7-1　寒区隧道内纵横向排水系统(尺寸单位:cm)

## 本章参考文献


[1] 陈耀宗,等. 建筑给水排水设计手册[M]. 北京:中国建筑工业出版社,2003.

[2] 孙钧,侯学渊. 地下结构[M]. 北京:科学出版社,1991.

[3] 王建宇,等. 隧道工程监测和信息化设计原理[M]. 北京:中国铁道出版,1990.

[4] 铁道部第二勘察设计院. 隧道(修订版)[M]. 北京:中国铁道出版社,1999.

[5] 铁道部第二工程局. 隧道(上,下册)(第二版)[M]. 中国铁道出版社,1999.

[6] 铁道部第二设计院. 隧道(铁路工程设计技术手册)[M]. 北京:人民铁道出版社,1978.

[7] 鞠建英. 实用地下工程防水手册[M]. 北京:中国计划出版社,2002.

[8] 王毅才. 隧道工程(上册)[M]. 北京:人民交通出版社,2007.

[9] 杨林德. 软土工程施工技术与环境保护[M]. 北京:人民交通出版社,2000.

[10] 刘建航,侯学渊. 盾构法隧道[M]. 北京:中国铁道出版社,1991.

[11] 同济大学,等. 土层地下建筑结构[M]. 北京:中国建筑工业出版社,1982.

# 第十章　隧道通风与照明

## 第一节　通 风 设 施

### 一、通风方式

1. 隧道通风方式的分类

隧道通风方式可分为自然通风和机械通风两类。其中自然通风是依靠隧道两端洞口空气温度差的热压作用、自然风流及由车辆行驶形成的风流的风压作用实现的通风，一般不需要额外投资，但只适用于长度不大的隧道。机械通风是依靠通风机实现的通风，必须设置通风机，必要时还需设通风管道和阀门等设备。后者的优点是易于控制和调节，效果好，但设备费、运营费较贵，维修要求也较高。

机械通风按气流特点有纵向通风、横向通风和半横向通风三种基本形式，也可采用其他组合形式。

纵向通风通常是从一个洞口引入新鲜空气后，使其沿隧道纵向流动，污浊空气从另一个洞口排出的通风方式。按送风方式可将其分为射流式、风道式和喷嘴式通风；按气流组织特点又可分为不分段射流风机式、不分段轴流风机式、分段集中排出式和分段竖井送、排式。其中不分段射流风机式采用在车道上方直接悬吊射流通风机升压。不分段轴流风机式为洞口集中送入式，通常采用轴流风机送风、升压，通风机一般设置在洞口附近。分段集中排出式一般在洞口两端进风，中部经竖井或斜井集中排风；分段竖井送、排式则送风和排风均经由竖井或斜井，并由轴流风机送排风、升压。

横向通风是分别设有新风送风道和污浊空气排风道，使内部空气只通过在隧道内发生横向流动换气的通风方式。新风由与竖井或与风塔相连的风机吸入，经送风道、送风口进入车道，污浊空气自排风吸入口吸入排风管后由排风机排至洞外。具有空气污染程度可大致均匀，火灾时易于防、排烟，通风效果较好等优点，但造价较高，运营费也较贵。

半横向通风是横向进风、纵向排风的通风方式。常见方式为横向机械送风、纵向自然排风。新风经风道送风口吹向隧道内机动车辆排气孔高度附近的部位，稀释有害气体，污染空气由两端洞口排出。适用于长 3 000m 以下的隧道。

一般来说，长度在 5 000m 以下的隧道采用全纵向通风模式比较多，但现在也有将纵向通风用于特长隧道(大于 9 000m)的工程实例。由于建设费用和施工难度问题，横向通风、半横向通风模式已很少采用。

纵向通风又分为全纵向通风和分段式纵向通风。全纵向通风就是隧道全长为一个通风分区；分段式纵向通风则将隧道分成两个或两个以上数量的通风分区，每个分区内都是全纵向通风模式。

全纵向通风模式适用于不大于 5 000m 的隧道，5 000m 以上的隧道一般按分段式纵向通风模式设计,每个通风分段一般以3 000m左右为宜。

隧道内防火(烟)分区的划分一般与通风分区一致。

不同交通状况下各主要通风方式的基本特点见表10.1-1～表10.1-4。

单向交通隧道纵向通风方式的特点　　表10.1-1

| 通风方式 | | 纵向式 | | | |
|---|---|---|---|---|---|
| 基本特征 | | 通风风流沿隧道纵向流动 | | | |
| 代表形式 | | 不分段射流风机式 | 不分段轴流风机式 | 分段集中排出式 | 分段竖井送排式 |
| 形式特征 | | 射流风机升压 | 轴流风机送风、升压 | 洞口两端进风,<br>中部集中排风 | 轴流风机送、排风升压 |
| 一般特征 | 适应长度 | 约4 000m | 2 500m左右 | 约2 000m | 不受限制 |
| | 活塞风利用 | 很好 | 很好 | 部分分段好 | 很好 |
| | 洞内环境 | 噪声较大 | 送风口噪声较大 | 噪声较小 | 噪声较小 |
| | 火灾处理 | 排烟不便 | 排烟不便 | 排烟较方便 | 排烟较方便 |
| | 工程造价 | 低 | 一般 | 一般 | 一般 |
| | 管理与维护 | 不便 | 方便 | 方便 | 方便 |
| | 分期实施 | 易 | 不易 | 不易 | 不易 |
| | 技术难度 | 低 | 一般 | 一般 | 稍高 |
| | 运营费用 | 低 | 一般 | 一般 | 一般 |
| | 洞口环境污染 | 较高 | 较高 | 低 | 较低 |

双向交通隧道纵向通风方式的特点　　表10.1-2

| 通风方式 | | 纵向式 | | |
|---|---|---|---|---|
| 基本特征 | | 通风风流沿隧道纵向流动 | | |
| 代表形式 | | 不分段射流风机式 | 不分段洞口集中送入式 | 分段集中排出式 |
| 形式特征 | | 射流风机升压 | 轴流风机送风、升压 | 洞口两端进风,中部集中排风 |
| 一般特征 | 适应长度 | 约1 500m | 约1 500m | 约3 000m |
| | 活塞风利用 | 不好 | 不好 | 不好 |
| | 洞内环境 | 噪声较大 | 送风口噪声较大 | 噪声较小 |
| | 火灾处理 | 排烟不便 | 排烟不便 | 排烟较方便 |
| | 工程造价 | 低 | 一般 | 一般 |
| | 管理与维护 | 不便 | 方便 | 方便 |
| | 分期实施 | 易 | 不易 | 不易 |
| | 技术难度 | 低 | 一般 | 一般 |
| | 运营费用 | 低 | 一般 | 一般 |
| | 洞口环境污染 | 较高 | 较高 | 低 |

单向交通隧道半横向、横向通风方式的特点

表 10.1-3

| 通风方式 | | 半横向式 | | 横向式 |
|---|---|---|---|---|
| 基本特征 | | 由隧道通风风道送风(或排风),在洞口沿隧道纵向排风(或送风) | | 分别设有送风道和排风道,通风风流在隧道内横向流动 |
| 代表形式 | | 送风式 | 排风式 | |
| 形式特征 | | 由送风道送风 | 由排风道排风 | |
| 一般特征 | 适应长度 | 约 3 000m | 约 3 000m | 不受限制 |
| | 活塞风利用 | 较好 | 不好 | 不好 |
| | 洞内环境 | 噪声小 | 噪声小 | 噪声小 |
| | 火灾处理 | 排烟方便 | 排烟方便 | 能有效排烟 |
| | 工程造价 | 较高 | 较高 | 高 |
| | 管理与维护 | 一般 | 一般 | 一般 |
| | 分期实施 | 难 | 难 | 难 |
| | 技术难度 | 稍难 | 稍难 | 难 |
| | 运营费用 | 较高 | 较高 | 高 |
| | 洞口环境污染 | 较高 | 很小 | 很小 |

双向交通隧道半横向、横向通风方式的特点

表 10.1-4

| 通风方式 | | 半横向式 | | 横向式 |
|---|---|---|---|---|
| 基本特征 | | 由隧道通风风道送风(或排风),在洞口沿隧道纵向排风(或送风) | | 分别设有送风道和排风道,通风风流在隧道内横向流动 |
| 代表形式 | | 送风式 | 排风式 | |
| 形式特征 | | 由送风道送风 | 由排风道排风 | |
| 一般特征 | 适应长度 | 约 3 000m | 约 3 000m | 不受限制 |
| | 活塞风利用 | 不好 | 不好 | 不好 |
| | 洞内环境 | 噪声小 | 噪声小 | 噪声小 |
| | 火灾处理 | 排烟较方便 | 排烟较方便 | 能有效排烟 |
| | 工程造价 | 较高 | 较高 | 高 |
| | 管理与维护 | 一般 | 一般 | 一般 |
| | 分期实施 | 难 | 难 | 难 |
| | 技术难度 | 稍难 | 稍难 | 难 |
| | 运营费用 | 较高 | 较高 | 高 |
| | 洞口环境污染 | 较高 | 很小 | 很小 |

2. 通风方式的确定原则

公路隧道的通风方式通常主要由隧道长度和预测交通量确定,同时应考虑公路等级、车道数、计算行车速度、车辆种类与废气排放量、隧道海拔高度、隧道所经路线和洞口附近的自然条件、隧道断面与平纵线形及气象条件等因素的影响。

公路隧道通风方式的确定一般应遵循以下原则:

(1)除因长度较长(≥1 000m,以往为 800m)而需考虑火灾排烟和换气外,一般隧道均应尽量利用自然通风,以降低造价。

(2)隧道内设计风速的取值应同时考虑维护人员的安全和隧道摩阻力对通风功率的影响。对于单向通行的隧道,设计风速不宜大于10m/s,特殊情况下可取12m/s,在实际设计中一般控制不大于7m/s,否则应采取措施降低通风风速,如采取分段通风或横向通风等;对于双向交通的隧道,设计风速不宜大于8m/s;人车混合通行的隧道,设计风速不宜大于7m/s。

(3)通风机产生的噪声和隧道中废气的集中排放均应符合环保的有关规定。对于双洞单向交通的隧道,若将其中一个洞口作为废气排放口,另一个洞口作为新鲜空气进入口,同时隧道结构为小间距时,两洞口之间应设置隔离结构,以避免产生废气回流而降低通风效率。

(4)在交通条件等发生变化时,确定的通风方式应具有较高的稳定性,并便于防灾时的气流组织。即通风系统除应适应正常交通工况外,还应适应交通阻滞工况、隧道内发生火灾的工况以及紧急情况下的应急交通工况。

(5)为节省投资,通风设施应按近、远期预测交通量的变化,采取"一次设计、分期实施"的原则进行设置。近期宜按通车后5年,远期按设计年限计算。

(6)隧道洞口或通风竖井、斜井的井口应进行废气扩散预测,其废气排放应符合环境保护要求的有关规定。

(7)公路隧道通风应满足安全实用、技术先进、经济合理和便于操作管理等要求。

3. 隧道通风系统的组成

公路隧道通风系统的组成通常主要取决于选用的通风方式。

选用自然通风时,一般主要依靠隧道两端洞口空气温度差的热压作用或自然风流的风压作用形成气流,而不是由风机送风升压。这时一般由隧道两端洞口充任进、排风口,并由隧道自身兼作风道,不再另设风机和通风构造物。

采用机械通风时,公路隧道一般由射流风机升压供风,或由轴流风机升压送、排风。通风系统一般由风机、风管、阀门及竖井、斜井、联络风道和风机房等部件组成。其中风机、风管、阀门等属于通风机械,竖井、斜井、联络风道和风机房属于通风构造物。

机械通风系统部件的具体组成仍主要取决于选用的通风方式。采用纵向通风时,通风系统一般由射流风机升压,或由轴流风机送风、升压,并由隧道自身兼作风道;进、排风口可为隧道两端洞口,也可为竖井或斜井的井口。通常是从一个洞口引入新鲜空气后,由射流风机使其升压后沿隧道纵向流动,污浊空气从另一个洞口排出;或由轴流风机从一个洞口引入新鲜空气后,通过送风、升压使其沿隧道纵向流动,污浊空气从另一个洞口排出。

采用横向通风的公路隧道分别设有新风送风道和污浊空气排风道,并由竖井、斜井的井口或风塔的窗口作为进、排风口,内部空气只通过在隧道内发生横向流动换气。半横向通风是横向进风、纵向排风的通风方式。横向机械送风、纵向自然排风时为送入式,横向自然送风、纵向机械排风时为排出式。作为组成部件,通风系统一般都有风机、风管和阀门等机械,并有竖井、斜井、联络风道和风机房等通风构造物。

## 二、通风构造物

1. 概述

为满足运营通风的要求,特长隧道常需增设通风构造物。通风构造物在施工期间可用于增加开挖工作面,在发生灾害性事故时则可作为逃生救灾的通道。

通风构造物一般由竖井、斜井、联络风道和风机房组成。其布置需结合地形、地质、排水及弃渣情况,通过需风量计算进行技术经济比较论证合理选择。

竖井通常设于洞顶覆盖层较薄地段。由于施工需要复杂的垂直提升设备,进度慢,竖井深度一般不宜超过200m。

斜井通常设于隧道轴线位置一侧的低洼地形处,其纵坡的选择应与提升设备配套,一般陡坡斜井坡度为16°~24°,长度不宜超过1 000m(坡度较小,不采用提升矿车运输时,长度可不受限制)。

部分长大隧道为满足工期或施工通风需要,可利用通风竖井或斜井作为辅助通道,设计时应结合提升设备,统筹考虑正洞施工方案和施工组织,尤其应注意井底车场的布置,如图10.1-1所示。

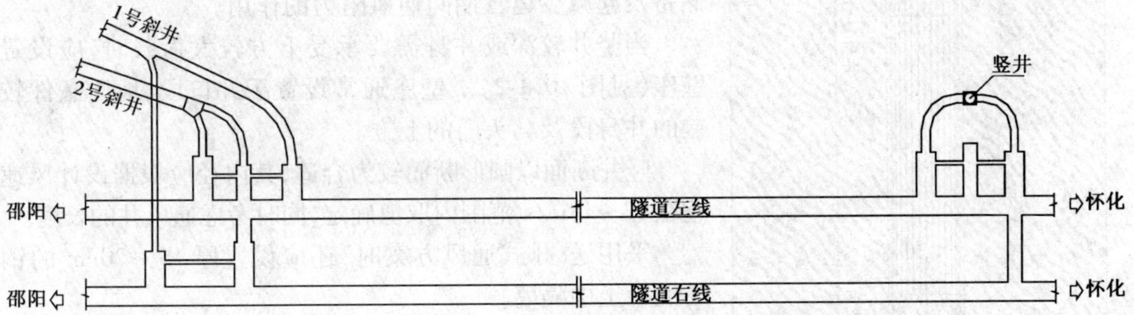


图10.1-1 某工程地下风机房和斜竖井布置图

竖、斜井洞口应不受洪水威胁,并考虑施工场地尤其是弃渣场地和施工便道的布置,注意保护环境,防止弃渣堵塞河道、沟渠、道路交通,并应减少由于便道及通风构造物的修建对农田、水利设施和生活用水的影响。

通风构造物内壁要求采用模筑混凝土衬砌,保证风道内壁面平滑,交叉口等变形处应平顺过度,以减小沿程摩阻损失和风道变形引起的局部损失。

2. 通风竖井

(1)竖井位置的选择

通风井的设计应考虑排风对周围大气环境的影响,井口应设置在扩散效果良好的地带。设于山坳中的通风井,井口应朝开阔方向。

竖井应设置在地质条件较好的地段,避免位于滑坡、大的断层破碎带等地质条件不良的地段。

竖井位置应选在隧道浅埋处,以减少土建工程量及后期的通风运营费用。

井口地形应较开阔、平坦,以利于竖井的建筑布置、施工及污染空气的排放。

竖井井口不得设在可能被洪水淹没的场所,井口应高出洪水频率1/100的水位至少0.5m;如设在低洼处,必须设有必要的防洪措施。

竖井与主隧道之间的横向距离,与风机房的设置关系密切。对于地面风机房,竖井应尽量靠近主隧道,净距宜控制在20m内,特殊情况下也可直接设于隧道顶上;对于地下风机房,横向净距不宜小于40m。

(2)竖井结构的组成

竖井结构主要由锁口圈、井身和马头门组成。

锁口圈设置于竖井口部,主要用于承受地表土层的土压力、井口建筑物及设备的自重和使

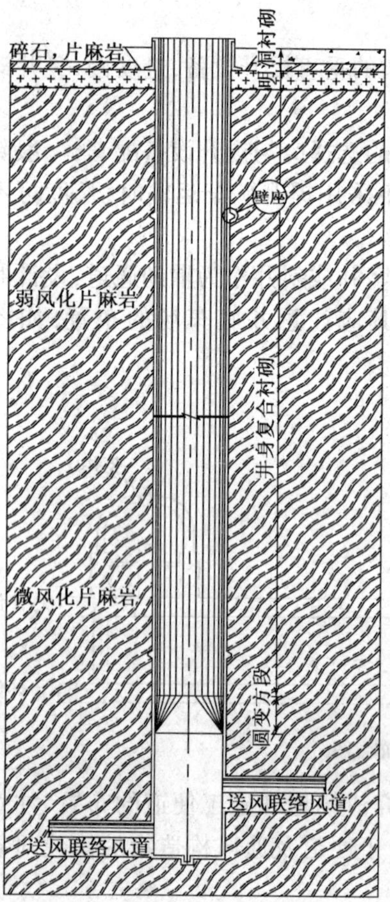

图 10.1-2 某工程竖井立面图

用荷载。锁口圈通常采用钢筋混凝土结构,基础应尽量置于基岩中,施工方法为敞口开挖。

马头门为井身与联络通道交叉处的结构,形状特殊,受力复杂,需要承受井身二次衬砌传来荷载及承受由施工所用的材料、设备的运输及运营期间导流叶片的安装引起的荷载,故应考虑对其加强处理。

井身上接锁口圈,下接马头门,是竖井的主要组成部分。井身支护一般采用以喷锚支护为初期支护的复合衬砌结构。初期支护为主要承载结构,二次衬砌通常作为安全储备及起减少运营期间通风阻力的作用。

当竖井较深或井身需要承受上方较大荷载时,应设置壁座(见图 10.1-2)。壁座通常设置于井口段、地质条件较差的井身段及马头门的上方。

竖井断面以圆形断面较为合适,其内径应根据设计风速宜在 13 ~ 18m/s 范围内取值确定,同时考虑通风井的长度。

采用送、排式通风方案时,还应设置厚 15 ~ 20cm 的钢筋混凝土中隔墙。

(3)竖井施工方法

竖井施工需要专门的配套设施,如吊盘、抓岩机、吊桶、稳车等,设备及技术相对复杂。井筒内需设置安全梯等安全设施,并采取相关安全措施,防止在提升过程中因为断绳、脱钩产生溜车(掉罐)或过卷,以及在竖井中发生碰撞事故。

竖井施工方法可根据主隧道后于竖井建成还是先于竖井建成分为两类,并可根据竖井开挖和衬砌是单独作业还是平行作业将两类施工方法分为七种方式。主隧道后于竖井建成时,竖井可从井口开始向下全断面开挖,施工方法有全井单行作业法、长段单行作业法、短段单行作业法和长段平行作业法四种;主隧道先于竖井建成时,开挖施工可选择反井方法,并可有吊罐反井正向扩大法、爬罐反井正向扩大法和钻机反井正向扩大法三种方法。

竖井由井口开始全断面施工方法的示意图见图10.1-3,四种施工方法的特点、优缺点及适用范围分别如下。

①全井单行作业法

全井单行作业法的特点是竖井自上而下掘进到底,然后自下而上浇筑二次衬砌。有施工只需要一套吊盘设备,作业单纯,无干扰,管理方便等优点;缺点是掘进和衬砌不是平行作业,工期长,施工期间需完全靠初期支护承受围岩压力,地质条件较差时安全性偏差。适用于竖井不深,地质条件良好的场合。

②长段单行作业法

竖井自上而下掘进 100 ~ 150m,到达壁座后停止掘进,进行衬砌,衬砌完成后再开始下一循环施工的施工方法。有施工只需要一套吊盘设备,作业单纯,无干扰,管理方便,且能保证竖井施工安全等优点;缺点是工期也偏长,壁座需做特殊设计,保证下一循环掘进时二次衬砌不脱落。适用于竖井不深,地质条件相对较差的场合。

③短段单行作业法

短段单行作业法的特点是衬砌紧跟开挖面,边开挖边衬砌。优点是仍属单行作业,设备简单,竖井的安全性大;但工期也偏长,而且二次衬砌接头多,整体性偏差,防水性也差。适用于竖井深,地质条件十分差的场合。

④长段平行作业法

长段平行作业法是自上而下掘进和衬砌同时进行的竖井施工方法。两工作面相距不小于30m,衬砌均从壁座开始。优点是平行作业,总工期短;缺点是需要掘进和衬砌两套吊盘,设备多,施工复杂,干扰也大。适用于竖井深,地质条件差的场合。

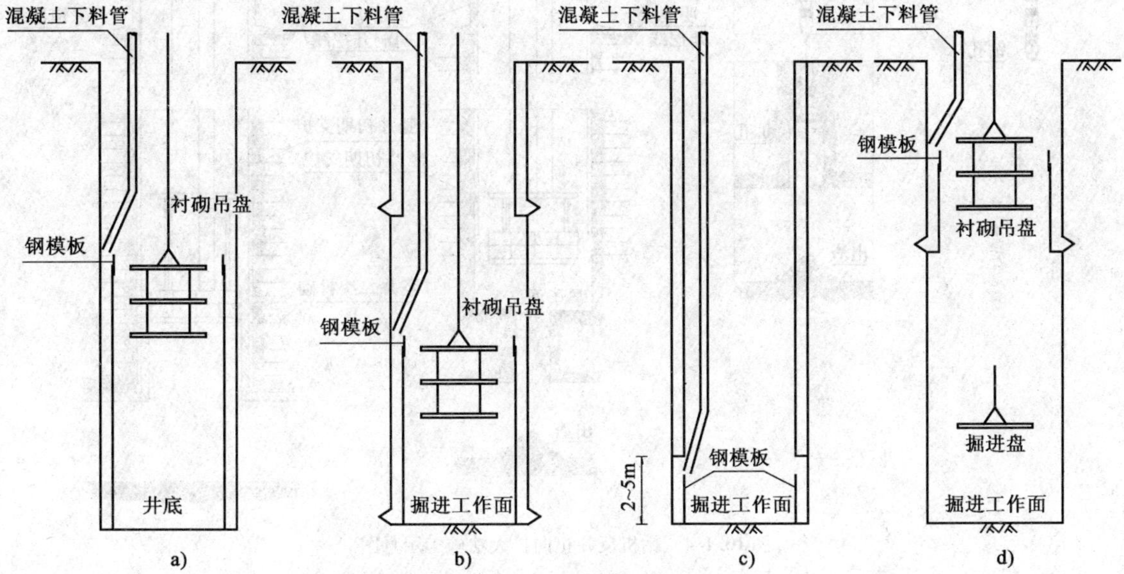


图 10.1-3　竖井由井口开始全断面施工方法示意图

a)全井单行作业法;b)长段单行作业法;c)短段单行作业法;d)长段平行作业法

钻机反井正向扩大法施工方法的示意图见图 10.1-4,三种反井正向扩大法的特点、优缺点及适用范围分别如下。

①吊罐反井正向扩大法

吊罐反井正向扩大法的特点,是自上而下在竖井中心钻取 $\phi10 \sim \phi15$cm 的导孔,并在井下联络风道中安装吊罐。吊罐悬吊于导孔钢丝绳上,工作人员在吊罐上自下而上施作 $\phi200 \sim \phi300$cm 的反井,后自上而下地扩大成竖井。优点是竖井扩大施工时,可利用反井出渣、通风、排水等,成本低、效率高;缺点是地质不良时,吊罐上自下而上施工掘进不安全,容易发生伤亡事故。适用于竖井不深,地质较好的场合。目前已很少使用该方法。

②爬罐反井正向扩大法

爬罐反井正向扩大法与吊罐反井正向扩大法相似,但不预先使用大型钻机钻导孔,而是直接采用爬罐机自下而上施作 $\phi200 \sim \phi300$cm 的反井,完成后再自上而下扩大成竖井。具有与吊罐反井正向扩大法相同的优点,且可节约预先钻导孔的费用和时间;缺点是爬罐构造复杂,安装技术要求高,且在地质不良时,反井施工亦不安全。适用于竖井不深,地质较好的场合。也已很少使用该方法。

③钻机反井正向扩大法

钻机反井正向扩大法先在地表用地质钻机在竖井中心竖向钻取直达底部的 $\phi20\sim\phi30$cm 的导孔；接着在井下联络风道内安装大钻头，施作 $\phi200\sim\phi300$cm 反井；然后自上而下扩大成竖井，如图 10.1-4 所示。优点是施工安全，速度快；缺点是需要大型反井钻机设备，费用较贵。适用于竖井深度小于 400m，地质条件较好的场合。

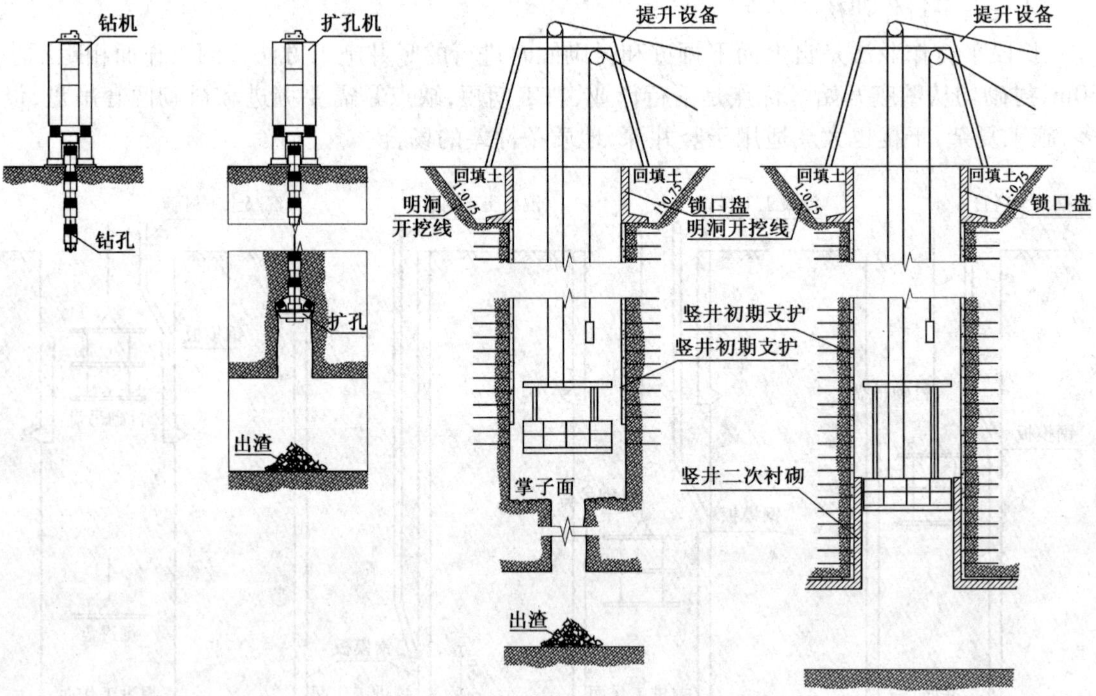

图 10.1-4　钻机反井正向扩大法施工示意图

以上施工方法中，全井单行作业法是目前国内普遍采用的方法。如需利用竖井开挖主洞，则是必须采用的方法。但当竖井地质较差、深度较深时，初期支护应适当加强。

钻机反井正向扩大法只有在主洞施工至竖井处时才能开始，尽管扩孔设备费用相对较高，但施工费用较低，山上施工场地以及机械设备相对较少，无须在山上弃渣，有利于环境保护，有条件时应大力推广采用。

3. 通风斜井

(1)斜井位置的选择

斜井井口的设置应注意使其轴线尽量与地形等高线正交，其余要求与竖井位置的选择相同。

(2)斜井构造的一般规定

斜井构造与施工方法关系密切，对其提出的一般规定如下：

①斜井断面通常采用直墙割圆形式，地质相对较差时采用曲墙形式。断面面积宜根据设计风速在 13 ~ 18m/s 范围内取值。如采用送、排式通风方案，还应根据需要设置厚 15 ~ 20cm 的钢筋混凝土中隔墙或砖砌中隔墙(需每隔一定距离设置钢筋混凝土支撑柱)。

②斜井断面净空尺寸除需满足通风断面需要外，还应根据提升容器外形尺寸、载人车尺寸、管路布置、人行道宽度、施工机具的运行、设备之间的安全间距以及满足施工通风的要求等因素决定。斜井运量普遍较大，常需采用四轨双道断面。

③斜井中必须设置宽度不小于0.75m的人行道。倾角大于15°时,尚应设置混凝土踏步及栏杆。

④当采用箕斗或矿车提升渣料时,井身应每隔30~50m设一个宽1m、高1.6~1.8m、深1.0~1.2m的避车洞。一般设在人行道侧,并尽量和管路、电缆等避开,便于人员出入。

⑤斜井一般采用复合衬砌结构,但在洞口应设置一定长度的明洞衬砌,以方便与通风口建筑的衔接和洞口防排水的需要。

⑥斜井应根据涌水量和施工组织的安排,选定地下水的排出方式,并设置相应的排水措施。同时为防止洞外地表水流入井内,井口场地一般应设置自井口向洞外3%的下坡。

⑦斜井与隧道中线连接处应尽可能采用大角度相交,以保证通风顺畅和结构受力合理。

⑧井身纵断面不宜变坡,井口和井底变坡点应设置竖曲线,以利保证提升运输安全。

⑨对于陡坡斜井,钢架宜设置为铅垂型,以保证结构受力需要(图10.1-5)。

⑩斜井衬砌通常自井口起向井底方向浇筑。对于倾角大于30°的斜井,为防止二次衬砌沿轴线下滑,其衬砌段的基础,在地质不良地段可考虑做成台阶状或设置基座。基座设置形式可参考竖井壁座(图10.1-5)。

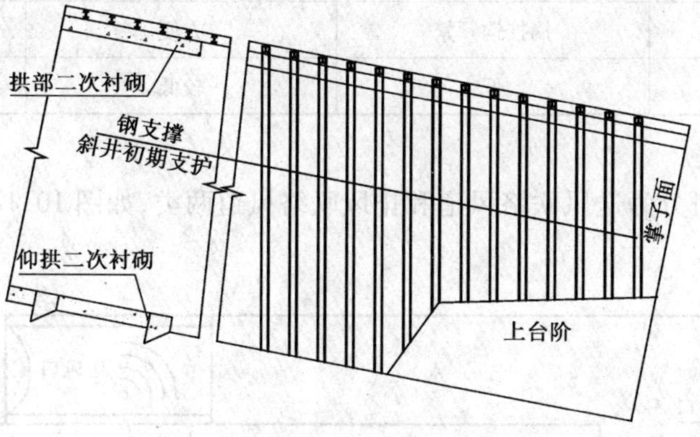


图10.1-5　陡坡斜井钢架及基座示意图

(3)斜井施工方法

斜井一般采用矿山法施工。与一般隧道相比区别是轴线带有斜坡,运输需要提升设备。

斜井施工方法的要点为:

①斜井施工的运输设备与纵坡大小密切相关。缓坡斜井(纵坡 $i<15\%$)可采用汽车无轨运输;对于陡坡斜井(纵坡 $i=30\%\sim45\%$,即16°~24°),则应采用特殊提升设备。

②陡坡斜井的提升形式通常有拖拉式和胶带运输式两种。拖拉式提升形式又可按提升容器的不同,分为矿车提升和箕斗提升等形式。

③斜井提升方案的比选,应在满足提升量要求的前提下,选取工程量小、投资省、安装简易、施工方便的方案。胶带运输机的输送能力约为拖拉式提升的2~3倍,且安全可靠,但造价高,安装调试时间长,因而在隧道施工中很少使用。目前国内隧道斜井提升多采用拖拉式,提升容器多采用矿车和箕斗。三种斜井提升方案特性的对照见表10.1-5。

采用无轨运输的缓坡斜井由于坡度较小,一般长度较长,根据需要还需设置错车道。同时汽车排出的尾气污染较严重,需加强施工期间的通风。

斜井提升方案主要特性对照表　　表 10.1-5

| 项目 \ 类型 | | 矿车提升斜井 | 箕斗提升斜井 | 胶带运输斜井 |
|---|---|---|---|---|
| 基本技术条件 | 斜井倾角 α | ≤25° | ≤35° | 一般≤15° |
| | 提升机 | 绞车 | 绞车 | 胶带运输机 |
| | 提升容器 | 矿车 | 箕斗 | — |
| | 运输线路 | 轨道 | 轨道 | 胶带 |
| | 石渣块度 | 适用于矿车 | 适用于闸门 | 一般≤400mm |
| | 装渣设备 | 装渣机、渣仓 | 栈桥、渣仓、闸门 | 破碎机、给渣机、渣仓 |
| 主要优缺点 | 安装时间 | 短 | 较短 | 较长 |
| | 天轮架 | 矮 | 较高 | — |
| | 提升能力 | 较小 | 较大 | 大 |
| | 安全性 | 有不安全因素 | 较安全 | 安全、但粉尘、噪声大 |
| | 管理 | 摘挂钩频繁 | 方便 | 胶带易损坏、跑偏 |
| | 造价 | 低 | 较低 | 高 |

4.通风联络风道

通风联络风道可分为送风联络风道和排风联络风道两类，如图 10.1-6 所示。对其构造有以下一般规定：

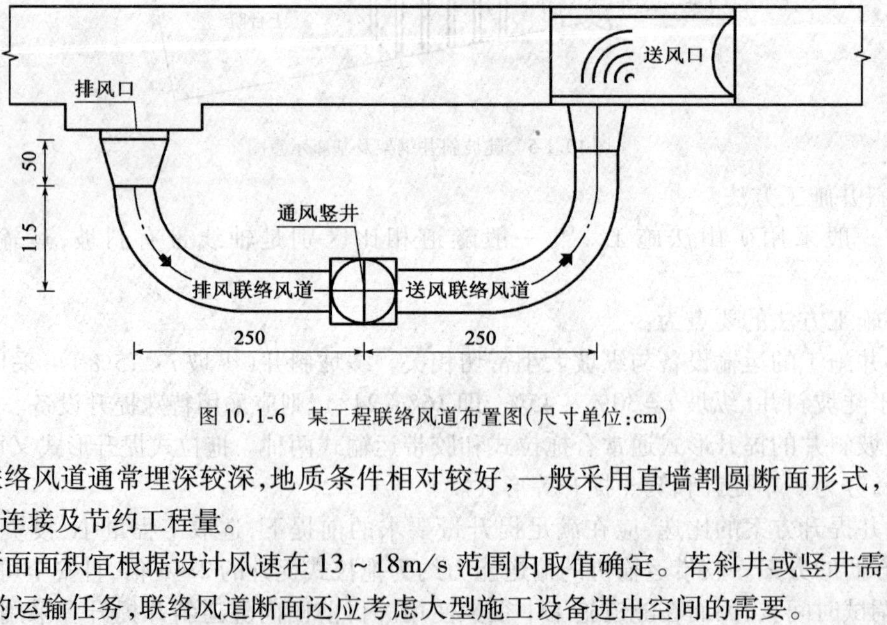


图 10.1-6　某工程联络风道布置图（尺寸单位：cm）

（1）联络风道通常埋深较深，地质条件相对较好，一般采用直墙割圆断面形式，以便于与竖井、斜井连接及节约工程量。

（2）断面面积宜根据设计风速在 13～18m/s 范围内取值确定。若斜井或竖井需要承担主隧道开挖的运输任务，联络风道断面还应考虑大型施工设备进出空间的需要。

（3）联络风道与竖井、斜井及主洞，尤其是与主洞相交处断面复杂，要求相交断面在扩径、缩径、分叉、合流等变形处能平顺过渡，以减小风流的沿程摩阻损失和由风道变形引起的局部损失。具体构造可参照表 10.1-6。

**风道的各变形部位及注意事项表** 表 10.1-6

| 变形 | 图　示 | 注 意 事 项 |
|---|---|---|
| 弯曲 |  | $R>1.6d$ 时,可不设导流叶片,但弯头后会出现偏流 |
| | 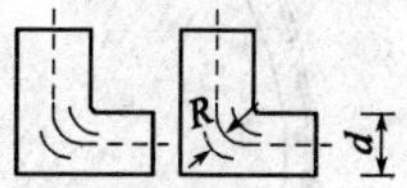 | $R<1.6d$ 时,安装角隅叶片以减小损失,也可减小偏流;<br>弯曲内侧必须做成圆滑状;<br>弯曲外侧不做成圆滑状也可 |
| 折曲 | 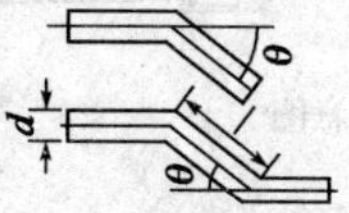 | 尽量避免 $\theta>30°$ 的折曲;<br>连续折曲时,选择合适的 $l/d$ 和 $\theta$ 角,可以减小损失,如 $\theta=30°$ 时,$l=3d$ 为最好 |
| 扩径 | 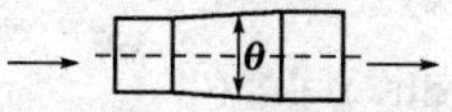 | $\theta=6°\sim10°$ 时,损失最小;<br>$\theta=60°\sim70°$ 时,损失最大;此时最好做成 $\theta=180°$ 的突变扩大 |
| 缩径 | 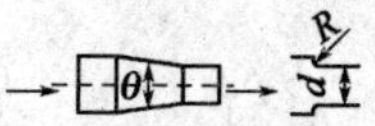 | 应避免突然缩小;<br>$\theta<60°$ 较好,当 $\theta>60°$ 时,宜做成喇叭口状,以减小损失;<br>喇叭口半径宜大于 $0.1d$,理想状态为 $0.3d$ 左右 |
| 分岔、合流 | 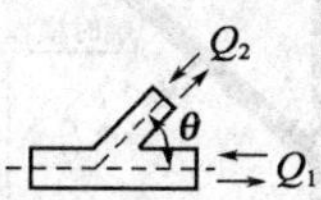 | 分岔、合流的损失受风量比 $Q_1/Q_2$ 和面积比的影响,不能一概而论,但 $\theta$ 角应尽可能小 |

(4)排风口通常在隧道侧墙处设置,其底面与隧道检修道平齐。排风方向宜与隧道轴向垂直,断面大小按该处风速为 5~6m/s 通过计算确定。排风口通常面积较大,因此排风联络风道与主洞相交应采用逐步扩大的变截面形式,如图 10.1-7 所示。排风口断面面积不得大于隧道正洞面积,否则应局部加大主洞断面。

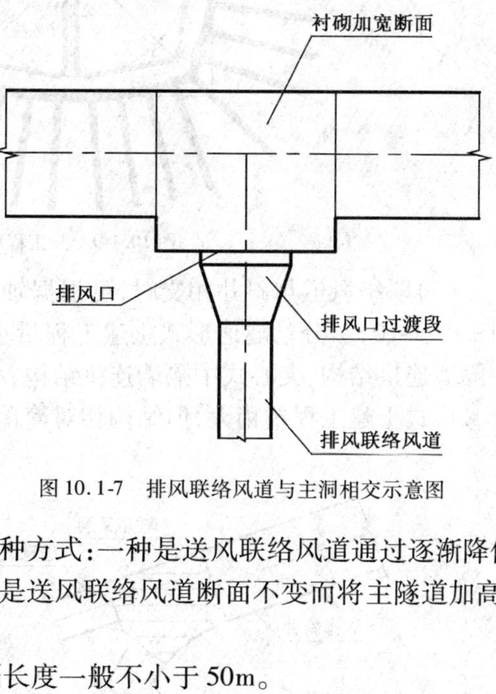

图 10.1-7　排风联络风道与主洞相交示意图

(5)送风联络风道与主洞相交时,其送风口通常设置于隧道顶部,并与隧道正交(图 10.1-8),送风方向则宜与隧道轴向一致。断面大小按该处风速 25~30m/s 通过计算确定,其断面面积可在 11~15$m^2$ 范围内取值。受主隧道拱顶富余位置的限制,两者之间的相交可采用两种方式:一种是送风联络风道通过逐渐降低其高度和加大宽度满足与主隧道正常相交;另一种是送风联络风道断面不变而将主隧道加高,以满足相交要求。

(6)为防止送、排风口之间风的短道回流,间隔长度一般不小于 50m。

(7)为便于联络风道与竖井相交,通常将竖井断面渐变成方形结构(图 10.1-9)。联络风道应设置加强过渡段,长度不小于 5m,结构可采用预应力锚杆,必要时设置钢架加强。

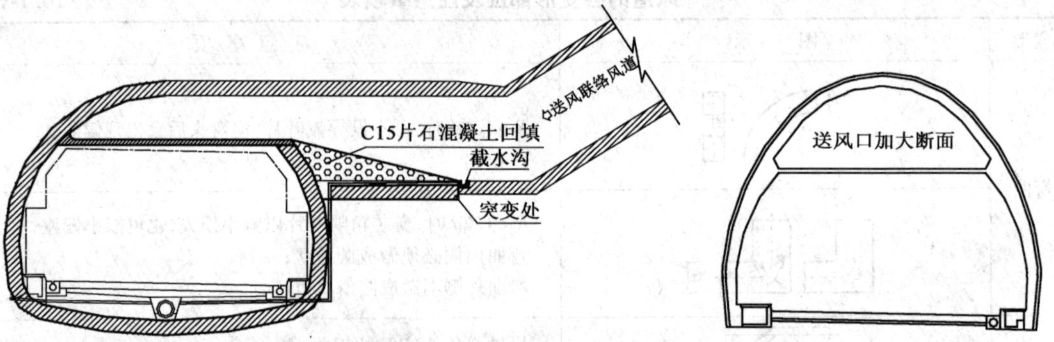


图 10.1-8 送风联络风道与主洞相交示意图

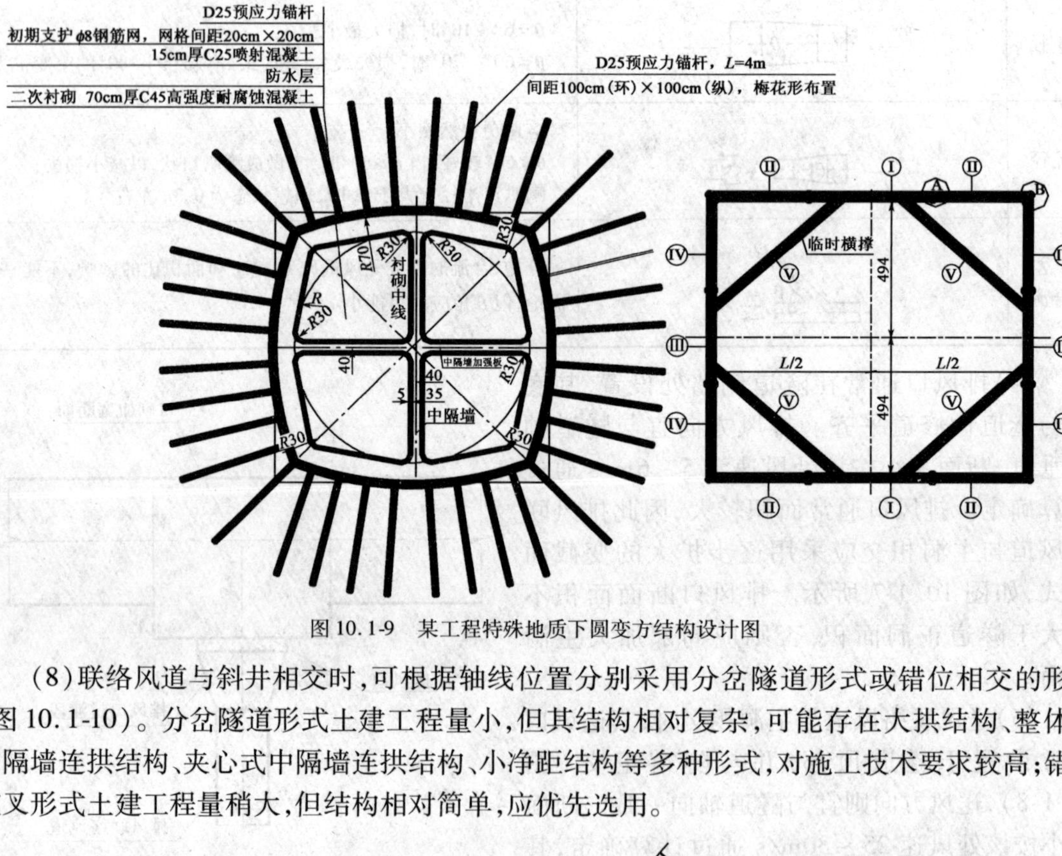


图 10.1-9 某工程特殊地质下圆变方结构设计图

(8)联络风道与斜井相交时，可根据轴线位置分别采用分岔隧道形式或错位相交的形式(图 10.1-10)。分岔隧道形式土建工程量小，但其结构相对复杂，可能存在大拱结构、整体式中隔墙连拱结构、夹心式中隔墙连拱结构、小净距结构等多种形式，对施工技术要求较高；错位交叉形式土建工程量稍大，但结构相对简单，应优先选用。

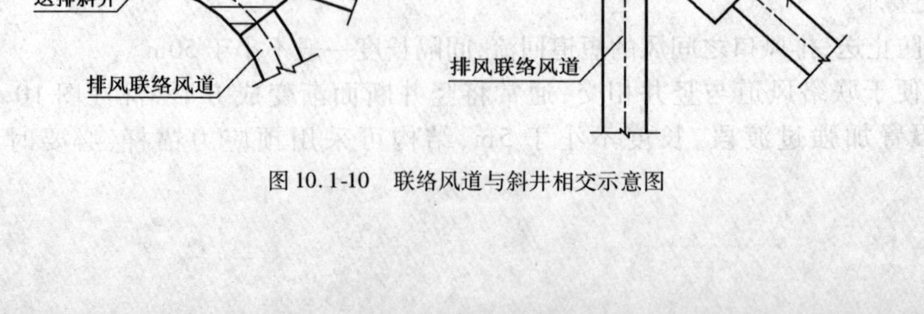


图 10.1-10 联络风道与斜井相交示意图

(9)送风联络风道在主隧道上通过吊顶横隔板进行分隔。吊顶横隔板与路面平行设置，与建筑限界的富余量以不少于20cm控制。吊顶横隔板可采用轻质气泡混凝土(ALC板)、PC板、RC板结构和组合钢结构等。吊顶横隔板的比选除应保证气密性外，还应从材料与结构的施工难易、功能、耐久性、维修养护、美观、工程费用等方面综合考虑。

(10)吊顶横隔板材料应具有耐腐蚀性、阻燃性(设置在隧道拱顶附近的风道，其底隔板的耐火极限不应低于1.5h)、气密性、板面摩阻力小等特点，标准厚度不宜大于15cm，采用金属构件时应进行防锈处理。

5. 风机房

(1)风机房类型和选择原则

风机房通常可分为地面风机房和地下风机房两大类。

地面风机房采光条件较好，空气新鲜。值班室、设备间和生活房屋宽敞。一些大型设备更换起吊、出入方便；井下联络风道短，建筑费用低。其缺点是需要占用土地，噪声对周围环境有影响，而且工作人员到达风机房需要较长的时间。

洞内风机房有占用征用地少，工作人员上下班可由隧道洞口乘汽车出入，洞顶地表征地少，值班室为地下结构，四季温差小，设备运行不受温差影响等优点。但机房、值班室、维修室、配电房和联络风道均为地下结构，工程难度比地面建筑大，造价高，采光条件和通风条件差，工作人员常年在地下工作有碍健康，空间狭小，设备拆装相对困难，因而一般在地下围岩工程地质条件相对较好，而地面场地却受一定限制时，才宜设置地下风机房。

风机房的选择应从功能要求、位置选择、外观协调、环境保护、养护维修及运营管理等方面综合考虑，合理地进行规划和设计。

(2)风机房布置

风机房宜靠近隧道设置。风机房布置不仅应考虑大型轴流风机和相应电器设备、控制设备及其他辅助机电设备的布设，而且应考虑操作、维护人员在洞内的空间需求，以及设备运输、安装、运营、维修等对风机房的要求，并留有大型设备搬运通道和工作通道等。

当风机分期安装时，应考虑预留空间和连接装置。

在风机房与风道的连接处，其周壁必须密封，严禁漏风。风机房内应采取严格的防排水措施，严禁渗漏水。

①地面风机房

当地下围岩稳定条件相对较差，而地面却场地开阔、交通便利时，宜设置地面风机房。

地面风机房可设在洞口和通风井附近。应根据洞口或通风井周围的地形条件及两洞口轴向间距等因素，确定风机房位置，并注意与周围环境的协调。

国内长隧道多采用地面风机房。对于斜井，地面风机房多采用平置式风机房(轴流风机为卧式)；竖井则多采用立式风机房(轴流风机为立式)。在城镇地区，考虑对地面建筑的美观要求较高，地面风机房外型应做特殊设计。

②地下风机房

地下风机房应根据各条隧道的具体情况分别规划、设计。应首先从功能上满足通风的要求，再根据风机型号及功率等确定风机房和运输通道的大小。由于起重设备在洞内受操作空间的限制，大型设备的吊装也应单独考虑。

地下风机房内需设置大量的机械和电器设备，发热量大，而按照电器使用安全和使用寿命的要求，洞内环境温度又应控制在35℃以下，加上管理、维护人员在洞内工作需要较舒适的工作环境,对新鲜空气和温度、湿度均有较高的要求,因此风机房内部应根据需要设置内部通风,以满足防潮、防尘、降噪、通风和温度调节的需求。

地下风机洞室的布置方式总体上有两种形式:风机洞室平行于行车主洞的方式(平行式,图 10.1-11),或风机洞室垂直于行车主洞的方式(垂直式,图 10.1-12)。垂直式具有设计施工相对简单,土建工程造价较低,送、排风摩阻力较小等特点,是目前世界上采用较多的风机房布置方案;平行式设计施工相对复杂,送风气流从风机到送风口、排风气流从排气口到风机距离都较远,因此送排风效率相对较低。

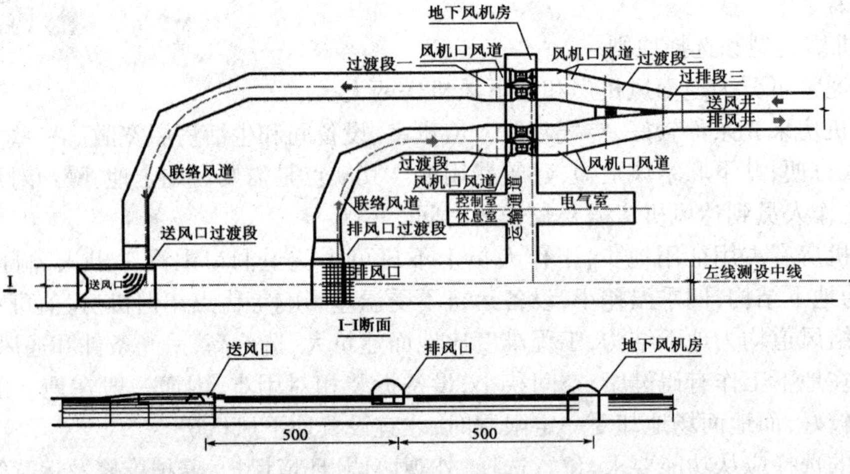


图 10.1-11 某工程平行式地下风机洞室的布置方式图(尺寸单位:cm)

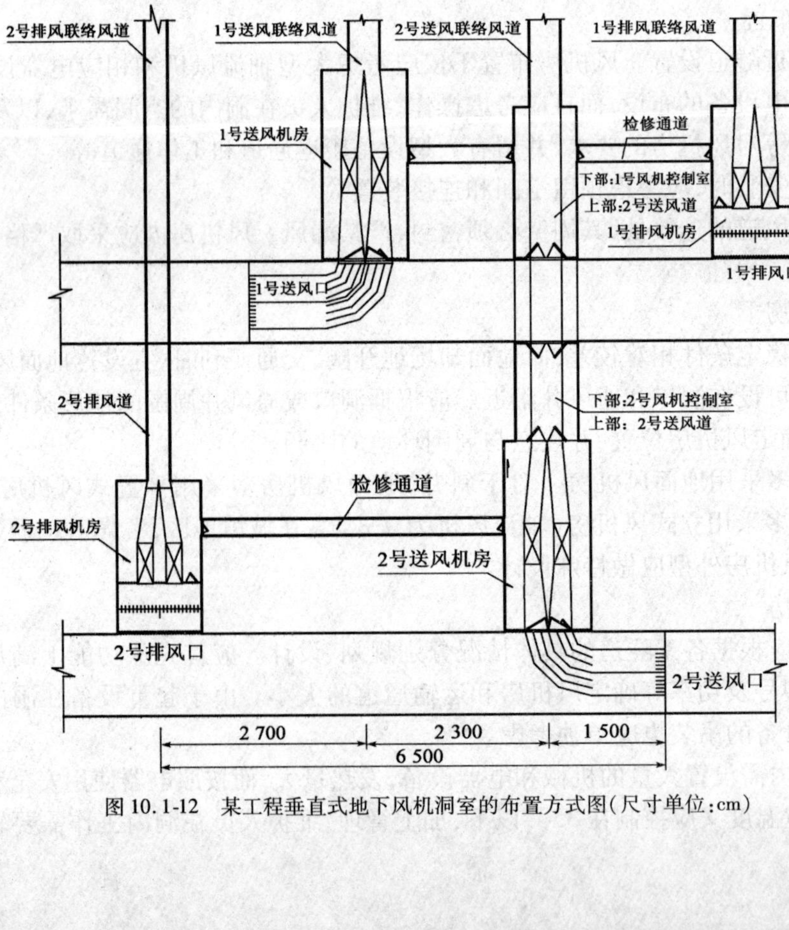


图 10.1-12 某工程垂直式地下风机洞室的布置方式图(尺寸单位:cm)

风机房的进风口与排风口的方向应按该区域历年频率最高的自然风向布置，并尽可能将进气口设置于上风方向，排风口的方向避开当地主风向，其高差不宜小于5m。如果隧址区不存在明显的主导风向或不能将进气口设置于上风方向，应考虑适当加大进气口与排气口之间的高差。

排风口排出的气体为污染空气，为保证管理人员的身体健康，应有环保要求，尤其对于地处城镇的隧道，更应注意排风扩散对周围大气环境的影响，必要时应有环评专题研究。

## 三、通风机械与设备

1. 风机种类

风机分类方法有多种，按使用材质分为铁壳风机（普通风机）、玻璃钢风机、塑料风机、铝风机和不锈钢风机；按气体流动方向分为离心式风机、轴流式风机、斜流式（混流式）风机和横流式风机；按用途分为压入式风机（隔爆电动机置于流道外或在流道内）、抽出式风机（隔爆电动机置于防爆密封腔）、轴流风机、混流风机、罗茨风机、屋顶风机和空调风机等；按加压形式分为单级、双级或多级加压风机；按压力分为低压风机、中压风机和高压风机等。

风机以按气体流动方向分类最能体现性能特征。工程上用于通风的风机一般有离心式风机和轴流式风机两类。公路隧道运营通风具有大风量、低风压的特性，故原则上应采用轴流式风机，常用的轴流式风机有射流风机和大型轴流风机（一般称轴流风机）两种。

2. 风机的构造与性能

以轴流风机为例讨论风机的构造与性能。

（1）轴流风机的结构原理

轴流式风机主要由集风器、叶轮、导叶、扩散筒和电动机等部分组成，如图10.1-13所示。由图可见风机的叶片安装在旋转的轮毂上，叶轮在电动机的带动下转动时将空气由机壳的一侧吸入，并从另一侧送出。叶轮旋转时叶片冲击空气，使空气获得一定的速度和风压。导叶的作用是扭转从叶轮流出的旋转气流，使一部分偏转气流的动能变为静压能，同时减少因气流旋转而引起的阻力损失；扩散筒的作用是将一部分轴向气流的动能转变为静压能；集风器的作用是减少入口风流的阻力损失。

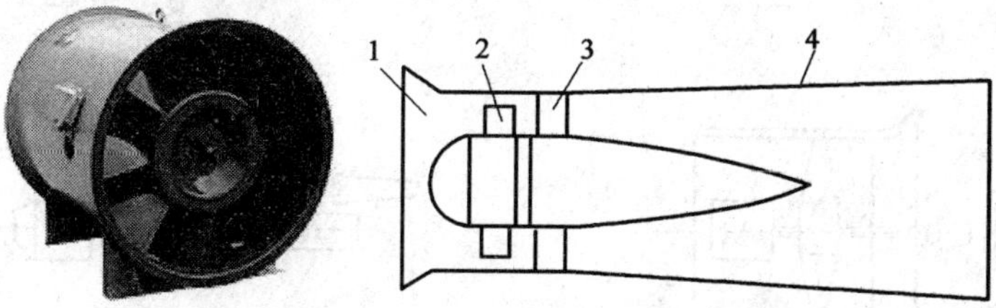


图10.1-13 轴流风机结构图

1-集风器；2-叶轮；3-导叶；4-扩散筒

轴流式风机因空气流动方向与叶轮旋转轴平行而得名。轴流风机风量高，但风压较低。

（2）轴流风机的主要结构参数

轴流风机的主要结构参数有叶轮外径$D$、叶轮轮毂直径$d$（图10.1-15）及叶片的安装角$\theta$（图10.1-14）等。其中安装角$\theta$一般为10°、15°、20°、25°、30°或35°。

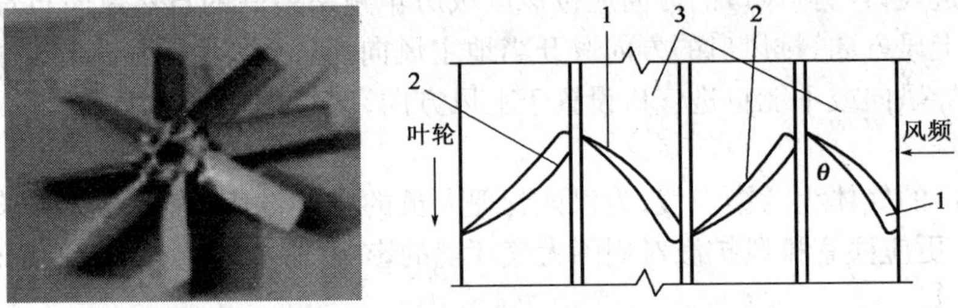


图 10.1-14 轴流风机叶片安装角

1-叶片;2-导叶;3-轮毂

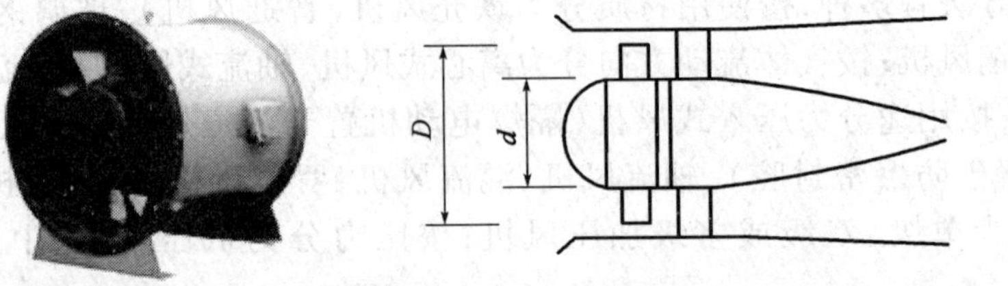


图 10.1-15 轴流风机直径

轴流式风机的横截面一般为翼剖面。叶片可以固定位置,也可以围绕其纵轴旋转。叶片与气流的角度或叶片间距可调可不调。可改变叶片的角度或间距是轴流式风机的主要优势之一。叶片间距、角度小时产生较低的风量,增加间距则可产生较高的风量。

技术先进的轴流式风机能够在风机运转时改变叶片的间距,从而相应地改变风量。这与直升机旋翼颇为相似,称为动叶可调(VP)轴流式风机。

轴流风机的传动方式如图 10.1-16 所示。其中对旋传动式轴流风机与普通轴流风机的不同之处是仅由动叶构成,没有静叶。两级动轮分别由两个旋转方向不同的电动机驱动。电动机由支承导流板固定在机壳上。在进出口端有整流罩,以形成良好的进气条件和排气条件。

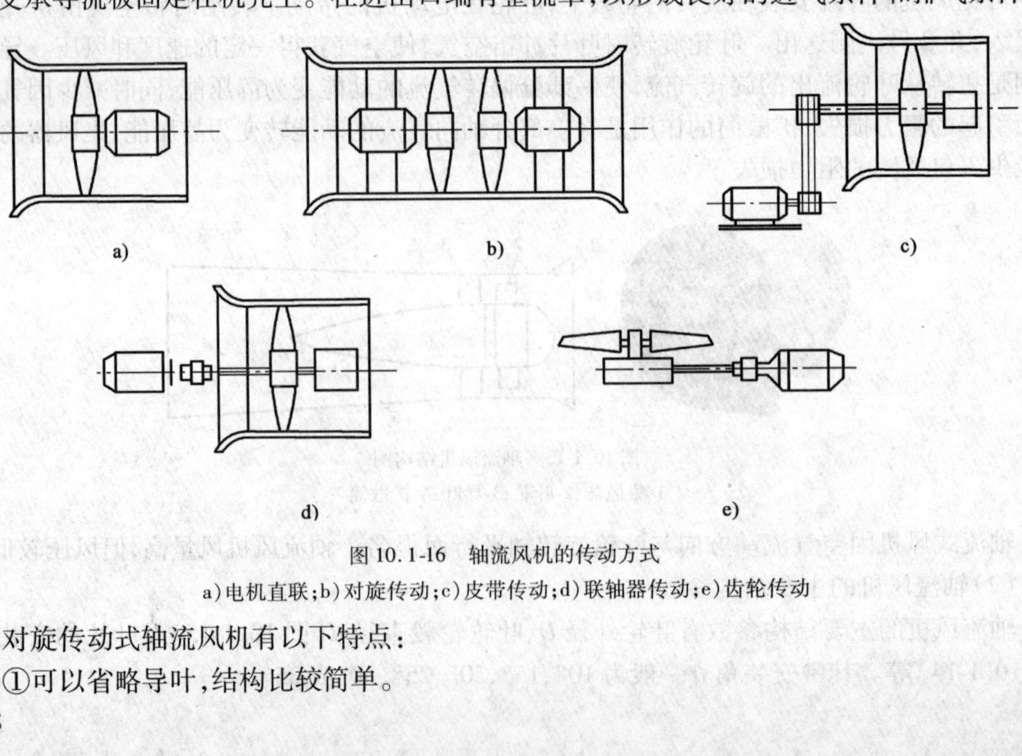


图 10.1-16 轴流风机的传动方式

a)电机直联;b)对旋传动;c)皮带传动;d)联轴器传动;e)齿轮传动

对旋传动式轴流风机有以下特点:

①可以省略导叶,结构比较简单。

②效率高,比带后置导叶的相仿二级轴流风机效率高5%,比带前置导叶的高8%;

③反风性能好,一般动叶固定的风机,其反风量约为40%,而对旋反转风机的反风量可达60%~70%。因此,这种风机可广泛用于矿山、隧道、地铁、船舶的换气通风以及风洞、冷却塔和锅炉。

(3)风机的基本性能参数

风机基本性能参数主要有风量、风压、功率,效率和转速等,其含义分别为:

①风量($L$)

风量也称流量,是指风机在标准状况下工作时,在单位时间内所输送的气体的体积,以符号 $L$ 表示,单位为 $m^3/h$。

②风压($P$)

风压也称压力,是指气体在风机内压力的升高值。有静压、动压和全压之分。其中静压是指气体的静态压力,动压是指流动气体的压力,全压是指每立方米空气通过风机时应获得的动压和静压之和,单位为Pa。

③轴功率($N$)

轴功率是指风机的输入功率,即电动机施加在风机轴上的功率,单位为kW。

④有效功率($N_x$)

有效功率是指空气通过风机后实际获得的功率,单位为kW。

⑤效率($\eta$)

效率为风机的有效功率与轴功率的比值。

⑥转数($n$)

风机转数是风机叶轮每分钟的旋转数,单位为r/min。此外,噪声和振动的大小也是风机的重要性能指标。

3. 风机的选型与布置

1)选择通风机的原则

工程建设中,一般根据被输送气体(空气)的成分和性质以及阻力损失的大小,选择不同类型的风机。例如:用于输送含有爆炸、腐蚀性气体的空气时,需选用防爆、防腐性风机;用于输送含尘浓度高的空气时,应选用耐磨通风机等。

用于输送一般气体的轴流风机的特点是风量高,但风压较低,对于长大隧道的通风,一般应选择射流风机增压。原因是风路较长,所需风压较大。

通常可根据通风系统的通风量和阻力损失,按照风机产品样本确定风机型号。由于风机的磨损和系统的不严密性可产生漏风量,应对通风系统计算的风量和风压附加安全系数。即令:

$$L_{风机} = (1.05 \sim 1.1)L \tag{10.1-1}$$

$$P_{风机} = (1.10 \sim 1.15)P \tag{10.1-2}$$

然后按照 $L_{风机}$ 和 $P_{风机}$ 两个参数选择风机。此外,由于样本中提供的性能选择表或性能曲线是以标准状态下的空气为前提,故当实际通风系统中的空气条件与标准状态相差较大时,应进行换算。

高速公路隧道采用的轴流风机的功率通常为100~1 000kW 等级,电机直连传动方式。通常不带有专用的润滑油循环系统,采用自然冷却。一般采用整体运输、整体安装的施工方式。

2)射流风机的选型与布置

(1)射流风机的选型

射流风机应选用具有消音装置且可逆转的公路隧道专用风机。宜选用大推力射流风机,并应满足下列要求:

①对于双向交通隧道,逆转反向风量应大于正转正向风量的 90%;单向交通隧道可不作要求。特殊情况下,射流风机的逆转反向风量应达到正转正向风量的 95%。

②当隧道内发生火灾时,在环境温度为 250℃情况下,射流风机应能正常可靠运转 60min,同时要求风机电机绝缘等级达到 H 级。

③在野外距风机出口 10m 且 45°处,测得射流风机的 A 声级应小于 77dB(A)。

④射流风机电机防护等级应不低于 IP55。

(2)射流风机的布置

射流风机应设置于隧道建筑限界以外 20~25cm 处,风机轴线与隧道轴线平行。设置方式宜采用固定式或悬吊式,风机安装前应做支承结构的载荷试验,应保证支承结构的强度为实际静荷载承载要求的 2 倍以上。同一断面上射流风机的设置数量,应视隧道断面的形状、大小而定。

射流风机纵向布置及设置间距应综合考虑风机效率、交通通风力的利用、火灾对策和经济性等因素。

两台或两台以上风机设在同一断面时,考虑到风机效率,风机之间的间距不宜小于一台风机的叶轮直径。

3)轴流风机的选型与布置

(1)轴流风机的选型

轴流风机应根据轴功率、电机功率和风量控制的要求,结合使用条件、隧道需风量、全风压及全性能曲线等进行选择。

当隧道内发生火灾时,轴流风机应能在环境温度为 250℃情况下可靠运转 60min 以上。恢复常温后,轴流风机应不需大修即可投入正常运转。

(2)轴流风机的设置

轴流风机宜并联设置,每一通风系统一般设置 2~3 台。并联运行的轴流风机必须采用相同规格,即必须有相同的叶轮直径、全风压、流量和电机功率。

(3)轴流风机的风量控制

风量控制方法宜采用转速控制法、台数控制法及其组合方法。风量分档根据交通量随时间的变化确定,不宜太细。在进行风机台数与转速的组合选择时应充分考虑动力消耗。

(4)轴流风机的噪声

轴流风机噪声可按式(10.1-3)推算:

$$L_0 = L_{sa} + 10 \cdot \lg(Q_a \cdot p_{tot}^2) \tag{10.1-3}$$

式中:$L_0$——噪声级水平[dB(A)];

$L_{sa}$——比噪声级[dB(A)];

$Q_a$——轴流风机的风量($m^3/s$);

$p_{tot}$——轴流风机的全风压($N/m^2$)。

4. 风机的安装

以轴流风机为例叙述风机安装的工艺和要求。

1) 风机安装前的准备工作

风机安装前的准备工作主要包括:

(1) 风机开箱前应检查包装是否完整无损,开箱时应注意风机的铭牌参数是否符合要求,各随带附件是否完整齐全。

(2) 仔细检查风机在运输过程中有无变形或损坏,坚固件是否松动或脱落,叶轮是否有擦碰现象,尤其需注意观察头部整流器是否有碰伤变形,并对风机各部分零件进行检查。如发现异常现象,应待修复后再使用。

(3) 用 500V 兆欧表测量风机外壳与电机绕组间的绝缘电阻,其值应大于 0.5MΩ,否则应对电机绕组进行烘干处理。烘干时温度不得超过 120℃。

(4) 打开接线盒,接通电源试运转(空载)。叶轮旋转方向应与铭牌箭头相同,风机外壳需接地,并需观察其有否碰壳。若有应立即予以调整。

(5) 备料,即准备好安装风机所需的各种材料、工具及场地。

2) 风机的搬运和吊装

搬运和吊装风机时应予注意的事项如下:

(1) 整体安装的风机,搬运和吊装时的绳索不得捆缚在转子、机壳或轴承盖的吊环上;

(2) 风机机壳不应承受其他机件的质量,以防止机壳变形;

(3) 风机附属的自控设备的观测仪器、仪表的安装,应按设备技术文件的规定执行。

3) 风机安装

风机安装方式有卧地式安装、侧墙卧式安装、悬挂式安装和立式安装等。

(1) 卧地式安装

在对隔振有特殊要求的情况下,可采用卧地式(坐式)安装,即将风机装置在减振台座上。减振器可通过连接螺栓固定在风机机座上,并采用中心高调整垫板调节各减振器水平高度;用固定螺栓将风机固定于已焊接在基础上的连接钢板上。如风机由于抗震等原因无需减振器,则可将风机机座上的螺孔与基础上的预埋螺栓直接连接。

(2) 侧墙卧式安装

风机安装的基本要求与卧地式安装相同,只是安装托架应采用斜臂支撑式,并需有足够的强度和刚度。10 号以上风机不宜采用这种安装方式。

(3) 悬挂式安装

先用螺栓将减振器与风机连接成一体,减振器对称安装,布置于风机重心两侧,然后将风机提升,并直接插入悬挂支架就位和固定。悬挂支架的高度视实际空间距离由用户自定。16 号以上风机一般不采用这种安装形式。

(4) 立式安装

即将轴流风机安装在风道中,或墙洞中。在风管中安装时,可先将风机安装在用角钢制成的支架上,再将支架固定在墙上、柱上、或混凝土楼板的下表面,用成对的斜垫铁找平;与卧地式安装相同,立式安装对风机基础的强度与刚度的要求也更严格。风机与两端管道的连接必须采用柔性接头,以隔离振动和保护风机。

风机安装应予注意的事项如下:

①仔细阅读风机使用说明书及产品样本,熟悉和了解风机的规格、形式、叶轮旋转方

向和气流进出方向等，并再次检查风机各零部件是否完好，否则应待修复后方可安装使用。

②检查风机的安装基础，分析其是否已有足够的强度和刚度，以保证能承受风机运行时的负荷。同时检查基础与风机的连接尺寸是否符合设计要求。

③风机安装时必须有安全装置，并由熟悉相关安全要求的专业人士安装和接线，以防止发生事故。

④连接风机进出口的风管应单独支撑，不允许将管道质量叠加在风机部件上；风机安装时应注意风机位置的高程和水平，对风机与地基的结合面及其与出风管道的连接，应通过调整使之自然吻合，不得强行连接。

⑤风机安装后，可通过用手或杠杆拨动叶轮，检查是否过紧或有擦碰现象，有无妨碍转动的物品。无异常现象下，方可进行试运转。风机传动装置的外露部分应有防护罩（用户自备）。风机进风口不接管道时，也需添置防护网或其他装置（用户自备）。

⑥风机所配电控箱必须与对应风机相匹配（指功率、电压、气动方式、控制形式等）。

⑦风机接线必须正确可靠，并应由专业电工接线。尤其是电控箱处的接线编号，应与风机接线柱上的编号一致对应。风机外壳应可靠接地，不能用接零代替接地。

⑧风机全部安装后，应检查风机内部是否有遗留的工具和杂物。

4）扩散筒安装

轴流风机的出风口应安装扩散筒，如图10.1-17所示。其锥度应≤15°，长度等于1～1.5倍管道直径，以减少风机的压力损失，提高风机的使用效率。

5）集流器安装

轴流风机的进风口应安装集流器，形状如喇叭口，如图10.1-18所示。用于为轴流风机的工作提供合理的气流，以提高风机的性能和降低噪声。

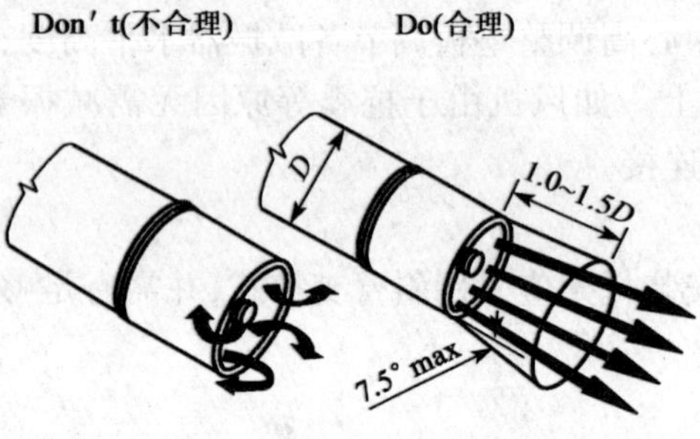


图10.1-17 安装扩散筒示意图

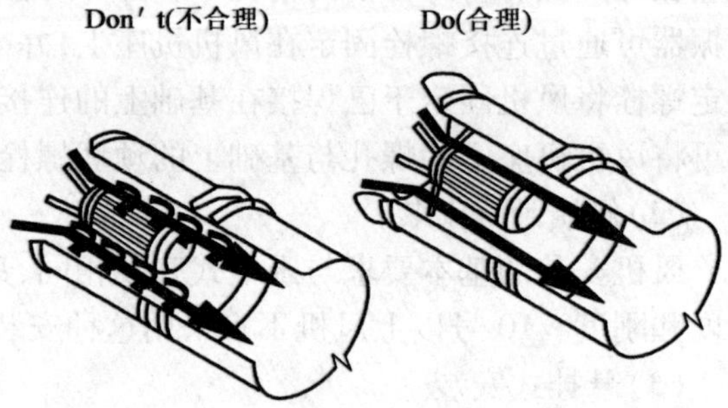


图10.1-18 安装集流器示意图

6）柔性管道接头安装

轴流风机两端接管道，且管道与管道之间采用柔性接头时（图10.1-19），要求进风口柔性接头到风机的距离至少为1倍管道直径，而且柔性接头应处于张紧状态，以避免由于柔性接头的变动使气流面积减小而引起倒流、涡流，从而减少压力损失和降低噪声。

7）变截面的弯形管道安装

轴流风机两端安装变截面弯形管道时（图10.1-20），要求风机与变截面管道间应有过渡接头，其高度等于1～1.5倍风机叶直径，以避免由于管道面积突然变化而引起倒流，从而减少压力损失和提高风机使用效率。

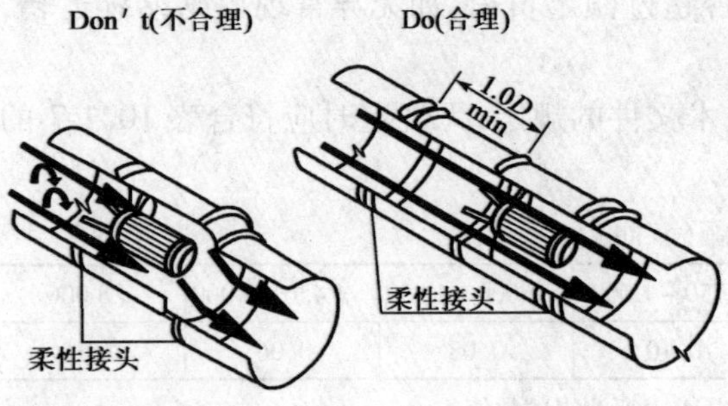


图 10.1-19　安装柔性管道接头

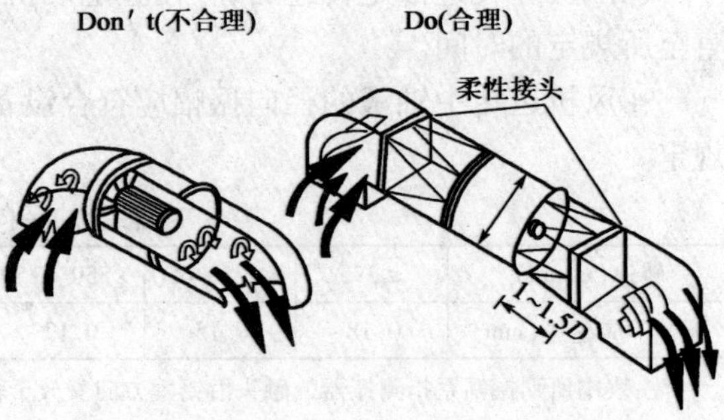


图 10.1-20　安装变截面的弯形管道

8)进风口、出风口障碍物的位置

轴流风机进风口、出风口存在障碍物时,将会阻挠气流流向风机,导致气流挠动,从而使系统阻力增加,流量减少,噪声增大,如图 10.1-21 所示。所以,进、出风口与障碍物之间的距离至少应达到 1 倍管道直径。

9)安装安全网

轴流风机进风口直接露于大气中,为了保证人身安全及防止杂物吸入风塔,应在进风口安装安全网,如图 10.1-22 所示。

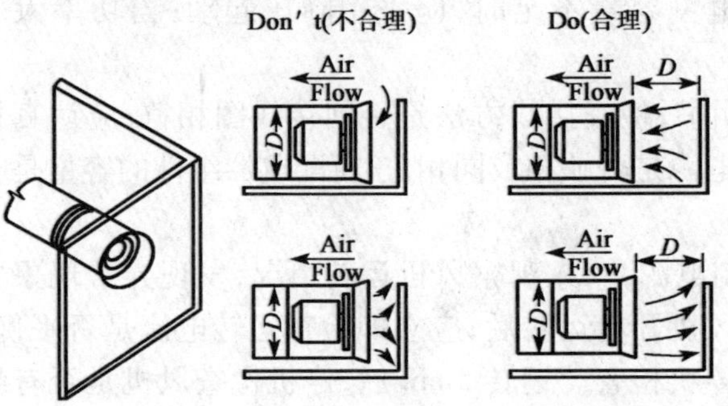


图 10.1-21　进风口、出风口障碍物位置示意图

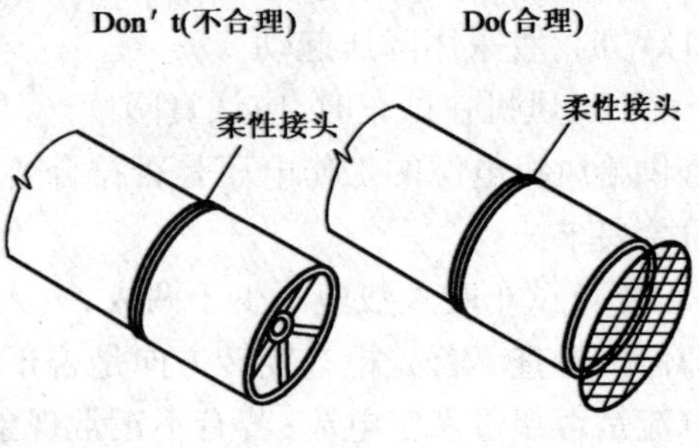


图 10.1-22　安装安全网

5. 风机的调试

风机试运转的注意事项有:

(1)风机试运转应分两步:第一步为机械性能试运转;第二步为设计负荷试运转。

(2)风机试运转前,应检查电动机转向是否与风机的转向相符。

(3)盘动风机转子时,应无卡住和摩擦现象。

(4)检查各项安全措施。

(5)风机在额定转速下试运转时,应根据风机的使用特点和使用地点的海拔高度,按设备技术文件确定所需的时间。无规定时,轴流通风机不应少于 2h;风机不得在喘振区域内运转(喘振流量范围一般在设备技术文件注明)。

(6)风机运转时,应符合下列要求:

①风机运转时,以电动机带动的风机均应经历一次起动立即停止运转的试验,并检查转子与机壳等确实无摩擦和不正常声响后,方得继续运转。

②风机起动后,不得在临界转速附近停留(临界转速由设计提供)。

③风机运转达额定转速后,应检查电动机是否超过额定负荷,如无异常现象则继续运转,直至所规定的时间。

④风机运转中轴承的径向振幅应符合设备技术文件的规定,无规定时应符合表10.1-7的规定。

**轴承的径向振幅**(双向)　　表10.1-7

| 转速(r/min) | ≤375 | >375~650 | >550~750 | >750~1 000 | >1 000~1 450 | >1 450~3 000 | >8 000 |
|---|---|---|---|---|---|---|---|
| 振幅不应超过(mm) | 0.18 | 0.15 | 0.12 | 0.10 | 0.08 | 0.06 | 0.04 |

注:表中所列振幅系指测振器的触头沿铅垂方向安放于轴承压差上所测得的数值。

⑤风机运转时,轴承温度应符合设备技术文件的规定,无规定时应符合表10.1-8规定。

**轴 承 温 度**　　表10.1-8

| 轴承形式 | 滚动轴承 | 滑动轴承 |
|---|---|---|
| 温度不宜高于(℃) | 80 | 60 |

⑥风机运转时,应间隔一定的时间检查电动机的电流、电压和功率因数。

⑦风机试运转完毕后,应将有关装置调整到准备起动状态。

风机调试的其余注意事项如下:

(1)风机允许全压起动或降压起动,但应注意全压启动时的电流约为5~7倍的额定电流,降压起动转矩与电流平方成正比。当电网容量不足时,应采用降压起动;当功率大于11kW时,宜采用降压起动。

(2)风机在试车时,应认真阅读产品说明书,检查接线方法是否同接线图相符;应认真检查供给风机电源的工作电压是否符合要求,电源是否缺相或同相位,所配电器组件的容量是否符合要求。

(3)试车时人数应不少于两人,一人控制电源,一人观察风机运转情况,发现异常现象立即停机检查。首先检查旋转方向是否正确;风机开始运转后,应立即检查运转电流是否平衡、电流是否超过额定电流;若有不正常现象应停机检查。运转5min后,停机检查风机是否有异常现象,确认无异常现象后再开机运转。

(4)双速风机试车时,应先起动低速,并检查旋转方向是否正确;起动高速时,必须待风机静止后再起动,以防高速反向旋转,引起开关跳闸及电机受损。

(5)风机达到正常转速时,应检测风机输入电流是否正常。风机的运行电流不能超过其额定电流。若运行电流超过其额定电流,应检查供给风机的电压是否正常。

(6)风机所需电机功率是指在一定工况下,进风口全开时所需的功率。若进风口全开进行运转,则电机有损坏的可能。风机试车时,最好先将风机进口或出口管路上的阀门关闭,运转后将阀门渐渐开启,达到所需工况,并注意风机的运转电流是否超过额定电流。

6. 轴流风机的维护和储存

轴流风机的维护和储存应遵循以下规则:

(1)使用环境应经常保持整洁,风机表面应保持清洁,进、出风口不应有杂物,并定期清除风机及管道内的灰尘等杂物。

(2)风机只能在完全正常情况下运转,同时应保证供电设施容量充足,电压稳定,严禁缺相运行。供电线路必须为专用线路,不应长期用临时线路供电。

(3)风机在运行过程中发现有异常声响、电机严重发热、外壳带电、开关跳闸、不能启动等现象时，应立即停机检查。为了保证安全，不允许在风机运行中进行维修。检修后应进行试运转5min左右，确认无异常现象再开机运转。

(4)根据使用环境条件，不定期地对轴承补充或更换润滑脂(电机封闭轴承在使用寿命期内不必更换润滑油脂)。为保证风机在运行过程中良好地润滑，严禁缺油运转。

(5)风机应储存在干燥的环境中，避免电机受潮。风机在露天存放时，应有防御措施。在储存与搬运过程中应防止风机磕碰，以免风机受到损伤。

## 四、风道及其设备

风道设计应在满足技术要求的前提下，综合考虑建设费用和养护费用等因素。风道内设计风速宜在13～18m/s范围内取值。风道内壁面应平滑，从而减小摩阻力。风道在弯曲、折曲、扩径、缩径、分叉等变形处应采用曲线连接，做到平顺过渡。在送风机前后附近的风道内不得产生偏流、回流及涡流等。当弯道为90°时，应在转角处设置导流叶片。在风道吸入口应设置网状门，防止异物吸入。应防止风道内与风道口结冰。风机房内的连接风道应充分考虑风量控制的需要，及应急时风机运转等因素，确定合理的风道形状及切换方法。当隧道发生火灾时，应由排风机排烟。为冷却空气，宜在排风道内设置水喷雾装置。风道内必须采取防排水措施，严禁渗漏水。风道隔板必须密封并具有耐久性，不得漏风。当隧道照明设施和应急设施的管线和器械设置于通风道内时，应在合适位置设置检修用进出口、楼梯和照明灯具。

1. 隧道主风道

隧道主风道宜设于隧道断面的上部，并在净空限界以外。顶隔板设计应符合下列要求：

(1)顶隔板材料应具有耐腐蚀性、阻燃性、气密性、板面摩阻力小等特点。

(2)设计荷载由顶隔板及其附属构件自重等恒载和风荷载、人群荷载等可变荷载组成。风荷载可按通风设计的送(排)风最大风压取值，人群荷载可按1 000N/m$^2$取值。

(3)恒载与风荷载和人群荷载中较太者之和作用下的最大挠度值，应小于顶隔板跨度的1/600。

(4)顶隔板的标准厚度不宜大于15cm，特殊情况下可适当增加。

(5)当顶隔板采用金属构件时，构件应进行防锈处理。

2. 送风孔与排风孔

(1)送风孔

按最大需风量条件下送风孔全开时吹出的风速为6～8m/s，计算确定送风孔面积。送风孔间距宜取5～6m。

送风孔宜设于隧道侧壁的下部，其高程宜与汽车尾排气管距路面高度大致相等。主送风道与送风孔之间，需用引风道连接。

(2)排风孔

按最大需风量且全开排风孔时吸入的风速不大于4m/s，计算确定排风孔面积。排风孔间距宜取送风孔间距的2倍，设于两送风孔间且交错布置。

排风孔宜设于隧道顶隔板处，并直接与排风道相通。

(3)送、排风孔的开度调节

送、排风孔的开度调节旨在满足隧道在设计状态下呈等风量分布。

风孔宜以10个为1组进行同一开度设定，其开度调节可按以下顺序进行：

①测试风道内摩阻损失系数$A_b$。

②初次调整风孔开度。

③测试风道内静压分布及风速分布。

④再调整风孔开度。

⑤设定风孔开度。

3. 联络风道

联络风道包括风机房与主风道、隧道主洞及竖井、斜井等之间的风道。设计时应注意与两端构筑物的衔接，减少风压损失。

应予指出，联络风道与竖井、斜井及主洞相交处往往断面复杂，要求相交断面在扩径、缩径、分叉、合流等变形处能平顺过渡，以减小风流的沿程摩阻损失和由风道变形引起的局部损失。

## 五、隧道火灾的排烟

隧道通风必须考虑火灾情况及其对策，进行防烟、排烟设计。隧道防烟、排烟方式的选择应综合考虑通风方式的特点、排烟效果、工程造价、技术难度和运营维护等因素，选择采用纵向式、半横向式、全横向式以或组合通风方式。

隧道防烟排烟系统及其控制模式的确定应按照下列原则：

(1)必须避免起火隧道的烟气进入行人、行车横洞和相邻隧道，以利人员、车辆安全疏散。

(2)应能有效控制火场高温烟气的扩散，防止炽热气体引燃起火点以外的其他车辆，造成火灾的扩大蔓延。

(3)应有利于灭火救援人员从起火点的上风方向接近火场进行灭火救援。

隧道内的下列部位应设置独立的机械正压送风系统：专用避难疏散通道及其前室；独立避难间；火灾时暂时不能撤离的附属用房；长度超过 20m 的行车横洞。

隧道内的下列部位应设置机械排烟系统：火灾时无需有人职守的隧道附属用房；附属用房的专用疏散通道。

隧道内设置的横洞，其洞门应具有防烟功能，并应采用甲级防火门。

1. 隧道排烟风机

用于隧道排烟的风机应符合下列规定：

(1)风机选型与布置应按现行行业标准《公路隧道通风照明设计规范》(JTJ 026.1—1999)执行。

(2)排烟风机可单独设置或与排风风机合并设置。当与排风风机合并设置时，应能满足排烟风机的要求。

(3)排烟风机可采用离心式风机或排烟轴流风机。排烟风机必须采用不燃烧材料制作，并应保证在 280℃时能连续工作 30min。

(4)直接暴露在火灾现场的风机，其电动机和所有与高温烟气接触的相关部件、附属设备以及外接配电线路应能满足在 250℃的烟气中正常工作不少于 60min 的要求。

(5)排烟风机的叶片应采用高温状态下不会降低功效和发生严重变形的金属材料叶片。叶片上宜添加磨损条，或增加叶片间的距离。

(6)排烟风机中使用的消音器，其隔板中使用的吸音材料应为不燃烧、无毒材料，且能在 250℃的烟气中保持稳定。

(7)排烟风机的设置尚应符合下列要求：

①排烟风机的余压应按排烟系统最不利环路进行计算，排烟量应增加 10%。

②排烟风机应与排烟口联锁。排烟风机入口处应设置排烟防火阀，排烟风机应能与排烟防火阀联动关闭。

（8）系统新风采气口应设置在隧道外，排烟风机的排烟口应远离送风系统的新风采气口（水平距离应大于15m），且应低于隧道外排烟口，以防止烟气再次流入隧道。

2. 排烟管道

机械排烟系统应单独设置。确需与排风系统合并设置时，必须在火灾发生时能自动转换为排烟模式。

排烟口应设置在顶棚或墙面上部，其侧边与安全出口的水平距离不应小于2m；疏散通道上设置的排烟口，其间距不应大于30m。排烟口与排风口合并设置时，其数量、尺寸要求应按该部位的设计排烟量计算确定。排烟口的风速不应大于10m/s。管道、排烟口及其相关附件必须采用不燃烧材料制作。当采用钢制风道时，钢板厚度不应小于1.0mm。排烟管道与可燃物的距离不应小于0.15m。设置机械正压送风系统的部位应设置排风措施或设施，其排风口或排风管上应设置余压阀，并应保证规定的送风余压值。管道穿过防火墙或设置独立防烟排烟设施的房间的隔墙时，应在穿墙处设置自动关闭的防火阀或排烟防火阀。风管和设备的保温材料应采用不燃烧材料；消声、过滤材料及黏结剂应采用不燃烧材料或难燃烧材料。

## 六、隧道机电工程的前期工作

1. 机电工程施工的联合设计

公路隧道施工中，机电工程属于系统工程。承包人在签订施工合同后，需立即对工程项目的施工进行联合设计。

联合设计的主体是工程承包人，机电监理、业主和设计方参加。联合设计成果经专家评审，业主批准后作为承包人施工和计量的依据。设计文件的过错一般由工程承包人承担责任，参加联合设计的其他各方对设计文件的过错（除由业主或设计方原始资料错误引起外）不承担责任。

设计方应该在联合设计阶段对承包人进行设计交底，介绍设计思路和目标。

对于与现场条件密切相关的设计内容，如高、低位水池的位置、水源位置、隧道配电房位置、外线供电路由等，必须会同设计和监理进行现场踏勘，取得一致后再进行设计。

2. 施工组织设计

机电工程施工联合设计的成果之一，是对机电工程施工提出施工组织设计。

施工组织设计文件是承包人进行工程管理的纲领性文件，也是监理、业主检查承包人施工是否规范、进度是否及时、管理是否到位的依据。

施工组织设计文件一般应包括下列内容：

（1）工程名称及位置。

（2）工程概况及工程量。

（3）工程界面。

（4）工程用地、用电、用水、用房计划。

（5）安全生产措施。

（6）文明生产措施。

（7）现场项目经理部的组织结构、责、权分配。

（8）质量保证体系及保证措施。

(9)施工进度表。

(10)施工人员使用计划及进、退场时间表。

(11)施工工具、机具、仪器仪表使用计划及进、退场时间表。

(12)项目安装需要的设备、材料的采购计划,运输、现场保管方案及到货时间表。

(13)采购设备现场开箱的检验步骤及要求。

(14)受制工程条件变化(包括前置工程没有按期完成、交叉施工场地不能按时提供、所采购的设备不能及时到场、工期缩短、施工方案失误等)时的应对预案。

(15)主要施工工艺及工法。

(16)单位工程、分部工程、分项工程的划分。

(17)系统机械完工测试方法。

(18)单位工程、分部工程、分项工程的验收标准和方法。

(19)系统试运行及测试方法。

(20)系统验收方法。

(21)技术支持及后续服务计划。

(22)施工人员的各类证书,包括资质证书、上岗证书等。特别是安全员证书、电工证书、起重工证书,电焊工证书、驾照等特殊工种的证书。

施工组织设计文件需上报业主,批准后作为监理对项目进行管理的依据。

业主对施工组织设计文件中的失误不承担任何责任。

3.通风系统的工程内容和界面划分

(1)通风系统的工程内容

通风系统的工程内容一般包括:

①风机安装。

②风阀、钢制风道、风管的安装。

③供电电缆敷设。

④风机现场控制箱的制作及安装。

(2)通风系统和隧道土建的界面

通风系统工程的以下内容由隧道土建完成:

①轴流风机的风机房(室)及安装底座。

②钢制风道、风管的安装路由。

③混凝土风道、风管的路由。

④射流风机安装预埋件。

⑤射流风机现场控制箱预留洞室。

⑥射流风机干线电缆敷设路由(洞内电缆沟、电缆敷设支架)。

⑦射流风机供电干线电缆到控制箱、控制箱到风机供电支线、控制电缆(光缆)敷设用的预埋管道。

⑧隧道内的安全接地(接地扁钢)。

(3)通风系统和隧道供电系统的界面

在低压柜供电回路出线处,安装供电系统向风机供电的干缆的接线端子,由通风系统承包人连接。

如轴流风机采用高压风机,建议界面为:由通风系统承包人提供轴流风机控制柜电源进线端子，并由供电系统承包人将高压供电电缆连接到高压端子上。

(4)通风系统和隧道监控系统的界面

①由通风系统承包人提供风机的现场手动开关、正、反转切换功能；监控系统承包人提供远动(非现场人工)和自动(智能)开关、正、反转切换功能。

②通风系统承包人在风机现场控制箱中为监控系统设备安装预留安装空间(位置)，进出线信道、接线端子，指示(显示)器件在面板上安装时的孔、洞等。

其余前期工作有设备采购和制造质量的保证措施，以及设备的现场验收制度等，要求可参考本章第二节照明设施施工的相关内容。

# 第二节　照 明 设 施

## 一、概述

### 1. 公路隧道照明的影响因素与分类

为了提高公路隧道行车的舒适性，保障交通安全，公路及城市道路隧道应合理设置照明设施。按照《公路隧道通风照明设计规范》(JTJ 026.1—1999)的规定，长度大于100m 的隧道均应设置照明，可见公路隧道是否设置照明系统主要取决于隧道长度。

影响公路隧道照明设计的因素有隧道长度、纵坡、停车视距、曲线半径、结构形式、横断面布置及建筑限界、设计交通量、设计速度、交通组成、单向或双向交通、汽车通行或混合通行、洞口亮度、隧道附近地形、洞口朝向、洞口附近视野和植被条件、洞外路段的平纵线形、供电条件及运营管理方式等。

上述影响因素中，影响最大的因素为隧道长度、坡度、洞口亮度、设计交通量和设计速度。因此，公路隧道照明可按洞内行驶时间和设计交通量分为一类照明隧道、二类照明隧道和三类照明隧道三类，如图 10.2-1 所示。

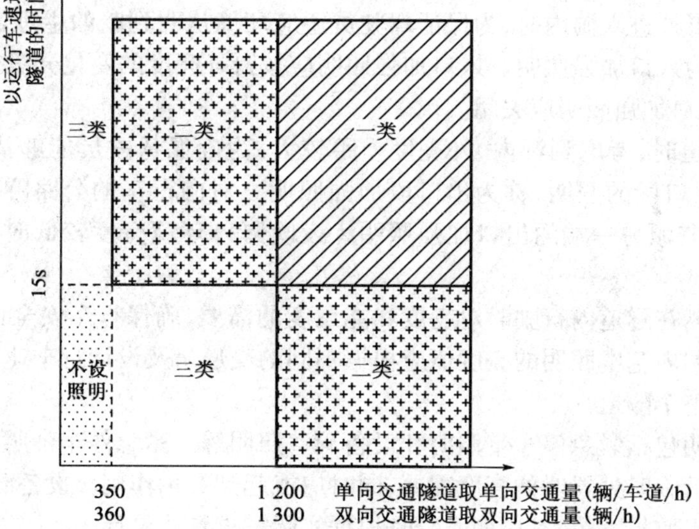


图 10.2-1　隧道照明分类示意图

(1)一类照明隧道：指车辆按照设计速度计算洞内行驶时间大于15s，且平均每个车道的交通量大于1 200 辆/h 的单向交通公路隧道，或者双向交通量合计大于1 300 辆/h 的双向交通公路隧道。

(2)二类照明隧道：指车辆按照设计速度计算洞内行驶时间大于15s，且平均每个车道的交通量介于350～1 200 辆/h 的单向交通公路隧道或者双向交通量合计值介于360～1 300辆/h 的双向交通公路隧道；或者交通量相当于一类照明隧道的规定但按照设计速度计算洞内行驶时间不足15s 的公路隧道。

(3)三类照明隧道：指平均每个车道的交通量低于350 辆/h，或者双向交通量的合计值小于360 辆/h，但车辆在洞内行驶时间超过15s 的公路隧道，以及车辆在洞内行驶时间不足15s 的但交通量较大的公路隧道。

一、二类隧道应设人工照明。三类隧道条件允许时宜设人工照明。

连续的自发光型(如节能的LED)诱导设施和定向反光轮廓标，在常规照明关闭后能显示道路的线形和轮廓，效果非常明显，可作为常规照明的辅助手段。

行人或非机动车都可通过且长度大于60m 的混合交通公路隧道，应设置隔离设施将机动车和非机动车分离。没有隔离设施的，宜增设洞内照明设施。

隧道照明设施的安装，可考虑根据设计交通量的增长情况分期实施。如果在隧道通车初期预测交通量较小，可以按近期隧道照明要求安装隧道照明设施，但应做到近、远期一次设计，并应根据远期情况做好预留预埋。

2. 公路隧道照明的功能与分段

一般来说，公路隧道照明可按照明功能的不同分为加强照明、基本照明、应急照明、特殊灯光带照明和视线诱导照明，按照明段落的不同分为洞外引道照明、接近段减光设施、入口段照明、过渡段照明、中间段照明、出口段照明、横通道照明和紧急停车带照明等。隧道各照明段的区分如图10.2-2 所示。

公路隧道洞内的白天照明由入口加强照明、出口加强照明、洞内基本照明、洞内局部照明和横洞照明等组成。其中入口加强照明和出口加强照明均用于加强隧道洞口的白天照明，设施布置在公路隧道的出入口。

白天车辆由野外进入洞内时，为保证驾驶员适应环境从明到暗的生理需要而在入口段设置的加强照明称为入口加强照明。入口加强照明应按野外亮度的变化分级控制。夜晚野外环境亮度较低时，入口加强照明应关闭。

车辆驶出隧道时，考虑到洞内、外亮度差距较大，为确保驾驶员能够清晰辨认前方障碍物，应适当加强出口段的照明，称为出口段加强照明。对向行车的公路隧道，其中一端的入口加强照明可以兼顾另一端的出口加强照明。夜晚野外环境亮度较低时，出口加强照明也应关闭。

为了保证车辆在隧道内行驶时对亮度和能见度的需要，确保行车安全而采取的洞内照明称为基本照明。洞内基本照明的亮度值应根据不同的交通量及设计行车速度，通过计算确定。基本照明应贯穿整个隧道。

洞内局部照明包括紧急停车带照明和设备洞室照明等。紧急停车带照明应满足驾驶员在紧急停车带内进行临时处置时的亮度需要，同时应能起到警示作用。设备洞室有地下变电所、地下风机房和地下监控室等，其照明系统宜根据实际需求具体设计。

隧道内有行人及行车横洞时，应设置横洞照明。

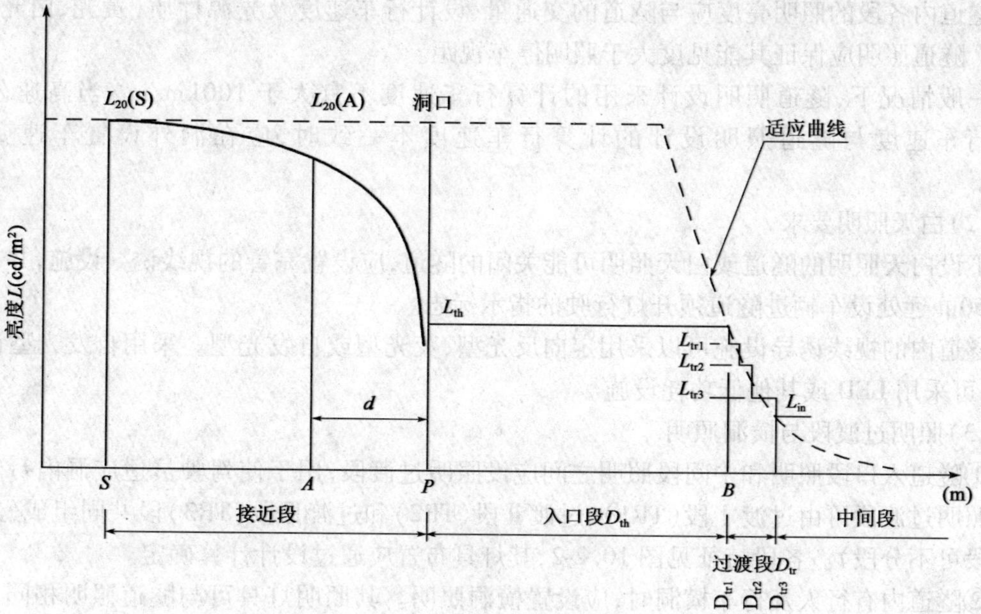


图 10.2-2　各照明段亮度与长度

注:1. $P$-洞口(或棚口);$S$-接近段起点;$A$-适应点;$d$-适应距离;$L_{20}$(S)-在接近段的起点测得的洞外环境亮度,为以驾驶员的视线为中心的20°视角范围内四周、天空及路面的平均亮度;$L_{20}$(A)-适应点亮度;$L_{th}$-入口段亮度;$D_{th}$-入口段长度;$D_{tr1}$、$D_{tr2}$、$D_{tr3}$-过渡段1、2、3分段长度;$L_{tr1}$、$L_{tr2}$、$L_{tr3}$-过渡段亮度;$L_{in}$-中间段亮度。

2. 接近段的减光设施是隧道照明节能的重要手段,因此隧道土建设计应结合景观确定减光设施,照明设计中应考虑减光设施的功效。

应急照明灯具一般是基本照明的一部分,用于当隧道洞内突然中断照明供电时,为隧道即时提供临时照明。应急照明维持时间不短于30min。

长度超过8km的高速公路隧道或位于城市的特长隧道,为了缓解洞内长期行车的单调感觉和减轻驾驶员的疲劳、烦躁感觉,增加行车的安全度和舒适度,可在洞内设置景观照明。景观照明应避免眩光,并应考虑经济性和实用性,必要时可分期实施。

诱导照明是隧道洞内照明的辅助方式,主要用于视线诱导。公路隧道可根据实际情况设置视线诱导照明。有行人及非机动车通过的公路隧道,视线诱导设施应具有防拆卸和防盗功能。

照明器纵向安装线形舒顺,并与道路线形一致,也可起到诱导驾驶员视线的作用。

隧道洞口宜同时采取减光措施,以利实现洞内外照明条件的过渡。其中包括在路基两侧种植常青树,进行大幅坡面绿化,对洞口采用削竹式洞门,以及对端墙式洞门的墙面采用冷色调,或在洞门外设置遮光棚等。

接近段减光设施应结合景观等的需要进行方案设计,其减光效果应在隧道照明方案中体现。

3. 公路隧道照明要求

(1)照明亮度

车辆在隧道内部行驶时,可用于确保驾驶员能够清晰辨认前方物体、判断行车方向,从而确保行车安全而需要的最低亮度值,称为隧道的基本照明亮度。深夜交通量下降时,基本照明亮度可适当调低。

隧道内各段的照明亮度应与隧道的交通量、设计行车速度及光源性质（黄光，白光）等相适应。隧道照明应保证其能见度大于照明停车视距。

一般情况下，隧道照明设计采用的计算行车速度不宜大于100km/h。当高速公路的设计行车速度与隧道照明设计的计算行车速度不一致时，应在洞外设置车速变化过渡段。

(2)白天照明要求

不设白天照明的隧道或白天照明可能关闭的隧道，应设置完善的视线诱导设施，并在距离洞口50m远处设车辆进隧道须开灯行驶的指示标志。

隧道内的视线诱导设施可以采用定向反光型、荧光型或自发光型。采用自发光型诱导设施时，可采用LED或其他低功耗设施。

(3)照明过渡段与横洞照明

①隧道入口段照明和中间段照明之间应设照明过渡段，用于使驾驶员适应洞内行车的环境。照明过渡段可由过渡Ⅰ段(TR1)、过渡Ⅱ段(TR2)和过渡Ⅲ段(TR3)段共同组成（短隧道过渡段可不分段）。各段特征见图10.2-2，其灯具布置应通过设计计算确定。

②隧道内有行人及行车横洞时，应设置横洞照明。其照明灯具可与隧道照明相同。横洞照明平时可处于关闭状态，一旦开启应能立即自动点亮。

(4)其他规定

①高速公路的隧道群，当前后洞口间距小于60m时宜设遮光棚。一般隧道可通过设遮光棚降低洞口的环境亮度。

遮光棚的设计应确保总体景观效果。遮光棚内应有夜间照明设施，两侧应采用通透形式，以利通风。

②隧道基本照明应按一类负荷考虑。应急照明为一类负荷中特别重要的负荷。

4. 公路隧道的洞内照明

(1)隧道出入口段照明的组成与照明亮度的控制

隧道洞内照明系统应按入口段、过渡段、中间段和出口段分别进行布置。

出入口段的隧道照明系统由基本照明与加强照明共同组成。前者的灯具布置与中间段照明相同，后者可采用功率较大的灯具加强照明。加强照明可采用逆光照明，但应首先符合国家的有关强制性规范和标准，而且灯具的安装应避免引起驾驶员的不适。

入口及出口段加强照明灯具可以自进洞口以内10m处开始设置，基本照明灯具宜在进洞口以内3m处开始设置。基本照明靠近洞口的灯具，白天兼具加强照明的作用，但靠近洞口10m范围以内的基本照明灯具，白天可以关闭。夜晚加强照明关闭后，出入口段的基本照明仍应保留。

出入口段的照明亮度应结合洞外环境亮度值进行动态调整，并至少应分为晴天、阴天等几个等级进行控制，以确保在满足行车安全的前提下充分节能。

对照明亮度进行动态调整的控制方式可采用分回路控制方案，也可采用电子调光控制方案。

(2)隧道基本照明的分级与控制

隧道中间段照明为基本照明。隧道基本照明可分为两级：白天及傍晚交通量较大时为一级，照明亮度为设计值；深夜交通量较低时为另一级。

隧道基本照明控制可采用双回路关半控制，也可采用电子调光控制。

(3)紧急停车带照明

隧道紧急停车带应设紧急停车带照明。紧急停车带照明宜采用荧光灯照明,亮度应不低于基本照明亮度值的1.5倍。

为了实现节能,紧急停车带照明可单独设置控制回路。即当有车辆经过或停在紧急停车带上时,紧急停车带照明灯自动点亮;车辆驶出紧急停车带后,紧停车带照明灯延时关闭。

(4)隧道照明系统的供电与控制

隧道照明宜采用三相380V的线路供电,照明系统回路可分为干线和支线。

干线电缆一般沿隧道内强电电缆沟敷设。敷设路由一般为自变配电所至隧道内的照明配电箱。电缆引至照明配电箱后,分成若干个支线电缆,引至隧道上方沿电缆槽或预埋电缆管道敷设。采用沿电缆槽敷设时,应急照明应采用耐火电缆,其他照明宜采用阻燃电缆。照明配电箱内应设带有电路保护功能的开关。该开关用于电路检修时断开支线供电回路。

中、长及特长隧道照明系统应同时具有自动控制和手动控制功能。一般情况下采用自动控制,并可以随时切换到手动控制模式。

照明控制一般在变电所的低压配电柜完成。隧道内有完善的电力监控系统时,也可以在隧道内的照明配电箱处进行照明控制。当隧道环境较潮湿,电器设备容易腐蚀时,照明控制应在洞外变配电所进行。

(5)其他

①有行人及非机动车通过的公路隧道,照明灯具安装高度不宜低于4m。隧道内安装较低的诱导灯应具有防拆卸和防盗功能。

②洞内线形条件良好且没有行人和非机动车通行、仅供汽车单向行驶的高等级公路隧道,夜晚交通量极低时,可通过设置超高亮度的LED诱导灯替代基本照明灯具。

5.公路隧道洞外引道照明

夜间设灯光照明的高速公路隧道,其进口、出口应设引道照明,布灯长度一般不超过200m。不设引道照明的隧道,洞门建筑边缘必须设置定向反光型的警示标识。

引道照明可以采用低杆照明、中杆照明或高杆照明。

山区高速公路隧道洞口一般采用低杆照明。当隧道为连拱隧道、小间距隧道且两洞口之间为开阔的广场时,可采用高杆照明。当隧道车道数较多或洞口有回转车道时,也宜采用高杆照明。

隧道进口引道照明应使驾驶员在夜间能清晰辨认洞口,隧道出口的引道照明应使驾驶员适应由洞内明环境到洞外暗环境的过渡。

6.公路隧道的应急照明

(1)应急照明设置要求

一、二类照明隧道应设置应急照明系统,三类照明隧道条件允许时宜设置应急照明系统。

应急照明系统应保证隧道洞内在无警告状态下突然中断照明的时间不超过0.3s,维持时间不短于30min。在该时段内应及时恢复基本照明电源。

当隧道内只有应急照明在维持时,在隧道进口处应设有明显的警告标志,提醒驾驶员洞内亮度不足,车辆减速慎行。

(2)应急照明灯具布设

隧道应急照明灯具应呈线状连续布设,以起诱导视线的作用。三类照明隧道不设应急照明灯具时,应设置完善的轮廓标、线形诱导标等诱导设备。

在高速公路隧道和有消防设施的其他隧道中,一般应设置紧急出口指示灯和避灾引导灯。

(3)应急照明的灯具与供电

隧道应急照明的灯具及安装位置与隧道基本照明相同。

隧道内应急照明、避难指示灯、避难诱导灯等的供电应按一类负荷中特别重要的负荷考虑,并应由引自隧道变电所的单独供电回路直接供电。

隧道内除紧急出口指示灯、避灾诱导灯及检修插座等负荷以外,其他用电负荷不应接在应急照明回路上。

(4)行车横洞等其余部位的应急照明

公路隧道的行车横洞及行人横洞、地下变电所、地下风机房、地下监控室等场所应有应急照明。其中行车及行人横洞应急照明的处理方法可与隧道应急照明相同,地下变电所等其余部位的应急照明可采用自充电应急灯。

7. 公路隧道照明灯具

(1)灯具选择要求

公路隧道照明应使用专用灯具,灯具的选择应满足下列要求:

①防护等级不低于IP65。

②具有适合公路照明特点的防眩装置。

③灯具结构应便于更换光源和附件。

④应具有良好的防腐性能。

⑤灯具配件应易于操作,并能调整安装角度。

⑥灯具不得侵入隧道建筑限界。

⑦灯具的布置应满足闪烁频率低于2.5Hz或高于15Hz的要求。

(2)隧道灯具类型

隧道照明设计应首先对各照明段进行亮度布置。灯具配光曲线可分为对称光带、非对称光带和宽光带。配光设计采用的照明器原则上为对称照明器,出入口段的加强照明则可采用不对称照明配光器(逆光照明),但应首先符合国家的有关强制性规范和标准,而且灯具安装应避免引起驾驶员的不适。

高压钠灯的光效及显色性均较理想,近年来在高速公路隧道中得到广泛应用。对舒适性和景观要求较高的城市道路隧道,可选用荧光灯照明。

一般柴油车比重大的高速公路隧道宜优选高压钠灯。近期交通量较小、隧道较长的高速公路隧道可采用高压钠灯、低压钠灯、荧光灯或高光效LED灯。城市道路隧道入口加强段照明光源可选用高压钠灯,中间段可采用高压钠灯、荧光灯等。

(3)隧道灯具安装位置

隧道灯具可安装在隧道拱圈两侧或中央。安装在两侧时,可直接固定在侧墙上,也可安装在沿隧道壁展布的电缆桥架上;安装在中央时,如隧道净空高度小于6m,可直接固定在衬砌上,或用吊杆悬挂在净空上方;如隧道净空超过6m,应通过吊杆悬挂在净空上方。

隧道基本照明可单侧布灯,也可双侧布灯。单侧布灯时,应尽可能安装在隧道中心线上,但也可安装在车道中心线上;双侧布灯时,二侧灯具可交错布置,也可对称布置。交错布置均匀度较好,条件允许时宜尽可能采用。

## 二、照明系统的工程内容和界面划分

### 1. 照明系统的工程内容

工程施工中照明系统施工的内容一般包括:

(1)灯具安装。即室内装修中的安装灯具。

(2)电缆桥架、灯具吊杆的安装。电缆桥架一般沿侧墙展布,用于固定电缆,也可用于固定灯具;灯具吊杆则仅用于悬吊灯具。

(3)供电电缆敷设。敷设供电电缆常是工程施工的重要内容,并常同时存在几种电缆,这里仅指照明电缆。

(4)灯具现场控制箱的制作及安装。用于安装灯具照明的控制开关。

### 2. 照明系统工程的界面划分

照明系统工程施工的具体内容涉及隧道土建、供电、通风和监控系统的施工,不可能单独完成,而只能分工协作。界面划分的含义,是指照明工程施工与隧道土建、供电、通风和监控系统的施工在具体项目内容方面的分工。

(1)照明系统与隧道土建的界面

照明系统工程施工中,以下内容由隧道土建完成:

①灯具安装预埋件的埋设。

②灯具现场控制箱预留洞室的施工。

③灯具干线电缆敷设路由,即洞内电缆沟等的施工。

④灯具供电干线电缆到控制箱、控制箱到灯具供电支线、控制电缆(光缆)敷设用的预埋管道的埋设。

⑤隧道内的安全接地,即接地扁钢的埋设。

(2)灯具系统与隧道供电系统的界面

在低压柜供电回路出线处,供电系统为灯具系统提供供电干缆的接线端子,由照明系统承包人连接。

(3)与隧道监控系统的界面

照明系统承包人在灯具现场控制箱上,为监控系统设备的安装预留安装空间(位置),进出线信道、接线端子,及指示(显示)器件在面板上的安装孔洞等。

## 三、设备采购和现场验收

### 1. 设备采购和制造质量保证措施

照明系统使用的设备大多是通用设备,其质量主要应通过设备采购和现场验收把关。

在设备采购环节,承包人在采购前首先需再次核对设备采购清单。一般说来,经业主批准的施工图纸(联合设计图纸)、工程量清单和设备采购清单是设备采购的依据,但承包人在采购前仍有必要核对上述资料和现场情况的兼容性。在检查过采购请单与现场情况的兼容性后,才可进行设备采购。

其次是签订设备采购合同。合同签订过程中,除价格以外还应关注付款条件、交货时间、运输方式、验收方式、安装指导、后续服务、备件供应、技术支持、和违约责任等。所采购的设备的规格型号、技术参数、特殊要求应作为合同附件,并与合同有同等法律效率。

保证通用设备制造质量的一般方法有：

(1)选择设备供应商。应选择有与制造规模相适应的注册资金，有制造同类产品的经历(不少于3～5年)，具有质量保证体系(ISO 9000)，有完善的产品出厂检验程序和先进的检验设备，在同行和承包商中口碑较好的制造商。

(2)进行厂验。包括检查营业执照、生产许可、ISO9000证书，了解检验程序，并至少主持一台设备的出厂检验。

进行厂验前，承包人应事先将厂验要求通知设备制造商，要求提供能证明产品质量的测试、检验的流程。如果采购合同中对产品制造有特殊要求的，制造商还应提供能证明产品符合上述特殊要求的测试、检验手段。

厂验应由设备采购合同的甲方主持，并对厂验结果负责。承包人应对厂验文件签字确认。

(3)检测设备封样。对所主持检验的设备核对技术参数是否符合订货要求，如符合，要求厂家对检测过的设备封样保存，作为发生争议时设备质量比对的标准。

厂验、封样一般应由承包人会同监理和业主共同进行。

通用设备通过厂验后才能启运。

照明系统使用的设备大多是通用设备，可不采取工厂监制的办法。但定单生产的设备，通过厂验后才能继续生产。

2. 采购设备的现场验收

采购设备的现场验收一般由承包人主持，并应会同监理和业主共同进行验收。设备验收开始前应要求制造商派员到现场共同参加设备的现场验收。如制造商无法参加，则应要求签署授权，保证对现场验收结果不持任何异议。

设备现场验收工作内容一般包括：

(1)核对包装箱数量。

(2)检查装卸、运输过程中包装箱破损情况。如有破损，应书面记录并拍照。拍照数量应能全面反映包装箱受损程度。

(3)逐一开箱检查是否有装箱清单。

(4)按照装箱清单逐一清点设备及附件数量。对包装破损的箱子，应特别注意箱内的设备、附件是否受损。无论是否受损均应拍照，照片数量应能反映箱内设备是否受损及受损程度。

(5)记录检查结果，并要求设备制造商代表在检查结果上签字确认。

(6)设备入库。只有通过现场验收的设备才能入库。

除有特别需要外，现场验收一般不对设备的技术参数通电检测。设备的通电检测应由设备制造商的技术人员主持。此外，设备通过现场验收并不表明已经没有任何质量问题，采购方仍可根据设备的实际工作情况对质量提出质疑。

## 四、照明设备安装

本节叙述电缆桥架、隧道灯具和引道灯等的安装施工。

1. 电缆桥架的安装

图10.2-3为电缆桥架示意图，由图可见电缆桥架由底座、立柱、托臂和玻璃钢电缆管箱等部件组成。其施工程序及要点依次如下：

(1)测量核对隧道中心线位置和放线定位。

(2)桥架底座定位、安装。

(3)安装桥架立柱和托臂。

(4)桥架铺设,用铜瓣连接成完好的电气通道。

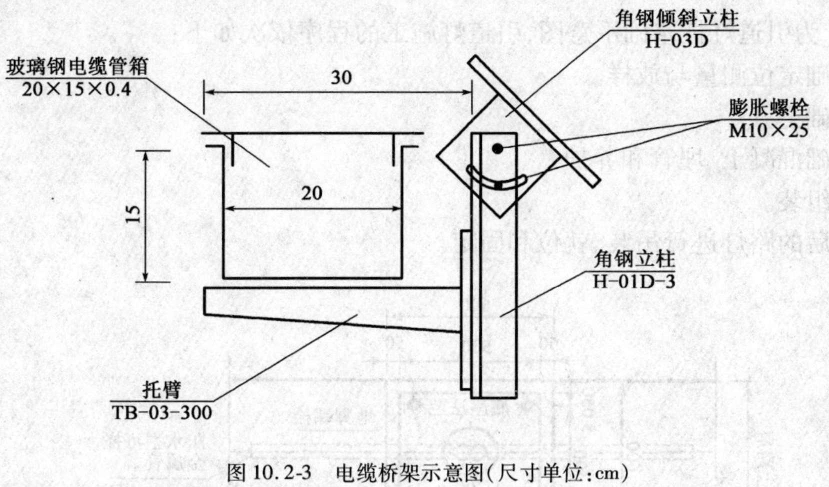


图 10.2-3　电缆桥架示意图(尺寸单位:cm)

工程施工中确定隧道中心线位置时,应注意区分隧道中心线与隧道路面中心线。放线定位应以隧道中心线为基准,用钢尺和线锤每隔 15m 确定一个桥架底座的安装位置(非直线隧道每隔 2m 确定一个位置),然后放线。应保证底座位置准确(位置偏差小于 15mm),且在同一直线上(直线度偏差小于 10mm)。可采用底座打孔模板确定孔位,并用电锤打孔,及用膨胀螺栓固定桥架底座。安装时应注意调整方向,不能歪斜。

桥架立柱需垂直、托臂需水平安装。可利用线锤保证桥架立柱安装的垂直度。要求垂直度偏差小于 5mm/m,间距偏差小于 10mm,托臂安装高度偏差小于 5mm。

桥架铺设时拉线,以保证靠隧道中心一侧直顺。

2. 隧道灯具的安装

(1)施工程序

隧道灯具安装的施工顺序依次为:

①灯具定位。

②安装灯具底座和调节板,并调整角度。

③安装灯具。

(2)施工方案

隧道灯具安装施工方案的要点依次为:

①以隧道中心线为基准,根据灯具布置图上的灯具安装高度,用钢尺和线锤每隔 15m 确定一个点(非直线隧道每隔 2m 确定一个点),然后放线。灯具两侧布置时,在隧道两侧灯具的安装高度各放一根线。

②从隧道一端开始,根据灯具布置图,用皮尺沿水平方向进行灯具定位。每测量到一个灯具位置,立即做出标记。灯具定位误差的控制值为:纵向小于 5cm,横向小于 3cm。

③在确定的灯具位置上,根据灯具底座尺寸确定固定膨胀螺栓的位置。

④打膨胀螺栓,安装底座,安装灯具。

⑤灯具安装后,利用水平尺调整两端高低,使之与路面平行,偏差小于 5mm。

⑥调整灯具,使之与隧道方向一致,偏差小于5mm。

⑦利用专用工具调整,使投光角度准确,各灯具投光方向一致。

3.引道灯的安装

(1)施工程序

图10.2-4为引道灯杆基础示意图,引道灯施工的程序依次如下:

①路灯基础定位测量与放样。

②开挖基础土方。

③浇筑基础混凝土、埋管和养护。

④路灯的组装。

⑤将组装后的路灯进行吊装、就位和固定。

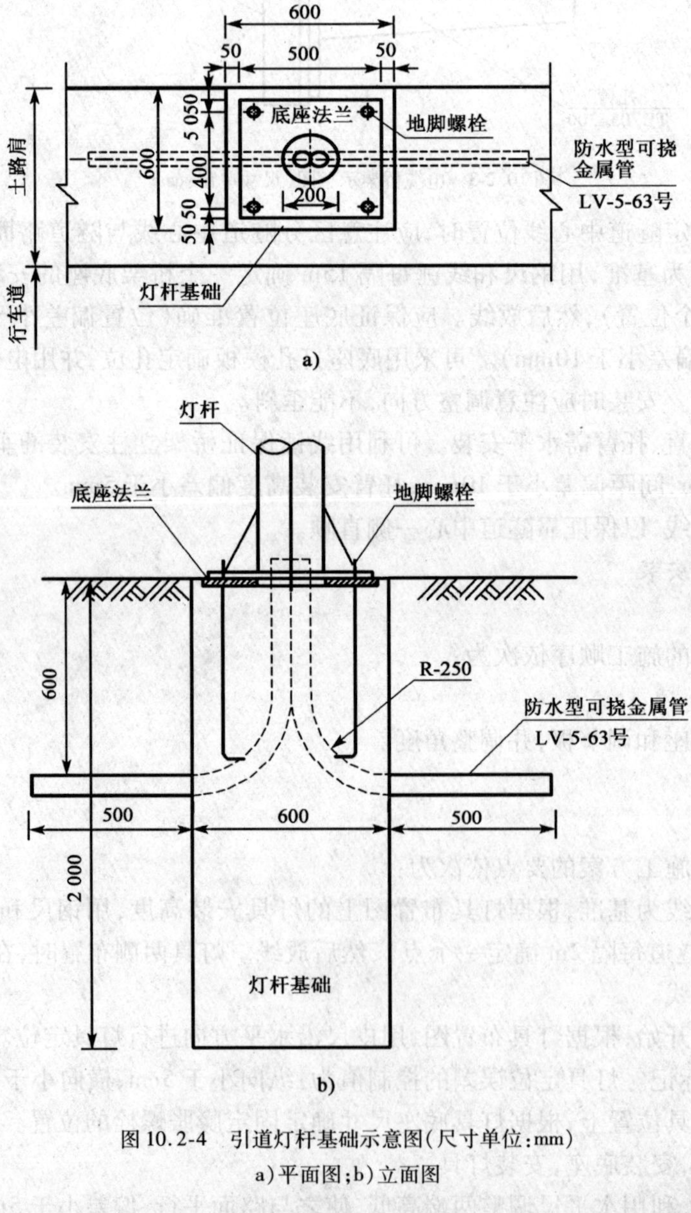


图10.2-4 引道灯杆基础示意图(尺寸单位:mm)

a)平面图;b)立面图

⑥电缆接线。

⑦通电测试。

(2)施工方案

引道灯安装施工方案的要点依次如下:

①按照施工设计图,会同监理工程师,对路灯基础进行现场定位放样。

②按要求的基础尺寸进行土方开挖,并保证基坑深度和平面尺寸到位。

③在基础混凝土浇注前进行配合比试验,按设计强度等级确定混凝土的配合比。

④按已批准的施工设计图的要求进行基础立模和预埋钢管。

⑤按照合格并经监理工程师认可批准的混凝土配合比,拌和和浇筑混凝土。在浇筑施工中,严格按经批准的施工设计图的要求制作钢筋,控制路灯地脚螺栓的垂直度,保持基础上表面的水平度,并保证混凝土的捣实度。

⑥进行路灯组装,并在吊装前进行通电测试,以检验组装的质量。

⑦浇注的基础混凝土经养护后,进行路灯的吊装就位。

⑧将敷设到位的电缆穿进路灯接线箱。

⑨对路灯进行接线、绑扎、标记和接地。

⑩通电测试。

## 本章参考文献

[1] 中国公路学会《交通工程手册》编委会. 交通工程手册[M]. 北京:人民交通出版社,1998.

[2] 高速公路丛书编委会. 高速公路交通工程及沿线设施[M]. 北京:人民交通出版社,1995.

[3] 朱小清,林翰. 照明技术手册[M]. 北京:机械工业出版社,1995.

[4] 孙钧,侯学渊. 地下结构[M]. 北京:科学出版社,1991.

[5] 王毅才. 隧道工程(上册)[M]. 北京:人民交通出版社,2007.

[6] 王兴平. 浅析长大公路隧道的通风、照明与紧急救灾[J]. 现代隧道技术,2004(增刊):223~229.

[7] 中华人民共和国行业标准. JTJ 026.1—1999 公路隧道通风照明设计规范[S]. 北京:人民交通出版社,2000.

[8] 吕康成,伍毅敏. 公路隧道通风设计若干问题探讨[J]. 公路,2006,5:223-227.

[9] 蒋树屏,屈志豪,涂料,等. 公路隧道通风照明设计细则编制概述[C]//2009 年全国公路隧道学术会议论文集. 2009.

# 第十一章　安全风险评估与管理

## 第一节　引　言

随着我国经济的日益发展，公路隧道工程数量越来越多，而且隧道埋深、长度、断面都有增大的趋势。通常而言，隧道工程由于其建设环境（地层、周边环境、地下构筑物等）复杂，而且具有非常大的不确定性，加之工程投资大、建设周期长、参与建设单位多，以及社会关注度高，都决定了隧道工程潜在各种高风险。世界不同国家和地区已经发生的大量隧道工程事故，都表明了其高风险特性。世界著名的日本青函海底铁路隧道（Seikan tunnel），全长54km，其中位于海底部分的长度为23km，历经21年完成建设（1964～1985年）。在隧道建设过程中，共发生了4次隧道突涌水事故，最大一次突水量达120 000$m^3$，导致主隧道与服务隧道被淹。国内成渝高速公路（成都—重庆）缙云山隧道在施工过程中，因地质构造复杂，节理发育，加上地下水及断层破碎带的影响，先后发生了5次较大规模的塌方，其中最严重的塌方范围长达10～14m，宽2m，坍塌高度18～25m，塌方量达4 000～5 000$m^3$。整个塌方处治历时5个月之久。2005年12月22日，四川省都江堰至汶川高速公路董家山隧道工程发生特别重大瓦斯爆炸事故，造成44人死亡，11人受伤，直接经济损失2 035万元。2007年11月20日，在建的宜万铁路高阳寨隧道口发生特大坍塌事故，导致35人死亡，1人受伤，造成了严重不良社会影响。

隧道工程的高风险已为人们所熟知。在国外，由于隧道工程的高风险与不确定性，很多保险公司不愿为隧道建设工程承保。然而通过对大量隧道工程安全事故的调查与分析，可以发现除了由于地质条件的复杂性而导致的风险外，事故原因更多可能来自管理。隧道工程是一项复杂的系统工程，涉及多学科、多工种、多单位、多人员，设备复杂，管理复杂，以往的项目管理方法已经难以有效处理工程潜在的风险。而基于系统的工程风险管理则可在传统项目管理的基础上，采用风险理论与方法，对复杂项目中潜在的风险进行辨识、分类、分析和评估，进而对各种潜在风险进行科学、合理的控制，从而实现工程建设的安全与经济。

如何认识隧道工程的风险，如何实现隧道工程的安全风险管理，是隧道工程师与管理者关心的话题。各国隧道工程相关的研究学者在这方面已经开展了大量的探讨与实践，取得了有意义的成果。2004年，国际隧道协会（International Tunnelling Association，ITA）发布了隧道工程风险管理指南，为隧道工程的风险管理提出了框架性的建议。2007年，住房和城乡建设部颁布和开始实施《地铁及地下工程建设风险管理指南》，同年铁道部颁布实施《铁路隧道风险评估与管理暂行规定》，2010年交通运输部颁布实施《公路桥梁和隧道工程安全风险评估指南》（试行），住房和城乡建设部《城市轨道交通地下工程建设风险管理规范》将于2012年1月正式实施。上述和隧道工程安全与风险相关的指南或规范的颁布实施以及风险评估、管理理论的提高与进一步实践，将有助于隧道工程的安全风险得到科学评估与有效管理，以最终实现隧道工程全过程、系统化的风险管理。

## 第二节 风险管理的基本原理

### 一、安全风险的定义

首先讨论“风险”的含义，术语“风险”一词源于法文的 risque，在 17 世纪中叶被引入英文，拼写成 risk。到 18 世纪前半期，“risk”一词开始出现在保险交易中。对于风险的认识，一方面认为风险是客观存在的，是不以人的意志为转移的；另一方面，风险也是一个极为抽象的概念，不同的人们研究的角度不同，对风险的看法和给出的定义也不尽相同。一般来说，风险的定义大致可分为两类：第一类定义强调风险的不确定性，称为广义风险；第二类定义强调风险损失的不确定性，称为狭义风险。针对不同的行业、研究领域、实际需要和研究角度，对风险的定义可能各不相同。

对于隧道工程，“风险”可定义为在隧道工程项目的建设或运营中，一些灾害事件的发生具有不确定性，而一旦发生，将给工程建设者（业主、承包人、施工方等）和第三方的预期效益带来损害，这样一类潜在灾害事件的发生可能性与后果的组合，即为隧道工程的“风险”。而“安全风险”侧重不确定性的灾害事件对相关人员和财产带来的损害。

### 二、风险管理的步骤与流程

“风险管理（Risk Management）”一词最初由美国学者肖伯纳博士于 1930 年提出。在风险管理研究的发展过程中，由于不同的学者对风险管理的出发点、目标、手段和管理范围等强调的侧重点不同，从而形成了不同的学说。其中最具代表性的学说来自美国和英国。

美国学者通常从狭义的角度解释风险管理，他们把风险管理的对象局限于纯粹风险，且重点放在风险处理上。Jerry S. Rosenbloom 把风险管理定义为：风险管理是处理纯粹风险和决定最佳管理方法的一套技术。

英国学者对风险的定义则侧重于对经济的控制和处理程序方面。英国伦敦特许保险学会的风险管理教材，给风险管理下的定义为：为了减少不确定事件的影响，对企业各种业务活动资源的计划、安排和控制。

我国台湾学者袁宗慰对风险管理的定义为：风险管理是指在对风险的不确定性及可能性等因素进行考察、预测、收集分析的基础上制定出的包括识别风险、衡量风险、积极管理风险、有效处置风险及妥善处理风险所致损失等一整套系统而科学的管理方法。

我国大陆学者李中斌把风险管理定义为：风险管理是研究风险发生规律和风险技术的一门新兴管理科学，各经济单位通过风险识别、风险估测、风险评价，并在此基础上优化组合各种风险管理技术，对风险实施有效的控制和妥善处理风险所致的后果，期望达到以最少的成本获得最大安全保障的目标。

结合隧道工程的特点，其风险管理一般包括以下几个过程：

（1）风险辨识（Risk Identification）

这是隧道工程风险管理的第一步，也是风险管理的最重要环节。其工作内容，是通过全面、系统地分析，归纳和整理各种统计资料，对可能风险的类型、生成原因及可能的影响后果做定性估计。例如施工中可能遇到的风险有突水涌泥、隧道塌方、洞口失稳、围岩变形过大和岩爆等。以突水涌泥为例，引起隧道内突水涌泥的相关因素有隧址区的地形地貌、地质构造、地层岩性、岩溶、开挖方法等,可能后果包括工程损失或人员伤亡、工期延误及可能诱发次生地质灾害等。

(2)风险分析(Risk Analysis)

风险分析是在风险辨识的基础上,通过分析预判风险事件的相关因素,了解其发生的机理与过程,并采用一定的风险分析方法,分析风险事件发生的可能性和相应的损失后果。风险分析有定性、半定性半定量及定量分析三种类型,通常根据掌握的资料与分析对象的特点选择具体的分析方法。常用的分析方法包括专家调查法、事故树法、层次分析法及蒙特卡洛法等。

(3)风险评估(Risk Assessment)

风险评估是在风险辨识和风险分析的基础上,根据工程项目制定的风险等级标准,确定风险事件的风险等级,并对不同风险事件进行排序。同时根据制定的风险接受准则,评价风险事件的可接受性。

(4)风险控制(Risk Control)

风险评估的目的是为了有效地控制风险。风险控制是指根据风险评估的结果,选择行之有效的策略与措施,力图回避风险或使风险所造成的负面效应降到最低的程度。一般的风险控制策略包括风险消除(回避)、风险降低(控制)、风险转移(分散)和风险自留(接受)。

(5)风险监控(Risk Monitor)

风险监控是指在项目实施过程中,对各种潜在的风险进行监控,包括跟踪已经识别的风险,监视残留风险和识别新的风险,以及检查与记录风险控制措施的落实情况。

隧道工程从规划、勘察、设计、施工到运营是一个多阶段的复杂系统工程,因此其风险管理也是一个全过程的动态过程。图 11.2-1 给出了隧道工程风险管理的流程示意图,注意风险管理是一个循环过程。

需要特别强调的是,风险管理在工程前期阶段有更好的风险降低与控制的机会,到施工阶段就只有落实风险控制的机会。

## 三、隧道工程的风险管理

隧道工程与其他市政工程最大的区别,是其赋存环境的不确定性。无论是软土地层还是岩石地层,隧道都需要在充满不确定性的地层中修筑,其中包括参数的不确定性,以及空间、时间的变异性。此外,隧道工程通常具有较长的建设运营周期,其过程通常可分为规划阶段、可行性研究阶段、勘察阶段、初步设计阶段、施工图设计阶段、招投标阶段、施工阶段、运营维护阶段及报废阶段,而隧道工程的风险管理则应从起始阶段开始,并持续至工程结束。一般来说,工程早期阶段的风险评估具有更重要的意义,因为在选线等前期工作阶段,容易通过优化决策回避或降低风险,而在选线等前期决策确定后,其中包含的后期潜在风险只能通过控制来处置,由此可能会付出巨大代价。

针对工程不同阶段的特点,风险评估的内容与方法应有所区别。而且目前隧道工程的施工方法多种多样,针对不同施工方法的风险评估,其风险辨识、分析、评估、控制的重点也不同,但基本都依照图 11.2-1 所示的流程开展。随着工程阶段的推进,所掌握的资料越来越丰富,风险评估的准确度也逐步提高,因此要非常重视风险管理在各个阶段的连续性以及风险资料登记的完整性。隧道工程除了客观存在的风险(建设条件、设计方案、施工技术、运营管理等)外,还存在一些主观风险,对工程风险管理影响最大的主观风险是各方的沟通,因此加强沟通成为目前风险控制的一项重要措施。

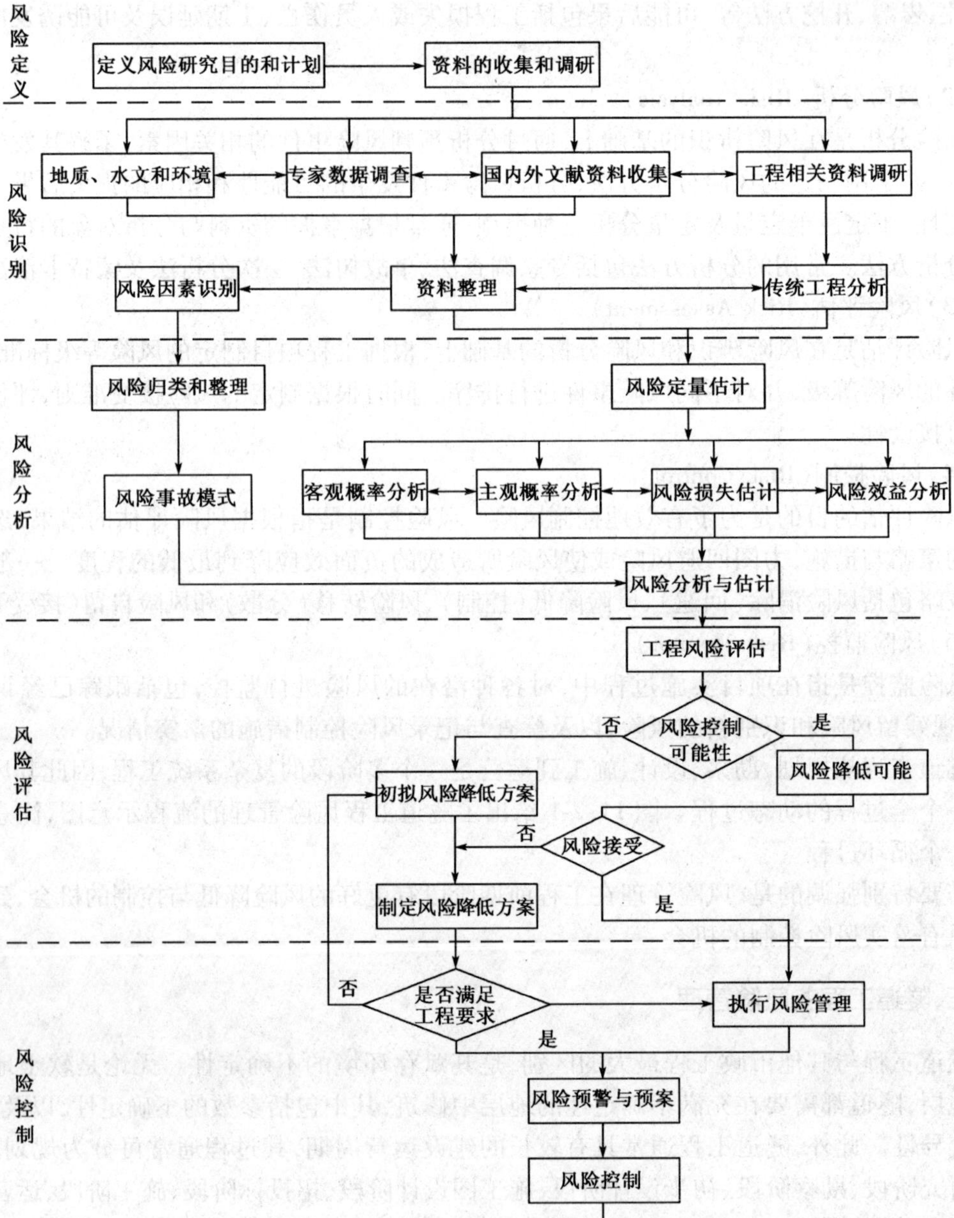


图 11.2-1　工程风险管理流程图

# 第三节　隧道工程安全风险的分析方法

隧道工程由于其所处的地质、水文等条件的多变性与空间分布的不确定性，对其开展风险分析具有很大的困难，一方面确定风险事件的发生可能性（概率）有困难，因为相关的隧道工程事故的报道较少，很难收集资料；另一方面，风险事件损失的确定更加缺乏判断依据。因而尽管目前关于隧道工程风险分析的定性、定量方法有多种，但基于经验的定性、半定量方法仍然占据重要位置。本节仅对常用的几种分析方法做简要介绍，其他方法可参阅相关文献。

## 一、专家调查法

专家调查法(有时也称德尔菲法 Delphi Method)是目前风险评估中最常用和有效的方法之一。该方法由两个步骤组成:首先辨识工程项目可能遇到的所有风险,并列出风险调查表(Checklist);然后利用专家经验对可能的风险因素的重要性进行评价,并通过综合分析专家调研数据,评判该项目的风险状况。

专家调查法特别适用于隧道工程这类“信息”缺乏的对象,同时这类工程具有较强的经验决策属性,因而国内外隧道工程界都很重视专家决策。为提高专家调查法的可靠性,提出了一种改进的专家调查法,即基于信心指数的专家调查法。该方法在调查中引入了“信心指数”参数,并依据这个参数评价专家在做出相应判断时的信心程度。对其也可以理解为该评价的可靠程度。该方法可大大提高数据的有效性,也可由此扩大数据采集对象的范围。

## 二、头脑风暴法

头脑风暴法(Brain Storming,BS 法)是一种激发创造性思维的小组讨论方法。在实际工程风险评估的过程中,通常在前期采用专家调查法,然后针对调查的结果,采用头脑风暴法进一步开展分析与评估,从而得到较客观的结果。头脑风暴法一般由富有组织经验的主持人提出要讨论的问题,并根据问题选择合适的小组成员(考虑问题所涉及的学科、专业等),而后将问题相关材料提前发给小组成员以作好充分准备后召开会议讨论。会议由主持人组织,大家根据讨论规则自由发表意见,主持人记录专家意见并分析归纳出关键问题与见解;针对这些关键问题与创新见解进一步自由讨论,最后由主持人根据讨论结果整理出相关风险评估的结果。

## 三、事故树分析法

事故树分析法(Fault Tree Analysis,FTA)是一种评价复杂系统的可靠性与安全性的定性、定量化方法。它能对各种系统的危险性进行辨识和评价,不仅能分析出事故的直接原因,而且能深入地揭示事故的潜在原因。

这类方法(FTA)把系统的特定事故或故障(失效状态)作为事故树的顶事件(Top event),用规定的逻辑符号表示,然后层层分析找出导致这一事件所有可能的因素和原因,直到找出事故的基本原因,即事故树的底事件为止。底事件的数据是已知的,或者是已经有过的统计或试验结果。事故树分析的流程如图 11.3-1 所示。

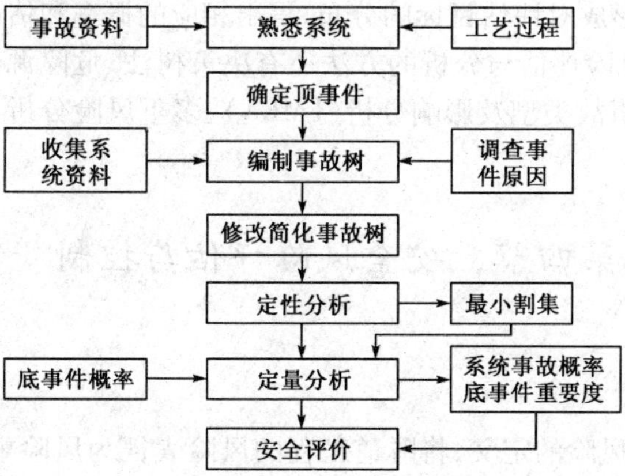


图 11.3-1 事故树分析流程图

## 四、层次分析法

层次分析法(The analytic hierarchy process,AHP)是在20世纪70年代中期,由美国运筹学家托马斯·塞蒂(T. L. Saaty)提出的方法。它是一种定性和定量相结合的,系统化、层次化的分析方法。采用层次分析法进行系统分析时,首先需把问题层次化,即根据问题的性质和拟达到的总目标,将问题分解为不同的组成因素,并按照因素间的相互关联、影响以及隶属关系将因素按不同层次聚集组合,形成一个多层次的分析结构模型,并最终把系统分析归结为最底层(供决策的方案措施等)相对于最高层(总目标)的相对重要性权值的确定,或相对优劣次序的排序。该方法能把定性因素定量化,并能在一定程度上检验和减少主观影响,使评价更趋科学化。下面给出AHP方法的简要分析步骤,关于AHP的详细说明与实例分析可参考相关文献。

AHP的分析步骤如下:

(1)分析系统中各因素之间的关系,建立系统的递阶层次结构。

(2)对同一层次的各元素关于上一层次中某一准则的重要性进行两两比较,构造两两比较判断矩阵。

(3)由判断矩阵计算被比较判断元素对于该准则的相对权重。

(4)计算各层元素对系统目标的合成权重,并进行排序。

## 五、蒙特卡罗方法

蒙特卡罗方法(Monte Carlo method)也称统计模拟方法,是20世纪40年代中期由于科学技术的发展和电子计算机的发明,而被提出的一种以概率统计理论为基础的一类非常重要的数值计算方法。蒙特卡罗方法以大量随机抽样为主要手段,用以处理多种不确定性问题。对于一个系统,当输入一个变量后,输出的结果就是一种可能的状况。通过拟合输入变量使之服从某种概率分布,经过大量的抽样计算并统计结果,可以计算出某事件的概率。

蒙特卡罗方法的分析步骤如下:

(1)分析系统的各影响因素和评估目标间的关系,将其用一种数学模型拟合并检验。将各影响因素视为输入变量,并拟合为某种概率分布的数据。

(2)根据计算的精度和模型本身特点,确定抽样的数量,并选取合适的抽样方法。

(3)把抽样点输入模型计算,得到输出的结果。

(4)统计输出结果以形成对评估目标的分布,得出相应的概率和估计精度。

除以上常用方法外,风险评估与分析的方法还有决策树法、危险源辨识(HAZID)、危害与可操作性分析(HAZOP)、事故类型及影响分析(FMEA)、多重风险分析(MultiRisk Analysis)及数值模拟与分析等。

# 第四节　安全风险评估与控制

## 一、安全风险的评估

根据前面对隧道工程风险的定义,将隧道工程的风险表征为风险事件发生的概率和事故损失的乘积,如式(11.4-1)所示:

$$R = P \cdot C \tag{11.4-1}$$

式中：$R$(Risk)——风险值；

$P$(Probability)——风险事件概率；

$C$(Consequence)——风险事故后果,可以为财产损失、人身伤害或者其他。

在实际工程的风险评估中,由于概率 $P$ 与后果 $C$ 有不同的量化形式,因而基于式(11.4-1)提出了不同的风险计算与分级方法。其中最常用的是风险评估矩阵法。

风险评估矩阵由事件概率 $P$ 与后果 $C$ 组成。在建立评估矩阵前,需先对 $P$ 和 $C$ 进行等级划分。通常分为 1~5 级。表 11.4-1 给出的是交通运输部颁布的《公路桥梁和隧道工程设计安全风险评估指南(试行)》中,列出的关于风险发生概率的等级标准。从表 11.4-1 中可以看出,$P$ 同时具有一个定量判断标准和一个定性判断标准,这是考虑到隧道工程中往往很难获得定量的风险概率(或频率),而采用基于经验的定性标准则方便得多。

**风险发生概率等级标准** 表 11.4-1

| 等　级 | 定量判断标准(概率区间) | 定性判断标准 |
|---|---|---|
| 1 | $P<0.0003$ | 几乎不可能发生 |
| 2 | $0.0003 \leqslant P<0.003$ | 很少发生 |
| 3 | $0.003 \leqslant P<0.03$ | 偶然发生 |
| 4 | $0.03 \leqslant P<0.3$ | 可能发生 |
| 5 | $P \geqslant 0.3$ | 频繁发生 |

风险事件后果损失等级划分的定性标准通常如表 11.4-2 所示。后果损失可以根据人员伤害、经济损失、环境影响、工期延误等分类,并进而给出定量的等级标准。具体可参考住房与城乡建设部、铁道部和交通运输部颁布的指南或暂行规定。

**风险后果损失等级标准** 表 11.4-2

| 后果定性描述 | 灾难性的 | 很严重的 | 严重的 | 较大的 | 轻微的 |
|---|---|---|---|---|---|
| 后果等级 | 5 | 4 | 3 | 2 | 1 |

根据风险事件概率等级(表 11.4-1)和风险事故后果损失等级(表 11.4-2),可建立风险等级评估矩阵,如表 11.4-3 所示,表中罗马数字Ⅰ~Ⅳ代表风险评估等级。表 11.4-4 则给出了建议的隧道工程风险接受准则。

**风险等级矩阵** 表 11.4-3

| 风险发生概率 | 风险损失等级 | | | | |
|---|---|---|---|---|---|
| | 1 | 2 | 3 | 4 | 5 |
| 1 | Ⅰ | Ⅰ | Ⅱ | Ⅱ | Ⅲ |
| 2 | Ⅰ | Ⅱ | Ⅱ | Ⅲ | Ⅲ |
| 3 | Ⅱ | Ⅱ | Ⅲ | Ⅲ | Ⅳ |
| 4 | Ⅱ | Ⅲ | Ⅲ | Ⅳ | Ⅳ |
| 5 | Ⅲ | Ⅲ | Ⅳ | Ⅳ | Ⅳ |

**风险接受准则** 表 11.4-4

| 风险等级 | 要求 |
|---|---|
| Ⅰ | 风险水平可以接受，当前应对措施有效，不必采取额外技术、管理方面的预防措施 |
| Ⅱ | 风险水平有条件接受，工程有进一步实施预防措施以提升安全性的必要 |
| Ⅲ | 风险水平有条件接受，必须实施削减风险的应对措施，并需要准备应急计划 |
| Ⅳ | 风险水平不可接受，必须采取有效应对措施将风险等级降低到Ⅲ级及以下水平；如果应对措施的代价超出项目法人（业主）的承受能力，则更换方案或放弃项目执行 |

需要特别注意的是，以上给出的风险评估表格仅是通过参考一些指南或规范而给出的举例。针对每一项具体的隧道工程，可以以相关的指南或规范为基础，制定适合于本工程的风险评估等级标准。

图 11.4-1 给出了奥地利某隧道工程风险评估所用的评估矩阵，可供参考。

潜在损失

| 发生概率 | | 10 生命和财产损失 损失影响第三方 | 5 财产损失 损失限于工程内部 | 3 需采取特别措施 合同中无法预见 | 1 常规措施 特定项目的风险 | 0.5 常规措施 自信可预知风险 |
|---|---|---|---|---|---|---|
| 经常的 | 10 | 100 | 50 | 30 | 10 | 5 |
| 偶尔的 | 5 | 50 | 25 | 15 | 5 | 2.5 |
| 随机的 | 2 | 20 | 10 | 6 | 2 | 1 |
| 很少的 | 1 | 10 | 5 | 3 | 1 | 0.5 |
| 几乎没有 | 0.5 | 5 | 2.5 | 1.5 | 0.5 | 0.25 |

风险等级

| | |
|---|---|
| >20 | 不可接受，需要调整设计 |
| 10～19 | 危险的，需要在设计中采取特殊措施 |
| 5～9 | 可接受，需要开展风险管理 |
| 0～4 | 低的残留风险 |

风险概率

| | |
|---|---|
| 经常的 | 在工程期间可能发生几次 |
| 偶尔的 | 在工程期间可能发生一次 |
| 随机的 | 在本工程中可能不发生，但在类似工程中发生过几次 |
| 很少的 | 在本工程中可能不发生，但在类似工程中偶有发生 |
| 几乎没有 | 专家组认为不可能在本工程中发生 |

图 11.4-1 奥地利某隧道工程风险评估矩阵示例

## 二、风险控制

本节叙述风险控制的对策。隧道工程的风险是客观存在的，通过开展风险评估与管理，可以正确认识工程潜在的风险。而在获得风险评估结果后，应结合建设各方对风险的认识与计划执行的风险管理策略，对不同的风险采取不同的控制对策。这些对策通常结合最低合理可行原则（As Low As Reasonably Practicable，ALARP）与成本/效益分析来决策，且根据工程所处阶段的不同,优先采用的对策也不同。

目前风险控制对策主要有风险消除、风险降低、风险转移和风险自留四种,具体工程可选择一种或多种对策来控制风险。

(1)风险消除

亦称风险回避。即通过采用某种方法切断风险源,不让工程风险发生,将工程风险的发生概率或损失降低到零。这是一种理想并且效果很好的控制手段,但应注意风险消除通常需付出一定的代价,切断风险源后也可能带来新的风险。

(2)风险降低

亦即风险控制。即通过采取措施(如修改技术方案)减小已经预见的风险事件发生的概率和损失,或两者之中的任意一种。隧道工程中,大多数风险的处置可以采用这种方法。

(3)风险转移

亦称风险分担,是将风险通过合同或非合同的方式转嫁给另一个人或单位的一种风险处理方式。如将工程转包给第三方,或通过保险或者其他方式来让第三方承担这一风险。

(4)风险自留

亦即风险接受,即将风险自己承担。风险自留可分为计划内的风险自留和计划外的风险自留。采用计划内风险自留的前提,一般是所接受的工程风险可能导致的损失比转移风险所需费用少。计划外的风险通常为未识别风险,因而在风险管理中应尽可能避免计划外的风险自留。

根据工程不同阶段而采取的风险处置对策可参考图 11.4-2。

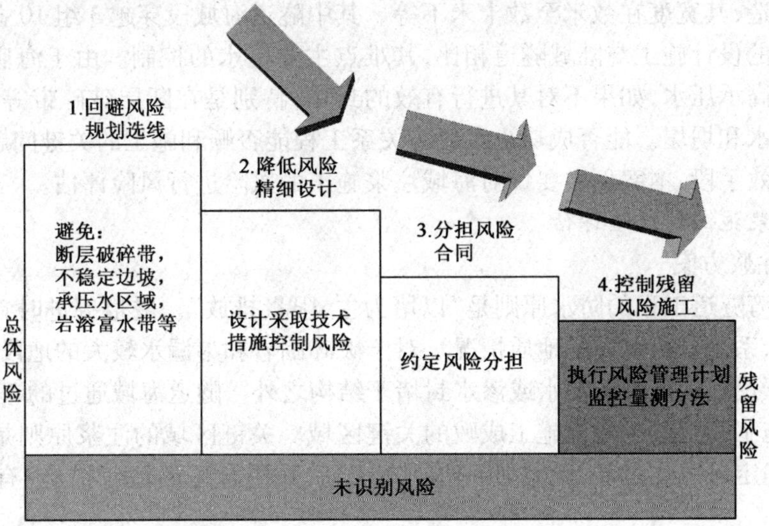


图 11.4-2　不同阶段工程风险处置对策

## 第五节　隧道安全风险评估案例

前面几节主要叙述隧道工程安全风险评估的概念、方法和流程,其中一些内容在不同的指南或规范中有较详细的说明。本节旨在通过给出一些典型隧道工程的风险评估的实例,帮助读者理解上述内容和提高进行风险评估的技能。这些实例主要用于说明一些实践操作方法,因而一般仅限于工程的某一方面的风险。

## 一、海底公路隧道施工风险的评估与控制

1. 工程概况

青岛胶州湾海底公路隧道是连接青岛与黄岛的重要通道，南接薛家岛，北连团岛，下穿胶州湾湾口海域，为城市快速道路隧道。设双向六车道，设计车速80km/h，设计使用年限100年。

整条隧道全长约7 800m，青岛端接线隧道长1 630m，胶州湾隧道长6 170m，其中海域地段隧道长3 950m。胶州湾隧道工程起自瞿塘峡路以南50m，向南至黄岛收费站端头止，线路全长约7 120m，其中隧道长6 170m，路基段长约950m，主隧道断面为椭圆形断面，内净空高8.218m，宽15.426m。主线隧道左、右线分离设置，隧道海域段线间距约55m，主隧道间每隔250～300m设一人行横洞，每隔750～1 000m设一车行横洞，中间平行设置服务隧道。服务隧道兼作施工运输、日常维护检修、过海管线和紧急救援的通道，长约5 940m。隧道设置地下泵站，靠海岸两端地面设置2座风井。

胶州湾隧道隧址区构造以中、新生代脆性断裂构造最为典型，场地稳定性较好，岩质坚硬，岩体较完整，渗透系数较小，岩体总体条件较好。隧址区隧道穿越地层陆域段主要以花岗岩为主；海域段以喷溢火山岩和次火山岩为主，大部分基岩裸露。主隧道Ⅱ～Ⅲ级围岩约占52.7%，Ⅳ级围岩约占38.6%，Ⅴ级围岩约占8.7%。服务隧道作为施工运输、日常维护检修、过海管线和紧急救援通道，Ⅱ～Ⅲ级围岩约占72.3%，Ⅳ级围岩约占26.4%，Ⅴ级围岩约占1.3%。隧道采用钻爆法开挖，喷锚构筑法支护。主要不良地质有断层破碎带、节理密集带及抗风化能力低的辉绿岩等。隧址处断裂构造不大，所发现的18条断裂大部分为高角度、中新代脆性断裂构造，其宽度在数米至数十米不等。其中隧道海域段穿越3组10条断裂带。

海底隧道的设计施工与陆域隧道相比，其难点主要是水的控制。由于海底隧道建设中所遇到的水多为高承压水，如果不对其进行有效的封堵，特别是在断层破碎带等软弱地层中，势必引起大的突水和坍塌。能否成功止水成为关系工程能否顺利施工的关键问题。注浆为解决这一问题的有效手段，本案例主要针对海域注浆施工的风险进行风险评估。

2. 海域注浆施工的风险评估

(1)海域注浆方案

青岛胶州湾隧道工程的防水原则是“以堵为主、限量排放”。隧道掘进时首先应通过进行超前地质预报，系统分析前方的地质情况。对于破碎围岩和渗漏水较大的地段，应采用预注浆方式，将隧道开挖断面周围的涌水或渗水封堵于结构之外。隧道海域通过的3组10条断层破碎带，是注浆施工乃至整条隧道施工成败的关键区域。关键区域的注浆原则是根据超前地质预报情况，在确定破碎体的范围、性质和渗水情况后采用合适的注浆措施，有效地控制施工风险。

(2)风险辨识与估计

在海域穿过断层破碎带是隧道施工的最大风险源之一，超前预注浆和后注浆辅助工法则是控制隧道塌方与失稳破坏、顺利安全通过断层破碎地区的重要手段。注浆方法是通过向地层中压注浆液固结围岩，以降低地层的透水性，同时强化地层的方法。针对海域注浆施工，具体的风险源如下。

①注浆前调查不细致

注浆区域探测不细致，超前地质预报与实际地质情况相差较大，导致注浆设计参数过大或过小。

②注浆材料选择不当

注浆材料包括浆液、注浆管和止浆塞等，选择不当将招致风险。

③浆液配合比选择不当

④注浆施工工艺不当

一般为未优化注浆施工程序，或未按照设计注浆程序施工。

⑤注浆压力控制不到位

通常为注浆压力过大或过小。

⑥注浆效果检测不严格

注浆效果未达到结束标准，或检查手段不足。

⑦注浆设备不满足工艺要求

⑧后注浆质量难保证

后注浆不及时，或注浆方法的针对性不强等。

⑨监控量测有欠缺

测点不足，数据错误，或反馈不及时等。

⑩材料和结构的耐久性较难判断

(3)风险分析与评估

采用"基于信心指数的专家调查法"，对该工程的海域注浆施工风险进行评估。权重根据专家的资历、职称、影响力等因素设定如表11.5-1所示。评估结果见表11.5-2。

**专家权重确定方法** 表11.5-1

| 类别 | 专家分级说明 | 专家权重 | 人数 | 所占比例 |
|---|---|---|---|---|
| 一 | 1.教授或教授级高工；<br>2.从事隧道专业时间20年以上；<br>3.从事过工程风险研究或应用且亲自参与隧道专业工程建设 | 1.0 | 8 | 17.4% |
| 二 | 1.副教授或高工；<br>2.从事隧道专业时间10～20年；<br>3.对工程风险理论及方法和公路隧道工程建设情况十分了解 | 0.85 | 10 | 21.7% |
| 三 | 1.中级及以下职称的工程技术人员；<br>2.从事隧道专业时间10年以下；<br>3.对工程风险理论及方法和公路隧道工程建设情况比较了解 | 0.7 | 28 | 60.9% |

**整体风险因素评价指标** 表11.5-2

| 风险事故因素 | 发生概率 | 事故损失 | 风险等级 |
|---|---|---|---|
| 注浆前的调查 | 4 | 3 | Ⅲ |
| 注浆材料选择 | 2 | 2 | Ⅱ |
| 浆液配合比 | 3 | 2 | Ⅱ |
| 注浆施工工艺 | 3 | 3 | Ⅲ |
| 注浆压力控制 | 2 | 2 | Ⅱ |
| 注浆效果检测 | 3 | 3 | Ⅱ |
| 注浆设备 | 3 | 2 | Ⅱ |
| 后注浆 | 3 | 1 | Ⅱ |
| 监控量测 | 2 | 1 | Ⅰ |
| 耐久性 | 2 | 2 | Ⅱ |

3. 风险控制措施及建议

从评价结果看，注浆前调查、施工工艺、效果检测以及浆液配合比和注浆设备五个因素的施工风险较大。其中注浆前的调查施工风险最大，施工时必须采取相应的有针对性的应对措施。主要包括：

(1) 施工中应将超前地质预报纳入工序，采用长短探孔等多种手段，相互结合印证。充分利用超前长、短探孔和取芯孔准确地探测需注浆区域。超前探孔施作时应进行涌水量和水压测试，根据测试结果确定合适的注浆方案。隧道开挖一段后，应进行隧道平均渗水量的检查，决定是否采用补充注浆措施。

(2) 根据掌子面前方承压地下水的性质、分布、含水量、水压和围岩破碎情况选择合适的注浆方法和工艺。通过注浆试验选择合适的注浆施工工艺，验证工艺与设备的配套状况，同时做好注浆过程中可能发生的异常情况的处理预案。

(3) 严格按照注浆程序施工，全部注浆孔达到注浆结束标准时方可结束注浆。采用多种方法如分析法、检查孔法、开挖取样分析和物探法互相结合，综合评判注浆效果。开挖前主要通过检查孔观察法和物探方法进行效果检查，必要时对检查孔取芯；开挖后应采用物探和钻孔取芯检查注浆效果和注浆范围是否达到设计要求，同时选择合适方法及时对需要补充注浆的地方进行后注浆。

(4) 通过综合考虑注浆工艺、施工方法和耐久性等要求选择合适注浆材料；结合注浆科研成果和现场试验采用合适的浆液配合比，验证不同配合比在本隧道注浆中的适应性和效果评价。

(5) 根据注浆施工工艺选择合适的注浆设备。机械设备应能满足现场钻孔注浆施工的需要，同时应尽量满足故障率低、易维修、配件易购置、便于移动等要求。同时注浆机械设备应互相配套。

## 二、山岭隧道塌方风险评估

山岭隧道通常所处地质条件复杂，因而隧道工程建设常常面临较大的潜在安全风险。在山岭隧道各种风险事件中，塌方是发生概率高、损失后果严重的重大风险事件之一。对山岭公路隧道塌方进行事故树分析，其目的是从工程整体的角度，来认识可能引发塌方事故的安全隐患。在工程施工之前开展这项工作，可避免不安全的设计和施工方案，并提出现场施工安全监管的重点。事故树的分析主要从三方面进行，即事故树的绘制、顶上事件的发生概率的计算及底事件重要度的分析。

1. 工程概况

(1) 工程规模和地质条件

某公路隧道分上、下行左、右两线，长度分别为 2 478m 和 2 528m，最大埋深 560m。隧道于 1990 年 6 月 5 日正式开工，1996 年 4 月竣工。围岩主要为灰岩和砂岩，其中灰岩约占 40% 左右，另有少量的泥岩和页岩。隧道通过四个断层、五个煤矿采空区。部分隧道穿越段存在一定浓度的瓦斯，有较大的涌水。

(2) 施工方法

该隧道采用新奥法施工，除出口端 840m 左右采用台阶法施工外，其余均采用全断面法开挖。采用双空直眼掏槽微差分段起爆，爆破方法为光面爆破。支护以常规喷锚支护为主，在Ⅴ级围岩地段设间距 1.0m 的格栅钢支撑，部分地段增设钢筋网。在断层破碎带及其附近，采用了超前小导管注浆和超前锚杆预加固措施。洞内钻眼及装渣运输,采用全机械化作业,无轨运输。二次衬砌采用液压台车全断面一次灌注。

2. 山岭公路隧道塌方事故树编制

遵循事故树编制的有关原则,在对隧道塌方事故调查分析的基础上,编制钻爆法施工塌方事故的事故树,如图 11.5-1 所示。图 11.5-1 中的符号规则为:各层事件均以相同首字母编号,顶事件编号为 T,基本事件、非基本事件和条件事件以 X 开头按序编号,其他中间事件按由上至下的顺序以 A、B、C、D 等为开头分别编号。具体各事件和对应的符号见表 11.5-3。

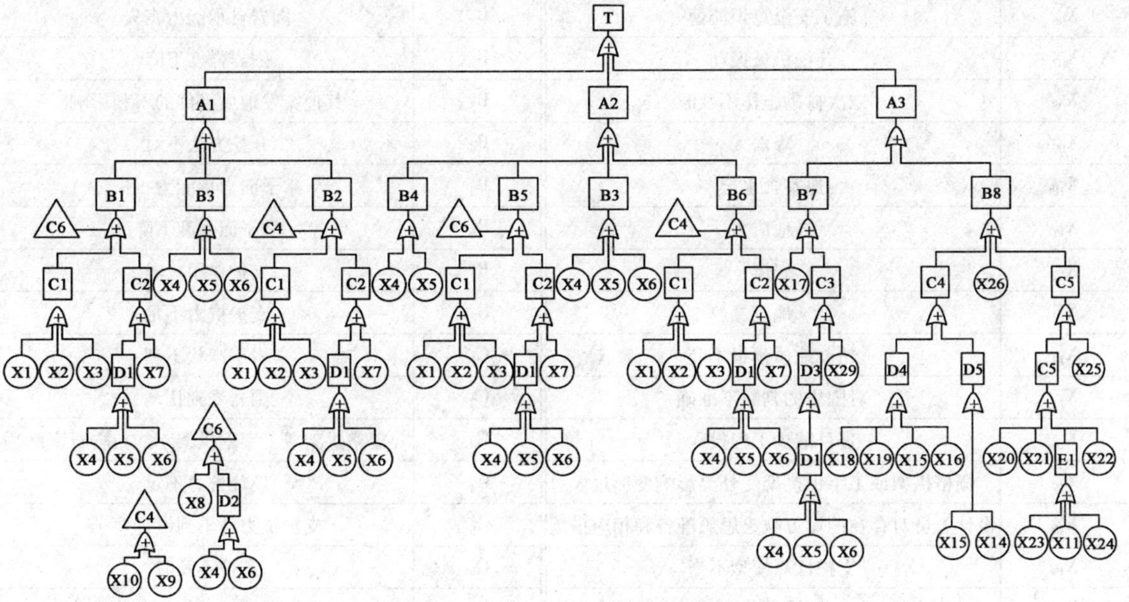


图 11.5-1　山岭公路隧道塌方风险事故树

3. 顶上事件发生概率的计算

事故树分析法中,计算顶上事件的概率的方法,通常是先分析导致顶上事件发生的最小基本事件的集合,即先求事故树的最小割集。由此对图 11.5-1 的事故树按布尔代数法进行计算,可得:

$$
\begin{aligned}
T &= A_1 + A_2 + A_3 \\
&= B_1 + B_2 + B_3 + B_4 + B_5 + B_6 + B_7 + B_8 \\
&= (C_1 + C_2)C_3 + (C_1 + C_2)C_4 + (X_{11} + X_{12} + X_{13}) + X_{11} + X_{12} + X_{13} + X_{14} + X_{15} + \\
&\quad (C_1 + C_2)(X_{28} + C_4) + (C_3 + X_{17}) + (C_4 + X_{26} + C_5)X_{27} \\
&= (X_{01} + X_{02} + X_{03} + X_{04} + X_{05} + X_{06} + X_{07})(X_{04} + X_{06} + X_{08} + X_{09} + X_{10}) + \\
&\quad (X_{11} + X_{12} + X_{13}) + X_{11} + X_{12} + X_{13} + X_{14} + X_{15} + (X_{01} + X_{02} + X_{03} + X_{04} + \\
&\quad X_{05} + X_{06} + X_{07}) + (X_{09} + X_{10} + X_{28}) + (X_{04} + X_{05} + X_{06} + X_{17} + X_{29}) + \\
&\quad (X_{11} + X_{14} + X_{15} + X_{16} + X_{18} + X_{19} + X_{20} + X_{21} + X_{22} + X_{23} + X_{24} + X_{25} + X_{26})X_{27} \\
&= X_{04} + X_{05} + X_{06} + X_{11} + X_{12} + X_{13} + X_{14} + X_{15} + X_{17} + X_{29} + X_{01}X_{08} + X_{01}X_{09} + \\
&\quad X_{01}X_{10} + X_{02}X_{08} + X_{02}X_{09} + X_{02}X_{10} + X_{03}X_{08} + X_{03}X_{09} + X_{03}X_{10} + X_{07}X_{08} + X_{07}X_{09} + \\
&\quad X_{07}X_{10} + X_{01}X_{28} + X_{02}X_{28} + X_{03}X_{28} + X_{07}X_{28} + X_{16}X_{27} + X_{18}X_{27} + X_{19}X_{27} + X_{20}X_{27} + \\
&\quad X_{21}X_{27} + X_{22}X_{27} + X_{23}X_{27} + X_{24}X_{27} + X_{25}X_{27} + X_{26}X_{27}
\end{aligned}
\qquad (11.5\text{-}1)
$$

**事件及其符号** 表 11.5-3

| 符号 | 事件 | 符号 | 事件 |
|---|---|---|---|
| $X_{01}$ | 节理裂隙层理发育且岩体破碎 | $X_{28}$ | 超前支护不及时或措施不当 |
| $X_{02}$ | 经过大的断层带 | $X_{29}$ | 钢架与围岩之间混凝土保护层厚度不够 |
| $X_{03}$ | 特殊地质地段 | $A_1$ | 围岩下沉、开裂或变形过大 |
| $X_{04}$ | 赶工期 | $A_2$ | 掌子面坍塌 |
| $X_{05}$ | 爆破设计参数不当 | $A_3$ | 防护措施不当 |
| $X_{06}$ | 施工安全意识淡薄 | $B_1$ | 围岩自承能力丧失 |
| $X_{07}$ | 开挖机械振动 | $B_2$ | 围岩强度下降 |
| $X_{08}$ | 二次衬砌施作不及时 | $B_3$ | 其他突发地质事件的不利影响 |
| $X_{09}$ | 降雨 | $B_4$ | 开挖方法不对 |
| $X_{10}$ | 遇富含水层 | $B_5$ | 掌子面自承能力丧失 |
| $X_{11}$ | 高地应力 | $B_6$ | 掌子面强度下降 |
| $X_{12}$ | 岩爆 | $B_7$ | 支护作用减弱 |
| $X_{13}$ | 地震 | $B_8$ | 支护抗力不足 |
| $X_{14}$ | 超前地质预报不利 | $C_1$ | 岩层产状不利 |
| $X_{15}$ | 对围岩的判断不准确 | $C_2$ | 围岩受到扰动 |
| $X_{16}$ | 盲目减少工程投入 | $C_3$ | 栅格拱架或工字钢拱架不能与岩石密贴 |
| $X_{17}$ | 栅格拱架或工字钢拱架受外界影响变形过大 | $C_4$ | 设计抗力不足 |
| $X_{18}$ | 设计人员对存在的塌方缺乏思想准备和相应措施 | $C_5$ | 支护抗力达不到设计要求 |
| $X_{19}$ | 支护计算模型不当 | $C_6$ | 支护不及时 |
| $X_{20}$ | 钢筋网偏大 | $D_1$ | 钻爆施工的不良影响 |
| $X_{21}$ | 锚杆长度不够或间距不均匀 | $D_2$ | 初期支护不及时 |
| $X_{22}$ | 锚杆灰砂不饱满或强度不足 | $D_3$ | 欠挖或超挖 |
| $X_{23}$ | 喷混凝土厚度达不到要求或厚度不均 | $D_4$ | 支护参数太小 |
| $X_{24}$ | 养护不利 | $D_5$ | 特殊地段设计上给出的处理措施不当 |
| $X_{25}$ | 不按设计支护方案施工 | $D_6$ | 施工工艺缺陷 |
| $X_{26}$ | 围岩外部荷载增加 | $E_1$ | 喷混凝土开裂 |
| $X_{27}$ | 监测到围岩异常而未及时采取措施 | T | 岩石公路隧道塌方 |

由上述结果可知,顶上事件为 36 个最小割集的并集。最小割集为$\{X_{04}\}$、$\{X_{05}\}$、$\{X_{06}\}$、$\{X_{11}\}$、$\{X_{12}\}$、$\{X_{13}\}$、$\{X_{14}\}$、$\{X_{15}\}$、$\{X_{17}\}$、$\{X_{29}\}$、$\{X_{01}X_{08}\}$、$\{X_{01}X_{09}\}$、$\{X_{01}X_{10}\}$、$\{X_{02}X_{08}\}$、$\{X_{02}X_{09}\}$、$\{X_{02}X_{10}\}$、$\{X_{03}X_{08}\}$、$\{X_{03}X_{09}\}$、$\{X_{03}X_{10}\}$、$\{X_{07}X_{08}\}$、$\{X_{07}X_{09}\}$、$\{X_{07}X_{10}\}$、$\{X_{01}X_{28}\}$、$\{X_{02}X_{28}\}$、$\{X_{03}X_{28}\}$、$\{X_{07}X_{28}\}$、$\{X_{16}X_{27}\}$、$\{X_{18}X_{27}\}$、$\{X_{19}X_{27}\}$、$\{X_{20}X_{27}\}$、$\{X_{21}X_{27}\}$、$\{X_{22}X_{27}\}$、$\{X_{23}X_{27}\}$、$\{X_{24}X_{27}\}$、$\{X_{25}X_{27}$、$\{X_{26}X_{27}\}$,分别对应于导致顶上事件发生的 30 种风险事故的发生模式。

工程应用中,顶事件的发生概率 $P(T)$ 一般采用近似的独立事件和概率公式来计算。即:

$$P(T) \approx \prod_{j=1}^{N_K}\prod_{i\in K_j}F_i(t) = 1 - \prod_{j=1}^{30}[1 - P(K_j)] \tag{11.5-2}$$

式中:$P(K_j)$——第 $j$ 个最小割集的发生概率。如 $P(K_1)$ 表示第一个最小割集$\{X_{01}X_{08}\}$的发生概率,其值取决于基本事件 $X_{01}$ 和 $X_{08}$ 发生的概率之积。

在事故树分析中,最重要也是最难的就是如何确定这些基本事件的发生概率。这取决于对一些基本事件发生概率的统计数据,也可根据专家积累的经验来估计。本案例山岭公路隧道塌方事故树中,对各基本事件和条件事件的发生概率进行估计的结果见表 11.5-4。

**基本事件和条件事件发生概率** 表 11.5-4

| 符号 | 概率 | 符号 | 概率 | 符号 | 概率 | 符号 | 概率 | 符号 | 概率 |
|---|---|---|---|---|---|---|---|---|---|
| $X_1$ | 50% | $X_7$ | 3% | $X_{13}$ | 0.01% | $X_{19}$ | 0.4% | $X_{25}$ | 0.8% |
| $X_2$ | 30% | $X_8$ | 1% | $X_{14}$ | 0.8% | $X_{20}$ | 0.01% | $X_{26}$ | 0.4% |
| $X_3$ | 2% | $X_9$ | 5% | $X_{15}$ | 1% | $X_{21}$ | 1.6% | $X_{27}$ | 0.4% |
| $X_4$ | 15% | $X_{10}$ | 50% | $X_{16}$ | 0.8% | $X_{22}$ | 1.2% | $X_{28}$ | 3% |
| $X_5$ | 0.5% | $X_{11}$ | 3% | $X_{17}$ | 0.01% | $X_{23}$ | 0.8% | $X_{29}$ | 0.01% |
| $X_6$ | 13% | $X_{12}$ | 0.1% | $X_{18}$ | 0.4% | $X_{24}$ | 0.01% | | |

由式(11.5-2)可算得该山岭公路隧道发生塌方事故的概率是 95.601%,说明在这种地质与施工条件下,隧道发生塌方事故的概率很大。

4.底事件重要度的分析

为了分析山岭隧道塌方事故树中各基本事件的发生对顶上事件发生所产生的影响的大小,有必要对各基本事件进行重要度分析。本案例对其将从结构重要度和关键重要度系数两方面进行分析。

(1)结构重要度

根据蒋军成、郭振龙的《安全系统工程》给出的结构重要度原则求解结构的重要度,可得到各底事件重要度大小的关系为:

$$I_{27} > I_{01} > I_{02} = I_{03} = I_{07} = I_{09} = I_{10} = I_{28} > I_{08} > I_{04} = I_{05} = I_{06} = I_{11} = I_{12} = I_{13} = I_{14} = I_{15} = I_{17} = I_{29} > I_{16} = I_{18} = I_{19} = I_{20} = I_{21} = I_{22} = I_{23} = I_{24} = I_{25} = I_{26} \quad (11.5\text{-}3)$$

其中结构重要度排序中居前 9 项的底事件如表 11.5-5 所示。

**重要度排序居前 9 的底事件** 表 11.5-5

| 符号 | 底 事 件 | 符号 | 底 事 件 | 符号 | 底 事 件 |
|---|---|---|---|---|---|
| $X_{27}$ | 监测到围岩异常而未及时采取措施 | $X_{01}$ | 节理裂隙层理发育且岩体破碎 | $X_{02}$ | 经过大的断层带 |
| $X_{03}$ | 特殊地质地段 | $X_{07}$ | 开挖机械震动 | $X_{09}$ | 降雨 |
| $X_{10}$ | 遇富含水层 | $X_{28}$ | 超前支护不及时或措施不当 | $X_{08}$ | 二次衬砌施作不及时 |

(2)关键重要度系数

关键重要度系数 $CI_g(i)$ 是从敏感度和自身发生概率的双重角度衡量各基本事件重要度的标准。其计算式可表示为:

$$CI_g(i) = \lim_{\Delta q_i \to 0}\left(\frac{\dfrac{\Delta P(T)}{P(T)}}{\dfrac{\Delta q_i}{q_i}}\right) = \frac{q_i}{P(T)} I_g(i) \quad (11.5\text{-}4)$$

其中 $I_g(i)$ 为底事件的概率重要度,其计算式为:

$$I_g(i) = \frac{\partial P(T)}{\partial q_i} \quad (11.5\text{-}5)$$

底事件的关键重要度越大,说明它对系统安全性的危害越大。计算各底事件的关键重要度系数,结果见表11.5-6。

各底事件的关键重要度　　表11.5-6

| 符号 | 概率 | 符号 | 概率 | 符号 | 概率 | 符号 | 概率 | 符号 | 概率 |
|---|---|---|---|---|---|---|---|---|---|
| $X_1$ | 0.303 | $X_7$ | 0.019 | $X_{13}$ | 1.051e-4 | $X_{19}$ | 1.681e-5 | $X_{25}$ | 3.363e-5 |
| $X_2$ | 0.184 | $X_8$ | 5.806e-4 | $X_{14}$ | 0.008 | $X_{20}$ | 4.204e-7 | $X_{26}$ | 1.682e-5 |
| $X_3$ | 0.01 | $X_9$ | 0.042 | $X_{15}$ | 0.011 | $X_{21}$ | 1.6% | $X_{27}$ | 2.245e-4 |
| $X_4$ | 0.158 | $X_{10}$ | 0.445 | $X_{16}$ | 3.363e-5 | $X_{22}$ | 1.2% | $X_{28}$ | 0.027 |
| $X_5$ | 0.005 | $X_{11}$ | 0.032 | $X_{17}$ | 1.051e-4 | $X_{23}$ | 0.8% | $X_{29}$ | 1.051e-4 |
| $X_6$ | 0.263 | $X_{12}$ | 0.001 | $X_{18}$ | 1.681e-5 | $X_{24}$ | 0.01% | — | — |

根据表11.5-6中的数据可知,由计算得到各底事件重要度大小排序为:

$$
\begin{aligned}
&Cl_g(10) > Cl_g(01) > Cl_g(06) > Cl_g(02) > Cl_g(04) > Cl_g(09) > Cl_g(11) > \\
&Cl_g(28) > Cl_g(07) > Cl_g(15) > Cl_g(03) > Cl_g(14) > Cl_g(05) > Cl_g(12) > \\
&Cl_g(08) > Cl_g(27) > Cl_g(13) = Cl_g(17) = Cl_g(29) > Cl_g(21) > Cl_g(23) > \\
&Cl_g(16) = Cl_g(25) > Cl_g(19) = Cl_g(18) = Cl_g(26) > Cl_g(22) > Cl_g(20) = Cl_g(24)
\end{aligned}
\tag{11.5-6}
$$

由式(11.5-6)结果可知,按照其重要度排序,引起塌方事故风险的主要原因依次为:$X_{10}$(遇富含水层)、$X_{01}$(节理裂隙层理发育且岩体破碎)、$X_{06}$(施工安全意识淡薄)、$X_{02}$(经过大的断层带)、$X_{04}$(赶工期)。

## 三、蒙特卡罗方法分析公路隧道支护风险

蒙特卡罗方法能够较好地考虑隧道工程中地质和施工的不确定性,并定量计算风险的概率。本案例采用蒙特卡罗方法和改进的收敛约束法计算支护方案失效的概率,同时预估支护方案失效造成的损失,综合评价支护方案风险,从而为决策者提供决策依据,以有效控制隧道支护的风险。

*1. 确定隧道失稳的判据*

一般可根据支护强度和围岩变形判断隧道的稳定性,隧道失稳的极限状态可表示为:

$$
\begin{cases}
Z_g = u_0 - u = 0 \\
Z_1(t) = \sigma_{c0} - \sigma_c(t) = 0
\end{cases}
\tag{11.5-7}
$$

式中:$u_0$——隧道洞周允许收敛位移;

$u$——由计算得到的隧道洞周围岩收敛位移;

$\sigma_{c0}$——混凝土支护的抗压强度;

$\sigma_c(t)$——当前时刻混凝土支护的切向应力。根据所采用的隧道失稳判断准则,隧道失效概率可以定义为围岩的收敛位移或支护应力超过其对应容许值的概率。失效概率的计算则拟基于改进的收敛约束程序和采用蒙特卡洛方法。

*2. 隧道失效概率的计算步骤*

采用蒙特卡罗方法计算隧道失效概率时的计算步骤为:

(1)确定所考虑的围岩及支护参数的分布规律,以及随机数产生的方法和模拟次数。

(2)计算中考虑围岩黏聚力 $c$、内摩擦角 $\varphi$、围岩模量 $E_R$、支护结构模量 $E_C$ 及支护厚度 $T_C$

的不确定性，确定其分布规律。

(3)根据所需计算次数进行抽样，生成不同的计算方案。

(4)将生成的计算方案作为输入参数，利用改进的收敛约束法程序，计算不同方案情况下围岩及支护的状态。

(5)根据稳定判据对计算结果进行统计分析，得到隧道结构的失效概率。

3. 工程概况

某山岭隧道全长 3 750m，采用矿山法施工，隧道断面为椭圆形，内净空高 10.4m，宽 14.5m。工程勘察表明隧址处围岩级别为Ⅱ～Ⅴ级，其中Ⅱ～Ⅲ级围岩约占 55.7%，Ⅳ级围岩约占 38.1%，Ⅴ级围岩约占 6.2%；隧道穿越 4 组共 14 条断裂破碎带，所通过断裂均为高倾角断裂。

(1)围岩参数

本节考虑仅就其中的一个地质单元进行支护设计和风险评价。所选择的地质单元的围岩级别为Ⅳ级，材料特性参数见表 11.5-7。

所选地质单元的围岩参数 表 11.5-7

| 参 数 | 均 值 | 方 差 |
|---|---|---|
| 弹性模量(MPa) | 1 000 | 50 |
| 黏聚力(MPa) | 0.2 | 0.02 |
| 内摩擦角(°) | 25 | 3 |

(2)支护设计方案的拟定

根据地质勘察报告给出的围岩级别，利用工程类比法，选定了四种可能采用的初期支护设计方案，见表 11.5-8。

支护结构参数表 表 11.5-8

| 支护方案 | 初期支护 | | |
|---|---|---|---|
| 1 | 锚杆 $\phi$25mm、$L=3.5$m，间距 1.0m×1.0m | $\phi$8mm 钢筋网 20cm×20cm | C30 湿喷混凝土，厚 15cm |
| 2 | 同上 | 同上 | C30 湿喷混凝土，厚 20cm |
| 3 | 同上 | 同上 | C30 湿喷混凝土，厚 23cm |
| 4 | 同上 | 同上 | C30 湿喷混凝土，厚 25cm |

(3)拟采用的施工参数

支护紧跟掌子面施作，对应于上述四种支护方案的开挖步长分别为 0.8m、0.9m、1.0m 和 1.0m。

4. 支护设计方案失效概率的计算

(1)根据围岩物理力学参数及所采用的支护方案，建立如下隧道稳定性判定准则：

①洞周围岩极限收敛位移 $u=0.005R$，其中 $R$ 为隧道半径。围岩收敛位移超过对应的极限位移值，则隧道失稳；

②考虑到隧道开挖过程中支护荷载和混凝土材料的强度均为变量，认为以喷射混凝土支护切向应力的终值与强度终值的比值作为支护是否破坏的判断依据并不合适。因此在实例计算时，记录了施工过程中每一开挖步的喷混凝土支护强度与支护应力的比值即强度安全系数，并取强度安全系数的最小值作为判据。如果强度安全系数的最小值低于允许值，则判定隧道失稳。

(2)运用蒙特卡洛方法和改进的收敛约束法,计算每种支护方案的失效概率。计算中考虑了变异性的参数包括:围岩的弹性模量、黏聚力、内摩擦角以及支护的厚度。考虑到支护的强度参数的变异性不大,计算中未加考虑。支护厚度的概率分布按正态分布考虑。预设失效概率为 1% ,则所需计算次数 $N=10\,000$,即需利用蒙特卡洛法对每一种支护方案均生成10 000个计算方案。例如对支护方案 1 生成的各计算方案可参见表 11.5-9。

**支护方案 1 的计算方案** 表 11.5-9

| 计算方案 | 围岩参数 | | | 支护参数 |
|---|---|---|---|---|
| | 内摩擦角(°) | 黏聚力(MPa) | 围岩弹性模量(MPa) | 支护厚度(cm) |
| 1 | 23.7 | 0.214 3 | 969.8 | 16.67 |
| 2 | 20.03 | 0.231 9 | 950.3 | 14.81 |
| 3 | 25.37 | 0.158 7 | 1 059 | 14.08 |
| … | … | … | … | … |
| 10 000 | 21.56 | 0.203 5 | 1 113 | 11.27 |

以由蒙特卡罗法抽样生成的各计算方案为输入,利用改进的收敛约束法计算程序,可得到各计算方案的围岩位移及支护应力。图 11.5-2 和图 11.5-3 分别给出了对应于支护方案 1 的围岩收敛位移的累积频率分布图和喷混凝土强度安全系数最小值的累积频率分布图。

利用前述稳定判断准则进行判断,经统计分析可得各支护方案的失效概率 $P_f$ 分别为:39.5%、2.11%、0.5%和0%。可见支护方案 1 失效概率最高。

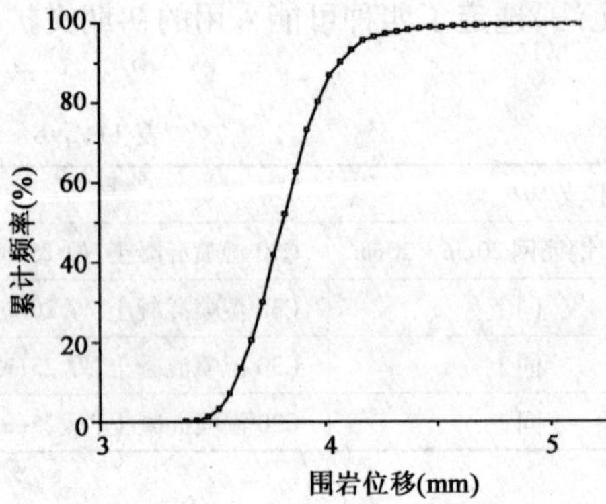


图 11.5-2 围岩收敛位移累积频率分布

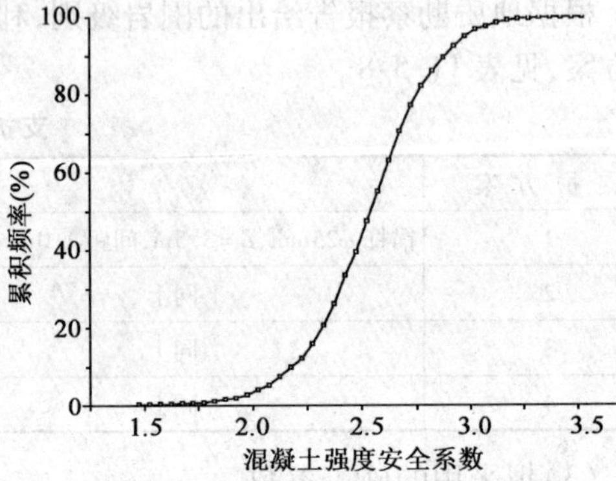


图 11.5-3 强度安全系数最小值累积频率分布

5. 风险评价

在得到隧道支护方案风险的概率后,再结合相应的损失分析,根据表 11.4-3 可以确定该隧道所对应支护方案的风险等级,进而根据风险接受准则,决策相应的风险处置对策与措施。

## 第六节 小 结

由于隧道工程所涉及的各个方面均存在各种不确定性,因而工程所潜在的风险是不可避免的,但通过采取系统的工程安全风险评估与管理,可正确辨识、认识风险(风险源、风险事件),并对风险做出进一步的分析与评估,从而在考虑安全、经济、可行的基础上做出风险控制决策。

尽管目前隧道工程安全风险评估还多采用定性或半定量的方法,但安全风险管理已经在大型隧道工程中起到重要作用。随着相关科学理论与技术的发展,适合隧道工程安全风险评估的方法将更完善、系统,评估的结果也将更客观、科学。目前制定的相关安全风险评估与管理指南或规范,也将随着工程实践的丰富而进一步完善。

## 本章参考文献


[1] 王梦恕 等. 中国隧道及地下工程修建技术[M]. 北京:人民交通出版社,2010:900-918.

[2] Nilsen B, Palmström A, Stille H. Quality Control of a Sub - sea Tunnel Project in Complex Ground Conditions[C]//In:Proc. of ITA World Tunnel Congress '99. Oslo:[s. n.],1992. 137-145.

[3] Stuzk R, Olsson L, Uohansson U. Risk and decision analysis for large underground projects, as applied to the stockholm ring road tunnels[J]. Tunnelling and Underground Space Technology,1996,11(2):157-164.

[4] Eskesen s D, Tengborg P, Kampmann J, et al. Guidelines for tunneling risk management: international tunneling association working group No. 2[J]. Tunneling and Underground Space Technology,2004,19(3):217-237.

[5] Faber M H. Risk and safety in civil Engineering[R]. Swiss Federal Institute of Technology, Switzerland, 2001.

[6] 王燕,黄宏伟,薛亚东. 钻爆法施工隧道塌方风险分析[J]. 沈阳建筑大学学报(自然科学版),2009,25(1):23-27.

[7] 范玉祥,等. 隧道施工安全风险的模糊综合评判[J]. 华中科技大学学报(城市科学版),2010,27(1):46-50.

[8] 陈龙,黄宏伟. 岩石隧道工程风险浅析[J]. 岩石力学与工程学报,2005,24(1):110-115.

[9] 黄宏伟. 隧道及地下工程建设中的风险管理研究进展[J]. 地下空间与工程学报,2006,2(1):13-20.

[10] 中华人民共和国住房与城乡建设部. 地铁及地下工程风险管理指南[M]. 北京:中国建筑工业出版社,2007.

[11] 中华人民共和国铁道部. 铁路隧道风险评估与管理暂行规定. 2007.

[12] 朱鹏飞,等. 宜万铁路复杂隧道风险管理与控制[J]. 铁道标准设计,2010,8:7-11,14.

[13] Jerry S. Rosenbloom. A Case Study in Risk Management. PrenticeH all, 1972.

[14] 李中斌. 风险管理解读[M]. 北京:石油工业出版社,2000.

[15] 张少夏. 隧道工程风险分析方法及工期损失风险研究[D]. 上海:同济大学,2006.

[16] 陈龙. 城市软土盾构隧道施工期风险分析与评估研究[D]. 上海:同济大学,2004.

[17] 中华人民共和国交通运输部. 交公路发[2010]175号,公路桥梁和隧道工程设计安全风险评估指南(试行). 2010.

[18] 汪元辉. 安全系统工程[M]. 天津:天津大学出版社,1999:118-197.

[19] 蒋军成,郭振龙. 安全系统工程[M]. 北京:化学工业出版社,2004:48~54.

[20] 梅启智,等. 系统可靠性工程基础[M]. 北京:科学出版社,1992:82-85.
[21] 周建昆,吴坚. 岩石公路隧道塌方风险事故树分析[J]. 地下空间与工程学报,4(6):991-998.
[22] 胡群芳. 基于地层变异的盾构隧道工程风险分析及其应用研究[D]. 上海:同济大学,2006.
[23] 王燕. 基于风险的岩石隧道支护结构设计研究[D]. 上海:同济大学,2009.
[24] 景诗庭,朱永全,宋玉香. 隧道结构可靠度[M]. 北京:中国铁道出版社,2002.
[25] 冯卫星,况勇. 隧道塌方案例分析[M]. 成都:西南交通大学出版社,2001.
[26] H. W. Huang and Y. D. Xue. Risk management and its application in mountainous highway construction[C]//Geotechnical Safety and Risk: 2nd International Symposium on Geotechnical Safety and Risk 11-12 June, 2009, Gifu, Japan-Is-gifu2009. Y. Honjo, M. Suzuki, T. Hara and F. Zhang, Taylor & Francis Group: 27-38. 2009.
[27] Campos e Matos, Ribeiro e Sousa, Kleberger J. Geotechnical risks in rock tunnels[M]. Taylor & Francis Group, London, 2006.

# 第十二章　隧道工程监控与防灾

## 第一节　概　　述

本章主要叙述公路隧道的监控与防灾设施。通常情况下，公路隧道都应根据其监控等级配置不同的监控设施，并根据相关安全设施的配置标准配置安全设施。目的是为了确保公路隧道运营安全，预防隧道发生事故。如果隧道事故(含火灾)一旦发生，也能及早发现、正确疏导和及时救援，以避免隧道发生严重的二次事故。

我国的铁路、公路隧道建设得到快速发展，其中后者还包括城市道路隧道。伴随着社会的不断发展和进步，城市交通压力与日俱增，地下交通方式因其具有以下优点而越来越受到人们的青睐：快速、便捷和不受气候影响；分散地面上其他各种交通车辆的相互干扰，使可最大限度地提高车速，并可缓解地面交通压力，减少交通事故；地下交通系统将交通噪声和空气污染对外界环境的影响尽量限制在地面以下的空间内，有利于改善城市环境的质量。其中隧道常是地下交通系统的重要组成部分，但地下隧道作为一种特殊建筑物常有结构复杂、环境密闭、交通量大和人员密集等特点，一旦发生灾害，逃生和救援工作相当困难，往往造成重大的人员伤亡和财产损失。因而，在隧道内设置监控系统并对其加强防灾设施的建设，就显得十分必要。

公路隧道的监控系统及交通安全设施应按“一次规划设计、分期实施”的原则实施，但隧道内设备和管线的预留预埋则应一次到位。同时公路隧道的监控设施不宜孤立地进行设计，而应与路网以及路网中其他构造物的设备配合布置，在抢险救援中协同发挥作用。此外还应注意严禁隧道内的设施侵占隧道建筑界限，以及在满足安全和使用功能的条件下，积极而慎重地采用新理念、新技术、新设备和新工艺。相关改造项目应在实地考察隧道现有条件后，在最大限度地减少隧道开挖、尽量利用现有条件的原则指导下进行设计。

本章首先介绍隧道内的监控系统和设备，包括在隧道内设置监控系统的目的和作用，隧道监控系统的组成和设备，隧道的监控模式和特点等方面。然后，介绍了隧道常见灾害的种类和特点，特别是对于火灾这种隧道运营中的最重要灾害进行了详尽地阐述，包括隧道火灾的起因、特点及防灾救援措施等方面。

## 第二节　隧道监控系统

### 一、隧道监控系统的目的和作用

早期隧道没有监控，或仅有人工控制。随着自动控制技术的发展，尤其是现代自动通信技术的发展，现代高速公路的长大隧道才都采用了自动监控技术。因此，隧道监控技术是伴随着自动化技术的发展而形成的一门技术。

公路隧道是高速公路及城市道路的特殊路段，驾驶员会由于隧道内空间环境狭窄，在进洞前会有一种莫名的心态，进洞后会有压抑感。在隧道中行驶时，由于洞内照明弱于地面，汽车排放烟气导致视线不佳，声音嘈杂，容易导致前方情况判断不明，特别是当前方发生交通事故或发生火灾等紧急事件时，交通疏导和救援组织与普通路段大不相同，如果疏导处理不当，极易发生二次事故，而且其后果可能比原已发生的事故严重得多。在隧道内设置监控系统的目的，就在于能借助这类设施对公路隧道进行有效的管理，为车辆提供安全、舒适的服务，确保隧道内的行车安全，提高对突发事件的预知和应急处理能力。根据许多国家对隧道设计标准的规定，长隧道和特长隧道都需要通过设置监控系统保证隧道内行车的安全和通畅。

隧道监控系统的作用主要包括两个方面：首先是将采集到的信息数据进行处理比较，经一定的程序后作出各种指令并判断是否发送。再将确定发送的指令传送到信息接收设备，并准确地控制有关调节和显示设备，做到尽快地改善隧道行车环境，给车辆驾驶人员以各种灯光显示，引导行车路线，指挥行车速度或给出封锁道路的警示，对突发异常情况（如发生火灾）发出声光报警等。其次，隧道监控系统通过实时检测、分级启动的方式使隧道内的运行环境达到最优。监控系统的环境调节设备启动后，需要对其设备的工作状态进行实时检测，当隧道环境得到改善，检测的数据达到其规定的标准时可自动停止调节。如果隧道环境仍达不到规定的环境标准，还可再启动高一等级的调节设备，直至启动所有各档调节设备。

## 二、隧道监控等级的划分

隧道监控系统是隧道管理及安全保障系统的重要组成部分，其特点不仅与隧道长度有关，而且与交通量也有关系。高速公路隧道的监控等级，一般可根据其长度和交通量两个因素（隐含事故率），从高到低依次划分为 AA、A、B、C、D 五级。

隧道监控等级的划分方法有计算法和图解法两类，以下分别作介绍。

（1）计算法

采用计算法确定隧道的监控等级时，可先由式（12.2-1）算得其年事故概率估计值，后由表 12.2-1 确定隧道的监控等级。

$$P = 365 \times 10^{-9} \times a \times L \times q \tag{12.2-1}$$

式中：$P$——隧道内年事故概率估计值（当 $P>1$ 时，取 $P=1$）；

$L$——隧道长度（m）；

$q$——隧道单洞设计年度年平均日交通量（pcu/d）；

$a$——事故率（事故数/百万车公里），参考国外标准和我国的国情，取 $a=0.1$（资料表明日本隧道事故率取值为 0.045，欧美国家取值为 0.02、0.05、0.09、0.10 和 0.21 不等；考虑到事故的严重程度差别很大，为不使监控系统等级定得过高，参考国外标准和我国的国情，令 $a=0.1$）。

根据 $P$ 的计算值，隧道等级划分见表 12.2-1。

**隧道监控等级划分表** 表 12.2-1

| $P$ | 等级（级） |
|---|---|
| 隧道长度 $L \geq 6\,000$m | AA |
| $P>0.55$（$L<6\,000$m） | A |
| $0.55 \geq P \geq 0.18$ | B |
| $0.18>P>0.05$ | C |
| $P \leq 0.05$ | D |

隧道监控系统的设置主要是为了隧道交通运营安全，尤其是在隧道内发生交通事故或火灾等紧急事件时提高救助效率，因此表 12.2-1 中隧道监控系统的等级主要根据隧道内的年事故概率划分。概率越大，等级越高；概率越小，等级越低。

(2)图解法

采用图解法确定隧道监控等级时，可根据隧道长度 $L$ 和设计年度隧道单洞年平均日交通量 $q$，由图 12.2-1 确定隧道的监控等级。

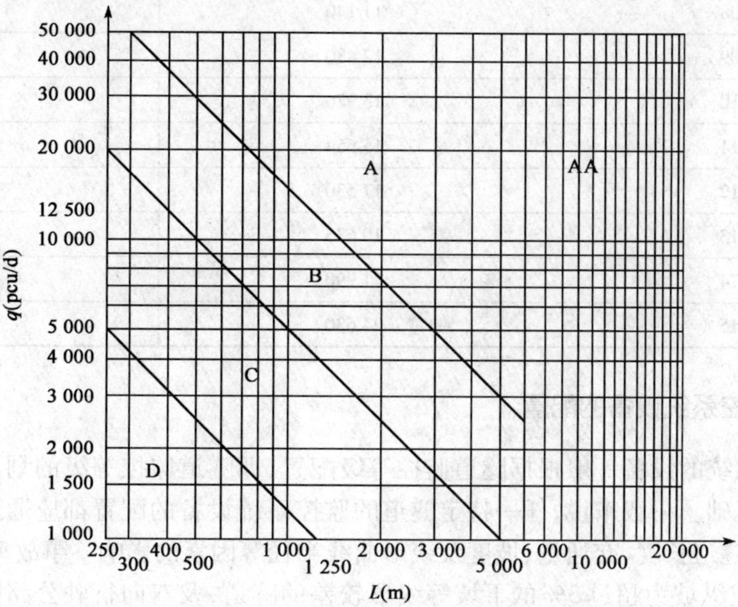


图 12.2-1　隧道监控等级划分图

注：1. 图解法是计算法的图形表示，因此图解法与计算法等效。

2. 长度小于 250m 或年平均日交通量低于 1 000 辆的隧道并无设置监控系统的必要，因此图中不再对长度和交通量属于这一区域的隧道进行分级。在此范围内的弯道隧道、纵坡超过设计标准的一些特殊隧道可酌情提出监控要求。

3. 长度大于 6 000m 的超长隧道，其监控要求主要由长度决定，故监控等级均属 AA 级。

4. 根据计算法及图解法，可得出隧道建成后任一年限的监控等级，为隧道内监控设备的配置提供分期实施的依据。

应当指出的是，计算法和图解法中的交通量是隧道单洞（单方向）任一设计年度的平均日交通量，因此对任一特定隧道可利用各年度预测交通量计算或查图确定各年度所需的监控等级，从而确定分期实施方案。

表 12.2-2 为某高速公路隧道的预测交通量和选定监控等级的示例。隧道长 952m，根据 2000～2015 年的预测交通量，查图确定历年所需监控等级如表 12.2-2 所示。由表可以看出，该隧道监控系统的施工可分两期实施，初期按 B 级建设，2011 年上升为 A 级。

**某隧道的预测交通量与监控等级**　　表 12.2-2

| 年份(年) | 年平均日交通量(pcu/d) | 监控等级(级) |
|---|---|---|
| 2000 | 4 500 | C |
| 2001 | 5 040 | C |
| 2002 | 5 645 | C |
| 2003 | 6 322 | B |

续上表

| 年份(年) | 年平均日交通量(pcu/d) | 监控等级(级) |
|---|---|---|
| 2004 | 7 080 | B |
| 2005 | 7 930 | B |
| 2006 | 8 882 | B |
| 2007 | 9 948 | B |
| 2008 | 11 140 | B |
| 2009 | 12 480 | B |
| 2010 | 13 976 | B |
| 2011 | 15 654 | A |
| 2012 | 17 530 | A |
| 2013 | 19 635 | A |
| 2014 | 21 990 | A |
| 2015 | 24 630 | A |

## 三、隧道监控系统设备的配置

隧道监控系统的设备一般根据隧道监控等级配置，即隧道监控等级的划分是隧道监控系统设备配置的基础。一般来说，任一特定隧道的监控系统设备的配置都应通过专门调查研究确定，考虑诸如隧道长度、交通量、坡度及线形曲线半径等因素的影响。事故率高、平曲线半径在500m以下，或纵坡为超过3%的下坡等线形较差的隧道，及双向行驶公路隧道等情况特殊的隧道宜相应提高监控等级。表12.2-3列出的是与隧道等级相适应的最低响应的设备配置要求。

**隧道监控系统设备配置表** 表12.2-3

| 设备配置 \ 隧道监控等级(级) | | | AA | A | B | C | D | 配置要求 |
|---|---|---|---|---|---|---|---|---|
| 监测设施 | 车辆检测设施 | 车辆检测器 | ● | ● | ● | ○ | ○ | 兼测交通量、速度、占有率、车型；若用于信息检测和阻塞自动判断，设置间距300～500m。仅用于交通参数检测时一般设在出、入口洞外，长隧道以上洞内可在车行横洞前设置 |
| | | 车辆超高检测器 | ○ | ○ | ○ | ○ | ○ | 建议在隧道入口外设置固定门式限高器 |
| | | 车温探测器 | ○ | ○ | ○ | ○ | ○ | 建议在6km以上隧道入口外设置红外测温仪 |
| | | 危险品探测器 | ○ | ○ | ○ | ○ | ○ | 建议在10km以上隧道入口外设置 |
| | 环境检测设施 | 一氧化碳(CO)检测器 | ● | ● | ● | ○ | ○ | 自动测定隧道内的CO浓度；射流风机纵向通风的隧道在弯道处及距出口100～150m处设置；长于1 500m的隧道适当增设。有竖、斜井通风的隧道在排风口前和送风口后设置。宜采用红外型检测器 |
| | | 能见度(VI)检测器 | ● | ● | ● | ○ | ○ | 测定隧道内灯光照明下的合成能见度，射流风机纵向通风的隧道在弯道处及距出口100～150m处设置；长于1500m的隧道可适当增设。有竖、斜井通风的隧道在排风口前和送风口后设置 |

续上表

| 设备配置 | | 隧道监控等级（级） | AA | A | B | C | D | 配置要求 |
|---|---|---|---|---|---|---|---|---|
| 监测设施 | 环境检测设施 | 风速风向检测器 | ● | ● | ● | ○ | ○ | 射流风机纵向通风的隧道在弯道处及距出口 100 ~ 150m 处设置；长于 1 500m 的隧道适当增设。有竖、斜井通风的隧道在排风口前和送风口后设置。应采用隧道两侧壁成对安装的设备 |
| | | 光强检测器 | ● | ● | ● | ○ | ○ | 只在入口设置，出口不设 |
| | 视频监控设施 | 摄像机 | ● | ● | ● | ○ | ○ | 洞内采用固定焦距摄像机，从入口开始布设，设置间距 100 ~ 200m，应无盲点。扩宽地段或弯道处应调整设置位置及间距。洞外在入、出口设置带云台、可变焦摄像机，其布设以监视出、入口为主 |
| | 报警设施 | 紧急电话 | ● | ● | ● | ○ | ○ | 洞外出、入口处各设一台紧急电话，洞内离入口进深 200m 开始以 200m 间距设置，尽量调整在有紧急停车带及人行、车行横洞前设置。紧急电话需设隔音洞室或壁龛，并有明显反光标志 |
| | | 视频事故事件检测 | ● | ● | ● | ○ | ○ | 建议以隧道入、出口及下坡、弯道处为主设置 |
| | | 火灾检测器 | ● | ● | ● | ○ | ○ | 采用能覆盖全隧道的自动火灾检测器 |
| | | 火灾报警按钮 | ● | ● | ● | ○ | ○ | 每 50m 一个，与消防设备同址设置 |
| | | 声光报警器 | ○ | ○ | ○ | ○ | ○ | — |
| 控制和诱导设施 | 紧急呼叫设施 | 隧道有线广播 | ● | ● | ○ | ○ | ○ | 在隧道入口及隧道内分音区设置。洞外扬声器功率为 30w；洞内扬声器为 20w，间距 50m |
| | | 无线调频广播 | ○ | ○ | — | — | — | — |
| | | 集群调度系统 | ○ | ○ | — | — | — | — |
| | 信息发布及控制设施 | 车道控制标志 | ● | ● | ● | ○ | ○ | 双面红“×”及绿“↑”在隧道入出口及车行横洞前每车道上方设置。弯道前需增设 |
| | | 交通信号灯 | ● | ● | ● | ○ | ○ | 红、黄、绿、蓝箭头信号灯，在入口前（洞口外设有车辆联络道的则在联络道前）及单向双孔隧道由整体式路基变为分离式路基 300 ~ 500m 前设置。AA 及 A 级隧道信号灯架上应加设声光报警黄闪灯 |
| | | 可变情报板 | ● | ● | ● | ○ | ○ | 在隧道入口前（洞口外设有车辆联络道的则在联络道前）或单向双孔隧道由整体路基变为分离式路基前设置，可诱导、指挥、疏散交通，其信息应可简要说明车道或隧道关闭的原因及预期关闭的持续时间，同时可显示速度限制信息及交通安全宣传。根据交通量，可在隧道内间距 1 ~ 3km 设置 |
| | | 可变限速标志 | ● | ● | ○ | ○ | ○ | 隧道入口前设置，亦可与可变情报板合并设置。根据交通量，可在隧道内间距 1 ~ 3km 设置 |
| | | 自动栏杆机 | ○ | ○ | ○ | ○ | ○ | — |
| | | 电光标志 | ○ | ○ | ○ | ○ | ○ | — |
| | 本地控制设施 | 区域控制器 | ● | ● | ● | ○ | ○ | 本地区域控制器应具有本地控制功能，全隧道应尽可能左右洞形成具有真正物理意义的冗余环网 |
| 隧道管理站 | | | ● | ○ | ○ | ○ | ○ | — |

注：●必选设备（为适应隧道年事故率和保证监控系统具有相应的应急处理能力而应配置的设备）；○可选设备（为根据隧道所处等级的上下限及配套建设资金等情况酌情可选的设备）；—不作要求。

### 四、隧道监控系统的子系统

隧道监控系统按照功能可划分为以下 9 个子系统，即隧道管理所中央控制管理系统、区域控制系统、车辆检测系统、闭路电视监视系统、交通诱导设施、通风及照明控制系统、火灾报警系统、紧急电话广播系统和避灾引导系统。

1. 隧道管理所中央控制管理系统

在隧道所在的高速公路管理中心设置隧道监控管理所，统一管理路段监控设施和隧道监控设施。

(1)系统构成及功能

管理所计算机系统主要由服务器、客户机(包括通信计算机)、交通监控计算机(全线)、紧急电话及广播监控计算机、电力监控计算机、通风照明控制计算机、图像管理计算机、火灾报警计算机、交通事件管理计算机、以太网交换机、激光打印机以及监控软件等构成。

中央控制系统的功能为接收各种相关隧道监控设备采集、反馈的信息，进行分析、处理，并在需要时进行存储、统计和打印。

(2)网络结构

管理所计算机系统采用局域网技术，把各数据点通过局域网联成一体，从而达到数据共享的目的。同时通过双绞线将交换机、服务器、监控计算机等联成一个 100BASE-T 以太网，服务器和客户机内置 10/100 Mbs 网卡，使计算机站点扩展方便。

(3)数据传输

隧道区域监控外场设备数据先通过电缆接入本地控制器的 AI、DI、DO、RS485 等接口，再通过本地控制网络中的主控 PLC 设备传输到隧道管理所。隧道的区域控制器主控设备(主控PLC)采用一对一的传输方式(光纤)直接传输到监控管理所。管理所可向监控分中心上传数据，并接收监控分中心下达的控制指令和命令。监控所上传的数据包括：CO 和透过率检测器、光强检测器等设备检测的内容，小型可变信息标志、车道指示标志、横洞指示标志、交通信号灯等设备发布的显示内容，火灾报警记录，照明等级，通风机运行状况，变电站状况，紧急电话记录，事故记录等。具体数据格式和上传周期与规划统一。

(4)隧道监控软件

包括通风控制和照明控制及交通控制。

2. 隧道区域控制系统

通常在高速公路隧道左线、右线分别设置 2 台隧道区域控制器，另外在隧道两端的变电所内分别设 1 台隧道区域控制器，通过工业以太网交换机组成光纤自愈环网控制网络。

区域控制器系统完成隧道内分管区域的控制功能，对外场设备进行集中管理，在隧道站计算机和外场设备之间起上传下达的作用，以提高通信效益，加强本地手动控制功能，利于维护和检修。

3. 隧道闭路电视系统

隧道闭路电视系统主要由隧道内定焦摄像机、隧道洞口全方位遥控摄像机、变电所摄像机、管理所内的视频控制矩阵、监视器、硬盘录像机等设备构成。

隧道闭路电视系统对隧道出、入口及隧道内的交通流量、车流密度及道路使用状况进行监视，可及时直观地得到关于交通阻塞等现场情况和原因的画面，进一步辨认事故、火灾及其严重程度，并能采集必要的交通数据资料，必要时还能够对视频图像进行录像、打印，以便分析及取证。

在隧道中闭路电视系统最突出的作用就是用于监视隧道内车辆运营状态,尤其重要的是对隧道内火灾报警予以确认。该系统能够从监控计算机接受来自隧道各种反馈通报设备发出的报警信息,进行摄像的选择控制,自动显示报警区段及相邻区段的图像,并自动录像,自动将时间、摄像机号码(对应相应的隧道区段)记录在录像带上。为值班人提供处理事故的直接依据。如果几种通报设备同时报警,则以火灾报警区定为优先显示。

4. 通风照明控制系统

通风照明控制系统又可分为通风控制子系统和照明控制子系统。

(1)通风控制子系统

根据设计在隧道内设置有 CO/VI(一氧化碳/透过率或能见度)检测器和风速仪(检测风速和风向)。通风控制子系统根据检测到的 CO 浓度、隧道内的能见度和隧道内的风速、风向情况,控制风机的运转,实现节能和保持风机较佳寿命的运行。

(2)照明控制子系统

由于隧道内、外的亮度差别较大,因此司机在进出隧道时会产生多种特殊的视觉问题,因此如何减少由隧道内、外的亮度差别带来的影响是设置隧道照明控制子系统的一个重要目的。

隧道照明控制子系统采用在变电站集中控制的方式,隧道照明控制只进行回路控制,所有照明回路控制操作通过照明控制柜实现。照明控制柜安装在隧道变电所低压配电室,与隧道变电站内的本地控制器相连。照明控制子系统通过本地控制器和照明控制柜对隧道照明回路实现远程控制。隧道照明远程控制有自动、半自动和人工等三种方式。自动和半自动的控制方案由控制子系统根据环境亮度参数、火灾报警状况等自动生成。

隧道照明可以按晴天、阴天、夜间、深夜等分级进行控制,以减少“黑洞效应”并实现节能。

5. 隧道火灾报警系统

火灾报警子系统能及时、准确地反映出隧道内火灾发生的地点。报警信号经火灾报警控制器传至隧道管理所,并在计算机上显示相应位置的报警信息,同时,可经摄像机图像进行确认,由隧道管理所计算机系统制定出相应的控制交通的方案,包括启动照明、通风、灭火系统,调整各外场设备的信息等,以便快速、有序地疏导隧道内的车辆和人员,保证隧道的安全运营。

图 12.2-2 为隧道火灾报警系统基本结构图。

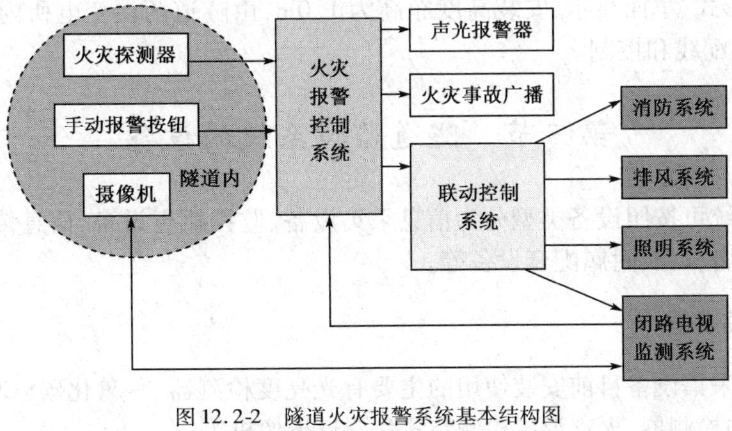


图 12.2-2　隧道火灾报警系统基本结构图

6. 紧急电话及有线广播系统

紧急电话系统是为在高速公路隧道内行驶的驾驶员在发生交通事故时,提供紧急救援的专用通信系统。同时也是高速公路隧道监控系统中收集隧道内车辆故障及交通事故信息、监控隧道运行情况的主要设备，是高速公路隧道必备的通信设施。该系统具有将紧急电话和有线广播两个系统合二为一的特点，是采集隧道内异常信息和隧道紧急救援的重要措施。

当隧道发生火灾或其他交通异常情况时，驾驶员可通过紧急电话向隧道站监控室报警，也可在监控室通过闭路电视的监控发现事故点，利用隧道广播系统呼叫疏导交通，采取紧急救援措施。同时，紧急电话系统与闭路电视系统具有相互联动功能，当发生紧急电话呼叫时，摄像机将自动对准事故发生地点，及时掌握事故现场信息。

7. 交通诱导系统

交通诱导系统主要是用于给司机提供信息，协助疏导交通，以保证道路安全畅通，提高路网整体通行能力。交通信号诱导系统，主要包括设在隧道洞口附近的洞口交通信号灯、车道指示标志、电光指示标志、小型可变情报板、LED 诱导灯、隧道内可变情报板等。

隧道监控站可根据交通运行情况，特别是在火灾、事故等异常工况条件下，对交通信号诱导系统进行信息的编辑和发布，在现场提供实时显示，保证对车辆提供交通诱导信号，实现车辆诱导及疏散。

8. 视频车辆检测系统

隧道作为高速公路的重点监控路段，设置了大量的摄像机(洞内按 1 处/150m 设置定焦摄像机，洞外设置变焦彩色/黑白球形摄像机)。摄像机的广泛布设使隧道内外基本无视频死角。在隧道管理所设置有事故事件视频检测报警系统，可对车辆事故、行人、抛洒物等异常事故事件进行自动报警，并完成视频自动切换和联动报警功能。

隧道事故事件检测系统主要由信息采集子系统和信息处理子系统、信息发布和诱导控制子系统三个部分组成，共同完成隧道交通流信息的采集、传输、处理、显示与发布等功能。其中，信息采集子系统(主要为隧道洞内摄像机、光端机、传输线缆)由隧道闭路电视系统完成，信息发布和诱导控制子系统由隧道交通诱导系统实施。

视频检测信息处理子系统主要由视频检测处理器、视频检测上端软件和视频检测工作站构成。

9. 避灾引导系统

在隧道行车方向左侧按 50m 间距设置避灾引导灯，该灯为常亮工作方式，光源为 20W 荧光灯，采用标志形式、单面显示、安装高度净高为 1.0m，由隧道两端变电所内 UPS 电源供电，在 UPS 配电柜上配线和控制。

## 第三节　隧道监控系统的设备

隧道监控系统可按照设备类型分为信息采集设备、监控执行设备、信息传输通道、程序软件及操作显示设备，以及附属配套设备等。

### 一、信息采集设备

隧道内信息采集设备目前安装使用的主要有光亮度检测器、一氧化碳(CO)/能见度(VI)检测器、风速风向检测器、火灾温控检测装置和隧道摄像机等。

1. 光亮度检测器

光亮度检测器是在隧道洞内、外规定位置和高度上安装的，用于对环境光亮度进行检测的专用设备。它根据光检测原理，利用测出的隧道接近区域的发光密度与隧道内的发光密度，经光电变换成电流的变化值，再经数字转换传至监控室内，中心计算机识别处理后又转换为光强度值供给显示器。所测得的隧道洞内、外光强度值进行比较取其差值，当差值大于一定数值(由程序预先设定)时，就给出隧道照明灯具启动的指令。若启动这一级照明灯具后光亮度差值仍超过设定的数值，就再启动高一等级照明灯具，直至所有等级的照明灯具全部开启。

(1)设备组成及功能

光亮度检测器主要由辉度(亮度)计和照度计组成。

辉度(亮度)计用于检测隧道口外物体反射光的强度，能够在20°范围内对照度平均值进行连续测量，亮度等级由一个嵌在金属或玻璃中的硅光电池确定。传感器的使用与温度无关。辉度计还可配置有云台、清洗过滤元件和加热元件。

照度计用于记录在水平表面的照明强度(入射光)。它主要是将一层防水瓷漆金属机壳，并在上部表面内嵌硅二极管。光电管已进行校准，可用于测量符合人类对光谱响应的照明强度(符合 CIE 标准)。

(2)布置原则

光亮度检测器宜安装在隧道入口内、外。一般辉度(亮度)计布置在隧道外距离洞口 20～200m，照度计布置在隧道内，距离洞口 20m。如果隧道洞口外受到地形限制，则可适当调整光强检测器的设置位置，但离洞口不宜太远，一般不宜超过一个停车视距。

选择辉度(亮度)计位置时，应避免其他设施或构造物遮挡。同时应注意检测器严禁太阳直射。

(3) 技术指标

辉度计的检测范围为 0～6 500cd/m$^2$，信号输出 4～20mA，测量角度垂直≥200°，水平≥200°，测量误差 ±2%，防护等级不低于 IP65，利用云台可调整角度。

照度计的检测范围为 0～20 000Lux，信号输出 4～20mA，测量误差 ±2%，防护等级不低于 IP65。

(4)安装方式

辉度计宜采用立柱安装在路侧，安装高度一般以一个洞门高度为宜，检测器探头方向指向洞口中心。

照度计宜安装在位于隧道侧壁的支架上，高度约 3～5m，且在建筑界限以外。

2. 一氧化碳(CO)/能见度(VI)检测器

一氧化碳浓度检测器采用的是非扩散检测红外波段中的一定波长对非对称分子吸收能力的变化值，再变换成电流的变量，把这一变量用数字信号传至隧道监控室中心计算机，最后给出显示和控制启动隧道通风设备的指令。

(1)设备组成及功能

一氧化碳(CO)/能见度(VI)检测器用于检测隧道内一氧化碳浓度以及能见度值。目前的检测器可分为一体化检测器(CO 和 VI 检测为一套设备)和分体检测器(CO 和 VI 检测为两套独立的设备)。分体检测器中的一氧化碳(CO)检测器又可细分为电化学检测和红外检测。

一体化检测器是指一氧化碳(CO)的检测和能见度(VI)的检测设计在一套设备中实现，部件主要由发射/接收单元、反射单元、处理单元以及安装支架等组成。目前国内一般采用一体化检测器。

(2)布置原则

一氧化碳/能见度检测器宜自距隧道出口100~200m处开始，向洞内以间隔800~1 000m的间距设置。

一般隧道入口区段、射流风机附近、车行横洞、人行横洞、紧急停车带处、不宜设置一氧化碳/能见度检测器。有通风竖井的隧道，宜在竖井处设置；有通风控制需要时，可按通风区段设置一氧化碳/能见度检测器。如区段划分较多，可分期实施。

(3)技术指标

一氧化碳(CO)/能见度(Ⅵ)检测器的主要技术指标为：测量距离3~10m；测量范围CO—$0\sim300\times10^{-6}$，VI—$0\sim0.015\text{m}^{-1}$；测量精度：CO—$\pm1\times10^{-6}$，VI—$\pm0.0002\text{m}^{-1}$；模拟输出为4~20mA隔离输出；接口输出为RS232/RS485标准接口；防护等级至少IP65。

(4)安装方式

一氧化碳/能见度检测器一般安装在位于隧道侧壁的支架上，距检修道高度2.5~3m。

3. 风速风向检测器

(1)设备功能及组成

隧道风速风向检测器借助超声波技术测量空气流速及方向。目前国内常用的风速风向检测器有两种：一种将一个传送器和四个接收器安装在一个探头内，后将探头安装在隧道内一侧；另一种由两套发射/接收单元和一套处理器构成，探头安装在隧道的两侧。

(2)布置原则

风速风向检测器宜自距隧道出口100~200m处开始，向洞内以间隔800~1 000m的间距设置。没有机械通风的隧道，可不设置风速风向检测器。

有通风控制需要时，可按通风区段设置风速风向检测器。如区段划分较多，可分期实施。

(3)技术指标

风速风向检测器的主要技术指标为：

测量范围：-20~+20m/s；

测量精度：±0.1m/s；

反应时间：10s~5min；

模拟输出：4~20mA隔离输出；

接口输出：RS232/RS485标准接口；

防护等级：至少IP65。

(4)安装方式

风速风向检测器有两种安装方式。一种安装在位于隧道一侧的支架上，距检修道高度2.5~4m。另一种安装在隧道两侧的支架上，两探头与隧道纵向中心线夹角为30°~60°(以45°为宜)，且均不侵占建筑界限。

4. 火灾温控检测装置

温控检测是利用检测光缆的传播波长随温度变化的原理进行检测。当隧道发生火险使环境温度突变时，光缆传播的波长随之突变。这个温度变化量传送到监控室的报警总机，经数据处理、识别和判断，当测得值超过设定值时，立即自动发出声光报警，来警示有关人员加以确认并采取相应的消防措施。

(1)设备分类与选用原则

在隧道中常用的火灾探测器按原理可分为线型探测器和点型探测器两类。线型探测器主要产品包括热敏合金检测器、空气管差温探测器和光纤感温探测器，点型探测器主要产品为双波长火焰探测器。

早期隧道中采用的探测器为空气管差温探测器,目前已不推荐采用,对于已经采用的隧道,可在需要改造时更新。

目前使用比较广泛的是光纤感温探测器和双波长火焰探测器。其中光纤感温探测器安装和维护方便,但报警灵敏度比双波长火焰探测器稍差。然而双波长火焰探测器需要预留预埋且需后期维护,设计者应根据各地的实际情况,选用合适的检测器。

火灾报警设施必须选用通过国家消防系统检验的产品。

(2)布置原则

线型火灾探测器宜沿隧道连续布置,点型火灾探测器宜以 50m 间距间隔连续布置。由于洞口受太阳光等的影响,隧道口 15m 范围内一般不设置点型火灾探测器。

火灾报警按钮的间距宜为约 50m,一般与消防栓同址设置。在隧道内声光报警器宜与火灾报警按钮同址设置,隧道入口前 100 ~ 150m 范围内则可在道路两侧等间距设置。

隧道管理站和(或)分中心监控室内必须设置声光报警器。隧道管理站、配电房等的火灾探测一般由房建设计单位参照相关标准规范一并考虑。

(3)安装方式

线型火灾探测器宜安装在隧道顶部。点型火灾探测器宜安装在隧道外侧壁,安装高度约 1.3 ~ 1.5m。

手动报警按钮宜安装在隧道外侧壁,安装高度约 1.3 ~ 1.5m。火灾报警主机一般设置在隧道口附近的隧道管理站或配电房等的墙上。其底边距地面高度宜为 1.3 ~ 1.5m,靠近门轴的侧面距墙不应小于 50cm,正面操作距离不应小于 1.2m。如无隧道管理站或配电房,则宜安装在隧道外的机箱内或隧道口的预埋洞室内。

5. 隧道监控摄像机

安装在隧道内外各处的摄像机所采集的图像,通过视频传输线(或光缆)传送到监控室的监视器上,供监控值班人员随时观察隧道内车辆行驶、堵塞或发生的事故,以及各设备的运行情况。

(1)设备分类

隧道监控摄像机有带云台彩色摄像机和固定摄像机两种。其中带云台彩色摄像机主要应用在隧道洞口外,监视隧道口的情况,也可用于在隧道内监视车行横洞、配电房和风机房。固定摄像机主要用于监视隧道内的各种情况,有彩色和黑白两种类型。

(2)布置原则

隧道外摄像机宜设置在距隧道入、出口 100 ~ 250m 处,以便能清楚地观察隧道洞口外的全貌。隧道口前如有构造物,应避开构造物设置。隧道入出口前公路线形如有弯道,设置时应考虑监视效果,避免盲区。如果隧道一侧的入、出口相距较远或设置 1 台摄像机很难无盲区监视,原则上出、入口应增设摄像机。

隧道内摄像机的布置间距宜为 100 ~ 200m,以实现无盲区监控。一般推荐按间距 120 ~ 150m 布置。隧道内曲线段应根据实际情况加密摄像机,避免监视盲区。

隧道内摄像机布置宜对紧急电话、紧急停车带、人行横洞和车行横洞等场所实现监视。隧道内如有风机房、配电房及其通道,原则上也应设置摄像机监视。

(3)安装方式

隧道洞口外的摄像机在路侧立柱上安装。一般采用热浸镀锌钢杆,高度至少 12m,下部可

用 $\phi \geq 325$mm(壁厚≥7.5mm),上部可用 $\phi 203$mm(壁厚≥7.5mm)钢管。需采取防止立杆抖动的措施。立柱也可采用水泥杆。

隧道内摄像机应安装在隧道侧壁的支撑架上,距路面高至少5.0m以上,并在检修通道的正上方及照明灯具的下方。

## 二、监控执行设备

目前安装使用的隧道监控执行设备有隧道照明灯具、通风设备、交通信号灯、车道控制标志及区域控制器(隧道本地控制设施)等。

1. 隧道照明灯具

隧道照明首先应满足车辆在隧道内行驶时对亮度的要求,同时应对减小驾驶员在行驶中进出隧道时视觉的差异起到调节作用。

隧道照明设备还应考虑应急照明,并保证行驶长度应大于1 000m,照明中断时间应不大于0.3s,维持时间不得小于3min。

隧道照明灯具亮度的配置还应考虑单向或双向行车、白昼间的调光差别、洞外引道照明亮度配置等因素。同时路面结构对照明亮度也有一定的影响。

2. 隧道风机的控制

目前隧道通风采用的方式有纵向通风和半横向通风两种方式。隧道风机启动条件的主要依据是隧道内一氧化碳浓度值和烟雾浓度值的大小,当其值高于设定值时风机才能启动(其中一项超出时风机就应启动)。所需风量的大小应综合考虑车况系数、车密度系数、车型系数、车速系数及隧道路面纵坡、烟雾排放量、隧道长度等各种因素的影响。

隧道风机的控制还应包括对其启动顺序、间隔时间、反向启动的保护措施等作特殊设计。采用大功率隧道风机时,启动电路宜设置程序控制的软启动方式,以便对电机进行必要的保护。

3. 隧道交通信号灯

隧道交通信号灯安装在每个隧道入口的前方,一般距隧道入口80~120m左右。杆体连接在预埋基础的法兰螺栓上,安装时应保持杆体垂直,发光屏体的俯仰角度调整应在最佳位置。

(1)技术要求

隧道口的交通信号灯用于控制隧道口交通流的流向、流速以及启停等。由显示灯、立柱、安装支架等构成。显示灯一般由红、绿、黄灯以及左转向绿色箭头灯组成。显示灯有灯泡和LED两种,一般采用LED像素,具有亮度高、色度纯正、显示清晰、使用寿命长、耗电低等特点。各种显示根据通信模块接收到的控制指令(监控室下达的指令信息)随之变换。

每个信号灯的直径为300mm,光源采用LED,接口为RS232/RS485,最远可见度≥200m,防护等级不低于IP65。

(2)设置原则

交通信号灯宜安装在隧道入口处及联络通道(转向车道)前。隧道入口前和整体式路基与分离式路基交界处,也可设置交通信号灯。

隧道入口前如有构造物遮挡,应避开构造物设置。隧道入口前公路的线形如有弯道,设置时应考虑司机的视认效果,避免遮挡司机视线。严禁交通信号灯与交通标志等设置相互遮挡。

4. 车道控制标志

车道控制标志安装在隧道出入口处(长大隧道还应在中途每隔一定距离安装),在所属车道(行车道和超车道)的正上方。一般都固定在隧道顶部,要求安装垂直、方正。

(1)技术要求

显示屏是双面显示红色"×",绿色"↓"。红色"×"为禁行标志,表示该车道被关闭;绿色"↓"表示车道开通,车辆可以驶入或可以通过。

为使隧道在异常情况时可安全反向行车,车道控制标志宜采用双面式。车道控制标志一般由显示屏、灯箱以及安装连接件等组成。显示屏一般采用 600mm × 600mm、600mm × 700mm、700mm × 700mm 等尺寸。车道控制标志分为 LED 和光纤两种型号。一般宜采用 LED 型,防护等级不低于 IP65。

(2)布置原则

车道控制标志应在隧道入、出口内 1 ~ 10m 处设置。隧道内车行横洞处应设置车道控制标志。隧道内也可以 200 ~ 800m 间距无盲区设置,并在弯道处适当调整。

隧道入口前可根据实际需要设置。一般宜和隧道口的大型情报板合并设置,或单独采用龙门架方式。严禁车道控制标志与隧道内其他设施相互遮挡。

(3)安装方式

车道控制标志宜采用悬挂方式安装在隧道顶部,位置在建筑界限以外,垂直投影在路面车道中心线上。

5. 区域控制器(隧道本地控制设施)

(1)设备功能及组成

区域控制器用于实现对隧道区段设备的控制。即对隧道区段设备进行小区域集中,在隧道管理站计算机和隧道区段设备之间起上传下达的作用,以提高通信效率,加强本地手动控制的功能。

区域控制器由 CPU 模块、电源模块、通信模块、输入模块、输出模块、触摸屏等构成。区域控制器一般采用光纤冗余环网结构,目前采用的有 Controller link、Profibus、Modbus 及工业以太网等。

(2)布置原则

区域控制器宜在隧道内,自距出入口 100 ~ 200m 处开始,向洞内以 500 ~ 1 000m 的间距设置。隧道口配电房宜设置 1 套区域控制器。

在隧道口或配电房内设置的区域控制器,一般应为主区域控制器。全隧道的区域控制器应尽可能左右洞环成具有真正物理意义的自愈环。

相距非常近的隧道可作为一个整体,统一布置区域控制器。

(3)技术指标

一般基本指令速度不低于 0.1μs,每块模块都有指示灯指示模块的工作状态,带输入输出功能。

区域控制器具有现场设备控制程序,具有故障自诊断功能、断电恢复功能和本地控制功能。

(4)安装方式

隧道内的区域控制器安装在隧道侧壁的预留洞室内,配电房内的区域控制器安装在机箱内。

## 三、信息传输通道

隧道监控室是隧道运行区段的行车指挥中心，各种采集信息的处理中心，同时还需按实时采集的信息经识别、比较、编制出指令传送到各执行设备，对隧道运行实现“监”和“控”的功能。这就需要有可靠的连接通道传送信息和指令。

隧道监控系统的传输通道有光缆（包括光端机）、视频电缆、信号电缆（包括调制解调器设备）等。当距离较近时，可直接用视频电缆和信号电缆传送信息和指令；如果距离较远，就需用光缆，变换成数字信号后传送。传输速率则需根据各采集和执行设备的特点确定。传输通道不论采用哪种方式和哪种类型的缆线，都应严格按设计和规范要求安装和敷设，并要保证施工质量和传输性能。严禁发生数字信息丢失、码型畸变、错码、乱码等问题，提高隧道监控信息传输的可靠性。

以下介绍可变限速标志、大型可变情报板、小型可变情报板、紧急电话和隧道广播等几种传输设施。

1. 可变限速标志

隧道可变限速标志一般安装在隧道入口的前方，在交通信号灯之前 200 ~ 400m 的合适位置处，以便车辆驾驶人员在进入隧道前更早了解（通过显示屏上的文字或数字显示）隧道内车辆运行要求等信息。

（1）设备功能及组成

可变限速标志用于限制车辆速度，使在隧道内行驶的车辆的平均速度能与车道占有率适应，避免或缓解隧道内交通拥挤、阻塞。

可变限速标志由标志板、控制箱和安装连接件等组成。标志板由显示屏、机壳组成，其中显示屏由图形外圈、数字字符及其支撑底板构成。

（2）设置原则

可变限速标志宜设在隧道入口前 250m 以外的位置上，并可与可变情报板合并设置。隧道入口前如有构造物遮挡，应避开构造物设置。隧道入口前公路的线形如有弯道，设置时应考虑司机的视认效果，避免遮挡司机视线。严禁可变限速标志与安全标志牌或其他设施相互遮挡。

两隧道间距 300m 以下者，其间不应设置可变限速标志，信息应由上一隧道的可变限速标志提示。

可变限速标志设置时宜避开高填方区，以利于施工安装和维护。

在 A 或 AA 级隧道内可设置可变限速标志，其间距宜在 1 000 ~ 2 000m，也可根据造价适当调整间距，或分二期实施，但不宜在靠近出口的位置上设置。

在隧道内设置可变限速标志时，应考虑弯道对司机视野的影响。严禁隧道内的可变限速标志与隧道内的其他设施相互遮挡。

（3）技术要求

可变限速标志应满足国家标准《高速公路 LED 可变限速标志》（GB 23826—2009）的要求。可变限速标志分为方形和圆形两种，其中圆形外圈尺寸一般分为 $\phi$1 200mm、$\phi$1 400mm 和 $\phi$1 600mm 三种。半功率角不小于 15°，动态视认距离不小于 210m，应至少显示 5、10、15、20、30、40、50、60、80、90、100、120 等内容，且能控制全亮与全灭，具备故障自检功能。

（4）安装方式

隧道口外的可变限速标志宜在路侧立柱上安装。隧道内宜安装在外侧壁，并在建筑界限以外，高度至少2.5m。也可悬挂在隧道顶部右侧。

2. 大型可变情报板

（1）设备功能及组成

大型可变情报板一般设置在隧道口，以便在天气、交通等情况异常时及时向司机提供信息。一般根据隧道长度和交通量大小决定是否设置大型可变情报板。

大型可变情报板由显示屏体、控制器（内含软件）、驱动器、配电箱和龙门架等组成。其显示颜色可分为全彩色、双基色和单色三种。一般大型可变情报板使用双基色，如果造价允许，可以采用全彩色。

（2）设置原则

大型可变情报板宜在隧道入口前250m以外的位置上设置。如果隧道口前有转向或交叉车道，则大型可变情报板应在之前设置。隧道入口前如有构造物遮挡，应避开构造物设置。隧道入口前公路线形如有弯道，设置大型可变情报板时应考虑司机的视认效果，注意避免遮挡司机视线。一般要求视距应不小于250m。严禁大型可变情报板与安全标志牌或其他设施相互遮挡。

大型可变情报板设置时宜避开高填方区，以利于施工安装和维护。两隧道间距300m以下者，其间不应设置大型可变情报板，信息应由上一隧道的可变情报板负责提示。考虑到大型可变情报板的负荷很大，布置设备时应权衡电源引电的距离与设备显示效果的性价比。

（3）技术要求

大型可变情报板应满足交通行业标准《高速公路LED可变信息标志》（GB 23826—2009）的要求。一般两车道的大型可变情报板采用10～11个显示单元，三车道时可适当增加。每个单元的显示尺寸为1m×1m，每个汉字一般由32×32点阵组成，汉字显示大小也可自由编辑。整屏亮度>8 000cd/m$^2$，至少4档亮度自动调节，可视距离≥250m，半功率角为15°，失效点<1‰，外壳防护等级应达IP65，具备故障自检功能以及亮度调节功能。

大型可变情报板显示单元数量也可根据车道数适当调整。

3. 小型可变情报板

（1）设备功能及组成

小型可变情报板用于根据外场、隧道内的环境和实际交通情况，及时向驾驶员提供信息，包括显示车辆速度限速值。

小型可变情报板可分为小型立柱式可变情报板、悬臂式可变情报板以及隧道内可变情报板。颜色有全彩色、双基色和单色三种。双基色小型可变情报板应用较多。

小型可变情报板由显示屏体、控制器（内含软件）、驱动器、配电箱、立柱或支架等组成。

（2）设置原则

小型立柱式可变情报板或悬臂式可变情报板的设置原则与大型可变情报板相同。

根据交通量大小，隧道内可变情报板的间距宜为1 000～3 000m，也可根据造价适当调整或分二期实施。可考虑在车行横洞附近设置，但不宜在靠近出口的位置上设置。

隧道内可变情报板的设置也应考虑弯道对司机视野的影响。严禁隧道内的可变情报板与隧道内的其他设施相互遮挡。两隧道间距300m以下者，其间不应设置小型可变情报板，信息应由上一隧道的可变情报板负责提示。

（3）技术要求

小型可变情报板应满足交通行业标准《高速公路 LED 可变信息标志技术条件》(JT/T 431—2000)的要求,不再赘述。

(4)安装方式

小型立柱式可变情报板或悬臂式可变情报板宜在路侧立柱上安装。

隧道内可变情报板宜悬挂在隧道顶部,并在建筑界限以上的位置安装。

4.紧急电话

紧急电话可按照传输媒质、传输方式、结构和材料分为电缆紧急电话、光缆紧急电话和无线紧急电话三种。隧道一般采用光缆紧急电话,并和有线广播系统组成综合应用平台。

(1)技术要求

光缆紧急电话采用光缆作为传输介质,采用低压集中供电方式(标准电压 -48V)或由太阳能供电,防护等级不低于 IP65。紧急电话和其控制主机之间的传输损耗≤30dB,3 000HZ;距紧急电话机前方 40cm 处测得的额定声能级应优于 90dBA;具备排队报警、呼叫、地址码显示、语音提示、故障报告、取消呼叫、打印报告、定时自检、手动自检和加电自动恢复等功能。

(2)布置原则

隧道内紧急电话宜间距 200m 左右布置,原则上不能超过 250m。隧道内紧急电话应优先考虑设置在紧急停车带内。

隧道入、出口外约 10m 宜各设置 1 台紧急电话,而在入、出口内 200m 范围内不再设置紧急电话。

(3)安装方式

隧道入、出口外的紧急电话安装在路侧,应设置紧急电话平台和保护使用人员安全的设施。隧道内的紧急电话一般安装在位于隧道一侧的预留洞室内,洞室尺寸通常为2.0m(高)×1.0m×1.0m,电话高度以 1.2~1.5m 为宜。要求使用人员能在洞室内方便使用,并且洞室要求带有照明和隔音门。

紧急电话的控制主机一般安装在隧道管理站或(分)中心。

5.隧道广播

(1)设备功能及组成

隧道广播用于在紧急事故或火灾等情况下,值班员向隧道口及隧道内的司乘人员喊话,向隧道区段传递信息和进行避难导向。平时也可用于传递公路养护施工状况或交通信息。

隧道广播可分为有线广播和无线广播两类。国内隧道一般宜采用有线广播,并和紧急电话合用,成为一套综合系统。

隧道区段的有线广播一般采用强指向号角扬声器。无线广播一般采用中波无线调频广播。通常在隧道内侧壁上方敷设一根漏泄电缆或在隧道口和隧道内适当位置纵向架设定向天线,用以实现隧道内无线信号的传输。司乘人员可通过车载接收器收听隧道区段的消息。

(2)布置原则

隧道内扬声器可根据功率大小选择合适的间距。通常不宜超过 100m,20W 的扬声器布置间距宜为 50m。

隧道口外应设置扬声器,车行横洞、人行横洞处可设置扬声器,在通风机房及其通道内宜设置扬声器。隧道内如果有配电房或其他设备间等时,也应设置扬声器。

隧道入口外应配套设置广播标志,尤其是设置无线广播时,应明确标出频段。

(3)安装方式

隧道内的扬声器宜安装在隧道外侧壁的支架上,一般在检修道上方2.5~3.0m处。隧道口外的扬声器可安装在立柱上,或安装在隧道口侧壁的支架上。安装在立柱上的扬声器应不低于8m。

## 四、程序软件及操作显示设备

隧道监控系统中,各执行设备的启动和显示变换都要按一定的程序根据指令运行。其特点一般都是以采集的信息和数据为依据,经处理后再按预先编制程序形成和发出指令,而执行设备都是设在隧道监控室的中心计算机。当把需变换的信息、要求输入后,计算机就可自动输出指令。当收到的采集信息数据超过(或低于)预先设置的阈值时,就会自动发出有关执行设备启动或变换显示的指令,从而达到了用以控制各执行设备,指挥行车和改善隧道内的行车环境的目的。中心计算机还可对所有的信息、指令进行储存、检索和查询。

中心计算机处理采集信息,发出启动和变换指令的程序即是隧道监控系统的软件系统。程序一般由专门人员根据隧道实际情况,各执行设备的种类型号和行车指挥的需求编制。要求做到严密、可靠、操作方便、显示明了。最终目的是确保行车安全和隧道畅通。监控系统的控制程序还需做到自动和人工操纵功能的兼顾。同时还应保证切换功能和优先顺序。当需进行各种切换时,要经过一定的程序(如输入规范的密码)才能进行人工遥控、就地操纵功能的实现和控制权的收回等。

隧道监控设备的显示应全面、清晰、准确,显示意义易于辨认。同时还应保证与现场的信息采集设备、执行设备的运行状态相一致,做到既能监督隧道行车实况,又能准确地监视各种设备的运行状态。对于特别的异常情况(如发生火险、火灾时),还应给出必要的声光警示信号,用以引起监控工作人员注意。

## 五、附属配套设备

除以上各类设备外,隧道监控系统的设备还有监控配电设施、车辆检测器、隧道口超高检测器、车温探测器、危险品探测器、自动栏杆、各类标志(隧道标志、禁令标志、紧急电话指示标志、紧急停车带标志、人行横洞指示标志、车行横洞指示标志、疏散指示标志、消防设备指示标志)、标线、轮廓标、电光标志等。

监控配电设施主要指用于向隧道内和隧道管理站的监控设备供电所需的监控配电箱和缆线等。车辆检测器主要用于检测车辆的出现或存在及检测车辆的运动或通过,有感应(环形)线圈检测器、视频车辆检测器、雷达(微波)检测器等种类。隧道口超高检测器主要用于限制载重车辆超高,其余几类设备主要用于探测或传递与安全有关的信息。

以下主要介绍监控配电设施及超高检测器。

1. 监控配电设施

(1)配电设施范围

隧道内监控设施与供电设施的界面一般划在隧道内的监控配电箱。监控配电箱(不含)以上设施由供电负责,隧道内监控设施至监控配电箱的缆线及监控配电箱由监控设施负责。

一般隧道管理站的监控设施与供电设施的界面划在配电房或变压器低压接线侧。隧道内的监控设施所需不间断电源系统一般由供电设施统一考虑。

(2)设置原则

隧道监控设施为一级供电负荷。

监控配电箱一般设置在隧道内侧壁,监控设备比较集中的地点。一般以500m左右的间距设置。配电电缆应根据所供设备的负荷及引电距离确定缆线的芯数、粗细。

2. 隧道口超高检测器

(1)设置原则

超高检测器宜在隧道入口前250m以外的位置上设置,以便被检测出超高的车辆有足够的时间处理。同时应注意超高检测器应与隧道口的情报板、固定标志、报警灯、有线广播等配套使用。

如果进入隧道的车辆可通过收费站限高,隧道入口可不设超高检测器;但对于没有任何限制超高车手段的道路,宜在隧道入口设置超高检测器。

超长隧道原则上应在入口前设置超高检测器及配套设备。隧道入口前如有构造物,应避开构造物设置。

(2)设置要求

超高检测器可分为机械式和自动检测式两种。机械式为在门架上用钢绞线在限高高度上悬挂钢板阻止车辆进入;自动超高检测器由红外线发射器、接收器及多个环形线圈组成。发射器发射的光束定位在隧道限高上,由接收器接收。为避免误报,设置环形线圈校验。此外还有根据超声波、微波和激光原理制造的自动超高检测器。

一般隧道宜采用自动超高检测器。

## 第四节　隧道监控模式及特点

目前采用的隧道监控模式有传统常规监控模式、分中心集群监控模式和隧道监控与道路集中合建的监控中心三种。监控模式的选择直接关系到建设成本和今后的运行成本,故宜通过功能和优缺点比较确定。

### 一、传统常规监控模式

传统常规监控模式为在每座长隧道的洞口处设置监控站,对全隧道进行监控。监控站再将监测数据上传到路段监控分中心或公司监控中心。这种模式的监控系统采用的是就地监控,数据上传。每个监控站设有监控计算机、监视墙、地图板、投影机、广播、电话总机、通信机等。早期建成的高速公路隧道基本采用这种监控模式。

### 二、分中心集群监控模式

分中心集群监控模式是对分散在一条路段的多个隧道采用集中监控的一种隧道监控模式。这是目前国内对隧道较集中的地段采用的监控模式。这种模式不再为每座隧道设置专门的隧道监控站和专业技术人员。隧道外场设备采集的环境数据、交通数据、火灾自动检测、监控摄像机的视频信号等数据通过本地控制器全部上传至隧道监控分中心。监控分中心设有监视墙、地图板、大屏幕投影仪、监控计算机、广播、电话总机、通信机等。监控分中心对辖区内的隧道实行统一监控,对事故发生后的疏导和救援实行统一指挥、统一调度。

### 三、与道路集中合建的监控中心

即在选择监控中心时,综合考虑道路监控和隧道监控的特殊性,比选监控中心周围的地理位置,条件合适时将隧道监控与道路及收费监控合建监控中心。该监控模式与分中心集群监控模式类似，只是隧道监控的内容显示与道路和收费监控的地图板和监视墙合建在一个大厅内（或一栋大楼内），受监视墙同时显示图像的数量限制，采用轮巡显示、报警回答显示相结合的显示模式。监控中心道路监控和隧道监控各自安排专人负责。监控中心配备事故应急救援专业队伍，并且制订一套完整可行的救援方案。

表12.4-1为几种监控模式的优点、缺点及解决方案的比较。

**几种监控模式的比较表**　　表12.4-1

| 监控模式 | 优　点 | 缺点及解决方案 |
|---|---|---|
| 传统常规监控模式 | 当隧道内发生交通事故或火灾时，能快速反应，较快进行事故处理 | 每座长隧道设置监控站，需专业人员多，且全天候值班；各隧道需单独配备全套监控设备和建较大的监控站房，一次建设投资大，营运中人员开支大，设备利用率低，设备维修费用高 |
| 分中心集群监控模式 | 监控站在所辖区内只设1套监视墙、地图板、机影机、监控计算机、广播、电话总机、通信机，只设1组监控值班人员，一次建设投资减少，运行费用也有较大程度的减少 | 事故发生后的疏导和救援反应速度稍慢，如果辖区范围长，等救援车赶到现场时，事故态势已经扩大。分中心应选在隧道群中间就近的收费站，或在辖区内最长的隧道且靠近隧道群中间的地方，配备专业队伍和车辆，以便事故时能快速反应，及时救援 |
| 与道路集中合建监控模式 | 取消了长隧道口的监控站，在一条高速公路或一个高速公路管理公司，将隧道监控、道路监控、收费监控集中在一起，只设置1套监控管理系统，1组值班人员。比前两种方式更节约投资和运行费用。同等投资下可集中选择更好更先进的设备 | 事故发生后的疏导和救援反应速度稍慢，特别是当一条路或公司辖区长时，等救援车赶到现场事故态势很可能已经扩大。需要在救援管理上加强，在隧道集中的地段设置养护工程和救援相结合的区域，配置专业队伍和车辆，以便发生事故时能快速反映，及时救援 |

表中第二种、第三种模式管理更科学，投资更节省，同等投资下可选择更好、更先进的设备，但必须在救援上加强组织和管理。可将养护工程和救援相结合，配置专业人员和车辆，以便发生事故时能快速反映，及时救援。这些是目前推行的方式。

## 第五节　隧道常见灾害种类与防治对策

隧道在给人们的生活带来便利的同时，也因其特殊的环境而容易发生灾害，并且与地面建筑相比较，其灾害的后果可能更严重，因而十分有必要对隧道灾害及其防治对策进行研究。本节将介绍隧道常见灾害的种类和特点，同时对于火灾这种隧道运营中最重要的灾害进行了详尽地阐述，包括隧道火灾的起因、特点及防灾救援措施。

### 一、隧道运营灾害的分类与特点

1. 隧道灾害的分类

隧道投入运营后的常见灾害，可按照表现形态的不同大致分为以下5大类：

（1）交通事故。

（2）火灾或爆炸事故。

（3）毒气泄漏。

（4）自然灾害（涌水、滑坡、泥石流等）。

(5)隐患灾害(发动机和轮毂过热、车辆故障、CO 超标、VI 超标、抛物、阻塞、土建结构出现裂缝或沉陷)。

2. 隧道灾害特点

(1)空间分布特点

隧道灾害在空间的分布既不是均匀分布,也并非随机分布。例如交通事故在隧道洞口附近发生的概率较高,其主要集中在隧道入口处 200 ~ 400m 路段范围内,出口也是隧道交通事故的多发区。

(2)时间分布特点

白天灾害的发生率明显高于夜间,雨雪天灾害较平时有所增加。刚开始下雨时,几乎没有事故发生;1h 以后开始发生事故,雨后 6 ~ 10h 形成事故高峰期。

(3)灾害形态特点

各类灾害之间存在相互转化的关系。如车辆常先发生侧滑,然后造成追尾、碰撞、刮擦的事故形态占了事故总数的绝大部分,而火灾则多数是由于交通事故的发生和恶化引起。

(4)车辆类型特点

小型车辆发生的交通事故数最多,占所有交通事故的绝大部分。发生交通事故的小型车辆中,又以底盘较轻的国产轿车、面包车以及微型车等车型居多。引发毒气泄漏、火灾、爆炸性灾害的车辆,则以大型、重型货车为主。

(5)救援特点

由于隧道本身具有半封闭性、可达性低、情况不明确、灾害情况下联络与救援困难等特点,导致发生灾害事故后救援困难,且灾害容易恶化。如发生火灾后隧道内烟雾浓度迅速增大、温度升高、能见度低、通视性差、疏散避难困难、救灾急迫性强,不仅救援困难,而且灾情容易恶化。

在隧道的各种灾害中,火灾因其自身的特点、事故的频发性以及后果的严重性而备受人们的关注。图 12.5-1 为 1999 年勃朗峰公路隧道火灾后的情景,由图可见发生火灾后不仅车辆损坏,衬砌也在高温下毁损、掉块。近些年来,对于隧道火灾及防灾救援方面的研究越来越多。

图 12.5-1　1999 年勃朗峰公路隧道火灾后情景

## 二、隧道火灾的起因、分类及特点

1. 隧道火灾的起因

隧道火灾的起火原因有多种,常见起火原因有:

(1)隧道内的电气线路或电气设备短路起火。

(2)维修保养时由使用的明火起火。

(3)汽车自燃起火。

(4)紧急制动时制动器起火。

(5)汽车交通事故起火和车上装载的易燃物品起火。

2. 隧道火灾的分类

隧道火灾可分为隧道附属用房火灾、隧道设备火灾和隧道内汽车火灾三类,并以A类火灾(普通固体物质燃烧而引起的火灾)、B类火灾(油脂及一切可燃液体燃烧引起的火灾)和电气火灾为主。

据国外20世纪90年代的统计资料显示,隧道火灾的发生频率为10~17次/(亿车·km)。

3. 隧道火灾的特点

隧道火灾具有以下几个显著特点:

(1)多样性和不确定性

由于隧道长度、断面形状与尺寸、交通量、车型和车载可燃物种类等因素都将影响火灾的发生和蔓延,而这些因素都具有不确定性,由此决定了隧道火灾及其发展蔓延规律和烟气流动规律,必然具有多样性和不确定性。隧道越长、交通量越大,火灾发生的概率也越大;隧道火灾荷载则主要取决于车载可燃物类型及其数量、车内装修和车载燃油量类型和数量等。不同车辆的火灾荷载详见表12.5-1。

**隧道内不同类型汽车火灾时的火灾荷载** 表12.5-1

| 车辆类型 | 最高温度(℃) | 最大热释放速率(MW) | 等效汽油坑($m^3$) |
|---|---|---|---|
| 小汽车 | 400~500 | 3~5 | 2 |
| 载重车/公共汽车 | 700~800 | 15~20 | 8 |
| 油罐车 | 1 000~1 200 | 50~100 | 30~100 |

(2)温升速率快,极易爆发成灾

与地面建筑火灾相比较,隧道火灾温升速率快,并极易爆发成灾。因为隧道呈狭长形,隧道越长越近似于封闭空间,火灾发生后,隧道内烟雾大,能见度低,散热慢,温度较高,容易燃爆,起火点附近未进行防火保护的隧道承重结构体的混凝土容易发生崩落。

(3)会产生跳跃性蔓延

由于隧道内空气不足,发生火灾时可燃物多为不完全燃烧,产生的CO等不完全燃烧产物随高温烟气流动,当有新鲜空气补充,并遇到新的可燃物时,即会引发新的燃烧,从而出现火灾从一辆车跳跃到另一辆车的"跳跃式"蔓延。

(4)疏散困难,容易造成二次灾害

隧道火灾发生后,安全疏散困难,容易造成交通堵塞和出现二次灾害。双向交通隧道、单向单车道隧道、车流量大或处于交通高峰期的隧道发生火灾时,由于隧道内能见度低,疏散通道有限,加之驾驶人员对烟火的恐惧,容易出现慌不择路而造成交通堵塞或出现新的交通事故,而严重影响车辆疏散;隧道越长,车辆疏散所需的时间越长,期间发生二次灾害的概率将越大。

(5)灭火救援难度较大

由于隧道多远离城市,缺乏可靠的水源,且隧道内灭火条件有限,所以隧道火灾延续时间和火灾扑救的成功率通常取决于隧道消防设施设置的合理性和使用效率,以及隧道管理单位的管理效率和自救、应急能力。双向交通隧道、特长隧道内，容易产生灭火救援路线与疏散路线、烟气流动路线的交叉，加之救援面和救援途径有限，火灾扑救难度较大。

(6)火灾损失具有不可预见性

因隧道火灾荷载和交通状况等因素具有随机性和不确定性特征，隧道火灾损失具有不可预见性。隧道火灾可能只造成一辆车的损失，也可能成为群死群伤、车损洞毁、交通中断的重大恶性火灾，产生巨大的经济损失和恶劣的社会影响。表12.5-2列举了国内外发生的7起隧道特大火灾及其损失情况。

**7起隧道重、特大火灾情况表** 表12.5-2

| 隧道名称 | 火灾发生地 | 人员死亡情况 | 经济损失 | 交通中断 |
|---|---|---|---|---|
| 猫狸岭隧道 | 中国浙江 | 无 | 重大经济损失 | 18d |
| 勃朗峰隧道 | 法国 | 41人 | 毁车43辆 | 一年半以上 |
| 托恩隧道 | 澳大利亚 | 13人 | 毁车34辆 | 3个月 |
| 圣哥达隧道 | 瑞士 | 11人 | 约100辆 | 2个月 |
| Vierzy Tunnel | 法国 | 108人 | — | — |
| Hokuriku Tunnel | 日本 | 34人 | — | — |
| Salang Tunnel | 阿富汗 | 700人 | — | — |

## 三、隧道防灾救援措施

隧道的防灾救援是一项系统工程，需要贯穿设计、施工和运营管理的全过程。本节参考当前学者专家的研究成果和成功经验，以防火救援为例介绍长大公路隧道防灾系统的建设。

1. 隧道防火救援的基本原则

长大公路隧道火灾预防救援的基本原则可概括为：

(1)贯彻“以防为主，防消结合”的方针。

(2)对隧道结构加强防火考虑。包括采用耐火材料，在隧道内设置合理的防火分区以及合理的人员、车辆逃生通道等。所有设施的设置都应针对可能发生的最不利火灾情形，同时结合救援等因素综合考虑。

(3)为了及时检测火灾并报警，隧道内需采取装备自动报警设备和容易辨认、操作方便的手动报警设备等多道报警措施。报警系统应反应迅速、准确，以便隧道内一旦发生火灾，可把火灾限制在最小范围内。

(4)建立完善、可靠的消防系统。隧道内应根据通过车辆的情况和可能的火灾情形，设置足够的消防设施。同时，这些消防设施应尽可能便于人员的使用。

(5)建立完善的通信系统，以利于正常运营和紧急情况下人们的沟通和协同工作。

(6)具有健全的火灾通风预案。成功的通风方案是人员、车辆逃生和火灾救援的关键条件。

2. 隧道结构防火

隧道结构防火措施主要包括隧道内光过渡段的设置、防撞侧石设置、防火材料设置、防烟分区设置、疏散通道设置以及照明和避难标志的设置等六个方面。

(1)光过渡段的设置

为了消除进入隧道时洞口的黑洞效应和出洞口时的白洞效应，确保行车安全，可在洞口外设遮阳棚，在洞口内设置加强照明。遮阳棚由遮阳板和透光孔组成。遮阳板开口面积自引道段向暗埋段由大变小，限制直射光线的进入量，增加行车安全度。

(2)防撞侧石的设置

放宽行车道可减少车辆撞车事故。隧道两侧设置防撞侧石，可使车辆发生撞击后不致翻车或反弹到另一条车道，避免发生二次撞车事故，而且也能有效保护隧道侧墙装修和结构，避免因受到撞击而破损。

(3)防火材料的设置

主体隧道内部装修材料应选用不燃材料，隧道顶部应采用防火内衬。由于隧道内空间封闭，火灾具有升温快、温度高的特点，较高的火灾温度造成混凝土爆裂，进而造成结构的破坏，并导致疏散和扑救困难。一旦隧道结构破坏，后果极其严重，因而对隧道结构的重点部位——圆形隧道的拱顶结构及矩形隧道的顶板结构应采取有效的防火措施加强保护。而且从减少火灾时烟雾的毒性考虑，隧道内装器材应选用不易燃烧和不会放出有毒分解物的材料制作。

(4)防烟分区的设置

为了控制烟雾的蔓延距离，减小由其产生的火风压对通风系统的影响，需要适当设置防火分区和排烟分区。防火分区和排烟分区的设定应与安全出口和疏散通道等防灾设施的配置设计相适合。

(5)疏散通道的设置

参考目前国内外长大隧道疏散通道的设置情况，从疏散逃生的角度考虑，可采用如下几种方式：

①建设专用的服务隧道供疏散逃生使用，如英吉利海峡隧道。

②在运营隧道间设立横向联络通道(包括人行横通道及车行横通道)，如图 12.5-2 所示。

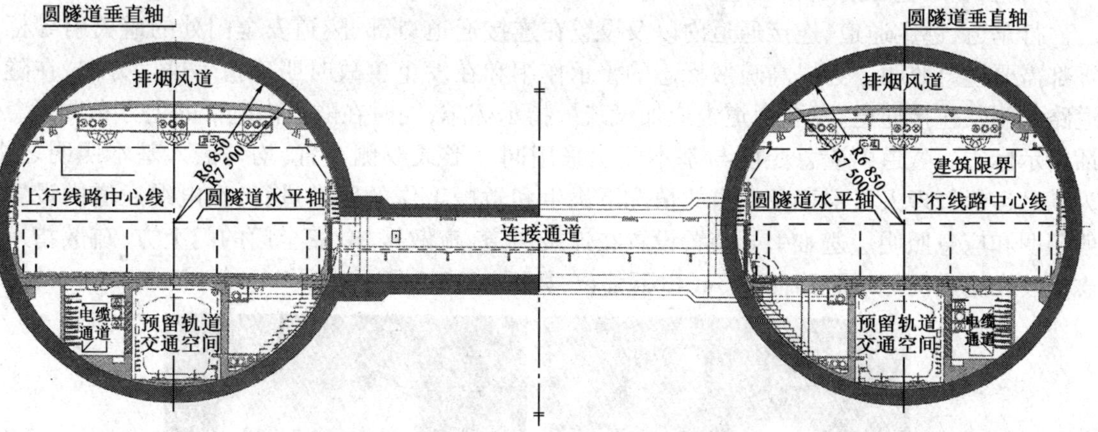


图 12.5-2　横向联络通道图

③对于采用盾构法修建的长大海底隧道，也可充分利用行车道以下的空间形成纵向逃生通道。图 12.5-3 所示的日本东京湾海底隧道行车道板下的安全通道，通过逃生楼梯或滑梯与行车区间连接。

④对于采用穿梭列车运行模式的隧道，也可参考日本青函隧道的做法，在隧道内一定位置设立“定点”(火灾时，列车停在定点位置)，以进行全面的灭火救援、通风排烟工作，如图

12.5-4所示。

图 12.5-3　日本东京湾海底隧道行车道板下的安全通道

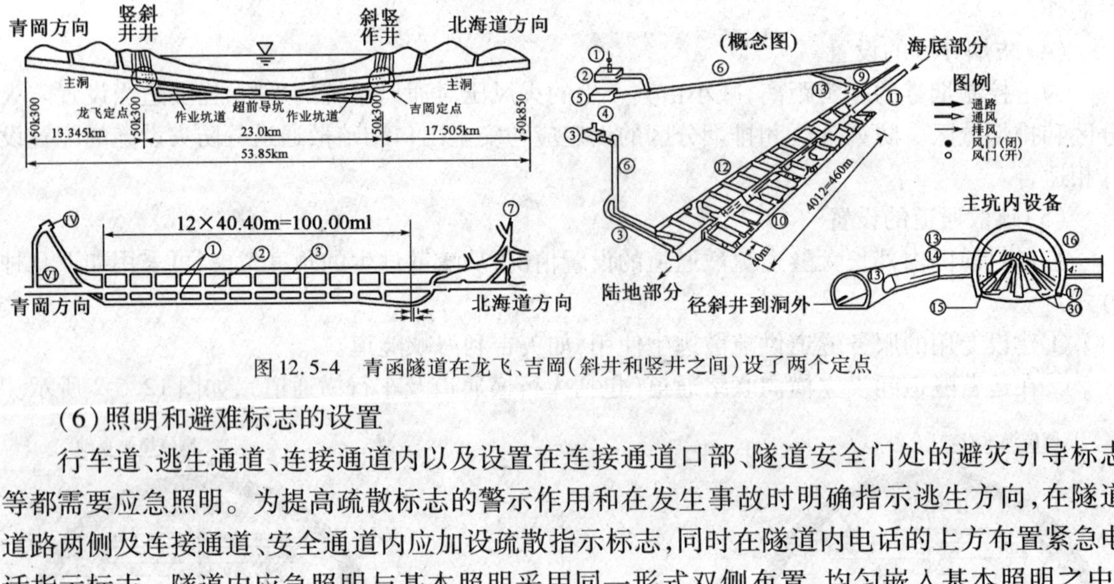


图 12.5-4　青函隧道在龙飞、吉岡(斜井和竖井之间)设了两个定点

(6)照明和避难标志的设置

行车道、逃生通道、连接通道内以及设置在连接通道口部、隧道安全门处的避灾引导标志等都需要应急照明。为提高疏散标志的警示作用和在发生事故时明确指示逃生方向,在隧道道路两侧及连接通道、安全通道内应加设疏散指示标志,同时在隧道内电话的上方布置紧急电话指示标志。隧道内应急照明与基本照明采用同一形式双侧布置,均匀嵌入基本照明之中。为满足运营管理人员巡视及在事故情况下逃生和救援工作的照常进行,在电缆通道内设置一般照明和应急照明。避难引导装置设置在连接通道、疏散楼梯、安全门的门上方,疏散指示标志安装在隧道两侧墙距路面 1.3m 以下部位,如图 12.5-5 所示。

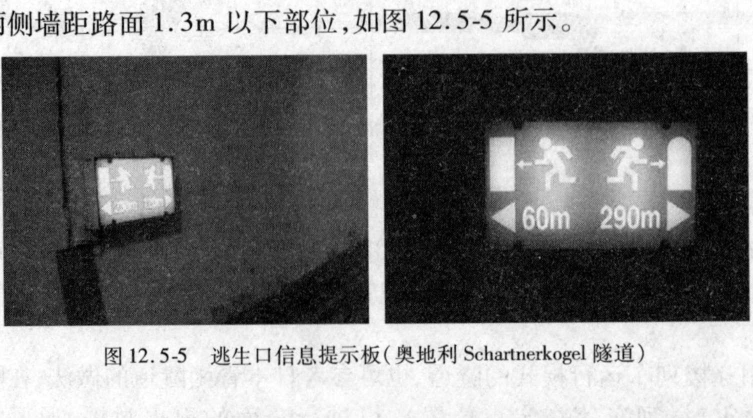


图 12.5-5　逃生口信息提示板(奥地利 Schartnerkogel 隧道)

3. 建立可靠的监控防灾系统

监控系统在隧道防灾中是最重要的系统。有关内容在本章第二节中已详细介绍，这里主要针对火灾的预防和救援，对火灾报警系统再作一些介绍。

隧道火灾报警系统是隧道安全运营的必要组成部分，而火灾探测器又是预警系统中主要的功能部件。随着隧道数量的不断增加，出现了越来越多的基于探测不同火灾特征信号的隧道火灾探测器及相应的隧道火灾预警系统。随着传感器技术及电子技术的发展，依据不同原理开发的火灾探测器层出不穷，常见的有温度、烟雾、图像、气体及火焰式探测器。在所有的火灾信号中，火灾发生时最先产生的是气体信号，紧接着便产生烟雾，接下来才是温度升高和发生火焰。

烟雾探测器主要以烟雾的质量浓度、体积分数、粒度分布为火灾探测鉴别的参数。烟雾探测器分为离子式、红外光式、激光式和视频烟雾探测器等。燃烧产生的可用作火灾报警信号的燃烧释放气体主要有 $CO$、$CO_2$、$NOx$、$CH_4$、$H_2$、$H_2O$、胺($NH_2$)等。气体火灾探测器主要是依靠探测这些气体的浓度来确定火灾和报警。目前可以用作探测可燃性气体或火灾燃烧释放气体的气体传感器主要有：半导体气体探测器、红外吸收式气体传感器、电化学传感器以及正在发展的智能气体传感器或电子鼻等。但是，烟雾探测器和气体探测器因为受到自身探测原理和隧道特殊环境的限制，而不宜用于隧道。

在众多的火灾探测器中，隧道内常用的探测器有温度探测器和火焰探测器两种。火灾探测器按探测范围分为线型和点型。点型只能对警戒范围中某一点周围的温度、烟等参数进行控制，线型则可以对警戒范围中某一线路周围的参数进行探测。图 12.5-6 为光纤火灾报警系统结构的示意图。

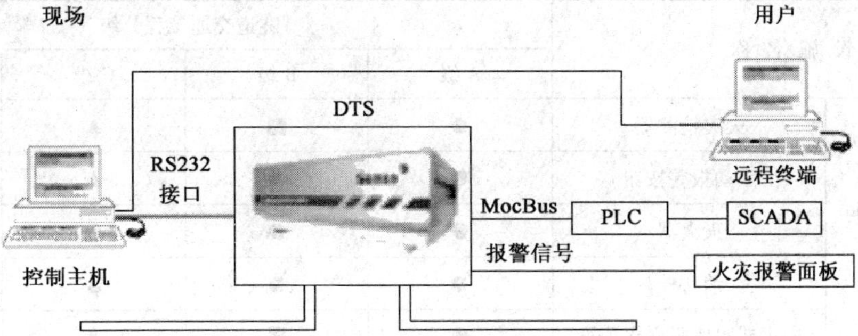


图 12.5-6　光纤火灾报警系统简单结构图

4. 隧道消防设施设置

狭义上的隧道消防设施主要指火灾自动报警系统、水消防系统和灭火器等；广义上的隧道消防设施除上述外还包含与隧道火灾救援相关的机电设施，例如排烟设施、应急照明和有线广播等。隧道消防设施常是隧道机电设施的核心内容，所有机电设施都可视为为工程防灾、救灾服务。所以，隧道消防设施的设置水平，决定着隧道机电工程的规模与防灾救灾能力，并体现高速公路的整体服务水平。

《公路工程技术标准》(JTG B01—2003)规定，特长隧道和高速公路、一级公路的长隧道，都必须配置报警设施、消防设施和救助设施等，二级公路长隧道可根据需要设置。《公路隧道交通工程设计规范》(JTG/T D71—2004)中，根据隧道长度和隧道交通量两个因素，将公路隧道交通工程划分为 A、B、C、D 四级，如图 12.5-7 所示。

各级隧道均应根据隧道交通工程分级,结合隧道的火灾特点以及现有隧道工程的实践经验和火灾资料分析报告等,按照安全适用、技术先进、经济合理的原则,设置相应规模的消防设施。设置情况可参见表 12.5-3 ~ 表 12.5-5。

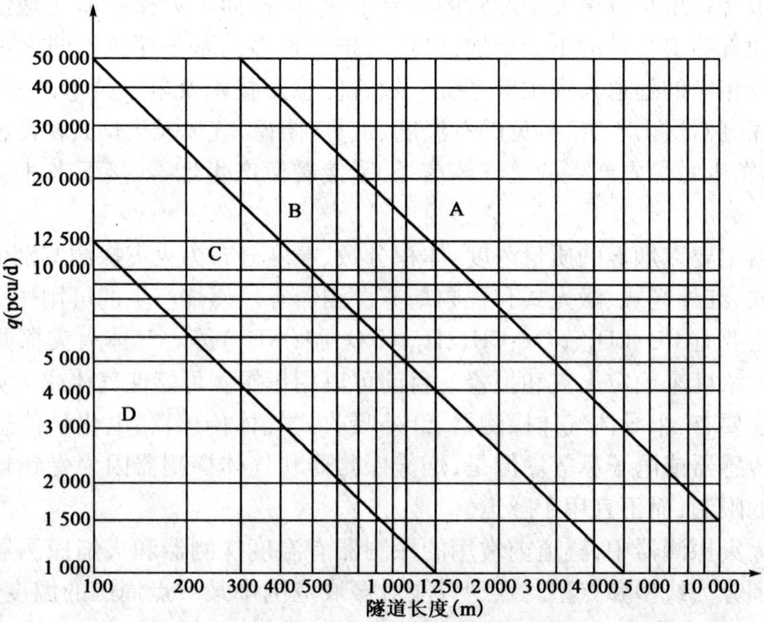


图 12.5-7　隧道交通工程分级示意图

**高速公路隧道消防设施配置表**　　表 12.5-3

| 设施名称 | | 隧道交通工程分级 | | | |
|---|---|---|---|---|---|
| | | A 级 | B 级 | C 级 | D 级 |
| 火灾报警、消防与避难设施 | 火灾检测器 | ● | ■ | ▲ | — |
| | 手动报警按钮 | ● | ● | ▲ | — |
| | 灭火器 | ● | ● | ● | ● |
| | 消防栓 | ● | ● | ▲ | — |
| | 固定式水成膜灭火装置 | ● | ■ | ▲ | — |

注:"●":必选设施;"■":应选设施;"▲":可选设施;"—":不作要求。

**一级公路隧道消防设施配置表**　　表 12.5-4

| 设施名称 | | 隧道交通工程分级 | | | |
|---|---|---|---|---|---|
| | | A 级 | B 级 | C 级 | D 级 |
| 火灾报警、消防与避难设施 | 火灾检测器 | ■ | ▲ | — | — |
| | 手动报警按钮 | ● | ■ | — | — |
| | 灭火器 | ● | ● | ● | ● |
| | 消防栓 | ■ | ▲ | — | — |
| | 固定式水成膜灭火装置 | ■ | ▲ | — | — |

注:符号意义同上表。

二级公路隧道消防设施配置表　　表 12.5-5

| 设施名称 | | 隧道交通工程分级 | | | |
|---|---|---|---|---|---|
| | | A 级 | B 级 | C 级 | D 级 |
| 火灾报警、消防与避难设施 | 火灾检测器 | ▲ | — | — | — |
| | 手动报警按钮 | ▲ | — | — | — |
| | 灭火器 | ● | ■ | ▲ | — |
| | 消防栓 | ▲ | — | — | — |
| | 固定式水成膜灭火装置 | ■ | — | — | — |

注：符号意义同上表。

隧道消防设施的设计以逃生为主、灭火为辅；自救为主、外部救援为辅。设计中应认真分析隧道交通流的特点，合理配置各种消防、救援设施。由于公路隧道前期交通量较小，而隧道防火分级应按照 20 年远景预测交通量，为节约前期工程投资和考虑机电设施的使用寿命，隧道机电设施安装需要分期实施。分期实施应遵循“设计一次完成，前期配置，后期完善”的原则。

5. 设置合理的消防梯队

隧道内一旦发生火灾应尽可能地将其限制在最小范围内，为此可设置三个消防梯队，并各自分别配置有效的灭火设备。

（1）司机和乘客

第一梯队是隧道使用者，包括司机和乘客。第一梯队总是首先发现和面临火灾，但他们没有专门的消防技术。因此，隧道消防箱内设置的消防设备必须充分考虑到可方便地辨认和操作，如图 12.5-8 所示。

图 12.5-8　隧道内消火栓设置

（2）兼职消防队

第二梯队是由隧道管理人员组成的兼职消防队。第二梯队在火灾发生后一段时间才能到达火灾现场，他们具有专门的消防技能，但一般不携带设备，而是使用隧道内的灭火设备灭火。根据欧洲道路隧道的运行经验和国际道路协会常设委员会（PIARC）的推荐，第一、第二梯队扑灭汽油火灾的最佳消防设备是轻水（light water）灭火系统。

（3）地面专业消防队

第三梯队是地面专业消防队。第三梯队携带自备的灭火设备，由隧道内供给充足的水源。

根据火灾时隧道内温度随时间的变化规律可知，一般在起火后的 2 ~ 10min 已经失火成灾，因此，地面专业消防队到达现场灭火的时间应尽可能少于上述时间。如欧洲消防规范规定，隧道发出火灾报警后 11min 内，地面专业消防队应赶到火灾现场进行灭火活动。

根据英国隧道火灾的统计资料,1971～1973 年三年中共发生 14 次隧道火灾,其中 9 次是在地面消防队到达火场之前由第一、第二梯队扑灭。又根据日本统计资料,自 1960～1980 年 20 年内日本道路公团所属的隧道内共发生 24 次隧道火灾,其中有 15 次是由第一梯队和第二梯队灭火。由此可见第一梯队和第二梯队在隧道消防中的作用相当重要,因而,供其使用的灭火设备在消防设施的设计中应特别重视。

多次火灾实例证实,消防队员在救援过程中,在火灾区域只能坚持 8～10min,所以在消防人员的设置上应考虑一定的富余量。同时应特别强调在隧道设计阶段消防救护人员参与规划的重要性。因为这样可以使他们掌握消防中的每个环节,帮助他们在紧急事件中更加有效地协同工作。

对于隧道内消防设施的设置,依据 PIARC 的推荐可分为四类:

①隧道长度小于 500m 时,可仅设置常规消防设施(消火栓、水龙带、水枪和灭火机等)和第三梯队。

②隧道长度为 500～1 200m 时,则除设置常规消防设施外,隧道内还需设有自动火灾报警装置和第三梯队。

③隧道长度为 1 200～2 500m 时,则除设置常规消防设施和自动火灾报警装置外,隧道内还需设有轻水灭火系统和第三梯队。

④隧道长度超过 2 500m 时,则隧道内除设置上述所有设备外,还要求建立独立的隧道消防队。

6. 制定合理的疏散预案

为避免或减少火灾中的人员伤亡,合理的建筑设计、完好的消防设施、科学的疏散预案缺一不可。

疏散预案应在全面了解工程建设的整体布局、各个场所的耐火等级、防火分区、使用性质、火灾危险性类别、人员数量,以及疏散设施、防排烟设施、消防器材设施布置等情况的基础上制定。预案的主要内容应包括制定的目的、依据、适用范围,组织指挥机构,火灾险情设定,灭火和应急疏散的程序与措施等。预案应做到简洁明了、图文结合、责任明确、重点突出、切合实际、科学合理、便于操作。

7. 其余隧道防火措施

除了采取合理设置防火设备和消防设施,以及合理布设照明设备和隧道机电设备等硬性措施以外,隧道防火对策中还应包括软性措施。即对隧道及其他设施的使用者进行防火安全教育,以及采取措施加强管理等。应考虑到软对策和硬对策之间的相辅相成关系,并对采取软性措施引起重视。

(1)建立完善和有效的防灾救灾管理制度

隧道管理方应建立完善和有效的防灾救灾管理制度,并切实地执行。包括采取措施进行思想教育,以引起重视。

(2)对隧道使用者明确责任

作为隧道的使用者,应明确具有以下的责任和义务:

①了解隧道交通潜在的危险性,提高安全防范意识,使其交通行为自觉规范化。

②隧道一旦发生火灾,使用者有义务传递信息和协助传递信息,有义务承担灭火或协助灭火。

③严格遵守隧道防火安全和交通安全管理法规。

(3)进行技术培训

即通过各种途径,将隧道及其消防设备的使用要求向隧道使用者通告,以使人们熟悉这些设备,并能正确地使用。定期对隧道工作人员就火灾救援预案进行培训,使得每个人都清楚火灾时该如何处理。

(4)对易燃、易爆物品的运输加强管理

分析世界各国发生的交通隧道火灾,可以发现由车上装载易燃物品爆炸起火引发火灾的频率相当高,而且由于易燃、易爆物品燃烧猛烈和扑救困难,这类火灾常造成巨大的人员和财产损失。因此,可考虑对上述车辆是采取禁止、限制或制定允许通过的措施。这对隧道防灾等级的确定、隧道防灾设备的设计以及相关措施的制定都将产生直接的影响,并有指导意义。

对载有易燃易爆物品的车辆通过隧道,可采用以下几种处理方案:

①不允许载有易燃易爆物品的车辆通过隧道,要求其绕行。但当绕行可能引起社会问题时,应从经济、安全、社会等方面综合权衡装载易燃、易爆物品的车辆通过隧道和绕行两种方案所带来的风险,通过统计分析,采用风险最小的方案。

②允许载有易燃易爆物品的车辆在特定的时间,在隧道管理者的指导下通过隧道。可考虑在隧道内设置专职的安检人员,负责隧道内以及车辆进入隧道前的安全检查工作,以便尽早发现火灾隐患。安检人员上岗前经过隧道消防的专业培训,合格后持证上岗,并保持人员的相对稳定。安检人员应进行定期的专业培训,以进行知识更新。安检人员的职责为在车辆进入隧道前进行安全检查。安检人员应根据检查结果,确定对装有易燃易爆物品的车辆是允许、限制或禁止通过隧道,并妥善安排车辆的停放及通过时间、次序;对于易燃易爆物品车辆通过隧道时负责组织、协调和进行安全监控。

## 本章参考文献

[1] 谢青. 黄延高速公路隧道监控设计介绍[J]. 公路隧道,2008,64(4):50-53.
[2] 龚彦. 崇道高速公路隧道监控管理方式[J]. 中国智能交通,2009,(7):31-34.
[3] 柏歆剑. 高速公路跨省隧道监控系统设计[J]. 中国交通信息产业,2009,(9):83-85.
[4] 曹力. 高速公路监控系统的组成与作用[J]. 湖南交通科技,2009,35(3):159-162.
[5] 杨小柏. 高速公路隧道监控模式和新技术应用研究[J]. 公路交通技术,2008,增刊:71-74.
[6] 韩直,白云. 公路隧道安全评价指标体系与方法[J]. 公路交通技术,2008,(6):125-128.
[7] 王明年. 对特长公路隧道火灾防灾救援安全策略的思考[J]. 公路交通科技,2004,(21):56-59.
[8] 上海市隧道工程轨道交通设计研究院. 上海崇明隧道防灾系统设计报告[R]. 上海:2006.
[9] 吴龙标,袁宏永. 火灾探测与控制工程[M]. 安徽:中国科学技术大学出版社,1999.
[10] 方俊,袁宏永,赵建华. 气体传感器及其在火灾探测中的应用[J]. 火灾科学,2002,11(3):101-105.
[11] 张晨杰,程旭东,张洪江. 火车站出站大厅火灾人员疏散预案的制定[J]. 消防科学与技术,2008,27(7):509-511.

[12] 石亮. 灭火和应急疏散预案的制定与演练[J]. 中国西部科技,2009,8(27):77-78.
[13] 中华人民共和国行业标准. JTG/7 F60—2009 公路隧道施工技术细则. 北京:人民交通出版社,2009.
[14] 中华人民共和国行业标准. JTG D70—2004 公路隧道设计规范. 北京:人民交通出版社,2004.
[15] 中华人民共和国行业标准. JTG/T D70—2010 公路隧道设计细则. 北京:人民交通出版社,2010.
[16] 中华人民共和国行业标准. JTG F60—2009 公路隧道施工技术规范. 北京:人民交通出版社,2009.
[17] 中华人民共和国国家标准. GB/T 23828 高速公路LED可变信息标志. 北京:中国标准出版社,2009.
[18] 中华人民共和国行业标准. JTG B01—2003 公路工程技术标准. 北京:人民交通出版,2004.
[19] 中华人民共和国行业标准. JTG/T D71—2004 公路隧道交通工程设计规范. 北京:人民交通出版社,2004.